Bayerische Landeskunde

I. Unsere bayerische Heimat
Ein Kulturführer

II. Unsere bayerische Landschaft
Ein Naturführer

In Vorbereitung:
III. Unsere bayerische Vorzeit
Ein Führer zu Kulturdenkmalen und Fundstätten der Vor- und Frühgeschichte

Siegmar Gerndt

Unsere bayerische Heimat

Ein Kulturführer

Die Städte und Landkreise in Altbayern, Franken und Schwaben

Prestel Verlag München

Achte, neu bearbeitete Auflage 1976

Gesamtbearbeitung: Alfred Beron · Graph. Atelier · München 90
unter Mitarbeit von Ludwig Hodina, Franz Schopf, Heinz Haisch
Gefördert durch die bayerischen Sparkassen
Fotosatz: A. Kreuzer & Co., München
Offsetdruck: Klein & Volbert, München
Bindung: Grimm & Bleicher, München
ISBN 3-7913-0380-5

VORWORT

Aus vielen Gründen wendet sich heute das breite Interesse verstärkt der eigenen Umwelt zu. Tag um Tag hören wir von der Gefährdung der natürlichen und kulturellen Grundlagen unserer nächsten Umgebung. Das sogenannte Umweltbewußtsein lenkt den Blick zunehmend aus der Ferne wieder auf die Heimat zurück, deren Werte häufig erst erkannt werden, wenn die Situation den kritischen Punkt erreicht. Die „Schätze" aber sollten gehütet werden, lange bevor sie gefährdet sind. Sie zu entdecken und kennenzulernen, will dieses Buch anregen. Es geht deshalb von der engeren Heimat aus, von der Stadt, vom Landkreis und vom Regierungsbezirk; es legt die Betonung auf das Eigengewicht und die Eigenart der Landschaften, ohne sie an einem absoluten Kunstwert zu messen. So darf es den Leser nicht verwundern, wenn der Beschreibung einer berühmten Großstadt voller Kunstwerke nicht mehr Platz eingeräumt ist, als einem Landkreis, der abseits des „touristischen Bewußtseins" liegt und der durch lebendige Tradition und durch die Kunstfertigkeit seiner Bewohner eine hohe örtliche Kultur entwickelt hat. Zu Unrecht sind für manchen Kunstfreund große Gebiete der bayerischen Landkarte bis heute „weiße Flecken" geblieben, weil sie keine Sehenswürdigkeiten von sanktioniertem Rang aufweisen. Die großen Werke aber – auf die in diesem Buche keineswegs verzichtet wird – stehen selten isoliert. Gerade in Bayern erwachsen sie aus einem künstlerischen Klima, das vom kulturellen Geist der Landschaft geprägt ist. Erst wenn wir dieses künstlerische Umfeld kennen, reift das rechte Verständnis des Genialen: Das Ornament-Detail in der Dorfkirche steht in engem Zusammenhang mit dem strahlenden Schmuck des Fürstenschlosses.

Nicht zuletzt wegen dieser breitgefächerten Darstellung der großen und kleinen Kostbarkeiten in allen Städten und Landkreisen Bayerns hat das Buch seit seinem Erscheinen so viel Anklang gefunden, daß es nun in einer achten, erneuerten Auflage vorgelegt werden kann.

Die erste Ausgabe im Jahre 1962 war auf Anregung von Alfred Beron und Karl-Heinz Schmitt entstanden. Die Beratung und Durchsicht des Manuskripts hatte der Präsident des Bayerischen Landesamtes für Denkmalpflege a. D., Professor Dr. Torsten Gebhard, übernommen. Die Heimatpfleger und viele Amtsstellen halfen uns, aus der Vertrautheit mit ihrem Kreis die Darstellungen zu ergänzen.

Bei der Neubearbeitung wurden wir hilfsbereit unterstützt durch die Mitarbeiter des Statistischen Landesamtes, des Landesamtes für Denkmalpflege, des Staatsministeriums für Landesplanung und Umweltschutz sowie der bayerischen Fremdenverkehrsverbände. Ihnen allen sei herzlich Dank gesagt.

S. G.

INHALT

Seite

STÄMME UND STAAT

Bayern ist als größtes Land der Bundesrepublik Deutschland ein eigener Staat mit einem ausgeprägten, in über tausendjähriger Geschichte gewachsenen Profil. In seinem Gebiet lebten jedoch schon zur Steinzeit Menschen. Sonderkulturen entwickelten sich, über die uns Funde aus dem „Geschichtsbuch" des heimatlichen Bodens Aufschluß geben.

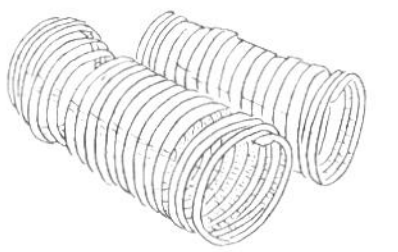

Bronzezeitliche Armspiralen aus Stettfeld bei Haßfurt (um 1200 v. Chr.)

In den hohen Grabhügeln und Urnenfeldern aus der Bronzezeit wurden Waffen, Schmuck und verschiedenartige Gebrauchsgegenstände gefunden. Eine erste ausgebildete Kulturstufe zeichnet sich in der frühen Eisenzeit ab. Nach den reichen Eisenfunden im österreichischen Hallstatt gab man dieser Periode den Namen Hallstatt-Zeit. Ihr Vermittler war ein Volk von hoher künstlerischer Begabung: die Illyrer. Manche unserer heutigen Orts- und Flußnamen gehen wahrscheinlich auf sie zurück, so z.B. Foetibus (Füssen) und Likias (Lech). Auch die Namensgebung des Inn (Aenus) und der Isar wird den Illyrern zugeschrieben.

Nach drei Jahrhunderten mußten sie vor den Kelten, die aus dem Westen hereindrängten, in das südöstliche Europa zurückweichen. Bayern wurde keltisches Grenzgebiet, in dem später die keltischen Stämme der Vindeliker und Räter den Römern entgegentreten sollten.

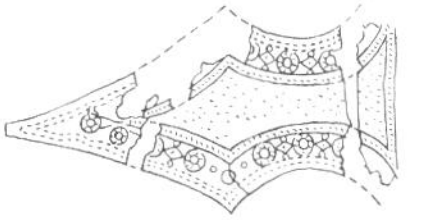

Hallstattzeitliches Gürtelblech mit getriebener Verzierung aus Rehling-Au

KELTISCHES ERBE

Den Charakter der Kelten kennen wir aus den Schilderungen antiker Schriftsteller. Diese stattlichen blonden Gestalten seien reizbaren Gemüts, aber beweglichen Geistes gewesen, der zur Übertreibung neigte. Außerordentlich sei ihre Kraft der Schilderung, ihr Realismus in der Wiedergabe von Stimmungen gewesen. Das Lied wurde gepflegt, der Tanz und künstlerisches Gewerbe.

Ist solch keltisches Erbe nicht irgendwie in Altbayern, vom Kumedi-Spielen, Zitherschlagen und Schuhplatteln bis zum gewaltigen „Aufdrahn" zu finden? Sicher ein keltisches Erbe sind viele Fluß- und Städtenamen, wenn sie auch durch den römischen Einfluß latinisiert auf uns gekommen sind: so Cambodunum (Kempten), Radasbona (Regensburg), Sorviodurum (Straubing), Boiodurum (Beiderweis bei Passau). Der letztere Name verweist auf die keltischen Boier, die über das Siedlungsgebiet der Kelten hinausstießen und dem böhmischen Land ihren Namen gaben. Von vielen keltischen Stadtsiedlungen wissen wir die Namen nicht mehr, so von den Anlagen auf dem Hesselberg am Jurarand, dem Staffelberg in Oberfranken, der Houbirg bei Hersbruck, dem Michelsberg bei Kelheim (Alcimoenis?) und vor allem nicht von dem „Oppidum" bei Manching, wo erst in jüngster Zeit eine keltische „Groß"-stadt aufgedeckt wurde. Die Flüsse Amper, Cham, Glonn, Tauber, Vils und viele andere tragen ebenfalls heute noch ihre keltischen Namen.

Scheibengedrehtes Tafelgeschirr und eiserne Werkzeuge aus der Keltenstadt Manching bei Ingolstadt (1. Jh. v. Chr.)

Tragödie eines hochentwickelten Volkes: Im letzten Jahrhundert vor Christus, das eine Blütezeit keltischer Kultur brachte, schoben sich tödliche Gefahren an seine Grenzen: Vom Norden her drohten die Germanen, vom Süden her die Römer. Im Jahre 15. v. Chr. eroberten die

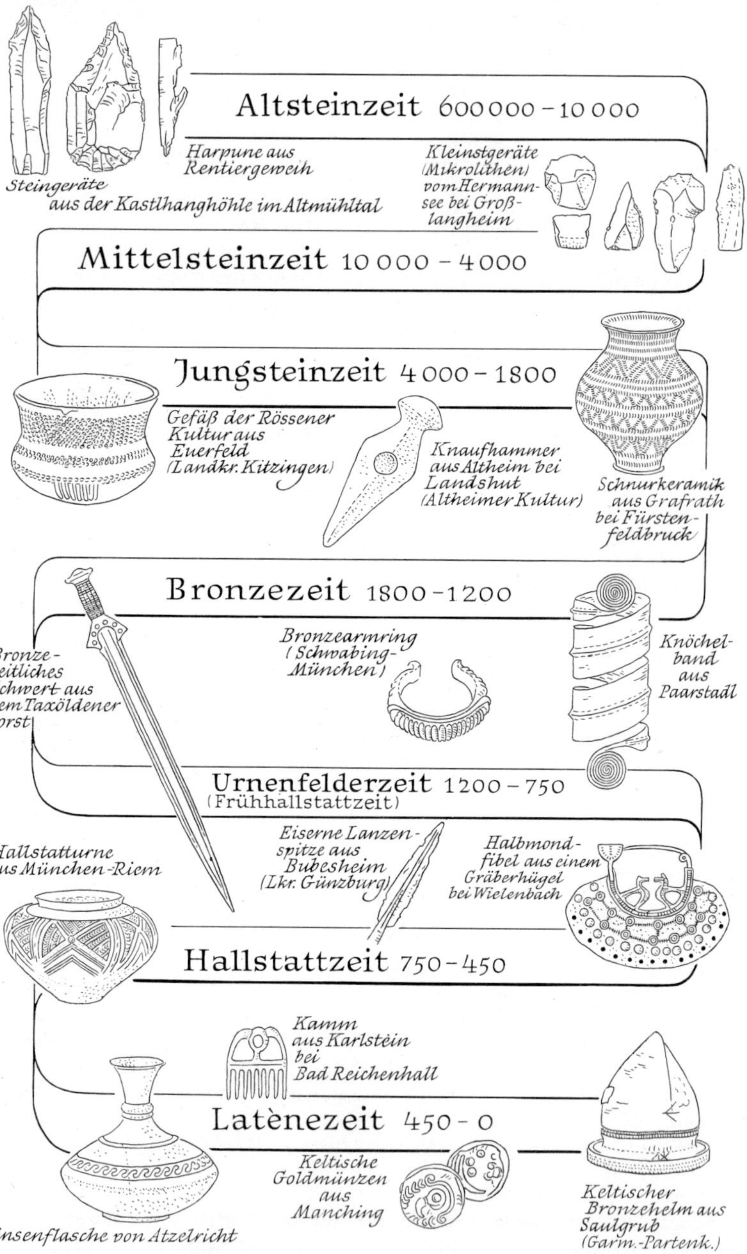

Vorgeschichtliche Zeitepochen

römischen Feldherrn Drusus und Tiberius das Land zwischen den Bergen und der Donau und verdrängten weitgehend das Keltentum. Fünfhundert Jahre lang gehörte das Gebiet nunmehr dem Mittelmeer-Kulturkreis an. Zum illyrisch-keltischen sollte ein kelto-romanisches Erbe an die neuen Herren des Landes fallen.

RÖMISCHE PROVINZ

Welche Situation fanden die Römer nach der Besetzung des keltischen Raumes vor? Im Norden an der Donau standen ihnen die Germanen, genauer gesagt, die Markomannen aus der großen Familie der Sueben gegenüber. Aus deren Stammland zwischen der Elbe und Oder hatte sich etwa um 400 v. Chr. eine große Gruppe losgelöst und allmählich über das Gebiet zwischen Erzgebirge und Harz zum oberen Main vorgeschoben, wo sie sich im Grenzland der Kelten, in der Mark, ansiedelte. Nach ihr nannten sich diese Sueben nunmehr Markomannen. Grenzland aber ist unruhig Land. Die in Böhmen sitzenden keltischen Boier bekamen die ungestüme Kraft der Markomannen bald zu spüren. Sie wichen vor ihr teils nach Pannonien (heute Ungarn), teils in das östliche Gallien aus. Merkwürdigerweise blieb jedoch das Land Böhmen vorerst unbewohnt, bis schließlich um das Jahr 8 n. Chr. der Markomannenkönig Marbod unter dem Druck von Norden und von Westen vordringender germanischer Stämme sein Volk in das offene Böhmen führte. Das bisherige markomannische Gebiet am Main jedoch besetzten die Hermunduren, die man später Thüringer nannte.

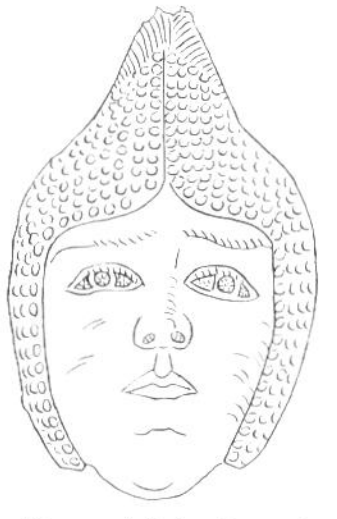

Vergoldete Bronzemaske aus dem römischen Schatzfund von Straubing (3. Jh. n. Chr.)

In diese Zeit fiel die Schlacht im Teutoburger Wald, die vernichtende Niederlage römischer Legionen unter ihrem Feldherrn Varus. Rom gab seine Pläne auf, Innergermanien zu erobern und baute zur Sicherung seiner nordalpinen Gebiete den Limes von Andernach am Rhein bis Kelheim an der Donau. Diese „Chinesische Mauer" der Römer wurde zum Urahn aller militärischen Grenzbefestigungen in Europa. Das Voralpenland gliederte man in die Provinzen Rätien und Noricum, deren Grenze der Inn markierte. Amtssitz des römischen Prokurators in Rätien war das unter Kaiser Claudius (41–51 n. Chr.) gegründete Augusta Vindelicum

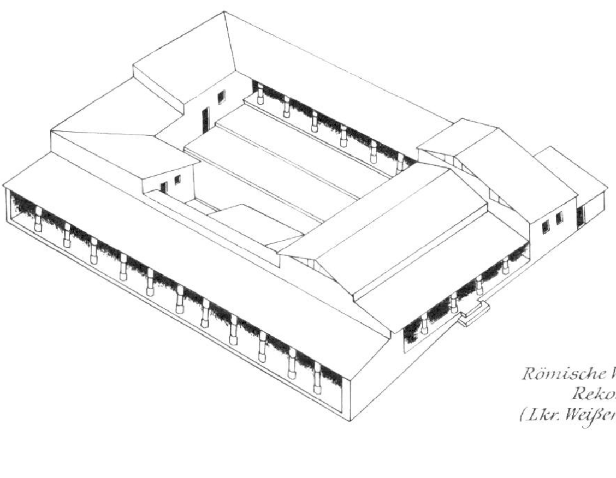

Römische Villa bei Schambach. Rekonstruktion. (Lkr. Weißenburg-Gunzenhausen)

(Augsburg). Von dort aus wurde über Füssen, Fern- und Reschenpaß die Via Claudia nach Italien gezogen, die wie ein Dokument römischer Straßenbaukunst den Norden mit dem Süden verband. Unter dem Schutz der römischen Truppen breiteten sich allmählich römische Kultur und Zivilisation, Wirtschaft und Handel aus. Ein ausgebautes Straßennetz verband die neu entstandenen Siedlungen und Kastelle.

Im zweiten Jahrhundert n. Chr. fand diese ruhige Entwicklung ein plötzliches Ende durch die ersten Wellen der großen Völkerwanderung. Um dem germanischen Andrang standzuhalten, verstärkten die Römer zunehmend ihre Grenzbefestigung. Erste Übergriffe der Chatten und Markomannen wurden zurückgeschlagen, doch bereits 213 zwangen die

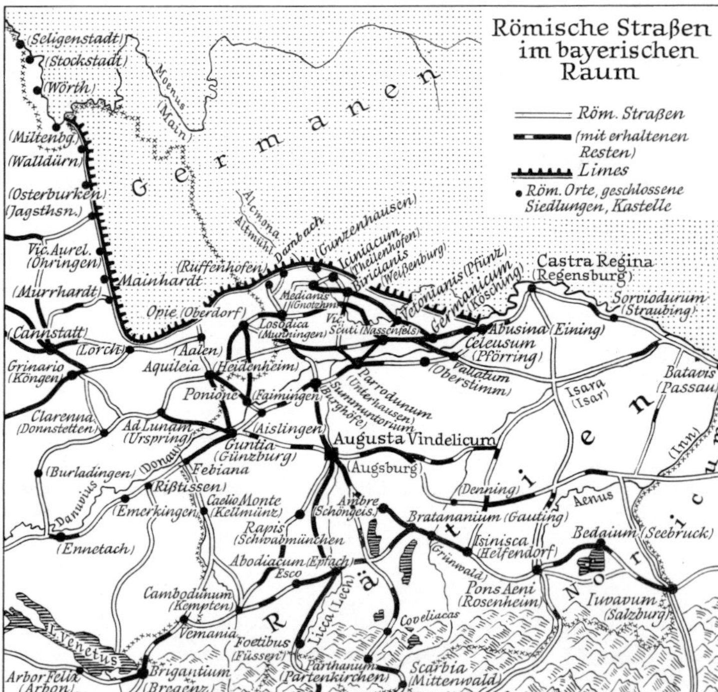

Alemannen Rom zu Verhandlungen und 233 überrannten sie den rätischen Limes und drangen bis zu den Alpen vor. Ihr nächster Eroberungszug im Jahre 259/60 konnte sogar erst vor Mailand gestoppt werden. Von da an lief die Grenze des römischen Kaiserreiches vom Bodensee über Kempten die Iller aufwärts bis zur Donau. In das Land zwischen Rhein und der Iller aber strömten die

ALEMANNEN

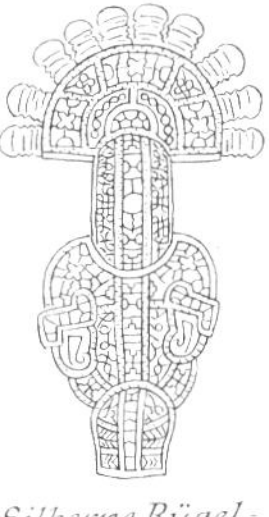

Silberne Bügelfibel aus dem alemannischen Fürstengrab von Wittislingen bei Lauingen (7.Jh.n.Chr.)

Um die Mitte des 5. Jahrhunderts besetzten sie die Gebiete zwischen Iller und Lech. Vorprellende Gruppen stießen bis in die Gegend von Passau hinein. Die Alemannen gehörten zum großen Stamm der Sueben. Als sie nun nach zahllosen Kämpfen ihr Land gefunden hatten und zur Ruhe kamen, waren sie Vollfreie, deren größere Verbände sich in Hundertschaften und diese wieder in einzelne Sippen gliederten. Auch bei der Landnahme folgte man dieser Ordnung. Jede Hundertschaft bildete einen Gau, eine wirtschaftliche und verwaltungsmäßige Einheit. Dem Herzog jedoch gehörte alles nicht besiedelte Land und – man beachte diese „Sonderzuteilung", die sich bis heute auswirkt – die Wälder. Wir finden dies auch bei den Baiern.

Der alemannischen Landnahme gingen Kämpfe mit den Römern, aber auch Zusammenstöße mit den

FRANKEN

voraus. Dieses Volk, dessen Name soviel wie „mutig, ungestüm, frech, frei" bedeutet, ist seit dem 3.Jh. am unteren Rhein bezeugt. Es entwickelte sich aus dem Zusammenschluß verschiedener rheingermanischer Stämme, die wiederholt über den Rhein auf römisches Gebiet drängten. Unter dem Merowinger Chlodwig nahmen die Franken zwischen 486 und 507 das römische Gallien ein, unterwarfen das Westgotenreich, wandten sich dem Christentum zu und wurden seßhaft. Bei ihren Feldzügen konnte es nicht ausbleiben, daß sie um 496 im Gebiet des unteren Mains mit allen alemannischen Stämmen zusammenstießen, die sich ebenfalls Galliens bemächtigen wollten. Bei dieser Schlacht zogen die alemannischen Stämme den Kürzeren und wichen zurück, auch in das Gebiet zwischen Iller und Lech, das sich ungefähr mit dem heutigen bayerischen Schwaben deckt.

Diesem fränkisch-alemannischen Zusammenprall kommt historische Bedeutung zu. Er entschied darüber, welchem der beiden großen germanischen Völker die Herrschaft über alle anderen Germanen des deutschen, ja sogar des mitteleuropäischen Raumes zukommen sollte. Die Alemannen hatten in den Jahrhunderten zuvor des öfteren Fähigkeiten hierzu erwiesen. Um so erstaunlicher, daß die Franken, ein bis dahin recht lockeres Gebilde aus Einzelstämmen und Sippen, die Energie und Entschlossenheit zur Vorherrschaft aufbrachten. Daß diese kein Zwischenspiel blieb, daß sie Jahrhunderten standhielt und letztlich für Frankreich die Grundlage seiner Entwicklung zum Staat zentralistischer Prägung, für das ostrheinische Germanien aber die des Heiligen Römischen Reiches Deutscher Nation schuf, das ist fränkisches Verdienst von weltgeschichtlicher Bedeutung.

Karl d. Gr. Statuette des 9.Jh.

Als die Franken dann 532 das Thüringerreich erobert und ihrer Herrschaft eingefügt hatten, standen sie als nördliche Nachbarn dem Siedlungsgebiet der Baiern gegenüber. Es ist nicht zu klären, ob es damals zu Zusammenstößen gekommen ist. Wir wissen jedoch sicher, daß bereits zwischen 530 und 540 fränkisches Wort über Baiern stand.

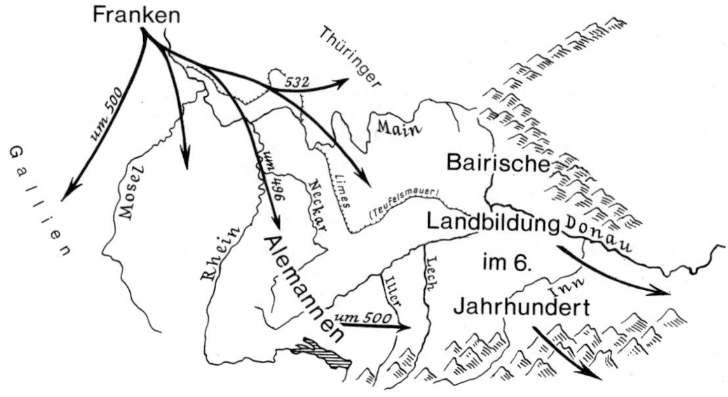

Silberplattierte eiserne Riemenzunge des 7. Jh. aus dem bayer. Voralpenland (Mü.-Feldmoching)

BAIERN

Zum Unterschied von dem Herzogtum und späteren Königreich Bayern, das seine Schreibweise mit -ay- der Griechenlandbegeisterung König Ludwigs I. verdankt, schreibt man in allen Fällen, die bairische Stammes- oder Sprachgeschichte betreffen, Baiern mit -ai-.

Hier aber steht am Anfang ein großes Rätsel. Woher kam dieser Stamm, wie entstand seine Sprache, wer waren seine Herrscher? Es gab viele Hypothesen, von denen bis heute keine belegt werden konnte. Man glaubt nicht mehr an die Einwanderung eines geschlossenen Bajuwaren-Stammes aus Böhmen. Alle Funde und Quellen sprechen dafür, daß es keine bairische Landnahme gab, die der alemannischen oder fränkischen entspräche. Vielmehr muß man annehmen, daß die Baiern (erstmals genannt um 550) zwischen dem 5. und 8. Jahrhundert aus verschiedenen Volksgruppen auf dem Boden Altbayerns (d.h. Ober-, Niederbayern und Oberpfalz) zusammengewachsen sind. Dazu gehörten Reste der keltischen Urbevölkerung, römische Veteranen (hier angesiedelte, ausgediente Soldaten), germanische Wehrsiedler und zahlreiche germanische Völkergruppen und -splitter, die vor und nach dem Abzug der römischen Ordnungsmacht (480) hereingesickert waren. Alle Landbewohner, Landbebauer, die sich nicht mit dem Schwert, sondern mit dem Pflug zu behaupten wußten und vorwiegend friedlich nebeneinanderlebten.

Ihr Name, ursprünglich Baioarii oder Bajuvarii, leitet sich höchstwahrscheinlich von keltischen Boiern her, die schon längere Zeit gemeinsam mit Römern und Germanen gesiedelt hatten. Wie aber kam diese Mischbevölkerung zu gemeinsamer Sprache und geschlossenem Volkstum? Es war vermutlich die Herrenschicht, die sie prägte. Und diese Herren wurden durch das mächtigste Königreich nördlich der Alpen, durch die Franken eingesetzt. Der fränkische König fühlte sich als Rechtsnachfolger der Römer. Er setzte die Herzöge ein und gab ihnen als Gefolgschaft die fünf Geschlechter mit (Huosi, Hahilinga, Fagana, Drozza, Aniona), auf die sich der bairische Uradel zurückdatiert. Das erste Herzogsgeschlecht, die Agilolfinger, herrschte bis 788 (Absetzung Tassilos III. durch Karl den Großen) mit zeitweise unangefochtener Autonomie. Nach einer Epoche unter fränkischen Statthaltern entwickelte die Dynastie der Luitpoldinger

Die Wittelsbacher in Bayern *(Herzöge, Kurfürsten und Könige)*

Otto I. *(Herzog 1180–83)*

Ludwig I. der Kelheimer *(Herzog 1183–1231)*

Otto II. der Erlauchte *(Herzog 1231–53)*

Ludwig II. der Strenge *(1253–94; ab 1255 Herzog in Oberbayern)*

Heinrich XIII. *(1253–90; ab 1255 Herzog in Niederbayern)*

Ludwig IV. der Bayer *(Herzog in Oberbayern 1294–1340; Herzog des vereinigten Ober- und Niederbayern 1340–1347; seit 1314 deutscher Kaiser)*

Ludwig V. der Brandenburger *(1347–61; seit 1349 Herzog in Oberbayern)*

Meinhard *(Herzog in Oberbayern 1361–63)*

Stephan II. mit der Hafte *(1347–49 Mitregent 1349–63 Herzog in Niederbayern 1363–75 Herzog in Oberbayern und Niederbayern-Landshut)*

Stephan III. der Kneißl *(Herzog von Bayern-Ingolstadt 1375–1413)*

Ludwig VII. im Bart *(Herzog von Bayern-Ingolstadt 1413–47)*

Friedrich der Weise *(Herzog von Bayern-Landshut 1392–93)*

Heinrich XVI. der Reiche *(Herzog von Bayern-Landshut 1393–1450; seit 1447 auch Herzog von Bayern-Ingolstadt)*

Ludwig IX. der Reiche *(Herzog von Bayern-Landshut und Bayern-Ingolstadt 1450–79)*

Georg der Reiche *(Herzog von Bayern-Landshut und Bayern-Ingolstadt 1479–1503; ohne männliche Nachkommen)*

Johann II. *(Herzog von Bayern-München 1392–97)*

Ernst *(Herzog v. Bayern-München 1397–1438)*

Wilhelm III. *(Herzog v. Bayern-München † 1436)*

Albrecht III. der Fromme *(Herzog von Bayern-München 1438–60)*

Albrecht IV. der Weise *(Herzog von Bayern-München 1460–1506; Herzog des vereinigten Bayern 1506–1508)*

Wilhelm IV. *(Herzog 1508–50)*

Ludwig X. *(Mitregent 1516–1545)*

Albrecht V. der Großmütige *(Herzog 1550–79)*

Wilhelm V. der Fromme *(Herzog 1579–97)*

Maximilian I. *(Herzog 1597–1651; seit 1623 Kurfürst)*

Ferdinand Maria *(Kurfürst 1651–79)*

Max II. Emanuel *(Kurfürst 1679–1726)*

Karl Albrecht *(Kurfürst 1726–45; seit 1742 deutscher Kaiser)*

Maximilian III. Joseph *(Kurfürst 1745–77; mit ihm stirbt die altbayerische Linie der Wittelsbacher aus)*

Karl Theodor *(1777–99 Kurfürst von Bayern; seit 1742 Kurfürst der Pfalz; ohne Erben)*

Max I. Joseph *(bis 1799 Herzog zu Zweibrücken; 1799–1806 Kurfürst von Bayern und Pfalz; 1806–25 König von Bayern)*

Ludwig I. *(König 1825–48)*

Max II. *(König 1848–64)*

Ludwig II. *(König 1864–86)*

Otto *(König 1886–1913)*

Luitpold *(Prinzregent für König Otto 1886–1912)*

Ludwig III. *(Prinzregent 1912–13; König 1913–18 † 1921)*

Kronprinz Rupprecht *(† 1955)*

eine neue Herrschaftskontinuität. Das kelto-romanische Element der Bevölkerung ist allmählich germanisiert worden und als gemeinsame Sprache setzte sich das Althochdeutsche durch. Reich an gegensätzlichen Spannungen schöpferischer Kräfte wuchs diese fruchtbare Völkermixtur zu einer Gemeinschaft zusammen, die sich ihrer Zusammengehörigkeit und ihres Wertes bewußt war.
Bäuerliche Beharrlichkeit und Sicherheit ist die Grundlage des bairischen Wesens. Sie äußerte sich besonders bei ihrem entscheidendsten Beitrag zur frühen deutschen Geschichte, der Kolonisierung des Südostens bis nach Ungarn und zur adriatischen Küste im 9. und 10. Jahrhundert, sie äußerte sich aber auch in ihrer Treue zu den Wittelsbachern, die von 1180 bis 1918 ununterbrochen das Land regierten.

Gegenüber der schwäbischen und fränkischen Landnahme war der bairischen Landbildung ein recht glückhaftes Los beschieden. Bestand doch hier bereits als einzigartige Leistung der Römer ein erstaunlich großzügiges Straßennetz, das den Nord-Südverkehr mit Italien, aber auch den zwischen Ost und West ungewöhnlich erleichterte. Noch heute ist der Untergrund mancher unserer modernen Straßen römischen Ursprungs. Kelto-romanische Kulturstätten und römische Kolonialstädte, wie z. B. Batavis (Passau), Castra Regina (Regensburg) und vor allem die

über das ganze Land verteilten römischen Gutshöfe, die „villae", waren weitgehend unversehrt geblieben. Zusammen mit den Straßen wurden sie zur Grundlage des großen herzoglichen Besitzes und sicherten so schon frühzeitig dem bairischen Herzogtum eine große Unabhängigkeit. Die Baiern und die Alemannen trafen auf ein gegen Ende der Römerzeit schon eingewurzeltes Christentum, dessen religiöser Kraft sie sich schließlich nicht entziehen konnten, und das bei dem Prozeß der Vermischung eine bestimmende Rolle spielte.
Und so erfüllte sich das Schicksal für die bayerischen, wie überhaupt süddeutschen Volksstämme, zwischen zwei Welten zu stehen, der romanischen und der germanischen, nicht trennend, sondern vermittelnd. Eine Kulturlandschaft eigener Prägung unter den deutschen Kulturlandschaften. In ihr sind als gleichwertige Faktoren Baiern, Franken und Schwaben seit den Anfängen ihrer Geschichte mit gleichen Aufgaben betraut. Vor allem mit der Gestaltung einer gemeinsamen germanischen und schließlich deutschen und europäischen Geschichte.

Eisernes, silbertauschiertes Hängekreuz aus München-Giesing (7./8. Jh.)

GEMEINSAMER STAAT, GEMEINSAME HEIMAT

In der napoleonischen Ära wurde am 1. 1. 1806 Bayern zu einem Königreich und zu einem souveränen Staat. Am „grünen Tisch" verfügte man die Angliederung großer Teile schwäbischen und fränkischen Landes an Altbayern. Es gab namhafte Zweifler am Gelingen dieses „Experimentes". Sie konnten nicht recht behalten. Zu den beharrlichen Baiern mit ihrem Vermögen, einstiges Siedlungsland im großen und ganzen als Staatsgebilde zu erhalten, kamen vor rund 160 Jahren die aufgeweckten Franken und die unternehmenden Schwaben, die ebenfalls ihre politischen Fähigkeiten der Staatserhaltung unter Beweis gestellt hatten. So wuchs aus den drei Elementen ein lebenskräftiger Staat heran, der sich in manchen Krisen bewährte. Und als nach dem Zusammenbruch von 1945 jedem deutschen Staat ein Ende gesetzt zu sein schien, da war es diese gemeinsame Fähigkeit, die über alle separatistischen Bestrebungen hinweg ein demokratisches Bayern entstehen ließ aus der soliden Gemeinschaft – trotz und wegen aller Eigen-Art der drei Stämme.
Diese Kraft aber vermochte auch die rund zwei Millionen deutscher Heimatvertriebener aufzunehmen und im eigenen Volksganzen aufgehen zu lassen. Als vielfach die Befürchtung geäußert wurde, die Überfremdung könne heimatlichen Dialekt und heimatliches Volkstum verwischen und verdrängen, hat man diese bodenständige Kraft nicht in Betracht gezogen, mit der die mittel- und heimatlosen Menschen aufgenommen und zu Einheimischen gemacht wurden. Sie haben dafür ihrer neuen Heimat durch Initiative und Arbeitsfreude neue Impulse gegeben. Ihr glänzender Ausweis auf wirtschaftlichem Gebiet sind aus dem Nichts entstandene Gemeinwesen wie z. B. die Industrieorte Neugablonz, Waldkraiburg, Geretsried, Traunreut und Bubenreuth.
Doch was sagt uns der Begriff „Heimat" heute? Ist es noch das Land, in dem man aufgewachsen ist, wo man gewohnt hat, sich geborgen fühlt oder gefühlt hat? Ist bei der dynamischen Mobilität der Gesellschaft von heute die alte Erlebniseinheit, Spracheinheit und Kultureinheit der Heimat noch möglich? Kann man überhaupt ein so großes Land wie Bayern als Heimat empfinden? Zunächst ist ja Heimat der Hof, die

Die geschichtliche Entwicklung Bayerns

Gebietserwerbungen im 19. Jahrhundert

1803 *Reichsdeputationshauptschluß Entschädigungslande: Geistl. Herrschaftsgebiete, Reichsstädte.*

1803 *Territorialaustausch mit Preußen u.*

1805 *mit dem Grafen von Ortenburg.*

Preßburger Frieden: Markgrafschaft Burgau, Reichsstädte Augsburg u. Lindau, Reste von Eichstätt und Passau, kleinere Gebiete in Schwaben (Würzburg kam an den Großherzog von Toscana)

1806 *Vertrag mit Frankreich u. Rheinbundakte: Markgrafschaft Ansbach, Reichsstadt Nürnberg mit Lauf, Hersbruck usw., mehrere Fürstentümer, Grafschaften, Herrschaften (Schwarzenberg, Castell, Speckfeld, Öttingen, Fugger u.a.) Alle in Bayern liegenden reichsritterschaftlichen Gebiete.*

1809 *Friede von Schönbrunn: Ende des Deutsch-Ordens (Ellingen, Virnsberg, Nürnberg, Öttingen, Donauwörth, Blumenthal, Gangkofen u.a.)*

1810 *Vertrag mit Frankreich: Fürstentümer Bayreuth, Regensburg, Salzburg, (Tittmoning, Waging, Laufen, Teisendorf) Berchtesgaden*

Vertrag mit Württemberg: (Grenzregulierung)

Vertrag mit Würzburg: Ämter Seßlach u. Schlüsselfeld

1814 *Vertrag mit Österreich: Großherzogtum Würzburg, Fürstentum Aschaffenburg*

1816 *Münchner Vertrag mit Österr.*

1819 *Frankfurter Territorialrezeß: Hammelburg, Brückenau, Redwitz, Alzenau, Miltenbg., die linksrhein. Pfalz (seit 1945 Teil des Landes Rheinland-Pfalz.)*

Im 20. Jahrhundert 1920 *Herzogtum Coburg mit Königsberg und Nassach*

Bayern nach der Gebietsreform

Fläche 70 547 qkm

Einwohner 10 849 122

Landkreisgrenzen: Stand 10.4.76

Straße, der Ort, in dem wir wohnen. Als Staatsbürger haben wir auch mit dem Landkreis und dem Regierungsbezirk zu tun. Ob nun als Mittelfranken, Oberbayern oder Schwaben etwa, besteht für jeden darüber hinaus das geistige und psychologische Phänomen der bayerischen Heimat, der er zugeordnet ist. Er muß seine eigene Haltung dazu finden – ob nun mit oder ohne Stolz, mit oder ohne Zugehörigkeitsgefühl. Die meisten Menschen werden diese Haltung ganz unbewußt finden, sie wächst ihnen rein gefühlsmäßig zu. Aber erst aus der genaueren Kenntnis dieser Heimat, ihrer Geschichte, ihrer Kultur, ihrer Eigenheiten, ihrer Vielfalt und ihrer Schönheit gewinnt er das Selbstverständnis und die Sicherheit, vergleichend über die weißblauen Grenzpfähle zu schauen und als Deutscher und Europäer seine bayerische Heimat ganz zu begreifen mit ihrer Widersprüchlichkeit und Klarheit, ihrer Beharrlichkeit und Originalität, ihrer Offenheit und Toleranz.

Wappen des Freistaates Bayern

Seine Sinnbilder sind der goldene pfälzische Löwe vor schwarzem Grund, der rote fränkische Rechen auf weißem Grund, der blaue niederbayerische Panther auf silbernem Grund, die drei schwarzen Löwen von Schwaben-Neuburg und die weiß-blauen Rauten der bayerischen Wittelsbacher. Zwei goldfarbene Löwen als Symbol für Stärke und Großmut halten das Staatswappen. Die „Volkskrone" über dem Schild an Stelle der früheren Königskrone ist seit 1923 Ausdruck der Volkssouveränität.

REGIERUNGSBEZIRKE, STÄDTE UND LANDKREISE

REGIERUNGSBEZIRK OBERBAYERN

Zahlen aus dem Heft „Gemeindedaten" Ausgabe 1975
Herausgeber: B. Statistisches Landesamt

Der Regierungsbezirk Oberbayern, der größte in der Bundesrepublik, ist eine Verwaltungseinheit, die nicht ohne historische Berechtigung gebildet worden ist. Nach den Landesteilungen der bayerischen Herzöge im Mittelalter – es gab ein Bayern-München, Bayern-Landshut, Bayern-Ingolstadt und Bayern-Pfalz – fügten glückliche Umstände die zersplitterten Teile wieder zusammen, die nun als Verwaltungsbezirke weiterbestanden. Oberbayern, das altbayerische Kernland, setzt sich seit dem 16. Jh. aus dem einstigen Herzogtum Bayern-München, Teilen von Bayern-Ingolstadt und Bayern-Landshut zusammen; es wurde zu Anfang des 19. Jh. um das Bistum Freising und dessen Grafschaft Werdenfels sowie um den salzburgischen Rupertigau und das Reichsstift Berchtesgaden erweitert. Im Zuge der Gebietsreform von 1972 kamen noch der Landkreis Eichstätt und Teile des ehemaligen Landkreises Neuburg a. d. Donau hinzu. Dagegen wurden weite Teile des früheren Landkreises Aichach dem Regierungsbezirk Schwaben eingegliedert.

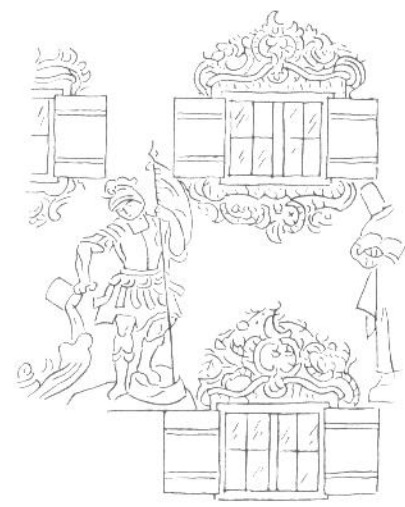

Malereien an einem oberbayer. Bauernhaus

Die Spannweite Oberbayerns ist also sehr groß. Sie reicht von der Kalkabdachung des Jura nördlich der Donau, wo sich Schwäbisches, Fränkisches, Oberpfälzisches und Oberbayerisches treffen, bis zur Zackenlinie der Kalkalpen im Süden. Dazwischen liegt das sog. Voralpenland (auch „Schwäbisch-Bayerische Hochebene“ genannt), eine tertiäre Hügellandschaft, die in ihrer südlichen Hälfte von den Moränen der Alpengletscher überdeckt worden ist.

Das oberbayerische Tertiärhügelland trägt, wie auch das benachbarte niederbayerische, eine fruchtbare Ackerkrume. Die sandiglehmigen und schwachtonigen Böden werden vorwiegend mit Acker- und Hackfruchtbau, besonders intensiv aber mit Hopfenbau in der Hallertau genützt. Etwa die Hälfte dieses bekannten Hopfenlandes liegt in Oberbayern um die Zentren Pfaffenhofen a. d. Ilm, Wolnzach und Au i. d. H. Die Flüsse Isar, Amper, Ilm und Paar ziehen mit ihren Talsohlen breite Furchen zwischen die Hügelrücken. Ausgedehnte, allerdings weitgehend kultivierte Moore gehören als landschaftsbestimmende Elemente unlösbar zu Oberbayern. Im Norden des Tertiärhügellandes reicht das große Donaumoos in den Regierungsbezirk, im Süden breiten sich, bereits im Bereich der Münchener Schotterebene, Dachauer und Erdinger Moos aus. Reich gesegnete Ackerfluren und stattliche Vierseithöfe, häufig allein stehend oder zu Weilern versammelt, bewohnt von einem selbstbewußten, mit dem Land verwurzelten Menschenschlag, kennzeichnen das Bauernland in diesem nördlichen Teil Oberbayerns.

Hopfenhalle in Au

Stolze Schlösser und zahlreiche Wallfahrtsorte zeugen von großer Vergangenheit. Romanische und spätgotische Dorfkirchen, aus Mangel an Naturstein in Backstein aufgeführt, wechseln mit weißgeputzten, zwiebelturmüberragten Barockkirchen.

Über den Südteil des Voralpenlandes schoben sich während der Eiszeiten viermal die Zungen der Alpengletscher vor, schürften dabei eine Reihe von Becken aus und überlagerten ihren Herrschaftsbereich mit mächtigen, aus den Alpen mitgeschleppten Schuttmassen, den sog. M o r ä n e n. Südlich der Linie München-Burghausen durchzieht in halbmondförmigen Bogenlinien ein Endmoränenwall ganz Oberbayern, die Grenze der Gletschervorstöße bezeichnend. Diese gewaltsame Überformung des Landes in den Eiszeiten hat eine der abwechslungsreichsten deutschen Landschaften entstehen lassen. Nach der Eisschmelze durchsägten Wasserströme an vielen Stellen den Moränenwall in scharf geschnittenen Schluchten (z. B. die Würm nördl. des Starnberger Sees, die Isar oberhalb von München, der Inn bei Wasserburg). Die dabei mitgerissenen Geröll- und Schuttmassen bildeten im Moränenvorfeld große Schotterflächen, deren eine die S c h i e f e E b e n e v o n M ü n c h e n ist.

Hinter den Moränenwällen aber blieben im G r u n d m o r ä n e n g e b i e t größere und kleinere Seen zurück, die z. T. ausgeflossen (Wolfratshausener, Rosenheimer Seebecken), z. T. verlandet und vermoort sind (die größten unter den zahllosen Mooren sind Murnauer und Bad Aiblinger Moos), während andere, in den Becken ehem. Gletscherzungen gelagert, bis heute Perlen der oberbayerischen Landschaft blieben (z. B.

Klosterkirche in Ettal

Chiem-, Starnberger-, Ammersee). Besondere Eiszeitprägungen sind daneben die wirr wechselnden Bodenformen; so etwa die Hügelreihen der Drumlins (geradezu elegante stromlinienförmige Erhebungen), die Irrblöcke, Gletscherschliffe und Terrassenlandschaften. Einzelne Erhebungen der Tertiärzeit haben dem Gletscherschub widerstanden und überragen nun ihre Umgebung, besonders eindrucksvoll der Hohenpeißenberg und der Taubenberg. Der Lauf der Bäche wechselt unvermittelt zwischen versumpften Becken, eingeritzten Tobeln, gischenden Wasserfällen und anmutigen Wiesentälern. Zum Ackerbau ist der Boden nicht recht geeignet, daher überzieht das samtene Grün großer Wiesen- und Waldflächen dieses wunderbare Land. Überall aber locken im Süden die blauen Kämme der Alpenberge.

St. Michael in Berg am Laim (München)

Einen Übergang vom Moränengebiet zu den Alpen bildet die grüne Zone der Flyschberge (z. B. Hoher Trauchberg, Hörnle, Zwiesel, Teisenberg), hinter der die erste Kette der Kalkalpen ansteigt. Verschiedentlich fallen deren Erhebungen unvermittelt zum Vorland ab (z. B. Herzogstand, Untersberg). Diese erste Gebirgskette wird allgemein noch zu den Voralpen gezählt. Ihr gehören das Ammergebirge, das Estergebirge (Wank, Krottenkopf, Heimgarten), die Berge des Isarwinkels (Benediktenwand), die anmutigen Tegernseer und Schlierseer Berge, der Komplex des Wendelsteins und die vielgestaltigen Chiemgauer Alpen (Kampenwand, Hochgern) an. Hinter ihnen bauen sich die Kalkhochalpen auf, an denen Oberbayern einen zwar kleinen, aber besonders interessanten Anteil hat. Während die Zentralalpen in Österreich nur aus ihrer bereits sehr hoch liegenden Umgebung gesehen werden können, ihre relative Höhe also gering ist, stürzen die bayerischen Berge meist mit schroffen Wänden unmittelbar in tief eingesägte Täler. Hinzu kommt, daß der Kalk gegenüber dem Kristallgestein der Zentralalpen eine lichte blaugraue Tönung hat. Er verwittert in phantastischen Formen, dabei skurrile Spitzen, scharfe Grate und kühne Felshäupter bildend, die strahlend aus einem dunklen Fichten- und Latschenkleid aufragen. Das trifft vor allem auf die Wetterstein- und Karwendelgebirgsmassive zu. In den Berchtesgadener Alpen überwiegen massigere Formen, Plateaugebirge mit steilen Flanken (Reiteralpe), die wie zerklüftete Kalkklötze um das Berchtesgadener Land lagern.

Berchtesgadener Tracht

Den spezifischen Reiz der oberbayerischen Gebirge machen die überraschenden Kontraste aus; Großartiges neben Lieblichem, majestätische, von Karen zerfressene Bergschrofen neben anmutigen, heiteren Tallandschaften, Wildwasser neben stillen Bergseen (Königssee, Walchensee, Eibsee), dunkle Bergwälder neben hellgrünen Almen.

In diesem oberbayerischen Land erwuchs das Phänomen des bayerischen Barock und Rokoko, hier fand es seine gültige Ausformung. Ein Phänomen, weil es in einer Zeit erblühte, als Bayerns politische und wirtschaftliche Macht durch Kriege und Notzeiten geschwächt war und als die kühle Aufklärung bereits das Geistesleben beeinflußte, was dann zur Aufhebung der Klöster führte; ein Phänomen ferner, weil es nicht zu verstehen ist ohne die große künstlerische und musische Begabung des bayerischen Menschenschlags, aus dem in jener Zeit die größten Künstler Deutschlands hervorgingen. Beredtes Zeugnis dafür sind die ein ganzes

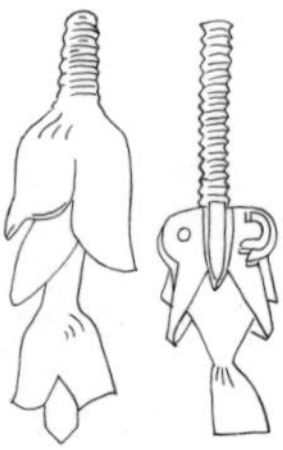

„Lungeln" aus dem Innviertel. Nachbildungen menschlicher Organe als Votivgaben.

Jahrhundert lang wirkenden Stukkatoren-, Maler- und Baumeisterschulen aus Wessobrunn, Miesbach, Hausstatt u. a. Oft begegnen wir Künstlern mit demselben Namen in mehreren Generationen. Viele von ihnen waren Baumeister, Bildhauer und Maler zugleich. Manche Gotteshäuser sind selbständige Schöpfungen einheimischer Maurermeister, worunter sich Leistungen von überraschender künstlerischer Höhe finden. Auftraggeber waren besonders die Klöster, vornehmlich die der Benediktiner, die seit der Christianisierung an der Urbarmachung und Kultivierung des Landes arbeiteten. Eine weitere Ursache des Phänomens aber liegt in der Frömmigkeit und der sinnenhaften Bildnerfreude der Menschen. Oberbayern ist ein Land kirchlicher Prozessionen (rund 80 Georgi- und Leonhardiritte; Fronleichnamsprozessionen) und Wallfahrten, die mitunter sehr feierlich in traditionsgebundener Art begangen werden. An den Wallfahrtsstätten besteht der Brauch, seinem Dank für erhaltene Hilfe in Form von Votivgeschenken Ausdruck zu geben. Es kann sich um kostbaren Schmuck, um Darstellungen des Wunders auf Votivtafeln, um Nachbildungen kranker Glieder, um unnötig gewordene Krüken und dergleichen handeln.

Nirgends haben sich Brauchtum und alte Lebensart so unverfälscht erhalten wie in Oberbayern, mag auch die neue Zeit manche alte Sitte verwischt haben. Das reicht von der angestammten Tracht über die alten Tänze (Schuhplattler, Zwiefacher), Lieder (Jodler, Schnadahüpfl) und die Bauerntheater bis zum festlichen Maibaum-Aufstellen in der Mitte des Dorfes und zum Almabtrieb der reichgeschmückten Rinder.

Maibaum

Freude an der Zierde, am künstlerisch Geformten äußert sich aber auch im täglichen Leben des Oberbayern; am Bauernhaus etwa, dem breitgelagerten alpinen Flachdachhaus mit steinernem Untergeschoß, hölzernem Obergeschoß und umlaufendem Balkon, das stellenweise noch mit Holzschindeln gedeckt ist. Im Oberland sind die Außenwände oft mit figürlichen Fresken geschmückt, die Fenster mit ornamentalen Umrahmungen bemalt. Die Gehöfte stehen teilweise in aufgelockerten Haufendörfern, häufig aber allein oder zu einem Weiler versammelt.

Im Land zwischen Inn und Salzach tragen die Lebensformen manche Eigenart, die in besonderen historischen Bedingungen ihren Grund haben. Jahrhundertelang war die Schiffahrt auf Inn und Salzach für den Warentransport von großer Bedeutung. Die dort gelegenen Städte, die den Handel zwischen Reichenhall (Salz), Tirol, Italien und den Donauländern vermittelten, haben daher manche Einflüsse aufgenommen, deren Auswirkungen im Stadtbild bis heute zu sehen sind: die Häuser vom sog. Inn-Salzach-Typ mit ihren horizontal schließenden Fassaden, deren Oberteil vor Giebeldächer (häufig mehrere nebeneinander, daher „Grabendächer") nur vorgeblendet ist, mit ihren schattigen Laubengängen und mit schräg nach außen gemauerten Stützen, die die Häuser fest im Boden verankert erscheinen lassen.

Seinem Aussehen nach ist Oberbayern ein schönes Bauern- und Waldland, wo im Norden vorwiegend Ackerbau, im Süden aber Viehzucht und Almwirtschaft zur Gewinnung von Milch und Käse betrieben werden. Der Anschein jedoch täuscht. Oberbayern hat im letzten halben Jahrhundert eine beachtliche industrielle Entwicklung genommen. Nach 1945 haben die Heimatvertriebenen manches neue Gewerbe in Oberbayern heimisch gemacht und zahlreiche Betriebe errichtet (völlig neue Industriestätten: Traunreut, Waldkraiburg, Geretsried u. a.). Glücklicherweise verdichten sich Fabriken nirgends zu „Industrielandschaften". Die Rohstoffarmut zwingt zu arbeitsintensiver Veredelung eingeführter Materialien. Hierbei führt die elektrotechnische Industrie, gefolgt von Maschinen- und Fahrzeugbau, chemischer Industrie, Textil- und Bekleidungsindustrie, Feinmechanik und Optik. Unter den einheimischen Rohprodukten dominiert das Holz. Neben seiner Verarbeitung zu Papier, Zellstoff, Möbeln, Bauzwecken usw. wird in den oberbayerischen Alpen Holzschnitzerei seit je als Kunsthandwerk und Hausgewerbe betrieben.

Trotz der vielen leistungsfähigen Wasserkraftwerke ist der oberbayerische Energiebedarf nur durch Einfuhren zu decken. Erdgas- und Erdölvorkommen im Gebiet zwischen München und Mühldorf tragen ein wenig zur Energieversorgung bei. Das Erdölraffinerienzentrum Ingolstadt verarbeitet Rohöl, das über Fernleitungen von der Mittelmeerküste hergeleitet wird. Für die Bauwirtschaft ist der Abbau von Steinen und Erden wichtig. In ganz Oberbayern sind Nährmittelbetriebe (Mühlen, Molkereien) und Brauereien anzutreffen. Das Bier wird von vielen als das fünfte Element in Bayern bezeichnet, es gilt geradezu als Volksnahrungsmittel. Außer mehreren Großbraustätten brauen viele kleine Land- und Klosterbrauereien einen hervorragenden Trunk.

Schließlich spielt in keinem anderen westdeutschen Gebiet der Fremdenverkehr eine so große wirtschaftliche Rolle wie in Oberbayern, denn wer einmal hier zu Besuch weilte und vom gastfreundlichen Wesen der Bewohner, dem blauen Himmel über den Bergen, dem Sonnenglast auf dem weißen Gemäuer von Dorfkirchen und dem Föhnzug über dem Hügelland bezaubert wurde, kommt immer wieder.

Hausformen in Oberbayern

Bauernhof in Garching (Lkr. München)

Haus mit Grabendach im Inn-Salzach-Typus

Ackerbürgerhaus mit Giebelerker (Kasing, Lkr. Eichstätt)

Schlierseegebiet

Inntal

Gehöfte im bayerischen Oberland

Grundriß des Liebfrauenmünsters

Kreuztor

Das Schloßtor

STADT INGOLSTADT

Am Südrand des Fränkischen Jura, in einer weiten Ebene an der Donau liegt Ingolstadt. Es ist nach München die größte und industriereichste Stadt Oberbayerns. Im Jahre 806 urkundlich genannt, kam der Ort 1228 in wittelsbachischen Besitz und erlangte Stadtrechte. Der ersten Pfarrkirche St. Moritz (geweiht 1234; Neubau 14. Jh.) mit ihren merkwürdig angeordneten Türmen (Nordwestturm und Pfeifturm, einst Feuerwachtturm) folgten die Minoritenkirche (erbaut 1277 in strengen frühgotischen Formen; vorzügliche Grabsteine u. a. von H. Daucher, St. Rottaler, Loy Hering, H. Krumpper, I. Günther) und die Spitalkirche (erbaut 1319; reiche Stukkaturen). Als erste Stadtresidenz der Wittelsbacher Herzöge wurde im 13. Jh. der sogenannte Herzogskasten erbaut.

Die große Zeit brach an, als Ingolstadt durch die Landesteilung von 1392 Hauptstadt des Herzogtums Bayern-Ingolstadt wurde. Ludwig der Gebartete (1413–1441), durch Isabeau de Bavière Schwager des französischen Königs Karl VI., ließ die Schätze, die er in Frankreich gesammelt hatte, zum Ausbau der Stadt verwenden. Die schon vorher in Angriff genommene Ummauerung fand 1430 ihren Abschluß. Erhalten sind das prächtige Kreuztor (1385), der Taschenturm und das Feldkirchner Tor sowie große Teile der Mauer mit mehreren halbrunden Türmen. Ein neues Schloß mit kraftvollen, übereck gestellten Türmen entstand 1418 bis 1429. Es ist einer der schönsten gotischen Profanbauten in Süddeutschland. In den großartig gewölbten spätgotischen Sälen wurde das Bayerische Armeemuseum eingerichtet.

1425 begann Ludwig mit dem Bau des mächtigen Liebfrauenmünsters, das als größte spätgotische Hallenkirche Bayerns gilt. Übereck gestellte, unvollendete Westtürme geben ihm seine charakteristische Gestalt. Das Innere, eine Stufenhalle (Mittelschiff höher als Seitenschiffe), wirkt durch die Reihe seiner schlanken Rundpfeiler und durch die Netzgewölberippen, die sich in einigen Seitenkapellen zu virtuosen Wurzel- und Astwerkformen verselbständigen. Von der hervorragenden Ausstattung sind der manieristische Hochaltar von H. Mielich (1572 zur Jahrhundertfeier der Universität gestiftet), ein riesiges Glasgemälde von H. Wertinger (1527) und viele Grabplatten zu nennen. Der Bau wurde erst im 16. Jh. vollendet. Inzwischen war Ludwig der Gebartete abgesetzt worden und Ingolstadt zu Bayern-Landshut gekommen, mit dem es 1505 an Bayern-München fiel.

Ludwig der Reiche von Landshut gründete 1472 die Landesuniversität, die bis 1800 (Verlegung nach Landshut) ihre Heimstätte in der sog. Hohen Schule (erb. 1439) fand. Sie wurde ein Hauptort des Humanismus und eine Hochburg der Gegenreformation. Namen wie Celtis, Reuchlin, Locher, Apian, Dr. Eck und Canisius künden von dieser Glanzzeit. Die folgende Barockepoche brachte zwar keine Großbauten, zeichnete jedoch so manches stattliche Bürgerhaus mit ihren Stilmerkmalen aus. Besonders prächtig gelang das Ickstatthaus (um 1740).

Ein ungewöhnlicher Barockbau ist die „Alte Anatomie“, in der ein Medizinhistorisches Museum eingerichtet wurde. Den Höhepunkt dieser Periode stellt der Bürgersaal St. Maria Victoria dar. Im lichten

Gartenfront der Alten Anatomie

Innern entfaltet das Rokoko seine Zauberkünste. Intarsien an den Einrichtungsstücken, Stukkaturen an den Wänden und ein riesiges Deckenfresko von C. D. Asam (30×16 m) vereinigen sich zu einem Prachtraum von so hohem Rang, daß man von einem Hauptwerk des bayerischen Rokoko sprechen kann. Die barocke Franziskanerkirche J. M. Fischers fiel den Bomben des Zweiten Weltkriegs zum Opfer, die Ingolstadt schwer getroffen haben. Am Donauufer entstand 1966 ein hochmoderner Theaterbau.

Seit 1539 war Ingolstadt bayerische Landesfestung, Bollwerk gegen Norden. Gustav Adolf berannte sie vergeblich. Um 1800 aber folgte mit der Verlegung der Universität und der Schleifung der Befestigung durch Napoleon ein jäher Niedergang. Im 19. Jh. noch einmal zur Festung mit Garnison, Waffenlager und Rüstungsindustrie aufgestiegen, verlor sie diesen Charakter 1945 völlig. Die Bastionen verschwanden endgültig bis auf Torbauten und einige Bauwerke Leo von Klenzes. Im Torbau des Kavalier Hepp wird das Heimatmuseum eingerichtet.

Ehem. Universitätsgebäude

Aus Militäranlagen wurden Industriebetriebe. Ingolstadt trat in den letzten Abschnitt seiner Geschichte. Es wuchs zu einem Industrieschwerpunkt von hoher Wirtschaftskraft heran. Produziert werden: Automobile, Spinnereimaschinen, Metallwaren, optische Geräte, chemische Artikel, Textilien, Möbel, Lederwaren, Tabakwaren u. v. a. Die Bundesbahn errichtete ein großes Ausbesserungswerk. Eine neue Dimension erlebt Ingolstadts Wirtschaftsleben durch die Erdölindustrie. Riesige Tanks und himmelhohe Schornsteine kennzeichnen das Donautal östlich der Stadt. Hier ist die Zentrale der gesamtbayerischen Energieversorgung entstanden. Die großangelegten Raffinerien werden über Pipelines von den Mittelmeerhäfen her beliefert. Zwei Großkraftwerke nützen die Nachbarschaft der Ölindustrie. Für die Zukunft sind auch petrochemische Produktionsanlagen geplant. Die Technikerschule der Stadt Ingolstadt bildet den Nachwuchs in den Fächern Maschinenbau, Elektrotechnik und Bautechnik aus.

STADT MÜNCHEN

Gotischer Erker im Alten Hof

M ü n c h e n ist die Hauptstadt des Freistaates Bayern und zugleich Sitz der Regierung von Oberbayern, ist kultureller und wirtschaftlicher Brennpunkt des Landes. München ist jünger als die meisten der umliegenden Vororte und eingemeindeten Dörfer. Sein Name und sein Wappen weisen darauf hin, daß hier ein klösterlicher Wirtschaftshof bestand, bevor der Welfenherzog Heinrich der Löwe 1158 die Isarbrücke der Freisinger Bischöfe im flußabwärts gelegenen Oberföhring vernichtete und bei der Mönchssiedlung neu über den Fluß führte, um sich den Brückenzoll zu sichern. Er umfriedete den Ort und begabte ihn mit Markt- und Münzrecht. Die berühmte Salzstraße Reichenhall-Augsburg lief nun über München. Sie kreuzte hier den Handelsweg Italien-Regensburg-Nürnberg. 1180 verlor Heinrich der Löwe seine bayerische Herrschaft an Otto von Wittelsbach. Bauwerke jener Zeit sind nicht erhalten außer den Fundamenten der ersten Peterskirche (11./12. Jh.) und des gotisch veränderten Löwenturms vom ersten Mauerring.

Nach der ersten Landesteilung der Wittelsbacher stieg München 1255 unter Ludwig dem Strengen zur oberbayerischen Residenz auf. Herzogssitz war der sog. A l t e H o f, der heute allerdings ein verändertes Aussehen zeigt. Unter Ludwig dem Bayern (1294–1347), dem großen Förderer der Städte, genoß München für einige Jahrzehnte den Glanz einer Kaiserstadt. Der Kaiser ließ einen zweiten, erweiterten Mauerring aufführen, der dem Gemeinwesen bis ins 18. Jh. Platz bot. Drei Torbauten (Isar-, Sendlinger- und Neuhauser- oder Karlstor) zeugen von ihm.

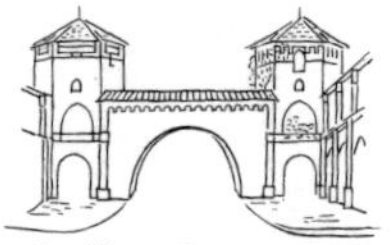

Sendlinger Tor

Im Spätmittelalter wetteiferte München als Handelsplatz mit den alten Reichsstädten Augsburg und Nürnberg, ohne jedoch deren Bedeutung zu erlangen. Wohlstand breitete sich aus, die Bürgerschaft reifte zur tragenden Macht. Ausdruck dieser Entwicklung ist die mächtige F r a u e n k i r c h e, die Jörg von Halspach (auch Ganghofer genannt) 1468 bis 1494 als Backstein-Hallenkirche mit drei hohen, von riesigen Fenstern durchlichteten Schiffen aufführte. Sie ist seit 1821 Domkirche des Erzbistums München-Freising. Mit ihren hundert Meter hohen, von sog. welschen Hauben (1524) gekrönten Türmen bildet sie das Wahrzeichen Münchens. Die großen Bombenschäden überlebten im Innern u. a. mehrere wertvolle spätgotische Holzfiguren, Glasgemälde im Chor (14.–16. Jh.) und das Grabmal Kaiser Ludwigs (Aufbau nach Entwurf von H. Krumpper um 1622).

Moriskentänzer von Erasmus Grasser

Jörg Ganghofer schuf ferner das A l t e R a t h a u s am Marienplatz (1470–1480), dessen Festsaalbau und Torturm wiederhergestellt wurden, und die A l l e r h e i l i g e n k i r c h e a m K r e u z („Kreuzkirche" erbaut 1478–1485). In gotischer Zeit ist auch die erste Pfarrkirche, S t. P e t e r, neu entstanden. Sie erfuhr später mehrfach Veränderungen und fiel 1944/45 den Bomben zum Opfer. Die Wiederherstellung des Gebäudes mit dem berühmten „Alten Peter", dem Turm von 1630, mußte auf einen großen Teil seiner reichen Barockausstattung verzichten. Erhalten sind Figuren von E. Grasser, E. Q. Asam, J. B. Straub, I. Günther sowie der Hochaltar und wertvolle Grabsteine. Auch die benachbarte gotische H e i l i g g e i s t k i r c h e (1327–1392; im 18. Jh. barockisiert) mußte weitgehend neu errichtet werden. Ihre Ausstattung war bis auf den Hochaltar vernichtet. Die S a l v a t o r k i r c h e von 1494–1499 mit ihrer

schlanken Turmspitze dient der griechisch-orthodoxen Kirchengemeinde als Kultraum.
Wie in ganz Altbayern war auch in Münchens Vororten, die mittlerweile eingemeindet wurden, die Spätgotik eine sehr fruchtbare Bauperiode. In Blutenburg, im Westen der Stadt, entstand innerhalb der Mauern des gotischen herzoglichen Jagdschlosses eine Kapelle (1488), die wegen ihrer einheitlichen Ausstattung aus der Erbauungszeit einzigartig ist. Von Jan Polack, dem damals bedeutendsten Maler Münchens, sind die Altäre; ein unbekannter Meister schnitzte die lebensvollen Apostelfiguren mit der Blutenburger Madonna. Raum und Einrichtung klingen auch im Kirchlein des benachbarten Pipping (erb. 1480) in großartiger Weise zusammen (Schnitzaltäre, geschnitzte Holzdecken und Malereien). Wie diese beiden Gotteshäuser ist ferner die Pfarrkirche von Untermenzing mit Hilfe Herzog Sigismunds entstanden (erb. 1499; gute Glasgemälde und Wandmalereien, frühbarocke Altäre). In der Nähe stehen weitere gotische, teils barock veränderte Kirchen in Aubing, Pasing, Laim u. a., im Norden der Stadt in Schwabing und Fröttmaning, im Süden in Thalkirchen (mehrfach veränderte und barockisierte Wallfahrtskirche; Hochaltar von I. Günther) und Forstenried (Wallfahrtskirche des 15. Jh.; Barockisierung im 16./17. Jh.; hervorragendes, fast lebensgroßes Holzkruzifix um 1200). Östlich der Isar stehen die gotischen Gotteshäuser St. Nikolai am Gasteig (barockisiert), St. Joh. Baptist in Johanneskirchen (13. Jh.; um 1688 erneuert; guter Barockaltar), St. Stephan in Baumkirchen (1511; 1713 barockisiert) und die Wallfahrtskirche St. Maria in Ramersdorf (1675 verändert), deren größter Schatz zwei Werke von E. Grasser sind (Muttergottes und Schnitzaltar von 1483).
Die Glanzzeit des Bürgertums im Spätmittelalter mündete in eine Epoche, in der Herzogshof und Residenz das Leben der Stadt bestimmten. 1505 waren Ober- und Niederbayern unter Herzog Albrecht IV. (1465–1508) wieder vereinigt. Der Zusammenschluß steigerte die Macht des Fürsten. Der Geist des Humanismus fand starken Anklang. In der 2.

Blutenburg

Kruzifix aus Forstenried

Münzhof

Hälfte des 16. Jh. wurden viele in- und ausländische Künstler, vor allem Italiener und in Italien ausgebildete Niederländer, an den Hof gerufen, um in der neuen Kunstrichtung der Renaissance die Wünsche der baufreudigen und prachtliebenden Herzöge zu befriedigen. Freude am Kunstwerk und Sammelleidenschaft legten den Grundstein zu vielen Münchner Kunstsammlungen. Unter Albrecht V. (1550–1579) wurde als „Kunstkammer" und Marstall 1563–1567 die jetzige Staatliche Münze mit ihrem prachtvollen dreigeschossigen Arkadenhof aufgeführt. Die Neufeste, eine nördlich vom Alten Hof im 14./15. Jh. entstandene Burg (nicht erhalten), wurde nun verändert und zu einer repräsentativen Residenz erweitert. Besonders Wilhelm V., der Fromme, ließ so großartige Räume wie das Antiquarium (tonnengewölbter Saal zur Aufstellung von antiken Büsten; endgültige Gestaltung unter Fr. Sustris), den Grottenhof, die Brunnenhofbauten u. a. errichten. Zu Anfang des 17. Jh. kamen die Hofkapelle und das Geviert um den Kaiserhof hinzu. Als eifriger Gegenreformator förderte Wilhelm den Jesuitenorden. In seinem Auftrag schuf Sustris die Gesamtanlage des Jesuitenklosters und im wesentlichen (neben Wolfg. Miller) auch die mächtige Michaelskirche (erb. 1583–1597), deren kühnes Tonnengewölbe, deren klare Proportionen und neue Formen entscheidenden Einfluß auf den Kirchenbau Süddeutschlands genommen haben. Es ist der erste monumentale Renaissancebau nördlich der Alpen. Von Hubert Gerhard stammt der (teilweise vernichtete) Stuck und viele Skulpturen (u. a. der hl. Michael an der Außenfassade), Chr. Schwarz malte das Hochaltarblatt, Peter Candid mehrere Seitenaltarblätter.

Hauptwerke der damals aufblühenden Bronzeplastik waren von H. Gerhard: die Patrona Bavariae von der Mariensäule (errichtet 1638; Putten von G. Petel um 1633), die Bavaria vom Tempelchen im 1615 angelegten Hofgarten und die Perseusfigur im Grottenhof; von H. Krumpper: die Patrona Boiariae von der bemalten Westfront der Residenz, der Wittelsbacher Brunnen im Brunnenhof u. a.

Doch auch andere Künste und Wissenschaften wurden in München gepflegt. Als Hofkapellmeister und Komponist wirkte der berühmte Niederländer Orlando di Lasso. Jakob Bidermann gehörte zu den glanzvollsten Vertretern der geistlichen Theaterdichtung.

Die Entwicklung zur Kunststadt München, die in jener Epoche begann, erfuhr durch den 30jährigen Krieg eine einschneidende Unterbrechung. Trotz eines neu angelegten bastionären Befestigungsringes konnte der Schwedenkönig Gustav Adolf 1634 kampflos in die Stadt dringen und ihr seine Forderungen diktieren. Herzog Maximilian (1597–1651) erwarb sich als Haupt der katholischen Liga 1623 die Kurwürde, im Lande aber breiteten sich Elend und Armut aus.

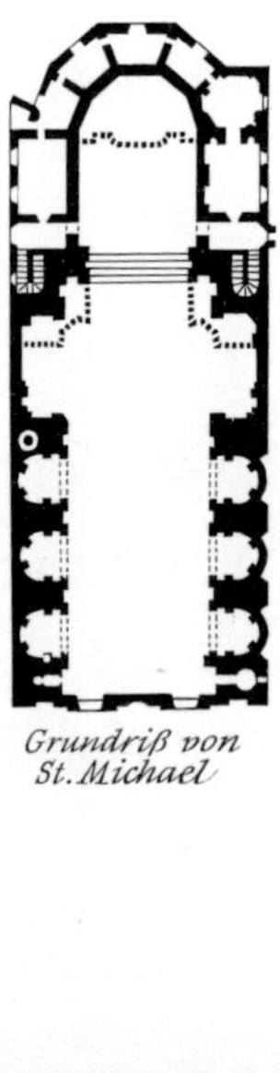

Grundriß von St. Michael

Unter Ferdinand Maria (1651–1679) gesundete die Stadt allmählich, unter ihm hielt das Barock in München seinen Einzug. Mit der Theatinerkirche St. Kajetan entstand 1663–1675 durch die Italiener A. Barelli und E. Zuccalli der erste große Barockkirchenbau in Deutschland. Seine Kuppel, seine Türme und seine quellenden Stukkaturen vermittelten den heimischen Baumeistern Anregungen, die zu den großartigen Formen eines völlig eigenständigen bayerischen Barock und Rokoko verarbeitet wurden. Die Fassade kam erst 1768 nach Plänen

F. Cuvilliés hinzu. Das Innere, ganz in Weiß stuckiert, erhält dekorative Akzente durch die Altäre und die dunkle, von A. Faistenberger geschnitzte Kanzel (1681). In der Fürstengruft unter dem Hochaltar ruhen viele bayerische Herrscher.

Der absolutistische Kurfürst Max Emanuel (1679–1726), der gefeierte Sieger von Belgrad, trat im spanischen Erbfolgekrieg auf die Seite Frankreichs. Die Österreicher besetzten daher München und machten dem Aufbegehren der patriotischen Bauern des Oberlandes in der Sendlinger Mordweihnacht 1705 ein blutiges Ende. Der Sohn Maximilians, Karl Albrecht (1726–1745), erhob Anspruch auf Österreich und ließ sich 1742 zum Kaiser krönen, was seinem Lande wiederum Kriege und Besatzungen einbrachte. Erst unter Max III. Joseph (1745–1777) kehrte Frieden ein.

Dreifaltigkeitsgruppe in der Asamkirche

Trotz dieser politischen Wirren und der steigenden Verarmung des Landes erlahmte die Bautätigkeit der Fürsten nicht. Hoher Machtanspruch und zugleich tiefe Frömmigkeit fanden ihren Ausdruck in den Schloß- und Kirchenbauten des Barock und Rokoko. Nach Plänen G. A. Viscardis entstand einer der richtungweisenden Bauten des italienischen Hochbarock: die originelle Dreifaltigkeitskirche mit ihrer geschwungenen Fassade (1711–1715; Stukkaturen J. G. Baders, Fresken C. D. Asams 1710–1715). Der gleiche Baumeister erstellte 1710 den sog. Bürgersaal. Aus dem Brande 1944 konnte von der glänzenden Ausstattung das Hochrelief vom Hochaltar (A. Faistenberger 1711) und die graziöse Schutzengelgruppe des I. Günther (1763) gerettet werden. Statt des zerstörten großen Deckengemäldes von 1771 überzieht nun wieder die rekonstruierte barocke Stuckdekoration das Gewölbe. Die Außennische birgt eine Madonna von A. Ableithner.

Dreifaltigkeitskirche

Johann Michael Fischer, einer der genialsten bayerischen Raumschöpfer, erbaute die ehem. Hofkirche St. Michael in Berg am Laim (1738–1751), zu deren Ausgestaltung J. B. Zimmermann die flüssigen Stukkaturen und die pastellnen Deckenbilder (1744), J. B. Straub Altäre und Figuren beitrugen. Fischers Bau von St. Anna im Lehel (1727–1737) haben Bomben zerstört, der Wiederaufbau versucht, den ursprünglichen Raumeindruck herzustellen. Auch St. Georg in Bogenhausen ist wahrscheinlich nach Fischers Plänen entstanden (erb. 1766–1768; Ausstattung von J. B. Straub und I. Günther).

Der Hofbaumeister J. B. Gunetzrhainer führte die ehem. Damenstiftskirche St. Anna 1732–1735 auf.

Nicht zu überbietender Höhepunkt Münchener Rokokokunst im Kirchenbau ist die kleine St.-Johann-Nepomuk-Kirche neben dem stuckverzierten Rokokowohnhaus (ursprünglich gotisch) der Asam. Sie war alleiniges Werk und Besitz der berühmten Gebrüder Asam und wird daher mit Recht kurz „Asamkirche" genannt. E. Q. Asam modellierte von 1733 bis zu seinem Tode 1750 an diesem Privat-Gotteshaus, sein Bruder Cosmas Damian stand ihm als Kunstmaler zur Seite. Fassade wie Innenraumgestaltung, die in der feierlich thronenden Dreifaltigkeitsgruppe gipfelt, sind einzigartige Leistungen der Epoche. Leider ist das Deckenfresko beschädigt.

Stuckdetail aus der Amalienburg

Das weltliche Gegenstück zur Asamkirche ist die Amalienburg des Fr. Cuvilliés im Schloßpark von Nymphenburg (1734–1739). Das Innere

Emporenfigur im Cuvilliés-Theater (Altes Residenztheater)

des kleinen Baues zeigt eine Flucht von Räumen in farbigem Wechsel, deren Verkleidung mit versilberten Stukkaturen von sprühender Eleganz ist. Zusammen mit J. B. Zimmermann schuf Cuvilliés hier das künstlerisch qualitätvollste Rokoko, das Europa auf profanem Gebiet erreichte. Die Gesamtanlage von Schloß Nymphenburg, der ehem. sommerlichen Kurfürsten- und Königsresidenz, hat zwar viel vom Geiste französischer Schloßanlagen des Absolutismus, ist aber eine eigene Schöpfung Münchener Baumeister. Von 1663 an wurde durch A. Barelli (Mitteltrakt), G. A. Viscardi (Arkaden und Pavillons) und J. Effner (Flügelbauten und Fassaden) der Bau angelegt und ausgestattet (Steinerner Saal mit Stuck und Fresken von J. B. Zimmermann 1756/1757; ein Saal enthält die sog. Schönheitsgalerie Ludwigs I., 24 Frauenbildnisse von der Hand Josef Stielers). In einem der Schloßrondelltrakte arbeitet heute die 1747 gegründete Nymphenburger Porzellanmanufaktur, der der Tessiner Künstler Franz Anton Bustelli durch seine zierlichen Modellfiguren Weltgeltung verschaffte. In den ehemaligen Stallungen wurde das Marstallmuseum eingerichtet. Der ausgedehnte Park, zweigeteilt durch Blumenrabatten und Kanal, präsentiert sich als gelungene Synthese von französischem und englischem Gartenstil. Statuen, Brunnen, Seen, Kaskaden, Pavillons und Schlößchen sind darin verstreut. Neben der Amalienburg gibt es eine Badenburg mit dem einzigen künstlerisch gestalteten Baderaum des 18. Jh. in Deutschland (1718–1721 von J. Effner), eine Pagodenburg im „ostasiatischen Stil“ und eine Magdalenenklause (Eremitage).

Fassadendetail vom Gunetzrhainer-Haus

In der Innenstadt erhielt die Residenz einige spätbarocke Kleinode, voran das Cuvilliés-Theater (1751–1755; Schnitzwerk von J. B. Straub u. a.), das als schönstes Rokokotheater der Welt gelten kann, und die sog. Reichen Zimmer (1729–1734 von Cuvilliés).

Der Adel wollte an Baueifer und Kunstgesinnung den Kurfürsten nicht nachstehen. Das bemerkenswerteste Adelspalais des Rokoko gelang Joseph Effner 1723–1728 für den Grafen Preysing. F. Cuvilliés errichtete 1733–1737 das Erzbischöfliche Palais (ehem. Holsteinpalais) mit elegant durchgeformter Fassade. Sehenswert sind weiter die Schauseiten des Palais Porcia (1693 von E. Zuccalli; ergänzt um 1732 von Cuvilliés), des zweiten Palais Preysing in der Prannerstraße (um 1740), des Palais Gise, des Palais Lerchenfeld (um 1728), des ehem. Ständehauses (1774 von F. Cuvilliés d. J.; heute Meisterschule für Mode) und mehrerer barocker Bürgerhäuser.

Von den eingemeindeten alten Vororten besitzen Oberföhring, Perlach, Harlaching und Sendling qualitätvolle barocke Pfarrkirchen.

Chinesischer Turm

Auf den kinderlosen Max III. Joseph folgte Kurfürst Karl Theodor (1777 bis 1799) von der pfälzischen Linie der Wittelsbacher. Er huldigte dem aufgeklärten Absolutismus und führte viele Neuerungen ein. Die Bastionen um die Stadt fielen, die Ausweitung der engen Stadt begann. Rühmenswert ist die Anlage des Englischen Gartens durch Friedrich Ludwig von Sckell. Dieser kilometerweite Landschaftspark mit seinen Bächen, dem Kleinhesseloher See, dem Chinesischen Turm (1789/1790) und dem Monopteros (jonischer Rundtempel von Klenze auf künstlichem Hügel, 1837 erb.) ist fast einzigartig in Europa.

Im napoleonischen Wirbelsturm wurde ein neues Bayern, ein Königreich gebildet und Kurfürst Max IV. Joseph 1806 als Maximilian I. zum König gekrönt. Dem jungen Königreich fielen Gebietsteile zu, die seine Größe verdoppelten. München wurde Hauptstadt eines aus verschiedenen Stämmen und Bekenntnissen gemischten Staates. Es mußte seine Fähigkeit beweisen, die krassen Gegensätze einzuschmelzen und sich zu behaupten. Auch der Horizont und der Anspruch der Stadt wuchsen. Unter dem tatkräftigen Minister Graf Montgelas, der die zum Wohl des Staates geplante, aber manches Unheil anrichtende Säkularisation kirchlichen Gutes veranlaßte, wurde das junge Staatsgebilde gefestigt. 1818 erhielt Bayern als eines der ersten deutschen Länder eine Verfassung. Für die Ausweitung Münchens wurde 1812 ein „Generalbaulinienplan" aufgestellt. Sein Schöpfer, der Architekt Karl von Fischer, erbaute als erste Prachtstraße die Briennerstraße und führte den an der Antike geschulten Klassizismus in München ein.

Nationaltheater

Als König Ludwig I. (1825–1848) die Regierung antrat, setzte er sich zum Ziel, München zu einer Stadt zu machen, die man gesehen haben müsse, um Deutschland zu kennen. Er machte sein Wort wahr. Bei seiner Abdankung 1848 war München eine Kunststadt von Weltruf, man legte ihr den Namen „Isarathen" bei.

Die Ludwigstraße war entstanden, gesäumt von den Monumentalgebäuden Klenzes und Gärtners. Vom letzteren stammen die Feldherrnhalle (nach Vorbild der Loggia dei Lanzi in Florenz erb. 1840 bis 1844), das Siegestor (nach Vorbild des Konstantinsbogens in Rom erb. 1843–1852), die Universität (1835), die Ludwigskirche (1829–1844; riesige Fresken von P. Cornelius), die Staatsbibliothek u. a. Die Briennerstraße mit ihren Adelspalais mündete nun auf den Königsplatz mit Leo von Klenzes Nachbildung der Propyläen in Athen (1846–1860), der Glyptothek (1816 bis 1830) und dem Gebäude der Antikensammlungen. Die Theresienwiese erhielt mit Klenzes Ruhmeshalle (bayer. Walhalla) und

Maximilianeum (Bayerischer Landtag)

Ostseite der Ludwigstraße

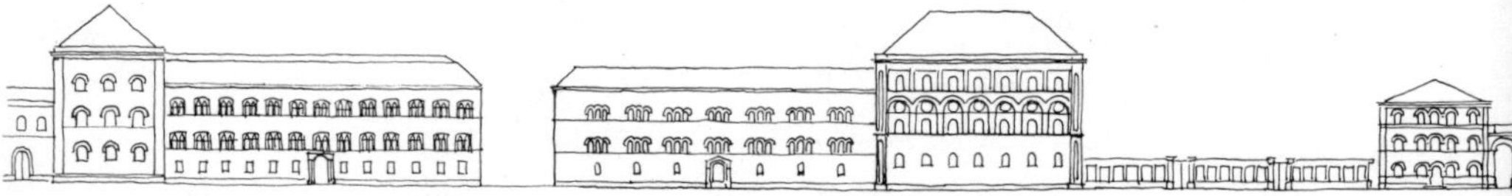

Schwanthalers Riesenmonument der Bavaria (16 m hohe Bronzestatue; gußtechnische Meisterleistung F. Millers) einen imposanten Abschluß. Die Residenz wurde um den in Florentiner Renaissance gehaltenen Königsbau (Nibelungensäle mit großen Fresken von 1831 bis 1867) und um den Festsaalbau in italienischer Hochrenaissance bereichert (beide von Klenze). In der Basilika St. Bonifaz (erb. 1850 in altchristlichem Stil; nach Zerstörung wiederhergestellt) ist Ludwig I. bestattet.
Münchens Kunstakademie war über Deutschland hinaus berühmt, in der Universität (1826 aus Landshut hierher verlegt) wirkten Gelehrte wie der Historiker Görres und der Philosoph Schelling. König Maximilian II. (1848–1864) versammelte als eifriger Förderer der Wissenschaft und Dichtkunst zahlreiche Gelehrte (u. a. Justus von Liebig) und Dichter (u. a. Paul Heyse, Emanuel Geibel) um sich. Er ließ die Maximilianstraße durchbrechen, deren Fluchtlinien auf das prächtige kulissenhafte Maximilianeum (1854; jetzt Sitz des Landtags) am Isarabhang zielen. Der schwärmerische Romantiker Ludwig II. (1864 bis 1886) erneuerte durch seine Freundschaft mit Richard Wagner Münchens Ruf als Musik- und Theaterstadt. Im Nationaltheater (erb. von K. v. Fischer 1811–1818) wurden dessen heißumstrittene Operndramen aufgeführt.
Unter dem folgenden Prinzregenten Luitpold (1886–1912) gewann die ungeheuer schnell wachsende Stadt ihr heutiges Gesicht. Den Marienplatz begrenzte nun nach Norden das neugotische Neue Rathaus (1867–1908) mit dem berühmten Glockenspiel, am Karlsplatz entstand der neubarocke Justizpalast. Die jungen Stadtteile erhielten durch große neugotische und neuromanische Kirchen eigene Akzente.
Das 19. Jahrhundert war Münchens leuchtende Zeit. Mit die bedeutendsten Künstler und bekanntesten Maler des Jahrhunderts (z. B. M. v. Schwind, P. Cornelius, K. Spitzweg, F. Lenbach, W. Leibl, F. v. Uhde) haben hier gearbeitet, gelebt und gefeiert.
In der Zeit um die Jahrhundertwende und danach zieht die Stadt die Literaten und Maler der „Moderne" an, wie H. Ibsen, St. George, R. M. Rilke, M. Halbe, F. Wedekind, Thomas und Heinrich Mann, Ludwig Thoma und O. M. Graf. Von den Münchner Künstlervereinigungen ist der „Blaue Reiter" mit W. Kandinsky, F. Marc, A. Jawlensky, P. Klee, A. Kubin und G. Münter schon in die Kunstgeschichte eingegangen.

Westseite der Ludwigstraße

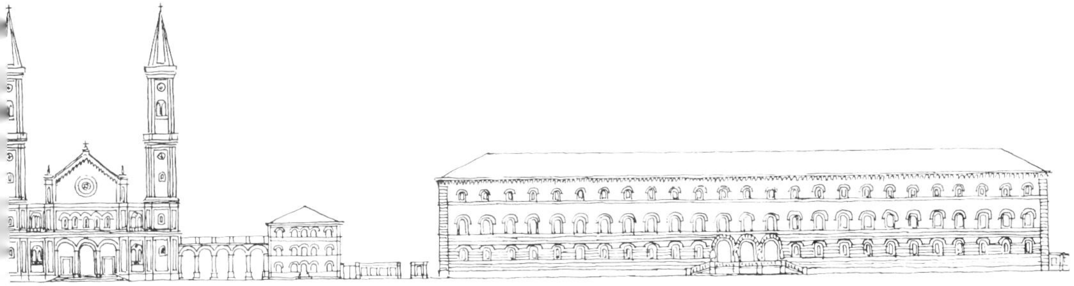

Das 20. Jahrhundert brachte den Ersten Weltkrieg, das Ende der Monarchie (1918), Revolutionen, Unruhen und schließlich das Dritte Reich, das Deutschland in den Zweiten Weltkrieg und München in die 66 Bombenangriffe der Jahre 1944/45 führte. Danach bot die Stadt einen trostlosen Anblick. Kaum ein Haus in der Innenstadt war verschont geblieben. Viele Kunstwerke waren vernichtet, viele beschädigt worden. Mehrere Millionen Kubikmeter Trümmer mußten geräumt werden. Zwei Schuttberge erheben sich am Stadtrand als Mahnmale jener Schreckenstage. Mittlerweile begrünt, sind sie zu beliebten Aussichtspunkten geworden.

Langsam und stetig erholte sich die Stadt. Sie hatte nichts von ihrer Anziehungskraft verloren. Ihre Bevölkerungszahl wuchs jährlich um rund 30 000 und bei ihrer 800-Jahr-Feier 1958 zählte sie eine Million Einwohner. Auch in den 60er Jahren ist sie sprunghaft angestiegen. Der starke Zuzug erzwang den Bau neuer Stadtviertel, deren architektonische Gestaltung nicht immer unumstritten war (z. B. Hasenbergl, Neuperlach). Um den Fernsehturm breiten sich die beschwingten Sportanlagen der Olympischen Spiele 1972 aus.

Die Sogkraft Münchens ist nicht die einer jeden Groß- oder Weltstadt, sie beruht auf unzähligen Nuancen seines Wesens. Sein Grundzug ist innere Ruhe und Ausgewogenheit, Weltoffenheit, geistige und künstlerische Toleranz gepaart mit lebens- und sinnenfroher Heiterkeit. Das ist das Klima, aus dem die Stadt der Theater, der Schulen und Bibliotheken, der Museen, der Feste, des Bieres, der Industrie und des Handels gedeiht.

Zu München als Kunststadt gehören seit je das Theater und die Musik. Hier gibt es die Staatsoper im Nationaltheater (Opernfestspiele im August), das Residenztheater (Schauspiel), das Cuvilliés- oder Alte Residenztheater (Schauspiel und Oper), die Kammerspiele (Schauspiel), das Theater am Gärtnerplatz (Operette), die Kleine Komödie, das Marionettentheater und zahlreiche Kleinbühnen, Volkstheater und Kabaretts. Viele Säle stehen für die mehr als 300 jährlichen Konzerte zur Verfügung. Berühmt sind die Symphonieorchester der Münchner Philharmoniker und des Bayerischen Rundfunks. In der Sommersaison finden außerdem im Brunnenhof der Residenz und im Steinernen Saal von Schloß Nymphenburg Konzerte statt.

Die Reihe der Schulen führt die Universität mit der höchsten Studen-

tenzahl in Deutschland an. Dann folgt die Technische Universität, die Staatliche Hochschule für Musik, die Akademie der Bildenden Künste, die Hochschule für Film und Fernsehen, das Richard-Strauß-Konservatorium, die Staatsschule für angewandte Kunst, mehrere staatliche und private Fachhochschulen, Meisterschulen und Fachschulen, fast 40 Höhere Lehranstalten u. v. a. Die Staatsbibliothek besitzt über 3 Millionen Bände und ist damit die größte Bibliothek Deutschlands.

Aus dem Deutschen Jagdmuseum in der ehemaligen Augustinerkirche

München ist die erste deutsche Museumsstadt. Ihre Alte Pinakothek (erb. 1825–1836 von Klenze) zählt zu den reichsten Galerien der Welt (Hauptwerke von Dürer, Altdorfer, Grünewald, Pacher, Rubens, Rembrandt, van Dyck, Hals, van der Weyden, Memling, Tizian, Raffael, Botticelli, Perugino, El Greco, Murillo u. v. a.), im Haus der Kunst (erb. 1933–1937) sind die Gemälde aus der zerstörten Neuen Pinakothek und der Staatsgalerie moderner Kunst zur Schau gestellt (Werke bedeutender Maler des 19. Jh., des Impressionismus und Expressionismus), die Schackgalerie zeigt vornehmlich Münchner Maler des 19. Jh. Weiterhin seien genannt: das Bayerische Nationalmuseum mit einzigartigen Sammlungen deutscher Kunst und deutschen Kunstgewerbes aller Zeiten, besonders aus Bayern, die Antikensammlungen am Königsplatz (vor allem griechische Vasenmalerei), die Glyptothek (griechische und römische Plastik), die Sammlung Ägyptischer Kunst in der Residenz, die Städtische Galerie in der Villa des „Malerfürsten" Franz von Lenbach (Münchner Malerei; große Kandinsky-Sammlung), das Münchner Stadtmuseum im gotischen ehem. Stadtzeughaus (erb. 15. Jh.; Sammlungen zur Kulturgeschichte des bürgerlichen München, Brauereimuseum, Puppentheatersammlung, Photo- und Filmmuseum; groteske Moriskentänzer Erasmus Grassers von 1480 aus dem Festsaal des Alten Rathauses), das Residenzmuseum (historische Säle, Schatzkammer), die Münzsammlung, das Marstallmuseum, das Völkerkundemuseum, das Theatermuseum, die Graphische Sammlung, das Stuck-Jugendstil-Museum, das Deutsche Jagdmuseum und das „Valentin-Musäum". Das Museum für Vor- und Frühgeschichte wird 1976 neu eröffnet.

Modernes Verwaltungsgebäude und BMW-Museum

Das größte technische Museum der Welt ist das Deutsche Museum, das 1903 von Oskar von Miller gegründet wurde. An seinen reichen Beständen – die Führungslinie mißt 14 km – läßt sich die Entwicklungsgeschichte der Technik, der Naturwissenschaft und der Industrie verfolgen. Im BMW-Museum sind Beispiele aus der Fahrzeugbauentwicklung ausgestellt.

Dem botanisch Interessierten bietet sich der gepflegte Botanische Garten an (mit der botanischen Staatssammlung), dem Tierliebhaber der Tierpark Hellabrunn mit seinen weiten Freigehegen.

Die Feste, Veranstaltungen, Messen, Ausstellungen (großer Ausstellungspark) und Kongresse (mehrere Kongreßhallen) sind in München ohne Zahl. Das Oktoberfest auf der Theresienwiese zu Füßen der Bavaria ist das größte Volksfest der Welt. Im Turnus von zwei Jahren wird dort zu gleicher Zeit das Zentral-Landwirtschaftsfest abgehalten. Die Auer Dult, ein uraltes Volksfest mit Jahrmarkt, findet dreimal jährlich auf dem Mariahilfplatz statt. Vor Weihnachten stehen in der Fußgängerzone des Zentrums die Verkaufsstände des Krippenmarktes.

Im Olympiapark

Während des Faschings jagen sich die großen Bälle und am Faschingssonntag wie am Faschingsdienstag spielt sich in der Stadt das Faschingstreiben mit Tanzgaudium und Umzügen ab.
Diese Münchener Festzeiten sind in der ganzen Welt ein Begriff. Das gleiche gilt vom Bier. Vielen gilt München als Bierstadt schlechthin und das Hofbräuhaus als seine Hauptattraktion. Tatsächlich gehören nirgend anderswo das Bier, das Brauwesen, das Gaststättengewerbe und Spezialgerichte (Münchner Weißwurst) so deutlich zu den Besonderheiten einer Stadt wie in München (Starkbierfeste im Frühjahr).
Industrie und Technik haben sich in das besondere Kulturklima der Stadt gefügt. Obwohl München die industriereichste Stadt Bayerns ist und in dieser Hinsicht sogar die Städte des Ruhrgebiets übertrifft, erscheint sie durchaus nicht als Industriestadt. Keine rauchenden Schornsteine stören das Stadtbild. In den vielen verstreuten Fabriken aber entstehen alle erdenklichen Produkte, so elektrotechnische, feinmechanische, optische, pharmazeutische und chemische Artikel, Bekleidung, Kunststoffartikel, Fotoartikel, Fahrzeuge, Motoren, Maschinen, Textilien, Druckerzeugnisse, Nahrungs- und Genußmittel u. v. a. Scharen von Pendlern kommen täglich oder jeweils am Wochenanfang aus ganz Südbayern zu ihren Arbeitsstätten in der Stadt. Große Bedeutung erlangte München auch als Stadt der Verlage, des graphischen Gewerbes, der Bauunternehmungen, des Handwerks und hier im besonderen des Kunsthandwerks.
Als Tor zu den Alpen und als größter Verkehrsknotenpunkt Süddeutschlands (Verkehrsflughafen Riem, 9 Eisenbahnlinien, Autobahnen und Fernstraßen) ist München ein lohnendes Reiseziel (höchste Übernachtungsziffer im Bundesgebiet) und ein wichtiger Umschlagplatz für Güter aller Art. Von der Großmarkthalle aus wird ganz Deutschland mit Südfrüchten versorgt. Schließlich trägt das Versicherungswesen und der Handel am Wirtschaftsleben der Stadt entscheidenden Anteil, und hier wiederum – typisch für München – auch der Kunst- und Antiquitätenhandel.

Darstellung des „Schäfflertanzes" im Glockenspiel am Rathaus. (Alle 7 Jahre aufgeführter, historischer Tanz der Schäffler)

STADT ROSENHEIM

Der erste „Kassenschrank" der Distriktssparkasse Rosenheim (Heimatmuseum)

R o s e n h e i m verdankt seinen Aufstieg und seine Bedeutung seit jeher der verkehrsgünstigen Lage. Zur Römerzeit kreuzten sich hier die Straßen Augsburg-Salzburg und Brenner-Regensburg. Unweit nördlich, bei Pfaffenhofen, überquerte eine Brücke (Pons Aeni) den Fluß. Eine Burg der Grafen von Wasserburg auf dem rechten Innufer wird 1234 genannt.

Die Stadt selbst taucht als wittelsbachische Gründung erst im 13. Jh. auf, sie erhielt 1328 Markt- und 1864 Stadtrechte. Bis zum 17. Jh. war Rosenheim der größte Handels- und Schiffahrtsplatz am Inn. Öl, Südfrüchte, Gewürze, Wein, Getreide, Honig, Pelzwaren, Leder, Textilien, Vieh und vor allem Salz wurden hier umgeschlagen. Auf Grund eines Privilegs von 1478 mußten alle die Stadt passierenden Waren einige Stunden lang feilgeboten werden. Die Handelsbeziehungen reichten bis Wien und Italien. Nachdem Kriege, Brände, das Ende der Innschiffahrt und das merkantilistische Handelssystem im 17. und 18. Jh. einen Niedergang herbeigeführt hatten, war es wieder das Salz, diesmal durch eine Soleleitung von Reichenhall über Siegsdorf hergeleitet (1810) und in der Saline versotten, das Rosenheim am Leben erhielt. Aber erst die Eisenbahn (hier laufen 5 Linien zusammen) und mit ihr die Industrialisierung brachten eine neue Blüte, die Rosenheim zum größten Wirtschafts- und Handelsort am Alpenrand gemacht haben. Seine I n d u s t r i e umfaßt Molkereien, Brauereien, Druckereien, Mühlen, elektrotechn. Werk, Maschinen-, Fahrzeug- und Apparatebau, Zündholz-, Mantel-, Faltboot-, Zeltherstellung, Leder- und Holzverarbeitungsbetriebe (Staatl. Holztechnikum) u. a.

Das Mittertor

Das alte S t a d t b i l d haben Brände und Umbauten verwischt, doch blieben, am Max-Josefs- und Ludwigs-Platz etwa, gute Beispiele für das einstige Aussehen dieser Innstadt stehen: horizontal schließende Hausfronten vor Grabendächern und durchlaufende Lauben im Erdgeschoß. Den einstigen Altstadtbering repräsentiert allein noch das M i t t e r t o r (14.–17. Jh.; innen Heimatmuseum mit Sammlungen zur alten Innschiffahrt, Möbeln, Hausrat, römischer Keramik u. a.). Die Städtische Galerie enthält Werke Chiemgauer und Münchner Maler seit der Mitte des 19. Jh. Die Stadt besaß einst eine dreischiffige spätgot. Pfarrkirche, die jedoch 1881–1883 einschneidend erweitert wurde. Ihr Westturm erhielt 1656 seine charakteristische Kuppel. Die übrigen Gotteshäuser wurden sämtlich im 17. Jh. in frühen Barockformen aufgeführt, bereits bestehende barockisiert. Die Roßackerkapelle entstand 1737.

Am Max-Joseph-Platz

LANDKREIS ALTÖTTING

Die Flußtäler von Inn, Alz und Salzach gliedern die Landschaft dieses altbayerischen Kreises. Da hier die Flüsse wie in einem Mündungstrichter zusammenlaufen, haben sie im Laufe der Jahrtausende großflächige Schotterebenen aufgeschüttet, die man „Inn-Salzach-Schotterplatten" nennt. Wo sie eine Lößdecke tragen, entstand fruchtbarer Ackerboden, auf den reinen Schotterflächen breiten sich dagegen große Nadelwälder aus, wie der Öttinger und der Holzfelder Forst. Im Süden des Landkreises beleben die Hügel der Altmoränen das Bodenrelief, im Norden die Wellen des Tertiärhügellandes. Um die Naturlandschaft zu schützen und für den Erholungsuchenden zu bewahren, wurden die großen Schotterforste, die Flußauen und die Tertiärhügel (z. B. Dachelwand) zu einem großen „Naturpark Inn–Salzach" zusammengefaßt.

Das reichgekleidete Gnadenbild von Altötting

Altötting entstand vermutlich bereits zur Zeit der bayerischen Stammesbildung im 6. Jahrhundert. Es diente zunächst den bayerischen Agilolfingern, dann den Karolingern als Pfalz. Seit 1498 gewann der Ort große Bedeutung durch eine aufblühende Marienwallfahrt. Die in prunkvolle Gewänder gehüllte „Liebe Frau von Altötting", eine gotische Figur aus Lindenholz, wurde zum volkstümlichsten Wallfahrtsziel Bayerns und der BRD. Über eine halbe Million Pilger kommen jährlich nach Altötting. Die fast unscheinbare Heilige Kapelle, eine Rundkirche, die zu den ältesten Gotteshäusern Deutschlands gehört, beherbergt das silberne Tabernakel mit dem Gnadenbild. Gegen Ende des 15. Jh. kam das vorraumartige Langhaus hinzu, Anfang des 16. Jh. der Kapellenumgang mit Arkaden. Unzählige Votivtafeln und Mirakelbilder (ältestes von 1517) schmücken die Wände des Umgangs. Im Innern leuchten wertvolle Votivgaben von den schwarzstuckierten Wänden. Eine außergewöhnliche Dankesgabe ist die fast lebensgroße Silberfigur des kniend anbetenden Kurfürsten Maximilian Joseph. Links vom Altar steht die Figur des hl. Bruders Konrad. 21 Urnen enthalten die Herzen wittelsbachischer Fürsten. Der weite Kapellplatz um die Gnadenkapelle ist Schauplatz der großen Pilgerzüge und Lichterprozessionen. Stattliche Bauten umschließen ihn: die Magdalenenkirche von 1697, die Bischöfliche Wallfahrtsadministration (erb. nach Plänen E. Zuccallis 1674), besonders aber die Stiftskirche, die zugleich Pfarr- und Wallfahrtskirche St. Philipp und Jakob ist. 1499 bis 1511 wurde sie unter Beibehaltung der älteren Westtürme neu erbaut. Von der Ausstattung sind der sensenschwingende „Tod von Ötting" (17. Jh.) und die reichgeschnitzten Türen (1513–1520) erwähnenswert. 1966 entdeckte man die Grabstätte König Karlmanns, des Urenkels von Karl dem Großen. In der Südostecke des Kreuzgangs befindet sich die Gruftkapelle des kaiserlichen Feldmarschalls Tilly (1559–1632). Die Schatzkammer der Stiftskirche gehört eigentlich zur Gnadenkapelle, sie nahm die kostbarsten Weihegaben auf, die Fürsten und vermögende Wallfahrer geopfert haben. Berühmt sind das „Goldene Rössel", ein Meisterwerk spätgotischer französischer Goldschmiedekunst, und das diamantenbesetzte Kreuz des Grafen Tilly.

Altötting, Gnadenkapelle

Unweit vom Kapellplatz liegt die Bruder-Konrad-Kirche der Kapuziner mit dem Schrein des 1934 heiliggesprochenen Bruders Konrad von Parzham, ferner die neue Basilika und das Heimatmuseum.

Die Burg von Burghausen

Gotischer Saal im Dürnitzstock der Burg zu Burghausen

Grabstein in der Spitalkirche zu Burghausen mit Marken der Wasserhöhen bei Überschwemmungen

Die benachbarte Stadt Neuötting wurde 907 nach einem Brande Altöttings gegründet. Sie zeigt das Straßenbild der Inn-Salzach-Städte mit großem Stadtplatz. Von ihrer Befestigung sind noch einige Mauerreste und Tore erhalten. Die überraschend große und lichte spätgotische Pfarrkirche mit ihrem mächtigen Turm wurde 1410 von Hans Stethaimer begonnen. Die kleinere St.-Anna-Kirche besitzt wertvolle Glasgemälde aus der Zeit um 1510–20.

Wo die Salzach den Altmoränenwall durchbricht und eine großartige Landschaftsszenerie aus steilen Uferhängen und Flußschlingen bildet, liegt die Stadt Burghausen. Adalbert Stifter erschien es, „als wäre sie aus einem altdeutschen Gemälde herausgeschnitten und hierher gestellt worden." Der Eindruck besteht bis heute. Über einen Kilometer lang ist die Herzogsburg von Burghausen, sie gilt als die größte deutsche Burg. Sechs Burghöfe, jeweils durch Gräben und Tore voneinander geschieden, reihen sich auf einem steilen Bergrücken zwischen Salzach und Wöhrsee aneinander. Zwei Schloßkapellen, der Fürstenbau (innen Staatl. Gemäldegalerie), Dürnitzstock, Kemenatenbau (mit Stadtmuseum), Bergfried, Schatzkammer, Zwinger, Wehrgänge und Zinnentürme lassen vor uns die Zeit des ausgehenden Mittelalters wieder lebendig werden. Der Burgberg trug wohl von jeher eine befestigte Siedlung. Seit 1164 Eigentum bayerischer Herzöge, war die Veste von 1255–1503 die zweite Residenz der Herzöge von Bayern-Landshut. Ihr heutiges Aussehen erhielt sie im 15. Jh. beim Umbau durch die Reichen Herzöge von Landshut. Drei der Herzöge verbannten ihre Gemahlinnen hierher, deren sie überdrüssig geworden waren; darunter war auch Jadwiga, die Königstochter aus Polen, die glänzende Braut der „Landshuter Fürstenhochzeit". Die Stadt Burghausen drängt sich auf dem schmalen Uferstreifen der Salzach, den ihr der steilabfallende Burgberg übrigläßt. „Stadt unter der Erde" nannte sie Napoleon, als er von der Burg herabblickte. Rechts und links der Grüben, einer langen, schmalen Straße, die in einen langgestreckten Marktplatz mündet, stehen freundliche alte Häuser mit flachen Giebeln im Inn-Salzach-Typus. Das südlich anmutende Stadtbild hat Burghausen die Bezeichnung „Meran des Nordens" eingetragen. Schmucke Fassaden zeigen das ehem. kurfürstliche Regierungsgebäude, das Tauffkirchenpalais, das Rathaus und die Kirche der Englischen Fräulein (1731). Die Jesuitenkirche schließt den Platz im Norden. 78 m hoch ragt der Turm der gotischen Pfarrkirche St. Jakob auf (Haube 18. Jh.). Am Eingang der Grüben erbaute man 1320–1326 die gotische Spitalkirche Hl. Geist (1504 erneuert; barocke Ausstattung; kunstvolle Grabsteine).

Auf dem Hochplateau außerhalb der Altstadt ist in den letzten Jahrzehnten aufgrund der chemischen und petrochemischen Werksgründungen eine große Neustadt entstanden.

Südlich von Burghausen liegen über der Salzach die Wallfahrtskirchen Marienberg und Raitenhaslach. Letztere war Zisterzienserstiftskirche (Kloster 1146 gegr., 1803 säkularisiert), deren romanischer Bau in der Barockzeit grundlegend verändert wurde. Der Stuck und die gewölbebeherrschenden Fresken (von J. Zick) entstanden 1737–1743. Bedeutende Altargemälde von J. M. Rottmayr tragen zur großartigen Wirkung dieses Barockraumes bei.

Marienberg war Pfarrkirche des Klosters Raitenhaslach. 1760 bis 1764 errichtete F. A. Mayr den spätbarocken Zentralbau mit der originellen Freitreppe. Das Innere zeigt eine üppige Barockdekoration mit Fresken von M. Heigl.

Vesperbild in der Schloßkapelle von Winhöring (um 1420-30)

Drei weitere gelungene spätbarocke Kirchenbauten, die auf F. A. Mayr zurückgehen, finden sich in Margarethenberg (1734–1753 aus einer gotischen Wallfahrtskirche umgebaut; guter Stuck und Fresken), in Feichten (schöne gotische Marienstatue als Gnadenbild) und in Kirchweidach (1772–74). Aus der Gotik stammt die Pfarrkirche von Obernbuch. Ein interessantes gotisches Gotteshaus ist auch St. Rupertus in Burgkirchen am Wald. Drei Stützen, im Dreieck angeordnet, tragen das Sterngewölbe des fast quadratischen Langhauses (15. Jh.).

Beachtenswerte Schloßbauten stehen in Tüßling (1583 als Wasserschloß erbaut; Vierflügelanlage mit vier Türmen und barockem Festsaal) und in Winhöring (1621/1622 erbaut, im 18. Jh. erweitert). Die Pfarrkirche Winhörings ist eine schöne spätgotische Hallenkirche.

Für die Industrie des Kreises sind die Wasserkraftwerke an Inn, Alz und Salzach entscheidend geworden. Aufgrund der reichlich vorhandenen Energie entstanden mehrere Großwerke der chemischen Industrie. Man spricht vom „Chemie-Dreieck" Töging-Gendorf-Burghausen, dessen Werke chemische und elektrochemische Produkte, Kunststoffe, Aluminium und Kalkstickstoff herstellen. Töging trägt den Beinamen „Aluminiumdorf". Eine Ölraffinerie arbeitet bei Burghausen. Den Holzreichtum nutzen Möbelfabriken und Sägewerke. In Altötting werden Maschinen gebaut, Devotionalien und Rosenkränze angefertigt. Auch die Bekleidungsindustrie spielt eine Rolle. Der fruchtbare Boden ermöglicht ausgedehnten Ackerbau und Viehzucht.

LANDKREIS BAD TÖLZ-WOLFRATSHAUSEN

Die Tölzer Stadtkapelle vor dem Rathaus

Der Landkreis umfaßt den traditionsreichen „Isarwinkel", wo die Isar das Karwendelgebirge verläßt und frei wie ein Wildwasser nach Norden strebt. Bei Wolfratshausen nimmt sie die vom Kochelsee herströmende Loisach auf.

Bad Tölz, eine der schönsten und urwüchsigsten Städte des bayerischen Oberlandes, ist der Hauptort des Isarwinkels und Sitz der Kreisverwaltung. Unvergleichlich steigt die breite Marktstraße mit ihren freskengeschmückten Giebelfassaden unter vorgezogenen Dächern bergan. Ihr unteres Ende kündet eine Mariensäule an. Zwischen Rathaus und Pflegerhaus erhebt sich das Denkmal des wackeren Tölzer Pflegers und Landsknechtführers Kaspar Winzerer (1475–1542). Die Stadtpfarrkirche ist im wesentlichen spätgotisch (Änderungen 17.–19. Jh.; Winzererkapelle mit Fresken Anfang 16. Jh.), die „Mühlfeldkirche", ein reizvoller Barockbau von Jos. Schmuzer, entstand 1735–1737 (Chorfresken von M. Günther 1737).

Handel (eine Salzstraße querte hier die Isar), Flößereiwesen und Gewerbefleiß ließen die 1180 beurkundete Siedlung rasch zum Markt anwach-

Die Mühlfeldkirche in Bad Tölz

sen (1331). Seit dem 15. Jh. hatte Tölz einen guten Ruf als Ort der Kistler (Kunsttischler). Deren Schränke und Truhen fanden in weiten Teilen Ober- und Niederbayerns Absatz. Kunstvolle Beispiele sind im Heimatmuseum aufbewahrt, das außerdem eindrucksvolle Sammlungen zum Brauchtum, zur Volkskunst und zum religiösen Leben des Isarwinkels zeigt (Votiv- und Hinterglasmalereien).
1846 wurden die Tölzer Jodquellen entdeckt, Tölz wurde Kurbad, 1906 erhielt es Stadtrechte. Ein ausgedehntes Kurviertel mit Hotels, Anlagen, Kurtheater wuchs links der Isar heran.
In Bad Tölz ist der Dichter Hans Carossa geboren.
Der aussichtsreiche Kalvarienberg oberhalb der Stadt trägt ein aus zwei Kapellen zusammengewachsenes Kirchlein, das eine Nachbildung der hl. Stiege aus dem Lateran in Rom enthält (18. Jh.), und eine Leonhards-Votivkapelle, die alljährlich am 6. November Ziel der größten bayerischen Leonhardi-Wallfahrt ist. Von weither kommen die Bauern des Isarwinkels mit ihren geschmückten Rossen, um den Segen des Priesters zu empfangen. Die Leonhardskapelle ist nach alter Tradition von einer Kette umspannt.
Die Umgebung trägt entscheidend zur Anziehungskraft der Stadt bei. Blomberg, Zwiesel, Buchberg sind Skifahrern und Wanderern ein Begriff. Nordöstlich liegt bei Sachsenkam hoch über dem Kirchseemoor das Franziskanerinnenkloster Reutberg (gegründet Anfang 17. Jh.) mit seiner barocken Klosterkirche von 1733/35, östlich das Schloß von Reichersbeuern, ursprünglich eine Wasserburg, die trotz Veränderungen im 16./17. Jh. noch zahlreiche spätgotische Innenräume besitzt. In der Kapelle ein origineller Altaraufsatz aus der Frührenaissance.

„Hl. Stiege" auf dem Kalvarienberg bei Bad Tölz

Südlich der Kreisstadt liegen sich die alten Orte Wackersberg und Gaißach (einst Urpfarrei der Gegend) auf den Höhen am Isarrand gegenüber, beide bekannt durch ihre seit dem 17. Jh. bestehenden Gebirgsschützenvereine, die bei Umzügen ihre alten Trachten anlegen.
Im idyllischen Flößerdorf Lenggries, einem Mittelpunkt des Isarwinkels, ehren die Schützen ihren Pfarrer nach der feierlichen Fronleichnamsprozession mit einem dreifachen Salut. An der Hauptstraße stehen alte Bauernhäuser mit weit vorspringenden Giebeln, z. T. noch in Blockbauweise. Das Rathaus enthält eine historische Sammlung (Trachten). Lenggries ist ein beliebter Luftkurort und Wintersportplatz, ein Ausgangspunkt für Wanderungen zum Brauneck (Kabinenseilbahn und Schlepplifte), zur Benediktenwand, zum Latschenkopf, zum Geierstein, Fockenstein, Schönberg u. v. a. Auch Lenggries hat einen volkskundlich interessanten Kalvarienberg mit Passionsweg, Kapellen und hl. Stiege.
Das benachbarte, hochgelegene Schloß Hohenburg, im 11. Jh. beurkundet, wurde 1712–1718 neu erbaut. Östlich davon Reste des 1707 abgebrannten alten Schlosses.

Lenggries

Hinter Lenggries zweigt das stille Wiesen- und Waldtal der Jachenau vom Isartal ab und führt an stattlichen, vielfach freskengeschmückten Bauernhöfen und an der Rokokokirche des Dorfes Jachenau vorbei zum Walchensee.
Im einsamen Isartal hinter Lenggries ist ein neuer Alpensee, der Sylvenstein-Speichersee, entstanden. Er überflutete den alten Weiler Fall,

den Ganghofer in seinem weitverbreiteten Roman „Der Jäger von Fall" schilderte. Nicht weit davon wurde Fall neu erbaut. Weiter hinauf im Isartal liegt V o r d e r r i ß (Aufstieg zum Hochkopf, Scharfreiter u. a.). Entlang dem Rißbach führt der Weg nach Hinterriß zum Ahornboden und zur Eng. (Prächtiges Karwendelpanorama.)

Silberreliquiar der hl. Anastasia in Benediktbeuern

Ein Kulturzentrum von europäischer Bedeutung war das ehemalige Benediktinerkloster B e n e d i k t b e u e r n, das im Westen des Kreises am Rande ausgedehnter Moorflächen liegt. Seit 1931 wirken hier die Salesianer. Es wurde um 740 gegründet und gehört damit zu den ersten Benediktinerklöstern in Bayern. In seiner Bibliothek bewahrte es die einzigartigen „Carmina burana" (Vagantenlieder des 12. Jh.) und andere mittelalterliche Handschriften auf. 1803 wurde das Kloster aufgehoben. Man richtete ein optisches Institut ein, in dem J. Fraunhofer die nach ihm benannten Linien im Sonnenspektrum entdeckte. Die historische Fraunhofer-Glashütte ist als Gedenkstätte belassen worden.

Die Hochblüte des Klosters in der Barockzeit fand ihren Niederschlag im Neubau von Kirche und Stiftsgebäuden, deren Reichtum im Innern erstaunlich ist. Die zweitürmige Kirche baute 1680–1686 Kaspar Feichtmayr, ihre schweren Stukkaturen verraten einen italienischen Meister, die Deckenfresken sind von Hans Georg Asam (1683–1686), dessen Sohn Cosmas Damian hier geboren wurde. Altäre und Altarblätter stammen von verschiedenen Künstlern. Eine elegante Raumschöpfung J. M. Fischers ist die angrenzende elliptische Anastasiakapelle (1751–1758; Deckengemälde von J. J. Zeiller, Seitenaltäre von I. Günther; das Anastasia-Büstenreliquiar von E. Q. Asam wird bei der Fronleichnamsprozession mitgetragen). Die umfangreichen Klostergebäude des 17. Jh. bergen großartig ausgestattete Räume, so den ehem. Bibliothekssaal und den Neuen Festsaal von J. B. Zimmermann (1724–1731) sowie den üppig dekorierten Alten Festsaal (1674) und den Kapitelsaal (1686). Benediktbeuern erlebt Anfang November eine große Leonhardifahrt.

St. Georg von J. B. Straub am Hochaltar in Bichl

Im benachbarten B i c h l entstand durch Zusammenarbeit von J. M. Fischer (Bau 1751–1753), J. J. Zeiller (Fresken) und J. B. Straub (Hochaltar) eine der schönsten Dorfkirchen Bayerns.

Nordöstlich liegt der ruhige Kurort B a d H e i l b r u n n. Seine nach der hier geheilten Kurfürstin Henriette Adelheid benannte jod- und bromhaltige Adelheidquelle ist seit vorgeschichtlicher Zeit bekannt. Kuranlagen und eine hübsche Barockkirche (1726) zieren den Ort.

Südlich von Benediktbeuern ragt mit dem gekrümmten Rücken der Benediktenwand, dem Rabenkopf, Jochberg, Herzogstand und Heimgarten der erste Kamm der Alpen auf. Unter seinen Wänden glänzt der Kochelsee als verlandender Rest eines großen Alpensees. An seinem Rande liegt K o c h e l mit einer Barockkirche. Es rühmt sich, der Arbeitsort des tapferen Schmiedegesellen Balthasar Mayr gewesen zu sein, der 1705 bei der Sendlinger Mordweihnacht vor München fiel. Ein Denkmal erinnert an diesen bayerischen „Wilhelm Tell".

Der Schmied von Kochel

Am Westufer des Kochelsees steht der stolze Bau der Stiftskirche von S c h l e h d o r f (erbaut Ende des 18. Jh.). Das einstige Kloster war um 740 gegründet und 1803 aufgehoben worden. Die quadratische Friedhofskapelle von 1693 besitzt ein romanisches Kruzifix.

Über die traditionsreiche Kesselbergstraße gelangt man in vielen Kehren zum 200 m höher gelegenen Walchensee. Diesen Höhenunterschied nutzt das Walchenseekraftwerk, eine der interessantesten Wasserkraftanlagen Deutschlands.

Putto von I. Günther in der Kapelle von Ort

Großartig zwischen hohen, dunkel bewaldeten Bergen ruht dieser tiefste und größte aller bayerischen Alpenseen. Nur kleine Siedlungen mit freundlichen Kirchen drängen sich zwischen die Berghänge und das felsige Ufer, darunter Urfeld mit der Jugendherberge und Walchensee mit der Sesselbahn zum Herzogstand.

Nördlich von Bad Tölz erstreckt sich die Moränenlandschaft des einstigen Isargletschers, ein überaus abwechslungsreiches und malerisches Gebiet. Am Rande des großen ebenen Beckens, das einst von den Wassermassen des Isargletschers erfüllt war, liegt Wolfratshausen. Seine Hauptstraße mit den schönen alten Bürgerhäusern hält sich an den bewaldeten Steilhang, auf dem vom 11.–18. Jh. eine Burg der Grafen von Andechs bzw. der Wittelsbacher stand. Der Ort erhielt als Hauptplatz der Flößerei, des Holzhandels und des Handwerks 1312 Marktrechte. Seine Pfarrkirche von 1484 wurde 1619–1631 erneuert und recht gut ausgestattet. Im Rathaus kleines Heimatmuseum. Auf den Erhebungen über dem Ort stehen die barocke Dreifaltigkeitskirche und die Frauenkapelle von 1643–49. Vor den Toren der Stadt findet man eine hochbarocke ehemalige Wallfahrtskirche, die dem hl. Nantwein geweiht ist, der 1286 in Wolfratshausen das Martyrium erlitten haben soll. Am östlichen Isarufer erstrecken sich die unberührten Naturschutzgebiete Pupplinger- und Ascholdinger Au.

In Wolfratshausen starten die zünftigen Isarfloßfahrten zur Münchner Floßlände.

Westlich von Wolfratshausen grenzt das Kreisgebiet an den Starnberger See. Hier liegen der Badeort St. Heinrich sowie Ammerland mit einem Schlößchen aus dem 17. Jh., das der bekannte Dichter und Zeichner Franz Graf Pocci 1843–1876 bewohnte.

St. Leonhard in Dietramszell

Im frühbesiedelten Moränenhügelland östlich der Isar (Römerfunde, Keltenschanzen) geht das Mauerwerk der Gotteshäuser in den behäbigen Dörfern häufig auf romanische oder gotische Urbauten zurück. So z. B. in Deining, Linden (barockisiert), Peretshofen (Fresken von 1430), Thankirchen (Ausstattung 18. Jh.) und Dietramszell, wo der Mönch Dietram zu Anfang des 12. Jh. ein Kloster gründete (1803 aufgehoben), dessen heutige Kirche (1729–1741) durch die Pracht der Stukkaturen, Altarbilder und Fresken J. B. Zimmermanns und seines Schülers Martin Heigl besticht. Die schwungvollen Skulpturen stammen zum Teil von der Hand F. X. Schmädls. Zimmermann dekorierte auch die mit der Klosterkirche verbundene ehemalige Pfarrkirche (erbaut 1722). Am Waldrand steht der reizvolle Zentralbau einer Leonhards-Wallfahrtskirche (1769–74 von L. M. Gießl; Deckenmalerei von Chr. Wink). Das achteckige Wallfahrtskirchlein Maria Elend im Walde hat Joh. Seb. Troger ausgemalt.

Wie Dietramszell war auch Beuerberg an der Loisach ein Augustinerchorherrenstift (1120–1803). Sein Gotteshaus ist ein bedeutendes Denkmal des bayerischen Frühbarock (1628–1635). Die Klostergebäude werden seit 1846 von Salesianerinnen genutzt.

Die Mutterkirche des Isarwinkels steht in Königsdorf, das 778 erst-

mals genannt wird. Allerdings erfuhr der Bau häufige Änderungen; heute erscheint er in spätbarockem Gewande mit Gemälden von Christian Wink.
Ein ansehnlicher Schloßbau ist E u r a s b u r g an der Loisach, der zwar 1121 genannt, aber 1626/30 neu aufgeführt und eingerichtet wurde. Zwei einfachere Renaissancebauten sind die Schlößchen von H a r m a t i n g und A s c h o l d i n g.
Wirtschaftlich gesehen ist der Landkreis Bad Tölz-Wolfratshausen ein Wald- und Weideland. Auf Milchwirtschaft und Viehzucht fußen die Landwirtschaftsbetriebe. Vielerorts ist der Fremdenverkehr ausschlaggebend.
Die Industrie fand erst nach dem Zweiten Weltkrieg Eingang in dieses bäuerliche Land. Südöstlich von Wolfratshausen, in G e r e t s r i e d, entstand auf dem Areal einstiger Rüstungsbetriebe eine Heimatvertriebenensiedlung, die mittlerweile 17 500 Einwohner zählt und 1970 zur Stadt erhoben wurde. Sie ist Sitz des Geselligkeitsvereins „Eghalanda Gmoi“ sowie des Egerländer und des Westböhmischen Museums. Im Süden von Geretsried entsteht eine Schule, an der jährlich 3000 Helfer für den Katastrophenschutz ausgebildet werden sollen.
Neben der seit alters geübten Holzbe- und -verarbeitung werden im Kreis Maschinen, Werkzeug, elektrotechnische und chemische Artikel, Kunststoffprodukte, Textilien, Musikinstrumente, Spielwaren, Nahrungs- und Genußmittel hergestellt.

Schloß Eurasburg (1975 ausgebrannt)

Wolfratshausener Ofen in Schloß Harmating

LANDKREIS BERCHTESGADENER LAND

Dieser Landstrich zählt ohne Zweifel zu den schönsten Deutschlands. Er hat Teil an einem überaus kräftig geformten Ausschnitt der Hochalpen, an gut zugänglichen Bergen der Voralpen und an dem mattengrünen, von Seen, Mooren, Bächen und Drumlins gegliederten Moränenland.
Hauptort des Landkreises ist B a d R e i c h e n h a l l, das hingebreitet liegt in einem weiten Talkessel der Saalach, schützend umgeben von Hochstaufen, Zwiesel, Thumseebergen, Müllnerberg, Lattengebirge (Predigtstuhl) und dem „verwunschenen“ Untersberg. Es ist eines der größten bayerischen Staatsbäder. Seine Salzquellen wurden schon in der Stein- und Bronzezeit genutzt, sie bestimmten Dasein und Entwicklung der Stadt bis heute. Die Sole gilt als die stärkste des Kontinents. Stadtrechte verlieh um 1158 Heinrich der Löwe; Ende des 13. Jh. erhielt der Ort eine Stadtmauer (Reste erhalten). Im Mittelalter längere Zeit von Bayern, Berchtesgaden und Salzburg umstritten, blieb er seit 1587 endgültig bayerisch. 1611–1619 wurde eine Soleleitung zur Siedeanlage nach Traunstein, 1810 bis Rosenheim geführt. Dann erkannte man die Heilkraft der Salzquellen. 1846 öffnete das später weltberühmte Heilbad seine Pforten.
Das Reichenhaller Salz war für die Kulturentwicklung Oberbayerns im Mittelalter von ausschlaggebender Bedeutung, viele Städte lebten und blühten damals im wesentlichen vom Handel mit dem „Weißen Gold“. Der Salztransport gab Bauern, Schiffern und Fuhrleuten Arbeit und Verdienst.

Kuranlagen in Bad Reichenhall

Zahllose Brände haben das alte Ortsbild zerstört. 1834 sank fast die ganze Stadt in Asche, allein um den Florianiplatz blieben ältere Häuser heil. Was heute noch steht, ist zumeist verändert oder neu erbaut. Die romanische Stadtpfarrkirche St. Nikolaus (12. Jh.) wurde vielfach umgebaut, die Aigidikirche (1159) nach dem Brande 1834 neugotisch wieder eingerichtet, die romanische Spitalkirche St. Johann im Innern barockisiert. Im alten Getreidestadel (1539) ist das Städtische Museum mit reichen vor- und frühgeschichtlichen Funden, Barockplastik, Volkskunst und einer vollständig eingerichteten Almhütte des 17. Jh. untergebracht. Über die Altstadt blickt die seit dem 13. Jh. mehrfach veränderte Burg Gruttenstein.

Westportal von St. Zeno

Ein Kulturzentrum des Landes war das ehem. Augustinerchorherrenstift St. Zeno, das seit seiner Gründung 1136 eine rege Kunstpflege entfaltete (heute Englische Fräulein). Die Münsterkirche, 1228 eingeweiht, war die größte romanische Basilika Oberbayerns, ihr westliches Marmorportal (um 1200) ist ganz im romanischen Original erhalten. 1515–1520 erfolgte ein durchgreifender spätgotischer Umbau (uneinheitliche Ausstattung mit guten Einzelstücken). Die veränderten Klostergebäude umrahmen einen stimmungsvollen romanischen Kreuzgang.

Zwischen St. Zeno und der Altstadt hat sich das Kurviertel mit dem Staatlichen Kurhaus und der Spielbank, dem Kurpark nebst Gradierwerk, den Hotels und Kurheimen ausgebreitet. Die Alte Saline, der Quellenbau, wurde nach 1834 durch König Ludwig I. monumental erneuert. Theatersaal, Symphonieorchester und unerschöpfliche Wander- und Bademöglichkeiten, Sommer- und Wintersportgelegenheiten (Predigtstuhlbahn, Stadtberg-Sessellift, Eislauf- und Schwimmhalle) tragen in hohem Grade zur Beliebtheit des Bades bei.

Staufeneck

In der Gebirgslandschaft um Bad Reichenhall steht westlich gleich einem Adlerhorst die Burgruine Karlstein auf einem schroff abfallenden Felszahn. Ihre Gründung erfolgte im frühen Mittelalter, viele Sagen verklären ihre Geschichte. Den Vorsprung des Felsens, der Reichenhall zugewendet ist, krönt das Barockkirchlein St. Pankratius (1676).

Dahinter breitet der Thumsee seinen Wasserspiegel aus. Im anschließenden Seemösel entfalten jeden Sommer die Seerosen der einzigen Seerosenfarm Deutschlands ihre Blütenpracht. Das St. Georgskirchlein in Nonn besitzt einen berühmten spätgotischen Altar von 1513.

Die Saalach ist oberhalb der Stadt zum Saalachsee aufgestaut. Wo sie unterhalb von Bad Reichenhall das Gebirge verläßt, liegen sich die Burgen Marzoll (Quadratischer Block mit vier Ecktürmen aus dem 16. Jh., Fassade neugotisch; roman.-got. Pfarrkirche) und Staufeneck gegenüber. Die letztere wirkt trotz Veränderungen im 16. Jh. immer noch mittelalterlich trutzig. Sie war von 1305–1803 salzburgisches Pflegschloß. In Mauthausen, unterhalb der Burg, steht eine romanische Kirche (um 1500 verändert) mit spätgotischen Wandgemälden.

Sinkwerk im Berchtesgadener Salzberg

Kann man Bad Reichenhall die Mitte des Berchtesgadener Landes nennen, so ist der alte Markt Berchtesgaden sein Herz. Er liegt inmitten einer majestätischen Hochgebirgswelt am Sonnenhang eines windgeschützten Talkessels. Als Solbad und als „Heilklimatischer Kurort“ ist er einer der meistbesuchten Punkte in den deutschen Alpen. Seine Geschichte beginnt mit der Gründung eines Augustinerchorherrenstifts um 1108. Mühsam erschlossen die Mönche die Wildnis, nahmen den gewinnbringenden Salzbergbau auf, erreichten für ihre Abtei im 14. Jh. Reichsunmittelbarkeit und für den Propst die Fürstenwürde. Bis 1803 bestand die selbständige Fürstpropstei, deren Gebiet bis zur Gegend von Reichenhall reichte, dann fiel sie an Salzburg, 1810 an Bayern.

Stiftskirche in Berchtesgaden

Die ehem. Stiftskirche ist ein eindrucksvolles Konglomerat vieler Bauperioden. Von einer romanischen Monumentalbasilika des 12. Jh. blieb wenig mehr als die Anlage erhalten. Der durchlichtete Chor (um 1300) ist ein in Bayern seltenes Beispiel frühgotischer Architektur, das Langhaus wandelte sich Anfang des 16. Jh. zu einer großen Halle, die Westtürme erhielten 1866 ihre heutige Gestalt. Von den Ausstattungsstücken sei auf den barocken Hochaltar (1663–1669), das gotische Chorgestühl (15. Jh.), mehrere Gemälde und Grabsteine hingewiesen. Die Klostergebäude, später Schloß der Wittelsbacher (1918–1938 Wohnsitz des Kronprinzen Rupprecht), rahmen einen stimmungsvollen romanischen Kreuzgang mit phantasiereichen Säulenkapitellen (Anfang 13. Jh.). Mehrere Säle des Schlosses, unter denen die gotische Säulenhalle des Dormitoriums und einige barock stuckierte Zimmer hervorragen, sind Schauräume des „Schloßmuseums" mit wertvollen Sammlungen, Meublement, Skulpturen (Riemenschneider, Veit Stoß, E. Grasser u. a.), Porzellan, Gemälden, Wappen usw.

Spielwaren aus Berchtesgaden

Mittelpunkt des Marktfleckens ist der von charakteristischen alten Gebirgshäusern umstandene Marktplatz. Die got. ehem. Pfarrkirche St. Andreas wurde 1699 barockisiert. Die Franziskanerkirche, ein zweischiffiger Hallenbau von 1488–1519, enthält zahlreiche gute Grabsteine. Anschauungsmaterial zur traditionellen heimischen Schnitzkunst (Holzschnitzereifachschule) zeigt das reichhaltige Heimatmuseum im Schloß Adelsheim („Berchtesgadener War", Spielwaren, Holzblasinstrumente, Volkskunst u. a.). Ein anschließendes kleines Freilichtmuseum ist geplant.

Am Abhang des Kälbersteins (Sprungschanze) stehen das Schloß Fürstenstein (erbaut 1760) und die königliche Villa Maximilians II. (1852).

Der Kurort Berchtesgaden hat Kursäle, Bäder, Kurgarten, Kuranlagen u. a. aufzuweisen. Interessant ist ein Besuch im Salzbergwerk, einem historischen Schaubergwerk mit Salzmuseum (die Sole wird in die Saline von Bad Reichenhall geleitet und dort versotten). Eine Kabinenbahn führt auf das Sonneneck.

Traditionelle Sitten und Gebräuche werden im Berchtesgadener Land gepflegt wie kaum anderswo. Berühmt ist das Silvesterböllern der Weihnachtsschützen. Im L o i p l sind im Advent seit heidnischer Zeit die Buttmandln und Gangerl unterwegs, die in ihren Verkleidungen mit Stroh, Fell und Tierköpfen den Nikolaus und das Nikoloweibl begleiten. Das ganze Jahr über ist „etwas los" in Berchtesgaden, besonders natürlich zum Fasching. Nicht zu vergessen ist das Berchtesgadener Bauerntheater, das seit 1903 besteht.

St. Bartholomä

Unvergleichlich ist die Umgebung Berchtesgadens. Südwärts führt die Straße entlang der Königsseer Ache zum märchenhaften K ö n i g s s e e, wo die Felswände gewaltig aus dem kristallgrünen Wasser aufragen, und zum anschließenden kleineren Obersee. Die Namen Watzmann, Steinernes Meer, Hagengebirge und Jenner (Schwebebahn) sind jedem Bergfreund ein Begriff. Unterhalb der Watzmann-Ostwand steht am See die oft gemalte originelle Kirche St. Bartholomä (erb. 1697; gute Barockausstattung), deren Aussehen durch den Kleeblattgrundriß und die Kuppeldächer bestimmt ist (Bartholomä-Kirchweih im August). Das angrenzende einfache Jagdschloß entstand 1708/1709.

Maria Gern

Östlich von Berchtesgaden locken der Hohe Göll, Roßfeld (Skilifte), Kehlstein und der Obersalzberg (Kabinenbahn), der im Dritten Reich als eine Art Sommerresidenz Adolf Hitlers und Nebensitz der Reichsregierung eingerichtet worden war.

Das liebliche Hochtal der Gern, in die östliche Flanke des Untersberges eingebettet, ist die Szenerie für das wunderbar gelegene Wallfahrtskirchlein Maria Gern (erb. 1709).

Die sich bei Berchtesgaden sammelnde Ache passiert Au und die Kugelmühle an der Almbachklamm, die noch heute kleine Marmorkugeln (Schusser oder Murmeln) schleift, und kommt hinter dem hübschen Markt Schellenberg an einem kräftigen viereckigen Wachtturm vorbei, der an die Auseinandersetzungen zwischen Salzburger Bischöfen und Berchtesgadener Pröpsten im Mittelalter erinnert (in der Nähe die Schellenberger Eishöhle).

Maibaum-Aufstellen in Anger

Westlich von Berchtesgaden, im langgestreckten grünen Tal der Ramsauer Ache, liegen die weitverstreuten Gehöfte der Gemeinde Ramsau. Dort ragen westwärts die Felsberge der Reiteralpe, südlich der Hochkalter, nordöstlich der Tote Mann auf. Der Luftkurort besitzt eine freundliche Pfarrkirche (erbaut 1512; 1611 verändert), die wertvolle gotische Schnitzfiguren birgt. Eine idyllische Lage nimmt die Wallfahrtskirche Kunterweg ein, die 1733 erbaut und reizvoll dekoriert wurde. Unweit westlich glänzt der Hintersee zwischen jähen Felswänden.

Dem Hochgebirge nach Norden vorgelagert sind Teisenberg und Hochstaufen. Von ihren Gipfeln, aber auch vom vorgeschobenen idyllischen Höglberg überblickt man den nördlichen Teil des Berchtesgadener Landes bis Freilassing und Laufen sowie das Salzburger Becken mit der rahmenden Bergkulisse, voran dem landschaftsbeherrschenden sagenreichen Untersberg. Zwei Perlen des Landes liegen zwischen Teisenberg und Höglberg: Anger, nach König Ludwig I. das schönste Dorf Bayerns, mit alten Häusern des 17./18. Jh. um seinen großen Wiesenplan und stattlicher spätgotischer Kirche (barockisiert im 17. Jh.) sowie das ehemalige Augustinerchorherrenstift in Höglwörth. Eingesenkt in einen wald- und blumengesäumten Talkessel, umzogen von einem schilfbestandenen See zeigen sich die schöne Barockkirche (erbaut im 17. Jh.; Rokokostuck von 1765) und die Klostergebäude.

Pfarrkirche in Ramsau

Eine große Salzachschleife umzieht das alte Schifferstädtchen Laufen, den alten Hauptort des „Rupertiwinkels". Die sichere Lage am Fluß ließ wohl schon zur Römerzeit einen Handels- und Stapelplatz für das Reichenhaller Salz entstehen. Im 14. Jh. befestigte ein Mauerring die Stadt (wenige Reste und zwei Torbauten des 16./17. Jh. erhalten). Privilegien förderten den Wohlstand der Salzschiffer, der sog. Erbausfergen, die dem Salzburger Landadel entstammten und die Einfuhrrechte für das Salz aus Hallein innehatten sowie der Erbnaufergen, die das Salz flußabwärts weiterbeförderten. Ein „Schiffsgericht" entschied über Streitfälle. So ist auch nicht verwunderlich, daß hier die älteste gotische Hallenkirche Süddeutschlands steht (Mitte 14. Jh.). Ihr mächtiges Dach ragt hoch über die Stadt hinaus. Die Innenausstattung ist teilweise barock. Das Altarblatt des Salzpatrons St. Rupert schuf der in Laufen gebürtige Maler J. M. Rottmayr. Schöne alte Grabsteine der Salzherrenfamilien schmükken die Wände.

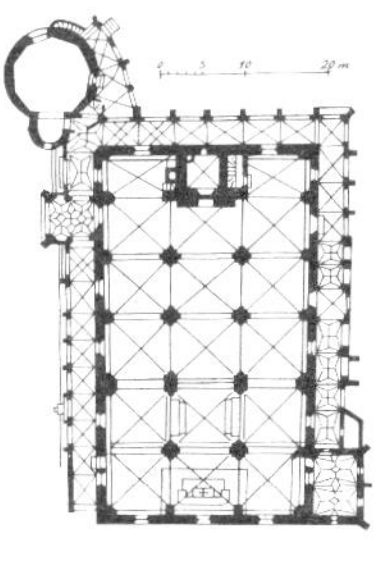

Grundriß der Pfarrkirche von Laufen

Laufen unterstand vom 8. Jh. bis 1816 den Salzburger Fürstbischöfen. Das massige Schloß (heute Altersheim) diente ihnen häufig zum Sommeraufenthalt. Das Stadtbild gleicht dem der Innstädte. Hervorzuheben sind das Rathaus (1565; im 19. Jh. verändert) und der Dechanthof (1625 bis 1627) mit gotischer Gemäldesammlung.

In früheren Zeiten zogen die Laufener Schiffer im Winter zum Erwerbsausgleich durch die umliegenden Städte und gaben Theatergastspiele. Ein Nachklang dieser Schauspielfreude ist das lustige „Schifferstechen" auf der reißenden Salzach. Ein anderer alter Brauch ist das „Himmelbrotschutzen", wo bei der Fronleichnamsprozession unter der segnenden Hand des Priesters Hostien in den Fluß geschleudert werden.

Nennenswerte Kirchenbauten der Kulturlandschaft zwischen Laufen und den Bergen stehen in Abtsdorf (schöne spätgot. Fresken) am moordunklen Abtsdorfer See (angeblich Bayerns wärmster Badesee), in Weildorf (Wallfahrtskirche von 1429, spätgot. Wandmalerei, „Schöne Madonna"), in Ulrichshögl und in Feldkirchen (um 1520). Eine größere Schloßanlage bestand in Triebenbach (14./15. Jh.), von der große Teile abgetragen wurden. Um 1770 war hier der junge Mozart mehrmals zu Gast.

Als Erholungsorte am Alpenrand empfehlen sich die Stadt Freilassing, ferner Piding, Marzoll, Ainring und der gewerbereiche Markt Teisendorf (bekannte „Teisendorfer Tanzlmusi"). In der Nähe die Moor- und Kneippkuranstalt Holzhausen.

Das wirtschaftliche Zentrum des Kreises ist Freilassing. Von hier ausstrahlend haben sich Betriebe der Maschinenindustrie, der Textilindustrie, der chemischen, der leder- und holzverarbeitenden Industrie angesiedelt. Das Hüttenwerk in Hammerau geht auf ein Eisenhammerwerk von 1540 zurück. Bei Berchtesgaden besteht eine traditionsreiche Enzianbrennerei. Der am Untersberg gebrochene rötliche Marmor ist aus der bayerischen Kunst nicht wegzudenken. Er findet sich in Tausenden von Kirchen und Schlössern.

So hat der Landkreis eine Wirtschaft mit regional dreigeteilter Funktion: während im Norden die Landwirtschaft überwiegt, in der Mitte der industrielle Schwerpunkt liegt, herrscht im Süden bei weitem der Fremdenverkehr mit den dazugehörenden Dienstleistungen vor.

Höglwörth

LANDKREIS DACHAU

Plastischer Schmuck am Terrassenpavillon des Dachauer Schlosses

Barocke Sonnenuhr an der Pfarrkirche

Pfarrkirche St. Jakob in Dachau

Im Norden Münchens, wo die großen Moose an die tertiären Rücken des niederbayerischen Hügellandes stoßen, beginnt das Dachauer Land. Beiderseits der Täler von Amper und Glonn liegen in einem von Waldflekken durchsetzten Bauernland die behäbigen Dörfer.

Auf dem linken Hochufer der Amper, am Nordrand des größtenteils kultivierten Dachauer Mooses, breitet sich die lebendige Stadt D a c h a u aus (um 1200 Marktrechte, seit 1934 Stadt). Bodenfunde beweisen, daß es bereits in vorgeschichtlicher Zeit bevölkert war. Seit 805 taucht es in Urkunden auf. Um 1100 errichteten die Grafen von Scheyern auf der beherrschenden Anhöhe eine Burg, die 1182 in den Besitz der Wittelsbacher Herzöge überging. An ihrer Stelle erbaute Herzog Albrecht V. 1558–1573 ein stattliches, vierflügeliges Renaissanceschloß, das 1715–1717 durch den Barockbaumeister Josef Effner, der ein Sohn des Dachauer Hofgärtners gewesen war, zu einer Barockresidenz umgestaltet wurde. 1806 riß man drei Flügel aus „Sparsamkeitsgründen" ab. So steht heute nur mehr der Trakt mit dem Treppenhaus und dem Festsaal, der die alten Fresken Hans Thonauers von 1567 bewahrt. Er dient der Dachauer Kulturpflege und Geselligkeit durch Konzerte und Kunstausstellungen (Sommerausstellung der „Künstlervereinigung Dachau"). Von der Terrasse des Hofgartens (schöner Lindenlaubengang) bietet sich ein unvergleichlicher Blick über das Häusermeer von München bis zur Alpenkette.

Sein ansprechendes Straßenbild verdankt Dachau der großen Zahl gut erhaltener Häuserfronten aus dem 16.–19. Jh. Seine stattliche Pfarrkirche wurde 1625 nach Plänen H. Krumppers neu erbaut und 1925 erweitert. Demselben Künstler schreibt man die Friedhofskapelle zu.

Seit Mitte des 19. Jh. zog der Stimmungsreiz des Dachauer Mooses immer wieder die Maler an. Christian Morgenstern, Carl Spitzweg, Eduard Schleich, Wilhelm Leibl arbeiteten und lebten in Dachau. 1888 begründeten Adolf Hölzel und seine Freunde die „Dachauer Malerschule" und Max Liebermann, Lovis Corinth, Max Slevogt, Fritz von Uhde u. v. a. wurden nach Dachau gelockt. An die 300 Maler gehörten der Künstlerkolonie an. Auch der Dichter Ludwig Thoma wohnte einige Jahre in Dachau. Hier begann er seine schriftstellerische Arbeit. Obwohl sich im Ersten Weltkrieg die Dachauer Künstlerkolonie zerstreute, leben noch heute mehrere Maler in Dachau.

Für die Musikpflege hat die „Dachauer Knabenkapelle" große Bedeutung. Als Mittelpunkt eines traditionsreichen Bauernlandes erlebt Dachau jährlich im August ein urwüchsiges Volksfest.

Östlich von Dachau lag eines der berüchtigten Konzentrationslager des Dritten Reiches. Es ist heute Opfergedenkstätte (KZ-Museum).

Die Industrie des 20. Jahrhunderts brachte ein starkes Wachstum der Stadt mit sich. In Dachau gibt es eine bedeutende Papierfabrik. Ferner entstehen hier: Textilien, Bekleidung, pulvermetallurgische Produkte, elektrotechnische und elektronische Artikel, Autoradios und Tonbandgeräte, Waffen, Maschinen, Elektrofahrzeuge, Kunststoffartikel, Nahrungsmittel, Bier, Druckwaren, Segelflugzeuge u. v. a. Filialen der Dachauer Betriebe sind im Landkreis verteilt. Viele Dachauer Einwohner haben in München ihren Arbeitsplatz.

Schloß Haimhausen

Klosterkirche Indersdorf

Neben Dachau war in früheren Zeiten das Kloster Indersdorf ein Zentrum im Dachauer Land. 1126 wurde es gestiftet und Chorherren übergeben (seit 1856 Barmherzige Schwestern). Die mächtige Klosterkirche (12. Jh.; mehrfach, zuletzt 1754/1755 umgebaut) trägt heute ein kunstvolles Stuck- und Freskengewand von den Künstlern F. X. Feichtmayr bzw. M. Günther (prächtige Barockaltäre; einer mit spätgot. Fresko vom „Lebensbaum Christi"). Sehenswert sind die Rosenkranzkapelle (am Altar mittelalterl. Fresko vom Tod Mariens) und die barocken Klostergebäude.

Ein Kunstwerk ersten Ranges ist das ehem. Schloß der Grafen von Haimhausen. Es wurde von François Cuvilliés 1747 aus einem frühbarocken Bau zu einer eleganten Rokokoschloßanlage umgebaut. Gemälde von Johann Georg Bergmüller, Stuck von Egid Verhelst und Figuren von Roman Anton Boos zieren die Innenräume. Die kleine „Butzküa"-Kapelle (1701) ist nach den Tannenzapfen benannt, mit denen sie (neben Muscheln, Baumrinde und Steinchen) von einem Einsiedler in einzigartiger Weise ausgeschmückt worden ist.

Von den übrigen Adelssitzen, die wegen der Nähe der Hauptstadt und der wildreichen Reviere in großer Zahl entstanden waren, sind Lauterbach (16./17. Jh.), Sulzemoos (16./17. Jh.) und Odelzhausen (18. Jh.) erhalten geblieben.

Petersberg bei Dachau

Unter den Dorfkirchen verdienen drei barocke Zentralbauten besondere Beachtung: die Gotteshäuser in Sigmertshausen (1755) und Bergkirchen (1730–1732), beide von J. M. Fischer, sowie der etwas frühere reizvolle Bau in Schönbrunn (1723/1724).

Als ältester Kirchenbau im Kreis gilt derjenige des ehem. Benediktinerklosters in Petersberg (erbaut um 1104), der seine schlichte romanische Form erstaunlich rein bewahren konnte. Die Apsiswände tragen Malereien aus der Erbauungszeit. Die typische Gestalt spätromanischer Gotteshäuser im Hügelland zeigt das interessante gut erhaltene Kirchlein von Palsweis.

Kirche von Palsweis

Zu den ältesten christlichen Stätten des Landes gehört auch Altomünster, wo um 750 der hl. Alto ein Benediktinerkloster gründete, das Bonifatius geweiht hat. Von 1485 an Doppelkloster des Birgittenordens, heute einziges Birgittenkloster Deutschlands. Der Barockumbau der Kirche durch J. M. Fischer 1763–1773 führte zu dem 60 m langen, überaus originellen Raumgefüge von mehreren verschieden hohen Zentralräumen. Gute Altarausstattungen (J. B. Straub um 1772), Fresken und Rokokostuck (J. Rauch) bereichern das Innere.

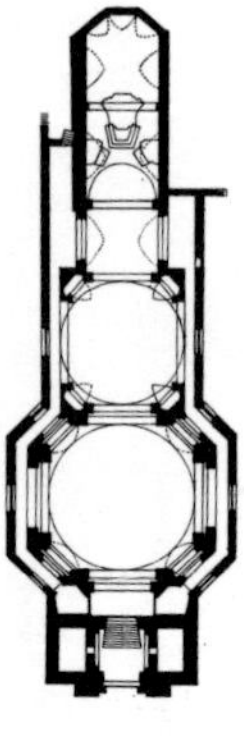

Grundriß der Klosterkirche Altomünster

Die frühbarocke Pfarrkirche in H i l g e r t s h a u s e n wurde 1666 von G. Zuccalli errichtet (Bronzeepitaph von Hans Krumpper um 1615). Zahlenmäßig überwiegen die Dorfkirchen aus gotischer Zeit, die aber durchweg barock erneuert wurden. Die Emporenbrüstung derjenigen von G l o n n b e r c h a ist 1577 mit ornamentaler Malerei volkstümlicher Art verziert worden.
Nordöstlich von Dachau liegt M a r i a b r u n n, das einst fürstliche und königliche Badegäste gesehen hat, die hier Heilung suchten. Die originelle runde Wallfahrtskirche ist heute ein beliebtes Ausflugsziel.
Die bodenständigen Bauern des Dachauer Umlandes treiben auf fruchtbaren Böden Ackerbau (Weizen, Gerste, Kartoffeln, Futterpflanzen) und Viehzucht. Die Kultivierung des Dachauer Mooses seit dem späten 18. Jh. hat weiteren Zuwachs an Ackerboden gebracht (Siedlungen K a r l s f e l d, A u g u s t e n f e l d). Zugleich wirkte sich im Zeitraum der Industrialisierung die Nähe Münchens aus. Im Dachauer Kreis gibt es heute zahlreiche metall-, textil- und holzverarbeitende Betriebe.

LANDKREIS EBERSBERG

Pfarrkirche in Ebersberg

Die Landschaft des Kreises zeigt zwei unterschiedliche Bodenformen. Im Südosten die bewegten Hügel, Täler und Moossenken des Inn-Moränenlandes und im Nordwesten die flache Weite der Münchner Schotterebene, unterbrochen durch einige sanfte Rücken der Altmoränen. Die Grenze beider Landschaftsformen bildet der Endmoränenwall. Nördlich von Ebersberg dehnt sich auf der Schotterfläche der Ebersberger Forst, das größte geschlossene Forstgebiet Deutschlands. Vom Aussichtsturm der Ludwigshöhe (617 m) blickt man bis zu den Alpen.
Die Geschichte von E b e r s b e r g ist bestimmt durch das 934 gegründete ehem. Kloster. Im Zusammenhang mit der Wallfahrt zur 931 aus Rom überführten Hirnschale des hl. Sebastian (heute in einer Silberbüste vom Ende des 15. Jh. aufbewahrt) gewann es rasch an Bedeutung. Durch acht Jahrhunderte war es unter Augustinern, Benediktinern, Jesuiten und Maltesern ein Kulturmittelpunkt. Die alte Kloster- und Wallfahrtskirche dient heute als Pfarrkirche. Ihr Westbau ist noch romanisch (1230), Tor und Langhaus sind gotisch (15. Jh.), der massige Turm (13. Jh.) ist barock erhöht. Das Innere wurde 1733/1734 durchgreifend barockisiert. Ein bedeutendes Werk der bayerischen Spätgotik ist das Stifter-Hochgrab von W. Leeb (1498–1500). Das stattliche spätgotische Rathaus (1529) war einst Hofwirtschaftshaus des Klosters (schöne Holzdecke in der ehemaligen Gaststube).

Reliquienbüste des hl. Sebastian

Das benachbarte G r a f i n g wird 1380 als Markt genannt, seit 1953 ist es Stadt. Der Wiederaufbau nach dem Brand durch die Schweden 1632 ließ die stattlichen Häuser am Marktplatz, die Pfarrkirche St. Ägidius (1692), die Dreifaltigkeitskirche (erb. 1672; Stuck und Deckengemälde von J. B. Zimmermann 1743; Altarfiguren von J. B. Straub) und das schlichte barocke Rathaus entstehen. Eines der ersten gotischen Bauwerke im Lande war die Wallfahrtskirche St. Leonhard, die ausgezeichnete Wandbilder aufweist. Im kleinen Heimatmuseum Sammlungen zur Volkskunde.

Markt Schwaben im Norden des Kreises war vor Ebersberg Verwaltungszentrum dieses Gebietes. An der Stelle der Burg, die Herzog Ludwig der Strenge 1282 errichten ließ, steht ein schlichtes Wasserschloß. Der Ort besitzt eine im Schlierseer Stil stuckierte Pfarrkirche von 1671 und eine Mariahilfkapelle von 1721.

Am Marktplatz in Grafing

Neben einigen romanischen Dorfkirchen wie in Taglaching, Pliening, Poing, Egmating und Berghofen, die zum Teil verändert wurden, überragen die Satteldachtürme gotischer Gotteshäuser wie z. B. in Traxl (gotischer Schnitzaltar) und die Zwiebelhauben vieler Barockkirchen die behäbigen Ortschaften. So z. B. in Anzing (1676–1679, Högerkapelle von 1692 als Nachbildung des Hl. Grabes in Jerusalem), Glonn (erbaut 1768–1777) und Landsham (1758).

Wallfahrten führen nach Altenburg bei Moosach, wo die Kirche St. Maria auf bewaldeter Höhe die Stelle einer ehem. Burg einnimmt (erb. um 1400; Stukkaturen von 1711), und nach Frauenreuth (1707; ausdrucksstarke Madonna). Gute Ausstattung besitzen die Gotteshäuser in Aßling (Madonnenbild und Kruzifix des 16. Jh.), Emmering (Fresken von J. B. Zimmermann; Kreuzigungsgruppe aus der Werkstatt H. Leinbergers) und Haslach bei Glonn (Figuren des Meisters von Rabenden). Eine Kuriosität stellt der schiefe Kirchturm von Sensau bei Steinhöring dar.

Hohenlinden mit seiner stattlichen spätgotischen Kirche Mariae Heimsuchung ging wegen der hier entbrannten Schlacht vom 3. 12. 1800 in die Geschichte ein. Die damalige Niederlage der vereinigten Österreicher und Bayern gegen Napoleon führte zum Frieden von Luneville und zum späteren Bündnis Bayerns mit Frankreich.

Schloß Unterelkofen

Von den einst zahlreichen Adelssitzen im Kreis sind heute nur noch das hochgelegene Schloß Zinneberg bei Glonn (heutiger Bau 1640 von einem Fugger errichtet) und Schloß Unterelkofen nennenswert. Letzteres, im 11. Jh. erbaut, war vom 14. Jh. bis 1506 herzogliche Burg. Es ist ein Rundbau von schöner Geschlossenheit mit Ringmauer, Wehrgang, Bergfried und Palas, teils spätgotisch, teils barock.

Schwerpunkte der Industrie sind Grafing, Ebersberg, Markt Schwaben, Poing, Hohenlinden und Pöring, sie verteilt sich auf eine Vielzahl von Branchen: Elektrotechnische, optische, feinmechanische und chemische Industrie, Nahrungs- und Genußmittelwerke, kunststoff-, holz-, lederverarbeitende Industrie, Textilbetriebe, Industrie der Steine und Erden. Das Erwerbsleben ist stark nach München ausgerichtet. Viele Einwohner des Kreises arbeiten in der Landeshauptstadt.

LANDKREIS EICHSTÄTT

Mit dem Namen Eichstätt ist der Begriff Altmühltal untrennbar verbunden. Die Altmühl ist gleichsam die Achse des Eichstätter Landes. Sie sägt in die sanftwellige, nach Süden geneigte Albtafel einen der schönsten Talzüge Deutschlands. Schon beim Eintritt in den Landkreis nimmt sie von rechts den Mörnsheimer Bach auf, wo unter einem Burgberg (romanische Burganlagen der Eichstätter Bischöfe) der Markt

Mörnsheim mit dem ehem. Kastenschloß von 1612 liegt. Bei den bizarren Plattenkalkbrüchen auf dem Maxberg informiert ein Museum über den Solnhofener Schiefer und seine interessanten Versteinerungen.
Bei Dollnstein mündete zur Tertiärzeit die Altmühl in die Donau. Denn damals durchfloß der Donaustrom von Stepperg kommend das sog. Wellheimer Trockental und benutzte von hier an das heutige Altmühltal, bis er sein jetziges Bett einnahm. Wellheim weist eine hochragende Burgruine auf. Die Felsen im Wellheimer Tal (besonders bei Konstein) sind beliebte Klettergärten. In Dollnstein umzieht eine hohe Mauer bis heute den idyllischen Marktflecken. Seit dem 12. Jh. ist eine Burg beurkundet, auf der Wolfram von Eschenbach zu Besuch weilte. Von ihr blieb nur der zackige Burgfels inmitten des Ortes übrig. Die romanische Pfarrkirche (Chor gotisch; Erweiterung im 20. Jh.) besitzt gotische Fresken (um 1320) von hoher Qualität.

Gabrieli-Hof in Rebdorf

Vor Eichstätt fallen zwei Klosteranlagen ins Auge: Rebdorf und Marienstein. Das ehem. Augustinerchorherrenstift Rebdorf (gegründet 1156; heute Herz-Jesu-Missionare, Realschule und Internat) besitzt eine eindrucksvolle Barockkirche, die Matth. Seybold 1732–1734 ausgestaltet hat. Ein gotischer Kreuzgang aus dem 14. Jh. und ein weitläufiger Klosterkomplex schließt sich an, den G. Gabrieli und M. Seybold im 18. Jh. errichteten. Künstlerisch vollendet ist der sog. Gabrieli-Hof mit Fenstern und Türöffnungen im Palladio-Schema. Das ehem. Augustinerinnenkloster Marienstein war 1469 gegründet worden, seine Baulichkeiten wurden mehrfach verändert.
Nach der nächsten Flußschlinge öffnet sich der Blick auf das vieltürmige Eichstätt. An diesem bedeutsamen Verkehrspunkt in der Alb ist wohl schon früh eine Siedlung entstanden. Der hl. Willibald, 741 von Bonifatius zum Bischof geweiht, errichtete hier den Bischofsitz und die Diözese Eichstätt. 908 erhielt der geistliche Ort mit dem Markt-, Münz- und Zollprivileg die Grundlagen der Stadtrechte. Eine anschließende Bürgerstadt entwickelte sich nach Norden. Das Hochstift Eichstätt war nicht sehr groß, doch blieb der Ort als Kulturzentrum im Spannungsfeld zwischen Baiern, Franken und Schwaben jahrhundertelang von großer Bedeutung. Der sog. Schwedenbrand (1634) während des 30jährigen Krieges hinterließ viele Ruinen, so daß tatkräftiger Wiederaufbau der ganzen Stadt das barocke Gepräge mit dem Charakter einer geistlichen Stadt geben konnte, das bis heute wunderbar erhalten ist. Besonders Graubündner und italienische Baumeister (Gabrieli, Barbieri, Pedetti) waren an diesem Aufbau beteiligt. Die Säkularisation machte 1803 dem weltlichen Fürstbistum ein Ende. Das 19. Jh. ließ Eichstätt abseits der großen Straßen fast in Vergessenheit geraten; daran änderte die Herrschaft Eugen Beauharnais' (Napoleons Stiefsohn) und der übrigen Leuchtenberger nichts, die von 1817–1855 Fürsten von Eichstätt waren.

Der Dom in Eichstätt

Die zwölfhundertjährige Geschichte der Stadt spiegelt am deutlichsten der Dom mit seinen romanischen Türmen (11. Jh.), dem gotischen dreischiffigen Langhaus (14. Jh.), den gotischen Chorpartien und der barocken Westfassade. Das Innere enthält bedeutende Werke der Bildhauerkunst. Hervorgehoben seien die Figuren des Hochaltars (um 1470), die Sitzfigur des hl. Willibald (1514) aus Eichstätter Marmor von Loy Hering am Grabaltar des Heiligen, der Pappenheimer Altar (eine virtuose Kreuzigungsdarstellung um 1500), das Grab des Fürstbischofs Konrad von Gemmingen (um 1612) und das Grabmal des Bischofs Wilhelm von Reichenau (um 1496) von Hans Päuerlin. Schöne Kunstwerke bewahrt auch das westlich an den spätgotischen Kreuzgang anschließende Mortuarium (1487–1501) mit seinen gedrehten Säulen, Glasfenstern von Hans Holbein d. Ä. (1502) und zahlreichen Epitaphien u. a. von Loy Hering. Der Dom besitzt eine reiche Schatzkammer.

Das Hl. Grab aus der Kapuzinerkirche

Der zweite das Stadtbild beherrschende Bau ist die hochgelegene Benediktinerinnenklosterkirche St. Walburg. Die wunderwirkenden Gebeine Walburgs, der Schwester Willibalds, wurden um 780 aus Heidenheim hierher übertragen. Die jetzige Kirche schuf Martin Barbieri 1626–1631, das Innere wurde 1706 mit Wessobrunner Stukkaturen überzogen. Der Schutzengelkirche (ehem. Jesuitenkirche) schreibt man den schönsten Barockinnenraum Eichstätts zu. Joh. Alberthal errichtete den Bau 1620, Franz Gabrieli, der Bruder des Baudirektors Gabriel Gabrieli, schuf 1717 die leichtflüssigen Stukkaturen, Joh. Roßner die Fresken (Hochaltarblatt von Joh. Ev. Holzer). In die ehem. Kapuzinerkirche Hl. Kreuz (1623 bis 1625 neu erbaut) wurde aus einem vorangegangenen Bau die romanische maßstabgetreue Nachbildung (um 1190) des Hl. Grabes zu Jerusalem übernommen.

Die Architektur in Eichstätt bestimmen ferner repräsentative bischöfliche Bauten, voran die ehemalige fürstbischöfliche Residenz, erbaut im 17. und 18. Jh. von Jakob Engel und Gabriel Gabrieli. Im Innern führt ein vorzügliches Treppenhaus (1767–1769) von Maurizio Pedetti (Stukkaturen von J. J. Berg) zu schönen Prunkräumen mit Rokoko- und frühklassizistischen Dekorationen.

Willibaldsbrunnen

Der Platz vor der Residenz gehört zu den gelungensten einheitlichen Barockplätzen. Die umliegenden Gebäude (Kanzlei, Kavalierhöfe) schuf der Baumeister Gabrieli. Auf dem Platz steht die 19 m hohe Mariensäule von Pedetti. Eine schöne Anlage ist auch der Leonrodplatz mit den Fassaden des Bischöflichen Palais (erb. um 1730 von Gabrieli), der Dompropstei (1672 von J. Engel; Stukkaturen von J. Berg um 1770), der ehem. Domdechantei (1765 von Pedetti) und der Schutzengelkirche. Außerhalb der Domstadt errichtete Gabrieli 1735 die langgestreckte ehem. Sommerresidenz für die Fürstbischöfe. Anschließend die neuen Gebäude der kirchlichen Gesamthochschule Eichstätt.

Die Bürgerstadt zeigt ihre bescheidenere Schauseite am Marktplatz. Hier stehen um den Willibaldsbrunnen (um 1690) mit der Bronzefigur des Heiligen: das Rathaus (erb. 1444, Umbau 1824) mit hohem Turm, die 1738 von Gabrieli erbaute Stadtpropstei, das stattliche Gasthaus zur Traube und, nach einer lokalen Tradition, das Geburtshaus des bedeutenden Humanisten Willibald Pirkheimer (1470–1530) in der Westenstraße. An der Bergseite zieht sich noch die wohlerhaltene Stadtmauer mit einigen Türmen hin.

Willibaldsburg

Im 14. Jh. sahen sich die Bischöfe gezwungen, gegen äußere und auch innere Feinde (Bürgerunruhen) eine feste Burg auf dem Berg über der Stadt zu errichten, die sog. Willibaldsburg. 1609–1620 erbaute J. Alberthal nach Plänen des Augsburgers Elias Holl den Gemmingenbau (bis 1725 Residenz der Bischöfe). Er bildet in beherrschender Lage einen markanten Punkt der Altmühllandschaft. Heute beherbergen die

Gebäude naturwissenschaftliche, paläontologische, vorgeschichtliche und römische Sammlungen.

Die Burg über Kipfenberg

Lebhaft geht es in Eichstätt am ersten Maisonntag auf der Walburgidult, am zweiten Julisonntag auf der Willibaldidult und im August auf dem Volksfest zu.

Im Harthof oberhalb von Eichstätt zeigt ein Privatmuseum die Fossilienfunde aus den heimischen Jurabrüchen.

Altmühltalabwärts folgt hinter Eichstätt Pfünz, das seinen Namen von einer römischen Brücke (pons) erhalten hat. Hier lag einst ein Limeskastell (Ausgrabungen). Im frühen 18. Jh. erbauten die Fürstbischöfe ein Sommerschloß in Pfünz. An Gungolding mit der berühmten Wacholderheide und an der auf felsigem Klotz gelegenen Burgruine von Arnsberg (13. Jh.) vorbei kommt man nach Kipfenberg, wo der römische Limes die Altmühl überquerte (Kastell bei Böhming). Hier ragt der Turm einer im 20. Jh. wiederhergestellten Burg (12.–14. Jh.) über den Marktflecken auf. Eine ältere, wohl vorgeschichtliche Wehranlage ist in Resten auf dem gegenüberliegenden Michelsberg zu sehen.

In Kipfenberg ist noch der Fastnachtsbrauch der „Fasenickel" lebendig. Verkleidete Burschen wollen mit Peitschenknall und Schellenlärm den Winter und die Trägheit vertreiben. Im August wird ein „Limesfest" gefeiert.

Die Kirchenburg in Kinding

Der alte Markt Kinding ist durch seine Kirchenburg bekannt, die zu den schönsten und besterhaltenen Bayerns zählt. Pfarrkirche und Friedhof sind im 14. Jh. von einer mit drei Türmen bestückten Mauer umgeben worden. Der Boden um Kinding ist dem Hopfenbau günstig.

Bei Kinding öffnen sich das Schwarzachtal und das romantische Anlautertal. Den Eingang zum letzteren bewachen die Ruinen von Schellenburg und Rumburg oberhalb von Enkering. Bei Erlingshofen steht die Ruine Rundeck, bei Altdorf die von Brunneck.

Die Altmühl führt weiter in die altertümliche Stadt Beilngries, die von ihrem Mauergürtel fast vollständig eingeschlossen ist (15. Jh.; Mauertürme). Hier blicken alle Häuser mit der Giebelfront auf die Straße. Es sind breite, flachwandige Giebel wie überall im Altmühltal, manchmal auch gestaffelt. Die neue Pfarrkirche ist von 1912, die ehem. Pfarrkirche St. Lucia (heute Friedhofskirche) aber ein einheitlicher gotischer Bau von 1469–1476. Die Frauenkirche, eine Rokokoschöpfung des 18. Jh., hat der Italiener Maurizio Pedetti erbaut, von dem auch das barocke Sommerschloß (1760–1764) der Fürstbischöfe von Eichstätt auf dem Hirschberg oberhalb von Beilngries stammt. Es ist ein Sinnbild fürstlicher Repräsentation im späten 18. Jh. Die Rokokoausstattung der Prunkräume (z. B. Kaisersaal) hat hohen Rang. Hirschberg war schon im 12. Jh. eine Burganlage, die 1305 an den Bischof von Eichstätt kam und im 15. Jh. Erweiterungen erfuhr. Die zwei romanischen Burgtürme erhielten Stufengiebel und Satteldächer, sie enthalten Folterkammern und Verliese. 1729 begann unter dem Hofbaudirektor Gabriel Gabrieli die Umgestaltung zum Schloß. 1817–1833 gehörte die Anlage dem Stiefsohn Napoleons, Eugen Beauharnais, jetzt ist es Exerzitienheim.

Hausfassade in Beilngries

Für Beilngries und seine wirtschaftliche Zukunft dürfte die geplante Schiffslände des hier verlaufenden Europakanals von großer Bedeutung werden. Der Kanal wird im Tal der Sulz geführt werden, wo nicht weit entfernt Biberbach liegt. Seine festummauerte spätgotische Kirche zeigt eine gute Ausstattung. Ein letzter Glanzpunkt des Altmühltales im Kreisgebiet ist Kottingwörth. Dessen 1760 neu erbaute Pfarrkirche wurde reich mit Stuck und Fresken verziert. Einer ihrer beiden Türme stammt noch aus romanischer Zeit. Er enthält eine Taufkapelle mit schönen gotischen Wandgemälden.

„Der Zeremonienmeister" vom Schloßportal in Hirschberg (um 1764 von J. J. Berg)

Weiter südöstlich gehört zu Eichstätt noch das Schambachtal als Nebental der Altmühl. Es ist gewiß ebenso malerisch wie dieses und gleichfalls reich an interessanten Bauwerken. Da steht zunächst das Schloß von Hexenagger, dessen mittelalterlicher Bau von einer barocken Anlage abgelöst wurde.

Altmannstein (Burgruine 13. Jh., Schlößchen 1911) ist der Geburtsort des berühmten Barockbildhauers Ignaz Günther.

Weiter talaufwärts folgen die Burgruine Neuenhinzenhausen, das stolze zinnengeschmückte Schloß Sandersdorf (12. Jh., Umbauten 17. Jh. und um 1900) und der Rest des denkwürdigen Klosters Schamhaupten. Das Kloster war um 1137 an der Stelle eines römischen Kastells erbaut worden. Hier verlief der römische Limes von Weißenburg kommend gegen Hienheim an der Donau.

Außerhalb der Täler, auf der Hochfläche der Alb, breiten sich Äcker und große Forste aus. Dort liegt nördlich von Eichstätt Pollenfeld mit einer stattlichen gotischen Pfarrkirche (ehem. Wallfahrt), die Wand- und Glasgemälde aus dem 15. Jh. aufweist.

Gaimersheim, Altes Rathaus

Wo sich die Albtafel zum Donautal hin verflacht, steht südlich von Eichstätt das mächtige vieltürmige Schloß von Nassenfels (13./14. Jh.). Im Osten liegt die seit 1378 bekannte Wallfahrtskirche von Bettbrunn inmitten des Köschinger Forstes (neuer origineller Zentralbau von L. M. Gießl 1774; Stuck von F. X. Feichtmayr; hervorragende Fresken von Christian Wink), ferner das Schloß von Unteroffendorf (erste Hälfte 17. Jh.), die stattliche barocke Pfarrkirche im Markt Kösching und drei bedeutsame romanische Dorfkirchen vom Anfang des 13. Jh. in Weißendorf, Tolbath und Pförring. In Wackerstein bei Pförring krönt das mehrfach veränderte Schloß einen Jurafelsen über der Donau. Hier und bei Großmehring überschreitet die Kreisgrenze noch die Donau. Nach der Nibelungensage erzwang Hagen von Tronje bei Großmehring den Übergang über die Donau für die Nibelungenschar.

Roman. Kapelle in Tolbath

Die gemischte Wirtschaftsstruktur des Landkreises hat einen starken landwirtschaftlichen Einschlag. Im Hochjuragebiet werden Gerste und Kartoffeln, in den Talweitungen auch Weizen, Roggen und Hopfen angebaut. In der Tierhaltung herrschen Rinder- und Schweinezucht vor. Der wirtschaftliche Schwerpunkt des Kreises liegt um die kreisfreie Stadt Ingolstadt, wo Ölraffinerien, Tanklager und Großkraftwerke eine Industrieregion entstehen ließen. Die Industrie der Steine und Erden ist im ganzen Landkreis vertreten. Allenthalben stößt man auf Abbaustätten von Dolomit, Plattenkalk und Juramarmor. In Kipfenberg und Konstein gibt es Glashüttenwerke. Viele kleinere Betriebe sind über den ganzen Landkreis verteilt, die eine Vielzahl von Branchen vertreten (Bekleidung, Schuhe, Papier, Holzverarbeitung, Maschinen, Metallwaren, Chemie). Der größte Teil des Landkreises liegt im „Naturpark Altmühltal". Das einzigartige Flußtal und die großen Forste ziehen zunehmend die Besucher an, was sich an den steigenden Übernachtungsziffern im Fremdenverkehr ablesen läßt.

Rathaus in Erding

LANDKREIS ERDING

Drei Landschaftsformen kennzeichnen das Erdinger Land: die Münchner Schotterebene, auf der sich das Erdinger Moos ausbreitet, die Alt- und Jungmoränengebiete im Süden und die Tertiärhügellandschaft im Nordosten.

Das alte Landstädtchen Erding, am Rande des Mooses im fruchtbaren Gebiet der Sempt gelegen, ist eine wittelsbachische Neugründung des 13. Jh. neben dem älteren Altenerding. Von der mittelalterlichen Ummauerung hat sich das prächtige Oster- oder Landshuter Tor, der sog. Schöne Turm, erhalten. Die Wohnbauten, vielfach mit Erkern und schmucken Giebeln versehen, sind größtenteils im 17./18. Jh. nach einem verheerenden Brand (1648) neu erbaut worden. Das Rathaus (18. Jh.) enthält auch das Heimatmuseum mit reichen Beständen an spätgotischen Kunstwerken, Volkskunst und Stadtgeschichte (Funde aus dem bedeutenden germanischen Gräberfeld bei Klettham). Bestimmend in der Stadtsilhouette sind Dach und Turm (Campanile) der Stadtpfarrkirche. Dieser spätgotische Hallenbau (15. Jh.) besitzt ein hervorragendes Triumphbogenkruzifix von Hans Leinberger (um 1520). Ein anderer spätgotischer, 1688 aber barockisierter Kirchenbau ist Hl. Geist. Am Rande der Stadt liegt Hl. Blut, Stätte einer alten Wallfahrt. Der bestehende Bau vom Erdinger Hans Kogler (1675–1677) wurde von J. G. Bader aus München reich stuckiert (1704).

Ostertor in Erding

In der Umgebung Erdings gibt es eine ungewöhnlich große Zahl guter Dorfkirchen aus dem 18. Jh. (vielfach vom Erdinger A. Kogler) mit reizvollen Rokokodekorationen. Fast überall sind Schnitzwerke des Landshuter Bildhauers Chr. Jorhan d. Ä. anzutreffen.

So u. a. in Altenerding (reiche Rokokoausstattung nach 1760, Schiffskanzel), Aufkirchen, Itzling, Reichenkirchen, Wartenberg (hier bedeutender gotischer Altar in der Rocklfingkapelle), Thalheim (Wallfahrtskirche Maria Thalheim), Eschlbach, Hörgersdorf und Tading (1714–1717; Deckengemälde von M. Heigl 1765). Einzigartig ist die Rokokokanzel in Oppolding (von Joh. Anton Bader aus Dorfen).

Bildwerk „Pfingsten" in der Rocklfingkapelle (Wartenberg)

Burgen und Edelsitze gab es einst in großer Zahl. Von Bedeutung sind noch die Anlagen in Burgrain (gegründet im 8. Jh., heute Blindenheim), Taufkirchen (ehem. Wasserschloß, heute Krankenhaus), Wartenberg (kurfürstliches Jägerhaus), Notzing (ehem. gotische Wasserburg) und Aufhausen (Umbau im 19. Jh.).

Im Osten des Kreises liegt die Stadt Dorfen mit ihren drei spätgotischen Toren und der Wallfahrtskirche Maria-Dorfen auf dem Ruprechtsberg. Es ist ein vornehmer Bau von L. M. Gießl (erbaut 1782/86; Asam-Altar mit gotischer Muttergottes). Am Leonharditag findet der althergebrachte Umritt mit Pferdesegnung in Kienraching statt.

Die Pfarrkirche in Schwindkirchen (1782–1785 von L. M. Gießl) zeigt in ihrer Dekoration die letzte Phase des Rokoko. Den Stuck gestaltete F. X. Feichtmayr.

Romanisches Tympanon von der Pfarrkirche in Isen

Isen war 748 als Benediktinerstift gegründet worden und gehörte vom 12. Jh. bis 1803 Augustinerchorherren. 1434 erhielt es Marktrechte. Die Kirche St. Zeno entstand um 1200 (romanisches Westportal). Spätere Umbauten schlossen mit einer durchgreifenden gelungenen Barockisierung; nur die Krypta blieb original.

Die Pfarrkirche von St. Wolfgang war einst Kollegiatstiftskirche. Der hl. Wolfgang soll sie gegründet haben. Ihr gegenwärtiger Bau mit dem hohen Spitzturm (2. Hälfte 15. Jh.) ist ein gutes Beispiel für die bayerische Backsteingotik. (Hochaltar von 1679.)

Auf einer Wiese im Lindenhain zu Bergham steht das kleine „Herderhäusl" (Hirtenhaus). Es ist das letzte strohgedeckte Gebäude im Landkreis und steht unter Denkmalschutz (erbaut um 1650).

Hirtenhäusl in Bergham

Auf fruchtbaren Böden gedeihen Getreide, Kartoffeln und verschiedene Obstsorten. Im großen Erdinger Moos werden außerdem Gemüse (Kraut), Gewürze und Pfefferminze angebaut. Die Rinder- und Schweinezucht ist umfangreich. Die Industrieproduktion umfaßt u. a.: Maschinen, Traktoren, Polstermöbel, Werkzeugbau, Präzisionsteile, Leichtmetall, Glockenguß, Elektrotechnik, Nahrungsmittel, Holzverarbeitung, Bekleidung und Ski. Bei Erding großer Militärflugplatz; ein neuer Münchner Verkehrsflugplatz im Erdinger Moos ist geplant.

LANDKREIS FREISING

Die Flüsse Isar, Amper und Glonn gliedern die tertiären Hügelwellen im Freisinger Kreis. Rechts und links der Isar südlich von Freising jedoch breitet sich die Münchner Schotterebene aus. Wo die Isar den ersten Steilrand des Hügellandes berührt, liegt die alte Bischofsstadt Freising. Der hohe Domberg trug im späten 7. Jh. eine Burg der agilolfingischen Herzöge, die um 720/730 den Missionsbischof Korbinian beriefen. 739 gründete Bonifatius das kanonische Bistum Freising, das bis 1821 bestand. Die Pfalzkapelle wandelte sich zum Dom, der Burgberg zum Domberg. Freising war bis zum 14. Jh. der geistige und kulturelle Mittelpunkt Oberbayerns. Mit Bischof Arbeo begann im 8. Jh. die bayerische Geschichtsschreibung, Bischof Otto I. (1137–1158) schrieb die Geschichte seines Neffen Friedrich Barbarossa. 1803 wurde das Fürstbistum Freising säkularisiert, die Diözese 1821 in das Erzbistum München-Freising übergeführt.

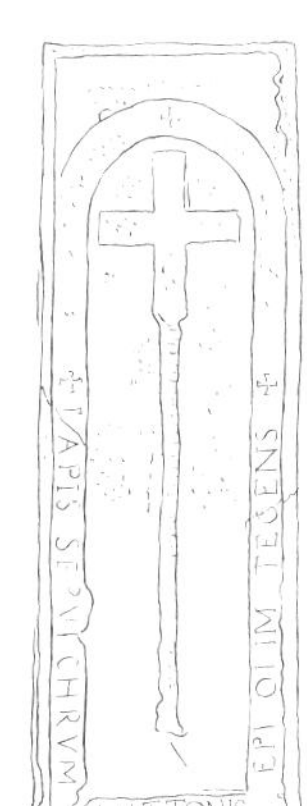

Das früheste Grabmal im Dom, für den 835 verstorbenen Bischof Hitto

Imposant blicken die massigen Bauten des Domberges über die Isarufer. Der große Dom St. Maria und St. Korbinian mit seinen kräftigen Türmen geht auf einen Bau von 1159–1205 zurück. Gotik und Renaissance brachten Erweiterungen an, die Egid Quirin und Cosmas Damian Asam 1724 durch ein überaus gelungenes Stukkaturen- und Freskengewand zu einer Einheit verwoben. Viele bekannte Künstler waren für die Altarausstattungen tätig, das Hochaltarbild malte P. P. Rubens (Kopie; Original in der Münchner Pinakothek). Unterhalb des Chores erstreckt sich eine der

Domberg von Freising

größten romanischen Krypten (12. Jh.). Ihre Säulen tragen alle verschiedene Kapitelle, die sog. Bestiensäule stellt Kämpfe zwischen Menschen und Fabeltieren dar. Kirchenschiff, Krypta und besonders der Kreuzgang beherbergen zahllose Grabsteine, z. T. von hohem künstlerischem Rang. Zum Domkomplex gehören ferner die Maximilianskapelle (erb. 1710; Fresken von H. G. Asam), die Benediktuskapelle (erb. 1340; 1716 barokkisiert) und die ehem. Taufkirche St. Johannes (erb. 1319–1321).
In der ehem. Fürstbischöflichen Residenz (16./17. Jh.) wurde das reich ausgestattete Diözesanmuseum eingerichtet. Den prachtvollen Frührenaissance-Arkadenhof schuf Stephan Rottaler um 1519.
Heute kann der Freisinger Domberg wegen seiner verschiedenen Ausbildungsstätten (u. a. Gymnasium) ein Schulberg genannt werden.
Die Stadt Freising legte sich um den schützenden Domberg, blieb den Bischöfen untertan und gelangte nie zu großer Bedeutung. An ihrer breiten Hauptstraße stehen freundliche Bürgerhäuser des 17./18. Jh. und die spätgotische Stadtpfarrkirche St. Georg (Hallenkirche um 1440; vermutlich von Jörg Ganghofer; Turm 1679–1689). Das gepflegte Heimatmuseum in der Alten Realschule verdient Beachtung.
Nordöstlich der alten Stadt liegt die Kirche des ehem. Prämonstratenserklosters N e u s t i f t, ein eindrucksvoller Barockbau von G. A. Viscardi (1712; renoviert 1751 durch J. M. Fischer) mit Stukkaturen F. X. Feichtmayrs, Fresken J. B. Zimmermanns und Hochaltar I. Günthers.
Die bewaldete Anhöhe westlich gegenüber dem Domberg besetzte bis 1803 die Benediktinerabtei W e i h e n s t e p h a n (gegr. 1020), deren als Staatsbetrieb weitergeführte Brauerei angeblich die älteste der Welt ist. Heute befinden sich in Weihenstephan mehrere Institute der Technischen Universität München, darunter die berühmte Fakultät für Brauwesen und Lebensmitteltechnologie sowie die Fakultät für Landwirtschaft und Gartenbau. Außerdem besteht eine Staatliche Fachschule für Blumenkunst.

„Bestiensäule" in der Domkrypta

Weithin sichtbar sind die mächtigen, schön gegliederten Türme der Kirchen St. Johannis (erb. 1347) und St. Kastulus in M o o s b u r g. Letztere war ursprünglich Benediktinerklosterkirche (seit 8. Jh.), dann Chorherrenstiftskirche (1021–1598). Ihr jetziger Bau entstand zwischen 1160 und 1212 (romanisches Westportal mit interessantem Tympanon; gotischer Chor von 1468). Kostbarster Besitz ist der riesige, prächtige Hochaltar, ein Hauptwerk Hans Leinbergers (1511–1514). Er wird unter die besten Altäre der Spätgotik gezählt. Derselbe Künstler schuf die zwei mächtigen Kruzifixe im Mittelschiff und den „Christus in der Rast".

In den Straßen des Städtchens gruppieren sich malerische Häuser. Das „Schloß Asch" stammt aus der zweiten Hälfte des 16. Jh. Moosburg besitzt ein kleines Heimatmuseum.

Zwiebelhauben, Spitzhelme oder Satteldächer krönen allenthalben die Türme der zahlreichen Gotteshäuser des Kreises, die von der Frömmigkeit der Einwohner und dem Einfluß des nahen Bischofssitzes Freising zeugen können. Bauwerke aller Stilepochen sind vertreten. Erwähnt seien die Kirchen in Altfalterbach (12. Jh.), Hangenham (Anfang 13. Jh.), Tünzhausen (spätromanisch), Oberberghausen (Waldkirche mit romanischen Fresken), Feldkirchen (14./15. Jh.; im Hochaltar Muttergottes von Leinberger um 1525), Rast (Ende 15. Jh.), Gelbersdorf (gotischer Schreinaltar von 1482), Neufahrn (15. Jh.; 1715 barockisiert; romanisches Kümmernisbild; von hier ging die Verehrung der heiligen Kümmernis aus), Tüntenhausen (Wallfahrtskirche des 15. Jh.; Barockausstattung), Hartshausen (15. Jh.; volkstümlich bemalte Emporenbrüstung 17. Jh.), Airischwand (Anf. 16. Jh., romanische und gotische Plastiken), Kirchdorf (1706–1708), Fürholzen (reizvoller Zentralbau von 1723), Wieskirche bei Freising (1746–1748), Abens (1740), Rudlfing (1752–1755; gotische Madonna, Marienwallfahrt) und Hörgertshausen (klassizistisch). Die Wallfahrtskirche Maria Rast soll Kaiser Ludwig der Bayer aus Dank für den Sieg bei Gammelsdorf über Friedrich den Schönen von Österreich (1313) errichtet haben. Am Ort der Schlacht erhebt sich eine neugotische Denkmalssäule.

Die Wallfahrtskirche St. Alban (gotischer Ziegelbau der sog. Landshuter Schule; 15. Jh.) erlebt jährlich am fünften Sonntag nach Ostern den „Albiganer Markt", das berühmteste Volksfest der Hallertau.

Nach der Ortstradition ist Sixthaselbach der Geburtsort von Jörg von Halspach, dem Erbauer der Münchner Frauenkirche.

An Adelssitzen des Freisinger Umlandes sind die ehem. bischöflichen Schlösser Erching (1653 erbaute Wasserburg) und Birkeneck (1706–1708; heute Erziehungsheim), ferner das reizvoll im Ampertal gelegene Schloß Inkofen (2. Hälfte 16. Jh.; Umbau 18. Jh.), Schloß Hohenkammer (16./17. Jh.; dreigeschossiger Arkadenhof; heute landwirtschaftliche Schulungs- u. Tagungsstätte), Schloß Isareck (16. Jh.; Umbau 1777) und das Schloß in Mauern (erste Hälfte 18. Jh.) nennenswert.

Der Norden des Kreises um Au i. d. Hallertau und um Nandlstadt hat Teil am Hopfenanbaugebiet der Hallertau. Hopfenaufbereitung und -handel spielen hier im Wirtschaftsleben eine bedeutende Rolle. Der ganze Kreis ist noch stark von der Landwirtschaft bestimmt. Auf schweren, fruchtbaren Lehmböden gedeihen fast alle Getreidearten und Futtermittel. Neben der chemischen und elektrotechnischen Industrie gibt es Maschinen- und Fahrzeugbau, Bekleidungsindustrie, Bauindustrie, Nahrungsmittelindustrie u. v. a.

Die Kirchtürme von Moosburg

Moosburg, St. Kastalus. Tierfigur am Chorgestühl

Spätgot. Hochaltar von H. Leinberger in der Pfarrkirche von Moosburg

LANDKREIS FÜRSTENFELDBRUCK

Wo die Landstraße München–Augsburg die Amper überquert, liegt der altbayerische Ort Fürstenfeldbruck. Er wird 828 als Bruck erwähnt, erhielt 1306 das Marktrecht und gelangte 1342 an das benachbarte Kloster Fürstenfeld. 1908 wurden die beiden Namen vereinigt, und 1935 erfolgte die Stadterhebung. Am breiten, typisch bayerischen Marktplatz steht das 1626 erbaute Klosterrichterhaus. Das benachbarte ehemalige Schrannenhaus beherbergt das Heimatmuseum. Die barocke Pfarrkirche von 1673–79 besitzt Deckengemälde von Ignaz Baldauff, die spätgotische Leonhardskapelle ist als Kriegergedächtnisstätte umgestaltet worden. In Fürstenfeldbruck besteht ein bedeutendes erdmagnetisches Observatorium.

Klosterkirche Fürstenfeld

Das ehemalige Zisterzienserkloster Fürstenfeld ließ Herzog Ludwig der Strenge 1263 zur Sühne errichten. Er hatte seine junge Frau, Maria von Brabant, aus ungerechtfertigter Eifersucht hinrichten lassen. Als sich ihre Unschuld herausstellte, beruhigte er mit der Stiftung sein Gewissen. Kaiser Ludwig der Bayer, der auf der Jagd im nahegelegenen Puch 1347 gestorben ist (Gedenksäule), war ein eifriger Förderer der Abtei. Die große ehemalige Klosterkirche mit ihrer kolossalen Fassade wurde zwischen 1701 und 1754 neu errichtet. Giovanni Antonio Viscardi und Johann Georg Ettenhofer waren als Architekten, Egid Quirin Asam und Francesco Appiani als Stukkatoren, Cosmas Damian Asam als Freskenmaler und viele andere Künstler als Dekorateure, Maler, Bildhauer u. a. beteiligt. Unter ihren Händen entstand eine der großartigsten Barockschöpfungen Bayerns. Nach gründlicher Sanierung und Restaurierung erstrahlen die Gebäude heute wieder in fürstlichem Glanz. Die barocken Gebäude des 1803 säkularisierten Klosters werden von der Bayerischen Polizeischule benutzt.

Amperaufwärts liegen Schöngeising (in der barocken Pfarrkirche Grabstein des Münchener Hofmusikers Orlando di Lasso, gest. 1594), wo eine Römerstraße die Amper überquerte (zahlreiche Römerfunde und Schanzenreste in der ganzen Umgebung), und Grafrath mit seiner schönen barocken Wallfahrtskirche. Es ist die Grabstätte des gottesfürchtigen hl. Rasso (gest. 954), Grafen von Dießen und Andechs. Erbaut von dem Vorarlberger Mich. Thumb (1686–1694), erhielt sie von J. G. Übelherr, F. Xaver und J. Michael Feichtmayr 1752 Stukkaturen-, von J. G. Bergmüller Freskenschmuck. Den großartigen Hochaltar schuf J. B. Straub.

Minervastatuette aus einer röm. Fundstelle bei Fürstenfeldbruck

Der Märchenwald von Grafrath ist ein kommerzialisiertes Kinderparadies. Aus der Fülle schöner Dorfkirchen sind hervorzuheben die Pfarrkirche von Moorenweis (erbaut 1728 von Joseph und Franz Schmuzer) wegen ihrer Deckengemälde von M. Günther (1775) und die gotische Wallfahrtskirche St. Willibald bei Jesenwang wegen ihrer prächtigen spätgotischen Empore. Seit 250 Jahren St.-Willibalds-Ritt am Ostermontag.

Von den Edelsitzen seien Esting (1698), Spielberg (heute Franziskanerinnen-Altersheim) und Nannhofen erwähnt. Von der Burg Roggenstein blieb nur die von alten Linden umstandene Kapelle St. Georg mit interessanten spätgotischen Fresken erhalten.

Die wechselnden Bodenarten des Kreises, bedingt durch den Endmoränengürtel (südlich Moränen-, nördlich Tertiärhügel) und durch Moorgebiete (Haspelmoor, Dachauer Moos), bringen Getreide, Kartoffeln, Futterpflanzen, Obst hervor und eignen sich zur Viehzucht. Waldgrün bedeckt zu einem Fünftel das Land (Sägewerke).
Industriebetriebe erzeugen Meßgeräte, Beleuchtungskörper, Baumaterialien, Präzisionsmühlsteine, Musikinstrumente, Kunstblumen, Spielwaren, Schuhe, Bekleidung, Pharmazeutika, Nahrungs- und Genußmittel u. v. a. Zahlreiche Einwohner des Kreises, besonders aus den schnell gewachsenen Siedlungen im Osten (O l c h i n g, G r ö b e n z e l l, G e r m e r i n g, U n t e r p f a f f e n h o f e n u. a.), sind in München tätig.

St. Rasso in Grafrath

LANDKREIS GARMISCH-PARTENKIRCHEN

Am Fuße der höchsten deutschen Alpenberge liegt in einer Talweitung der Loisach G a r m i s c h - P a r t e n k i r c h e n, der erste Wintersportplatz der Bundesrepublik. Erst 1935 vereingt, haben die beiden Ortsteile jahrhundertelang das Leben aller Alpendörfer geführt, bis im letzten Jahrhundert Berg- und Wintersport aufkamen und die Heilkraft der Höhenluft erkannt wurde. Bevorzugt allerdings durch die hier verlaufende Handelsstraße Augsburg-Venedig genossen beide schon im Mittelalter den Vorteil von Stapelorten an dieser sog. Rottstraße. Partenkirchen, das Parthanum der Römer, erhielt 1361 Marktrechte und gehörte seit Ende des 13. Jh. zur freisingischen Herrschaft Werdenfels, die nach der Burg Werdenfels am Abhang des Kramer benannt ist (erb. 1180; seit dem 18. Jh. Ruine). Von 1752–1803 war Garmisch Amtssitz der Grafschaft Werdenfels.

Gemaltes Scheinfenster am Gasthaus zum Husaren in Garmisch

Das wichtigste Ereignis in jüngerer Zeit war die Winter-Olympiade von 1936. Großzügige Sportanlagen (Olympia-Kunsteisstadion, Olympia-Skistadion mit mehreren Sprungschanzen, Rodel- und Bobbahnen, zahlreiche Skilifte, Golfplätze, Tennisplätze, Schwimmbäder, Reitstall u. v. a.), Kuranlagen (Kurhaus, Kurpark u. a.), Kultureinrichtungen ((Kurtheater, Bauerntheater, Kurkonzerte usw.) und Hotels, buntbemalte Fassaden, schöne alte Häuser mit weitausladenden Dächern (stellenweise noch mit Holzschindeln gedeckt), Kirchen und Kapellen ergeben das reizvolle Gesamtbild dieses internationalen Kurortes.
In Garmisch stehen die romanische Alte Kirche St. Martin, die im Mittelalter für das ganze Werdenfelser Land Pfarrkirche war (spätgotische Erweiterungen; hervorragende Wandmalereien vom 13.–16. Jh.), die Neue Pfarrkirche St. Martin (1730–1734 von J. Schmuzer; Deckenfresken von M. Günther 1733; gute Rokoko-Ausstattung), mehrere Kuranlagen und die Richard-Strauß-Villa mit zahlreichen Erinnerungsstücken an den Komponisten, der von 1908 bis zu seinem Tode 1949 hier lebte.

St. Anton in Partenkirchen

In Partenkirchen sind das Werdenfelser Museum im historischen Wackerle-Haus (kunstvolle Möbel, Bauernstuben, Geigenmacherwerkstatt, Trachten, Gegenstände aus dem Fastnachtsbrauchtum u. a.), die Fachschule für Holzschnitzerei, zahlreiche historische Häuser (z. B. Ballenhaus des 15. Jh.) und die wunderbar gelegene Wallfahrtskirche St. Anton (erb. 1708–1739;

hervorragende Fresken J. E. Holzers 1739) zu nennen.
Trotz des modernen Kur- und Sportbetriebes haben sich mancherlei alte Bräuche bis heute erhalten, so zur Fastnacht die „Schellenrührer", die mit Kuhglocken behangen am „Unsinnigen Donnerstag" ihren lärmenden Spektakel treiben, ferner die Faschingsverkleidungen mit kunstvoll selbstgeschnitzten Holzmasken, der Schäfflertanz der Faßbinder und neuerdings das närrische Faschingsskispringen in Verkleidungen.
Die traditionelle Werdenfelser Tracht wird noch getragen.
Hinter Garmisch-Partenkirchen türmen sich die Zacken des Wettersteingebirges. Sie gipfeln in der Zugspitze, dem höchsten Punkt Deutschlands. Einprägsam treten das Dreieck der Alpspitze und die steilen Waxensteine hervor. In ihre Flanken gebettet liegen Gletscher, Kare, Latschenhänge, Nadelwälder und blinkende Seen (Eibsee, Rießersee, Badersee). Reintal und Höllental scheiden die höchsten Wettersteinkämme voneinander. Im ersteren kommt die Partnach vom Zugspitzplatt herab und bricht sich durch die romantische Partnachklamm schäumend ihren Weg. Ein gleiches Naturspiel bietet der Hammersbach, der, von einem der großartigsten Talschlüsse zwischen Höllentalspitzen und Waxensteinen herabschießend, seine Wildwasser durch die Höllentalklamm jagt. Viele Bergbahnen, Ski- und Schlepplifte erleichtern den Aufstieg zu den Gipfeln und Skipisten. Auf die Zugspitze führen eine Zahnrad- und eine Gondelbahn. Es gibt Kabinenbahnen zum Kreuzeck, zum Eckbauer, zum Graseck, zum Hausberg, zum Osterfelderkopf und zur Hochalm, einen Sessellift zum Kreuzwankl und zahlreiche Schlepplifte auf den Pisten. Auf dem Zugspitzplatt, dem schneesichersten Fleck Deutschlands, sind die Zugspitz-Gipfelbahn, die Gletscherbahn und mehrere Skilifte in Betrieb.

Holzmaske aus dem Werdenfelser Land

Auf dem Schachen unterhalb der Dreitorspitze ließ König Ludwig II. 1870/72 ein Jagdschloß mit „türkischem Saal" errichten, einen orientalischen Traum im bayerischen Hochgebirge. Am Schachen befindet sich auch die alpine Abteilung des Botanischen Gartens München.
Nördlich rahmen das Tal von Garmisch-Partenkirchen die Berge Wank (Kabinenseilbahn) und Kramer, zwischen denen Loisach, Olympiastraße und Eisenbahn, eine Strecke weit links und rechts von steilen Bergwänden begleitet, nach Norden streben, vorbei an den schönen Dörfern Farchant, Oberau und Eschenlohe (Pfarrkirche nach Plänen J. M. Fischers 1765–1782).

Eschenlohe

Bei Oberau windet sich eine Abzweigung der Olympiastraße nach Ettal, nach Oberammergau und ins Graswangtal den Hang hinauf. Oben leuchtet in einem grünen Tal zwischen dem Ettaler Manndl und dem Nothberg der barocke Kuppelbau des Benediktinerklosters Ettal in beglückendem Zusammenklang von Landschaft und Architektur. 1330 von Ludwig dem Bayern gegründet, blühte die Abtei auf und wurde durch Wallfahrt, durch eine Schule für adelige Zöglinge (heute Gymnasium), durch sein Bier und den allbekannten Klosterlikör berühmt. Seine Kirche (päpstliche Basilika), ursprünglich ein einzigartiger gotischer Zentralbau des 14. Jh., wurde 1710–1726 von E. Zuccalli und 1744–1752 von J. Schmuzer zu einem Kuppelbau umgestaltet. J. J. Zeiller schuf im riesigen Kuppelfresko sein Hauptwerk (1746), J. B. Zimmermann modellierte die virtuose Stuckdekoration, J. B. Straub die Seitenaltäre; der Hochaltar im frühklassizistisch geschmückten Chor birgt das wertvolle Gnadenbild

(italienische Madonna um 1330). Reizvolles Frührokoko ziert die Sakristei (um 1725). Den Hauptbau der Kirche umläuft der unveränderte gotische Umgang.
Westlich von Ettal führt das Graswangtal in die märchenhafte Abgeschiedenheit von Schloß L i n d e r h o f. Hier hat König Ludwig II. 1874 bis 1878 seinen Rokokotraum verwirklicht. Ein verschwenderisch ausgestattetes Rokokoschlößchen, Wasserspiele, Kaskaden, weitläufige Gartenanlagen am Hang des Ammergebirges, eine künstliche Grotte, ein maurischer Kiosk u. a. gehören zu dieser anmutigsten Schöpfung des Königs; hier hat er auch am liebsten geweilt.

Schloß Linderhof

Nordwestlich von Ettal führt die Straße nach O b e r a m m e r g a u, dem weltberühmten Passionsspiel- und Holzschnitzerdorf. Die Spiele gehen auf ein Pestgelöbnis von 1633 zurück und werden seither zu Beginn eines jeden Jahrzehnts wiederholt. Über tausend Dorfbewohner bemühen sich, die Leiden Christi ergreifend darzustellen, und Hunderttausende von Zuschauern füllen während der Spielzeit (Mai bis September) das riesige Passionsspielhaus. Viele Oberammergauer sind Holzschnitzer (die Holzschnitzerei wurde zu Anfang des 16. Jh. eingeführt; Staatliche Fachschule für Holzbearbeitung und Schnitzerei). Ihre Kunstfertigkeit stellen die Oberammergauer bereits an ihren Hausfassaden unter Beweis, von denen viele schöne Fresken- und Schnitzdekorationen tragen, u. a. von dem begabten „Lüftlmaler" Franz Zwinck (1748–1792). Eine große Sammlung volkstümlicher Hinterglasbilder besitzt das Heimatmuseum.
Die spätbarocke Pfarrkirche entstand 1736–1749 durch Joseph Schmuzer, an der Ausstattung arbeiteten F. X. Schmuzer, M. Günther, F. X. Schmädl, P. Zwinck u. a. mit. In Oberammergau wurde Ludwig Thoma (1867–1921) geboren.

Für den Wintersportler ist Oberammergau wegen guter Skihänge und Bergbahnen attraktiv (Laberbergbahn, Kolbensessellift).

Sehenswerte Barockkirchen stehen im freundlichen Unterammergau (Fresken von Franz Seraph Zwinck) und dem benachbarten Kappel (Wallfahrtskirche).

Mittenwald

Ein Glanzpunkt der Bayerischen Alpen ist Mittenwald in seinem von der Isar durchflossenen Gebirgskessel. Im Osten steigen steil die Karwendelwände auf, im Westen ragen über bewaldeten Vorbergen die Wettersteinspitzen auf. Der zur Markgrafschaft Werdenfels gehörige Ort erhielt 1360 Marktrechte. Er war bedeutender Handelsplatz an der Straße von Italien nach Augsburg (Abzweigung nach München). Mit dem Dreißigjährigen Krieg verlor die Rottstraße an Bedeutung, und Mittenwald verarmte völlig, bis um 1680 der Amati-Schüler Matthias Klotz die Kunst des Geigenbaues einführte, die bis heute für Mittenwald sprichwörtlich ist. (Staatliche Geigenbauschule; Geigenbaumuseum im Wohnhaus des M. Klotz aus dem 18. Jh.). Mittlerweile wurde Mittenwald Fremdenverkehrszentrum, Luftkurort und Wintersportplatz. Sein Ruhm gründet sich nicht zuletzt auf das reizvolle Ortsbild mit den staffelförmig angeordneten Häusern, den vielen barock bemalten Hausfassaden (z. B. Neunerhaus), deren Hauptmeister im 18. Jh. der Mittenwalder Franz Karner und der Oberammergauer Franz Zwinck waren, und mit der prächtigen barocken Pfarrkirche (1738–1745 von J. Schmuzer; Deckenbilder von M. Günther 1740) samt ihrem von Günther originell bemalten Turm. Die Friedhofskirche St. Nikolaus ist spätgotisch.

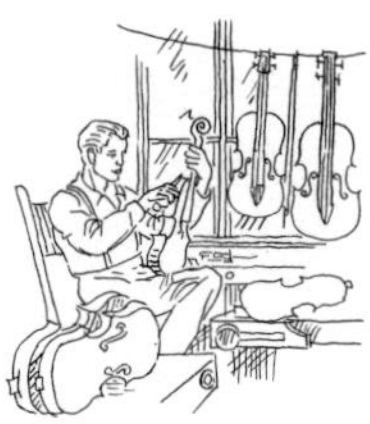

Geigenbauer aus Mittenwald

Im Fasching geht es recht lebhaft zu. Da bringen die „Schellenrührer" mit ihren Holzmasken in langsamem Tanzrhythmus ihre Kuhglocken zum Tönen, andere Burschen in kurzen Lederhosen ziehen durch den Ort und lassen, ähnlich wie auch in Garmisch, auf einem Sprungtuch den „Jackl" hochschnellen, eine Strohpuppe, die vermutlich Symbol des Winters war.

Wander- und Skisportmöglichkeiten sind in Mittenwalds Umgebung unbegrenzt. Im Westen lockt das Wettersteingebirge mit den Gipfeln Grünkopf, Wettersteinspitzen, Dreitorspitzen, Schachen, Hoher Kranzberg (Sessellift und Kabinenbahn) und die Bergseen Ferchen- und Lautersee. Südwestlich geht es zur Großen Arnspitze und nach Osten zu den Gipfeln der Vorderen Karwendelkette: Brunnsteinspitze, Westliche Karwendelspitze (Seilbahn), Tiefkarspitze (unterhalb das schneesichere Dammkar), Wörnerspitze, Östliche Karwendelspitze, Soiernspitze, Schöttelkarspitze usw. Die Karwendel-Sprungschanze erlaubt Sprünge bis zu 80 m.

Nördlich von Mittenwald liegen die schmucken Erholungsorte Krün und Wallgau, beide mit alten, zum Teil von Franz Karner bemalten Häusern. Erwähnenswert ist auch das schön gelegene Gut und Schloß Elmau.

Das „Jackelschutzen" in Mittenwald

Vor der Gebirgskette breitet sich das stimmungsvolle Murnauer Moos aus, und weiter nördlich glänzen die Wasserspiegel von Staffelsee und Riegsee. Auf dem Nagelfluhrücken zwischen beiden Seen liegt Murnau, das wegen seiner Lage (Blick über das Moos auf die Kette der Alpen) und seiner abwechslungsreichen Umgebung als Luftkurort und Ferienstätte geschätzt wird. 1180 beurkundet, wuchs der Ort an der Verkehrsstraße nach Italien 1323 zum Markt heran. Brände verwischten das alte Ortsbild. 1774 blieben fast nur das Schloß (15./16. Jh.; heute Schulhaus) und die lichte Pfarrkirche stehen, ein barocker Zentralbau von 1717–1724 mit Altarblättern von Johann Bader und C. D. Asam. Die Seitenfiguren des Hochaltares werden Egid Verhelst d. Ä. zugeschrieben. Beachtenswert ist die bunte Farbigkeit der Häuserfronten an der Hauptstraße, die der Architekt Emanuel von Seidel zu Anfang dieses Jahrhunderts veranlaßte. In der Geschichte der modernen Malerei spielt Murnau als Wohnsitz der Maler Wassily Kandinsky und Gabriele Münter eine Rolle. Die Hinterglasmalerei wird bis heute in Murnau ausgeübt.

Murnau

Am warmen, umwaldeten Staffelsee liegen die Erholungsorte Seehausen (Gotteshaus von L. M. Gießl, erb. 1774–1776; Fronleichnamsprozession in Booten auf dem See), Rieden (Schloß 1887 umgebaut) und Uffing, am Südrande des Riegsees Froschhausen mit seiner barocken Wallfahrtskirche von 1631 (Ausstattung 1786).

Auf der Glentleiten bei Großweil entsteht das umfangreichste Bauernhof-Freilicht-Museum Bayerns. Mehrere historische Gehöfte, Mühlen, Getreidekästen, Hammerwerke, Brunnen und Feldkreuze werden ein belebtes Museumsdorf bilden.

Westlich von Murnau, am Fuße des Hörnle, breitet sich Bad Kohlgrub mit seiner barocken Pfarrkirche aus, das wegen seiner Stahl- und Eisenmoorbäder besucht wird. Aber auch als Wintersportplatz hat es einen guten Ruf (Sessellift zum Hörnle).

Froschhausen

Hauptgrundlage der Wirtschaft im Werdenfelser und Murnauer Land sind der Fremdenverkehr und der Wintersportbetrieb. Das Kunsthandwerk der Saiteninstrumentenbauer und Holzschnitzer floriert. Auf die großen Waldbestände stützen sich die Sägewerke und Holzverarbeitungsbetriebe.

Die Industrie umfaßt kleinere Werke der Kunststoffverarbeitung, der Bekleidungs-, Druck-, Vervielfältigungs- und der lederverarbeitenden Branchen. Viehzucht und Milchwirtschaft sind die ausschließlichen Formen der Landwirtschaft.

LANDKREIS LANDSBERG a. LECH

Das Schmalztor in Landsberg

Inmitten des Voralpenlandes, an der Nahtstelle von Schwäbischem und Bayerischem, liegt der Landkreis Landsberg. Lechtal, Ammersee und Moränenhügel setzen die landschaftlichen Akzente. Der Hauptort, die Stadt Landsberg a. L. ist die westlichste Stadt Oberbayerns. Sie schmiegt sich an das grüne Steilufer des Lech. Im Mittelalter querte hier die Salzstraße von Reichenhall den Fluß und kreuzte die uralte Via Claudia, die Verbindung von Augsburg nach Italien (Teil der Romantischen Straße). Eine 1160 von Heinrich dem Löwen ausgebaute Burg auf dem Schloßberg (nicht erhalten) schützte den wichtigen Punkt, der im 13. Jh. zur Stadt heranwuchs. Ein erster Mauerring (13./14. Jh.) blieb mit dem Schmalztorturm („Schöner Turm“; erb. 1270), dem Bäckertorturm und mit Mauerteilen erhalten. Der Ausbau zu einer Festung führte zur

Hl. Modestus von Lorenz Luidl in der Pfarrkirche zu Landsberg

Errichtung des schönen Bayertores (1425), des Sandauertores (17. Jh.) und zahlreicher Wehrtürme. Vom 14.–17. Jh. blühte die gewerbereiche Stadt auf (Weber, Goldschmiede, Töpfer, Bildschnitzer).
Als Pfarrkirche wurde die große spätgotische Basilika Mariä Himmelfahrt errichtet (1458–1480). Das Innere hat man barock dekoriert und mit guten Glasgemälden (Anfang 16. Jh.), einem mächtigen Hochaltar (1680), schönen Plastiken (u. a. von dem seit 1668 in Landsberg ansässigen Lorenz Luidl) und mit Gemälden ausgestattet.
Im Dreißigjährigen Krieg hatte die Stadt unter allen Städten Oberbayerns am meisten zu leiden; auch im Spanischen und im Österreichischen Erbfolgekrieg wie in den französischen Revolutionskriegen zog die Kriegsfurie über sie hin. Daher gehören die meisten Gebäude erst der Barockperiode an. Die Fassade des Rathauses (erbaut 1699) am vielgerühmten dreiseitigen Hauptplatz erhielt 1718/20 ein Stuckgewand von Dominikus Zimmermann, der selbst darin von 1749–1754 als Bürgermeister wirkte. Auch mehrere Innenräume tragen Stuckdekorationen (Gemälde von H. v. Herkomer). Zimmermann schenkte der Stadt ferner den freundlichen Bau der St. Johanniskirche (1741–1754) und die ehem. Ursulinerinnenklosterkirche (1720–1725; Deckengemälde von Bergmüller 1765/1766; heute Dominikanerinnen). Eine bevorzugte, hohe Lage nimmt die barocke ehem. Jesuitenkirche Hl. Kreuz ein (erb. 1752–1754). Ihr Gewölbe beherrscht das große Deckenfresko von Chr. Th. Scheffler (1753–1755). Die anschließenden Klosterbauten umgeben einen Arkadenhof (1576–1609). Der in England zu Ruhm gelangte Porträtist Hubert von Herkomer errichtete zu Ehren seiner Mutter den sog. Mutterturm, der heute das reichhaltige Heimatmuseum birgt.

Rathaus

Alle fünf Jahre feiern die Landsberger Kinder ihr jahrhundertealtes Ruethenfest mit großem Festzug und Vorführungen historischer Begebenheiten aus der Stadtgeschichte.
In den letzten Jahrzehnten wurde die Strafanstalt Landsberg bekannt, in der 1923/24 Adolf Hitler und nach 1945 zahlreiche in Kriegsverbrecherprozessen Verurteilte in Haft waren.
Ohne Schaden für das altertümliche Stadtbild mit seinen hohen, abwechslungsreichen Häuserzeilen haben sich mehrere Industriebetriebe in Landsberg niedergelassen, die das traditionelle Handwerk weitgehend ablösten.
Die Kunstlandschaft zwischen Landsberg und dem Ammersee ist stark vom Barock- und Rokokostil geprägt. Fast jeder Ort ließ sein Gotteshaus im 17. oder 18. Jh. mit den blühenden Schmuckformen dieser Epochen bereichern. Die Nähe des Stukkatorenzentrums Wessobrunn trug wesentlich dazu bei.

Hl. Petrus von Erasmus Grasser in der Stiftskirche zu Dießen

Die großartige ehem. Augustinerchorherrenstiftskirche in D i e ß e n am glänzenden Ammersee führt die Reihe an. Hier hat J. M. Fischer 1732 bis 1739 ein Hauptwerk des bayerischen Spätbarock geschaffen, dessen Rang durch die Ausstattung und Einrichtung erster Künstler noch unterstrichen wird. F. Xaver und J. Michael Feichtmayr sowie J. G. Übelherr modellierten den Stuck, J. G. Bergmüller malte die Deckenfresken, F. Cuvilliés entwarf den Hochaltar, J. B. Straub die Kanzel, die Skulpturen stammen von E. Grasser, I. Günther, F. X. Schmädl u. a.
Der Markt Dießen wird wie alle Orte am Ammersee als Ausflugspunkt

geschätzt. Seine frühklassizistische Johanniskirche ist sehenswert. Über das vielfältige Kunsthandwerk des Ortes unterrichtet ein Ausstellungspavillon am See (Keramik, Handweberei, Zinngießerei, Wachszieherei u. a.). Im benachbarten Riederau hat man den alten „Stohrerhof" restauriert und darin ein Bauernhofmuseum eingerichtet.

Stumme Prozession in Vilgertshofen: Josef wird von seinen Brüdern verkauft

Südlich von Landsberg liegt Vilgertshofen mit seiner originellen barocken Wallfahrtskirche (1687–1692 von Johann Schmuzer errichtet und stuckiert, 1734 von J. B. Zimmermann ausgemalt). Alljährlich findet hier am Sonntag nach Mariä Himmelfahrt eine stumme Prozession statt, ein Überrest der im Mittelalter und im Barock weitverbreiteten Prozessionen mit bildhaften Darstellungen aus der Heilsgeschichte.

Weitere bedeutende barocke Gotteshäuser in zeitlicher Folge sind: die Wolfgangskapelle von Thaining (erb. 1430; um 1665 von L. Luidl zu einer äußerst vielfältig und reich ausgestatteten Passionskirche umgewandelt), die Pfarrkirchen von Unterwindach (17. Jh.), Kaufering (1704–1706), Utting (Wallfahrtskirche St. Leonhard von 1712), Walleshausen (spätgotisch; um 1732 barockisiert, Stuck von F. X. Feichtmayr), Prittriching (spätgotische Pfarrkirche, im 18. Jh. barockisiert; malerische Kirchhofsbefestigung um die barockisierte Frauenkirche), Eresing (1756/1757 von D. Zimmermann; Deckengemälde von F. M. Kuen), Eching (1764–1766 von L. M. Gießl) und Egling (1768–1783; Stuck von Tassilo Zöpf, Fresken von Chr. Wink). Auch die bemerkenswerte romanische Kapelle St. Jakob in Unterschondorf (um 1150) erfuhr barocke Veränderungen.

St. Jakob in Unterschondorf

In Lechmühlen bei Mundraching wurde der spontan und originell arbeitende Altar- und Freskenmaler Johann Bader geboren, der als „Lechhansl" im Lechgebiet, im Pfaffenwinkel und darüber hinaus gewirkt hat.

In der weiten Landschaft am Nordende des Ammersees liegt auf einem Hügel das tausendjährige Schloß Greifenberg. Sein heutiges Aussehen geht auf einen Umbau von 1769 zurück. Dem Schloß in Pöring hat D. Zimmermann 1739 eine barocke Wallfahrtskirche hinzugefügt.

Westlich des Lech, in Hurlach, steht ein ehemaliges Schloß der Fugger, heute im Besitz der Freiherrn von Schnurbein (17. Jh., Umbau Ende 19. Jh.), in Igling das Schloß der Grafen von Maldeghem und in Unterdießen ein Schloßbau aus der Renaissance.

An die römische Besiedlung des Landes erinnert der Ort Epfach. Auf der Lechschleife, dort wo sich heute die Lorenzkapelle von 1751 erhebt, stand einst die Römersiedlung Abodiacum.

Die Kirche „Maria am Wege" in Windach (1971 erbaut)

Wechselnde, aber wenig fruchtbare Bodenverhältnisse im Landkreis (südwestlich von Landsberg Moränengebiet; nordwestlich Lechtal und steppenartiges Lechfeld) lassen Getreide, Kartoffeln und Futterpflanzen gedeihen. Der Schwerpunkt der Landwirtschaft liegt auf Viehzucht und Milchwirtschaft. Ein führender Landwirtschaftsbetrieb ist das Mustergut der Benediktiner von St. Ottilien (Völkerkundl. Sammlung im Kloster). Am Westufer des Ammersees reift Obst. An Industriezweigen sind im Landkreis vertreten: Maschinenbau, Ziegel- und Bauindustrie, elektrotechnische Industrie, papier- und pappeverarbeitende Industrie, Textil- und Bekleidungs-, Kunststoff- und Lederindustrie, Holzverarbeitungs- und Nahrungsmittelindustrie.

LANDKREIS MIESBACH

Leitzachtaler Bauernhof mit Lüftl-Malerei

Vom Mangfallgebirge an der Landesgrenze bis hinab zum Mangfallknie im Voralpenland reicht die Spannweite dieses Kreises, den die Täler der Mangfall, der Schlierach und der Leitzach aufgliedern. Tegernsee, Schliersee und Spitzingsee sind seine touristischen Glanzpunkte. Ein eigenes Charakteristikum stellt die sog. Haaglandschaft vor den Bergen dar. Seit alters pflanzte man auf der Grenzlinie zwischen den verstreut liegenden Gehöften eine Hecken- oder Baumreihe ein, einen Haag. Das Landschaftsbild erhält dadurch einen Reichtum an Abwechslung, der an die bewußt kalkulierten Anlagen der englischen Gärten denken läßt.

Das alte Städtchen M i e s b a c h, auf den Uferterrassen der Schlierach gelegen, ist der Hauptort der ehem. Freien Reichsgrafschaft Hohenwaldeck gewesen. Es gehörte als Markt am Treffpunkt zweier Salzstraßen zum Freisinger Domstift, kam im 14. Jh. an die Waldecker (seit 1476 reichsunmittelbar), 1516 an die Herren von Maxlrain und 1734 an Bayern. 1918 wurde es zur Stadt erhoben.

Verkündigungsgruppe in Weyarn

Zwischen 1630 und 1680 entfaltete sich eine einflußreiche Stukkatorenschule. 1783 zerstörte ein verheerender Brand fast den ganzen Ort. Infolgedessen weist auch die Pfarrkirche die kühleren Formen der klassizistischen Epoche auf. Im Heimatmuseum werden bäuerlicher Hausrat, schöne Beispiele der weitverbreiteten Miesbacher Tracht, Hinterglasbilder u. a. zur Schau gestellt. Heute ist Miesbach ein reger Handels-, Erholungs- und Wintersportplatz. Im benachbarten W a l l e n b u r g (Rest eines Schlosses derer von Maxlrain) lebte von 1705–1715 J. B. Zimmermann und fand hier seine Ehegefährtin.

Am romantischen Durchbruchstal der Mangfall, im Tal der Leitzach oder um den aussichtsreichen Taubenberg (Quellen für die Trinkwasserversorgung Münchens) finden sich zahlreiche Zeugen einer alten Geschichte: vorgeschichtl. Schanzen, Römerreste, Burgställe, Schlösser und viele reich ausgestattete Kirchen und Kapellen. Das bekannteste Gotteshaus, die Pfarrkirche von W e y a r n (erb. für ein ehem. Augustinerchorherrenstift von L. Sciasca 1687–1693, von J. B. Zimmermann 1729–1733 mit Fresken und Stuck geschmückt), gewinnt ihren Rang durch mehrere Schnitzwerke des großen Rokokobildhauers I. Günther: Verkündigung und Beweinung Christi, Hochaltartabernakel, Immaculata in der hübschen Sakristei, Altarfiguren in der roman. Jakobskapelle (alle zwischen 1755–1764).

Eine Verkündigungsgruppe desselben Meisters befindet sich in der Wallfahrtskirche von K l e i n h ö h e n k i r c h e n (erb. um 1770).

Kirche und Kapelle von Wilparting

In der Nähe des idyllischen Seehamer Sees stehen die Kirchen von R e i c h e r s d o r f (spätgot., barockisiert; Schnitzwerke von E. Grasser 1502 bis 1506; die Allerheiligenkapelle 1644 über angeblich heilkräftigen unterirdischen Gängen errichtet), B r u c k (roman. Kapelle) und E s t e r n d o r f (spätgot., barockisierte Wallfahrtskirche mit Muttergottesstatue von E. Grasser 1507; Turm romanisch).

Weiter östlich, in I r s c h e n b e r g, sollen die iro-schottischen Missionare Marinus und Anianus 697 ein Martyrium erlitten haben, dem Marinus erlegen ist (beider Grabplatten um 1500 in der Kirche von W i l p a r t i n g).

Im Nordwesten des Kreises liegt der betriebsame alte Markt Holzkirchen, der im 9. Jh. karolingischer Königshof und von 906–909 Sitz des Kaisers Ludwig des Kindes war. Das alte Ortsbild haben wiederholt Brände zerstört. Holzkirchens Bedeutung als Marktplatz (Vieh) und Holzbearbeitungszentrum gründete sich seit je auf seine Eigenschaft als Eisenbahnknotenpunkt. In seiner Umgebung sind u. a. die Gotteshäuser von Föching (erb. 1664–1671 mit Stukkaturen Miesbacher Art), Otterfing (16. Jh.; Turm von Fr. Sustris 1584), Schmidham (1636; spätgot. Flügelaltar), Ober- und Osterwarngau (spätgot. Pfarrkirchen) und weiter südlich Piesenkam (spätgot., barockisiert) und Schaftlach (schöne Dorfkirche von 1476 mit spätgot. Schnitzfiguren und roman. Kruzifix vom Anfang des 13. Jh.) zu nennen.

Evang. Christuskirche in Schliersee

Südwärts von Miesbach führt das Tal der Schlierach über Agatharied (spätgot. Pfarrkirche) und Hausham nach Schliersee am herrlich gelegenen gleichnamigen See. Hier hatten sich schon im 8. Jh. Mönche niedergelassen. Die heutige Pfarrkirche St. Sixtus geht auf einen romanischen Bau zurück. Sie wurde 1712–1714 neu errichtet, Stukkaturen und Fresken sind Frühwerke J. B. Zimmermanns. In einem Bauernhaus des 15. Jh. ist das Heimatmuseum eingerichtet. Die einheimische Stukkatorenschule (17. Jh.) dekorierte die Nikolauskapelle auf dem Friedhof (erb. 1635) und die reizend gelegene Wallfahrtskirche St. Leonhard in Fischhausen bei Neuhaus am Südende des Schliersees (erb. 1670; berühmte Leonhardifahrt).

St. Leonhard bei Neuhaus

Einen großartigen Blick auf den See und die ihn umgebenden Berge genießt man von der Weinbergkapelle St. Georg (14. Jh.). Über der Ostseite des Sees liegen die Reste der Burg Hohenwaldeck (13./14. Jh.). Prachtvoll geschmückte alte Bauernhäuser sind überall anzutreffen. Das Schrödelhaus (Ende 15. Jh.) in Schliersee birgt ein Heimatmuseum mit Bauernmöbeln, Hausrat, Trachten usw. Der Schliersee ist Mittelpunkt eines vielbesuchten Wintersport- und Erholungsgebietes (Rodelbahnen, Sprungschanze, Kabinenbahn auf den Schliersberg u. a.). Eine Schwebebahn führt von Josefstal hinauf in das Ski- und Wandergebiet um den Spitzingsee zwischen den Gipfeln von Jägerkamp, Aiplspitz, Rotwand, Stolzenberg und Brecherspitz. Ein ideales Skigelände bieten auch die Hänge von Bodenschneid und Stümpfling (Stümpfling-, Sutten- und Taubensteinbahn) um die beiden Firstalmen (berühmtes Faschingstreiben auf Skiern). Die Rote Valepp fließt vom Spitzingsee bereits südwärts, an Valepp vorbei (Aufstieg zum Schinder), nach Tirol dem Inn zu.

Schutzmantelmadonna aus der Friedhofskirche in Fischbachau

Im Leitzachtal liegt der Erholungsort Fischbachau, der 1085–1104 Sitz eines Benediktinerklosters war (verlegt erst nach Petersberg bei Dachau, 1119 nach Scheyern). Die ehem. Klosterkirche (um 1100) gilt als älteste erhaltene romanische Basilika Oberbayerns. Ihr Inneres wurde allerdings im 18. Jh. mit Stukkaturen und Fresken überzogen. Die barocke Ausstattung ist äußerst reich. Auch die barockisierte Friedhofskirche (Miesbacher Stukkaturen um 1630; Rokoko-Orgel) geht auf einen Bau des 11. Jh. zurück. Ihr Hochaltar enthält ein Holzrelief der Schutzmantelmadonna (um 1503).

Am Fuß des Breitensteins steht die barocke Wallfahrtskapelle von Birkenstein (18. Jh.; interessante Votivtafeln). Nördlich sind die beiden Barockkirchen von Elbach beachtenswert: St. Andreas mit hohem

St. Andreas in Elbach

Zwiebelturm (ansehnlicher, stuckierter Saalbau von 1689) und die Friedhofskapelle Hl. Blut (um 1670; die üppigen farbigen Stukkaturen sind ein Hauptwerk der Miesbacher Schule).

Einen klangvollen Namen als Sommerfrische und Wintersportplatz hat das großartig gelegene Gebirgsdorf Bayrischzell (Schwebelifte zum Sudelfeld, dort mehrere Skilifte und Skikulis, Rosengassenlift, Wendelsteinseilbahn, Sprungschanzen, Rodelbahnen, Bäder usw.). Sein Gebirgstal säumen Wendelstein, Traithen und Seeberg. Die Ortschaft erwuchs aus einem kleinen Benediktinerkloster (1077 gegr., 1085 nach Fischbachau verlegt). Der hochragende gotische Spitzturm gehört zu einer freundlich ausgestatteten Barockkirche (erbaut 1734).

Westlich, getrennt durch die Flyschrücken Gindelalm-Neureut, Baumgartenschneid und Brunstkogel, liegt der berühmtere, größere Bruder des Schliersees, der Tegernsee. Dunkelgrüne Waldberge und beliebte Erholungsorte umrahmen ihn, den südlichen Hintergrund bilden Wallberg (Schwebebahn) und Hirschberg (Skilifte). Überall sind Luftkur-, Bade- und Wintersportmöglichkeiten geboten (Tegernseer-Tal-Sprungschanze, Skilifte). Die Kultivierung des Landes ging von der bedeutenden Benediktinerabtei Tegernsee aus (746 gegr., 1803 aufgehoben), die 1719 zur Fürstabtei aufstieg. Ihre Wirksamkeit übertraf zeitweise alle anderen bayerischen Klöster. Sie war durch Gelehrsamkeit und Kunstfertigkeit (Glas-, Buchmalerei, Goldschmiedekunst) berühmt. Die heutigen Baulichkeiten zeigen nur mehr wenig vom einstigen Glanz. Die Klostergebäude (Anfang 18. Jh.; Dekorationen J. B. Zimmermanns 1728–1732; Veränderungen durch L. v. Klenze) dienen z. T. dem Herzog in Bayern als Schloß (außerdem Gymnasium, Heimatmuseum und Brauerei); die Abteikirche St. Quirin, einst eine große romanische Basilika (Reste der Krypta), erscheint heute in frühbarockem Gewand mit stark plastischen Stukkaturen italienischer Herkunft und Fresken von H. G. Asam (Frühwerke der barocken Gewölbemalerei in Bayern).

Tegernsee, Westfassade der Abteikirche

Als Kurort weist die Stadt Tegernsee eine heilkräftige Jodsolequelle, Kuranlagen (Gulbranssonausstellung im Pavillon), Aussichtspunkte (Großes Parapluie) und ein bekanntes Bauerntheater auf. Das am See gegenüberliegende vielbesuchte Bad Wiessee hat starke alkalisch-muriatische Jod-Schwefel-Quellen. Der Kurbetrieb bestimmt das Aussehen des Ortes (Badehaus, Hotels, Kuranlagen, Hallenbad, Spielbank usw.). In der Nähe entspringt eine petroleumhaltige Quelle, der man seit 1441 Heilkraft zuschreibt (Quirinusöl).

Gmund am nördlichen Seeufer ist ein Luftkurort bäuerlichen Charakters. Seine Pfarrkirche, einen hervorragend ausgestatteten (u. a. von H. G. Asam, I. Günther) Frühbarockbau, errichtete L. Sciasca 1688–1693.

Das Dorfkirchlein im benachbarten Georgenried hat einen sehr schönen spätgotischen Innenraum.

Waakirchen, etwas weiter nordwestlich, ist durch seine Gesangsgruppe bekannt geworden, Marienstein durch sein Pechkohlenbergwerk (aufgelassen) und durch Zementherstellung.

Im sog. Egerner Winkel des Sees liegt der Doppelort Rottach-Egern. Hoch ragt der gotische Turm der 1671 von Schlierseer Meistern barockisierten Pfarrkirche in Egern auf (Gemälde H. G. Asam; got. Hochrelief u. Fresko). Auf dem Egerner Friedhof ruhen die Schriftsteller

Ludwig Thoma (1867–1921), Ludwig Ganghofer (1855–1920), der Sänger Leo Slezak (1873–1946) und der geniale Zeichner Olaf Gulbransson (1873–1958).

Südlich des Tegernsees öffnet sich das Weißachtal zwischen Hirschberg, Leonhardstein und Roß- und Buchstein einerseits und Wallberg, Setzberg, Risserkogel und Blaubergen andererseits. Wildbad Kreuth liegt in diesem Gebirgstal. Seine eisenhaltigen Schwefelquellen wurden seit dem 14. Jh. genutzt. Die Kurgebäude beherbergen heute die Tagungsstätte der Hanns-Seidel-Stiftung. Auf dem Friedhof von Kreuth ist der Kiem Pauli, der große Bewahrer und Pfleger der bayerischen Volksmusik, bestattet. An Glashütte mit seiner hübschen Barockkirche (um 1700; spätgot. Figuren) vorbei, wo die Tegernseer das erste Glas Bayerns herstellten, gelangt man über den Achenpaß zum Achensee nach Tirol und über eine neue Abzweigung der Queralpenstraße zum Sylvensteinsee.

Die Miesbacher Tracht

Das Brauchtum im Miesbacher Land wird mit froher Selbstverständlichkeit gepflegt. Berühmte Trachtenvereine, Gesangs- und Volksmusikgruppen, Blaskapellen, Bauernbühnen und Gebirgsschützenkompanien schöpfen aus jahrhundertealten Traditionen, die ohne Zwang und Krampf wieder lebendig wurden (1930 erstes Preissingen in Egern; Musikschule in Tegernsee).

Der Landkreis Miesbach weist entsprechend seinen verschiedenartigen Landschaften vielerlei Wirtschaftszweige auf. Überall floriert das Fremdenverkehrsgewerbe. Die Landwirte treiben Viehzucht, Grünland- und Milchwirtschaft (Viehmärkte in der Oberlandhalle von Miesbach). Die Forstwirtschaft spielt eine erhebliche Rolle, da 52% des Kreises bewaldet sind.

Die Industrieproduktion ist äußerst vielfältig: Maschinenbau, Fertighausbau, Herstellung von landwirtschaftlichen, elektrischen und elektronischen Geräten und Apparaten, Werkzeug und anderen Metallwaren, von Textilien, Schiern, Papier- und Holzprodukten, chemischen Artikeln, Druckwaren und Nahrungsmitteln.

Rottach-Egern

LANDKREIS MÜHLDORF a. INN

Mühldorf: Stadtwappen vom Rathaus

Die Flüsse Inn, Isen und Rott gliedern mit ihren Tälern das aus grünen Hügelrücken und weiten Schotterebenen bestehende Kreisgebiet.

Mühldorf gehört zu den Städten, die noch unverfälscht das typische Bild einer Innstadt aus dem 15./16. Jh. zeigen. Um den schöngeschwungenen, breiten und fast 500 m langen Straßenmarkt stehen viele alte Häuser mit horizontalen Fassadenschlüssen, malerischen Laubenhöfen und Straßenarkaden. Meist schmucklos, machen sie mit ihren Fensterreihen einen wuchtigen Eindruck, voran das gotische Rathaus. Im spätgotischen Paris-von-Lodron-Haus ist das Heimatmuseum eingerichtet. Vier barocke Brunnen zieren den Stadtplatz. Die Pfarrkirche St. Nikolaus besitzt noch einen mächtigen romanischen Turm (barocker Aufsatz) und ein romanisches Portal, im übrigen hat sie F. A. Mayr 1768–1775 in maßvollen Formen wiedererrichtet (Gewölbefresken von M. Heigl 1772).

Im Spätmittelalter war Mühldorf ein bedeutendes Kunstzentrum. Unter seinen Künstlern ragt der sog. Maler von Mühldorf hervor, der 1511 die Altarflügel in der Laurentiuskirche von Altmühldorf geschaffen hat.

Einst machte ein starker Mauergürtel Mühldorf zu einer wehrhaften Stadt, wovon noch drei trutzige Wehrtürme zeugen. Die Befestigung hatte sich oft als sehr notwendig erwiesen, denn die Stadt war von 798–1802 eine Enklave des Hochstifts Salzburg inmitten des bayerischen Landes und die bayerischen Herzöge hätten den wichtigen Handelsplatz (Salz), Hafen und Innübergang gern in ihre Hände bekommen. Das heutige Finanzamt war ein Lustschloß der Salzburger Fürstbischöfe. Bei Mühldorf schlug Ludwig der Bayer 1322 seinen Gegenkönig Friedrich den Schönen von Österreich in der letzten großen Ritterschlacht auf deutschem Boden. (Irrtümlich oft als „Schlacht von Ampfing“ bezeichnet.)

Der Landkreis Mühldorf ist reich an bedeutenden Kirchen und Wallfahrten. So hat der freundliche Markt Neumarkt-St. Veit (2 Tortürme, Salzstadel um 1500) zwei Gotteshäuser aus dem 15. Jh.: die Pfarrkirche St. Johannes Baptist und die ehem. Benediktinerklosterkirche St. Veit, die größte gotische Kirche im weiten Umkreis (Ausstattung teilweise barock). Dasselbe Kloster hatte vor 1171 seinen Sitz in Elsenbach, wo heute eine spätgotische Backsteinkirche mit Wandmalereien aus dem frühen 16. Jh. steht.

Pürtener Madonna

Im Süden des Kreises liegen am Inn zwei benachbarte ehem. Augustinerchorherrenstifte, die im 8. Jh. als Benediktinerklöster gegründet worden waren: Gars und Au. Beide Gotteshäuser wurden im Barockstil umgebaut. In Gars waren es Gasparo und Domenico Zuccalli, die 1661 bis 1690 den kraftvollen, tonnengewölbten Bau in Anlehnung an St. Michael in München errichteten (schöne Grabdenkmäler). In Au wurde beim Umbau 1708–1717 nach dem Vorbild von Gars verfahren. Die Dekoration mit Stuck und Malerei zog sich bis 1754 hin (auch hier vorzügliche Epitaphien; Klostergebäude von D. Zucalli mit bemerkenswertem Bibliothekssaal). Oberhalb von Au das Stampflschlößl mit guter Aussicht auf das Inntal.

Viele Gotteshäuser wurden in der Barockzeit umgestaltet oder neu erbaut. Die spätgotische Pfarrkirche in Pürten z. B. erhielt im 17./18. Jh. eine reiche Ausstattung (berühmtes Gnadenbild „Pürtener Madonna“

Mühldorf, am Stadtplatz

Schwindegg

Haag

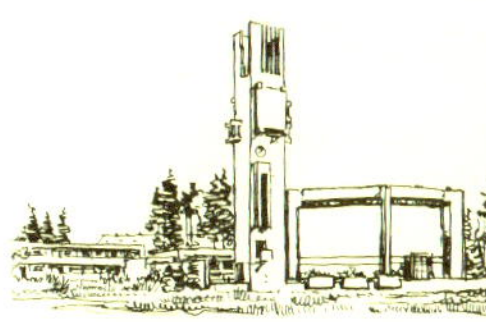

Kath. Kirche in Waldkraiburg

von 1440). 1684–1686 entstand die Wallfahrtskirche im ehemaligen Kloster Ecksberg (heute Heim für geistig Behinderte), 1766–1775 der interessante Zentralbau St. Jakobus in Buchbach (Rokokoausstattung; doppelte Turmzwiebel) und 1758 die idyllische Wallfahrtsstätte „in der Fißlkling".

Unter den Schlössern Adelstein in Neumarkt-St. Veit (16. Jh.; Umbau 18. Jh.), Guttenburg (spätgot.; Umbauten 16./17. Jh.), Jettenbach (16. Jh.; barockisiert; Stammschloß der Grafen von Törring-Jettenbach) und Zangberg (17. Jh.; heute Kloster) sei das Wasserschloß Schwindegg hervorgehoben, das eines der eindrucksvollsten Renaissanceschlösser in Bayern ist. Es wurde Ende des 16. Jh. als Vierflügelanlage mit Ecktürmen und einem Torturm (Zwiebelhauben) erbaut. Von der imposanten Burganlage im Markt Haag, die einst Zentrum der mächtigen Grafschaft Haag gewesen war, blieb nur der 40 m hohe, massige Bergfried erhalten, die anderen Gebäudeteile sind 1804 abgetragen worden.

In der Nähe des malerischen alten Marktfleckens Kraiburg (quadratischer Marktplatz, schöne Wohnhäuser im Inn-Salzach-Typ) liegt eines jener interessanten Gemeinwesen, die erst nach dem Zweiten Weltkrieg entstanden sind: Waldkraiburg. Mitten im Wald errichteten Heimatvertriebene auf dem Gelände einer Munitionsfabrik einen Industrieort, der bei seiner Stadterhebung 1960 bereits 8700 Einwohner zählte und heute fast 20 000 hat. Große und mittlere Betriebe verteilen sich auf eine Vielfalt von Erzeugerbranchen: Chemische Industrie, Kunststoff-, Gablonzer Glas- und Schmuckwarenherstellung, Spielzeug- und Blasinstrumentenerzeugung, Papier- und Textilbetriebe, Metallverarbeitung, Pumpenwerk u. v. a. Neben Waldkraiburg ist Mühldorf (Elektro- und Textilindustrie, wichtiger Eisenbahnknotenpunkt) Standort der Industrie (in der Nähe ein großes Milchverarbeitungswerk, bei Ampfing Erdöl- und Erdgasvorkommen). In Neumarkt-St. Veit holzverarbeitende Industrie und Musikinstrumentenherstellung.

Im übrigen Kreisgebiet dominiert die Landwirtschaft mit guten Erträgen an Weizen, Gerste, Roggen, Klee sowie mit bedeutender Viehzucht und Milchwirtschaft.

Lustheim im Schloßpark von Schleißheim

LANDKREIS MÜNCHEN

Pieta aus Salmdorf

Der Landkreis hat seinen Mittelpunkt naturgemäß in der Stadt München. Dorthin ist das Wirtschaftsleben gerichtet, dort ist der Sitz der Kreisverwaltung, dorthin weisen auch Geschichte und Kultur. Allerdings erst seit dem Spätmittelalter. Zur Römerzeit verlief die Straße Salzburg–Augsburg durch den Süden des Kreises. Die „Römerschanze" bei Grünwald (Isarübergang) hatte schon keltische Vorläufer (keltische Befestigungsreste in der ganzen Umgebung). Die bajuwarischen Dörfer tauchen im 8. bis 11. Jh. auf, sie sind also großenteils viel älter als die Stadt München. Ihr Dorfcharakter ist jedoch fast überall durch das rasante Wachstum der Wohnsiedlungen verfälscht.

Im Osten des Kreises seien H a a r (romanische Kirche des 13. Jh.; in der Nähe größte Nervenheilanstalt Europas), S a l m d o r f (spätgotische, barockisierte Kirche aus dem 15. Jh.; ausdrucksstarkes Vesperbild um 1340), O t t e n d i c h l (interessante spätgotische Dorfkirche; 1697 verändert), M ö s c h e n f e l d (einheitliche Wallfahrtskirche von 1640 mit reichem Stuckdekor und Gemälden des 15. Jh.) und K e f e r l o h genannt, dessen romanische Kapelle (um 1250; geringe Änderungen) alljährlich im Spätsommer das bunte Treiben des Keferloher Marktes erlebt. Der Sage nach sollen hier im Jahre 955 die bei der Schlacht auf dem Lechfeld erbeuteten Pferde versteigert worden sein. Heute ist der Markt Anlaß zu einem urwüchsigen Volksfest. Die weithin berühmten tönernen „Keferloher" (Bierkrüge ohne Deckel) sind hier aufgekommen.

Wallfahrtskirche Möschenfeld

Im Süden des Kreises dehnen sich endlose Fichtenwälder. Sie sind die Lungen der Großstadt und die nächsten beliebten Ausflugsziele der Münchener. Geradezu beispielhafte alte Rodungsinseln unterbrechen das Wipfelmeer. So z. B. G r a s b r u n n, H a r t h a u s e n, H o h e n b r u n n, S i e g e r t s b r u n n (Wallfahrtskirche von 1460 mit barocker Einrichtung; Fresken von Chr. Wink 1793), H o f o l d i n g (einheitliche Barockkirche von 1701–1723), F a i s t e n h a a r (barocke Peter-und-Paulskirche um 1700) und P e i ß (sehenswerte Andreaskirche von 1655 im Ortsteil A y i n g).

Der nächste Ort liegt bereits auf den Hügeln der Endmoränen: Kleinhelfendorf, wo zwei Emmeramskirchen stehen. Angeblich erlitt der hl. Emmeram hier sein Martyrium. Die Marterkapelle (1752) umschließt den Marterstein mit einer drastischen Holzfigurengruppe des Martyriums. Die Pfarrkirche des Ortes verbirgt unter einem glänzenden Barockgewand (1668–1680; Miesbacher Stukkaturen) einen romanisch-gotischen Kern. Sie gehört zu den besten Dorfkirchen der frühen Barockzeit in Bayern.

Zwischen Deisenhofener, Grünwalder und Perlacher Forst liegen der Flugplatz Unterbiberg, die zu Wohnstädten herangewachsenen Dörfer Ottobrunn, Unter- und Oberhaching, Taufkirchen (Pfarrkirche mit mächtigem romanischem Turm und interessantem Grabstein aus dem 14. Jh.) sowie Deisenhofen (westlich das Renaissancejagdschloß in Laufzorn von 1508–1550; erneuert).

In Grünwald über dem romantischen Isartal steht die einzige erhaltene mittelalterliche Burg der Münchener Umgebung (erb. Ende 13. Jh. von Herzog Ludwig dem Strengen; spätere Änderungen). Nördlich von Grünwald breiten sich die Filmstudios von Geiselgasteig aus.

In der Landschaft südlich des Grünwalder Forstes sind die gut barockisierten, ursprünglich gotischen Kirchen von Großdingharting und Kreuzpullach sehenswert.

Auch in Pullach, jenseits der Isar, ragt eine Burg. Diese, namens Schwaneck, wurde 1842–1844 an der Stelle einer mittelalterlichen Wehranlage von F. Gärtner für L. von Schwanthaler erbaut und 1902 mit Jugendstileinrichtungen versehen (heute Jugendheim und Jugendherberge). Pullachs gut ausgestattete Pfarrkirche ist ein spätgotischer Bau.

Das tief in den Endmoränenwall eingeschnittene Isartal hinauf gelangt man nach Kloster Schäftlarn, das in einer Talweitung des Flusses liegt. Es wurde 762 gegründet und erlebte alle Drangsale einer über tausendjährigen Geschichte. Seit 1866 gehört es Benediktinern, die ein Gymnasium führen. Die Baugeschichte der berühmten Klosterkirche ist mit den großen Namen Viscardi, Cuvilliés, Gunetzrhainer und Fischer verknüpft (1702–1760). Meisterhafte Stukkaturen und Gemälde fügte J. B. Zimmermann 1754–1756, Kanzel und Altäre J. B. Straub hinzu. Die in abgewogenen Proportionen ausgeführten Klosterbauten erstellte G. A. Viscardi 1702–1707.

Vom westlichen Hochufer der Isar grüßen Hohenschäftlarn mit einer Rokokopfarrkirche (1730), Baierbrunn mit einer barocken Pfarrkirche und weiter südlich Icking mit seiner Ski-Sprungschanze.

Der wildreiche Forstenrieder Park trennt das Isartal von den bevorzugten Villensiedlungen im Würmtal: Gräfelfing, Lochham, Planegg. Gräfelfing-Lochham ist einer der ältesten Orte im Würmtal. Es wird geschichtlich bereits 763 erwähnt, seine Stefanuskirche um 800 genannt. In Planegg stehen die schlichte, in den letzten Jahren erweiterte Wallfahrtskirche Maria Eich (18. Jh.; Marienkrönung am Hochaltar von J. B. Straub) und ein mauerumgürtetes Schloß (17./18. Jh.).

Im Norden hat der Kreis Anteil an dem ertragreichen Boden um Unterföhring (einheitliche Kirche von 1716–1718) und um das alte Dorf Aschheim sowie am größten, geschlossenen Krautanbaugebiet Deutschlands um Ismaning (ehem. Schloß der Freisinger Bischöfe,

Taufkirchen

Hochaltargruppe in Großdingharting

Die Burg in Grünwald

Kloster Schäftlarn

Forschungsreaktor (Atom-Ei) in Garching

dann im Besitz des Herzogs von Leuchtenberg; durch Leo von Klenze umgebaut und klassizistisch ausgestattet).

Der Name des Dorfes Garching in der sog. Garchinger Heide, die längst unter den Pflug genommen worden ist, steht heute für ein Zentrum der physikalischen Forschung in Deutschland. Die Entwicklung begann 1957, als die Kernreaktorstation zu arbeiten begann, die man wegen ihrer eigentümlichen Form „Atomei" nennt. Heute wirken hier zahlreiche Forschungsinstitute der Max-Planck-Gesellschaft und der Universitäten an vielfältigen Aufgaben. Schwerpunkte sind extraterrestrische und Plasma-Physik. Eine „Stadt der Wissenschaft" ist entstanden, deren Ausbau aber noch keineswegs beendet ist.

Das Kirchlein im aufgelassenen Dorf Mallertshofen gilt als ältestes erhaltenes Bauwerk im Kreis (um 1200).

Das Kirchlein von Mallertshofen

Am Ostrand des Dachauer Mooses hatte Kurfürst Max Emanuel in Schleißheim eine repräsentative Schloßanlage geplant, die selbst in ihrer nur teilweise ausgeführten Form heute ein prachtvolles Bauwerk ist. Hinter dem großen kurfürstlichen Wirtschaftshof mit dem sog. Alten Schloß (1626; Ausstellungsräume) wurde das Neue Schloß seit 1701 aufgeführt. Kriege und politische Umstände ließen den Bau nur stockend gedeihen. Erst 1848 wurde auf Initiative König Ludwigs I. der Haupttrakt fertiggestellt. Baumeister waren E. Zuccalli, J. Effner und L. v. Klenze. Bei der Innenausstattung unter Effners Leitung (Fresken von Wink, Asam und Amigoni, Stukkaturen von J. B. Zimmermann u. a., Tapisserien, Holzschnitzereien usw.) sind einige Meisterwerke barocker Raumkunst entstanden (z. B. Treppenhaus von 1719, Großer Festsaal, Viktoriensaal). Eine dort eingerichtete Barockgalerie der Staatsgemäldesammlungen enthält u. a. Bilder von van Dyck, Rubens, Piazetta, Reni, Tintoretto und Veronese.

Im Sommer finden große Schloßkonzerte statt. Hinter dem Schloß erstrecken sich Gartenanlagen mit einem Blumenparterre in regelmäßiger Form, die man im rein französischen Stil wiederherstellen will. Dann wird Schleißheim neben Herrenhausen in Hannover den stilreinsten Barockgarten Deutschlands besitzen. Am Schluß der langen, durch einen Kanal gebildeten Hauptachse des Gartens leuchtet das Schlößchen Lustheim, das Kurfürst Max Emanuel bereits 1684–1689 durch Zuccalli erbauen ließ. Es enthält heute eine Sammlung von erlesenem Meißener Porzellan.

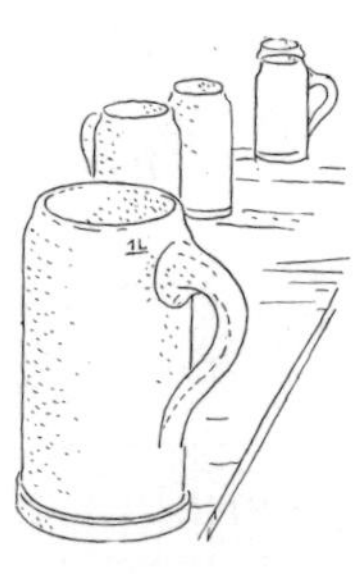

Maßkrüge sog. „Keferloher"

Obwohl ein Großteil der Bewohner nur im Kreisgebiet wohnt, seiner Arbeit jedoch in der Landeshauptstadt nachgeht, hat der Landkreis München beachtliche Industriebetriebe mannigfaltiger Art aufzuweisen, die u. a. Maschinen, elektronische Elemente, Fluggeräte, chemische und elektrotechnische Artikel, Apparate, Textilien, Möbel, Papier, Druckerzeugnisse, Musikinstrumente, Keramiken, Baumaterialien, Kunststoffprodukte, Bier und Nahrungsmittel herstellen. Internationale Bedeutung haben das ausgedehnte Filmgelände mit großen Produktionshallen für die Filmindustrie in Geiselgasteig und die Fernsehstudios in Unterföhring. Die großen Wälder werden gepflegt und genutzt. Sie sind unersetzlich für die Erholung der Stadtbevölkerung.

Die Landwirte bauen Getreide, Gemüse, Kartoffeln an und treiben Viehzucht und Milchwirtschaft.

Donautal, Donaumoos und Tertiärhügelland formen das Bild des Kreises. Am großen Strom mit seinen Auwäldern liegt die Stadt Neuburg an der Donau, Sitz der Kreisverwaltung. Ihre „Oberstadt" besetzt einen Jurasporn, der hier über die Donau greift.

Das Schloß in Neuburg a. der Donau

Der Ursprung Neuburgs ist römisch; ein Kastell sicherte hier den Donauübergang. Im 6. Jh. bayerischer Herzogshof, seit 788 fränkischer Königshof, zeitweise Lehen der Pappenheimer, dann wieder bayerisch, kam es zu Ingolstadt, dann zu Landshut. Seit 1505 war es Hauptort der Jungen Pfalz, von 1522 bis 1556 Regierungssitz des Pfalzgrafen Ottheinrich und weiterhin bis 1685 Residenz von Pfalz-Neuburg. 1777 kam es mit Karl Theodor an Bayern. Beredtes Zeugnis großer Vergangenheit als Hauptstadt ist das mächtige vierflügelige Schloß, dessen barocker Osttrakt (1665–1675) mit seinen runden Flankentürmen das Stadtbild beherrscht. Die anderen Flügel ließ Ottheinrich im Renaissancestil errichten und ausstatten. Sehr reizvoll ist die Tordurchfahrt und der von doppelgeschossigen Lauben umgebene Hof. Die Schloßkapelle (die älteste evangelische Kirche Altbayerns) ist vom Salzburger Meister Bocksberger 1543 mit Fresken ausgemalt worden. Im Schloßmuseum werden künftig Gemälde flämischer Meister zu besichtigen sein. Ottheinrich hatte den Protestantismus eingeführt, und so wurde die ehem. Hofkirche (1607–1618) in der Absicht erbaut, dem Jesuitenzentrum St. Michael in München ein ebenso monumentales protestantisches Bauwerk entgegenzusetzen. Ironischerweise wurde kurz vor der Vollendung Neuburg und damit auch die Hofkirche wieder dem katholischen Glauben zugeführt.

Heimatmuseum in Neuburg

Innerhalb des teilweise erhaltenen Stadtberings der Oberstadt ragen noch die barocke Pfarrkirche St. Peter (1641–47), der ehem. Kongregationssaal von 1731 (heute Provinzialbibliothek; barocke Einrichtung aus der Klosterbibliothek Kaisheim), das Rathaus von 1609 und das ehem. Rokokopalais Thurn und Taxis hervor. Im schönen Weveldhaus (1517; Umbau 1713–20) befindet sich das Heimatmuseum mit vier wertvollen Gobelins Ottheinrichs, einer vorgeschichtlichen Sammlung u. a.

Zu Füßen der Oberstadt die moderne Unterstadt, Sitz der Behörden, des Handels und der Industrie.

Im Auwald östlich von Neuburg ließ Ottheinrich 1530/31 für seine Gemahlin das Jagdschloß Grünau errichten. Die zwei Schloßtrakte, von Mauer und Graben umgürtet, machen noch den Eindruck einer trutzigen Burg, obwohl sie zu einer Zeit erbaut wurden, als das Zeitalter der Burgen schon vorbei war. Im Innern ungewöhnliche Fresken mit Jagdmotiven vom Augsburger Jörg Breu d. J.

Jagdschloß Grünau (Museum)

In den Jurahügeln nördlich der Donau liegt das ehem. Benediktinerinnenkloster Bergen. Im Jahre 976 war es gestiftet worden; 1552 aufgehoben, wurde es 1616 vom Orden der Jesuiten übernommen, der die romanische Hallenkirche (12. Jh.) im Rokokostil zur Wallfahrtskirche Hl. Kreuz umgestaltete (1756–1759). Die Pläne lieferte der Eichstätter Baudirektor Giovanni Domenico Barbieri. Allein die Krypta ist noch rein romanisch. Im Langhaus ein schönes Epitaph für den Erbküchenmeister Wilhelm v. Muhr von Loy Hering (um 1535).

Das dreiflügelige Barockschloß von Bertoldsheim an der Donau errichtete der Eichstätter Baumeister G. Gabrieli 1718–1730.
Südöstlich von Neuburg breitet sich bis zu den Tertiärhügeln des Paartales die weite Ebene des Donaumooses aus. Es ist seit seiner Trockenlegung unter Kurfürst Karl Theodor am Ende des 18. Jh. von geraden Straßen durchzogen, entlang deren die einstigen Kolonistenhäuser aufgereiht sind. Die Dörfer Karlskron, Karlshuld, Karlsruh, Maxfeld und Ludwigsmoos sind nach den bayerischen Herrschern benannt. Im Donaumoos gedeihen begehrte Saatkartoffeln.

Schrobenhausen

Ein Schwerpunkt des Landkreises liegt um die ländlich behäbige Stadt Schrobenhausen im Paartal. Der Ort war im frühen Mittelalter am Kreuzungspunkt wichtiger Straßen entstanden. Stadtrechte erhielt er 1447. Innerhalb der Stadtbefestigungsreste des 15. Jh. stehen die spätgot. Backsteinbasilika der Pfarrkirche (spätgot. Fresken), die gotische, barockisierte Salvatorkirche (Gewölbemalereien von I. Baldauff um 1760), die got. Frauenkirche und das umgebaute got. Pflegerschloß. Außerdem zeigt das Straßenbild stattliche alte Bürgerhäuser, deren eines das reichhaltige Heimatmuseum birgt (Volkskunst, wertvolle Holzplastiken aus Spätgotik und Barock, zweitgrößte Medaillen- und Devotionaliensammlung Bayerns u. v. a.).
Schrobenhausen ist der Geburtsort des Münchner „Kunstpapstes" Franz von Lenbach (1836–1904), in dessen Elternhaus ein Lenbachmuseum mit Skizzen und Gemälden des Malers eingerichtet wurde.

Pfarrkirche in Sandizell

Unweit westlich der Stadt liegt das Schloß der Grafen von Sandizell, die hier seit über tausend Jahren ansässig sind. Vor der Schlacht von Höchstädt 1704 berieten in seinen Räumen Prinz Eugen und der Herzog von Marlborough die Lage. Die jetzige Barockanlage entstand 1749–1755 als Wasserschloß mit gut ausgestatteten Räumen (u. a. Fresken von I. Baldauff; hübsche Schloßkapelle). 1735 erhielt der Ort eine barocke Pfarrkirche nach Plänen J. B. Gunetzrhainers. Sie wurde vorzüglich ausgeschmückt (Hochaltar von E. Q. Asam 1747).
Ein zweiter, gut erhaltener Edelsitz ist Schloß Niederarnbach, das 1598 erbaut worden war, jedoch mehrfach Änderungen erfuhr.
Von den verhältnismäßig zahlreichen gotischen Gotteshäusern im Hügelland erlebten viele eine barocke Umgestaltung. Hervorgehoben seien die schön gelegene Wallfahrtskirche von Maria Beinberg (stattlicher frühbarocker Hochaltar) bei Gachenbach und die Kirche von Waidhofen (Fresken und Hochaltar von M. Steidl um 1719).
Das Kreisgebiet ist in erster Linie Bauernland. Roggen, Weizen, Grünmais, Kartoffeln und Zuckerrüben, Hopfen und Spargel gedeihen gut. Außerdem wird Rindviehzucht und Schweinemast betrieben. Industriebetriebe gibt es vorwiegend in Neuburg und Schrobenhausen: Bau- und Ausbaubetriebe, steine-, erden- und holzverarbeitende Werke, Bekleidungs-, Textil- und Schmuckwarenindustrie, chemische und elektrotechnische Industrie, Druckereien, Brauereien u. v. a.

LANDKREIS PFAFFENHOFEN an der ILM

Im Westen des Hallertauer Hopfenanbaugebietes liegt das alte Städtchen P f a f f e n h o f e n a n d e r I l m. Der ungewöhnlich hohe Spitzturm (86 m) seiner spätgotischen Pfarrkirche schaut weit über die behäbigen Bürgerhäuser ins Land. Im Anschluß an die Stadterhebung Ende des 14. Jh. entstand ein Mauergürtel, von dem noch Reste zu sehen sind. Das Bürgerspital bei der Spitalkirche beherbergt die Sammlungen des Heimatmuseums.

Scheyern

Unweit südwestlich steht der wuchtige Turm der Klosterkirche von S c h e y e r n. Er bezeichnet die Stelle der einstigen Stammburg (10. Jh.) der Pfalzgrafen von Scheyern, die im frühen 12. Jh. auf die neue Burg Wittelsbach übersiedelten, nach der sich dieses Geschlecht fortan nannte, und Scheyern Benediktinermönchen überließen. Die 1215 geweihte Klosterkirche erfuhr viele Umbauten (Hochaltarbild von Chr. Wink; Figuren von I. Günther um 1760), ebenso der Kreuzgang mit der anschließenden sog. Schmerzhaften Kapelle, in der die ersten Ahnen der Wittelsbacher ruhen. Im frühen 13. Jh. war Scheyern ein Mittelpunkt der Buchmalerei. Heute ist es ein Schulzentrum. Bereits im 8. Jh. wurde das benachbarte Kloster I l m m ü n s t e r gegründet, es bestand als Chorherrenstift bis 1492. Die Kirche St. Arsacius mit ihrem monumentalen Satteltum erwuchs 1210–1220 in spätromanischen Formen (unter dem Chor stimmungsvolle Krypta).

Marktplatz in Geisenfeld

Einem ehem. Benediktinerinnenkloster (gegr. im 8. Jh.) verdankt der 1952 zur Stadt erhobene Ort G e i s e n f e l d sein Wachstum. Sehenswert sind hier die romanische, durchgreifend barockisierte ehem. Stiftskirche und das Rathaus von 1626. Im nahen A i n a u gutes romanisches Portal.

Auch der freundliche Markt H o h e n w a r t entwickelte sich im Anschluß an ein 1047 gegründetes Benediktinerinnenkloster (heute Taubstummenanstalt der Franziskanerinnen).

An der Donau, im Norden des Kreises, liegt das Städtchen V o h b u r g zu Füßen seiner geschichtlich bedeutsamen Burg. Auf ihr saßen bereits 805 die Grafen des Nordgaus. 1435 feierte hier Herzog Albrecht III. seine heimliche Vermählung mit der Baderstochter Agnes Bernauer. Die Schweden hinterließen 1641 Ruinen. Von der spätgotischen Befestigung des Marktes blieben zwei Tore (15. Jh.).

Spätgotisches Stadttor in Vohburg

Bei M a n c h i n g lag die große Hauptstadt der keltischen Vindeliker, umgeben von einem kilometerlangen Ringwall (reiche Funde; heute Militärflugplatz).

An Schloßbauten im Kreis sind die malerische Wasserburg in R e i c h e r t s h a u s e n (spätmittelalterlich mit Umbauten des 17. Jh.) und

Schloß Reichertshausen

das Schloß von R o h r b a c h (1737) zu nennen. An der Autobahn bei Rohrbach steht in einer idyllischen Lichtung die ursprünglich gotische Wallfahrtskirche S t. K a s t u l u s.
Das fruchtbare Bauernland rechts und links der Ilm gehört zum großen Hallertauer Hopfenanbaugebiet. Wichtige Hopfenhandelsplätze sind W o l n z a c h („Herz der oberbayer. Hallertau"), Pfaffenhofen (Hopfenbauschule) und Geisenfeld. Außer Hopfen geben die lehmigen Sandböden Weizen, Gerste, Roggen, Kartoffeln und Zuckerrüben her. Höhenfleckviehzucht ist verbreitet. Das Holz der Wälder nutzen Sägewerke. An Industriebetrieben bestehen in größeren Orten, vor allem in Pfaffenhofen und Manching, Ebenhausen und Reichertshofen bei Ingolstadt: Maschinen-, Metallwaren-, Textil-, Nahrungsmittelfabriken, elektrotechnische und pharmazeutische Industrie, Ziegeleien, Brauereien und Druckereien.

Westerndorf bei Pang

LANDKREIS ROSENHEIM

Vom Mangfallgebirge und von den Chiemgauer Alpen über die Ebene des Rosenheimer Beckens und die Seenplatte vor den Bergen bis zu den Moränenhügeln von Wasserburg reicht die Spannweite des Landkreises. Es ist eine gute Portion vom Besten, was Oberbayern vorzuweisen hat. Von Süden nach Norden durchzieht der Inn die Mitte des Gebietes. Er bildet die natürliche Verkehrsachse, auf der die einstigen Hauptverkehrswege von Italien über den Brenner und das Inntal verliefen. Bei der kreisfreien Stadt Rosenheim, die Sitz der Kreisverwaltung ist, liegen viele alte Rastorte, Wallfahrtsstätten und Klöster, die an diesem bedeutenden Tor nach Tirol und Italien zu behäbigem Reichtum gelangten. Nahezu jeder Ort ließ seine mittelalterliche Kirche in der Barockzeit umgestalten. Stolz stehen die alten Gast- und Bauernhäuser da, oft bemalt und mit Schnitzwerk verziert.
Besuchenswert sind die barocke Wallfahrtskirche H e i l i g b l u t am Wasen (Saalbau des 17. Jh. mit üppigen Stukkaturen) und bei Pang die originelle frühbarocke Rundkirche von W e s t e r n d o r f (erb. 1668). Das Innere über vierpaßförmigem Grundriß ist von Miesbacher Stukkateuren hervorragend dekoriert worden. Eine mächtige Zwiebelkuppel krönt den Bau.

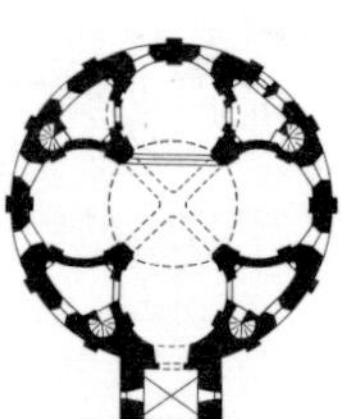

Westerndorf bei Pang (Grundriß)

Wo der Inn aus dem Gebirge in das Becken des einstigen Rosenheimer Sees tritt, liegt der Wintersport- und Luftkurort B r a n n e n b u r g mit dem ehem. Schloß des Tölzer „Goldenen Ritters" Kaspar Winzerer. Der Ort ist Talstation einer Zahnradbahn in die Bergwelt des Wendelsteins. Sehenswerte Punkte der Umgebung sind die hochgelegene Wallfahrtskapelle von S c h w a r z l a c k (1750–1754 von Hausstätter Baumeistern), das gotische Kirchlein St. Margareth (15. Jh.), die Magdalenen-Klause in B i b e r (17./18. Jh.; Magdalenen-Volksfest im Juli) und die eindrucksvolle Ruine der geschichtsreichen Burg F a l k e n s t e i n (13.–15. Jh.) am Nordhang des Madron. Die Herren von Falkenstein gründeten 1135 das benachbarte hochgelegene ehem. Kloster P e t e r s - b e r g, dessen romanische Kirche eine der wenigen erhaltenen in der Umgebung ist (Kassettendecke 1609/1610).

Südlich folgen am Inntalrand die Burgruine Kirnstein unterhalb des Wildbarren, das Karmeliterkloster Reisach mit einer barocken Klosterkirche nach Plänen I. A. Gunetzrhainers (erb. 1737–1739; kunstvoll gearbeitete Altäre z. T. mit Holzreliefs von J. B. Straub), das barocke Schloß Urfarn (1721–1727; Schloßkapelle von 1727), der stattliche Erholungsort Oberaudorf und der durch sein 1618 begründetes Volkstheater (Ritterspiele im Juli und August) berühmte Wintersport- und Grenzort Kiefersfelden.

Wirtschaftsgebäude mit Lüftlmalerei (Schloß Urfarn)

In Oberaudorf findet der Wintersportler einen Sessellift, eine Sprungschanze und Skigebiete im Bereich von Schwarzenberg, Brünnstein, Traithen (Sudelfeld), Trainsjoch u. a. Im Dorf stehen schöne Bauernhäuser und eine barocke Pfarrkirche (18. Jh.), auf dem aussichtsreichen Schloßberg Reste der Auerburg (1745 geschleift). Im Burgtor wurde die sog. Trogerstube eingebaut, ein bäuerlicher Rokokoraum aus Auerbach, dessen verschwenderische Dekoration mit Rocaillen und biblischen Szenen der Oberaudorfer Maler Peter Troger 1770 geschaffen hat. Im Ortsteil Bad Trißl suchen Rheumakranke, Nervenleidende u. a. Heilung.

Am Talrand des rechten Innufers liegen Vogtareuth (spätgot. Pfarrkirche, barockisiert), Straßkirchen (Georgskirche 16. Jh.; 1732 barockisiert), Rohrdorf (788 bezeugt; Pfarrkirche von 1769–1773, Jakobusstatue des Meisters von Rabenden Anfang 16. Jh.) und Neubeuern, das 1393 Marktrechte erhielt, im 19. Jh. durch Brände entstellt wurde und in alpenländischer Bauweise wiedererstand. Das hochgelegene Schloß wurde im 19./20. Jh. weitgehend neu erbaut. Sein Ostteil (Kern mittelalterlich, erneüert im 16./18. Jh.), der massige romanische Bergfried und die äußerst reizvoll gestaltete Kapelle (1751; ursprüngl. romanisch) entstammen früheren Bauperioden.

Scherbe von einer Bilderschüssel aus der röm. Töpferwerkstätte in Westerndorf bei Rosenheim

Das südlichere Nußdorf mit seinen zwei gotischen barockisierten Gotteshäusern (St. Veit und St. Leonhard) ist Ausgangspunkt für Wanderungen zum Heuberg und Hochries. Die aussichtsreiche Gebirgslandschaft des Samerbergs, östlich von Neubeuern, war die Heimat der Samer, die auf ihren Saumpferden das Reichenhaller Salz nach Westen transportierten (Sessellift und Kabinen-Seilbahn zur Hochries). In der Nähe die idyllische Einsiedelei Kirchwald (1719/20). Zu Füßen des Samerbergs der schöne Ort Grainbach mit seiner gotischen Kirche.

Im Inntal nördlich von Rosenheim, bei Westerndorf-St. Peter befanden sich um 150–200 n. Chr. römische Töpferwerkstätten, die ihr schönes Terra-sigillata-Geschirr in ganz Noricum absetzten.

Kragstein in der Turmkapelle der Pfarrkirche von Wasserburg

Weiter den Inn hinab gelangt man in das Wasserburger Land. Die Stadt Wasserburg liegt einzigartig auf einer Halbinsel, die durch eine Flußschlinge fast abgeschnürt ist. Sie wird umrahmt von den helleuchtenden Schotterhängen der gegenüberliegenden Innleite. Eine alte Ansiedlung bestand schon, als 1137 Hallgraf Engelbert seine Burg hierher verlegte, veranlaßt durch die sichere Lage, den Innübergang der alten Salzstraße von Salzburg nach Oberföhring und die Schiffbarkeit des Flusses. Diese drei Faktoren begünstigten auch den Aufschwung der Stadt im Mittelalter. Handel und Gewerbe blühten, Handelsprivilegien füllten die Geldtruhen der Bürger. Wasserburg war der „Hafen" Münchens, hier wurden die Güter in Richtung Wien verschifft. Mit der Er-

Wasserburg am Inn.
Am Brucktor

richtung von Eisenbahnlinien und dem Erlöschen der Innschiffahrt sank die Bedeutung der Stadt, das Zeitalter des Fortschritts hat sie kaum berührt und ihr Gesamtbild nicht verändert, so daß die Bauweise der Innstädte hier sehr gut ausgeprägt ist: horizontal abschließende Frontmauern vor Grabendächern, dazu Straßenlauben im Erdgeschoß und mannigfaltig geformte Erker. Die meisten Häuser stammen aus der späten Gotik. Der repräsentativste Patriziersitz ist das Kernhaus, wo J. B. Zimmermann um 1738 drei gotische Hausfassaden unter einem rauschenden Stuckgewand vereinigt hat. Gegenüber das Rathaus mit seinen zwei hohen Stufengiebeln (15. Jh.; geschnitzte Holzbalkendecke von 1564 in der Ratsstube). Im darunterliegenden Brothaus verkauft die Bäckerinnung seit dem Mittelalter ihr Brot.

Rathaus
in Wasserburg

Das Städtische Heimatmuseum zeigt bedeutende Sammlungen zur Geschichte und Kunst der Stadt (Bauernmöbel, Zunftzeichen, Modeln und Abgüsse der Wachszieher und Lebzelter u. v. a.).

Das älteste Gotteshaus der Stadt ist die Frauenkirche (14. Jh.; 1753 barokkisiert), die an den schon vorhandenen städtischen Wachtturm angebaut wurde. 1410 begann Hans Stethaimer mit dem Bau der großen Stadtpfarrkirche St. Jakob. Erst 1478 wurde er vollendet. Wie bei allen Werken Stethaimers bedeckt ein mächtiges Dach eine weite dreischiffige Halle (prächtige Kanzel der Brüder Martin und Michael Zürn von 1639). Den viereckigen Turm krönt ein Pyramidendach. Westlich der Pfarrkirche sicherte die Herzogsburg den Zugang zur Halbinsel vom Lande her. Von ihr sind nur der Neubau Herzog Wilhelms IV. (1531) und der Getreidekasten (1526) mit ihren hohen Stufengiebeln sowie die spätgotische Burgkapelle erhalten. Den Zugang zur Stadt über die Brücke schließt das gotische Brucktor.

Schloßhof in Amerang

Jenseits der Innschleife ist ein neuer Stadtteil mit Schulen und Industriebetrieben (Textilien, Genußmittel, Kunststoff-Folien) herangewachsen.

Im Wasserburger Land wirkte jahrhundertelang eine Reihe bedeutender Klöster, deren Gotteshäuser zu den erlesensten Schmuckstücken der Landschaft gehören. Allen voran die ehem. Benediktinerklosterkirche

Rott am Inn, ein Hauptwerk des bayerischen Rokoko. J. M. Fischer erstellte 1758–1763 unter Beibehaltung der romanischen Osttürme den Bau, worin er Langhaus und Zentralanlage in einzigartiger Weise verband. M. Günther schuf die großen harmonischen Kuppelfresken, F. X. Feichtmayr und J. Rauch die Stukkaturen, I. Günther mehrere Altäre und den Figurenschmuck. Ausstattung und Raumgestaltung vereinen sich zu einer der letzten großen Leistungen des Rokoko.

Ein altes Benediktinerkloster war bis 1803 auch Attel auf einem Bergsporn über dem Inn. Seine Kirche folgt dem barocken Schema. 1713 bis 1715 entwarf und leitete der Abt selbst den Bau. Zarte Stukkaturen überziehen den Innenraum. Die Klostergebäude dienen als Heil- und Pflegeanstalt.

Ignaz Günther hat auch die sonst wenig bedeutende gotische Kirche der Dominikanerinnen in Altenhohenau durch einen Hochaltar und zwei Seitenaltäre (1761) mit bewegten Figuren besuchenswert gemacht. Die Fresken im Chor schuf Matthäus Günther.

Ein stattlicher Kirchenbau aus gotischer Zeit ist St. Rupert in Kircheiselfing (bedeutendes Vesperbild von I. Günther 1758). Die frühklassizistische Pfarrkirche von Albaching (1790) haben Christian und Johann A. Wink mit Fresken ausgemalt.

Nicht zuletzt gab es im Wasserburger Land Burgen und Edelsitze, deren viele verschwunden oder umgebaut worden sind. Einige stehen noch. Höchst stimmungsvoll ist die Burg Amerang mit dem ältesten Arkadenhof in Bayern (Schloßkonzerte im Sommer; Ostoberbayer. Bauernhausmuseum) sowie die Anlagen in Penzing und Kling.

Im nördlichen Chiemgau, einer Grundmoränenlandschaft mit stillen Moosen und Seen (Simssee, Hofstätter See, Rinssee, Eggstätt-Hemhofer Seenplatte u. a.), stehen die Gotteshäuser von Söchtenau (gotisch, barockisiert), Halfing (15. Jh.; Umbau 1727/1730), Guntersberg (Ende 15. Jh.), Söllhuben (1766), die schön gelegene, gotische Wallfahrtskirche St. Florian (um 1500; hervorragend geschnitzter Flügelaltar) und das steil aufragende Schloß Wildenwart (mittelalterl. Kern; im 16./17. Jh. umgebaut). Riedering wurde durch die Volksgesangsgruppe der „Riederinger Buam" bekannt. Das Volkstheater in Endorf i. OB. besteht seit über hundert Jahren. Seine Spielzeit dauert vom Pfingstmontag bis Mitte Juli.

Der Marktflecken Prien ist der Hauptort am weiten Chiemsee, dem sog. Bayerischen Meer. Er zeigt sich als gepflegter Luft- und Kneippkurort mit geschmückten Häusern und einer großen Pfarrkirche (erb. im 15. Jh.; Umbau 1735–1740), die J. B. Zimmermann glanzvoll stuckiert, ausgemalt und mit einer Kanzel ausgestattet hat. Mit der barockisierten gotischen Allerseelenkapelle bildet sie eine malerische Gruppe. Im Heimatmuseum befinden sich u. a. eine vollständige Wachszieherei, Fischereigeräte, Werke Chiemgauer Maler.

Eine besondere Kostbarkeit des Chiemgaues ist die kleine spätromanische Kirche von Urschalling. Hier sind 1941/1942 im ganzen Bau mittelalterliche Wandmalereien freigelegt worden, die in solcher Geschlossenheit in Bayern einzigartig sind. Unter einem gotischen Zyklus (Ende 14. Jh.) befindet sich ein zweiter, romanischer vom frühen 13. Jh., der nur teilweise aufgedeckt wurde. Weiter südlich liegt der Luftkurort

Kaiser Heinrich II. Altarfigur von Ignaz Günther in Rott a. Inn

Pfarrkirche und Allerseelenkapelle in Prien

Fresken (Ende 14. Jahrhundert) aus der Apsis von Urschalling

Gasthof in Bernau

Bernau mit freundlichen Häusern, wie z. B. dem Gasthof zum Alten Wirt von 1697, und einer Strafanstalt.
Das bekannteste Schloß im Chiemgau ist zweifellos König Ludwigs II. Traumschloß Herrenchiemsee. Es wurde 1878–1885 nach dem Vorbild von Versailles aufgeführt, blieb jedoch ohne die geplanten Seitenflügel und ohne ausgedehnte Parkanlagen. Im Innern des fertiggestellten Haupttraktes brilliert das bayerische Kunstgewerbe des 19. Jh. (König-Ludwig-II.-Museum). Ohne Parallele ist die Lage des Schlosses auf der Herreninsel mitten im See. Der Name stammt von den Augustinerchorherren, die seit 1130 hier ansässig waren (Stift 1803 aufgehoben). Die Stiftskirche, einst zugleich Kathedrale des Bistums Chiemsee, ist großenteils abgetragen, die mächtigen Klostergebäude („Altes Schloß") wurden im 17. und 18. Jh. erbaut, Kaisersaal und Bibliothek 1713/15 bzw. 1738/39 dekoriert.

Schloß Herrenchiemsee

Die Fraueninsel trägt ein Benediktinerinnenkloster (Frauenwörth oder Frauenchiemsee genannt), das im 8. Jh. gegründet wurde. Eine Tochter Kaiser Ludwigs des Deutschen, die sel. Irmingard, stand im 9. Jh. der Abtei vor. Heute leiten die Nonnen ein Gymnasium, eine Realschule, ein Vorseminar für soziale Frauenberufe und stellen den köstlichen Kräuterlikör her. Die frühromanische Klosterkirche wurde mehrfach verändert (1469–1475 got. Umbau) und erhielt im 17. Jh. ihre Barockausstattung. Wandmalereien aus verschiedenen Epochen sind 1928 und 1960/61 aufgedeckt worden, darunter solche aus dem 9./10. Jh. Der freistehende achteckige Glockenturm mit seiner Zwiebelhaube gilt als Wahrzeichen des Chiemsees. Das idyllische Fischerdörfchen auf der Insel ist beliebter Künstleraufenthalt. Überaus feierlich wurde bis vor wenigen Jahren die Fronleichnamsprozession in Booten auf dem See begangen.

Barockes Portal im Schloß Hohenaschau

Südlich des Sees steht die Wand der Chiemgauer Alpen. Das Tal der Prien zwischen Predigtstuhl, Zinnenberg, Spitzstein, dem gezackten Kamm der Kampenwand (Kabinenbahn) und dem Geigelstein kann sich zu den schönsten deutschen Alpentälern zählen. Hier liegen Niederaschau (stattliche Pfarrkirche mit guter Dekoration und Ausstattung) und Hohenaschau, wo mitten aus dem Tal ein steiler Bergkegel mit der Burg aufragt. Der jetzige Bestand mit Ringmauer und Bergfried geht auf das 12./13. Jh. zurück, die Hauptgebäude auf das 16./17. Jh. Hohenaschau ist eine der bedeutendsten Höhenburgen in Oberbayern. Die Innenräume sind frühbarock gestaltet (Festsaal und Schloßkapelle 1680 bis 1686; Gemälde von J. B. Zimmermann 1739).

In Sachrang, dem südlichsten Dorf im oberen Priental, steht ein festliches, hochbarockes Gotteshaus von 1688.

Westlich des Inns erstreckt sich das Mangfalltal und die Filzlandschaft von Kolbermoor und Großkarolinenfeld, die Hochrunstfilze und die Kollerfilze. Hauptort dieser Landschaft ist Bad Aibling, das seit 1846 als Moor- und Solbad gegen Gicht, Rheuma u. a. besucht wird (Kurhaus, Kurpark, Kurtheater). Die Entwicklung des anheimelnden Städtchens begann vielversprechend als bedeutender karolingischer Königshof und als Handelsplatz, stockte aber seit dem 13. Jh. infolge der Konkurrenz des günstiger gelegenen Rosenheim. Den Platz der einstigen Burg besetzen heute Amtsgericht und Pfarrkirche (erb. 1431; Umbau 1756 nach J. M. Fischers Plänen; farbiger Rokokostuck, Fresken, Barockfiguren). Ein hübsches Gotteshaus ist ferner die Sebastianskirche (1768) mit ihren farbkräftigen, figurenreichen Altären. Das Heimatmuseum besitzt volkskundliche Sammlungen und Erinnerungen an den Maler Wilhelm Leibl, der 1882–1892 in Aibling lebte. Das Schloß Prantseck (Hospital) entstand 1564.

Stadtplatz in Bad Aibling

In dem von Mangfall und Glonn durchflossenen Voralpenland um Bad Aibling haben bayerische, meist einheimische Künstler manches Bauwerk von überregionalem Rang geschaffen. Berühmt ist das Gotteshaus von Tuntenhausen, eines der ältesten Wallfahrtsziele Altbayerns (seit 1444). Es wurde 1627–1630 in prunkvollen Spätrenaissanceformen mit kunstvoller Stuckdekoration (1630) und Altarausstattung neu erbaut. Sein Wahrzeichen sind die gekoppelten Türme mit ihren Spitzhelmen.

Eine Wallfahrt führt auch zur malerischen Kirche in Weihenlinden, die 1653–1657 über einer Gnadenkapelle errichtet wurde und im 18. Jh. eine reiche Ausschmückung erfuhr. Neuerdings Servitenkloster.

Weihenlinden

Die ehem. Augustinerstiftskirche in Beyharting ist hervorragend ausgestattet: ursprünglich romanisch; gotisch und barock verändert; 1730 durch J. B. Zimmermann mit farbigen Stukkaturen überzogen; got. Kreuzgang mit Renaissancefresken.

Rühmenswert ist auch die Kirche von Berbling, ein reizvoller Rokokobau, der alle geraden Kanten meidend die Wände in Schwingung setzt (erb. 1751–1756 von einem Hausstätter Meister; hier malte W. Leibl sein Hauptwerk „Frauen in der Kirche“).

Grundriß der Kirche in Berbling

Viele Gotteshäuser im Inn- und Leitzachgebiet verdanken den untereinander verwandten Meistern der rührigen Maurergruppe aus dem Einödhof Hausstatt ihr Entstehen (bei dem Moorbad Feilnbach), so auch die benachbarten Kirchen in Au (1719), Wiechs (1754–1758) und Litzldorf (1708; Herkunftsort der Dientzenhofer).

Spätromanisch ist noch die doppelgeschossige Kirche in Thal bei Schönau (12. Jh.; spätromanische Wandmalereien), gotisch die Kirche von Ostermünchen (erb. 1504; gotische Bauplastik und Malereien; barocker Hochaltar).

Die gotischen Gotteshäuser dieser Gegend sind fast durchwegs barockisiert worden, so u. a. diejenigen in Willing, Lippertskirchen, Elendskirchen, Unterlaus und Kleinhöhenrain.

Vom einst hier begüterten Adel künden noch der mächtige Renaissancebau von Maxlrain mit seinen vier zwiebelbekrönten Ecktürmen (erb. 1582–1585; Stammsitz der gleichnamigen Reichsgrafen), die Schlösser in

Schloß Maxlrain

Maxhofen (erb. 1661; Umbau 18. Jh.), Großhöhenrain (Landschulheim), Altenburg, Vagen (um 1750), Pullach u. a. Im uralten Dorf Vagen fand Anfang des 18. Jh. das erste bekannte Haberfeldtreiben statt, jene bayerische Volksjustiz, die besonders in der Reichsgrafschaft Hohenwaldeck verbreitet war. Öffentlich nicht belangte Verbrecher wurden des Nachts überraschend vor ein Gericht vermummter Gesellen gestellt und zugleich auch bestraft.
Das Erwerbsleben in den Gebirgsorten und an den Seen kann sich wesentlich auf den Fremdenverkehr stützen. Milchwirtschaft, Alpenfleckvieh- und Haflinger Pferdezucht sind hier seit je heimisch. Im Norden des Kreises dominiert der Ackerbau mit Getreide, Kartoffeln, Klee, Rüben und Obst. In der Industrie des Landkreises stehen die Textil- und Bekleidungsbetriebe an erster Stelle, gefolgt von der Holzver- und bearbeitung (Möbel, Papier, Pappe, Zellstoff usw.) und der Industrie der Steine und Erden (u. a. Torfverarbeitung, Marmor- und Tongewinnung), der Nahrungs- und Genußmittelindustrie, der Kunststoffverarbeitung, der elektrotechnischen und chemischen Industrie sowie der Metallverarbeitung.

LANDKREIS STARNBERG

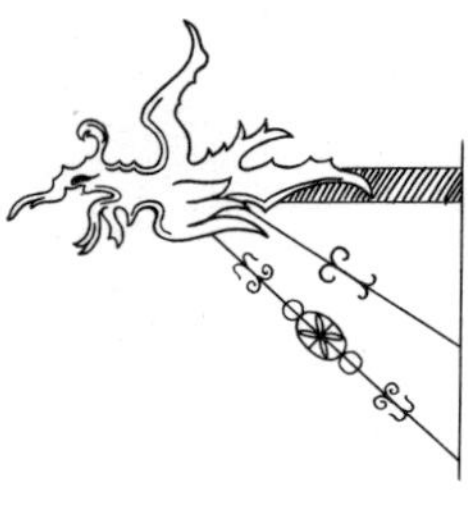

Manieristischer Wasserspeier vom Schloß in Starnberg

Drei Bezugspunkte bestimmen Gesicht und Leben des Landkreises: Der Starnberger See im Osten, der Ammersee im Westen und die nahe Landeshauptstadt München im Nordosten. Die Attraktivität der Endmoränenlandschaft, in die neben den zwei großen Seen noch der Wörthsee, der Pilsensee und der Weßlinger See eingebettet sind, bringt es mit sich, daß die Münchner hier schon bald ihr bevorzugtes Siedlungs- und Erholungsgebiet entdeckten – eine Entwicklung, die neben vielen Vorteilen nicht unerhebliche Probleme schafft. Dieser „Zug aufs Land" wird von den bayerischen Herzögen bereits im 15. Jh. eingeleitet. In Starnberg entstand zwischen 1541 und 1585 das hoch gelegene, schlichte Schloß, das weithin die Seelandschaft beherrscht (heute Finanzamt). Im Sommer war es oft Mittelpunkt höfischer Jagd- und Festvergnügen gewesen. Unter den Gondeln und Fregatten der Lustflotte auf dem See befand sich auch der legendäre „Bucentaurus", ein barockes Prunkschiff, mit dem man die Staatsgalere des venezianischen Dogen nachahmte. Das Südplateau des Burgberges krönt die Rokokokirche St. Joseph (erbaut 1764–66) von Matthäus Gießl, Stuck von Franz Xaver Feichtmayr, Fresken von Christian Wink). Der meisterhafte Hochaltar mit den weiß gefaßten Figuren der Hl. Familie stammt von der Hand Ignaz Günthers (1765). Einige Erinnerungsstücke an das höfische Leben bewahrt das Heimatmuseum im historischen Lochmannhaus auf (Fischerhaus des 16./17. Jh.), das bemerkenswerte kunst- und kulturhistorische Sammlungen besitzt (Figur von I. Günther, Bauernstuben u. v. a.).

St.-Josephs-Kirche in Starnberg

Kunsthandwerk, Brauchtum und Volksmusik sind trotz des schnellen, verfremdenden Siedlungswachstums im ganzen Landkreis recht lebendig geblieben. Bei festlichen Gelegenheiten führt man in Starnberg den alten Fischertanz auf und in regelmäßigen Abständen werden in Starnberg und Herrsching auf dem Wasser die traditionellen „Fischerstechen" veranstal-

Hl. Magdalena
von Ignaz Günther
im Heimatmuseum
Starnberg

tet. Im sog. Mühlbergschlößl hat sich das „Max-Planck-Institut zur Erforschung der Lebensbedingungen der wissenschaftlich-technischen Welt“ etabliert.
Dem Adel folgend hat das Bürgertum und mit ihm Künstler, Schriftsteller und Wissenschaftler den Reiz des Landes um die Seen und im Würmtal (Gauting, Krailling) schätzen gelernt. An den Seeufern schoben sich zahlreiche Villenkolonien zwischen die alten Fischer- und Bauerndörfer. Man arbeitet in München, wohnt aber im schönen Vorland.
Am Westufer des Starnberger Sees kommt man südwärts nach P o s s e n h o f e n, in dessen Schloß (erbaut 1536; mehrfach verändert) 1837 „Sissi“, die spätere Kaiserin Elisabeth, Gemahlin Kaiser Franz Josephs von Österreich, geboren wurde. Sie war die Tochter des für die bayerische Volks-

Kloster Andechs

Schloß Seefeld

St. Ulrich bei Königswiesen

tumspflege aufgeschlossenen Herzogs Max in Bayern, der als vorzüglicher Zitherspieler dieses Instrument hoffähig machte. Es folgen Feldafing, Garatshausen (Schloß des 16. Jh.; jetzt Altersheim) und Tutzing, wo zwei Zentren des Gedankenaustausches und der Begegnung ihren Sitz haben: die Evangelische Akademie im ehem. Schloß (Umbau von 1812–1816) und die Politische Akademie in einer von Leo von Klenze erbauten Villa. In Tutzing befindet sich auch die größte entomologische Privatsammlung der Welt: das Käfermuseum von Dr. Frey. Die Ilkahöhe (728 m) südwestlich von Tutzing gewährt eine prachtvolle Aussicht auf See, Alpenvorland und Gebirge.

Am Ostufer des Sees sind zu nennen: die schlichten Schloßbauten in Kempfenhausen (heute Krankenhaus; hübsche Schloßkirche um 1708) und Berg (erb. 1640; Wohnsitz des Herzogs Albrecht von Bayern), dem letzten Aufenthalt König Ludwigs II. Ein Kreuz im Wasser unterhalb der neuromanischen Gedächtniskapelle bezeichnet die Stelle, an der der König am 13. 6. 1886 den Tod fand. Auf beherrschender Höhe oberhalb des Ortes liegt die alte Wallfahrtskirche von Aufkirchen, ein Volksheiligtum aus dem 16. Jh. mit guten Ausstattungsstücken, Votivtafeln und Fresken an den Außenwänden (1705). Leoni und Allmannshausen (Pfarrkirche 16./17. Jh.; Schlößchen von 1696, Umbau 1801) sind überragt vom aussichtsreichen Bismarck-Turm (1899). Landeinwärts liegt Mörlbach mit seiner schlichten Stephanskirche, die innen mit Wandmalereien des 16. Jh. und wertvollen Flügelaltären (um 1500) überrascht.

In der hügeligen Moränenlandschaft zwischen Starnberger und Ammersee mit ihren stillen Wäldern, Mooren und kleinen Seen (am Eßsee Max-Planck-Institut für Verhaltensphysiologie; Studium der Verhaltensweise von Tieren, vornehmlich an Wasservögeln; Vogelschutzgebiet Maisinger See) stehen reizvolle spätbarocke Gotteshäuser in Perchting (1770–1774 von L. M. Gießl), Unering (1731 von J. M. Fischer) und Inning (1765–1767; Deckengemälde von Chr. Wink).

Alle aber übertrifft die Klosterkirche auf dem „Heiligen Berg" von Andechs. Hier stand seit dem frühen Mittelalter eine Burg der Grafen von Andechs-Dießen. Der Machtbereich dieser Dynastie reichte von Oberfranken bis Kroatien. Im 13. Jh. erlosch das Geschlecht und der Besitz fiel an die Wittelsbacher, die hier unter Herzog Albrecht III. ein Benediktinerkloster errichteten. Die Wiederauffindung des „Andechser Reliquienschatzes" 1388 und die Verehrung der hl. drei Hostien, eines Geschenkes der Päpste an die Andechser Grafen, ließen die Wallfahrt schnell aufblühen. Andechs hat als Pilgerort seine Anziehungskraft bis heute nicht verloren. Die ursprünglich gotische Abteikirche wurde im 18. Jh. umgebaut und vorwiegend durch J. B. Zimmermann 1751–1755 mit genialem Schwung dekoriert. Seine Raumschöpfung macht Andechs zu einer der bedeutendsten Wallfahrtskirchen in Oberbayern (Bildhauerarbeiten von J. B. Straub und F. X. Schmädl). Im Wachsgewölbe unter der Orgelempore befinden sich 334 Votiv-Kerzen. Ein Teil der zahlreichen Votivbilder schmückt die Wand. Die Klostergebäude (1669 ff.) enthalten glanzvolle Räume (Bibliothek), eine reiche Schatzkammer und im Apothekenbau ein Museum, das der hl. Hedwig gewidmet ist.

Öffentliche Konzerte und Tagungen in Andechs zeigen, daß es ein leben-

diger kultureller Mittelpunkt geblieben ist. Die seit der Klostergründung bestehende Brauerei erfreut sich eines guten Rufes. Im Bräustüberl kommt das geschätzte Klosterbier zum Ausschank.
Am Fuße des Andechser Berges liegt als Hauptort des Ammersee-Ostufers Herrsching. Es ist Sitz namhafter Schulen wie der Landesfinanzschule, der Bauernschule und der Bäuerinnenschule.

Barocke Rosenkranzmadonna in der Gautinger Frauenkirche

Über dem Pilsensee ragt auf einem Bergsporn die Burg Seefeld, seit 1472 Besitz der Grafen von Törring. Um 1050 wird sie erstmals genannt. Obwohl oft verändert, hat sie bis heute den Charakter einer mittelalterlichen Festung bewahren können.
Nördlich des Starnberger Sees, wo die Würm das schluchtartige, malerische Mühltal in den Endmoränenriegel gerissen hat, kreuzt die Römerstraße Augsburg-Salzburg bei Gauting die Würm. Funde zeugen von einer römischen Niederlassung, Hügelgräber von vorausgegangener Besiedlung. In Sagen gilt die Reismühle bei Gauting sowie die verschwundene Burg auf dem Karlsberg bei Leutstetten als Geburtsort Karls des Großen. Um 800 gelangten die karolingischen Besitzungen im Würmtal an das Kloster Benediktbeuern. Gauting erhielt 1465 seine gotische Frauenkirche, die 1961 renoviert wurde. Dabei hat man wertvolle Fresken freigelegt (Skulpturen von J. B. Straub). Die neue St.-Benedikt-Kirche hat spätgotische Glasfenster. Bei Königswiesen zeugt das gotische Ulrichskirchlein von einer verschwundenen königlichen Hofmark. In Leutstetten entstand 1565 ein einfaches, reizvolles Landschloß, das dem bayerischen Kronprinzen Rupprecht (gest. 1955) als Wohnsitz diente. Die Kirche St. Alto ist im Kern spätgotisch und wurde barock verändert. Sie besitzt ein bedeutsames Holzrelief des Pfingstwunders (um 1485), das Erasmus Grasser zugeschrieben wird.

Schloß Leutstetten

Im Erwerbsleben des Kreises kommt dem Fremdenverkehr naturgemäß einige Bedeutung zu. Die Landwirte ernten im Norden Weizen, Kartoffeln, Gerste und Klee, während im Süden Feldgraswirtschaft überwiegt. Die Rindviehzucht (Milchprodukte, Fleisch) ist bedeutend. In Starnberg befindet sich die bayerische Landesanstalt für Fischerei.
Zunehmend haben sich industrielle Betriebe entwickelt, bei denen Metallverarbeitung und Elektro-, Bau- und chemische Industrie führen. Doch handelt es sich vorwiegend um Präzisionsfertigungen und Veredelungsbetriebe, die oft mit Forschungslabors gekoppelt sind. Aus der breitgefächerten Produktion seien genannt: Flugzeuge (Deutsche Forschungs- und Versuchsanstalt für Luft- und Raumfahrt u. Satellitenoperationszentrum in Oberpfaffenhofen), Meßgeräte, Spezialschweißgeräte, medizinische Apparate, Autozusatzgeräte, Klimaanlagen, Enzyme, chemische Produkte für Zahnbehandlung, Bootsbau, Kunstreproduktion, Verlagswesen, Harfenbau, Möbelversand. Die Schwerpunkte der Industrieproduktion liegen im Raum Gauting–Stockdorf, Starnberg, Gilching, Herrsching und Tutzing.

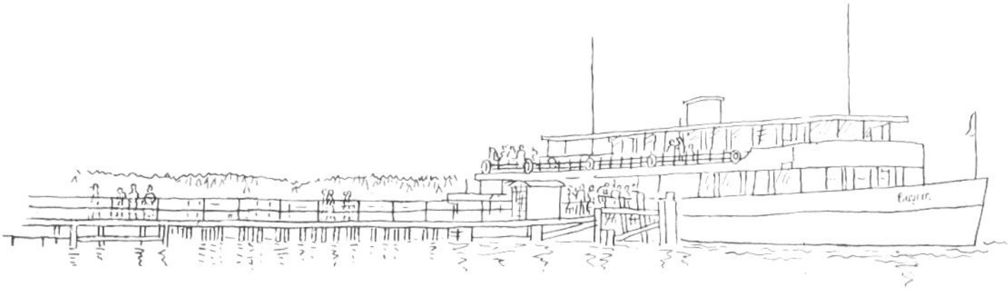

LANDKREIS TRAUNSTEIN

Liendlbrunnen in Traunstein

Der Chiemgau und der Rupertigau gehören mit wesentlichen Teilen zum Landkreis Traunstein. Er umfaßt damit vom Gebirge über das Moränenland bis zum Flußtal alle Landschaftsformen des bayerischen Oberlandes.

An der Stelle, wo die Römerstraße Salzburg–Augsburg und später die „güldene Salzstraße" Ludwigs des Bayern den Fluß überquerte, liegt auf einer Anhöhe über der Traun die Kreisstadt Traunstein. Der Salzhandel war im Mittelalter Traunsteins Haupterwerbsquelle. Von 1617 bis 1910 wurde die in einer Soleleitung hergeführte Reichenhaller Sole hier versotten. Auf verheerende Brände (zuletzt 1851) ist es zurückzuführen, daß die um den langen Markt gruppierte Stadt heute ein modernes Aussehen hat. Im Brothausturm, einem der wenigen erhaltenen alten Häuser, ist das Heimatmuseum eingerichtet. Es zeigt u. a. Handwerkskunst, religiöse Volkskunst und eine originale Wirtsstube. Die barocke Pfarrkirche St. Oswald (erb. 1675 von G. Zuccalli) konnte nach den Brandkatastrophen restauriert werden. Auf dem Stadtplatz hinter der Kirche steht seit 1526 der Liendlbrunnen vom Traunsteiner Meister Stephan, vermutlich ein Symbol städtischer Gerichtsbarkeit. Ein interessanter barocker Zentralbau ist die Salinenkapelle St. Rupert (1630) in der Vorstadt Au (beim ehem. Sudwerk).

Salinenkapelle in Traunstein

Feierlich begehen die Traunsteiner alljährlich am Ostermontag den Georgiritt, wobei ein als St. Georg verkleideter Mann, die Geistlichkeit und die Bauern auf geschmückten Pferden nach Ettendorf reiten, um den Segen zu empfangen. Anschließend findet auf dem Marktplatz in mittelalterlichen Kostümen ein Schwertertanz statt, die letzte Überlieferung eines germanischen Kulttanzes der Männer.

Trostberg, im Tal der Alz gelegen, wandelt sich infolge des dort entstandenen größten Kalkstickstoffwerkes der Welt (der größte Stromverbraucher Bayerns) zu einer modernen Stadt. Die Altstadt an der langen Hauptstraße aber hat ihr ursprüngliches Gesicht bewahrt. Die meisten Häuser stammen aus dem 16./17. Jh. und folgen dem Innstadttypus. Die Pfarrkirche ist ein schöner spätgotischer Hallenbau (15. Jh.) mit Netzrippengewölben. Im reichhaltigen Heimatmuseum sind Bauern- und Bürgerstuben, Trachten, Totenkronen u.a. ausgestellt. Seinen Namen erhielt Trostberg von der Burg Trozzeberch, deren Ruinen oberhalb der Stadt als Aussichtsturm dienen.

Der Chiemgau hatte ein bedeutendes Kulturzentrum im ehem. Benediktinerkloster Seeon, das idyllisch auf einer Halbinsel im Klostersee liegt. Buchmalerei, Wissenschaft und Musik wurden hier gepflegt, Haydn und Mozart waren zu Gast. Die ursprünglich romanische Basilika wurde häufig umgebaut und im 16. Jh. reich ausgemalt (Grabdenkmäler), der Kreuzgang ist spätgotisch, die erhaltenen Klostergebäude barock. Kräftige Zwiebelhauben krönen das Kirchturmpaar.

Trostberg

Südlich von Trostberg, am Zusammenfluß von Traun und Alz bei Altenmarkt, thront auf bewaldeter Höhe die ehem. Augustinerchorherrenstiftskirche von Baumburg. Unter Einbeziehung zweier gotischer Westtürme schuf F. A. Mayr aus Trostberg 1754–1757 eine Anlage, die zum größten und glänzendsten Rokokobau des ganzen Chiemgaus geworden ist. Die Rocaille-Stuckdekorationen stammen von B. Rauch, die Fresken von F. A. Scheffler (bedeutende Grabsteine des 12.–16. Jh.). Südöstlich liegt die Höhlenburg Stein, die besterhaltene und zugleich größte dieser Art in Deutschland. In eine hochragende Felswand, besetzt von einem runden, verfallenen Turm, ist eine Wirrnis von finsteren Gängen, Verliesen und Folterkammern getrieben worden – ein richtiges Raubritternest.

Das ehemalige Benediktinerkloster Seeon

Westlich von Altenmarkt steht die schlichte Jakobskirche von Rabenden. Ihr Hochaltar gehört zu den großen Leistungen spätgotischer Altarkunst. Die drei hervorragenden Apostelfiguren (um 1510) schnitzte der unbekannte „Meister von Rabenden", der bedeutendste altdeutsche Bildschnitzer Südostbayerns. Auch in der stattlichen Pfarrkirche des benachbarten Obing (erb. 1491) schmücken drei Figuren dieses Meisters den Hochaltar. In Niederbrunn bei Pittenhart steht der museal eingerichtete Hilgerhof. Kammer ist der Geburtsort des berühmten Barockbildhauers Balthasar Permoser.

Tittmoning

Im Osten begrenzt die Salzach den Landkreis. An ihrem Steilrand drängt sich die Stadt Tittmoning, einst eine Residenz der Salzburger Fürstbischöfe. Ihre Burg bietet einen bezwingenden Anblick mit den zwei Toren in der stark bewehrten Ringmauer, mit den Teilen des Prälatenstocks und dessen Fürstenzimmern, dem Kavaliersstock mit Kreuzgewölben (13. Jh.), dem Getreidekasten (16. Jh.), der Schloßkapelle (1693) und dem Küchenstock (17. Jh.). Heute beherbergt die Burg das vorzüglich eingerichtete Heimathaus des Rupertiwinkels mit einer Sammlung von über 200 kunstvoll geschmiedeten Grabkreuzen und verschiedenartigsten Schützenscheiben sowie eine Jugendherberge. Auf der Burg finden Sommerkurse für Töpferei, Malerei und Holzschnitzerei statt.

Zu Füßen der Burg breitet sich, in Terrassen zur Salzach absteigend, die von Wiesen und Bäumen umgebene Stadt aus (vom 7. Jh. bis 1816 salzburgisch). Ihre Hauptakzente bilden die gotische Pfarrkirche (umgestaltet) und die ehem. Klosterkirche Allerheiligen (1681–1683; imposante Altarausstattung). Mittelpunkt der mauerumgürteten Stadt aber ist der große Marktplatz zwischen dem Burghausener und Salzburger Tor (im 19. Jh. verändert). Hier schließen alle Häuserfronten gemäß dem Inn-Salzach-Typus in horizontaler Linie gegen den Himmel ab, „der wie die Decke eines Saales auf ihnen ruht". Die Rathausfassade, Stuckornamente an den Häusern, barocke Brunnen und schattige Kastanienbäume dienen der Ausstattung. Alles fügt sich zu einem gewachsenen, mit der Landschaft verbundenen Ortsbild. Jeweils am 24. April findet der traditionelle Georgiritt statt.

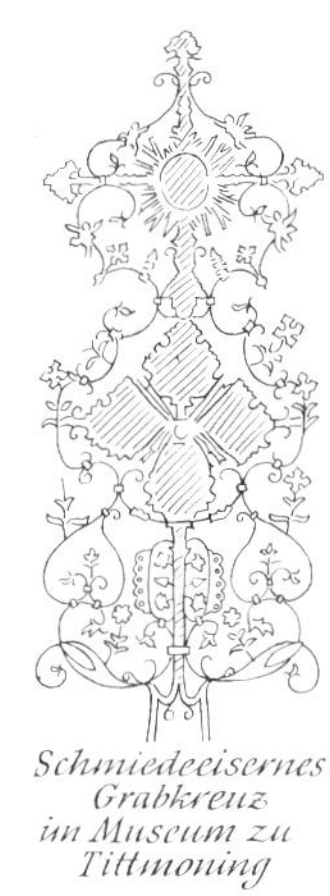

Schmiedeeisernes Grabkreuz im Museum zu Tittmoning

Zwischen Tittmoning, Laufen und Burghausen verkehren im Sommer auf der Salzach die sog. Plätten, Nachbildungen der einstigen Frachtboote, die bis Wien hinabgezogen waren. Heute dienen sie dem Ferienvergnügen.

Der freundliche Marktflecken Waging am See war einst Klostergut des Salzburger Nonnbergs. Seine Pfarrkirche (17. Jh.) zeigt reiche Wessobrunner Stukkaturen. Der nahe gelegene moorhaltige Waginger See macht ihn zum gut besuchten Erholungs- und Badeort. Als heilkräftig gilt das Wasser des Brunnens an der Wallfahrtskapelle auf dem benachbarten Mühlberg.

Die Ruhpoldinger Madonna

Aus der großen Zahl reizvoller Dorfkirchen im Rupertiwinkel seien hier die spätgotischen Pfarrkirchen von Asten (15. Jh.), Fridolfing (um 1500) und St. Leonhard am Wonneberg (1497) hervorgehoben.

Im Süden des Kreises steigen die Chiemgauer Alpen an. Das Tal der Roten Traun führt zwischen Teisenberg und Sulzberg zum Wintersportplatz Inzell (Sprungschanze, Rodelbahn, einzige deutsche Eisschnellaufbahn) mit seiner schlichten Pfarrkirche von 1727. Kienberg und Zwiesel geben einen malerischen Rahmen.

Im Tal der Weißen Traun kommt man über Siegsdorf (Heimat des Minnesängers Tannhäuser), Bad Adelholzen und über Eisenärzt, dessen Name an frühere Erzbergwerke und Eisenhämmer erinnert, nach Ruhpolding am Fuße des Rauschbergs. Es ist eines der besuchtesten und schönsten Dörfer Bayerns, ein bekannter Luftkurort und ein Wintersportplatz. Die Rauschberg-Kabinenbahn und mehrere Skilifte erleichtern den Anstieg auf die umliegenden Berge Sulzberg, Rauschberg, Eisenberg und Hochfelln (Seilbahn). Nicht uninteressant ist die große Pfarrkirche St. Georg von J. B. Gunetzrhainer (1738–1757) mit der romanischen „Ruhpoldinger Madonna" aus dem 13. Jh. Das ehem. Jagdschloß Herzog Wilhelms V. ist ein schlichter Renaissancebau. Ruhpolding besitzt zwei kleine Museen: ein Museum für bäuerliche und sakrale Kunst im Alten Pfarrhof und ein Heimatmuseum im Rathaus (Bauernmöbel und -gerätschaften).

Wallfahrtsstation in Maria Eck

Weit über den Chiemgau hin blickt oberhalb von Eisenärzt die Wallfahrtskirche Maria-Eck, eine barocke Dreikonchenanlage von 1626 bis 1635.

Einen weiteren Zugang in die Chiemgauer Berge bildet das Achental, ein beliebtes Segelfluggelände (Segelflugschule in Unterwössen). An seinem Ausgang liegt der alte Ort Grassau mit einer spätgotischen, barock dekorierten Pfarrkirche.

Südwärts folgt Marquartstein zwischen Hochplatte und Hochgern. Die einstige Burg (11. Jh.) weist einen malerischen Burghof mit Wohnbauten, Traidkasten und eindrucksvollem Torbau auf. Skilift auf die Hochplatte.

Schleching am Fuße des Geigelsteins (Skilift) ist ein besuchter Fremdenverkehrsort. In der Nähe steht hoch über dem Achental vor einsamer Gebirgsszenerie die kleine Streichenkapelle. Umfangreiche Wandmalereien aus dem 15. Jh. (1942/1954 freigelegt) geben dem altertümlichen Raum eine weihevolle Stimmung.

„Streichenkapelle"

Reit im Winkl, der südlichste Ort im Chiemgau, ist in einem sonnenreichen Talkessel gelegen. Er wird wegen seiner Schneesicherheit von Wintersportlern geschätzt (Skilifte zum Walmberg und Dürrnbachhorn; Sprungschanze, Hallenbad).

Traunstein ist ein Kreis mit wachsender Industrie. Sinnbild dieser Entwicklung ist Traunreut (seit 1960 Stadt), das nach 1945 auf dem Gelände eines ehem. Rüstungswerkes entstand. Heute zählt es fast 13 000 Einwohner und über 100 Betriebe. Hauptprodukte sind: elektrotechnische, optische und feinmechanische Geräte, Textilien, Maschinen, Kunststoffe, Getränke usw. Im übrigen Kreis bestehen Kalkstickstoffwerke, Maschinen-, Rundfunkgerätefabriken, Leder-, Textil-, Papierindustrie, Druckereien und mehrere große Steinbruchbetriebe. Der Chiemgau ist aber auch noch ein Land der Bauern. Die Landwirte bauen Getreide, Kartoffeln, Rüben und züchten Rinder und Schweine.

Die evang. Paulus-Kirche in Traunreut

Der Schwertertanz in Traunstein

LANDKREIS WEILHEIM-SCHONGAU

Der Landkreis umfaßt einen überaus reizvollen Abschnitt des abwechslungsreichen oberbayerischen Moränenlandes. Im Süden reicht er bis zu den Vorbergen der Alpen, im Norden bis zum Ammersee und Starnberger See. Im Westen durchzieht das Lechtal mit Schleifen und Stauseen den Kreis, die Mitte wird von der Ammer und ihrer romantischen Schlucht (Schleierfälle bei Wildsteig) markiert, im Osten breitet sich die zauberhafte Osterseenlandschaft aus. Peißenberg (988 m) und Auerberg (1055 m) erheben sich als Sichtwarten über das Land. Neunzehn Naturschutzgebiete und zahlreiche Landschaftsschutzgebiete wurden zur Erhaltung des Naturbestandes eingerichtet, darunter Kostbarkeiten wie der Eibenwald von Paterzell bei Wessobrunn.

Weilheim und Schongau sind die Hauptorte des „Pfaffenwinkels“, einer durch berühmte Kirchen, Klöster und Kunstdenkmale, durch ihre Künstler und ihre Geschichte ausgezeichneten Landschaft. So hohe künstlerische Qualität in landschaftlich so unvergleichlicher Umgebung gibt es kaum ein zweites Mal.

Die Kreisstadt Weilheim war einst ein bedeutendes Handelszentrum. Nach der Stadterhebung durch Herzog Otto II. im 13. Jh. wurde sie mit einem Mauergürtel umfriedet (Teile erhalten). Die große Zahl be-

Stadtbrunnen in Weilheim

güterter Klöster in der Umgebung brachte es durch ihre Aufträge mit sich, daß neben dem Handel das Kunsthandwerk zu hoher Blüte gelangte (Goldschmiedekunst, Holzschnitzerei). Bekannte Künstler, die nicht nur in den Gotteshäusern der Umgebung, sondern in ganz Süddeutschland wirkten, gingen daraus hervor. Hans Krumpper, Bartholomäus Steinle, Hans Degler, Christoph Angermayr, Franz Xaver Schmädl gehörten ihrer Qualität nach zu den ersten Künstlern der Zeit. Nach der Aufhebung der Klöster folgte im 19. Jh. ein Niedergang. Erst die Industriebetriebe der letzten Zeit brachten wieder Aufschwung.

Stadttor in Schongau

Aus der großen Epoche Weilheims stammen die Pfarrkirche (Neubau 1624–1628), ein interessanter Frühbarockbau mit Ausstattungsstücken einheimischer Künstler, die Friedhofskirche St. Sebastian (15. Jh.), die mittelalterliche Pfarrkirche des Ortsteils St. Pölten (barockisiert) sowie der hübsche Stadtbrunnen (1791), die Mariensäule (1698) und das Alte Rathaus (1788; heute Museum) am stimmungsvollen Marienplatz. Im Städtischen Museum ist neben anderen guten Bildwerken ein Schmerzensmann von Hans Leinberger aufgestellt.

Die malerisch auf einem Umlaufberg des Lech gelagerte Stadt Schongau wurde vom heutigen Dorf Altenstadt aus angelegt (Stadterhebung im 13. Jh.) und mit einem Mauergürtel umgeben, der fast vollständig erhalten blieb (15.–17. Jh.). Sie gelangte im Mittelalter als Handels- und Stapelplatz an der Kreuzung der alten Via Claudia Augusta (Augsburg–Italien) mit der Salzstraße von Berchtesgaden ins Allgäu zu hoher Blüte, die bis zur Verlegung der Welthandelsstraßen und dem Niedergang Augsburgs am Ende des 18. Jh. anhielt. Von dieser Glanzzeit sprechen die Pfarrkirche (Neubau von 1668–1674 und 1751–1753; Entwurf von D. Zimmermann, Fresken von M. Günther, Hochaltar von F. X. Schmädl), die Hl.-Kreuz-Kapelle (1690 und 1725), die Spitalkirche (1720–1725), das ehemals herzogliche Schloß und das ehemalige Rathaus (Ballenhaus) aus dem späten Mittelalter. Den Grundcharakter des Stadtbildes kann man noch als gotisch bezeichnen. Heute breitet sich die Stadt weiter über die einstige Lechschleife und die Nachbarhänge aus.

Michaelskirche in Altenstadt

Ursprünglich trug das nahe Dörflein Altenstadt den Namen Schongau. Es erhielt als Stadtgründung um 1200 eine große Stadtkirche. Mit ihren zwei starken Osttürmen und drei Apsiden ganz aus Tuffquadern gebildet, ist diese Michaelskirche die erste gewölbte romanische Basilika Bayerns und zugleich eines der bedeutendsten Baudenkmäler aus dieser Zeit im Voralpenland. Im strengen Innern beeindrucken der „Große Gott von Altenstadt", ein 3,18 m hohes Holzkruzifix, ein schöner Taufstein (beides um 1220–1230) und Wandmalereien des 14. Jh.

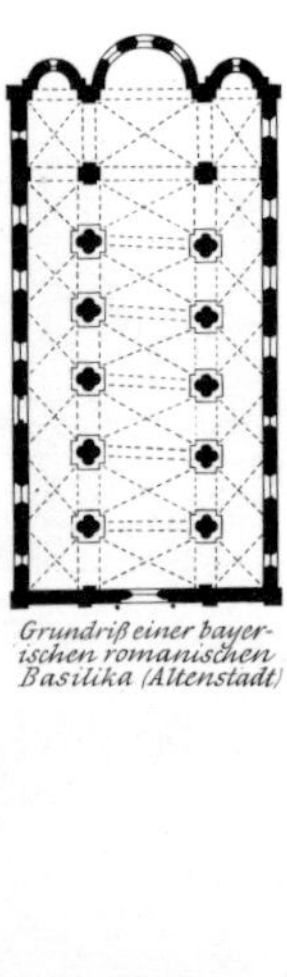

Grundriß einer bayerischen romanischen Basilika (Altenstadt)

Der Ruhm des Pfaffenwinkels gründet sich vor allem auf die barocke Pracht seiner Klöster und Kirchen. So war Wessobrunn in der Barockzeit ein Brennpunkt bayerischer Kunstübung. Von hier aus zogen im 17. und 18. Jh. Künstler aus den Familien mit den klangvollen Namen Zimmermann, Feichtmayr, Schmuzer, Übelherr u.v.a. über Land, um die Bauwerke ihrer Auftraggeber mit „Wessobrunner Stuck" und Malereien zu schmücken. Nicht wenige von ihnen besaßen internationalen Rang. Die ehemalige Benediktinerabtei Wessobrunn, gegründet 753 durch Herzog Tassilo III., war eine der glanzvollsten in Bayern. Unter einer

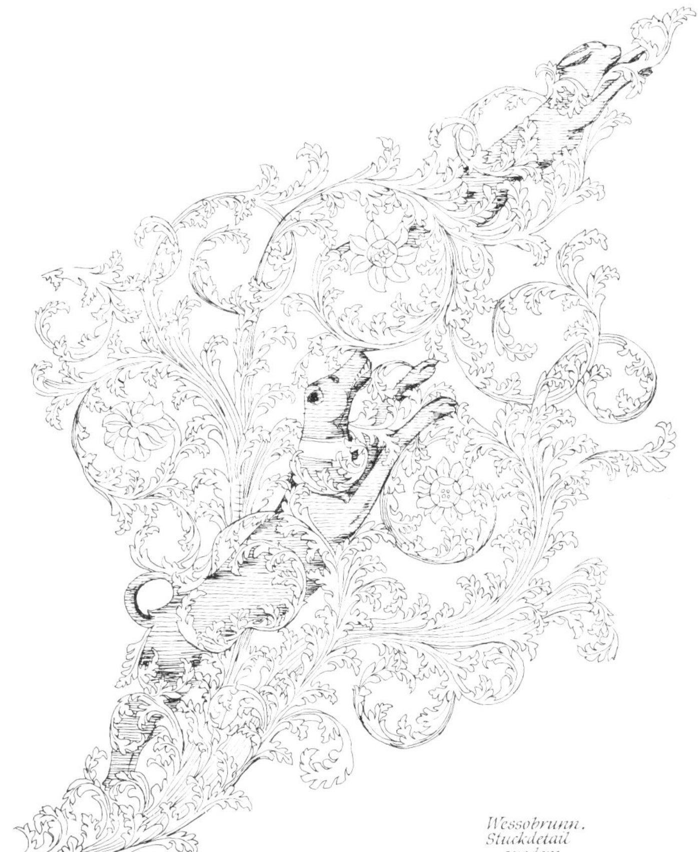

Wessobrunn.
Stuckdetail
aus dem
Tassilosaal

Madonna von H. Leinberger in der ehem. Stiftskirche zu Polling

Im Kreuzgang von Steingaden

Wieskirche

alten Linde trägt ein Findlingsblock den Text des „Wessobrunner Gebetes", eines der ältesten deutschen Sprachdenkmäler (um 800 aufgezeichnet). Einsamer Rest der romanischen Klostergebäude (im 19. Jh. abgerissen) ist der massige Wehrturm (13. Jh.) im Klosterhof. Von den barocken Bauteilen blieb der Gäste- oder Fürstentrakt stehen, dessen Räumlichkeiten meisterhafte Beispiele Wessobrunner Stukkatorenkunst zeigen (erb. 1680–1700 von Johann Schmuzer). Die Pfarrkirche (erb. 1757–1759; Fresken von J. Bader) bewahrt mit dem großartigen romanischen Kruzifix einen Rest der alten Klosterausstattung. Eine Kapelle auf dem Kreuzberg ist mit Fresken von M. Günther (1771) ausgestattet.

Auf eine Gründung Herzog Tassilos um 750 geht auch das ehem. Augustinerchorherrenstift Polling zurück. Sein romanisches Münster wurde nach einem Brande als spätgotische Hallenkirche wiedererbaut (Turm und Erweiterung unter Hans Krumpper Anfang 17. Jh.) und in geglückter Weise mit frühbarockem Wessobrunner Stuck verkleidet. Die angrenzende Achbergkapelle ist ein reizender Rokokoraum. Zur Ausstattung der Kirche trugen viele Künstler bei (u. a. Figuren von J. B. Straub 1763; Marienfigur von Hans Leinberger 1526). Von den Klosterbauten blieb wenig mehr übrig als der Bibliothekssaal (1778) und das Deckenfresko M. Günthers im heutigen Schulhaus.

Zu den einflußreichsten Klostergründungen der Frühzeit gehört das ehemalige Prämonstratenserstift Steingaden. Die zweitürmige Stiftskirche stammt aus der romanischen Epoche. Sie wurde 1176 vollendet und später mit Wessobrunner Stuck und ausgezeichneten Fresken von J. G. Bergmüller (1741–1751) geschmückt. Das frühe Renaissancegestühl von 1534 ist beachtenswert. Der Gründer des Stiftes, der Welfenherzog Welf VI., genannt der „alte Welf", ist im Langhaus beigesetzt. Südlich schließt ein erhaltener Flügel des alten Kreuzganges (13. Jh.) mit interessanten Säulenkapitellen an. Der romanische Rundbau der Johanneskapelle im Friedhof weist Steinskulpturen aus der Erbauungszeit auf. Am ersten Julisonntag reiten zu Ehren des heiligen Ulrich die Bauern aus Steingaden und der Umgebung festlich geschmückt zur Kirche auf dem Kreuzberg, wo nach einem Gottesdienst der Geistliche von einem Pferd herab Rosse und Reiter segnet.

Gleichfalls eine Stiftung der Welfen ist das ehemalige Augustinerchorherrenstift Rottenbuch nahe der tief eingeschnittenen Ammerschlucht (bekannte Echelsbacher Brücke). Das im Mittelalter bedeutende Kloster bestand von 1073–1803. Sein Gotteshaus wurde 1468–1477 neu errichtet und erhielt 1738–1757 durch Joseph Schmuzer, M. Günther und F. X. Schmädl eine prachtvolle Rokokoausstattung. Einen Seitenaltar ziert ein geschnitztes Marienbild von Erasmus Grasser (um 1483).

Reste säkularisierter Klosteranlagen findet man auch im idyllischen Bernried am Ufer des Starnberger Sees (Augustinerchorherrenstift, gegr. 1121; mehrfach veränderte, reizvolle Kirche; weitläufiger Landschaftsgarten) und in Habach (Kollegiatsstift, gegr. 1085; Kirche von 1668 mit spätbarocker Ausstattung).

Neben den Klöstern übten und üben bis heute die Wallfahrtskirchen des Pfaffenwinkels eine große Anziehungskraft aus. Allen voran die Wieskirche. Den Prämonstratensern von Steingaden gebührt der Ruhm, für diese Wallfahrt zum „gegeißelten Heiland" das glänzendste Juwel

Blick aus dem Chor der Wieskirche

unter Bayerns Rokokokirchen geschaffen zu haben. Vor der Kulisse des Hohen Trauchberges liegt sie inmitten einer weiten waldgesäumten Wiese. Es ist das Hauptwerk des Dominikus Zimmermann (erb. 1745–1754). Ihr schlichtes Äußeres steht im Gegensatz zur phantasiereichen Fülle im Inneren. Jubelnd und festlich ist der Gesamteindruck, bestimmt durch die Muschelwerkdekorationen und Deckenfresken von Johann Baptist Zimmermann, dem Bruder des Baumeisters, der seinen Lebensabend im Wallfahrtsgasthof verbrachte.
Bis zur Säkularisation 1803 war die Gnadenkapelle auf dem Hohenpeißenberg (Gnadenbild 15. Jh., Holzfiguren von F. X. Schmädl.

Putto von F.X. Schmädl in Rottenbuch

Heuwinkl

Parabolspiegel in Raisting

Fresken von M. Günther, der hier 1705 zur Welt kam) eines der besuchtesten Wallfahrtsziele Bayerns. (Umfassendes Alpenpanorama; 1780 erstes Meteorologisches Observatorium Bayerns; Fernmeldeturm von 161 m Höhe.)

Reizvoll gelegen ist auch die Wallfahrtskapelle von Heuwinkl bei Iffeldorf südlich der Osterseenplatte (kleiner, gut stuckierter Zentralbau von Joh. Schmuzer 1698–1701). Wallfahrten führten ferner nach Maria Aich in Peißenberg (erb. 1732–1734 von Joseph Schmuzer), nach St. Leonhard in Forst (1724–35), nach Ilgen (barocke Kapelle von 1670–1676) bei Steingaden und nach St. Anna in Burggen (Ausstattung im 17./18. Jh., interessante Kassettendecke).

Von den zahlreichen weiteren barocken oder barockisierten Gotteshäusern des Pfaffenwinkels im Kreisgebiet seien noch diejenigen in Bernbeuren (1720–1723), Hohenfurch (18. Jh.), Sachsenried (erb. 1753, Fresken von Franz Anton Zeiller; der Ortsname erinnert an die im 8. Jh. erfolgte Zwangsumsiedlung unterworfener Sachsen durch Karl den Großen), Ingenried (1745 von D. Zimmermann) und nicht zuletzt auf dem Auerberg genannt, der schon zur Römerzeit unter Kaiser Tiberius eine Siedlung trug. Im idyllischen Antdorf bei Iffeldorf lebt bis heute der alte Brauch des Mailaufens fort. Alle drei Jahre nach dem Aufstellen des Maibaumes treiben die Burschen des Dorfes die Mädchen zusammen, worauf jede den Burschen, der ihr bei einem Fangspiel zufällt, den Tag lang freihalten muß.

Drei im Wirtschaftsleben des Kreises führende Orte verdanken ihr Wachstum den Pechkohlenvorkommen: Penzberg, Peißenberg und Peiting. Doch der Abbau der Kohle war gegen Ende der 60er Jahre unrentabel geworden und heute stehen alle Förderanlagen still. In der Stadt Penzberg, wo die Kohlennutzung bereits 1795 begonnen hatte, sind verschiedene neue Industriebetriebe angesiedelt worden. Freizeit-, Erholungs- und Sporteinrichtungen werden den Fremdenverkehr in den Ort bringen. Auch im alten Markt Peißenberg (Wallfahrtskirche Maria Aich, romanische St. Georgskapelle, 1497 erweitert, gute Gemälde und Figuren aus dem 15. Jh.) hat sich das Leben stark gewandelt. Nicht mehr der stillgelegte Bergbau, sondern Metallverarbeitung, Triebwerkbau, Fotokopiergerätebau und Elektrotechnik stehen im Vordergrund. Die Marktgemeinde Peiting, von Schongau durch das Lechtal getrennt, war im 11. Jh. ein Mittelpunkt welfischer Politik. Ihre Kirche steht auf romanischen Fundamenten. Aber nur Turm und Krypta sind aus der Frühzeit erhalten, das Langhaus entstand im 18./19. Jh. Als zwischen 1920 und 1968 der Pechkohlenabbau florierte, nahm der Ort einen lebhaften Aufschwung. Danach übernahmen ein Torfwerk, Textil- und Stahlblechwarenindustrie sowie andere Betriebe die Arbeitskräfte.

Die Wirtschaft des gesamten Kreises zeichnet sich heute durch eine Vielzahl von Branchen aus, die von der Metall-, Leichtmetall-, Maschinen-, Geräte-, Werkzeug-, Textil-, Holz-, Möbel- bis zur Kunststoff-, Wachs- und Sportartikelproduktion reichen.

Forstwirtschaft, Viehzucht und Milchwirtschaft bestimmen das Erwerbsleben auf dem Lande. In Raisting südlich des Ammersees entstand die erste Satellitenfunkstation Europas.

Der Fremdenverkehr spielt im Landkreis eine große Rolle.

REGIERUNGSBEZIRK NIEDERBAYERN

Kreisfreie Städte:

Landshut

Fläche 63,88 qkm
Einwohner 56 768

Passau

Fläche 69,72 qkm
Einwohner 50 669

Straubing

Fläche 67,06 qkm
Einwohner 44 276

Niederbayern ist ein Teil Altbayerns, das seit dem 6. Jh. bayerischen Herzögen unterstand. Nur Passau bildete als selbständiges Fürstbistum bis zum Anfang des 19. Jh. eine Ausnahme; es umfaßte einen Teil der Landkreise Passau und Freyung-Grafenau. Die Landesteilungen des bayerischen Herzogshauses der Wittelsbacher seit 1255 machten Niederbayern für 250 Jahre zu einem selbständigen Herzogtum. Es war eine blühende Zeit. Zahlreiche Städte mit typisch bayerischem Straßenmarkt wurden planmäßig angelegt, viele Dörfer erhielten Marktprivilegien und an vielen Orten wuchsen die spätgotischen Backsteinkirchen in die Höhe. 1505 kam Niederbayern an die Münchener Linie der Wittelsbacher und blieb seither mit Oberbayern vereinigt unter dieser Herrschaft.

Niederbayerns Hauptschlagader ist die Donau. Ihr fließen alle Gewässer des Landes zu: Regen und Ilz vom Norden aus dem Bayerischen Wald und Inn, Vils, Isar und Laaber vom Süden aus den Alpen und dem Niederbayerischen Hügelland. Seit Jahrtausenden trugen diese Flüsse Ablagerungen in das Tal der Donau und schufen die weite Ebene des Gäubodens. Nur an einigen Stellen ragen Ausläufer des Waldgebirges aus dem Tal auf, wie z. B. Natternberg und Bogenberg. Heute bedeckt die Donauebene tiefgründiger Löß, das sog. niederbayerische Gold, angeweht während der Eiszeiten aus den südlichen Moränengebieten. Es ist die Kornkammer Bayerns. Der Bauer bringt die reichsten Ernten des Bundesgebietes ein; warmes, ausgeglichenes Klima trägt entscheidend dazu bei. Stolze Bauerngehöfte, Dörfer und Städte zeugen vom Reichtum der Einwohner. Angebaut werden vorwiegend Weizen, Zuckerrüben, Gemüse und Futtermittel.

Prähistorische Funde beweisen, daß dieser gesegnete Landstrich schon in Urzeiten besiedelt war. Den Römern diente hier die Donau als Grenzfluß gegen Germanien (von Weltenburg an, wo der Limes endet). Zahlreiche Kastelle und Siedlungen sind damals entlang des Flusses entstanden, Kultivierung und Christianisierung des Landes wurden eingeleitet. Die bajuwarische Bevölkerung gab ihm seit dem frühen 6. Jh. das Gepräge eines reichen Bauernlandes, wie wir es noch heute vor uns haben.

Die Donau scheidet zwei gegensätzliche Landschaften Niederbayerns voneinander, das Niederbayerische Hügelland und den Bayerischen Wald. Das Niederbayerische Hügelland bildet den Hauptteil der Schwäbisch-Bayerischen Hochebene. Es besteht aus mehreren sanften, niederen Hügelketten, die durch breite, flache, in nordöstlicher Richtung ziehende Flußtäler getrennt werden. Es sind Sedimentmassen, die während der Tertiärzeit durch die Erosion hierher getragen worden sind. Darauf wuchsen später Steppengräser, in denen sich die hergewehten Verwitterungsprodukte der Alpenketten verfingen und zur fruchtbaren Lößkrumme verfestigten. Vielfach erreicht der Boden die gleiche Qualität wie in der Donauebene. Er wird sehr vielseitig genutzt. Zwischen Weizen, Sommergerste, Kartoffeln, Rüben, Mais, Klee, Raps

und Grünland stehen immer wieder lichte Mischwälder. Typisch für die Siedlungsform ist der niederbayerische Vierseithof. Er gruppiert Wohnbau, Stall, Scheune und Schuppen um einen rechteckigen Hof. Häufig steht er allein als Einödhof (überwiegend im Rottalgebiet), manchmal zum Weiler versammelt (2–6 Höfe) oder auch im Dorfverband.
Unlösbar mit dem Begriff Niederbayerisches Hügelland verbunden sind die Begriffe Hallertau und Rottal. Wer von der Hallertau (oder Holledau) hört, denkt an Hopfen, diesen unentbehrlichen Grundstoff für den Bierbrauer. Die Hallertau ist die größte und älteste Hopfenprovinz in Deutschland (seit dem 10. Jh.). Ein bestimmter Anteil Sand, der dem Löß beigemischt ist, und ein mildes Klima eignen sich vorzüglich für den Anbau. Nahezu festlich ging es bei der Hopfenernte zu, wenn fast 40 000 Hopfenpflücker an der Arbeit waren, bis die Dolden auf der Darre getrocknet, in Säcke und Ballen gepreßt und auf der Waage mit dem Amtssiegel versehen werden konnten. Neuerdings werden vorwiegend Maschinen zum Hopfenpflücken eingesetzt. Nur 13 Siegelgemeinden steht das Privileg des Hopfensiegelns zu, wodurch eine gleichbleibende Qualität und Quantität gewährleistet werden soll.

Hopfen

Im unteren Rottal spielt die Pferdezucht immer noch eine Rolle. Ein Stall voll schöner Pferde war der Stolz jedes Rottaler Bauern. Das Rottaler Warmblutpferd und das schöne und leistungsfähige Zug- und Reitpferd sind berühmt. Von Bedeutung ist auch der Obstanbau.
Für eine Großindustrie fehlten diesem ausgeprägten Bauerland die Voraussetzungen, da weder Bodenschätze noch große Energiespender vorhanden sind. Trotzdem arbeiten heute zahlreiche mittlere Betriebe in vielerlei Branchen.
Das landschaftlich schönste, wenn auch wirtschaftlich ärmste Gebiet Niederbayerns ist der Bayerische Wald, im Volksmund kurz der „Wald“ genannt. Von Regensburg bis Passau verläuft die Donau am Saum dieses Gebirges, das geologisch gesehen den Rand der sog. Böhmischen Masse darstellt, eines der ältesten Gebirge der Erde. Seine Gneis- und Granitgipfel sind durch Erosion besänftigt und gerundet worden. Heute erstreckt sich das größte zusammenhängende Waldgebiet Deutschlands über den Bayerischen Wald. Den prächtigen Hochwald hat der Naturschutz stellenweise im Urzustand erhalten können. Ein Fluß, der Regen, trennt den Vorderen Wald mit sanfteren Formen und niedrigeren Erhebungen (Pröller, Hirschenstein, Breitenauer- und Brotjacklriegel) vom Inneren Wald, den die Senken von Eisenstein und Freyung in drei Gebirgsmassive teilen. Den Nordwesten beherrschen Osser und Arber, die Mitte Rachel und Lusen, den Südosten das Dreisesselgebirge. Die kleinen düsteren Waldseen (Arberseen, Rachelsee, Alter und Schwarzer See u. a. . . .) und die vielen Moore und Filze in dieser Gegend zeugen von der Tätigkeit kleiner eiszeitlicher Gletscher. Auffällig sind in der Gipfelzone die vielfach gerundeten Felstürme und Steinblockmeere, die sich der Verwitterung widersetzten. Eine einmalige geologische Kuriosität aber ist der Pfahl, ein 40–100 m breiter Quarzgang, den man etwa 150 km lang fast schnurgerade verfolgen kann. An einzelnen Stellen (z. B. bei Viechtach und Weißenstein) überragt er das weichere umliegende Gestein bis zu 100 m riffartigen Formen.

Rieslochfälle

Der „Wald“ war im frühen Mittelalter ein schwer zugängliches Gebiet.

Der Pfahl bei der Burgruine Weißenstein

Damals haben Mönche für seine Kultivierung und Erschließung Hervorragendes geleistet. Beispielhaft war die Arbeit des Mönchs Gunther, des Gründers von Kloster Rinchnach. Weiter östlich folgte die Kolonisation dem „Goldenen Steig“, einem Saumweg, der den Handel (besonders mit Salz) zwischen Passau und den böhmischen Gebieten ermöglichte. Wohl schon damals bauten manche „Waldler“ neben dem Vierseithof ihr Gehöft in Form des Einfirsthofes, wo sich Wohnung, Stallung und Scheune hintereinander unter einem Dache reihen. Selten fehlt ein umlaufender Balkon, der „Schrot“. Wie im Hügelland sind Einzelgehöfte und Weiler häufig anzutreffen. Einem uralten Brauch zufolge begegnet man, meist am Wegrand, an Kreuzwegen und Scheunenwänden, den „Totenbrettern“. Das Brett, auf dem der Tote aufgebahrt ist, wird geschnitzt, bemalt und zur Erinnerung aufgestellt.

Totenbretter im Bayerischen Wald

Holz bildete damals wie heute den Reichtum des „Waldes“, denn Bodenschätze sind nur in geringem Maße vorhanden. Goldwäscher am Regen und Perlenfischer an der Ilz gibt es längst nicht mehr. Nur an Steinbrüchen besteht kein Mangel. Sie liefern Granit, Diorit, Syenit für Pflastersteine, Bausteine und Monumentalsteine. Quarz bildet die Grundlage für die ausgedehnte Glasfabrikation. Weltruf genießt der Graphit aus Kropfmühl und Obernzell. Heimbetriebe sind häufig, größere Industriewerke fassen zunehmend Fuß. Trotzdem ist der wöchentliche Pendelverkehr von Arbeitern nach München und in andere Großstädte, wo Arbeitskräfte mangeln, ungewöhnlich stark. Der Ackerbau hat mit den Schwierigkeiten des Bodens und des rauhen Klimas zu kämpfen. Die dünne Humusdecke läßt Roggen und Hafer, Kartoffeln und Futterrüben gedeihen. An das einst so berühmte „Passauer Linnen“ erinnert noch ein kleines Flachsanbaugebiet und die Leinenerzeugung um Wegscheid.

Der Bayerische Wald ist eines der schönsten deutschen Waldgebirge und war bis vor wenigen Jahren zugleich das unberührteste. Doch der Fremdenverkehr hat es schon längst entdeckt. Und wenn in seinem Gefolge auch manche Umstände weniger erfreulich sind, er bringt Geld und neues Leben in die Täler. Der Großstädter sucht und findet hier unbezahlbare Ruhe und Erholung.

Vierseithof
„Schusteröderhof."
Niederbayerisches
Bauernhofmuseum
bei Massing
(Lkr. Rottal-Inn)

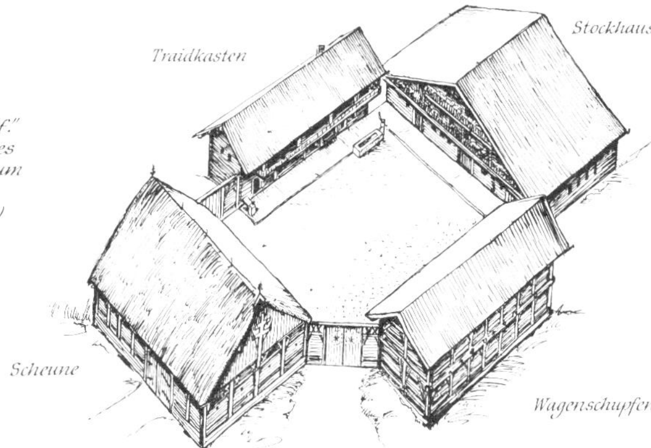

Haus eines Passauer
Rodungsdorfes

Sogenanntes Stockhausgehöft
(Hofwimm bei Eggenfelden)

Kleinbauernhof mit Strohdach
(Niederwinkling bei Bogen)

Haustyp im Hügelland
(Pfaffendorf bei
Rottenburg/Laaber)

Waldbauernhaus
„Kuchlerhaus" in Lindberg
(Bauernhaus-Museum)

Waldlerhaus
bei Freyung

Haus- und Hofformen
in Niederbayern

Mitten im anmutigen niederbayerischen Hügelland liegt L a n d s h u t, die Hauptstadt des Regierungsbezirks Niederbayern. Die Landstraße Regensburg–Burghausen kreuzte hier schon in früher Zeit die Isar. Zu „wer, schutz und huet des lands“ und dieses wichtigen Punktes bestand im Mittelalter am Hochrand des Tales eine Warte, die Herzog Ludwig I., der Kelheimer, 1204 zur Burg ausbaute. Sein Sohn Otto II., der Erlauchte, verlegte 1231 die Residenz von Kelheim hierher und zog Künstler und Sänger an seinen Hof. Neidhart von Reuenthal und Reinbot von Durne waren zu Gast. Ottos Tochter heiratete Kaiser Konrad IV. Sie wurde die Mutter des letzten Hohenstaufen Konradin, der auf der Burg Wolfstein bei Landshut aufwuchs. Durch die erste Teilung Bayerns unter die Söhne Ottos im Jahre 1255 wurde Landshut zur H a u p t s t a d t des Teilherzogtums Niederbayern. Parallel zur „Altstadt“ mit ihrer breiten Marktstraße entstand die „Neustadt“. Beide Namen bezeichnen nun die langen platzartigen Straßen, die den Stadtgrundriß bis heute bestimmen. Ihre Blütezeit erlebte die Stadt unter den drei sog. Reichen Herzögen Heinrich IV. (1393–1450), Ludwig IX. (1450–1479; Gründer der Landesuniversität in Ingolstadt 1472) und Georg (1479–1503), mit dem 1503 die Linie Bayern-Landshut erlosch. Die H o c h z e i t dieses letzten Landshuter Herzogs mit der polnischen Königstochter Jadwiga im Jahre 1475 zeigte den ganzen Glanz und Reichtum des Herzogshauses; sie ist als eines der größten höfischen Feste des Mittelalters in die Geschichte eingegangen. Der Kaiser, 25 Fürsten, viele Bischöfe und Äbte, zahlreiche Adelige und Gesandte der Städte waren geladen. Alle drei Jahre rufen die Landshuter die Erinnerung an jenes große Ereignis wach, indem sie in historischen Kostümen die festlichen Tage wieder aufleben lassen im größten historischen Festspiel Deutschlands. Die ganze Stadt wird ins Mittelalter versetzt und die Giebelhäuser, Kirchen und Straßen geben die beste Kulisse dazu.

Häusergruppe unterhalb der Trausnitz

In jener Zeit erlebte Landshut einen Aufschwung, der es gegen Ende des 15. Jh. an die Spitze aller altbayerischen Städte führte. Die Bürgerschaft gelangte zu großem Wohlstand und wetteiferte mit den Fürsten in der Präsentation ihres Reichtums. Weit berühmt waren die Arbeiten der Landshuter Goldschmiede und Plattner (Harnischmacher). Hans Stethaimer aus Burghausen wurde mit dem Bau der Stadtpfarrkirche S t. M a r t i n beauftragt, er schuf mit ihr das Hauptwerk seines Lebens. Zwischen 1389 und 1432 entstand zu Füßen der Burg Trausnitz diese kühnste Backsteinhallenkirche der Spätgotik. Ihr schlanker Turm (vollendet um 1500) übertraf mit 133 m die Höhe der Herzogsburg und war jahrhundertelang nach Straßburg der höchste Turm der Welt, der höchste Kirchturm aus Backstein ist er noch heute. Der lichte, feierliche Innenraum mit 27 m hohen Achteckpfeilern birgt u. a. einen spätgotischen

steinernen Hochaltar von 1424, ein riesenhaftes Kruzifix von 1495 und ein Meisterwerk des Landshuter Bildhauers Hans Leinberger: die Marienstatue von 1518/20. Es ist eine beispielhafte Skulptur für die bayerische Plastik an der Wende von der Gotik zur Renaissance. Zur Isar hin schließt die Heiliggeistkirche (1407–1461), das zweite Werk Stethaimers, die Altstadt ab. Der äußerlich schlichte, aber mächtige Backsteinbau zeigt einen Innenraum von wohlausgewogenen Proportionen. Hier ruht das Sterngewölbe der Halle auf runden Pfeilern. Weitere spätgotische Kirchenbauten sind St. Jodok in der Freyung, St. Nikola im Westen der Stadt (mit einem „Christus in der Rast" von Hans Leinberger) und die interessante Pfarrkirche in Berg ob Landshut (zweigeschossige Eingangshalle zwischen Rundtürmen).

Eingang der Sparkasse

Im 15. Jh. erhielten auch viele Profanbauten ihr stattliches Aussehen, voran das Rathaus (im 19. Jh. verändert; Renaissanceerker von 1575), das Pappenbergerhaus, das Grasbergerhaus (seine schöne spätgotische Halle bildet heute die Vorhalle der Sparkasse, die das ehem. Bürgerhaus stilvoll restaurierte) und die Laubengänge in der Altstadt. Sehr viele Häuser zeigen noch die getreppten Giebel gotischer Fassaden. Eine feste Mauer umgab die ganze Stadt, deren Reste das Ländtor, der Röcklturm und das Burghausener Tor darstellen.

Nach dem Tode Georgs des Reichen entbrannte um das niederbayerische Erbe der „Landshuter Erbfolgekrieg" zwischen Albrecht IV. von Bayern-München und Ruprecht von der Pfalz, dem Schwiegersohn Herzog Georgs. Er verlief zu Gunsten Münchens. 1505 war Bayern wieder vereinigt, Landshut aber sank zur Provinzstadt herab. Ein Intermezzo als Residenz erlebte es noch einmal unter Ludwig X. (1516–1545), dem Mitregenten seines Bruders Wilhelm IV. in München. Hatten die Landshuter Herzöge bisher immer auf der Burg residiert, so verlegte Ludwig seinen Sitz mitten in die Stadt, gegenüber dem Rathaus. Er ließ sich, angeregt durch einen Besuch in Mantua, von italienischen Baumeistern den ersten

Der „Posthof"

Der „Italienische Saal" in der Stadtresidenz

und einzigen Renaissance-„Palazzo" nördlich der Alpen als Stadtresidenz errichten (1537–1543). Den schon bestehenden Deutschen Bau (1536/1537) an der Straßenfront bezog er in die italienische Vierflügelanlage mit rechteckigem Arkadenhof ein. Die Innenräume wurden reich ausgemalt mit Fresken, deren mythologische Themen der humanistischen Bildung eines Renaissancefürsten entsprachen. Heute beherbergt ein Teil der Zimmer die Staatsgemäldesammlung mit Werken deutscher und niederländischer Maler und das gut ausgestattete Stadt- und Kreismuseum.

Die Burg über der Stadt war die erste feste Residenz der Wittelsbacher. Bis in die Mitte des 15. Jh. wurde sie „die Burg zu Landshut", von da an aber wegen der willkürlichen Regierung Herzog Heinrichs des Reichen Trausnitz („trau si nit") geheißen. Wilhelm V. von Bayern hat sie als Erbprinz 1568–1579 aus einer mittelalterlichen Burg zu einem prächtigen Renaissancehof umgestaltet. Der verschwenderische Prinz zog viele Künstler an seinen lustigen Hof. Friedrich Sustris entwarf die Fresken für die Wohnräume; Alessandro Paduano schmückte die „Narrentreppe" mit Darstellungen aus der italienischen Commedia dell'arte, deren improvisierte Schauspiele hier oft und gerne aufgeführt wurden; der berühmte Musiker Orlando di Lasso gab Konzerte. Die Kapelle des Schlosses stammt noch aus dem 13. Jh. Sie besitzt reichen und kostbaren Skulpturenschmuck aus ihrer Erbauungszeit und aus der Spätgotik. Leider hat ein Brandunglück 1961 große Teile der Trausnitz in unersetzlicher Weise beschädigt.

Mit den Jesuiten und ihrem Gotteshaus (1631–1641) zog das Barock in Landshut ein. Von 1732 bis 1734 leitete J. B. Gunetzrhainer den Um- und Neubau der Klosterkirche von Seligenthal, in der J. B. Zimmermann die großartigen Frührokokostukkaturen und -fresken schuf. Ludmilla, die Gattin Ludwigs des Kelheimers, hatte 1232 dieses Zisterzienserinnenkloster gestiftet. Aus seiner Gründungszeit ist nur die kleine Afrakapelle im Hof erhalten, die vorzüglichen Figurenschmuck aus dem 14. Jh. besitzt. 1747–1749 barockisierte J. B. Zimmermann die gotische Dominikanerkirche, ohne ihr jedoch ganz den Ernst der mittelalterlichen Klosterkirche nehmen zu können.

Stifterfigur Ludwigs des Kelheimers in der Afrakapelle von Seligenthal

Unter den Profanbauten der Barockzeit, die mit ihren volutengeschmückten Giebeln das Straßenbild insbesondere in der Neustadt beleben, ragt das ehem. Palais Etzdorf hervor, dessen zierliche Fassade wohl von J. B. Zimmermann entworfen wurde. Das Schlößchen in Berg ist ein gefälliger Bau aus der zweiten Hälfte des 17. Jh.

Neuen Auftrieb bekam Landshut von 1802 bis 1826, als die Universität von Ingolstadt hierher verlegt wurde. Sie war in diesem Zeitraum ein Brennpunkt in der geistesgeschichtlichen Auseinandersetzung zwischen Aufklärung und Romantik.

Seit 1839 ist Landshut mit kurzer Unterbrechung Sitz der Regierung von Niederbayern und aufstrebender Wirtschaftsmittelpunkt des niederbayerischen Agrarlandes. Es besitzt seit 1840 ein eigenes Stadttheater. Den Nachwuchs fördern Höhere Schulen aller Zweige sowie mehrere Fach- und Meisterschulen: für Maschinenbau, Keramik (älteste keramische Fachschule Deutschlands), Ziegelei und für Fleischerei. Zu beiden Seiten der Isar dehnt sich die Stadt mit ihren neuerbauten Vierteln aus. Nach 1945 wurde ein Industriegelände für neue Betriebe erschlossen.

Landshut ist seit langem bekannt für seine Brauereien und Kunstmühlen. Es hat Keks-, Schokoladen-, Brot- und Tabakfabriken (Schnupftabak). Neu hinzu kamen Industriebetriebe der Elektro-, Textil-, Farben-, Druck- und Vervielfältigungsbranche.

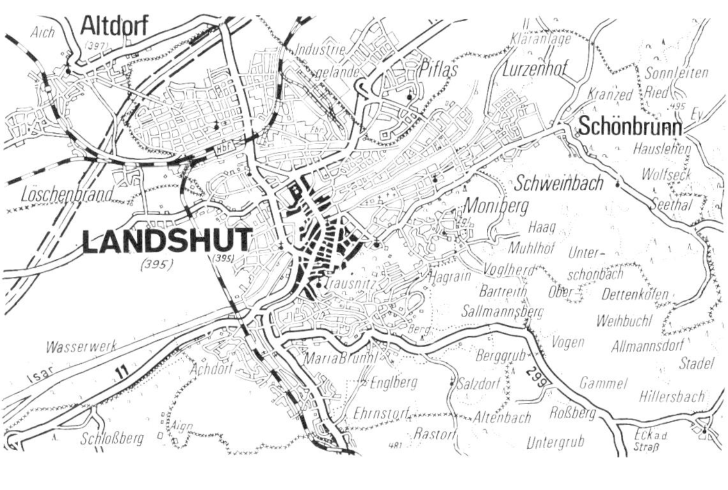

STADT PASSAU

Die „Dreiflüssestadt“ P a s s a u war unter dem Namen Boiodurum eine der ältesten Keltenstädte im bayerischen Raum. Die sichere Lage auf der Landzunge am Zusammenfluß von Donau, Inn und Ilz veranlaßte auch die Römer, hier ihre Grenzkastelle „Boiotro“ und später „Castra Batava“ (Batavis) anzulegen, aus dem in bayerischer Zeit die Stadt Passavia entstand. Um 450 wirkte hier der hl. Severin als Missionar und 739 wurde das Bistum Passau durch Bonifatius bestätigt. Große Teile der Ostmark und des ungarischen Raumes wurden von hier aus kolonisiert, Passau war ihr kultureller Mittelpunkt. Auch Wien gehörte bis 1462 zum Bistum Passau, der Wiener Stephansdom ist eine Tochterkirche von St. Stephan in Passau. Am Bischofshof entstand das berühmte Nibelungenlied, mit dessen Überlieferung der bekannte Bischof Pilgrim (10. Jh.) in Zusammenhang steht. Auch Walther von der Vogelweide hat öfters hier geweilt.

Passauer Bischofsstab vom Anfang des 16. Jh.

Im Mittelalter wuchs Passau zu einer reichen Handelsstadt heran. Nachdem die Bischöfe schon seit 999 unumschränkte Herren über die Stadt waren, erlangte 1217 der Bischof Fürstenrang und wurde mit dem Ilzgau belehnt. Nicht immer waren die Passauer Bürger mit der Herrschaft der Bischöfe einverstanden. Sie versuchten wiederholt, in Aufständen und Kämpfen das Joch abzuschütteln, jedoch vergeblich. 1552 wurde in den Mauern der Stadt unter den deutschen Fürsten der „Passauer Vertrag“ geschlossen. Ein erster Versuch zur friedlichen Einigung beider Konfessionen.

Der gotische Baubestand der Stadt wurde in zwei Bränden 1662 und 1680 zerstört. Bei ihrem Wiederaufbau erhielt sie das barocke Gepräge, das sich bis auf unsere Zeit erhalten hat. 1803 wurde das Fürstbistum Passau aufgelöst und nach tausendjähriger Selbständigkeit wieder Bayern einverleibt.

Das Herz der Stadt ist der mächtige Dom S t. S t e p h a n mit seinen drei Turmhauben. Er erfuhr seit dem ersten Bau im 8. Jh. zahlreiche Umbauten; sein heutiges Aussehen geht auf die Veränderungen zwischen 1668 und 1686 zurück. Nur die prächtige Chorpartie blieb vom spät-

gotischen Bau erhalten. Das Innere stellt sich als der größte hochbarocke Basilikaraum in Süddeutschland dar (erb. von C. Lurago). Den überquellenden Stuck schuf der Italiener Giov. Batt. Carlone, die Gewölbefresken malten der Mailänder Carpoforo Tencalla und C. A. Bussy. Viele bekannte Künstler waren an der Ausstattung beteiligt. Berühmt ist die reich geschmückte Kanzel, die Raphael Donner zugeschrieben wird. Im 20. Jh. kamen die größte Kirchenorgel der Welt und der Hochaltar von Jos. Henselmann (1953) hinzu. An den noch in Resten erhaltenen gotischen Kreuzgang schließen sich mehrere Kapellen mit bedeutenden Kunstwerken (Grabmäler) an.

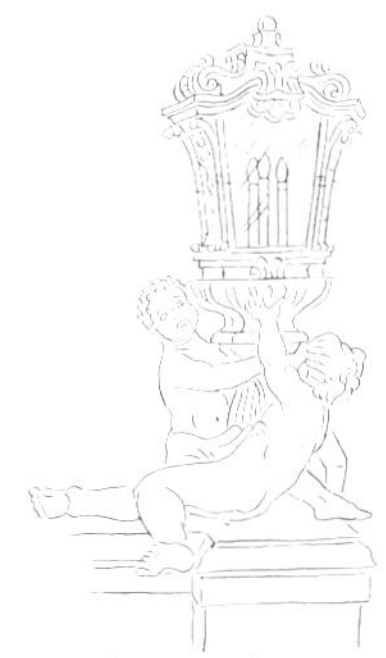
Laterne im Stiegenhaus der Neuen Residenz

Südlich vom Dom erstreckt sich die 200 m lange Front der Residenzbauten. Die ehem. fürstbischöfliche Alte Residenz ist heute Landgericht, ihre Gebäude wurden sämtlich nach den Stadtbränden umgestaltet. Die angrenzende Neue Residenz am stimmungsvollen Residenzplatz ist ein monumentaler, langgestreckter Barockbau (1712 bis 1772), der im Innern vorzügliche Dekorationen und Ausstattungen aus der Rokokozeit birgt, z. B. im phantasievollen Stiegenhaus, in den Repräsentationsräumen, im „Salon" u. v. a. Zu den wichtigsten Bauten der Bischöfe und Domherren gehören weiterhin die ehem. „Sala terrena", ein Barockbau des frühen 18. Jh., die Dompropstei (16./17. Jh.), die Domdechantei, der ehem. Kapitelhof, der Hof Starzhausen und der Lamberghof mit seiner schönen Fassade (1724).

Vom 8. Jh. bis 1803 bestand mitten in der fürstbischöflichen Stadt das Benediktinerinnenkloster Niedernburg (zeitweise Reichsabtei), dessen Territorialherr im hohen Mittelalter die Äbtissin war. Die Klostergebäude (heute Institut der Engl. Fräulein) sind barock, die Klosterkirche Hl. Kreuz, seit dem 11. Jh. vielfach umgebaut, wurde im 19. Jh. romanisierend restauriert (Ruine der Marienkirche mit roman. Fresken). In der Parzkapelle enthält ein spätgotisches Hochgrab die Gebeine der Äbtissin Gisela (gest. um 1060), Schwester Kaiser Heinrichs II. und Witwe des Ungarnkönigs Stephan des Heiligen.

Von den vielen weiteren Gotteshäusern seien noch erwähnt: die ehem. Jesuitenkirche St. Michael (1677 vollendet) mit barockem Innenraum von Mitarbeitern Carlones, die Pfarrkirche St. Paul von 1678, die ehem. Franziskanerkirche (Votivkirche), die Spitalkirche Hl. Geist, die Waisenhauskapelle (intimer Rokokoraum von 1754) und die ehem. Augustinerchorherrenstiftskirche St. Nikola (erb. 11. Jh.; im 14. und 18. Jh. umgestaltet) mit imposanter Stuckdekoration von J. B. d'Aglio und Fresken von W. A. Heindl.

Am Schiffslandeplatz steht das Passauer Rathaus, das aus einem gotischen Urbau in mehreren Baustufen zu einem vielfältigen Komplex heranwuchs. Sein Turm entstand um 1890.

Rathaushof

Wie die öffentlichen Bauwerke, so hat auch das Bürgerhaus seine Prägung nach den großen Stadtbränden erfahren: große Würfel mit horizontalem Fassadenschluß nach dem Inn-Salzachtypus, viele mit lebhaftem barocken Stuckdekor.

Befestigungen der inneren Stadt zwischen Inn und Donau stehen noch mit Teilen der „Römerwehr", dem Scheiblingsturm am Innufer und den Torbauten Innbrucktor und Paulusbogen aufrecht.

An der Ilzmündung, nördlich der Donau, liegt die Ilzstadt mit der spätgotischen Bartholomäuskirche und der interessanten spätgotischen Salvatorkirche. Im August feiern die „Ilzer" ein ausgelassenes „Haferlfest". (Bierkrügelherstellung.)

Die Türme der Wallfahrtskirche Maria-Hilf

Auf dem steilen Rücken zwischen Ilz und Donau thront seit 1219 O b e r h a u s, die Feste der Passauer Bischöfe, ein bedeutender Stützpunkt ihrer Herrschergewalt über die unruhige Bürgerschaft. Bis ins 18. Jh. ist an ihr gebaut worden, Bauteile aus Gotik, Renaissance und Barock fügen sich zu einer großartigen Burganlage. Vom Observationsturm der Feste Oberhaus genießt man eine prächtige Aussicht auf Stadt und Umgebung. Neuerdings sind in den weitläufigen Räumen Museen untergebracht. Sie enthalten wertvolle Kunstschätze des ehem. Fürstbistums Passau, Darstellungen aus dem Volkstum des Grenzlandes, eine naturwissenschaftl. Sammlung, das Böhmerwaldmuseum, das Städt. Museum, das niederbayer. Feuerwehrmuseum und eine Filialgalerie der Bayerischen Staatsgemäldesammlungen. Ein Wehrgang führt zur trutzigen Feste N i e d e r h a u s (15. Jh.) an der Uferspitze zwischen Donau und Ilz hinunter.

Das Gegenstück von Oberhaus ist die Wallfahrtskirche M a r i a H i l f am gegenüberliegenden hohen Südufer des Inn. Eigentümliche Bekrönungen schmücken das Turmpaar der schlichten Kirche (1624–1627).

Zu Füßen des Mariahilfberges erstreckt sich die I n n s t a d t, an deren Westende die alte St. Severinskirche auf der Stelle steht, wo der Missionar Severin um 460 seine Zelle erbaut haben soll.

Am Nordufer der Donau liegen die ehem. Bischofsschlösser E g g e n d o b l (15.–18. Jh.), H a c k l b e r g (1690–1700) und F r e u d e n h a i n (erb. 1785 von G. Hagenauer). Letzteres ist eine anmutige Anlage des frühen Klassizismus mit zurückhaltend stuckierten Innenräumen. Der schöne Schloßpark am Donauhang gehört zum Typ der Landschaftsgärten. Er steht heute als Stadtgarten der Bevölkerung offen. Etwas weiter entfernt findet man die eigentümliche Wallfahrtskirche S t. K o r o n a, deren Grundriß ein Achteck mit einem griechischen Kreuz kombiniert (1640/1641).

Schloß Freudenhain

Ihren Ruf als K u l t u r s t a d t festigte Passau durch die alljährlichen „Europäischen Wochen" im Juni/Juli. Die musikalischen Darbietungen, die Theater- und Ballettaufführungen haben internationalen Rang. Das stilvolle S t a d t t h e a t e r (Fürstbischöfl. Opernhaus, erbaut 1783 von Georg Hagenauer), der Domplatz, die Nibelungenhalle und der Festspielplatz auf der Festung Oberhaus geben den Rahmen dazu. Im Mai lockt die Passauer Frühjahrsmesse in der Nibelungenhalle die Besucher in die Stadt. Die Gründung der Universität Passau ist bereits beschlossen.

Der Donauhafen Passau ist ein wichtiger Umschlagplatz für den Handel mit Österreich und den Balkanstaaten. Außerdem legen hier die Personenschiffe nach Wien und zum Schwarzen Meer ab.

Die größeren Betriebe Passaus produzieren Maschinen, feinmechanische, elektrotechnische und optische Geräte sowie Textilien. Daneben bestehen eine Glockengießerei, Druckereien und Brauereien.

STADT STRAUBING

Die schöne und behäbige Stadt Straubing ist das Herz der bayerischen Kornkammer, der von der Donau und ihren Nebenflüssen angeschwemmten Gäubodenebene. Äußerst fruchtbarer Boden hatte schon Bauern der Jungsteinzeit und der frühen Bronzezeit, dann besonders Illyrer und Kelten veranlaßt, sich hier niederzulassen. Ihrer Siedlung folgte das Römerkastell Sorviodurum. Das spätere karolingische Kammergut Strupinga kam 1029 an das Augsburger Domkapitel. Gegen Ende des 12. Jh. entstand die St. Peterskirche, ein Musterbeispiel bayerischer Romanik mit sehr schönen Portalen und zwei mächtigen, im 19. Jh. erhöhten Türmen. Um die Kirche liegen die Gräber des wohl stimmungsvollsten alten Friedhofs Bayerns. Ein Mauergürtel umgibt ihn. Zahlreiche kunstvolle Grabsteine, darunter ein Epitaph von Hans Leinberger und drei schöne Kapellen machen ihn auch kunsthistorisch interessant. Die Bernauerkapelle ist eine Sühnestiftung Herzog Ernsts von Bayern für die auf seinen Befehl 1435 in der Donau ertränkte heimliche Gemahlin seines Sohnes Albrecht, die Augsburger Baderstochter Agnes Bernauer. Nahe am Friedhof liegt das Elisabethenkloster Azlburg, das ein schönes Rokokokirchlein von 1787 besitzt.

Am Markt in Straubing

Westlich von St. Peter, dem jetzigen Altstadtviertel, gründete Herzog Ludwig I., der Kelheimer, 1218 die Neustadt Straubing mit einer breiten Marktstraße als Hauptachse. Von 1353–1423 Residenz eines selbständigen Herzogtums, fiel sie 1429 an Bayern-München und wurde Sitz eines der vier Rentämter des Herzogtums Bayern.

Als Wahrzeichen Straubings steht mitten im langen Marktplatz ein mächtiger gotischer Stadtturm (66 m hoch). Rechts und links von ihm zieren der Tiburtiusbrunnen (1685), der Jakobsbrunnen (1644) und die Dreifaltigkeitssäule (1709) den Platz. Von der ehem. Befestigungsmauer sind nur noch spärliche Reste vorhanden (Spitaltor). Der berühmte Hans Stethaimer aus Burghausen hat in Straubing angeblich sein erstes Werk, die Karmelitenkirche, und sein letztes Werk, die mächtige Pfarrkirche St. Jakob, errichtet. Erstere erfuhr in der Barockzeit einen einschneidenden Umbau unter Wolfgang Dientzenhofer (1700–1710), letztere (erb. 15. Jh.) verlor durch einen Brand 1780 Gewölbe und Ausstattung; sie erhielt darauf tiefer gelegte Gewölbe und eine z. T. neue Einrichtung, hat aber den Gesamteindruck einer lichten Halle, wie ihn Stethaimer anstrebte, bewahrt, was schöne Glasfenster noch betonen. Zwanzig reich ausgestattete Seitenkapellen öffnen sich zum Kirchenraum. Eine Kostbarkeit für sich ist die Rokokokanzel (1753) von Wenzel Mirofsky.

Die Jesuiten gestalteten ihre Kirche 1680 aus einer gotischen Anlage zu einem ansprechenden Barockbau um. Das barocke Meisterstück in Straubing allerdings ist die kleine Ursulinenkirche (1736 bis 1739) der Gebrüder Asam, ein nach einheitlichem Programm ausgeschmückter prachtvoller Zentralbau.

Das Straubinger Schloß ließ Albrecht II. 1356 errichten. Es ist ein schlichter, umfangreicher Komplex. Hier wohnte Agnes Bernauer vor ihrer Hinrichtung.

St. Peter

Das Stadtbild Straubings wird wesentlich durch die Wohnhäuser ge-

Ursulinenkirche

prägt. Zwar haben nur wenige mittelalterliche Bauten ihr altes Gesicht bewahrt, doch sind die mit Stuck oder Rauhputz geschmückten Fassaden ihrem Typus nach gotisch. Sie zeigen hohe Giebel, vielfach getreppt, und zahlreiche kleine Fenster. Fröhliche Rokoko-Ornamente beleben viele Straßenzüge. Im Innern der Wohnanlagen finden sich noch einige stimmungsvolle Laubenhöfe und reichgeschmückte Hauskapellen.
Der Maler Karl Spitzweg wirkte 1828–1830 in der Löwenapotheke; er hat manches idyllische Motiv in Straubing mit seinem liebevollen Pinsel festgehalten. Der größte Sohn Straubings, der berühmte Physiker und Astronom Joseph Fraunhofer, wurde 1787 im Hause Fraunhoferstraße Nr. 1 geboren.
Als Zentrum des reichen Gäu-Bauernlandes ist Straubing Schauplatz des urwüchsigen Gäubodenfestes mit sportlichen und kulturellen Großveranstaltungen. Es ist nach dem Münchener Oktoberfest das größte bayerische Volksfest. Alle drei Jahre wird das historische Agnes-Bernauer-Festspiel aufgeführt. Für Unterhaltung sorgen ferner ein großer Sportplatz, Trabrennbahn, Stadttheater und Tierpark. Über Vor- und Frühgeschichte, Kunst und Handwerk Straubings informiert sehr gut das Gäubodenmuseum. Erst 1950 erregte der hier ausgestellte „römische Schatzfund" großes Aufsehen. Er besteht aus Gesichtshelm-Masken, Kopfschutzplatten für Pferde, Beinschienen, Metallfiguren u. a.

Statuette aus dem Römerfund von Straubing

Straubing ist Umschlagplatz für die landwirtschaftlichen Produkte des Gäubodens. Der Getreide- und Viehhandel blüht. Von großer Bedeutung sind die Gemüsegärtnereien am Rande der Stadt. Früher bestimmten Ziegeleien, Brauereien, Mühlen und Molkereien weithin das Erwerbsleben. In den letzten Jahrzehnten kamen Bekleidungs-, Textil-, Maschinenbau-, elektrotechnische und metallverarbeitende Fabriken hinzu. Auch das Handwerk hat hier seinen sprichwörtlich goldenen Boden.
Noch zum Stadtgebiet Straubings gehören Sossau, Öberau und die originelle barocke Wallfahrtskirche Frauenbründl von 1705/07, die über einer seit alters verehrten Heilquelle errichtet wurde. Die Fresken stammen wahrscheinlich von Hans Georg Asam, dem Vater der berühmten Gebrüder Asam. In Ö b e r a u an der Donau steht eine freundliche Barockkirche von 1730.
Seit dem 14. Jh. besteht die große Wallfahrt nach Mariae Himmelfahrt in S o s s a u. Eine geräumige romanisch-gotische Anlage mit barocker Einrichtung und mächtigem Altar (1777) beherbergt das Gnadenbild, eine steinerne Madonna vom Anfang des 14. Jh.

LANDKREIS DEGGENDORF

Das alte Rathaus in Deggendorf

Die Donau teilt den Landkreis in zwei grundverschiedene Hälften: Im Norden steigen die Höhen des Vorderen Bayerischen Waldes an, im Süden breiten sich die fruchtbaren Fluren des Gäubodens aus. Zwischen Osterhofen und dem Vilstal streicht noch ein Höhenzug des niederbayerischen Hügellandes aus.
Die Hauptachse des Landkreises ist das Donautal. Hier liegt auch die Kreisstadt D e g g e n d o r f. Sie hat die Funktion einer Eingangspforte

zum mittleren Bayerischen Wald, eines „Tores zwischen Gäu und Wald". An dieser verkehrswichtigen Stelle entwickelte sich während des frühen Mittelalters eine Ansiedlung. Im 13. Jh. gründete der wittelsbachische Herzog Otto II. die Neustadt – ganz im Stil der Gründungen von Kelheim, Straubing u. a. In der Mitte des langgestreckten Marktplatzes ragt breit der Stadtturm über das Rathaus von 1535. Ein Brunnen (1543) belebt das Bild des Platzes. 1337–1360 errichteten die Deggendorfer als Sühne für eine „Hostienschändung" die Hl.-Grab-Kirche, die mit der „Deggendorfer Gnad" zu einem bedeutenden Wallfahrtsziel heranwuchs (Wallfahrt Anfang Oktober). Sie stellt eine gut erhaltene gotische, dreischiffige Basilika in einfachen Formen dar. 1727 fügte J. M. Fischer den schlanken, reichgegliederten Turm nach Plänen Joh. B. Gunetzrhainers hinzu. Die Pfarrkirche Mariä Himmelfahrt ist 1657 von Konst. Bader umgebaut und 1748 neu dekoriert worden. Aus dem Eichstätter Dom kam 1884 der prächtige Hochaltar von 1749. Das Gotteshaus liegt zu Füßen des Geiersbergs, den das spätgotische Wallfahrtskirchlein zur Schmerzhaften Muttergottes krönt (erb. 1486; weite Aussicht). Das Städtische Museum am Oberen Stadtplatz besitzt gute volkskundliche Sammlungen. Als Tor zum Bayerischen Wald ist Deggendorf ein Einkaufszentrum und ein wichtiger Handelsplatz (Holz, Stein, Vieh, Getreide). Daneben bestimmen eine Schiffswerft, Textil-, Eisen- und chemische Industrie sowie Brauereien das Erwerbsleben.

Turm der Hl.-Grab-Kirche

Zwei überaus wirkungs- und ruhmreiche Ordensklöster im Landkreis sind Niederaltaich und Metten. Metten ist weithin bekannt durch seine um 770 von Herzog Tassilo III. gegründete Benediktinerabtei, deren Mönche heute ein berühmtes Gymnasium mit Internat leiten. Die Klosterkirche St. Michael mit ihrem Turmpaar ist ein barocker Neubau von 1712–1724; der Chor allein ist aus dem gotischen Bau übernommen worden (Hochaltarblatt von C. D. Asam; schönes Chorgestühl um 1720). In den Klostergebäuden entstand 1706–1720 mit dem rhythmisch gegliederten Bibliothekssaal ein Juwel spätbarocker Ausstattungskunst. Den Festsaal zieren Stuck und Fresken von 1759.

Gewölbetragende Atlanten in der Klosterbibliothek von Metten

Niederaltaich gilt als ältestes Benediktinerkloster Bayerns. 731 soll es von Herzog Odilo mit Mönchen aus dem Kloster Reichenau am Bodensee gegründet worden sein. Es war durch Jahrhunderte ein Zentrum der Kulturpflege. Hier wurden 741–744 das erste Bayernrecht und im 13. Jh. die bedeutenden Altaicher Annalen aufgezeichnet. Von 1803 bis 1918 war das Kloster aufgelöst, heute ist es wieder in Händen der Benediktiner. Seine Klosterkirche St. Mauritius erhielt 1306 einen gotischen Neubau, dessen Umfassungsmauern im Barockbau von 1718–1727 mitverwendet wurden. Großartig gelang die Barockisierung im Innern durch J. Pawanger und J. M. Fischer, wo Stuck, Fresken (A. Heindl) und Einrichtung zur großartigen Gesamtwirkung beitragen. Ungewöhnlich erscheint das engstehende Turmpaar, dessen Hauben 1813 durch Zeltdächer ersetzt wurden. Die schöne Sakristei birgt einen berühmten Schatz mit interessanten Sammlungen kirchlicher Kunst. In den Klostergebäuden bestehen mehrere Lehranstalten.

Gotisches Tympanon in Niederaltaich

Zwischen Deggendorf und Niederaltaich liegt die freundliche Wallfahrtskirche von Halbmeile (erb. 1781–1785; Deckengemälde von Chr. Wink 1783).

Westlich von Metten sind zwei barocke Schloßbauten hervorzuheben: Offenberg (im 17. Jh. aus einer mittelalterlichen Anlage umgebaut) und das Sommerschlößchen Himmelberg (1755). Schloß Egg nördlich von Metten wurde „romantisch“ überformt (1839–1842).
Der alte Markt Winzer war einst durch seine „Körbelzäuner“ bekannt. Doch ist das alte Handwerk der Korbflechter im Aussterben begriffen, maschinelle Plastikartikel verdrängen die gute Handwerksware. Die Burgruine über dem Ort war bis zu ihrer Sprengung im Österreichischen Erbfolgekrieg 1744 ein prunkvoll eingerichtetes Schloß. Auch die nahe Burg Dobl wurde damals bis auf die Schloßkapelle zerstört. Landeinwärts von Winzer kommt man nach Iggensbach, in dessen Kirchturm die älteste datierte Glocke Deutschlands schlägt (1144). Nahebei die Wallfahrtskapelle Maria Krönung in Handlab aus dem Jahre 1644.

Die Glocke von Iggensbach

Eine herrliche Wanderlandschaft tut sich auf, wenn man in die Berge des Vorderen Bayerischen Waldes eindringt. Besonders die großen Wälder am Vogelsang (1022 m), am Breitenauer Riegel (1114 m) und am Dreitannenriegel (1092 m) sowie am Ruselpaß bieten noch stille und unverfälschte Natur.
Bei Grattersdorf erhebt sich der Büchelstein, wo 1847 zum erstenmal das weltberühmte Pichelsteiner Gericht zubereitet und verzehrt worden ist und wo es auch seinen Namen erhielt. Die Tradition des jährlichen Pichelsteinerfestes lebt in der Stadt Regen weiter.
Der klimatisch begünstigte „Lallinger Winkel“ zeigt im Frühjahr seine ganze Pracht. Dann blühen die zahllosen Bäume dieses Obstbaugebietes in zarten Farben. Die Früchte werden überwiegend in Hengersberg verarbeitet.
Das fruchtbare Land südlich der Donau ist vermutlich seit der Jungsteinzeit besiedelt. Die Römerstraße entlang der Donau verlief von Straßkirchen über ein Kohortenlager bei Steinkirchen und ein Kastell bei Künzing durch den Kreis.
Dieses Gebiet wird von der Isar durchquert, die in der Pappel- und Auenlandschaft unterhalb Plattling die Donau erreicht. Von Plattling an der Isar, kurz vor deren Mündung in die Donau, spricht schon das Nibelungenlied. Dort heißt es Pledelingen. Der Herzog verlegte 1379 die Siedlung vom rechten auf das linke Isarufer und so zeigt sie den Grundriß vieler bayerischer Stadtgründungen aus dem Spätmittelalter. In der neuen Stadt errichtete man 1760 die Stadtkirche St. Maria Magdalena. Die alte Stadtpfarrkirche St. Jakob auf dem rechten Isarufer ist eine romanische Pfeilerbasilika aus dem 13. Jh. mit spätgotischem Chor (Glasmalereien und Fresken). Plattlings Sandbahn ist Schauplatz großer Motorradrennen.

An der unteren Isar

Stifterfiguren vom Altar der Damenstifts-kirche Osterhofen

Die behäbigen Dörfer in Plattlings Umgebung können von der Qualität des Bodens Zeugnis geben. Schön ausgestattete Barockkirchen stehen in M i c h a e l s b u c h (1728/31), R e t t e n b a c h (1758; hervorragende Fresken Chr. Winks) und T h u n d o r f (1755/60; meisterhafte Rokokofresken von F. A. Rauscher). Bei S t e p h a n s p o s c h i n g steht die Wallfahrtskirche von L o h. Sie wird schon 1266 erwähnt, erhielt aber 1690 einen Neubau, den der Maler Christian Wink und der Stukkateur F. X. Feichtmayr 1768–1772 zu einem der anmutigsten Rokokobauten ausgestaltete.

Ein landschaftliches Unikum stellt der N a t t e r n b e r g dar, ein vorgeschobener Rücken des Bayerischen Waldes, den die Donau vor Jahrtausenden abgesägt und isoliert hat. Bis zum 18. Jh. trug er eine stattliche Burg, von der nur geringe Reste sichtbar sind.

Schloßhof von Moos

Ein intaktes Schloß ist die Renaissanceanlage in M o o s, die 1625/36 erbaut wurde. Vier Flügel mit Ecktürmen rahmen einen stimmungsvollen Arkadenhof.

Die zweite Stadt südlich der Donau ist O s t e r h o f e n. Sie wurde 1378 gegründet und übernahm den Namen ihres Vorortes, der nun Altenmarkt heißt. In diesem Altenmarkt bestanden im 8. Jh. ein agilolfingischer Herzogshof und im 9. Jh. eine karolingische Pfalz. Das Kloster Osterhofen wurde zwischen 1004 und 1009 gegründet. Im 18. Jh. kam es in den Besitz des Münchner Damenstiftes und 1858 an die Englischen Fräulein (Erziehungsinstitut für Mädchen). Seine sog. Damenstiftskirche ist ein frühes Hauptwerk J. M. Fischers (1727/1728). Die meisterhafte Innenausstattung durch die Gebrüder Asam zog sich bis 1740 hin. Barocker Überschwang in den Details, ausgewogene Architektur und raffinierte Lichtführung üben eine großartige Wirkung aus. Die reichen Deckenfresken schuf Cosmas Damian, den prächtigen theatralischen Hochaltar Egid Quirin Asam. Er gehört zu den originellsten Altarbauten des bayerischen Barock.

Seit Jahrhunderten blüht auch die Wallfahrt zu dem idyllisch gelegenen romanischen Kreuzbergkirchlein in H a a r d o r f (erb. im 13. Jh.).
Im Süden gehört noch ein Zipfel des Vilstales zum Landkreis. Dort liegt das „Dackeldorf" G e r g w e i s, wo die umfangreichste Dackelzucht Europas betrieben wird.
Der Anteil des Kreises am Gäuboden um Plattling ist sehr ertragreich (Getreide, Zuckerrüben, Gemüse), das Gebiet nördlich der Donau dagegen verhältnismäßig karg (Kartoffeln, Viehzucht). Eine Ausnahme macht das Obstanbaugebiet des Lallinger Winkels.
Größter Industriestandort neben Deggendorf ist Plattling. Im ganzen gesehen steht im Landkreis die Textil- und Bekleidungsindustrie an erster Stelle, Ernährungsindustrie (Zuckerfabrik), Metallverarbeitung, Industrie der Steine und Erden, chemische Industrie und Holzverarbeitung folgen.

LANDKREIS DINGOLFING-LANDAU

Die Herzogsburg in Dingolfing

Die Landschaft des Kreises gehört im wesentlichen zum Niederbayerischen Hügelland, das im Norden allmählich in die fruchtbare Gäubodenebene ausstreicht. Das Tal der Isar halbiert den Landkreis in einen südlichen und einen nördlichen Teil. Im Süden schuf die Vils noch einen weiten Taleinschnitt, im Norden die Aitrach.
Die großen Siedlungen liegen nicht direkt an der Isar, sondern am steilen Südhang des Flußtales. So auch D i n g o l f i n g, der Sitz der Kreisverwaltung. Die Stadt war schon um 773 Herzogshof. Als Gründungsdatum von Stadt und Burg durch Herzog Otto II. von Wittelsbach gilt das Jahr 1251. Die erhaltene ehem. Herzogsburg ist ein spätgotischer Backsteinbau mit Stufengiebeln. Sie kann als Meisterwerk der niederbayerischen Profanbaukunst bezeichnet werden. Innen hat man das Heimatmuseum eingerichtet. Die Ausstattung der einzelnen Räume bietet ein charakteristisches Bild von der Wohnkultur verschiedener Epochen der Geschichte.
Unterhalb des Schloßberges breitet sich um den idyllischen Marktplatz die Bürgerstadt aus. Einzelne Türme und Tore der Stadtbefestigung aus dem 16./17. Jh. bestehen auch noch. Die Pfarrkirche St. Johannes mit dem 81 m hohen, mächtigen Turm ist ein stattlicher spätgotischer Backsteinbau, der gegen Ende des 15. Jh. in Anlehnung an Stethaimers Kirchenbauten in Landshut errichtet wurde. Eine gute spätgotische Kirche steht im nahen Oberdingolfing. Jenseits der Isar wuchs in kurzer Zeit ein bedeutender Industrievorort heran, der Dingolfing zu einem wirtschaftlichen Zentrum ersten Ranges machte. Hier entstehen Automobile, Landmaschinen, Traktoren, u. v. a.
Auf dem Talhang isaraufwärts folgen der alte Markt T e i s b a c h (gotisches, im 19. Jh. umgebautes Schloß), L o i c h i n g mit einer spätromanischen Pfarrkirche (13. Jh.; Chor und Langhauswölbung spätgotisch) und das traditionsreiche Dominikanerinnenkloster N i e d e r v i e h b a c h. Seine weithin sichtbaren Gebäude stehen auf dem Grund eines einstigen römischen Castrums, dessen Wall und Graben noch kenntlich

sind. Die Klosterkirche aus dem frühen 14. Jh. wurde in der Barockzeit verändert, das Hauptgebäude des Klosters errichtete 1731/33 Joh. Michael Fischer.

Am Isarhang nach Osten zu liegen Gottfrieding (Pfarrkirche 13. Jh.; Erweiterung im 15. Jh.), Usterling (Pfarrkirche 15. Jh.; hervorragender Schnitzaltar von 1520) mit dem „Wachsenden Stein", der durch den ausfallenden Kalktuff einer „Steinernen Rinne" einige Meter hoch angewachsen ist, und die Stadt Landau a. d. Isar. Ihre Gründung im Jahre 1224 verdankt sie Herzog Ludwig dem Kelheimer. Vom einstigen herzoglichen Schloß gibt das verbliebene Hauptgebäude kaum mehr eine Vorstellung. Kriege und Brände haben das alte Ortsbild zerstört, besonders 1743 im Österreichischen Erbfolgekrieg.

Steinfelskirche

Die Pfarrkirche Mariae Himmelfahrt ist ein stattlicher Bau von 1713 bis 1726, dessen noch mittelalterlicher Turm 1774/75 seine charakteristische Zwiebelhaube erhielt. Weiterhin sehenswert sind die Friedhofskirche Hl. Kreuz (zweite Hälfte 15. Jh.; barocke Flachdecke; reiche Ausstattung, gotische Fresken) und die Steinfelskirche, die 1698–1700 über einer natürlichen Grotte als Wallfahrtskirche (Votivbilder) errichtet wurde. Im Heimatmuseum bewahrt die Stadt viele historische Sehenswürdigkeiten auf, darunter Gegenstände aus den zahlreichen Fundstellen der Jungsteinzeit und der Bronzezeit in der Umgebung.

Einen reichen Rundblick auf Isarebene, Alpenrand und Bayerischen Wald gewährt der nahegelegene Kalvarienberg.

Taufstein aus der Pfarrkirche von Pilsting

Der Nordhang des Isartales neigt sich sanfter in die Ebene des Flusses herab, aber auch hier liegen die Ortschaften bevorzugt auf den höheren Lagen. Von West nach Ost folgen dort der ansehnliche Barockbau der Wallfahrtskirche Dreifaltigkeitsberg (erbaut 1710–1720) bei Rimbach, das Dorf Thürnthenning (stattliche Pfarrkirche in einheitlichem Barock 1732/33), wo im 15. und 16. Jh. ein so guter Wein gediehen ist, daß die Gegend das „bayerische Frankenland" genannt wurde, ferner Leonsberg bei Großköllnbach, wo wenig mehr als die schöne Schloßkapelle vom einstigen Schloß übriggeblieben ist, Pilsting und Ganacker mit ihren dreischiffigen hallenartigen Pfarrkirchen aus der Spätgotik. Diejenige von Pilsting zeichnet sich durch ihren hohen Kirchturm aus, während die Leonhardskirche in Ganacker von einer schweren, eisernen Kette umspannt wird.

Auch das Vilstal ist ungewöhnlich reich an alten, gut ausgestatteten Kirchenbauten und Schloßanlagen. Die Vils betritt bei Frontenhausen das Kreisgebiet. Der stattliche Marktflecken besitzt eine große spätgotische Pfarrkirche und einen freundlichen Marktplatz. Die gotische Kirche in Marklkofen ist im Kern romanisch. Das Schloß Poxau wurde gegen Ende des 17. Jh. errichtet. Der zentrale Markt Reisbach dokumentiert seine Bedeutung schon durch die stattliche Pfarrkirche St. Michael. Es ist eine der ältesten Taufkirchen in Bayern. Ihr heutiger Bau entstand in der Gotik. Hervorragende Altarfiguren, die Stephan Rottaler zugeschrieben werden, und 16 Tafelgemälde aus der Zeit um 1520 gehören zu ihrer Ausstattung. Die barocke Salvatorkirche zeigt einen Rokoko-Hochaltar. Schöne Häuser aus der Zeit des Biedermeier blicken auf den Marktplatz.

Holzfigur aus der Pfarrkirche zu Reisbach

Weiter hinab im Vilstal hat Reichersdorf ebenfalls eine gotische

Pfarrkirche mit guten alten Grabsteinen, doch erhielt sie ein barockes Gewand. Das nahe Schloß Wildthurn ist mehrfach umgebaut worden, nur der Bergfried entstammt noch dem 13. Jh. Adldorf besitzt eine Barockkirche (1736/37) mit freundlichem Innenraum. Das Schloß im Ort ist Sitz der Grafen Arco-Valley.
Über den alten Markt Eichendorf kommt man nach Dornach, wo eine beachtenswerte spätgotische Pfarrkirche steht.
Im Süden gehört auch noch der aufstrebende Markt Simbach b. Landau a. d. Isar zum Kreis. Sein schönes Ortsbild enthält einige barocke Akzente, vor allem durch die Pfarrkirche, die 1736 errichtet wurde und bis heute ihre originale Ausstattung bewahrt hat.
Mittelpunkt im Aitrachtal war in früheren Jahrhunderten das Schloß Tunzenberg aus dem 17. Jh. (Umbau 19. Jh.; Schloßkapelle von 1720).
Abgesehen von der bestimmenden Großindustrie des Fahrzeugbaues und einigen Betrieben der Bekleidungs-, Textil-, Ernährungs-, leder- und holzverarbeitenden Industrie ist der Landkreis vorwiegend landwirtschaftlich orientiert. Ackerbau (Getreide, Kartoffeln, Zuckerrüben, Gurken) und Viehzucht stehen im Vordergrund. Gut besuchte Märkte haben – neben den zwei Städten – Pilsting, Wallersdorf, Eichendorf, Reisbach und Simbach.

LANDKREIS FREYUNG-GRAFENAU

Burg Wolfstein

Der Landkreis umfaßt einen bevorzugten Ausschnitt des berühmten Bayerischen Waldes. Rachel, Lusen, Dreisessel sind die klingenden Namen seiner höchsten Gipfel. Der unberührteste Teil des Waldgebirges unterhalb von Rachel und Lusen wurde zum „Nationalpark Bayerischer Wald" erklärt. Hier soll die Natur des Waldes in Vegetation und Tierwelt bewahrt oder wiederhergestellt werden, wie sie einst gewesen war. Die Zugänglichkeit des Gebietes wird deshalb auf Wanderwege, Naturlehrpfade und Schaugehege beschränkt. Das Nationalparkamt befindet sich in Spiegelau.
Unterhalb der ausgedehnten Bergwälder, dort, wo die schnellen Bergbäche in breitere Flußtäler münden, liegen die Städte, Märkte und Dörfer des Landkreises. Mitten darin die schmucke Kreisstadt Freyung. Sie ist um 1080 zum Schutz des „Goldenen Steigs", des Salzweges nach Böhmen, gegründet worden. Dem gleichen Zweck diente die um 1205 erbaute Burg Wolfstein (1590 im Renaissancestil erneuert), oftmals Jagdaufenthalt und Zufluchtsort der Passauer Fürstbischöfe. Heute ist hier u. a. das Heimatmuseum mit Sammlungen zur Volkskunst und Glaskunst untergebracht.
Hauptsehenswürdigkeit in Freyungs Umgebung ist die Buchberger Leite, eine von Wildwassern durchflossene Klamm, über deren Felswänden die Reste der Burg Neuenbuchberg liegen (erb. im 14. Jh., zerstört im 17. Jh.). Die Wasserkräfte der Schlucht nützt ein Karbidwerk, in dem seit 1920 synthetische Edelsteine von höchster Reinheit hergestellt werden.

Von Freyung geht es hinauf zu den Wintersportplätzen Philipsreut, Mitterfirmiansreut und Finsterau.

Das Wiesbauerhaus in Freyung

Auch Grafenau gewann seine Bedeutung durch die Lage am „Goldenen Steig". Im 11. Jh. gegründet, erhielt es 1376 Stadtrechte. Seine zentrale Lage macht diesen anmutigen Luftkurort zu einem idealen Ausgangspunkt für Wanderungen in das Rachel-Lusen-Gebiet. Das nahe St. Oswald war ein Klosterort. Seine ehemalige Klosterkirche von 1727 ist über einer Heilquelle errichtet worden.

Ein weiterer wichtiger Ort am „Goldenen Steig" ist der gepflegte Markt Waldkirchen. Brände und Kriegsschäden (zuletzt 1945) erzwangen viele Neubauten, so daß das Straßenbild durchaus modern wirkt. In Waldkirchen werden im Laufe des Jahres mehrere Volksveranstaltungen und im November der Leonhardiritt begangen.

Bei dem Markt Röhrnbach (Barockkirche von 1750) liegt die Ruine Kaltenstein (14. Jh.; teilweise renoviert).

Grafenau, Davidfigur aus der Pfarrkirche

In den Ortschaften um den Dreisesselberg (Rosenberger Gut in Lackenhäuser, das heute Jugendherberge ist, Jandelsbrunn, Haidmühle) hat sich Adalbert Stifter (1805–1868) öfters aufgehalten und das Land in vielen seiner Dichtungen mit großer Einfühlung geschildert. Heute ist das Bild der Dörfer und der Landschaft stark durch den Fremdenverkehr geprägt (Skilifte, Skipisten usw.). Vom Dreisesselstein, der durch drei sesselartige Vertiefungen in seinen skurril geformten, aus dicken Granitplatten aufeinandergeschichteten Felstürmen dem Gebirge den Namen gab, genießt man eine weite, prächtige Aussicht.

Die Armut des Landes in den vergangenen Jahrhunderten hat keine großen Kunstwerke entstehen lassen. Auch die Kirchen- und Schloßbauten halten sich im bescheidenen Rahmen. Genannt seien das Schloß von Eberhardsreuth (1639 neu errichtet) und die Ruine Rammelsberg bei Schönberg, ferner das ehemalige Schloß der Passauer Fürstbischöfe in Fürsteneck (12. Jh., spätere Umbauten) und die Burgruine Kaltenstein, ein Bau des 14. Jh., der teilweise wiederhergestellt wurde.

Saldenburg

Die dritte Burg des sog. Dreiburgenlandes – neben Fürstenstein und Engelburg im Landkreis Passau – ist der kräftige Würfel der Saldenburg (14. Jh., heute Jugendherberge), die im Volksmund „die Waldlaterne" heißt.

In der Nähe liegt Preying, dessen spätgotische Dorfkirche mehrere schöne Holzplastiken aus dem 16.–18. Jh. besitzt.

Im Westen des Kreises steht auf dem Brotjacklriegel (1016 m) ein Aussichtsturm, der einen Fernblick bis in die Donauebene hinunter gewährt.

Die Bevölkerung lebte früher ausschließlich vom Wald, der weiterhin Holz, Beeren und Pilze liefert. In Grünlandgebieten wird Viehzucht betrieben. Der Ackerbau bringt Getreide und Kartoffeln hervor. Heute schlägt in erster Linie die Erholungsfunktion des Waldes in der Form des Fremdenverkehrs zu Buche. Das Gebiet wird im Sommer wegen der Waldluft und der vielen Wandermöglichkeiten, im Winter wegen der guten Schneeverhältnisse besucht.

Selbdrittgruppe aus der Pfarrkirche von Preying

In der Industrie führt die Bekleidungsindustrie vor der Holzbearbeitung und -verarbeitung. Dazu gibt es Betriebe der Kunststoffverarbeitung und Elektrotechnik sowie die Industrie der Steine und Erden.

LANDKREIS KELHEIM

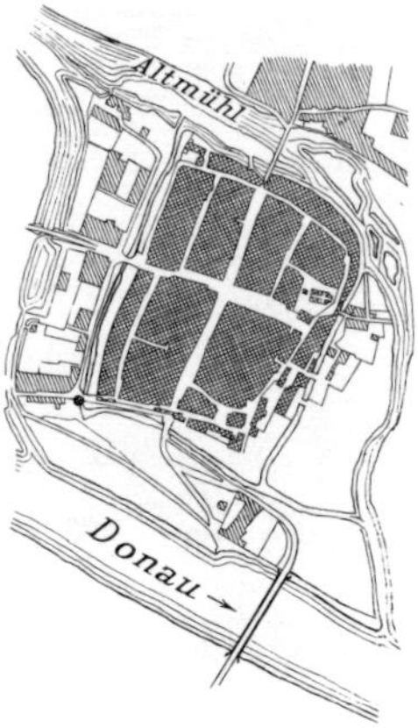

Grundriß der alten Stadt Kelheim

Am Donautal, am Altmühltal, am Jura und am niederbayerischen Hügelland hat der Landkreis teil – und von all diesen Landschaften sind es wiederum die hervorragenden Punkte, als wenn sie bewußt ausgewählt worden wären. Die Kreisstadt Kelheim ist im Dreieck zwischen Donau, Altmühl und dem hier aus der Altmühl abgeleiteten Ludwigskanal angelegt worden. Der Michelsberg über der Stadt trug in vorgeschichtlicher Zeit eine kleine Siedlung, die von den Kelten zu einer ihrer stärksten Burgstädte („Alkimoennis") ausgebaut worden war. Der Ort Kelheim kam schon früh in den Besitz der wittelsbachischen Herzöge. Die neue planmäßige Stadtgründung mit quadratischem Grundriß und Hauptstraßenkreuz geht wohl auf Herzog Ludwig II., den Strengen, zurück. Die teilweise noch erhaltenen Mauern mit drei Türmen und Donautor, Altmühltor und Mittertor entstammen dem 13./14. Jh., die Pfarrkirche dem 15. Jh. An die einstige Herzogsresidenz erinnern das ehem. Herzogsschloß, der Herzogskasten und die Ottokapelle, die Otto der Erlauchte als Sühnekapelle an der Stelle errichten ließ, wo sein Vater, Ludwig der Kelheimer, 1231 ermordet worden war. Die Wohnbauten entsprechen dem Typus des Altmühlhauses: breite Fassaden mit niedrigen Giebeln und ab und zu ein kleiner Erker. Im Stadtmuseum sind bedeutende vorgeschichtliche Sammlungen, besonders aus der Hallstattzeit, zu sehen. Auf dem Michelsberg erhebt sich als Wahrzeichen der Stadt die Befreiungshalle. König Ludwig I. von Bayern hat diesen kolossalen Rundtempel 1842–1863 zur Erinnerung an die Befreiungskriege von 1813–1815 durch Gärtner und Klenze errichten lassen. Außen wachen 18 germanische Jungfrauen als Sinnbilder der deutschen Stämme, innen künden 34 marmorne Siegesgöttinnen von Helden und Schlachten.

Befreiungshalle

Bei Weltenburg durchbricht die Donau das Felsmassiv des Fränkischen Jura. Zwischen hundert Meter hohen, grauen Dolomitwänden schießt der Fluß, auf 70 m zusammengedrückt, hindurch. „Weltenburger Enge" wird dieses grandiose Durchbruchstal genannt, aus dessen Steilwänden skurrile Felsformen aufragen, die alle einen volkstümlichen Namen tragen wie „Bienenkorb", „Peter und Paul", „Bayerischer Löwe" usw. Ausgedehnte Wälder reichen bis an die Hänge heran. In dieser romantischen Landschaft steht das Kloster Weltenburg. Es geht auf das frühe 7. Jahrhundert zurück und gehört damit zu den ältesten Klostergründungen Bayerns. Cosmas Damian Asam schuf 1717–1721 die jetzige Kirche. Sie wurde ein Hauptwerk seines Lebens und zugleich ein Glanzstück des späten süddeutschen Barock. Hier kommt der malerische Charakter der Barockarchitektur mit ihrer raffinierten Illusionstechnik voll zur Geltung. Berühmt ist der Hochaltar in Form einer Ehrenpforte, durch die der hl. Georg zu Pferde reitet und den Drachen überwindet. Die plastische Gruppe wird von hinten durch eine unsichtbare Lichtquelle beleuchtet, sie scheint von außen in die Kirche zu treten – ein theatralisches Meisterstück. Die Ausgestaltung, an der Egid Quirin Asam entscheidend mitwirkte, zog sich bis 1751 hin. Die Klostergebäude wurden 1714–1716 errichtet.

Kloster Weltenburg

Weiter flußaufwärts liegt Neustadt an der Donau. Wie Kelheim wurde es im 13. und 14. Jh. als planmäßiges Geviert an der Stelle einer älteren Siedlung angelegt. Zwei sich kreuzende Hauptstraßen durchziehen den Ort. Von der alten Ummauerung sind noch Reste erhalten. Die stattliche Pfarrkirche, das Rathaus mit Erker und offener Erdgeschoßhalle und mehrere Giebelhäuser stammen aus der späten Gotik.

Das Bad Gögging nördlich von Neustadt besitzt zwei der stärksten Schwefelquellen Süddeutschlands (Schwefel- und Moorbäder). Die alte Pfarrkirche aus der Zeit um 1200 mit rätselhaften romanischen Reliefdarstellungen ist eine der Urkirchen dieses Raumes.

Das benachbarte altertümliche Städtchen Abensberg erhielt zu Anfang des 15. Jh. Stadtrechte. Seine große Burganlage in der Südostecke der mittelalterlichen Stadtbefestigung ist seit dem 30jährigen Krieg Ruine. Sie war Stammsitz der mächtigen Dynasten von Abensberg, die nach dem kinderreichen Stammvater Babo „Babonen“ genannt wurden. Auf dem Platz vor der Burg steht ein Standbild Johannes Thurmayrs, genannt Aventinus (1477–1534). Er gilt als Vater der bayerischen Geschichtsschreibung. Sein Geburtshaus ist noch zu sehen. In der Nähe das spätgotische Rathaus. Die Pfarrkirche St. Barbara stammt aus dem 15. Jh., wie auch die ehem. Karmeliterkirche, die aber im 17. und 18. Jh. barocke Veränderungen erfahren hat. Im ehem. Karmeliterkloster ist das Aventin-Museum eingerichtet (Kreuzgang). Alljährlich im September veranstalten die Abensberger den Gillamoosmarkt, ein mehrtägiges Volksfest. Vor der Stadt gibt es ein Mineralbad mit schwefelsaurer Eisenquelle. Auf der Sandrennbahn werden internationale Rennen ausgetragen.

Von der nahen Napoleonshöhe lenkte 1809 der Franzosenkaiser die „Schlacht von Abensberg“.

Südlich der Stadt liegen das Wallfahrtskirchlein von Allersdorf mit Wessobrunner Stukkaturen und guter Einrichtung sowie das ehem. Benediktinerkloster Biburg (1125 gegründet, 1803 säkularisiert). Die Kirche mit zwei markanten Osttürmen ist eine romanische Kreuzbasilika des frühen 12. Jh., die ihren originalen ehrwürdigen Eindruck bis auf die spätgotischen Wölbungen gut bewahrt hat.

Wenig westlich die romanischen Dorfkirchen von Forstdürnbuch und Oberulrain, südlich diejenige von Neukirchen und das Wasserschlößchen in Train (um 1695), östlich Offenstetten mit seiner Barockkirche von 1721 und einem Weiherhaus von 1696.

Von Kelheim donauabwärts liegen die Barockkirche von Untersaal (erb. 1730) und der Badeort Bad Abbach, wo die alkalisch-muriatische Schwefelquelle entspringt, an der 1532 schon Kaiser Karl V. Heilung suchte. Überragt wird der Ort von Bergfried und Ruine jener Burg, auf der 972 Kaiser Heinrich II., der Heilige, als Sohn des Bayernherzogs Heinrich des Zänkers geboren wurde. Beide Heilquellen wurden bereits von den Römern benützt, die entlang der Donau mehrere Siedlungen und Grenzwarten errichtet hatten. Bei Hienheim erreicht der Limes, der große Römerwall, von Miltenberg über Weißenburg kommend, die Donau, die von hier an Grenzfluß des Römerreiches war. Reste eines wichtigen Kastells (Abusina) sind südlich von Eining zu sehen, ferner Wallanlagen hinter der Befreiungshalle (Artobriga) und bei Irnsing (mittelalterliche Kirchenburg).

Im niederbayerischen Hügelland-Anteil des Kreises hat in vergangenen

Himmelfahrtsgruppe in Rohr

Das Rathaus in Neustadt a. d. Donau

Am Marktplatz von Abensberg

Das kleine Schloß in Train

Oratorienbrüstung in der Schloßkapelle zu Wildenberg

Jahrhunderten das Augustinerchorherrnstift Rohr dominiert (1133 gegr., 1803 säkularisiert, seit 1946 Benediktinerabtei). Zu ihm gehört die Klosterkirche Mariä Himmelfahrt (1717–1723). Außen ein schlichter Bau, beherbergt sie innen ein Wunderwerk der deutschen Barockplastik. Ihr Hochaltar stellt wie auf einer Bühne mit überlebensgroßen vollplastischen Stuckfiguren die Himmelfahrt Mariens dar. Herbeieilende Apostel umstehen den leeren Sarg und blicken gebannt und überrascht auf den Vorgang, der sich ihnen bietet: Maria schwebt von Engeln getragen zum Himmel auf, erwartet von der Trinität und jubelnden Engelscharen. Egid Quirin Asam unternahm hier seinen ersten Versuch, Altar und Kirchenraum miteinander zu verschmelzen. Ihm gelang ein wahres „theatrum sacrum".

Mainburg

Östlich von Rohr erstreckt sich das Tal der Großen Laaber, ein wahrhaft altbayerisches Gebiet mit stolzen Ortschaften. In Langquaid umstehen noch alte Giebelhäuser aus dem 16. Jh. den hübschen Marktplatz, über dessen Ende sich der Turm der Pfarrkirche erhebt (im 11. Jh. genannt, Erweiterung im 15. Jh.; Stukkaturen und Deckengemälde um 1740).

Mittelalterliche, aber barockisierte Kirchen stehen in Pürkwang und Paring, dessen Gotteshaus einst Klosterkirche war und mit schönen Rokokofresken und reichen Stukkaturen von 1765 glänzt. Aus dem 13. Jh. behielt es ein romanisches Portal.

Kirche in Gasseltshausen

Bei Pürkwang erhebt sich das alte Schloß Wildenberg, das 1272 erbaut worden ist. Trotz Veränderungen im 18. Jahrhundert macht es immer noch einen wehrhaften Eindruck. 1766 entstand seine reizvolle Rokokokapelle. Stattliche barocke Neubauten stehen in Laaberberg (1711) und Niederleierndorf (1740). Hellring bei Paring besitzt eine barocke Wallfahrtskirche aus dem Jahr 1735.

Im Süden des Landkreises beginnt bei Siegenburg das Hopfenanbaugebiet der Hallertau. Mainburg ist ein Zentrum dieses größten bayerischen Hopfengebietes. Sein mittelalterliches Aussehen haben mehrere Brände verwischt. Auch die Pfarrkirche (17. Jh.), deren Zwiebelturm weithin sichtbar ist, hat unter Bränden gelitten. Im Rathaus ist das Hallertauer Bezirksmuseum eingerichtet. In Mainburg wurde der Begründer der deutschen Stenographie, Franz X. Gabelsberger, geboren.

Unter den alten, teils romanischen, teils gotischen Kirchen interessiert die romanische doppelgeschossige Anlage von Gasseltshausen, die wie ein kräftiger Turm wirkt.

Lindkirchen

Schöne Gotteshäuser aus der Barockzeit sind die Pfarrkirche in Lindkirchen (zweite Hälfte 17. Jh.) und die hübsch gelegene Wallfahrtskapelle St. Anton (erb. um 1715; Stuck und Malereien um 1740).

Nördlich der Donau neigt sich die Albtafel ganz allmählich herab. Große Forste, wie der Paintner Forst, der Frauenforst und der Hienheimer Forst bedecken die relativ kargen Juraböden. Mittenhinein aber hat die Altmühl ein Tal geschnitten, das zu den meistgerühmten Landschaften Bayerns gehört. Es war bereits sehr früh besiedelt. Da sind zunächst bei Neuessing (barocke Pfarrkirche mit Wessobrunner Stukkaturen) die Tropfsteinhöhle „Schulerloch" und die prähistorische „Klausenhöhle", in der man ein Menschenskelett aus der Zeit vor 18 200 Jahren fand. Es ist bisher der früheste Fund in Bayern.

Die Ruine R a n d e c k (erb. 13. Jh.) oberhalb von A l t e s s i n g gewährt eine weite Aussicht über das Juragebiet und das Flußtal.
Ein Glanzpunkt des Altmühltales ist die auf 70 m hohem, senkrecht abfallendem Fels thronende Burg P r u n n , Idealbild einer mittelalterlichen Burganlage. Sie wird schon 1037 genannt, ihr Bergfried und große Teile der Wohnbauten sind romanisch (12. und 13. Jh.), die Schloßkapelle weist kräftige Barockstukkaturen auf. Seit 1803 ist die Burg Staatseigentum und Museum. In Prunn wurde eine Handschrift des Nibelungenliedes gefunden. Altmühlaufwärts liegt das hübsche Schlößchen A i c h o l d i n g (17. Jh.) mit einer gut erhaltenen romanischen Kirche. Wenige Kilometer weiter öffnet sich der Talkessel von R i e d e n b u r g. Drei Burgen blicken steil herab auf das behagliche malerische Städtchen am Fluß. Rabenstein, die älteste Burgruine, entstammt dem 12. Jahrhundert, die Ruine Tachenstein dem 13. Jahrhundert. Die Rosenburg allein ist gut erhalten, Mauern und Bergfried stehen seit dem 13. Jh., die Wohngebäude seit dem 16. Jh. (heute Heimatmuseum und Antiquariat). Riedenburg ist auch für sein Weizenbier bekannt. Weiter im Altmühltal folgen Schloß E g g e r s b e r g (17. Jh.) mit Treppengiebeln und Kuppeltürmen sowie die Burgruine Flügelsberg (13. Jh.) über M e i h e r n.
Im Wirtschaftsleben des Kreises spielt die Landwirtschaft nur im Süden eine bedeutende Rolle (Zuckerrüben und Hopfen!), während die großen Forste im Norden und der Dürnbucher Forst südlich von Neustadt die holzbe- und verarbeitende Industrie beliefern. Der Abbau und die Verarbeitung von Steinen und Erden hat eine lange Tradition. Betriebe der Elektrotechnik, der Bekleidungs- und Textilindustrie, der Ernährungs- und Genußmittelindustrie haben einen festen Platz im Erwerbsleben des Kreises.

Ruine Randeck

Schlußstein aus der St. Annakirche in Riedenburg

Burg Prunn

LANDKREIS LANDSHUT

Kirche zu Eugenbach

Das Land um die kreisfreie Stadt Landshut erstreckt sich rechts und links der Isar über die Acker- und Waldlandschaft des niederbayerischen Tertiärhügellandes. Nach Südosten bis über das Vilstal hinaus, im Nordwesten über das Tal der Großen Laaber.

Manche Bodendenkmale (Altheimer Kultur) und Namengebungen der Orte zeugen von alter Besiedelung des Isartals und des Hügellandes rings um Landshut.

Das Gebiet ist wie kaum ein anderer niederbayerischer Kreis reich an gotischen Backsteinkirchen. Über ein halbes Hundert reckt seine Türme über die breit gelagerten Dörfer. Meistens steht der Turm seitlich vom Chor und zeigt charakteristische Spitzbogenblenden in mehreren Geschossen übereinander. Satteldächer, oft durch Zinnen belebt, wechseln mit hohen Spitzhelmen als Turmbekrönung. Auch spätromanische Formen finden sich an manchem Gotteshaus.

Zu den stattlichsten spätgotischen Bauwerken gehören die Pfarrkirche von Altdorf (15. Jh.), die Kirche in Gundihausen (2. Hälfte 15. Jh.) und die Nebenkirche zu Jenkofen (15. Jh.), deren Inneres eine bedeutende Ausstattung besitzt: Altäre mit guten spätgotischen Schnitzereien und Tafelbildern, leuchtende Glasfenster im Chor (1447) und Wandmalereien.

Gotisches Glasfenster in Jenkofen

Fresken vom Anfang des 15. Jh. zeigen die frühgotischen Gotteshäuser in Berghofen neben Kronwinkl und St. Wolfgang bei Essenbach. Mit der Gotik aber war die Bautätigkeit im Lande keineswegs erschöpft. Im 17. und 18. Jh. entstand noch eine große Zahl von Kirchen im Barock- und Rokokostil. So etwa in Oberglaim (1697), Münchsdorf (17. Jh.), Wörth an der Isar (17. Jh.; reiche Stukkaturen), Eching (18. Jh.), Adlkofen (1722) und Oberköllnbach (1721). Unter den Rokokokirchen sind Gündlkofen (1746–1756) und Furth (15. Jh.; gründlicher Umbau 1741; reicher Fresken- und Stukkaturenschmuck) sehenswert.

Auf der Burg Kronwinkl über der Isar südwestlich von Landshut sind seit dem frühen Mittelalter die Herren von Preysing ansässig. Von der romanischen Anlage blieben nur der runde, kräftige Bergfried und die Umfassungsmauern erhalten. Ihr heutiges Aussehen erhielt die Burg im 16., 17. und 19. Jh.

Unter den vielen kleinen Edelsitzen in Landshuts Umgebung seien diejenigen von Kapfing (um 1720), von Mirskofen (Ende 18. Jh.; klassizistisch) und das malerisch gelegene Schloß von Niederaichbach (17.–19. Jh.) hervorgehoben. In der Nähe an der Isar und im benachbarten Ohu bestehen Atomkraftwerke.

Kronwinkl

Weit bekannt waren vom Mittelalter bis zum 19. Jh. die Tonwaren der Hafner auf dem Kröning östlich von Landshut. Ihrer bäuerlich schlichten, schönen Formen wegen sind sie heute als Antiquitäten hoch geschätzt.

Im Land der Kleinen und der Großen Vils liegen stolze Märkte, Städte und Dörfer. Die Stadt Vilsbiburg an der Großen Vils läßt die Landstraße von Landshut zu einem langgezogenen Stadtplatz sich ausweiten, der östlich mit dem massigen Stadttor (15. Jh.; Renaissancehaube aus dem 16. Jh.) endet, einem Rest der einstigen Befestigung. Unter den Reichen Herzögen von Landshut erlebte Vilsbiburg eine Blütezeit. Damals entstanden die spätgotische Hallenkirche aus Backstein (1437 eingeweiht; Ende des 15. Jh. vollendet) mit ihrem weithin sichtbaren Turm und die spätgotische Spitalkirche (1. Hälfte 15. Jh.). Im angrenzenden Heiliggeistspital ist ein Heimatmuseum mit guten Stücken der Kröninger Hafnerei u. a. eingerichtet.

Stadttor in Vilsbiburg

G e i s e n h a u s e n an der Kleinen Vils, ein gewerbereicher Marktflekken, besitzt in seinem spätgotischen, der Martinskirche in Landshut nachgebildeten Gotteshaus von 1477 eine gute Martinsfigur aus der Zeit um 1525.

Außergewöhnlich viele romanische Kirchen (z. B. in D e c h a n t s r a i t, in D i e m a n n s k i r c h e n) und gotische Kirchenbauten (z. B. in G e r z e n, in R u p r e c h t s b e r g, in V e l d e n u. v. a.) sind hier anzutreffen, von denen einige in späteren Zeiten, etwa in der Barockepoche, umgebaut wurden (z. B. U n t e r v i l s l e r n und W i p p s t e t t e n).

St. Florian in Binabiburg

Im Barock neu erbaute Kirchen sind selten. Schöne Beispiele dafür bieten die Salvatorkirche auf dem Berg bei B i n a b i b u r g (erbaut 1710 bis 1740) und besonders die H l. D r e i f a l t i g k e i t auf der Öd bei Aham (erb. 1774/75).

A l t f r a u n h o f e n besitzt eine stattliche Kirche (1791–1795) mit frühklassizistischer Ausstattung von F. X. Feichtmayr. Das ehem. Schloß ist Ruine. Das Schloß in H a a r b a c h (erb. um 1700) brannte 1955 aus. Ansehnliche Schloßanlagen stehen noch in A h a m, G e r z e n (1562) und N e u f r a u n h o f e n (umfangreiche unregelmäßige Barockanlage mit hübscher Schloßkirche).

Im Norden des Kreises beginnt das Hopfenanbaugebiet der Hallertau. Der ländliche Markt R o t t e n b u r g im Tal der Großen Laaber ist in seiner Wirtschaft wesentlich vom Hopfenanbau bestimmt. Bis über den Ort hinaus ziehen sich nach Norden und Westen noch die Anbauflächen des Hopfens. In seiner neugotischen Kirche stehen bedeutende Apostelstatuen in der Art Leinbergers (um 1520–1530). Am idyllischen Marktplatz fällt das Brauhaus mit reizvollen Laubengängen auf (erb. 16. Jh.).

Klassizistische Stuhlwange in der Pfarrkirche Altfraunhofen

Von der einstigen Wohlhabenheit dieses Landstrichs zeugt die Tatsache, daß alle seine Gotteshäuser ihr heutiges stattliches Aussehen in der Barockzeit erhielten. So wurden die mittelalterlichen Anlagen in N i e d e r h a t z k o f e n, G i s s e l t s h a u s e n und R a i n e r t s h a u s e n barock umgestaltet. H l. B r u n n bei T ü r k e n f e l d ist eine schöne Wallfahrtskirche von 1714.

Ein großes Deckenfresko (1755) ziert den barocken Kirchenraum in O b e r o t t e r b a c h, dessen Baumeister auch das Gotteshaus in O b e r h a t z k o f e n (1743) schuf. Stattliche Barockneubauten stehen ferner in H e b r a m s d o r f (1730), O b e r r o n i n g (1732), H o f e n d o r f (1747) u. v. a.

Stolze Schloßbauten, die das Bild der Landschaft mitbestimmen, gibt es in K i r c h b e r g (Burganlage des 14. Jh.; mehrfach umgebaut), in N i e d e r h a t z k o f e n (1713–1737), N i e d e r h o r n b a c h (1665), O b e r l a u t e r b a c h (erb. 1616 mit hübschem Laubenhof und gut ausgestatteten Räumen) und H o h e n t h a n n (freundlicher Spätroko-

kobau vom Ende des 18. Jh.), eine schlichte Schloßanlage in Bayerbach (15./19. Jh.).
Der Markt Ergoldsbach und das Dorf Neufahrn sind durch ihre Dachziegelwerke bekannt geworden.
Die Landwirte bauen auf relativ guten Böden Getreide, Kartoffeln, Futtermittel, Zuckerrüben und Hopfen an und betreiben Viehzucht. An Industriezweigen sind im Landkreis vorwiegend vertreten: Textil- und Bekleidungsindustrie, Holzverarbeitung, Elektrotechnik, Industrie der Steine und Erden, Metallverarbeitung, Nahrungs- und Genußmittelindustrie.

Ehem. Klosterkirche in Vornbach

LANDKREIS PASSAU

Der Dichter Hans Carossa nannte das Passauer Land „ein köstliches Geschmeide, geschaffen zur prunkvollen Fassung des Edelsteines Passau". Bei dieser Feststellung hat er nicht nur an die Schönheit der Landschaft beiderseits des majestätischen Donautales gedacht, sondern gewiß auch an die kunstvollen Kirchen und Schlösser ringsumher. Südlich der Donau leuchten die barocken Abteien Fürstenzell, Vornbach und Aldersbach. J. M. Fischer führte die ehem. Zisterzienserklosterkirche in Fürstenzell 1745 zu Ende und gab ihr einen ihm eigentümlichen schwingenden Innenraum, der eine großartige Rokokodekoration durch die Meister Joh. Modler (Stuck) und J. J. Zeiller (Malerei) erhielt. Von den reichen Räumen der Klostergebäude sei nur der schöne Bibliothekssaal erwähnt. Das im 11. Jh. gegründete Benediktinerkloster Vornbach wurde 1803 säkularisiert. Seine Barockkirche von 1637 zeigt schöne Bandwerkstukkaturen (von F. J. Holzinger) und Deckengemälde aus dem 18. Jh.

Emporentragender Engel in Aldersbach

Von nicht geringerer Qualität ist die Kirche des ehemaligen Zisterzienserklosters Aldersbach (17. und 18. Jh.). Hier besorgten die Brüder Asam die Dekoration mit Stuck und Fresken in eleganter Weise. Den Hochaltar fügte der Passauer Joseph M. Götz 1723 hinzu. Die Klostergebäude aus dem 18. Jh. haben viele reiche Säle, an deren Ausstattung Joh. Modler (Stuck), J. J. Zeiller und Matthäus Günther (Fresken) mitwirkten.
Ein interessanter Kirchenbau ist die Dreifaltigkeitskirche in Dommelstadl (1747–1751): um das gleichschenkelige Dreieck des Grundrisses gliedern sich drei Apsiden, eine von J. B. d'Aglio stuckierte Flachkuppel krönt den Raum. In der Nähe ist das Schlößchen von Straß sehenswert (erb. um 1784 von G. Hagenauer).
An die Zeit der römischen Besiedelung erinnern Fragmente römischer Grabsteine am spätgotischen Dorfkirchlein in Eholfing.

Schloß in Neuhaus a. Inn

Hoch über dem Fluß ragt die einst vielumkämpfte Feste Neuburg am Inn. Seit dem 11. Jh. erlebte sie mehrere Umbauten (besonders im 15./16. Jh.), doch konnte sie bis heute den Charakter einer starken Burg bewahren. Weiter südlich liegt am Innübergang nach Schärding das barocke Wasserschloß von Neuhaus am Inn, ein stattlicher Vierflügelbau (1750–1752, vermutlich von J. M. Fischer).
Das umfangreiche Schloß Ortenburg ist der Stammsitz der gleichnamigen Reichsgrafen. Die geschnitzte Decke (1628) des Rittersaals gehört zu den schönsten Holzplafonds Deutschlands. In der Pfarrkirche des

Marktes sind viele gute Grabmonumente der Ortenburger aus dem 16. bis 18. Jh. zu sehen.

Gut besuchte Kurorte sind Bad Höhenstadt (Kurhaus von L. v. Klenze; spätgot. Pfarrkirche) und Bad Pilzweg (Moor- und Schwefelbäder). Eine reizvolle Renaissanceanlage mit Arkadenhof ist auch Schloß Haidenburg (um 1608) bei Aidenbach.

Flußaufwärts von Passau liegt am Südufer die Stadt Vilshofen. Von den südlichen Randhöhen blickt das neue Benediktinerkloster Schweiklberg herab. Obwohl der Ort seit dem 8. Jh. beurkundet ist, erfolgte eine planmäßige Stadtgründung erst im frühen 13. Jh. Das Hochstift Passau trat als Besitzer auf und belehnte die Grafen von Ortenburg mit der Herrschaft. 1250 fiel Vilshofen an die bayerischen Herzöge. 1794 brannte die mittelalterliche Stadt bis auf vier Häuser ab. Das Straßenbild bestimmen daher meist klassizistisch horizontale Fassaden, oft nach Art der Innstädte mit geradem Schluß vor Grabendächern, dazwischen Häuser mit flachen Giebeln. Vom Mauergürtel blieb nur der Stadtturm (1642) erhalten. Die Pfarrkirche ist nach dem Brande in vornehmem Spätbarock wiedererstanden. Ihr gotischer Turm erhielt einen Spitzhelm. Die barocke Wallfahrtskirche Mariahilf (1692) in Schweiklberg besitzt ein Kuppelfresko von Giov. B. Carlone.

Deckendetail im Schloß Ortenburg

Stadtturm in Vilshofen

Ein bekannter Wallfahrtsort ist Sammerei bei Ortenburg. Die freundliche Kirche hat einen äußerst reichen frühbarocken Altar aus dem 17. Jahrhundert. Ein wegen seiner Seltenheit interessanter gotischer Rundbau ist die Kirche in Hausbach an der Donau, die um 1400 erbaut worden ist.

Südlich des Passauer Hügellandes schließt sich das Rottal und die große Inn-Schotterfläche der Pockinger Heide an. Hier liegt die gewerbereiche Stadt Pocking, wo schon in römischer Zeit eine Ansiedlung mit Handwerksbetrieben und Kultstellen bestand. Die gotische Pfarrkirche wurde 1758 von Schärdinger Baumeistern barockisiert, der Pfarrhof um 1718 neu errichtet.

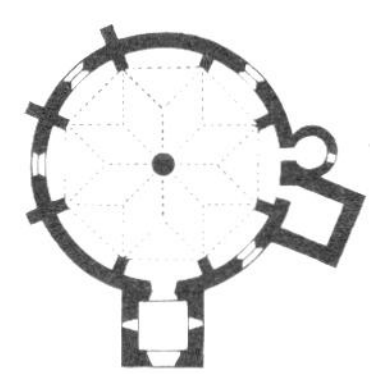

Grundriß der Kirche zu Hausbach

Griesbach ist die höchstgelegene Stadt im Rottal. Das imposante Schloß ist seit dem 11. Jh. oft verändert worden. Es war eine Veste der Grafen von Ortenburg. Thermalquelle im benachbarten Birnbach.

In der reizvollen Landschaft zwischen Inn und Rott liegt der Markt Rotthalmünster, entstanden aus einem Kloster des 8. Jh. Seine stattliche Pfarrkirche von 1452 wurde im Barock neu ausgestattet und ihr Turm 1733 mit einer Kuppel versehen. Einen hübschen Barockaltar besitzt die kleine Wieskapelle (erb. 1737–1740; Wallfahrtskirche). Im kleinen Heimatmuseum sind u. a. interessante Votivgaben zu sehen.

Aus einer ehem. Wallfahrt erwuchs der Markt Kößlarn. Die gotische Kirche von 1440–1443 ist mehrfach erweitert worden, dem Turm wurde eine barocke Zwiebel aufgesetzt. Innen behielt sie jedoch den gotischen Charakter; die wertvolle „Silbermadonna" von 1488 galt lange als Geschenk Georgs des Reichen von Landshut. Das 15. Jh. hat den Kirchhof mit einem festgefügten Mauergürtel umgeben, was dem ganzen Komplex ein malerisches Aussehen gibt. In Kößlarn lebte die Stukkatorenfamilie Modler, die maßgeblich an der Ausschmückung niederbayerischer Barockkirchen beteiligt war. Unter anderem schufen sie die Einrichtung der Barockkirche in Ruhstorf (Jos. Narziss Modler) und die kunst-

Kößlarn

Wallfahrtskirche von Aigen

vollen bewegten Altäre (1757) in der spätgotischen Kirche von Rotthof. Die Wallfahrtskirche in Aigen am Inn verdankt ihr Entstehen einem dort wundersam angeschwemmten St. Leonhards-Gnadenbild. Sie wurde im 13. Jh. erbaut, im 15. Jh. erweitert und im 17. Jh. barock eingerichtet. Jeden 6. November, am Fest des hl. Leonhard, ist die Kirche Schauplatz alter volkstümlicher Kultbräuche. Von den Bauern werden kleine Eisentiere in der Anzahl, die dem eigenen Viehbesitz entspricht, in symbolischer Weise geopfert. Das Heben der sog. Würdinger, figurenartiger zentnerschwerer Eisenklötze, ist heute nur eine Kraftprobe, der aber wahrscheinlich ein germanischer Mannbarkeitsritus zugrunde liegt. Am Nachmittag schließt das Fest mit dem traditionellen Pferdeumritt.

Die Pfarrkirche von Kirchham nördlich von Aigen hat J. M. Fischer 1729 auf alten Fundamenten neu erbaut.

Schmuckformen an der Pfarrkirche von Tettenweis

Aus der großen Zahl stattlicher spätgotischer Gotteshäuser seien die Wallfahrtskirche von Grongörgen (1460–1472; Glasmalereien des 15. Jh.), die Pfarrkirchen von Karpfham (15. Jh.), Mittich (15. Jh.) und Tettenweis (2. Hälfte 15. Jh.) genannt.

Die Kirche des ehem. Benediktinerklosters in Asbach wurde 1771 bis 1780 nach Plänen von François Cuvilliés d. J. aufgeführt. In den Bauformen und besonders in der Ausstattung zeigt sie den Stil des späten Rokoko. Kostbar sind die Altarblätter von Martin J. Schmidt, genannt „Kremser-Schmidt". Die barocken Klostergebäude wurden z. T. (Speisesaal, Grafenzimmer) mit Fresken von J. J. Zeiller und mit Stukkaturen geschmückt.

Nördlich von Griesbach liegt das ehem. Prämonstratenserkloster St. Salvator. Seine Kirche hat Bartolomeo Viscardi 1633–1644 erbaut, Ausmalungen (F. A. Rauscher) wurden 1751 vorgenommen, der mächtige Hochaltar 1782 umgebaut.

Torbau von Schloß Schönburg

Von den Edelsitzen, die hier im Mittelalter zahlreich vertreten waren, sind nur wenige erhalten geblieben, darunter das gefällige Schloß von Kleeberg (1610–1700) mit schön stuckierter Zimmerflucht und Schloßkapelle (um 1740 von J. B. Modler), das imposante Schloß von Schönburg (1676–1680) und das ehem. Schloß Tettenweis (Ende 18. Jh.; heute Benediktinerinnenkloster).

Die größte Kochsalz-Schwefel-Therme Europas wurde 1937 bei der Suche nach Erdöl in Bad Füssing entdeckt. Ihre vielseitige Heilwirkung machte den Ort in der Pockinger Heide zu einem sehr gut besuchten Bad. Die Füssinger Quelle tritt unter starkem Druck und mit einer Temperatur von 51,7 Grad Celsius zutage (rund 3000 Liter pro Minute).

Nördlich der Donau steigen die Höhen des Vorderen Bayerischen Waldes an. Man spricht hier auch vom „Passauer Wald" und östlich der Erlau vom „Wegscheider Winkel".

Englburg

Dieser Landstrich ist besonders reich an Burgen und Schlössern. Im „Dreiburgenland" stehen die romantische Englburg (vorwiegend 16. Jh.) und Schloß Fürstenstein, das als Grenzfeste durch die Grafen von Hals erbaut, später vielfach den Besitzer wechselte und im 19. Jh. wiederhergestellt wurde. Das an die Burg grenzende Gotteshaus (1629) hat die Form der berühmten Altöttinger Gnadenkapelle. Das Innere ist 1956/1957 in würdiger, schlichter Weise restauriert worden. (Saldenburg, die dritte Festung des Dreiburgenlandes, liegt im Landkreis Freyung-Grafenau.) Im

alten Marktflecken T i t t l i n g, dem Hauptort des Dreiburgenlandes, steht das barocke „Grafenschlößchen". Etwas nördlich, in der Rothaumühle von 1420, ist ein „Dreiburgenlandmuseum" eingerichtet.
Schloßbauten besitzen ferner T h y r n a u (erb. um 1718 als fürstbischöfl. Jagdschloß in italien. Barock; seit 1902 Zisterzienserinnenkloster), H a s e l b a c h (heute Brauerei), A i c h a v o r m W a l d (spätgot. Anlage mit Arkadenhöfchen) und R a t h s m a n n s d o r f (Renaissanceschloß von 1579 mit Arkadenhof). Nur noch Ruinen sind im Westen die Burg H i l g a r t s b e r g (Burgkapelle erhalten), nördlich von Passau das Schloß L e o p r e c h t i n g, die Burg R e s c h e n s t e i n und die malerisch über dem Ilztal gelegene Stammburg der einst so mächtigen Grafen von H a l s. Der Markt zu Füßen der Burg hat eine dornenvolle Geschichte erlebt, von der das idyllische Ortsbild aber wenig verrät.

Friedhofskapelle in Wegscheid (1716)

Gute spätbarocke Pfarrkirchen stehen in A i c h a v. W., H u t t h u r m und N e u k i r c h e n v o r m W a l d. Eine bekannte Wallfahrtskirche hat B ü c h l b e r g.
In K e l l b e r g über dem Donautal ist an der starken Stahlquelle eine Badeanlage eingerichtet worden. Der Ort besitzt eine schöne dreischiffige Hallenkirche aus dem 15. Jh.
Der Wegscheider Winkel umfaßt den östlichsten Zipfel Bayerns an der österreichischen Grenze. Die Hauptorte sind hier Wegscheid und Hauzenberg.

Pfarrkirche in Hauzenberg

Der hoch und schön gelegene Markt W e g s c h e i d gewann im Mittelalter als passauischer Verwaltungssitz durch den Handel mit Salz und Flachs, durch Flachsanbau und durch seine Webereien große Bedeutung. Noch heute genießen die Leinenwaren (sog. Waldlerleinen) aus Wegscheid einen guten Ruf. Sein altes Straßenbild hat freilich nach zahlreichen Bränden und nach Zerstörungen im Zweiten Weltkrieg ein neues Gesicht erhalten.
Der Markt H a u z e n b e r g ist ein Zentrum der Steinindustrie (schöner blauer Granit). In der Pfarrkirche (15. Jh.) befindet sich ein wertvoller spätgotischer Flügelaltar. Über dem nahe gelegenen Freudensee steht die Ruine eines Jagdschlößchens (15. Jh.) der Passauer Fürstbischöfe.
Ein anderes ehem. Schloß der Bischöfe, die sog. Feste in der Zell (erb. 15./17. Jh.), steht in O b e r n z e l l am nördlichen Donauufer. Der Ort hat außerdem eine hübsche Rokoko-Marktkirche (1740–1746) und eine gotische Pfarrkirche (15. Jh.; barock verändert).

Hochaltar in Untergriesbach

U n t e r g r i e s b a c h nördlich von Obernzell besitzt eine glücklich barockisierte gotische Kirche. Deckengemälde und Stukkaturen schmücken den Innenraum.
Unterhalb von Obernzell nutzt das Jochensteinwerk, eines der größten Flußkraftwerke Europas, die Kraft der Donauwasser.
Von den Burgen A l t - und N e u j o c h e n s t e i n sind nur noch geringe Ruinen vorhanden, ihr Besuch wird aber mit einer wundervollen Aussicht belohnt.
Bedeutende Graphitvorkommen werden seit über einem Jahrtausend in K r o p f m ü h l und in der Umgegend von Obernzell („Passauer Schmelztiegel") ausgewertet. Über die Hälfte des gewonnenen Graphits wird exportiert.

Donaukraftwerk am Jochenstein

Das Wirtschaftsleben der recht verschiedenartigen Landschaften um Passau ist entsprechend vielfältig. Je nach Bodengüte bauen die Landwirte Weizen, Hafer, Sommergerste, Hackfrüchte, Futterpflanzen (Grünmais) und Kartoffeln an. Die Viehzucht ist recht bedeutend (Rinder, Schweine). In der Industrie führt die Elektrotechnik vor der Bekleidungsbranche. Dann spielen metall-, holz- und kunststoffverarbeitende Betriebe sowie die Industrie der Steine und Erden eine Rolle. Fremdenverkehr gibt es im ganzen Landkreis. Stille Waldberge, romantische Flußtäler, einsame Wanderwege und erholsame Ruheplätze bietet das Land in Fülle.

LANDKREIS REGEN

Der Landkreis umfaßt das Kerngebiet des Bayerischen Waldes. Hier liegen die höchsten Gipfel, die tiefsten Wälder und die urtümlichsten Naturschutzgebiete dieses Waldgebirges. Den Haupttalzug bildet der Fluß Regen. Die Quellflüsse Großer und Kleiner Regen vereinigen sich bei Zwiesel zum Schwarzen Regen, der die Städte Regen und Viechtach passiert. Im Kleinen Arbersee entspringt der Weiße Regen, der den Landkreis durch den sog. Lamer Winkel verläßt und unterhalb von Kötzting (Landkreis Cham) in den Schwarzen Regen mündet. Von da an erst heißt der Fluß schlicht „Regen".

Regen

Die Kreishauptstadt Regen liegt malerisch über dem Flußtal. Es ist ein beliebter Erholungsort und ein Anglerparadies. Seine Pfarrkirche wurde unter Einbeziehung eines alten Wehrturmes 1655–1657 barockisiert. Alljährlich am letzten Samstag im Juli begehen die Einwohner ein traditionelles „Pichelsteinerfest" mit Pichelsteineressen und großem Festzug. Über dem Ort liegt auf dem höchsten steilen Felsen des Pfahlrückens die romantische Burgruine Weißenstein (erbaut 12. Jh.). In einem ihrer Türme lebte von 1918 bis 1974 der baltische Dichter Siegfried von Vegesack.

Regen ist eine Gründung (11. Jh.) von Benediktinermönchen des Klosters Rinchnach, das 1803 der Säkularisation zum Opfer fiel. Von Rinchnach aus wurde ein großer Teil des Bayerischen Waldes erschlossen. Die ehem. gotische Propsteikirche hat Joh. Mich. Fischer 1727 in der ihm eigenen Weise zu einem harmonischen Barockraum umgestaltet, dessen einheitlichen Eindruck zarte Stukkaturen und Fresken (von A. Haindl) vervollständigen. Das Altarbild zeigt den sel. Gunther, aus dessen Einsiedelei das Kloster um 1011 erwachsen war. Anfang Juli „St. Gunther-Fest".

Kirche in Rinchnach

Äußerst reizvoll steht das Rokoko-Wallfahrtskirchlein Frauenbründl (1766) auf einem Höhenzug östlich von Rinchnach.

Westlich von Bischofsmais, unterhalb des Einödriegels (1121 m), liegt die alte Wallfahrtsstätte St. Hermann, die aus der (im 17. Jh. neugebauten) Einsiedeleikapelle des hl. Hermann, der 1611 über einer Heilquelle errichteten Brunnenkapelle und der heutigen Wallfahrtskirche (1656) besteht. Volkskundlich interessant sind die Votivtafeln (17. Jh.) und der alte Brauch des „Hirmonhopsens" im August. Dabei wird eine jahrhundertealte Hermannsfigur von heiratslustigen Mädchen

„gehopst", das heißt hochgehoben. Neigt sich der Heilige ihr zu, geht der Wunsch in Erfüllung.

Das Städtchen V i e c h t a c h am Schwarzen Regen gehört zu den ältesten Orten im Inneren Bayerischen Wald. Es wird im 11. Jh. erstmals erwähnt. Sehenswert ist neben dem Rathaus (17. Jh.) die lichte Pfarrkirche mit der Rokokoausstattung von 1760–1766. Unterhalb der Stadt wurde der Regen zu dem langgestreckten Höllensteinsee aufgestaut.

St. Hermann bei Bischofsmais

Westlich des Ortes ragen mehrere Quarzfelstürme des Pfahls auf. Auf ihrer Höhe das kleine Antonikirchlein von 1626.

Zwei Burgruinen mit erhaltenem Bergfried (Aussicht) liegen in der Nähe: N e u n u ß b e r g und K o l l n b u r g. Eines der wenigen Volksschauspiele, die auf eine längere Tradition zurückblicken können, sind die „Neunußberger Burgfestspiele" mit historischem Schauspiel und „Ritterturnier".

Südöstlich von Viechtach, in R u h m a n n s f e l d e n, werden seit 300 Jahren schöne handgedruckte Webwaren in farbenfrohen Mustern hergestellt.

Im benachbarten G o t t e s z e l l steht die ehem. Zisterzienserklosterkirche St. Anna, eine romanische Pfeilerbasilika, die im 18. Jh. überarbeitet wurde (Stuck von E. Qu. Asam, Hochaltar von C. D. Asam). Von Gotteszell gelangt man zu den Aussichtsbergen Hirschenstein und Vogelsang.

Beichtstuhl aus der Pfarrkirche von Viechtach

Im nördlichen Teil des Kreises erheben sich die höchsten Gipfel des Bayerischen Waldes: Arber („König des Bayer. Waldes"; 1457 m), Falkenstein, Rachel und Osser mit ihren riesigen Wäldern, Naturschutzgebieten (z. B. das wildromantische Höllbachg'spreng), Seen (z. B. Großer und Kleiner Arbersee) und Schluchten (z. B. Riesloch bei Bodenmais). Hauptort dieses Gebietes ist Z w i e s e l, das landschaftlich reizvoll in einem geschützten Talkessel liegt. Es soll bereits vor 900 Jahren von Goldwäschern aus dem benachbarten F r a u e n a u (Rokokokirche; Glasmuseum) gegründet worden sein. Später erwarb es sich den Ruf einer Glasmacherstadt. Der Spruch „Fein Glas und gut Holz sind Zwiesels Stolz" gilt heute wieder ganz besonders, wie die ständige Ausstellung der Staatlichen Fachschule für Glasverarbeitung und die Bestände des Museums „Wald-Heimat-Glas" zeigen. Zwiesel ist alljährlich Schauplatz eines Volkssängerwettstreits um den Wanderpreis „Zwiesler Fink" und der Kunstausstellung „Zwiesler Buntspecht".

B o d e n m a i s am südlichen Fuß des Arber war in früheren Jahrhunderten ein bekannter Bergwerksort. Im „Silberberg" fand man einst Gold und Silber, bis zum Zweiten Weltkrieg wurde Polierrot gefördert. Heute kann das Bergwerk („Barbarastollen") besichtigt werden. Im Juli Bergfest auf dem Silberberg. Bodenmais ist ein beliebter Luftkurort und Wintersportplatz. Die klassizistische Pfarrkirche entstand 1805.

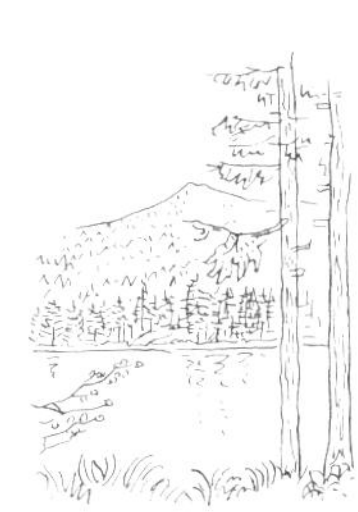
Arbersee

Ein wichtiger Grenzübergang in die Tschechoslowakei besteht bei B a y e r i s c h - E i s e n s t e i n, das den Ruf genießt, der erste Wintersportplatz des Bayerischen Waldes zu sein (u. a. Schwebelift zum Arber, Bayerwaldschanze, Rodelbahnen).

Das Erwerbsleben im Landkreis beruht wesentlich auf dem Fremdenverkehr. Traditionelle Gewerbe sind die Holzverarbeitung (Sägewerke, Holzdraht- und -kistenherstellung), die bedeutende Glasindustrie und die Industrie der Steine und Erden. Dazu entwickelten sich Betriebe der Bekleidungs- und Kunststoffindustrie, der elektrischen und metallverarbeitenden Industrie.

Pfarrkirchen

LANDKREIS ROTTAL-INN

Die Flüsse Inn, Rott und Vils bilden mit ihren Tälern die drei prägenden Linien, zwischen denen sich die Rücken des Niederbayerischen Tertiärhügellandes erheben. Die Mitte hat das Rottal inne. Hier liegen die Hauptorte des Landkreises: Die Stadt Pfarrkirchen, der Mittelpunkt des Rottals und Sitz der Kreisverwaltung, ist römischen Ursprungs. 1284 erhielt sie Marktprivilegien, im 16. Jh. wurde sie befestigt (zwei Ecktürme sind erhalten). Im Spanischen Erbfolgekrieg sammelte Georg Seb. Plinganser hier 1705 die patriotischen Bauern zum Widerstand gegen die Österreicher. Das Wohnhaus des Volkshelden „Zum Plinganser" ist heute Gasthaus (erb. 16./17. Jh.). Die Stadtpfarrkirche, um 1500 auf romanischer Grundlage erbaut, hat einen mächtigen Turm mit Spitzdach. Das Alte Rathaus entstand um 1500 und wurde später mit Kuppelturm und Stukkaturen (1787) versehen; es beherbergt heute das volkskundlich ausgerichtete Rottaler Heimatmuseum. Pfarrkirchens Wohnhäuser zeigen Inntalbauweise: horizontal endende Fassaden vor Grabendächern, bisweilen stumpfe Giebelfronten. Auf einem Hügelrücken oberhalb des Ortes liegt die Wallfahrtskirche Gartlberg, ein Barockbau mit zwei gekuppelten Türmen von 1669–1688. Ihr Inneres ist überreich an schweren Stuckornamenten und an Fresken (18. Jh.).

Am Dienstag nach Pfingsten findet auf der ältesten Trabrennbahn Bayerns das „Bayerische Zuchtrennen" statt.

Rathaus in Eggenfelden

Eggenfelden wird überragt vom Turm seiner Pfarrkirche (15. Jh.), die zu den stattlichsten spätgot. Kirchen Niederbayerns gehört (innen Schnitzwerke des 16. Jh.). Von einer früheren Ummauerung zeugt das spätgotische Obere Tor. Im Laufe des Jahres werden mehrere große Märkte abgehalten.

Die benachbarte alte Siedlung Gern hat 1347 Herzog Ludwig V. zur Hofmark erhoben. Im folgenden Jahr wurde dem Geschlecht der Closen als Hofmarksherrschaft auf ewige Zeiten das Privileg verliehen, alljährlich einen 14 Tage dauernden Jahrmarkt abzuhalten. Der „Gerner", wie er im Volksmund heißt, ist Mitte April stets Treffpunkt der Rottaler Bauern.

Traditionelle bäuerliche Kultur kann man im „Niederbayerischen Bauernhofmuseum" von Massing studieren. Dort wurde im historischen Schusteröderhof (Vierseithof von 1770) eine reiche Sammlung von Haustypen, Gebrauchsgegenständen und Kunstgegenständen zusammengetragen.

Innenhof des Oberen Schlosses in Arnstorf

Im Kollbachtal liegt der alte Markt Arnstorf. Er gehörte seit 1132 dem Geschlecht derer von Closen. Die Pfarrkirche ist eine spätgotische Hallenkirche, die eine Anzahl bemerkenswerter Grabsteine aufweist. Das Epitaph für Hans von Closen (gest. 1527) schuf Stephan Rottaler. Die beiden Schlösser der Grundherren stammen aus dem 15.–18. Jh. bzw. 18. Jh. Das Obere Schloß, eine Wasserburg, ist reich ausgestattet (Kaisersaal mit

Deckenbild Melchior Steidls von 1714 und Schloßkapelle), das Untere Schloß stellt eine Barockanlage dar.

Im Inntal dominiert die Stadt Simbach am Inn. Sie erscheint schon 927 als Sumenpach, blieb aber jahrhundertelang im Schatten des auf dem österreichischen Ufer liegenden Braunau, mit dem es durch eine Straßen- und Eisenbahnbrücke verbunden ist. Erst im letzten Jahrhundert überflügelte der Grenzort Simbach wirtschaftlich seine Nachbarstadt. Eine große Leichtbauplattenfabrik bestimmt sein Erwerbsleben. Das kleine Heimatmuseum im Rathaus zeigt vor allem Bauernmöbel des frühen 19. Jh.

Inn-Kraftwerk bei Simbach

Nördlich von Simbach ragt der Schellenberg auf, die höchste Erhebung Niederbayerns zwischen den Alpen und dem Bayerischen Wald. Oben bietet sich eine umfassende Aussicht auf die Alpenkette.

Das Alter der Orte dieses früh kultivierten Landes kann man aus der großen Zahl alter Dorfkirchen ersehen. Romanische Bauten haben z. B. noch Ruppertskirchen, Unterzeitlarn (12. Jh.; Gewölbe gotisch) und St. Nikola bei Gangkofen (Wandmalereien vom Anfang des 14. Jh.). Spätgotische Dorfkirchen stehen in Gerbersdorf, Hainberg, Johanniskirchen, Martinskirchen, Ering (das Schloß stammt aus dem 18. Jh.), Kirchdorf am Inn, Triftern und Dietersburg (Figuren des 15. Jh.).

Viele der Gotteshäuser sind reich an guten spätgotischen Holzplastiken, so etwa die von Guteneck (15. Jh.), Staudach (15. Jh.), Heiligenstadt (Hochaltar 1480; Rokokokanzel) und Unterdietfurt (15. Jh.; spätgotischer Schreinaltar).

Schildthurn

Schön gegliederte hohe Türme mit Spitzhauben besitzen die ehemalige Wallfahrtskirche in Schildthurn (innen barockisiert) und die Kirche in Taubenbach (15. Jh.).

Das Barock hat meist nur die Ausstattung der Kirchen geändert. Barocke Neubauten stehen in Frauentödling (1726–28), Anzenberg (erb. um 1750; Wallfahrt) und Mariakirchen (erb. 1741–1756; westlich ein Renaissance-Wasserschloß). Die Pfarrkirche von Tann zeigt bereits klassizistische Formen (1798–1801).

Das Schloß in Mariakirchen

Die Wallfahrtskirche Langwinkl bei Bayerbach weist die schwere Stuckdekoration des Frühbarock auf. Sie entstand 1644–1686 durch B. Viscardi, Stuckateur war G. B. Carlone.

An der Stelle einer mittelalterlichen Burg steht das stattliche Barockschloß Thurnstein (Ende 17. Jh.) mit einer Schloßkapelle, deren Raumeindruck ein hervorragendes Deckenfresko von Joh. Nep. della Croce (1783) bestimmt.

Im mittelalterlichen Schloß Schönau (umgebaut 19. Jh.) wird ein wertvoller Wandteppich (1540) aus dem Besitz des Pfalzgrafen Ottheinrich v. Neuburg a. d. D. aufbewahrt.

Schloßkapelle Thurnstein

Auf den leichten bis mittelschweren Böden des Kreises gedeihen Getreide, Kartoffeln, Rüben, Futtermittel und Gemüse. Von Bedeutung ist im Rottal immer noch die Pferdezucht neben der Rinder- und Schweinezucht.

Die Industrie umfaßt u. a. metallverarbeitende Betriebe, Bekleidungs- und Nahrungsmittelfabriken, leder- und holzverarbeitende Werke. Auch die Industrie der Steine und Erden ist gut vertreten.

LANDKREIS STRAUBING-BOGEN

Gäuboden, Donautal, Vorderer Bayerischer Wald und Niederbayerisches Hügelland sind die vier klingenden Namen für die Landschaften im Kreisgebiet. In der kreisfreien Stadt Straubing hat die Kreisverwaltung ihren Sitz.

Der fruchtbare Gäuboden um Straubing ist seit der Vorzeit begehrtes Siedlungsland gewesen. Auch die germanischen Einwanderer nahmen es bald in Besitz, wovon viele Ortsnamen mit der Endung -ing zeugen. Dementsprechend finden sich hier zahlreiche alte Gotteshäuser. St. Peter in Straubing war das Muster für die dreischiffige ehem. Chorherrenstiftskirche in Münster, die um 1300 erbaut, 1738 eine Barockausstattung erhielt (romanische und gotische Freskenreste), und für die stattliche Pfarrkirche in Aiterhofen (erb. Anfang 13. Jh.). Beide Orte bestehen bereits seit dem 8. Jh. In Aiterhofen hielt schon Tassilo III. 774 hof, Münster (ursprünglich Pfaffmünster) wurde als Rodungskloster gegründet. Malerisch gelegen ist die kleine romanische Kirche (Anfang 13. Jh.) von Rinkam. Auch Obermiethnach hat ein romanisches Gotteshaus. Graf Aswin im Donaugau und sein Vetter Friedrich, Domvogt von Regensburg, gründeten 1104 das Benediktinerkloster Oberaltaich. Die bestehende Kirche ist ein Neubau (1622–1630), dessen Emporen über die technisch raffinierte „hangende Stiege" zugänglich sind. 1727–1731 malte Joseph Anton März den ganzen Kirchenraum aus. Gemalte Ornamente ersetzen den Stuck, die Deckenfläche füllt ein großes zusammenhängendes Fresko in kräftigen Farben. Die Klostergebäude weisen noch eine Reihe glänzend stuckierter Räume auf (große Bibliothek).

Die Kirche in Rinkam

Sehenswerte Barock- bzw. Rokokokirchen haben auch Hienhart (einheitliche Rokokokapelle von interessanter Bauart; um 1730), Feldkirchen (1752–1757), Pönning (einheitlicher Rokokobau von 1762) und Niederachdorf (1700). Viele gotische Gotteshäuser erfuhren Umbauten im Barock- und Rokokostil.

Das Schloß in Schambach

Alte Schloßbauten stehen in Irlbach (Bergfried und Tore gotisch, sonst im 16. und 19. Jh. erneuert; in den Wohnräumen Marmorreliefs von Thorwaldsen und Schwanthaler; schöne Parkanlagen), in Rain (vom 10. Jh. bis 1569 im Besitz der Herren von Rain; Anlage des 16. Jh.; Einrichtung 1718) und in Schambach (rechteckiger Renaissancebau mit achteckigen Türmen; erb. 16. Jh.). Das schlichte Wasserschloß von Geltolfing wurde im 17. Jh. errichtet, im 18. Jh. verändert. Ein Renaissancebau ist Schloß Loham bei Mariaposching a. d. Donau. Es wurde allerdings 1723 erneuert.

Nördlich der Donau steigt das abwechslungsreiche Mittelgebirge des Vorderen Bayerischen Waldes auf. Wo sich der Bogenberg 114 m hoch und steil über das Donauufer erhebt, liegt die kleine Stadt Bogen. Einst gehörte sie den mächtigen Grafen von Bogen, die ihre Burg auf dem schon seit der älteren Bronzezeit besiedelten Bogenberg hatten. Aus ihrem Wappen stammen die blauen Rauten des bayerischen Staatswappens. Um 1104 entstand an der höchsten Stelle der aussichtsreichen Höhe eine Wallfahrt. Die Donau hatte am Fuß des Berges ein Gnadenbild angeschwemmt, für das 1463 die bestehende dreischiffige Hallenkirche als Heiligtum erbaut wurde. Noch heute ist der Bogenberg die

Das romanische Gnadenbild von Bogenberg

bedeutendste Wallfahrtsstätte Niederbayerns. Am Pfingstsonntag pilgert eine große Prozession mit der 13 m hohen „Pfingstkerze" zu dieser ältesten niederbayerischen Marienwallfahrt. Unterhalb der Gnadenkirche steht das kleine spätgotische Salvatorkirchlein mit Rokokoausstattung. Eine reiche Sammlung religiöser Volkskunst und spätgotischer Plastik bewahrt das Heimatmuseum im Pfarrstadel auf dem Bogenberg.

Englmarisuchen

In Windberg, nordöstlich von Bogen, stiftete Graf Albert I. von Bogen über dem Grab des Eremiten Wilhelm eine Kapelle, aus der sich im 12. Jh. ein Prämonstratenserkloster entwickelte. Um die gleiche Zeit entstand die romanische Klosterkirche, die im Typus mit dem Bau von Regensburg-Prüfening verwandt ist. Im 18. Jh. erfuhr das Innere eine Umgestaltung in Barockformen durch Matthias Obermayer, dessen einfallsreiche Nebenaltäre (1756) mit plastischen naturalistischen Szenen für jene Zeit außergewöhnlich sind. Die übrigen Klosterbauten haben noch etwas vom Reiz der mittelalterlichen Anlage bewahrt (Reste vom Kreuzgang, Treppengiebel und Brunnen). Die kleine Friedhofskapelle St. Maria von 1451 ist barock erneuert (interessante Fresken).

Im Osten verläuft die Landkreisgrenze über einige Hauptgipfel des sog. Mittleren Waldes, über den Pröller (Skilifte, Aussichtsturm), den Predigtstuhl (Skilifte) und den Hirschenstein (1095 m; Aussichtsturm).

St. Englmar am Fuße des Pröller ist mit 850 Metern das höchstgelegene Kirchdorf des Bayerischen Waldes. Es liegt in einem günstigen Skigebiet und ist ein geschätzter Erholungsort. Alljährlich am Pfingstmontag wird in Form einer Ritterprozession das uralte „Englmarisuchen" veranstaltet, bei dem die Leiche des von Räubern erschlagenen seligen Englmar, dargestellt durch eine Holzfigur, zu suchen ist. Die Reliquien des Seligen in der Pfarrkirche sind Ziel vieler Wallfahrer.

Loichingerhaus in Geiselhöring (16. Jh.)

Von den zahlreichen Adelsfamilien, die im Gebirge ansässig waren, erzählen die Schlösser und Burgruinen. Da sind das Schloß in Schwarzach (16./17. Jh.), die Schloßruinen von Haibach (17. Jh.) und Mitterfels, die Burgruine Neurandsberg bei Rattenberg, ferner weiter westlich die Schlösser von Herrnfehlburg, Haunkenzell, Wiesenfelden (17. Jh.), Falkenfels (13. Jh.; mehrfach umgebaut) und Saulburg, dessen Hof schöne Renaissancebauten aufweist und dessen Schloßkapelle J. M. Fischer 1754 errichtete.

Die Landschaftsstruktur im Hügelland südlich der Donau wird vom Tal der Kleinen Laaber bestimmt, das von Südwesten nach Nordosten zieht. Hier liegt als Hauptort Geiselhöring, das 1952 zur Stadt erhoben worden ist. Seine Marktstraße zeigt neben dem Rathaus von 1554 und dem Loichingerhaus (Renaissancefassade) stattliche Häuserreihen. Die Pfarrkirche haben F. X. Feichtmayr mit Stukkaturen und Matthäus Günther mit Deckengemälden ausgeschmückt (1765/1766).

Im benachbarten Haindling bieten zwei nebeneinanderstehende Kirchen mit Zwiebeltürmen ein malerisches Bild. Die Wallfahrtskirche Mariae Himmelfahrt (18. Jh.) zeigt eine gute Barockausstattung und interessante Madonnenstatuen, die Kreuzkirche wurde am Anfang des 17. Jh. in nachgotischen Formen erbaut. In ihr befindet sich ein besonders schöner Renaissance-Altar aus dem Jahr 1621. Sie ist heute Kriegergedächtniskapelle.

Kreuzkirche in Haindling

Im Marktflecken Mallersdorf, auf einer kuppenartigen Höhe über

Klosterkirche Mallersdorf

dem Tal der Kleinen Laaber, lagert der Baukomplex eines ehem. Benediktinerklosters (um 1107 gegr.), das heute den Mallersdorfer Schwestern („Arme Franziskanerinnen") als Mutterhaus dient. Westtürme und Portal der Klosterkirche sind noch romanisch (Mitte 13. Jh.). Im 17. und 18. Jh. erfuhren Kloster und Kirche eine durchgreifende Neugestaltung. Hauptanziehungspunkte im barocken Innenraum sind der Hochaltar (1768), ein wertvolles Frühwerk des Bildhauers Ignaz Günther (Altargemälde von Martin Speer 1749) und zwei große Deckenfresken.

Fast alle Gotteshäuser des Laabergebietes erfuhren in der Barockzeit einschneidende Umbauten, viele entstanden neu.

So schmückten Matth. Günther und Leonh. Feichtmair die Kirche von Hadersbach (erb. 1521; Umbau 1716/1717) mit vorzüglichen Deckengemälden (1766) und Stukkaturen aus, der imposante Turm (15. Jh.) der Kirche von Westen bei Pfaffenberg erhielt im 18. Jh. seine Kuppel, den Kirchenraum hat man erweitert und barock ausgestattet.

Neu erbaut wurden die Gotteshäuser von Obergraßlfing (1708 bis 1710; Chor gotisch), Pfaffenberg (1757–1762) und Sallach (1613).

An Schloßbauten sind zu nennen die schlichten Anlagen in Grafentraubach (16. Jh.) und Sallach (1595).

Fruchtbare Böden und günstiges Klima bedingen, daß das Schwergewicht der Landwirtschaft auf dem Ackerbau liegt. Gute Ernten erbringen die Hauptprodukte Weizen, Gerste, Hafer, Zuckerrüben, Kartoffeln, Kraut und Futterpflanzen. Die Saatzuchtbetriebe haben Weltruf. Auch der Viehzucht kommt einige Bedeutung zu. Im Bereich des Bayerischen Waldes sind die Verhältnisse allerdings viel schwieriger. Hier spielt der Holzreichtum der Wälder und das „Arbeitskräftepotential" der Bewohner eine Rolle im Erwerbsleben.

Neben den Betrieben in der Stadt Straubing, die das industrielle Zentrum des Kreisgebietes ist, gibt es Beschäftigung in der kunststoff- und holzverarbeitenden Industrie, in Betrieben der Bekleidungs- und Ernährungsbranche sowie in der Industrie der Steine und Erden.

Klassizistisches Tintenzeug vom Kröning (Lkr. Landshut)

REGIERUNGSBEZIRK OBERPFALZ

Kreisfreie Städte:

Amberg
Fläche 49,96 qkm
Einwohner 47 432

Regensburg
Fläche 54,52 qkm
Einwohner 133 183

Weiden i.d. OPf.
Fläche 56,17 qkm
Einwohner 42 973

Stiftskirche in Waldsassen

Bairische Goldscheibe aus Sallern b. Regensburg

In vorgeschichtlicher und antiker Zeit war das Gebiet der heutigen Oberpfalz nur gering besiedelt, denn zum größten Teil bedeckte es der große Nordwald. Auch zur Zeit der Völkerwanderung blieb es weitgehend unberührt, bis im 6. Jh. Siedler naabaufwärts zogen und das Land urbar zu machen begannen. Mönche, besonders aus St. Emmeram in Regensburg, trugen Wesentliches zur Kultivierung der Urwälder durch Klöstergründungen und Missionsarbeit bei. Später beteiligten sich auch eingewanderte Slawen aus Böhmen am Landesausbau, wovon noch viele slawische Ortsnamen zeugen. Kriegszüge und Fehden erzwangen den Bau von festen Burgen, befestigten Städten und Kirchhöfen. Ein feinmaschiges Netz solcher Anlagen überzog das Land. Viele blieben bis heute als Ruinen erhalten und können uns eine Vorstellung von der Wehrhaftigkeit dieses Burgenlandes geben. Der Nordgau oder die Nordmark, wie der Raum damals hieß, kam durch Kaiser Ludwig den Bayern 1329 zum großen Teil mit der Rheinpfalz an die Söhne seines Bruders Rudolf und erhielt den Namen Obere Pfalz; der südliche Teil verblieb bei Altbayern. Eingestreut aber lagen noch mehrere selbständige Territorien, wie die Reichsstadt Regensburg und der weltliche Besitz des Bistums Regensburg, das Stift Waldsassen, die Pfalzgrafschaft Sulzbach (seit 1505) und viele andere Gebiete mit wechselnden Besitzverhältnissen. 1628 fiel die Kuroberpfalz wieder an Bayern, 1777 kamen mit dem pfälzischen Kurfürsten Karl Theodor Sulzbach und Neuburg und durch die Ereignisse am Anfang des 19. Jh. die übrigen Ländereien an Bayern. 1811 wurde daraus der Regenkreis mit der Hauptstadt Regensburg gebildet, dem König Ludwig I. seinen angestammten Namen Oberpfalz wiedergab.

Der Regierungsbezirk Oberpfalz hat teil an drei recht unterschiedlichen Landschaften: dem kristallinen Oberpfälzer Wald, dem sandigen Oberpfälzer Schollen- oder Hügelland und dem Kalkgebirge des Fränkischen Jura, außerdem am Fichtelgebirge im Norden und an der fruchtbaren Donauebene im Süden.

Den Oberpfälzer Wald kann man als Fortsetzung des Bayerischen Waldes bezeichnen, als einen Teil der sog. Böhmischen Masse. Er erstreckt sich zwischen zwei großen Gebirgssenken, die im Mittelalter als Völkertore große Bedeutung hatten: Die Cham-Further Senke und die Naab-Wondrebsenke. In diesen weiten Tälern setzte auch die Kolonisation durch die Klöster Chammünster bzw. Waldsassen zuerst ein. Im Oberpfälzer Wald, dessen waldbedeckte Granitrücken sich mit vereinzelten Felsbildungen (Flossenbürg) über flache Talmulden erheben, sind die Berge nicht zu geschlossenen Zügen verbunden, sondern durch weite Täler getrennt, die leicht zugänglich sind. Der Kolonisation in Rodungsorten folgten daher auch verheerende Kriegszüge in den Hussitenkämpfen und im 30jährigen Krieg, wovon bis heute zahlreiche Wüstungen zeugen. Die höchsten Erhebungen (entlang der Staatsgrenze) bilden Entenbühl, Tillenberg und Schwarzkoppe (bereits auf tschechischem Gebiet, dort Cerkov genannt). Mühsam ist der Ackerbau auf dem wenig fruchtbaren Boden und in dem rauhen, windigen Klima. Neben dem Bauern, der Roggen, Hafer und Kartoffeln baut, ist der Glasbläser und -schleifer hier beheimatet, wo ihm der zur Glasherstellung notwendige Quarz reichlich zur Verfügung steht.

Burgkapelle der Ruine Donaustauf

Jenseits der Naab-Wondrebsenke (um Tirschenreuth und Waldsassen) erhebt sich als Vorläufer des Fichtelgebirges der einsame waldbedeckte Steinwald und vom Norden her schickt das Fichtelgebirge seine Abhänge herunter.

Im Westen gehört zur Oberpfalz ein großer Teil des Fränkischen Jura, den man auch gern Oberpfälzer Jura nennt. Es ist ein weites Hügelland, das zum Naabbecken hin abdacht. Die Kuppen bedeckt Nadelwald, die Senken nutzt der Getreidebau. Infolge der Verkarstung des Kalkbodens, der durch reiche Höhlenbildung das Wasser versickern läßt, ist das Land vielfach von steppenartiger Kargheit, ausgenommen die in den Jurakalk geschnittenen Flußtäler. Im Altmühl-, Laaber-, Lauterach- und Vilstal entfaltet die Natur besondere Reize. Diese lieblichen Täler sind aber nur schmale Bänder in der Albhochfläche, die zu den wirtschaftlichen Notstandsgebieten gehört. Neuerdings versuchen benachbarte Gemeinden, der Wasserarmut durch gemeinsam angelegte Pumpwerke zu steuern, die das versickerte Wasser aus den Tälern wieder auf die Hochflächen befördern.

Porzellan aus Weiden

Zwischen den kristallinen Gebirgen im Osten und Norden und dem Juragebirge im Westen liegt die schmale Zone des Oberpfälzer Schollenlandes. Verschiedenste Gesteine treten hier in Sandsteinform auf. Im Norden widersetzten sich härtere Gesteinsarten der Verwitterung und bildeten auf diese Weise schöne Balsaltkegel wie den Rauhen Kulm oder den Parkstein. Die Naab, zusammenfließend aus Heide-, Fichtel- und Waldnaab, strebt durch die Mitte des Schollenlan-

Oberpfälzische Bruchschollenlandschaft am Rauhen Kulm

des nach Süden der Donau zu. Kurz vor Regensburg endet diese oberpfälzische Hochebene (wie das Schollenland auch bezeichnet wird), denn hier stoßen Jura und Urgebirge (Vorderer Bayerischer Wald) aneinander; der Fluß Regen bildet die Grenze. Diese schmale Hochebene wird durch einen Vorsprung des Oberpfälzer Waldes, das sog. Naabbergland, in das südliche Schwandorfer und das nördliche Weidener Naabbecken geteilt. Eine hervorstechende Eigentümlichkeit beider Becken sind die vielen Fischteiche und -weiher, die um Schwandorf, Eschenbach und Tirschenreuth zu recht stimmungsvollen Weiherplatten zusammenwachsen.

Das Naabtal bildet den wichtigsten Verkehrsweg durch die Oberpfalz. Auch die großen Rohstoffvorkommen liegen im Bereich dieser Verkehrswege, was dazu beigetragen hat, daß der Regierungsbezirk so auffallend in wirtschaftsstarke Gebiete und wirtschaftlich schwächere Gebiete geteilt ist.

Einst galt die Oberpfalz als Waffenschmiede des Reiches. Im Schutz der Burgen waren die Städte stark geworden und die Bürger erkannten bald die Gewinnmöglichkeiten aus dem schon in Vorzeiten betriebenen Erzbergbau und der Erzverarbeitung. Die wichtigsten Faktoren, Eisenerz, Holz (für den Schmelzprozeß) und Wasserläufe (Kraftquelle und Holztransport) waren vorhanden. Ein Viertel der Bevölkerung arbeitete in dieser Industrie. Zwischen dem 13. und 16. Jh. entstand hier das „Ruhrgebiet des Mittelalters". Mehrere hundert Hammerschmieden an Vils und Naab produzierten Waffen, Werkzeug, Roheisen und Zinnbleche. Die Oberpfalz war eines der reichsten und begehrtesten Gebiete im ganzen Reich. Dieser Reichtum aber und die offene geographische Lage wirkten sich im 30jährigen Kriege vernichtend aus. Nirgends wütete der Krieg so grausam wie hier. Kaum hatte sich das Land notdürftig erholt, da brachte der Aufschwung der rheinischen Industrie mit ihren reichen Steinkohlenvorräten einen katastrophalen Zusammenbruch der oberpfälzischen Wirtschaft. Das Land verkam, unbeschreibliche Armut breitete sich aus; Steinpfalz, Kartoffelpfalz, Haberland waren die Namen, mit denen man die Oberpfalz belegte. Erst als die Eisenbahn neue Verkehrswege schuf, eröffneten sich durch Kohlenzufuhr neue Möglichkeiten. Hüttenwerke um Amberg entstanden wieder, die Glasindustrie wuchs, Porzellanfabriken wurden gegründet und die mannigfaltigen Rohstoffvorkommen (Braunkohle, Erden) gewannen eine erhöhte Bedeutung. Ein neuer Schlag für die Aufwärtsentwicklung war der zweite Weltkrieg und mit ihm die Schließung des „Eisernen Vorhanges". Die Oberpfalz wurde zum entlegenen Grenzland, sie verlor ihre östlichen Absatzmärkte. Nur die anhaltende Konjunktur vermochte der Industrie wieder aufzuhelfen. Flüchtlinge verlegten ihre heimatlichen Industrien hierher, die Zahl der Betriebe erhöhte sich rasch und der Reichtum an Bodenschätzen und Arbeitskräften brachte die Konsolidierung.

Seit man die Erholungsfunktion der Wälder neu schätzen gelernt hat, kann die Oberpfalz steigende Zahlen im Fremdenverkehr verzeichnen.

Hausformen in der Oberpfalz

Waldlerhaus (Lkr. Cham)

Kleinbauernhof im Oberpfälzer Jura

Fachwerk mit doppelter Verstrebung in der Gegend von Sulzbach-Rosenberg

Blockbau mit Umgebinde. Herzogöd / Steinwald (Lkr. Tirschenreuth)

Dreiseithof. Einöde bei Oberviechtach

A m b e r g ist der wahre Hauptort der Oberpfalz. 1034 wurde es zum erstenmal erwähnt, Mitte des 12. Jh. erfolgte die Erhebung zur Stadt. Die Wittelsbacher, besonders Kaiser Ludwig der Bayer, förderten die Stadt und verhalfen ihr zu wirtschaftlicher Blüte. Bald war sie die festeste Fürstenstadt Deutschlands. 1329 kam sie an die Rheinpfalz und wurde Hauptstadt des „oberen Fürstentums der Pfalz". Weitgehende Privilegien erhoben Amberg zur Metropole im Eisenhandel des Oberpfälzer Eisenreviers. Die Zeit der Glaubenskämpfe brachte erste Rückschläge. Amberg nahm als erste Stadt der Oberpfalz die Reformation an, in der Folgezeit aber waren ihre Bürger fünfmal gezwungen, ihren Glauben zu wechseln. Die Stadt wurde zu einer Hochburg der Gegenreformation. In den Erbfolgekriegen des 18. Jh. aber verlor sie ihre Bedeutung und Handelsmacht und sank nach einem Intermezzo (1808–1810) als Hauptstadt des Naabkreises (d. h. der Oberpfalz) zur Provinzstadt herab. Dank der Regsamkeit ihrer Bürgerschaft blühte sie im Industriezeitalter wieder auf und heute ist ihr gut erhaltener historischer Kern von einem Kranz moderner Fabriken umgeben, die Amberg zum Mittelpunkt der eisenschaffenden Industrie Bayerns machen.

Das Nabburger Tor

Stadtmauer in Amberg

Ambergs Wahrzeichen ist das N a b b u r g e r T o r, der wuchtigste unter den vier erhaltenen Torbauten (Wingershofer Tor, Vilstor, Ziegeltor) in der Stadtmauer, die noch zum größten Teil samt ihren Rundtürmen steht. Wo sie die Vils in zwei Bögen überquert, ergänzt die Wasserspiegelung das Bild zur sog. Stadtbrille. Innerhalb des Mauergürtels weist die Stadt den ganzen Reiz eines natürlich gewachsenen Gemeinwesens auf. Bauwerke vom 14. bis zum 18. Jh. stehen nebeneinander. So etwa am malerischen Vilsufer und am Marktplatz, der im Osten vom gotischen R a t h a u s (14. und 16. Jh.) mit seinem hohen Giebel, breiter Altane und Arkaden beherrscht wird. An der Südseite des Platzes erhebt sich die Pfarrkirche S t. M a r t i n, überragt von einem 98 m hohen Westturm. Es ist neben dem Regensburger Dom der bedeutendste gotische Bau in der Oberpfalz. Seit 1421 arbeitete man an der lichten dreischiffigen Hallen-

„Stadtbrille" und Turm von St. Martin

Erker am Rathaus

Barocke Stuhlwange in St. Georg

kirche, die um 1534 fertig wurde. Hinter dem Hochaltar fällt ein schönes Grabmal für Pfalzgraf Ruprecht Pipan (um 1397) auf und an der Südseite der Kirche das lebensvolle Epitaph für den Büchsenmacher Martin Merz (um 1501). Bis 1629 war St. Georg Stadtpfarrkirche. Sie entstand nach dem großen Stadtbrand 1356 neu als gotische Basilika mit kräftigem Westturm. Im 17. Jh. zogen die Jesuiten ein und veranlaßten 1718–1723 eine barocke Umgestaltung mit Stuck und Gemälden. Hinter der Kirche erstreckt sich das äußerlich schlichte ehem. Jesuitenkolleg (1665–1689) von Georg Dientzenhofer und Wolfgang Hirschstetter. Innen überrascht die schöne Kassettendecke des Kongregationssaales und der barocke Bibliothekssaal. Eine sehenswerte Kirche ist die Deutsche Schulkirche. 1693 bis 1699 hatte sie Wolfgang Dientzenhofer erbaut, aber die Erweiterung von 1738 führte zu einer Neudekoration in lebendigem Rokoko (1758; Fresken Gottfr. Bernh. Götz).

Von den ehem. Residenzgebäuden steht noch ein Trakt des Schlosses mit schön geschwungenen Volutengiebeln (1602). Im ältesten Pfalzgrafensitz, dem sog. Eichenforst oder Klösterl mit dem hohen Treppengiebel, ist das Amberger Heimatmuseum eingerichtet. Hier erinnert eine Fayencensammlung an die eingegangene Manufaktur im 18. Jh. An der ehem. Regierungskanzlei (1544–1546) weckt ein Renaissanceerker das Interesse, der Rundreliefs mit fürstlichen Familienporträts trägt. Das ehem. Statthalterpalais ist heute Städt. Einwohneramt. Die ehem. Ratstrinkstube (erb. 1728) beherbergt die Kreissparkasse.

Amberg besitzt ein eigenes Stadttheater, entstanden aus einem Umbau der ehem. Franziskanerkirche. Alle Jahre findet Anfang Juli das „Bergfest" statt.

Seinen Namen erhielt Amberg von einer verschwundenen Burg Ammenberg auf der Höhe des Mariahilfberges (Aussicht). 1697 bis 1703 wurde hier oben eine Votivkirche erbaut, die sich bald zum besuchtesten Wallfahrtsziel der mittleren Oberpfalz auswuchs. Für die hervorragende Barockausschmückung waren Giov. Batt. Carlone, P. d'Aglio (Stuck) und C. D. Asam (Fresken) gewonnen worden.

STADT REGENSBURG

Regensburg ist die viertgrößte Stadt Bayerns, Mittelpunkt Ostbayerns und Hauptstadt der Oberpfalz. Alter und Geschichte der Stadt sind außergewöhnlich und einzigartig in Bayern. Die günstige Lage am Nordknie der Donau, die hier zwei Inseln umspült (Oberer und Unterer Wöhrd) hat die Keltensiedlung Radasbona entstehen lassen. Die folgenden Römer erkannten die strategische Bedeutung des Ortes und legten um 80 n. Chr. auf der Höhe von Kumpfmühl ein Kohortenlager an, das von dem 179 am Ufer des Flusses unter Kaiser Marc Aurel gegründeten Legionslager Castra Regina, zugleich Sitz der Militärverwaltung der Provinz Rätien, abgelöst wurde. Seine in größeren Abschnitten freigelegte Umfassungsmauer, deren Verlauf heute noch im Stadtgrundriß zu verfolgen ist, gibt am erhaltenen Torbogen und Ostturm der Porta praetoria eine gute Vorstellung von der Bedeutung des Legionslagers. Im 6. Jh. erhoben die Bajuwaren „Regenspurc" zum Sitz ihrer Herzöge, der Agilolfinger. Über dem Grab des Wanderbischofs und Märtyrers Emmeram erwuchs die wirkungsreiche Abtei St. Emmeram. Bonifatius begründete 738 das kanonische Bistum. 788 mußten die Agilolfinger den Karolingern weichen, die von 827 bis 911, seit Ludwig dem Deutschen, Regensburg zur Hauptstadt ihres Ostfränkischen Reiches machten. Im weiteren Verlauf der Geschichte gewann die Stadt immer größere Selbständigkeit und zu Anfang des 13. Jh. schließlich die Reichsfreiheit. Sie schwang sich zur wohlhabendsten und volkreichsten Stadt Süddeutschlands auf und war vom 11. bis zum 14. Jh. eine Weltstadt. Dementsprechend sind Kunst- und Bauwerke vorwiegend in der romanischen und frühgotischen Epoche entstanden und sie sind hier versammelt wie kaum anderswo in Deutschland. Dieses frühmittelalterliche Stadtbild vor dem Verfall zu bewahren, erfordert heute kostspielige Sanierungsmaßnahmen.

Grabmal des Johannes Aventinus in St. Emmeram

Da sich der Bischof und die Klöster in der Bürgerstadt stark behaupteten, sind ihnen auch die hervorragendsten Bauwerke zu verdanken. Im ehem. Benediktinerkloster St. Emmeram zeugen Bestandteile aus zehn Jahrhunderten von der ununterbrochenen Wirksamkeit ihrer Mönche. Vom Kirchenbau des 8. Jh. sind Krypta und Außenmauern erhalten, das 10. und 11. Jh. fügte zwei neue Krypten hinzu (für den sel. Ramwold und den hl. Wolfgang), das 12. und 13. Jh. brachten weitere Anbauten, das 15. Jh. den Neubau der ursprünglich romanischen Pfarrkirche St. Rupert nördlich von der Abteikirche. In der Renaissance entstand der freistehende Glockenturm (1575), und von 1731–1733 statteten die Gebrüder Asam das Kircheninnere aus. 1803 wurde das Kloster aufgehoben. Diese barock geschmückte romanische Abteikirche enthält wie keine andere bayerische Kirche die Grabmäler von Heiligen, Kaisern, Herzögen, Gelehrten usw. Erwähnt seien diejenigen der Königin Hemma (um 1280), des sel. Tuto, der bayerischen Herzöge Arnulf von Bayern und Heinrich des Zänkers, des Grafen Warmund von Wasserburg, der sel. Aurelia und des Geschichtsschreibers Aventinus. Die Tumben für die Kaiser Arnulf und Ludwig das Kind sind zerstört.

Frühgotisches Portal in St. Emmeram

Die umfangreichen Klostergebäude dienen seit 1812 den Fürsten von Thurn und Taxis als Residenz. Sie wurden in der Barockzeit und 1889

Roman. Skulpturen am Nordportal von St. Jakob

umgestaltet; erhalten blieb der Kreuzgang, in dem das Portal zur Kirche ein Musterbeispiel der frühen Gotik darstellt (um 1230). Die Prunkräume, darunter die Hofbibliothek mit Fresken von C. D. Asam, und ein Marstallmuseum sind zu besichtigen.

Eine gut erhaltene romanische Basilika ist die Schottenkirche St. Jakob. Sie wurde im 12. Jh. von irischen Mönchen erbaut (normannische Einflüsse). Das berühmte Nordportal zeigt rätselhafte Darstellungen in einer Mischung aus heidnischer Mythologie und Christentum. Im flachgedeckten hohen Innenraum fallen die mannigfaltig skulptierten Säulenkapitelle und eine geschnitzte Kreuzigungsgruppe (um 1180) auf.

Eine besondere Stellung unter den romanischen Kirchen Regensburgs nimmt die Benediktinerklosterkirche im Vorort Prüfening ein. Es ist der erste bedeutende Bau der Hirsauer Schule in Altbayern (1109–1119): eine Pfeilerbasilika mit Querschiff, dreischiffigem Chor und zwei Osttürmen. Im Ostteil wurden großartige Wandmalereien (um 1150) aufgedeckt, die in ihrer Geschlossenheit einzigartig in Bayern sind. Ferner ist das Hochgrab für Erminold, den ersten Abt des Klosters, erwähnenswert, das ein hervorragender Künstler 1283 geschaffen hat. Die Klosterbauten (meist 17. Jh.) wurden viele Jahre lang von den Fürsten von Thurn und Taxis als Schloß benutzt (heute wieder Benediktinerkloster).

„Die Kirche" aus dem Freskenzyklus in Prüfening

Unter den weiteren frühen Regensburger Kirchen ist die Kirche des Kollegiatstiftes zur Alten Kapelle denkwürdig. Sie gilt als eines der ältesten Gotteshäuser Bayerns, war Pfalz- und Hofkirche und wurde 1002 unter Kaiser Heinrich II. vergrößert. Der Unterbau des freistehenden Turmes ist frühromanisch. 1441 kam ein spätgotischer Chor hinzu und 1751–1765 wurde das Kircheninnere in überreichem Rokoko ausgestattet (Fresken von Thomas Scheffler und Gottfried Bernhard Götz, Stuck von Anton Landes aus Wessobrunn, Hochaltar von Simon Sorg).

Reichsunmittelbar war einst das ehem. Frauenstift Niedermünster, das sich schon in vorkarolingischer Zeit am Grab des hl. Erhard entwickelt hatte und dessen barocke Stiftsbauten seit 1821 das Bischöfliche Ordinariat beherbergen. Der jetzt als Dompfarrkirche dienende Kirchenbau (dreischiffige Basilika, Mitte 12. Jh.) erhielt in der Barockzeit Gewölbe, Stuckdekoration und Ausstattung, darunter die schöne Bronzegruppe des Kreuzaltars (um 1625). Aus romanischer Zeit stammen Freskenreste im Hauptchor, die St. Erhardikapelle östlich der Kirche und die Holzfigur der „Schwarzen Madonna" (Anfang 13. Jh.).

Von der romanischen Frauenstiftskirche Obermünster (gegr. 8. Jh.) ließ der Zweite Weltkrieg nur Teile des Westchors und den Glockenturm des 11. Jh. stehen.

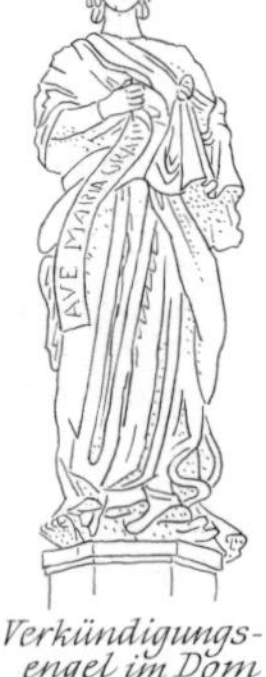

Verkündigungsengel im Dom

Eine barocke Umgestaltung erfuhr auch die zweitürmige romanische Hallenkirche des 997 gegründeten Benediktiner-, seit 1484 Kartäuserklosters Prüll (erb. 12. Jh., Chor und Umbau gotisch, Stuck und Ausstattung 17. Jh.).

Den Höhepunkt sakraler Kunst erreicht die Regensburger Architektur in gotischer Zeit mit dem Neubau des Domes St. Peter. Ein vorangegangener romanischer Dom (11. Jh.) mußte Platz machen (Westturm erhalten im sog. Eselsturm), als Mitte des 13. Jh. der Neubau der dreischiffigen Pfeilerbasilika begann. Einflüsse aus der französischen Kathedralgotik spielten maßgeblich herein. Bis um 1525 wurde daran gearbeitet (im 15.

Hauptportal des Domes

und 16. Jh. unter Leitung der Baumeisterfamilie Roritzer). Dann ruhte der Bau und erhielt erst 1860–1869 seine Turmhelme (105 m hoch). So ragt der Bau heute über die Stadt und gehört zu jenen gotischen Wunderwerken, die einen Höhepunkt abendländischer Kunst markieren. Die Fülle wertvoller Skulpturen außen wie innen kann nur angedeutet werden. Da ist die kunstvolle Vorhalle, das sog. Triangel (um 1395 bis 1440), mehrere bemerkenswerte Baldachinaltäre und der silberne Hochaltar (um 1782), die Verkündigungsgruppe des Erminoldmeisters (um 1280), vortreffliche Reiterfiguren des hl. Georg und hl. Martin (14. Jh.), Sakramentshäuschen und Ziehbrunnen von Wolfgang Roritzer (um 1500) und der sog. Teufel und seine Großmutter in Nischen am Westportal (Anfang 15. Jh.). Die farbenprächtigen Glasfenster stammen zum Großteil aus dem 14. Jh. Auch unter den Grabmälern sind viele bedeutende Arbeiten (u. a. von Peter Vischer und Hans Krumpper). Zum Domkomplex gehören der Kreuzgang aus dem 14. bis 16. Jh. mit reich verzierten Fenstern und Domherrengrabmälern, die angrenzende Allerheiligenkapelle (1155 bis 1164; romanische Wandgemälde) und Stephanskapelle (frühromanisch) sowie der sog. Domgarten (ehem. Friedhof).

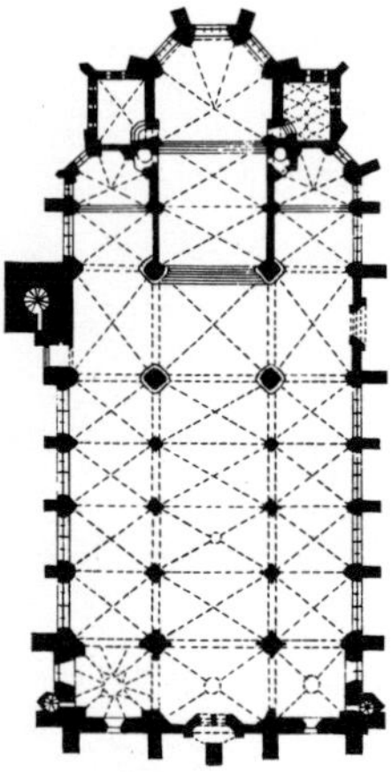

Grundriß des Domes

Im 13. Jh. bauten zwei neue Orden ihre gewaltigen Kirchen in der Stadt: Dominikaner und Minoriten. Beide Klöster konnten sich damals zweier ungewöhnlicher Geister rühmen: der Dominikaner Albertus Magnus war der größte Gelehrte, der Franziskaner Berthold von Regensburg der gewaltigste Prediger des 13. Jh. (die Klöster sind heute aufgehoben). Die ehem. Dominikanerkirche ist ein kennzeichnendes Werk der frühen Gotik in einfachen, aber großartigen Formen, die ehem. Minoritenkirche, auch frühgotisch, ist flach gedeckt und wirkt noch einfacher und altertümlicher als die der Dominikaner, es ist die größte Bettelordenskirche Deutschlands. Das Gotteshaus und die ehem. Klostergebäude beherbergen heute das Städtische Museum.

Aus der gotischen Stilepoche gibt es hier noch viele Kirchenbauten, nur einige seien erwähnt: die alte Dompfarrkirche St. Ulrich (um 1240) zeigt interessante Übergangsformen von der Romanik zur Gotik; in der Kollegiatstiftskirche St. Johann befindet sich die sog. Schöne Maria (von Albrecht Altdorfer), ein einst fast ekstatisch verehrtes Gnadenbild, das Hans Leinberger zum Vorbild für eine Statue nahm, die heute in St. Kassian (um 1477, glänzende Barockausstattung) steht. Anstelle der 1519 zerstörten Synagoge entstand eine Wallfahrtskirche, das Gebäude kam aber noch während der Bauarbeiten 1542 an die Protestanten und wurde in vereinfachter Form als Neupfarrkirche zu Ende geführt. Es zeigt den Versuch einer Raumkomposition im Sinne der Renaissance.

Bevor Regensburg die Reichsfreiheit erlangte, waren Herzogs- und Bischofshof die politischen Zentren. Der Herzogshof stammt aus dem 10. bis 13. Jh. Er steht auf dem Grund der ehem. Agilolfingerresidenz und war lange Zeit Kaiserpfalz. Ein Bogen verbindet ihn mit dem sog. Römerturm (8. u. 13. Jh.), der die Grenze zum bischöflichen Areal bezeichnete. Der Bischofshof (heute Hotel) beherbergte häufig Kaiser und Fürsten.

Im 11. und 12. Jh. erstarkte das Bürgertum. Der Handel mit Oberitalien brachte Reichtum und neue Ideen. Ein Anziehungspunkt war die Steinerne Brücke (1135–1146), die mit 16 Bögen in 310 m Länge die Donau überquert und im Mittelalter als technisches Wunderwerk angestaunt wurde. Von den Brückentürmen steht noch der frühgotische Südturm (1648 erneuert). Auf kunsthandwerklichem Gebiet taten sich die Regensburger in der Seiden- und Teppichweberei hervor (gute Arbeiten im Stadtmuseum).

Mittelpunkt der bürgerlichen Reichsstadt wurde das Alte Rathaus, dessen westlicher Teil (14. Jh.) mit seinem fialengeschmückten Erker und dem reichverzierten Portal im Obergeschoß den großen Reichssaal enthält. Hier fanden zahlreiche Reichstage statt und hier tagte

143 Jahre lang der „Immerwährende Reichstag". Im Keller die intakte Folterkammer.

Von der Macht der Patrizierfamilien während der mittelalterlichen Blütezeit Regensburgs zeugen ihre Wohnbauten, die nach oberitalienischem Vorbild als Turmhäuser gebaut oder von einem mehrstöckigen Turm überragt wurden. Ganz ungewöhnlich in Deutschland, blicken noch viele dieser Geschlechtertürme über die Dächer (z. B. Goldener Turm und Baumburger Turm). In manchen Straßen reihen sich die alten Häuser lückenlos aneinander. Einige von ihnen besitzen schöne Hauskapellen. Das mittelalterliche Runtinger-Haus enthält heute das Stadtarchiv und die vor- und frühgeschichtliche Abteilung des Landesamtes für Denkmalpflege.

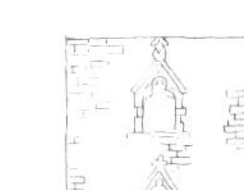
Baumburger Turm

Bereits im 14. Jh. aber begann ein langsamer Niedergang, verursacht durch das Aufblühen von Augsburg, Nürnberg und Wien. Fehden und Unruhen unter den Bürgern brachten Spannungen, die sich durch die Einführung der Reformation 1542 noch verschärften, da Bischof und Klöster vom Glaubenswechsel unberührt blieben. Der Dreißigjährige Krieg brachte neue Drangsale. Die Stadt wurde erst von Herzog Bernhard von Weimar, dann von den Kaiserlichen erobert.

Obwohl Regensburg danach nie mehr zu seiner frühmittelalterlichen Größe emporstieg, blieb es ein künstlerisches und politisches Zentrum. Von 1505–1538 war Albrecht Altdorfer, der wegweisende Maler, Bürger und Ratsherr der Stadt, 1630 verstarb hier der große Astronom Johannes Kepler, dessen Wohnhaus als Kepler-Gedenkstätte eingerichtet wurde. Bedeutende Bauten außer der frühbarocken evang. Dreifaltigkeits-Kirche (1627–1633) entstanden zwar nicht, um so intensiver widmete man sich der Ergänzung und Ausschmückung der vorhandenen.

Keplerdenkmal von 1808

Regensburg war schon immer bevorzugter Tagungsort von Reichs- und Fürstenversammlungen. Karl V. berief drei Reichstage ein (1532, 1541 Religionsgespräch zwischen Melanchthon und Dr. Eck, und 1546), seit 1594 wurden die Reichstage nur noch in Regensburg abgehalten (1623 fiel Bayern die Kurwürde zu, 1630 erfolgte Wallensteins Absetzung). Von 1663 an tagte im Rathaus der „Immerwährende Reichstag" bis zur Auflösung des Reiches 1806. Er kann als Anfang des parlamentarischen Lebens in Deutschland bezeichnet werden und brachte der verarmten Stadt vielfache Vorteile. Seit 1748 trugen die Fürsten von Thurn und Taxis, Inhaber des Reichspostmeisteramtes, die Würde des Prinzipalkommissars im Reichstag. Von 1803–1810 war Regensburg Hauptstadt eines selbständigen Fürstentums unter Fürstprimas Karl von Dalberg. Damals erhielt die Stadt noch einige klassizistische Bauten, besonders durch den Architekten Emanuel d'Herigoyen, darunter das Präsidialpalais (1805), das Stadttheater (restauriert 1849) und das Keplerdenkmal (1808).
1809 fielen die französischen und bayerischen Truppen im Kampf gegen die Österreicher stürmend und plündernd in die Stadt ein, wobei der jenseits der Donau gelegene Vorort Stadt am Hof in Flammen aufging. Erhalten blieb die Augustinerchorherrenstiftskirche St. Mang von 1697 und die Spitalkirche St. Katharina.
1810 erfolgte die Eingliederung Regensburgs in das Königreich Bayern.
Im 19. Jh. wichen die Befestigungen (Reste im Osten-, Jakobs- und Prebrunnertor) einem Kranz von Grünanlagen, und die Stadt konnte sich ausweiten. Neue Viertel und Industrien wuchsen, ohne das Gepräge der

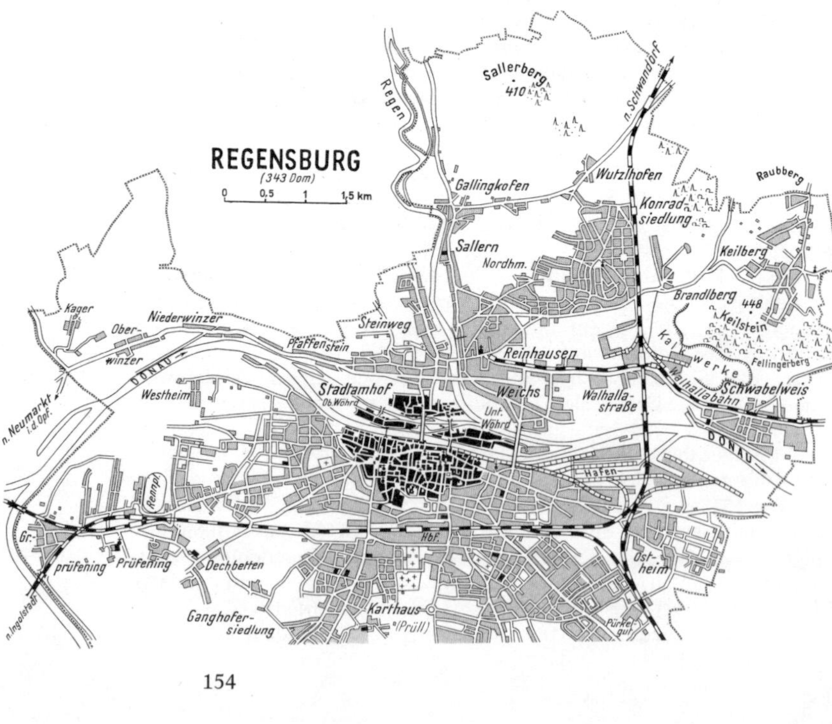

einzigartigen Altstadt, wie sie sich seit dem frühen 14. Jh. erhalten hatte, wesentlich zu beeinträchtigen. Zum Stadtgebiet gehören nunmehr auch die Wallfahrtskirchen von K a g e r (15. Jh.; Gnadenbild „Maria Tannerl") und von S t e i n w e g (1713).
Hervorragende Kunstwerke aus Regensburgs Vergangenheit und aus dem bayerischen Osten bewahrt das S t ä d t i s c h e M u s e u m. Im Mittelpunkt steht die Malerei der „Donauschule" (Frueauf, Altdorfer, Cranach, Feselen, Mielich, Ostendorfer), dann gibt es berühmte Gobelins, Funde aus der Vor- und Frühgeschichte (bedeutende römische Abteilung), geschichtliche und volkstümliche Bestände sowie eine Staatliche Gemäldesammlung (ital., franz., holländ. und deutsche Schulen des 15. bis 18. Jh.). Werke ostdeutscher Künstler des 19. und 20. Jh. enthält die „Ostdeutsche Galerie". Das Naturkundemuseum gibt einen Einblick in Vorgeschichte, Geologie und Tierwelt Ostbayerns.
Unter den Kultureinrichtungen der Stadt sind zu nennen: ein Theater mit ständiger Oper, mehrere Konzertvereinigungen, staatliche, städtische und kirchliche Bibliotheken, die Universität, die Fachhochschule, die Kirchenmusikschule und das Musikgymnasium des weltberühmten Knabenchors der „Regensburger Domspatzen".

Bauernschrank aus Sinzing im Städt. Museum

Regensburg ist eine lebhafte Stadt, und seine W i r t s c h a f t hat gute Zuwachsraten. Seit sich der „Eiserne Vorhang" über der Donau ein wenig gehoben hat, kann man die Stadt auch wieder als „westlichsten Hafen des Schwarzen Meeres" bezeichnen. Als größter Binnenhafen Bayerns ist sie Sitz von Schiffahrtsgesellschaften, Schiffswerften und Handelsunternehmen. Aber nicht nur die günstige Lage an der Donau, sondern auch der Schnittpunkt wichtiger Straßen und Bahnlinien bringt ihr große Vorteile. Regensburgs Wirtschaft ist äußerst vielseitig. So findet man neben den Großbetrieben der elektrotechnischen Industrie vor allem Bekleidungs- und Textilindustrie, Ziegeleien, Zement- und Kalkwerke, Druckereien, chemische Industrie, Maschinenbau und Fahrzeugindustrie, Nahrungs- und Genußmittelfabriken und Brauereien. In Regensburg besteht die älteste deutsche Schnupftabakfabrik. Lebhaft ist der Handel mit landwirtschaftlichen Erzeugnissen. In einer Zuckerfabrik werden die Zuckerrübenernten des Gäubodens verarbeitet. Einen nicht zu übersehenden Faktor bilden auch das Kunsthandwerk und der Fremdenverkehr, angelockt durch die reichen Kultur- und Kunstdenkmäler und durch die schöne Lage der Stadt.

STADT WEIDEN i. d. OPf.

Das Rathaus

W e i d e n, in einer weiten Ausbuchtung des Naabtales mitten im Landkreis Neustadt an der Waldnaab gelegen, ist die modernste und rührigste Stadt der Oberpfalz. Äußerst kennzeichnend für ihre Entwicklung ist der Gegensatz zwischen der kleinen, jahrhundertealten Innenstadt und den seit 1900 um sie herum entstandenen Wohnvierteln, Grünflächen und Industrieanlagen.
Weiden ist im 13. Jh. angelegt worden und zeigt den regelmäßigen Grundriß bayerischer Stadtgründungen jener Zeit. Eine breite Marktstraße bildet

Häusergiebel am Markt

die Achse. In ihrer Mitte erhebt sich das Rathaus (1539–1545) mit seinem Achteckturm und einem erhaltenen Pranger. Stolze Bürgerhäuser des 16. und 17. Jh. blicken mit mannigfaltigen Giebelfassaden auf den Markt. Von der Stadtbefestigung verblieben Reste von Mauern, Wehrgängen und zwei Stadttore (Oberes und Unteres Tor). Die evang. Pfarrkirche St. Michael stammt zwar aus dem 15. Jh., wurde jedoch mehrfach umgebaut, zuletzt im 18. Jh. Die kath. Sebastianskirche (erb. 15. Jh., renoviert 17. Jh.) enthält ein schönes Epitaph für die Zwillingskinder des Pfalzgrafen Friedrich von Vohenstrauß (1590). Weitere beachtenswerte Epitaphien in der Arkade bei der Städt. Sparkasse. Im Städt. Museum erinnert ein Max-Reger-Zimmer daran, daß der große Komponist entscheidende Jahre seiner Jugend in Weiden verlebte und hier seine berühmtesten Orgelwerke schuf. Nicht zu Unrecht trägt der Ort daher den Beinamen „Max-Reger-Stadt".

Die Zwillinge des Pfalzgrafen Friedrich

Der Aufstieg des Ortes von einer verträumten Kleinstadt zu einer wirtschaftlichen, verkehrspolitischen und kulturellen Metropole der nördlichen Oberpfalz vollzog sich recht schnell. Vor einem Jahrhundert zählte er rund 2000, um 1900 etwa 10 000, 1974 aber bereits über 43 000 Einwohner. Fünf Großbetriebe waren es vor allem, die den industriellen Aufschwung herbeiführten: ein Eisenbahnausbesserungswerk, zwei große Porzellanfabriken, eine Glasfabrik und ein bedeutendes Textilherstellungs- und -versandhaus. Druckereien, chemische und Lederindustrie tragen heute ebenfalls zum regen Wirtschaftsleben der Stadt bei. Mehrere Fachschulen fördern den Nachwuchs. Als Eingangspforte zum Oberpfälzer Wald ist Weiden auch für den Fremdenverkehr von Bedeutung.

Die Weidener veranstalten im April/Mai ein Frühlingsfest und im August ein großes Volksfest.

LANDKREIS AMBERG-SULZBACH

Jura und Bruchschollenland im Wechsel gestalten das Oberflächenrelief der bewegten Landschaft. Waldberge, Flußtäler und Weiher geben die Anhaltspunkte. Dank der geologischen Verhältnisse sind Bodenschätze (Eisenerz, kostbare Erden) vorhanden, die das Amberger Umland schon früh zu einem Industrierevier anwachsen ließen („Ruhrgebiet des Mittelalters"). Von den vielen Hammermühlen, die früher im Vilstal pochten, können die Hammerhäuser in Neumühle und Haselmühl eine Vorstellung geben. Im Hammerschloß von Theuern (erbaut 1781) entsteht ein großangelegtes „Bergbau- und Industriemuseum", das der historischen Industrie Ostbayerns gewidmet ist. Als eine der letzten von rund 300 Oberpfälzer Hammerschmieden kann der „Staubershammer" aus Michelfeld besichtigt werden, ferner der älteste oberpfälzische Förderturm und eine Grubenbahn.

Ehem. Hammerhaus in Haselmühl

Die moderne Schwerindustrie findet man in der kreisfreien Stadt Amberg (Sitz der Kreisverwaltung) und in Sulzbach-Rosenberg vor. Die Eisenerzgruben liefern das Rohmaterial für die Herstellung von Halbzeug, Formstahl, Stab- und Bandstahl, Blechen, Rohren und Grauguß.

Schloß Sulzbach

Die Stadt Sulzbach-Rosenberg selbst liegt terrassenförmig auf einem Höhenrücken des Jura. Keimzelle war eine Herzogsburg aus dem 11. Jh. Bereits im 14. Jh. Stadt, erhielt es einen Mauerring (Reste vorhanden), eine große gotische Pfarrkirche (Hallenkirche des 14./15. Jh.), die von 1652 bis 1960 beiden Konfessionen als Simultankirche diente, und ein Rathaus mit prächtiger gotischer Giebelfront (14./15. Jh.). Die einstige Herzogsburg wurde mehrfach verändert und schließlich von Herzog Ottheinrich II. von Pfalz-Sulzbach zum Schloß umgebaut (um 1590; es beherbergt heute das Heimatmuseum). 1934 wurde Sulzbach mit der Gemeinde Rosenberg zusammengeschlossen. Östlich der Stadt steht inmitten alter Linden die Wallfahrtskirche St. Anna (17./18. Jh.). Zu Ehren der Heiligen findet jeden Juli ein traditionelles Bergfest statt.

Kaiser Karl IV. Steinfigur aus der Pfarrkirche zu Sulzbach (um 1580)

Wie die ganze Oberpfalz, so ist auch das Sulzbacher Jura-Bergland mit vielen Burgen und Schlössern geschmückt. Da ist südöstlich vom Markt Königstein die Burgruine Breitenstein mit einer romanischen Kapelle des 12. Jh., die Ruine auf dem Poppberg (weite Aussicht), das schöne Burgschloß Neidstein (1513 neu erbaut), der malerische Edelsitz Holnstein, das Schloß in Kirchenreinbach u. v. a.

Weiter südlich hat die Lauterach ein romantisches Juratal geschaffen. Hoch über dem Fluß liegt eine der frühesten Klostergründungen der Oberpfalz, die ehemalige Benediktinerabtei Kastl (gegr. 1098 durch die Grafen von Sulzbach-Kastl). 1129 war die romanische Klosterkirche erbaut, um 1400 eingewölbt und mit einem interessanten gemalten Wappenfries versehen worden.

Schloßkapelle in Breitenstein

In der gotischen Vorhalle, deren prachtvoll gefächertes Gewölbe von einer Mittelsäule getragen wird, befinden sich zahlreiche alte Grabsteine, darunter drei aus der Werkstatt von Loy Hering (16. Jh.). Verhältnismäßig schlicht ist die Grabplatte für Seyfried Schweppermann (gest. 1337), den bekannten Feldhauptmann unter Ludwig dem Bayern. Unweit flußaufwärts liegt die Ruine seiner Burg. Südöstlich von Kastl stehen in Heimhof ein spätmittelalterliches Schloß und in Allersburg eine gotische Pfarrkirche mit Karner innerhalb einer festen Friedhofsmauer.

Das typische Bild eines alten oberpfälzischen Marktes vermittelt in großartiger Weise Hohenburg mit seinem Renaissance-Rathaus (um 1560, Umbau 1720). Die gleichnamige ruinierte Burg war Stammsitz der Markgrafen von Hohenburg, deren einer, Berthold, Vormund des letzten Hohenstaufen Konradin war.

Schmidmühlen

Wo die Lauterach in die Vils mündet, liegt Schmidmühlen mit freundlichen Giebelhäusern und drei alten Schlößchen. Es ist der Geburtsort Erasmus Grassers, des originellsten Bildschnitzers der Spätgotik. Das Vilstal aufwärts kommt man von hier zum ehemaligen Bene-

Kastl. Vorhalle der Klosterkirche

Das Vogeltor in Vilseck

Auerbach

Der äußere Turm des ehem. Klosters Michelfeld

diktinerkloster E n s d o r f. Die großen Freskengemälde in der um 1694 bis 1718 neu erbauten Klosterkirche sind das früheste selbständige Werk des Cosmas Damian Asam.

Ein guter Barockbau ist auch die Kirche von E b e r m a n n s d o r f östlich von Theuern, die Wolfgang Dientzenhofer 1705 erbaut hat. Die Burgruine des Ortes stammt aus romanischer Zeit.

Nördlich von Amberg liegt in einer weiten Weiherlandschaft das altertümliche Städtchen V i l s e c k. Reste eines Mauerrings (14. Jh.), Stadttore wie das Vogeltor (14. Jh.) und ein ehem. bischöflich bambergisches Schloß (15.–18. Jh.) mit altem Bergfried (14. Jh.) geben ihm ein äußerst malerisches Aussehen. Die Pfarrkirche St. Ägidius (1751–53) enthält in der Sakristei eine Kreuzigungsgruppe aus Nymphenburger Porzellan (um 1760 von F. A. Bustelli).

Auch im nördlichen Zipfel des Landkreises wird Bergbau auf Erz betrieben. Die Stadt A u e r b a c h i. d. OPf. ist dadurch zum Industrieort geworden. Inmitten ihrer breiten Marktstraße steht das Rathaus von 1552 und an ihrem Ende die 1686/87 barock umgebaute Pfarrkirche. Die Friedhofskirche St. Helene (16. Jh.) weist bemerkenswerte Malereien auf. Der Auerbacher Dr. Heinrich Stromer begründete im 15. Jh. ein Messehaus in Leipzig, aus dem sich die weltberühmte Leipziger Messe entwickelte. Er schloß diesem Anwesen einen Weinkeller an: den durch Goethes „Faust" bekannten Auerbachskeller.

In der Nähe liegt die ehem. Benediktinerklosterkirche von M i c h e l f e l d. Es ist ein Barockbau (erb. 1692 nach Plänen von Wolfg. Dientzenhofer), den die Brüder Asam zwischen 1716 und 1721 vorzüglich mit Stuck, Gemälden und Altären ausstatteten. Von der einst äußerst stark befestigten Klosteranlage (gegr. 1119) blieben Mauerteile und Türme bis heute stehen.

Neben dem vorrangigen Bergbau und der Eisenindustrie gibt es im Kreis zahlreiche andere Produktionszweige, wie Textil- und Bekleidungsindustrie, elektrotechnische, chemische, kunststoff- und holzverarbeitende Werke sowie die Industrie der Steine und Erden. H i r s c h a u, nordöstlich von Amberg, ist die „Stadt der weißen Erde" mit den größten Kaolinwerken Deutschlands. Hauptattraktion ist der über hundert Meter hohe

„Monte Kaolino", der sommerliche Skifreuden auf schneeähnlichem Kaolinsand erlaubt (Lift). Sehenswert ist hier die Pfarrkirche (15. Jh.) und das Rathaus mit Treppengiebeln aus dem 16. Jh. Auch im benachbarten S c h n a i t t e n b a c h wird Kaolin gewonnen. Die Erträge im Getreide- und Obstbau sind nicht überragend. Dem Fremdenverkehr kommt in den anziehenden Gebieten der Oberpfälzer Alb größere Bedeutung zu.

LANDKREIS CHAM

Der Marktplatz von Cham

Entlang der Cham-Further-Senke liegt die Nahtstelle von Bayerischem und Oberpfälzer Wald. Sie folgt dem Tal von Regen und Chamb. Südlich steigen die Gipfel von Osser, Hoher Bogen, Kaitersberg, Haidstein bzw. Falkensteiner Vorwald auf, nördlich im Oberpfälzischen Dachsriegel, Gibacht, Gucker und Schwarzwihrberg. Die Kreisstadt C h a m (976 zum ersten Mal als Stadt genannt) lag einst auf der Anhöhe über dem Dorfe Altenstadt. Erst im 12./13. Jh. wurde es auf dem heutigen Platz am Regen neu gegründet. Von dem alten Mauerring sieht man heute noch den Straubinger Turm und das von wuchtigen Rundtürmen eingefaßte Burg- oder Biertor (14. Jh.). An das letztere Tor grenzt das ehem. Stadtschloß (heute Brauerei). Den hübschen Marktplatz überragt die im 18. Jh. erneuerte mittelalterliche Pfarrkirche St. Jakob mit Stukkaturen und Bemalung von Otto Gebhard aus Prüfening; daneben steht das Gasthaus zur Krone (15. Jh.). Das gotische Rathaus mit Treppengiebeln wurde im 15. Jh. erbaut (Städt. Heimatmuseum). Ein berühmter Sohn der Stadt war Graf Nikolaus von Luckner (1722 bis 1794), der es bis zum Marschall von Frankreich und Vertrauten des französischen Königs brachte, in der Revolution aber auf dem Schafott starb. Sein Nachkomme, der „Seeteufel" Graf Felix von Luckner, holte sich durch seine tollkühnen Kaperfahrten während des I. Weltkrieges Lorbeeren. Cham wurde auch als Treffpunkt bayerischer Volksmusik- und Tanzgruppen bekannt. Die Stadt ist eine Pforte zum nördlichen Bayerischen Wald und damit ein Brennpunkt des Fremdenverkehrs.

Got. Kanzel in der Kirche von Chammünster

Ostwärts von Cham liegt die vorausgegangene Gründung C h a m m ü n s t e r (8. Jh.), eine Niederlassung von Benediktinern aus St. Emmeram in Regensburg. Sie war einst die Urkirche des mittleren Bayerischen Waldes und Sitz eines Erzdekans. Die ursprünglich romanische doppeltürmige Kirche wurde im 15. Jh. umgebaut, der prächtige Hochaltar entstand 1760/70. Neben der Kirche ein Karner (12. Jh.) mit Ossuarium, das über 1000 Totenschädel enthält. Bei Chammünster ragt der sagenumwobene Ödenturm auf, ein Rest der ehem. Burg C h a m e r e g g (12. Jh.). Unweit östlich liegt die ausgedehnte Burgruine von R u n d i n g.

Westlich erhebt sich Schloß Thierlstein (Ende 14. Jh.) auf einem Felsen des Pfahls über die Weiherlandschaft der Chamer Senke. In W e t t e r f e l d am Regen liegt eine ehem. gotische Wasserburg.

Schloß Thierlstein

Das Chambtal leitet hinüber in die Further Senke, die seit alters das wichtigste Völkertor zwischen Böhmen und Bayern darstellt. Dort liegt die rührige Stadt F u r t h i m W a l d, wo alljährlich am zweiten Augustsonntag der „Drachenstich", das älteste bayerische Volksschauspiel mit Volksfest

„Drachenstich" in Furth i. Wald

und Festzug stattfindet (Dokumente dazu im Heimatmuseum). Im Drachen wird durch einen Ritter symbolhaft das Böse bekämpft und überwunden. Daneben gibt es Aufführungen der „Waldbühne".
Chambaufwärts folgt der Markt Eschlkam. Hier steht das Geburtshaus Maximilian Schmidts (1832–1919), der seine Waldheimat dichterisch verklärt hat und den Ehrennamen „Waldschmidt" erhielt. Das benachbarte Schloß Stachesried wurde 1692 erbaut.
Zu Füßen des Hohen Bogen breitet sich der Wallfahrtsort Neukirchen bei Hl. Blut aus. Die reich ausgestattete Wallfahrtskirche Mariae Geburt (17./18. Jh.) ist zu einer Hälfte Pfarr- und zur anderen Franziskanerklosterkirche; ein doppelter Hochaltar trennt beide. Der Ort wurde aber auch durch Herstellung von Rosenkränzen und mohammedanischen Gebetsschnüren bekannt. (In der Nähe Sprungschanze.)

Wallfahrtskirche Neukirchen bei Hl. Blut

In die Bergwelt des Bayerischen Waldes führt das Tal des Weißen Regen. Als Zentrum liegt dort das freundliche Städtchen Kötzting am Fuße des langgestreckten Kaitersberges. Seine wechselvolle Geschichte läßt sich bis in das 11. Jh. zurückverfolgen. Nach einem verheerenden Brande 1867 mußte es nahezu völlig neu aufgebaut werden. Ein Teil der alten Zwingerbefestigung mit dem Pflegerschloß blieb erhalten. Die Pfarrkirche stammt aus der zweiten Hälfte des 18. Jh. Berühmt ist der traditionelle Kötztinger Pfingstritt, eine seit Jahrhunderten am Pfingstmontag zur Nikolauskirche in Steinbühl (gotisch; barock verändert) ziehende Bittprozession.
In der Umgebung Kötztings bauten alte Adelsgeschlechter schlichte Schloßanlagen in Grafenwiesen (1612–1620), Blaibach (außerdem freundliche Rokokokirche), Miltach, Altrandsberg (16./17. Jh.) und Zandt. Einen Vorsprung des Hohen Bogen krönt die im 30jährigen Kriege zerstörte sagenumwobene Ruine Lichteneck mit ihrem erhaltenen Wartturm.

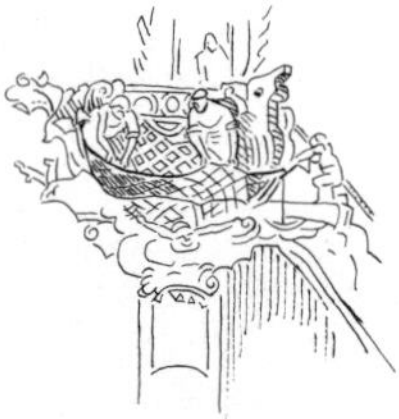

Kanzel der Wallfahrtskirche von Weißenregen

Südwestlich von Kötzting steht die Wallfahrtskirche von Weissenregen (18. Jh.), deren Kanzel von 1758, ähnlich wie in Irsee, einem Schiffe nachgebildet ist.
Lam ist der Hauptort des malerischen Lamer Winkels zwischen Osser, Arber, Kaitersberg und den sie verbindenden Höhenzügen, ein Paradies für Sportler und Erholungsuchende. Die Pfarrkirche erhielt nach einem Brand 1699 einen Neubau.
Der südwestliche Teil des Landkreises reicht in den Vorderen Bayerischen Wald hinein, dessen Hauptort Falkenstein ist. 60 m hoch ragt die Burg über dem gleichnamigen Marktflecken auf. Um 1074 wird sie erstmals genannt. Bei ihrer tapferen Verteidigung gegen die Hussiten erwarben sich die Falkensteiner Weiber historischen Ruhm. Heute gehört die Burg samt dem umliegenden großen, wunderbaren Naturpark den Fürsten von Thurn und Taxis. Die Gebäude wurden zuletzt im 18. Jh. umgebaut.

Weiter östlich erhebt sich das spätgotische Schloß Sattelpeilnstein, westlich die Burgruinen Siegenstein (12. Jh.) und Lobenstein (14. Jh.).

Am Marktplatz in Roding

Das Regental hinab gelangt man zuerst nach Roding, einem der ältesten Orte im Kreis. Im 9. Jh. war Roding karolingischer Königshof. Von seiner mittelalterlichen Ummauerung sind noch ansehnliche Reste mit halbrunden Türmen vorhanden. 1952 wurde es zur Stadt erhoben. Im malerischen Ortsbild sind der Renaissancebau des Rathauses, die neu erbaute moderne Pfarrkirche mit kräftigem Kuppelturm, der romanische Karner und etliche gefällige Hausfronten mit Treppengiebeln sehenswert. Das nun sich verengende Regental ist wegen seiner Klöster, Kapellen, Burgen und Ruinen berühmt. Unweit Roding grüßen das idyllisch gelegene Rokoko-Kirchlein Heilbrünnl, ein vielbesuchter Wallfahrtsort des Regentales, und die Burgruine von Regenpeilstein (Bergfried 14. Jh.). Walderbach ist ein altes ehem. Zisterzienserkloster mit einem äußerst interessanten romanischen Kirchenbau aus dem 12. Jh. Trotz mehrfacher Umbauten blieb der ursprüngliche Charakter bewahrt, wozu u. a. die freigelegten originalen Ornamentmalereien an den Gewölben beitragen. Das 18. Jh. fügte eine neue Chorpartie, Altäre und einen eleganten Turm hinzu. Im kleinen Museum Sammlungen zur bäuerlichen Kultur. Das Kloster Reichenbach gründeten 1118 Benediktinermönche aus Kastl. Von der einstigen burgenartigen Befestigung des Klosters ist kaum etwas erhalten, die Klostergebäude sind heute von Barmherzigen Brüdern bewohnt. Die romanische Klosterkirche (12. Jh.) erlitt mehrere Veränderungen. Einschneidend war die Barockisierung im 18. Jh. Stuck und Fresken schmücken nun die Wände. Sehenswert sind das Stiftergrab des Markgrafen Diepold II. (1304) und eine Steinfigur der Muttergottes von 1420. Reichenbacher Mönche besiedelten das Kloster Ettal in Oberbayern. 1803 wurde das Kloster Reichenbach säkularisiert.

Roman. Ornamentmalereien in der Kirche zu Walderbach

Nördlich des Regen, jenseits der großen Forste der „Bodenwöhrer Bucht" (Einsiedler-Forst, Walderbacher Forst, Neubäuer Forst und Rodinger Forst) mit ihren großen Weihern sind die Ruine Schwärzenberg (12. Jh.) und das Schloß der Ritter Kürn von der Kürn (14./15. J.) in Stamsried zu nennen. Oberhalb des Ortes die 1634 zerstörte Kürnburg.

Der Norden des Kreises gehört zum Bergland des Oberpfälzer Waldes. Dort liegt in einem grünen Talkessel Waldmünchen, das im 10. Jh. von Mönchen aus Chammünster gegründet worden ist. Stadtrechte erhielt es im 13. Jh. Leider haben häufige Kriegs- und Brandkatastrophen den mittelalterlichen Eindruck des Ortsbildes verwischt. Am grausamsten hauste hier 1742 im Österreichischen Erbfolgekrieg der Pandurenoberst von der Trenck. An ihn erinnert das eindrucksvolle, nächtlich bei Fackelschein aufgeführte Freilichtspiel „Trenck der Pandur". Es wird seit 1951 jährlich mehrmals von rund 200 Personen gespielt. Großes Verdienst hat sich Waldmünchen als „Stadt des Volksliedes" erworben. Von hier ging die Erneuerung des bayerischen Volksgesanges in der Oberpfalz aus. Bekannt ist die Gesangsgruppe der „Waldmünchner Dirndln". Einen guten Ruf hatten auch die Schwarzenberg-Festspiele im Städtchen Rötz (Heimatmuseum im Rathaus), wo seit 1892 von einer Laienspielgruppe verschiedene historische Schauspiele aufgeführt wurden. Als Freilichtbühne

Reichenbach

Nepomuk-Denkmal in Waldmünchen

diente die Ruine Schwarzenburg auf dem Gipfel des Schwarzwihrberges. Die Burg entstand im 11. Jh. und war im 16. Jh. Sitz eines berüchtigten Raubritters. Von hier zog 1433 Herzog Johann von Neunburg mit seinen Mannen gegen die Hussitenhorden in die siegreiche Schlacht bei Hiltersried. In Hillstett an der Schwarzach westlich von Rötz steht das Oberpfälzer Handwerksmuseum. Hier wird historisches Handwerksgerät in vollständig eingerichteten Werkstätten vorgeführt, darunter befindet sich ein Eisenhammer und ein Glasschleif- und Polierwerk. Es ist zugleich eine Sozialdokumentation historischer Arbeitsverhältnisse.

Über dem Dorf Treffelstein erhebt sich der 15 m hohe Rundturm der gleichnamigen Burgruine (11. Jh.). In Treffelstein und dem benachbarten Tiefenbach finden sich noch viele charakteristische Oberpfälzer Holzhäuser.

Das Wirtschaftsleben des Kreises stützt sich auf den wachsenden Fremdenverkehr, auf die Landwirtschaft (Weizen, Roggen, Hafer, Gerste, Kartoffeln, Rinderhaltung und Schweinezucht) und auf zahlreiche kleinere und mittlere Industriebetriebe, die Bekleidung, Maschinen, verschiedene Metallprodukte, elektrotechnische und chemische Artikel, Holz- und Kunststoffprodukte, Spielwaren, Christbaumschmuck, Glas, Zündhölzer, Knöpfe, Lederwaren, Textilien, Bier und Nahrungsmittel herstellen.

Kötztinger Pfingstritt

LANDKREIS NEUMARKT i. d. OPf.

Der Kreis umfaßt einen großen Teil des Oberpfälzer Jura mit allen Variationen seines Landschaftscharakters: Vorland, Zeugenberge, Stufentrauf, Hochfläche und Täler. Darin kleine Städte, Märkte, Dörfer, Klöster und auf den Bergen – typisch für die Oberpfalz – malerische Burgruinen.
Die Kreisstadt N e u m a r k t i. d. O P f. liegt umgeben von Jurabergen. Sie ist als Stadt urkundlich erstmals 1235 erwähnt. 1329 gelangt sie an die pfälzische Linie der Wittelsbacher, ist seit 1410 zeitweise Residenz der Pfalzgrafen und fällt 1628 an die bayerische Stammlinie der Wittelsbacher zurück. Von der Stadtbefestigung sind noch Teile der Mauer, der Pulverturm und der Schuldturm erhalten. Gegen Ende des Zweiten Weltkrieges ist die Stadt nahezu ausradiert worden. Von 573 Häusern wurden 521 vollständig zerstört. Das gotische Rathaus am Marktplatz konnte wiederaufgebaut werden. Die danebenstehende Pfarrkirche blieb einigermaßen erhalten. Es ist ein Hallenbau aus der ersten Hälfte des 15. Jh. Von der ehemals berühmten Schloßanlage blieben nach dem 19. Jh. nur zwei hochgiebelige Flügel und die Hofkirche übrig. Diese, ein gotischer Bau, erfuhr 1701/02 eine barocke Umgestaltung. Bemerkenswert sind die vorzügliche Tumba für Pfalzgraf Otto II. (um 1499) und die „Steinerne Madonna“ (1480). Auf dem Kalvarienberg steht die Wallfahrtskirche Maria-Hilf (1718–27). Kleines Heimatmuseum im Ort.
Burgen und Schlösser der Neumarkter Umgebung sind: W o l f s t e i n, eine ausgedehnte Ruine (vom runden Bergfried aus dem 12. Jh. prächtige Aussicht), Schloß P i l s a c h, wo der geheimnisumgebene Kaspar Hauser im Gefängnis aufgewachsen sein soll, die Ruine H e i n r i c h s b ü r g, Schloß D e i n i n g und die gotische Kirchenburg von H e l e n a mit ihrem befestigten Friedhof.
Westlich von Neumarkt liegen inmitten von Obstbäumen der freundliche Markt P y r b a u m (originelle spätgotische Pfarrkirche, Fachwerkhäuser und Torhäuser der Ortsbefestigung) und die Zisterzienserabtei S e l i g e n p o r t e n. Die gotische Klosterkirche ist ein großzügiger, einfacher Bau vom Ende des 13. Jh.
Etwas südlich folgt F r e y s t a d t, ein altertümlicher Ort mit breitem Straßenmarkt, beherrscht vom Rathaus (1665), spitzgiebeligen Wohnhäusern und zwei Tortürmen. Neben einer Barockkirche in der Stadt interessiert vor allem die außerhalb gelegene Wallfahrtskirche Maria-Hilf von Antonio Viscardi 1700–1708). Francesco Appiani (Stuck) und Joh.

Rathaus in Neumarkt i.d. OPf.

Wolfstein

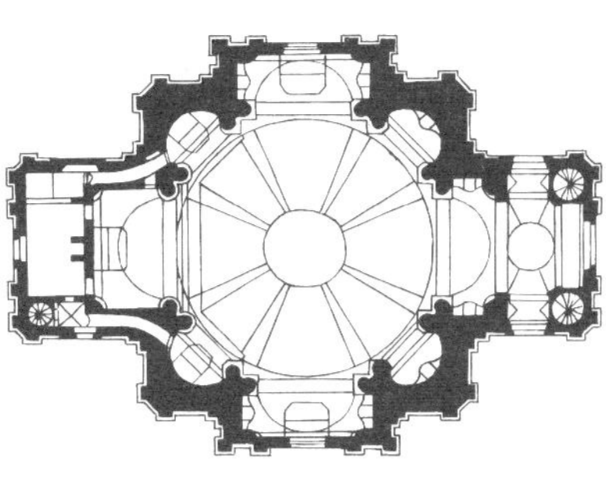

Grundriß der Wallfahrtskirche „Maria Hilf“

Klosterruine Gnadenberg

Georg Asam mit seinen berühmten Söhnen (Fresken) schmückten den barocken Zentralbau italienischer Prägung. Auf einem Juravorsprung in der Nähe liegt der Luftkurort Sulzbürg, einst Residenz der reichsunmittelbaren Herrschaft Sulzbürg-Pyrbaum. Eine Schloß- und zwei Pfarrkirchen (evangelisch und katholisch) sind besuchenswert. Im sog. Landl-Museum Sammlungen zur Ortsgeschichte.
In Erasbach unterhalb von Sulzbürg steht das Geburtshaus des großen Barockkomponisten Christoph Willibald Gluck (1714–1787).
Nördlich von Neumarkt erhebt sich die Burgruine Haimburg und die große Ruine der Birgittenklosterkirche von Gnadenberg (erb. 1451–1483, zerstört 1635), nordöstlich steigt der aussichtsreiche Dietrichstein auf, in der Nähe die Wallfahrtskirche von Trautmannshofen, die 1666 von W. Dientzenhofer erbaut worden ist.
Im benachbarten Lauterhofen hat man einen frühgeschichtlichen Reihengräberfriedhof aufgedeckt. Während des 8. Jh. bestand hier ein karolingischer Königshof. Heute ist der Ort durch seine Heil- und Pflegeanstalten bekannt.
Der Habsberg, weiter südlich, trug einst eine bedeutende Burg, die aber zwei Volksheiligtümern gewichen ist: einer Gnadenkapelle von 1747 und einer großen Rokokowallfahrtskirche von 1763–1773 mit eleganter Stuckierung und Deckenfresken.
In den Süden des Kreises führen die Täler der Sulz, der Weißen Laaber, der Breitenbrunner und der Schwarzen Laaber.
Das Sulztal hinab gelangt man in das altertümliche Städtchen Berching, das wie ein lebendiges Freilichtmuseum wirkt. Gemessen an der Geschlossenheit des Stadtbildes könnte es mit Rothenburg o. d. T. verglichen werden. Seine vollständig erhaltene Stadtmauer mit ihren vier Toren und 12 Türmen (Ende 15. Jh.) behütet ein überaus malerisches Kleinstadtbild aus dem Spätmittelalter. Die Wohnhäuser stehen mit den Giebeln zur Straße. Überall findet man romantische Durchblicke und Winkel (z. B. am Chinesenturm). Auch Berchings Kirchen sind sehr alt, wur-

Das mauerumhegte Berching aus der Vogelschau

den allerdings barockisiert. Die gotische Pfarrkirche Mariae Himmelfahrt veränderte Matth. Seyboldt 1756 (Deckengemälde J. M. Bader), die romanische Kirche St. Lorenz erfuhr 1680 Umbauten, ihre Seitenaltarblätter sind bedeutende Arbeiten aus der Schule Albrecht Altdorfers (um 1515).

Am Berghang über dem Sulztal liegt das Benediktinerkloster Plankstetten, dessen romanische Kirche (12. Jh.) mit ihren mächtigen Westtürmen 1493–95 mit einer Chorpartie und 1728 mit Stukkaturen und Wandgemälden versehen wurde. Ein schönes Werk des Rokoko ist die Hl. Kreuzkapelle mit einer Vespergruppe aus Stuck von Joh. Jak. Berg (1760).

Im benachbarten Tal der Weißen Laaber stehen die Burgreste von Holnstein, in Simbach ein hübsch stuckierter kleiner Zentralbau von J. J. Berg als Pfarrkirche und in Waltersberg eine barocke Kirche mit äußerst stattlichem Hochaltar (1770).

Die Breitenbrunner Laaber hat den grünen Rahmen für die Wallfahrtskapelle St. Sebastian (1702–1708; Votivkerzen und Votivhufeisen) bei Breitenbrunn und für die Ruine Breitenegg (einst im Besitz der Familie von Tilly) geschaffen. Wo sie mit der Weißen Laaber zusammenfließt, steht die Kapelle St. Bartlmä. Hier beginnt auch der Talkessel der „Siebentälerstadt“ Dietfurt an der Altmühl. Dies ist einer jener Orte, die ihr altertümliches Stadtbild mit Mauerring, gotischen Stadttürmen und vielen alten Giebelhäusern fast unberührt bewahrt haben. Die gotische Pfarrkirche wurde 1736 umgebaut, die Klosterkirche der Franziskaner um 1660 errichtet. Jenseits der Altmühl in Griesstätten steht die denkwürdige Wallfahrtskirche zu den „drei elenden Heiligen“ (erb. 1740–50).

Am nördlichen Tor in Velburg

Die Schwarze Laaber entspringt oberhalb von Dietkirchen, das durch die Fülle schöner schmiedeeiserner Grabkreuze in seinem Friedhof bekannt geworden ist.

Die auffallenden Punkte der Laaber-Landschaft liegen nicht im Flußtal, sondern auf dem Laaber-Plateau. So auch Günching, das in seiner Pfarrkirche von 1516 ein Hochaltarblatt und Gewölbefresken von C. D. Asam besitzt, ferner die Burgruine Helfenberg (Reste eines Tillyschen Barockschlosses; gute Aussicht) und das Städtchen Velburg, das Ludwig der Strenge im 13. Jh. unterhalb seiner Burg (heute Ruine) als Markt gründete. 1310 erhielt es das Stadtrecht. Von der Stadtbefestigung (14. Jh.) sind ansehnliche Teile erhalten (nördliches Tor). Die Pfarrkirche St. Johannes Baptist wurde im 13. Jh. erbaut, dann mehrfach umgestaltet, zuletzt barockisiert. Eine freundliche Wallfahrtskirche steht auf dem Kreuzberg (18. Jh.). Im kleinen Heimatmuseum sind Sammlungen aus der Volkskunst und alte Korbwaren zu sehen. Besuchenswert ist die ehem. Wallfahrtskirche St. Wolfgang bei Velburg. Es ist ein gotischer Bau von 1467 mit vollständiger spätgotischer Altarausstattung von der Hand einheimischer Künstler. In der Nähe wurde 1895 die „König-Otto-Höhle“, eine der größten und schönsten Tropfsteinhöhlen des Oberpfälzer Jura entdeckt.

Die Schloßtürme in Parsberg

Eine weitere Burgruine folgt bei Klapfenberg: die Adelburg hoch im Walde über dem Fluß.

Zwei malerische flache Kuppeltürme sind das Wahrzeichen des tausendjährigen Städtchens Parsberg. Sie gehören zum Schloß der Ritter

von Parsberg (erb. erste Hälfte des 16. Jh.). Daneben erkennt man die Reste der vorangegangenen Burg (Aussicht). Sehenswert ist auch das Heimatmuseum mit Andachtsbildern und typischem bäuerlichem Hausrat.
Ausgesprochen massig wirkt die Burgruine von Lupburg über dem Laabertal. Der ursprünglich romanische Bau ist im 17./18. Jh. umgestaltet worden.
Den Osten des Landkreises nimmt der Truppenübungsplatz von Hohenfels ein. Den gleichnamigen Marktflecken verschenkte Kurfürst Maximilian 1631 an seinen Feldherrn Tilly. Von dem Burgschloß des Ortes blieb kaum mehr als der runde Bergfried erhalten. Er dürfte noch aus dem 12. Jh. stammen. Weiter östlich liegt Kirchenödenhart mit seinem Schloß von 1565.
Die Landwirte des Landkreises sind auf relativ karge Juraböden angewiesen, die Getreide und Kartoffeln hergeben; die Viehzucht schafft einen geringen Ausgleich.
In der Industrie werden die heimischen Grundstoffe verarbeitet: Holz, Steine und Erden. Die höchste Beschäftigtenzahl weist die elektrotechnische Industrie auf, aber auch die Bekleidungsbranche ist stark vertreten.

Am Marktplatz von Neustadt a.d.WN.

LANDKREIS NEUSTADT a. d. WALDNAAB

Zwei bedeutende Landschaftsformen der Oberpfalz treten im Landkreis auf: der Oberpfälzer Wald und das Oberpfälzer Hügelland (Bucht von Weiden). Die Hauptachse bildet das Naabtal, wo die kreisfreie Stadt Weiden als wirtschaftlicher und kultureller Schwerpunkt wirkt. Die Kreisverwaltung aber hat ihren Sitz in Neustadt a. d. Waldnaab, das heute durch seine Hochglanz-Bleikristall-Erzeugnisse bekannt ist. Schon 1232 wird es als Stadt genannt. Nach wechselnden Besitzern erhoben die böhmischen Fürsten von Lobkowitz Neustadt zu ihrer Residenz (1641–1806). Sie errichteten im 17. Jh. das Alte Schloß (heute Heimatmuseum) und gegen 1720 das Neue Schloß mit schönen Repräsentationsräumen. Reizvolle Partien mit alten Bürgerhäusern zeigen sich am langgestreckten Marktplatz.

St. Felix bei Neustadt a.d.WN.

Die außerhalb des Ortes liegende Wallfahrtskirche St. Felix von 1735 mit ihren reichen Deckengemälden (1763–1765) und die weiter nördlich gelegene Wallfahrtskirche St. Quirin von 1680 mit kraftvollen Altären sind Stiftungen der Fürsten von Lobkowitz. Eine Spezialität der Gegend war der „Zoigl", ein selbstgebrautes Bier.
Als Eingangstor zum wildromantischen Waldnaabtal am Zusammenfluß von Fichtel- und Waldnaab gilt das tausendjährige Windischeschenbach, überragt von der auf hohem Fels errichteten Burg Neuhaus, einem mehrgeschossigen Wohnbau mit interessantem Bergfried (genannt „das Butterfaß"). Burg und Ort Neuhaus sind Gründungen der Landgrafen von Leuchtenberg und waren später im Besitz des Klosters Waldsassen.

Die Friedrichsburg in Vohenstrauß

Im Naabtal südlich von Weiden sind die gutausgestattete Kirche von Luhe (1699–1732) und das hübsche Schloß Röthenbach (1678) nennenswert.

Im Osten geht die Weidener Bucht allmählich in die Höhen des Oberpfälzer Waldes über. Dort liegt das alte Städtchen Vohenstrauß, überragt von seinem Wahrzeichen, dem Schloß Friedrichsburg. 1586 bis 1590 ließ Pfalzgraf Friedrich III. von Pfalz-Neuburg den rechteckigen Bau mit seinen sechs Rundtürmen an den Langseiten und den geschweiften Giebeln über den Querseiten als Regierungssitz errichten. Im Rathaus hat die rührige Stadt ein Heimatmuseum, das u. a. Produkte der traditionellen Industrie zeigt. Alljährlich wird ein großes Volks- und Schützenfest gefeiert.

Die zentrale Lage in schöner Umgebung begünstigt den Fremdenverkehr: Da liegt westlich die größte und historisch bedeutsamste Burg der Oberpfalz: Leuchtenberg. Weithin sichtbar ruhen die „kubischen Massen" dieser „Wartburg der Oberpfalz" oberhalb der gleichnamigen Ortschaft. Die Landgrafen und späteren Reichsfürsten von Leuchtenberg, die zu den mächtigsten und reichsten oberpfälzischen Adelsfamilien gehörten, bauten seit dem 12. Jh. immer wieder an der Burganlage. Ein Brand zerstörte sie im 19. Jh. Über die immer noch imposanten Reste des Bauwerkes ragt ein viereckiger Bergfried, der eine umfassende Aussicht auf große Teile der Oberpfalz und des Böhmerwaldes gewährt.

Burgruine Leuchtenberg

Südöstlich von Vohenstrauß kommt man bei Moosbach zur Wieskirche, einer einheitlichen Rokokokirche mit wirkungsvoller Ausstattung (Wallfahrt), weiter südlich nach Burgtreswitz (Schloß, Mitte 13. Jh. als Burg erbaut, 1682 neu errichtet), nach Böhmischbruck (Pfarrkirche mit guter Frührokokoausstattung von 1730–1740) und nach Tännesberg mit seiner Burgruine („St.-Jodok-Ritt" an jedem 2. Julisonntag, „Schinkenpatschen", „Wurstsuppenfahren" und „Hexenauspeitschen" in der Walpurgisnacht).

Nordwestlich von Vohenstrauß liegt Waldau mit seiner im 18. Jh. zur Kirche umgewandelten Burg (12./13. Jh.). Besitzer des Ortes waren im 18. Jh. die Freiherren von Rummel, deren Nachfahre Gustav von Rummel als Staatsschauspieler den Künstlernamen Gustl Waldau annahm.

Detail eines Altars in der Pfarrkirche zu Eslarn

Von Waldthurn aus besteigt man die dominierende Bergkuppe des aussichtsreichen Fahrenberges, ein viel besuchtes Ausflugsziel mit Wallfahrtskirche (erb. 1778, gleichzeitige Ausstattung).

Im Städtchen Pleystein ragt 38 m hoch aus Rosenquarzgestein der Kreuzberg auf, der ein Kloster und eine Wallfahrtskirche trägt.

Beim Grenzort Waidhaus ist eine wichtige Grenzübergangsstelle in die Tschechoslowakei (nach Pilsen und Prag). Südlich davon liegt Eslarn (Pfarrkirche mit interessanter Innenausstattung), das alle fünf Jahre ein großes Heimatfest begeht.

Zu den kühnsten und schönstgelegenen Burgruinen Deutschlands gehört diejenige von Flossenbürg. In 732 m Höhe thront sie auf steilen Granitfelsen von bizarrer Form. 3 m stark sind die Mauern des Wohnturmes, der über dem schwindelnden Abgrund steht. Die Burg war 1105 vom Grafen von Sulzbach erbaut worden, kam an Kaiser Barbarossa, dann an verschiedene Herren und schließlich an das Haus Wittelsbach. Erweiterungen wurden 1280 und um 1500 vorgenommen, 1634 machten die Schweden die Burg zur Ruine. Im Dorf Flossenbürg steht ein Denkmal für die Opfer eines Konzentrationslagers, das während des Dritten Reiches hier bestanden hatte.

Flossenbürg

St. Laurentius in Eschenbach

Westlich des Naabtales führt das Tal der Heidenaab und ihrer Nebenflüßchen in die wellige Landschaft des Oberpfälzer Hügellandes; die Geologen sprechen auch vom „Bruchschollenland". Ihre Kennzeichen sind unvermittelt aufsteigende Basaltberge, die in der Tertiärzeit aus den Bruchspalten des Schollenlandes nach oben gedrungen sind. Den Parkstein bezeichnete Alexander von Humboldt als schönsten Basaltkegel der Erde. An seiner Südseite liegt die Basaltformation offen zutage. Der Basaltkegel des Rauhen Kulm ragt weithin über eine sanfte Keuperlandschaft. Einst krönte ihn eine Burg (heute Ruine) der Burggrafen von Nürnberg, die 1370 am Fuße des Berges das Städtchen Neustadt am Kulm anlegten. Einige Mauerreste und das spätgotische Untere Tor haben sich aus dem Mittelalter erhalten, die evang. Pfarrkirche (15. Jh.) wurde weitgehend barockisiert (kräftige Stukkaturen und Deckengemälde 18. Jh.).

Stuckdetail in der Klosterkirche von Speinshart

Inmitten von Wiesen, Weihern und hügeligen Wäldern liegt das Städtchen Eschenbach. Es hat zwei bemerkenswerte Kirchenbauten in der spätgotischen Hallenkirche St. Laurentius und in der gut ausgestatteten Rokokokirche Maria-Hilf (1771–74).

In den vielen natürlichen oder aufgestauten Teichen wird Fischzucht betrieben. Der Große Rußweiher, der größte Teich in der Oberpfalz, ist zugleich ein Vogelparadies und steht unter Naturschutz.

Unweit nördlich liegt die Kirche des 1145 gegründeten Prämonstratenserklosters Speinshart, die Wolfg. Dientzenhofer Ende des 17. Jh. erbaute und die der Tessiner Carlo Domenico Lucchese mit außergewöhnlich starkplastischen Stuckformen überzog. Die freigebliebenen, von Stuckrahmen gesäumten Flächen malte sein Bruder Bartolomeo Lucchese aus (1696–1706).

Theophilusglocke in Thurndorf

An der Heidenaab südlich des Städtchens Pressath (Heimatmuseum geplant) wurde im 16. Jh. das Hammerschloß von Dießfurt errichtet. Den ganzen Südwesten des Kreisgebietes nimmt der größte deutsche Truppenübungsplatz ein. Er ist nach dem Städtchen Grafenwöhr benannt. Das älteste Gebäude dieses Ortes, der Getreide- oder Zehntkasten (1532), beherbergt ein Heimatmuseum.

In der Pfarrkirche von Thurndorf bei Kirchenthumbach läutet noch heute die romanische Theophilusglocke. Es ist die älteste in der Oberpfalz.

Im Wirtschaftsleben des Kreises ist die Landwirtschaft noch ein bestimmender Faktor mit Getreide- und Kartoffelanbau, Viehzucht und Viehhaltung, Karpfenzucht und Forstwirtschaft. Die Industrie nutzt örtliche Steine und Erden und den Holzreichtum (u. a. Keramik, Glas, Kristall, Holzperlen, Pappe, Leder). Dazu kommen elektrotechnische Betriebe, Metallwaren-, Bekleidungs- und Maschinenindustrie.

Schloß Wörth an d. Donau

LANDKREIS REGENSBURG

Walhalla

Mitten durch den Landkreis fließt die Donau und trennt das Gebiet der fruchtbaren Donauebene im Süden vom Gebiet des Vorderen Bayerischen Waldes im Norden. Die Landkreisverwaltung hat ihren Sitz in der kreisfreien Stadt Regensburg, deren kultureller und wirtschaftlicher Einfluß das Land geprägt hat.

Östlich von Regensburg erheben sich auf dem Nordufer der Donau die Burgen von Donaustauf und Wörth und die Walhalla. König Ludwig I. ließ dieses Bauwerk 1830–1841 als „Tempel deutscher Ehren" auf einem weithin sichtbaren bewaldeten Hügel errichten. Leo von Klenze lieferte die Entwürfe nach dem Vorbild des Parthenontempels in Athen. 240 Stufen führen von der Flußseite in das Innere, wo über hundert Marmorbüsten großer deutscher Männer und Frauen den deutschen Einheitsgedanken wachrufen sollten.

Von einer bewegten Geschichte können die Ruinen der Burg in Donaustauf erzählen. Im 10. Jh. zuerst erwähnt, wurde sie mehrfach erstürmt und wechselte häufig den Besitzer; die Schweden machten sie 1634 zur Ruine. Interessant sind die Reste der romanischen Burgkapelle.

Das Städtchen Wörth a. d. Donau wird von einem weiträumigen türmereichen Schloß der Regensburger Bischöfe überragt (16. und 17. Jh., Bergfried mittelalterlich). Das „Rundellzimmer des Fürstbischofs" weist unter den Wohnzimmern die schönste Dekoration auf (Stuck und Malereien von 1676). Seit 1812 ist das Schloß im Besitz der Fürsten von Thurn und Taxis, die auch den nahe gelegenen riesigen „Tierpark" erwarben, einen Wildpark, der sich von Sulzbach bis Frauenzell erstreckt.

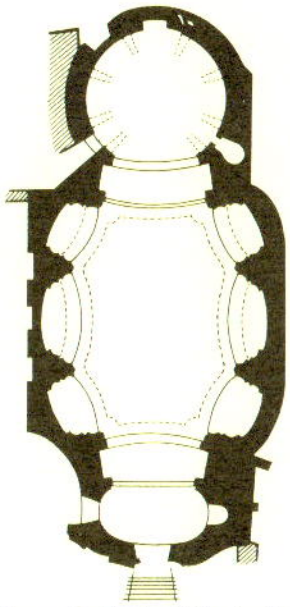

Grundriß der Klosterkirche in Frauenzell

Das ehem. Benediktinerkloster Frauenzell ging aus einer Einsiedelei hervor (1324). Sein heutiger Kirchenbau entstand unter Beratung der Brüder Asam Mitte des 18. Jh.; der lichte Innenraum erhielt eine elegante Rokokostuckdekoration und ein großes Deckengemälde von Martin Speer (1752).

Burg Wolfsegg

Bergfried auf der Burg von Kallmünz

Am Marktplatz in Hemau

Die Wallfahrtskirche in Eichelberg

Eine barocke ehem. Klosterkirche steht auch in Pielenhofen an der Naab. Franz Beer erbaute sie 1700–1720 im Auftrag des Kaisheimer Abtes. Ihr Inneres zeigt zarte Stukkaturen.
Unweit nördlich erhebt sich malerisch der wuchtige Burgbau des Schlosses Wolfsegg, erbaut im 13. Jh. und bis heute großenteils erhalten. Eine Burg trug einst auch der aussichtsreiche Schloßberg von Regenstauf im Regental. In der Hauptstraße des Ortes fällt unter den Gasthäusern ein Bau mit zwiebelbetürmtem Erker auf.
Am Zusammenfluß von Naab und Vils, von Felswänden und einem Kranz von Bergen umgeben, liegt der Markt Kallmünz. Über dem steilen Schloßberg erhebt sich die mächtige Burgruine, einst ein Hauptstützpunkt der Wittelsbacher im Nordgau. Im 12. und 13. Jh. erbaut, wurde sie 1641 von den Schweden zur Ruine gemacht. Einzigartig ist der Ausblick vom Bergfried. Um den äußeren Schloßhof verläuft ein vorgeschichtlicher Ringwall. Kallmünz gilt als einer der malerischsten Punkte der Oberpfalz. Es war im 19. Jh. ein rechtes Künstlerparadies. Seine Pfarrkirche (1758) ist im Rokokostil ausgestattet.
Im Vilstal aufwärts kommt man nach Rohrbach, wo die romanische Wallfahrtskirche aus den Resten einer mittelalterlichen Burg errichtet wurde.
Im Westen des Kreises, d. h. im Laaber-Jura und im Tal der Schwarzen Laaber, ragen zwei markante Oberpfälzer Burgruinen auf: Ehrenfels bei Beratzhausen mit Bering und Rundtürmen von 1416 und in Laaber eine Ruine mit romanischen und gotischen Mauerteilen. In der Nähe das Städtchen Hemau an der alten Straße Würzburg-Nürnberg–Regensburg. Es wird bereits 1305 durch den Bamberger Bischof Wulfing urkundlich als Stadt bezeugt. Kunstgeschichtlich interessant ist die Pfarrkirche St. Johann (1719; Chor 15. Jh.) sowie das 1471 erbaute und nach einem Brand im Jahre 1779 wiedererrichtete Rathaus. Nordwestlich die barocke Wallfahrtskirche Eichelberg, die 1697 erbaut worden ist.
Freundliche Schloßanlagen finden sich in Etterzhausen (erb. im 16. Jh., umgebaut im 18. Jh.; romanische Kapelle), Ramspau (1692 bis 1743), Wiesent (1695), Karlstein, Hauzenstein und Kürn (1826).
Besonders prächtige Schlösser aber stehen südlich der Donau: Köfering ist ein umfangreiches Wasserschloß vom Anfang des 18. Jh., Alteglofsheim, ein Bau des 17. bis 18. Jh. mit mittelalterlichem Bergfried, weist in seinem Hauptgeschoß außergewöhnlich reich dekorierte Räume auf, deren einen C. D. Asam mit dem berühmten Deckenfresko „Der Tag" geschmückt hat. Das Schloß ist Besitz der Universität Regensburg. Südlich davon liegen in Neueglofsheim das Schloß (1680) und die Burgruine „Schloß Haus". Fürstlich ausgestattet sind auch die Innenräume der ehem. Wasserburg Sünching, deren Grundriß ein Achteck bildet. Festsaal und Kapellenraum (Altarrelief von I. Günther) hat F. X. Feichtmayr mit Rocaille-Stukkaturen überzaubert, Matthias Günther malte die duftigen Fresken 1761. Schloß Schönach mit seinem festlichen „Rittersaal" entstand 1703.

Östlich von Sünching, in Aufhausen, steht ein reizvoller Frührokokobau des großen Baumeisters Johann Michael Fischer: die Stiftskirche Maria Schnee (1736–1751). Schwungvolle Fresken und Stukkaturen zieren Gewölbe und Wände.
So reich an Burgruinen, Wallfahrten und alten Dorfkirchen ist die Landschaft um Regensburg, daß hier nur noch wenige genannt werden können: die Burgreste von Brennberg, Heilsberg, Viehhausen und der Höhlenburg Loch, die Wallfahrtskirche von Mariaort (1774), unter den romanischen Kirchen Egglfing und Zinzendorf, unter den gotischen Adlersberg, Friesheim und Lerchenfeld (Wandgemälde), unter den barocken Schierling (1720/26), Langenerling und Matting.
Im Südzipfel des Kreises stehen in Zaitzkofen ein stattliches Barockschloß (um 1730) mit einer frühklassizistischen Kapelle, in Inkofen ein schlichtes Schloß des 16./17. Jh. und in Eggmühl eine eindrucksvolle Wasserburg, die trotz mehrfacher Umbauten ihr mittelalterliches Aussehen behalten hat.
Der Landkreis ist überwiegend land- und forstwirtschaftlich ausgerichtet. Südlich der Donau reifen Zuckerrüben und Weizen, auf den ärmeren Böden im Norden Getreide, Kartoffeln und Futterpflanzen. Die Wälder beliefern Sägewerke, Holzverarbeitungsbetriebe und Papierfabriken; ferner gibt es Kalk- und Granitsteinbrüche sowie Ziegeleien.
Unter den größeren Industriebetrieben führt die Elektrotechnik vor der Bekleidungsindustrie, der Ernährungsindustrie, der metallverarbeitenden Industrie und der chemischen Industrie. Der größte Industriestandort ist Neutraubling, das erst nach 1945 auf dem Gelände eines Wehrmachtflughafens entstanden ist.

Amerika. Allegorisches Stuckdetail in Alteglofsheim

LANDKREIS SCHWANDORF

Das grüne Naabtal durchzieht von Wernberg im Norden bis Burglengenfeld im Süden den Kreis und weitet sich im mittleren Teil zum sog. Schwandorfer Becken. Hier liegt der Wirtschafts- und Siedlungsschwerpunkt des Gebietes. Riesige Abbaufelder der Braunkohle unterbrechen das kräftige Grün der Föhrenwälder und die stillen Spiegel der Weiherplatten. Hauptorte der Braunkohlenindustrie sind Wackersdorf, Dachelhofen (Elektrizitäts-Dampfkraftwerk) und Schwandorf.
Der Großen Kreisstadt Schwandorf wurde bereits 1299 das Stadtrecht verliehen, doch mußte sie in ihrer wechselvollen Geschichte so häufig Zerstörungen über sich ergehen lassen, zuletzt am 17. April 1945, daß von der historischen Bausubstanz wenig erhalten blieb. Einen Rest der Stadtmauer stellt der kräftige Blasturm dar. Über die Kulturgeschichte der Stadt unterrichtet ein Heimatmuseum. Die von Bomben zerstörte Wallfahrtskirche auf dem Kreuzberg erhielt einen schönen Neubau. Am Rande Schwandorfs stehen die Schlösser von Ettmannsdorf (Hammerschloß um 1600; neues Schloß um 1700, jetzt Kloster vom Guten Hirten) und Fronberg. Letzteres ist ein ansehnlicher Renaissancebau

Fronberg, Schloßhof

(um 1587–1638) mit schönem Arkadenhof und barock ausgestatteter Kapelle von 1678.

Naabaufwärts benachbart liegt der betriebsame Markt Schwarzenfeld mit reich eingerichteter Rokokokirche und ehemaligem Schloß der Grafen Holnstein (Neubau 19. Jh.).

Vom nahen Miesberg grüßen die 1720 erbaute Wallfahrtskirche zur Hl. Dreifaltigkeit und ein neu errichtetes Passionistenkloster herab. Es ist das einzige dieses Ordens in Deutschland.

Burglengenfeld

Die Wälder und Weiherplatten des Schwandorfer Beckens setzen sich südöstlich fort in der „Bodenwöhrer Bucht", die so genannt wird, weil sie wie eine mit Sedimenten aufgeschüttete „Bucht" in das kristalline Gebirge des Bayerwaldes hineinragt. Der Ort Bodenwöhr ist durch Hammerschmiede und Hüttenwerk bekannt geworden. Erze fand man auch im nahen Bruck i. d. Opf.

Das Naabtal abwärts kommt man nach Maxhütte-Haidhof mit seinem großen Eisenwerk und in die Stadt Burglengenfeld. Sie zeigt ein interessantes Ortsbild mit Giebelfronten, hübschem Rathaus (um 1600) und Teilen der Stadtmauer. Die imposante, hoch gelegene Burganlage derer von Lengenfeld wurde im 11. Jh. erbaut, kam bald danach an die Wittelsbacher, erlebte manchen Sturm und wurde Anfang des 19. Jh. von König Ludwig I. vor dem völligen Abbruch gerettet. Im Ort ist die Pfarrkirche St. Veit sehenswert (erb. 15. Jh., Rokokostuck und Malereien), wo in die Sakristeiwand ein prächtiges Epitaph für Bernhard von Hyrnheim (um 1541) von Loy Hering eingelassen ist. In Burglengenfeld wurde 1692 der geniale bayerische Barockbaumeister Johann Michael Fischer geboren. 1844 errichtete die Schulmeisterstochter Josefine Haas als Edle von Lerchenfeld-Pfalzheim eine bedeutende Aussteuerstiftung, die jetzt wieder aufleben konnte.

Das Schloß in Dietldorf

In der Umgebung liegen mehrere Schloßanlagen: nordöstlich im Städtchen Teublitz ein Barockschloß (18. Jh.) mit Schloßkapelle und die Ruinen des gotischen Alten Schlosses, in Münchshofen ein Schloß von 1597, südöstlich in Leonberg ein mittelalterliches Schloß mit Ringmauer und satteldachgedecktem Bergfried und in Pirkensee ein ehem. Wasserschloß (1734) mit einem Deckenfresko von C. D. Asam (1726) in der Schloßkapelle.

Im Südwesten berührt bei Dietldorf auch die Vils den Landkreis. Dort steht ein Edelsitz, der zwischen 1700 und 1705 von einem italienischen Baumeister im Charakter einer italienischen Barockvilla erbaut worden ist und eine gute Ausstattung im Rokoko- und Biedermeierstil besitzt. Die Pfarrkirche ist ein gut ausgestatteter Barockbau von 1723.

Das Mähntor in Nabburg

Nördlich von Schwandorf verengt sich das Naabtal. Der Fluß mußte hier einen Vorsprung des Oberpfälzer Waldes durchsägen, wodurch markante Landschaftsbilder entstanden. Hoch über dem Fluß thront das Städtchen Nabburg. Mit seinen Mauern, Toren und Türmen bietet es eines der reizvollsten Ortsbilder der Oberpfalz. Stolz sticht der Spitzturm der hochgotischen Pfarrkirche (1. Hälfte 14. Jh.) in den Himmel. Ihre Größe zeugt von der mittelalterlichen Bedeutung des Ortes. Damals hat Nabburg seine eigenen Münzen geprägt. Keimzelle der Stadt war eine Burg des 10. Jh., die starken Befestigungen entstanden nach 1420. Malerische Reste, Tortürme (Obertor, Mähntor von 1565) und Wehrtürme (Dechanthofturm,

Pulverturm) blieben davon erhalten. Repräsentativ öffnet sich der Stadtplatz, beherrscht vom Rathaus (16. Jh.). Unten am Naabufer liegt in der Vorstadt Venedig die ehemalige St.-Nikolaus-Kirche, ein seltener romanischer Hallenbau.

Der Karner von Perschen (Querschnitt)

Das Naabtal hinauf folgt das Dorf Perschen mit einer der ältesten oberpfälzischen Kirchen. Der gegenwärtige Bau (13. Jh.) erfuhr in der Gotik und im Barock Umgestaltungen. Älter ist die Friedhofskapelle, der sog. Hussenturm, mit alter Bemalung von hohem künstlerischen Rang (12. Jh.). Unter der Kapelle befindet sich ein Karner. Im Edelmannshof neben der Kirche ist das Oberpfälzer Bauernmuseum eingerichtet.

Perschen war einst Pfarrkirche von Nabburg (bis 1419) und dem nahen Pfreimd, wo von 1332 bis 1646 die Landgrafen von Leuchtenberg residierten (Reste des Schlosses). Anziehend ist die barocke Pfarrkirche, 1681/88 erbaut und stuckiert von Joh. Schmuzer aus der berühmten Wessobrunner Schule.

Vom Eixelberg, dem bewaldeten Granithang jenseits der Naab, blickt die Wallfahrtskapelle St. Barbara ins Tal.

Schloß Wernberg

Weiter nördlich liegen Wernberg mit seiner hochragenden Burg (13./15. Jh., schöner Burghof mit Arkaden, Fluchtgänge) und einer Schlenzkuranstalt sowie Oberköblitz mit einer freundlichen Barockkirche (Fresken von J. G. Merz 1750).

Im Süden gehört zum Landkreis noch ein kleiner Teil des Falkensteiner Vorwaldes und eine malerische Flußstrecke des Regen mit dem Städtchen Nittenau (1007 urkundl. erwähnt; Reste einer mittelalterlichen turmbewehrten Ringmauer). Mehrere Burgen säumen das kurvenreiche Tal des Flusses. Von der Burg Stockenfels am Regenknie (13. Jh.; z. T. Ruine) geht das Gerücht, hierher würden die Geister der verstorbenen Bierpanscher zum ewigen Saufen von Wasser und gepanschtem Bier verdammt. Die Burgen Stefling (10. Jh.; restauriert 1748), Hof (interessante romanische Burgkapelle) und Neuhaus gehörten einst dem alten Rittergeschlecht der Hofer von Lobenstein. Schloß Bodenstein aus dem 14. Jh. wurde mehrfach verändert. Auf dem Granitrücken nördlich des Regen liegt Fischbach mit seinem viertürmigen, quadratischen Schloß von 1726.

Burgruine Stockenfels

Im Osten des Landkreises steigen die Berge des Oberpfälzer Waldes bis zu einer Höhe von fast 900 m an („Auf der Ebene" 896 m). Die schönen Täler der Pfreimd, Murach, Ascha und Schwarzach gliedern die stark bewaldeten Rücken. Die Pfreimd wurde bei Trausnitz zu einem Speichersee aufgestaut, der in Verbindung mit dem Hochspeicher Rabenleite der Elektrizitätsversorgung dient. Über dem gestauten Flußlauf erhebt sich mit mächtigem Bergfried die kleine Burg Trausnitz im Tal (13. Jh.; heute Jugendherberge), in der Herzog Friedrich der Schöne von Österreich nach der Schlacht bei Mühldorf (1322) von Kaiser Ludwig dem Bayern gefangengehalten und schließlich zur Versöhnung veranlaßt worden war (1325). Nordwestlich liegt die kleine Wallfahrtskirche von Söllitz (1723) mit originellen Votivtafeln.

Im Schwarzachtal dominiert die Stadt Neunburg vorm Wald. Sie war von 1354 bis 1558 Residenz wittelsbachischer Herzöge, Pfalzgrafen und Kurfürsten gewesen. Ihr malerisches altertümliches Ortsbild blieb erhalten. Über die Häuserreihen ragt das spätgotische Schloß der Herzöge

Burg Trausnitz im Tal

auf (Heimatmuseum). Im Schloßhof entwickelte sich aus einer Schloßkapelle die Stadtpfarrkirche (1478), die zwei schöne Schnitzwerke (romanische Madonna, spätgotisches Kruzifix) und das Grabmal des Hussitenbesiegers Pfalzgraf Johann von Neumarkt enthält. Sehenswert ist auch die einfache romanische St.-Jakobs-Kirche (um 1100) in der südwestlichen Vorstadt. Die Spitalkirche entstand um 1400. An der teilweise erhaltenen Ringmauer mit Stadtgraben, den das spätgotische Rathaus überspannt, steht der denkwürdige Bleihofturm oder „Schiltenhilm", wo der eingesperrte Page Peter Unverdorben sein „Todeslied" dichtete. In der Nähe der Stadt befindet sich der Druidenstein, ein keltischer Opferaltar.

Der „Schiltenhilm" in Neunburg v. W.

Flußabwärts führt nach Katzdorf eine Wallfahrt zur hübschen Rokokokirche mit dem geschnitzten spätgotischen Gnadenbild. Dann folgen Pettendorf mit einem spätgotischen Schlößchen, Schwarzeneck mit einem barocken Bau von 1735 und Schwarzhofen mit einem ehemaligen Dominikanerinnen-Kloster. Das Dorf ist der Geburtsort von Dr. Joh. Nepomuk Ringseis (1785–1880), dem Münchener Mediziner und Leibarzt König Ludwigs I. Eine malerische Burgruine aus dem 14. Jh. steht in Zangenstein, eine zweite in Thanstein (Bergfried 14. Jh.) nordöstlich von Neunburg.

Ascha und Murach sind Nebenflüßchen der Schwarzach. Sie kommen vom „Oberland" des Kreises herab. Die Hauptorte heißen dort Oberviechtach und Schönsee. Gleich den anderen oberpfälzischen Städten im Grenzbezirk hatte auch Oberviechtach durch die Wirren der Religionskriege schwer zu leiden. Der Brand von 1773 zerstörte endgültig das mittelalterliche Aussehen des Ortes. Von Mauer und Graben sind nur spärliche Reste erhalten geblieben. Die ursprünglich gotische Pfarrkirche St. Johannes Baptist wurde 1775/76 wiedererrichtet und im Rokokostil ausgestattet. Oberviechtach ist der Geburtsort des „Wunderdoktors" Johannes Andreas Eisenbart (1663–1727), der durch sein marktschreierisches Auftreten, aber auch durch seine Kunstfertigkeit Berühmtheit erlangte. Die Erinnerung an ihn wird durch Aufführungen eines Dr.-Eisenbart-Festspieles wachgehalten. Über diese schillernde Figur und über die Geschichte des Ortes bietet das Heimatmuseum Anschauungsmaterial.

Burgruine Obermurach

Einst gehörte der Ort den Herren von Murach, deren Burg „Haus Murach" in Obermurach heute nur noch eine imposante Ruine ist. Großartig blieb die Rundsicht von dem stolzen Bergfried herab auf viele Ortschaften und Burgruinen (z. B. Wildstein, Frauenstein, Reichenstein).

Südöstlich von Oberviechtach liegt der alte Markt Winklarn mit seinem Grafenschloß (16. Jh.), in dessen Umgebung die besten Kartoffeln der Oberpfalz gedeihen sollen.

Schönsee ist der Mittelpunkt des sog. Schönseer Ländchens, das idyllisch zwischen waldige Gipfel des Hinteren Oberpfälzer Waldes eingesenkt liegt. Auf den Höhen die Ruinen Reichenstein und Frauenstein und die Magdalenenkapelle. In diesem Grenzwinkel war seit alters das Spitzenklöppeln zu Hause. Die Qualität der Schönseer Spitzen braucht einen Vergleich mit denjenigen von Brüssel nicht zu scheuen. In Stadlern besteht eine Staatliche Spitzenklöppelschule. Der Ort begeht alljährlich an Mariä Himmelfahrt (15. Aug.) in feierlicher Weise sein Wallfahrtsfest zu Ehren des Gnadenbildes aus dem alten Wallfahrtskirchlein Unsere Liebe Frau und St. Michael.

Im Erwerbsleben des Kreises kommt der Landwirtschaft noch einige Bedeutung zu. Auf den nicht sehr ertragreichen Böden werden Gerste, Roggen, Weizen, Hafer und Kartoffeln angebaut. Rinder- und Schweinezucht sowie Geflügelwirtschaft bestimmen die Viehhaltung. Besonders im Naabtal ist die Industrialisierung verhältnismäßig stark, bedingt durch die vorhandenen Rohstoffe und das Arbeitskräftepotential. Voran steht die Eisen- und Metallindustrie, der Bergbau, die Industrie der Steine und Erden und die Textil- und Bekleidungsindustrie. Daneben gibt es Feinkeramik-, Glas- und Büromaschinen-Herstellung sowie chemische Industrie. Der Fremdenverkehr spielt in Oberviechtach und Schönsee wirtschaftlich eine größere Rolle.

Klöppelspitze aus dem Schönseer Ländchen

LANDKREIS TIRSCHENREUTH

Die südöstlichen Flanken des Fichtelgebirges und die nordwestlichen Ausläufer des Oberpfälzer Waldes kennzeichnen das Relief im Landkreis. Zwischen beiden Gebirgen breitet sich die sog. Naab-Wondreb-Senke aus, die als Durchgangsland nach Böhmen seit je eine völkerverbindende Funktion hatte. Um Kemnath gehört noch ein kleiner Teil des Oberpfälzer Hügellandes zum Kreis. Mit Ausnahme dieser Landschaft umfaßt der heutige Landkreis ungefähr das Gebiet des einstigen „Stiftlandes", das jahrhundertelang Eigentum des selbständigen reichsfürstlichen Zisterzienserstiftes Waldsassen gewesen war. Heute ist Tirschenreuth der bedeutendste Ort des Stiftlandes, Verkehrsknoten und Sitz mehrerer Industriebetriebe (Porzellan, Textilien, Maschinenbau, Holzverarbeitung). Bekannt sind der Tirschenreuther Schinken und die Karpfenzucht. Wahrzeichen der Stadt ist der viereckige Klettnersturm (1323–1337). Die Pfarrkirche wurde 1669 erbaut und ihr Turm mit einer mächtigen Barockhaube bekrönt. In der anschließenden Wallfahrtskapelle zur Schmerzhaften Muttergottes ist ein spätgotischer Schnitzaltar (um 1510) sehenswert. Das Rathaus am Marktplatz zeigt eine Renaissancefassade von 1582/83. In Tirschenreuth wurde 1785 der Schöpfer des „Bayerischen Wörterbuches", Andreas Schmeller, geboren.

Pfarrkirche von Tirschenreuth

Das historische Zentrum des Stiftlandes, Waldsassen, ist durch seine Klosteranlage (1803 aufgehoben) und durch die ehem. Stiftskirche berühmt. Die Gründung des Klosters geht auf das 12. Jh. zurück, doch die alten Gebäude wichen großartigen Barockbauten. Zwischen 1685 und 1691 erwuchs die Stiftskirche mit ihrer Doppelturmfassade. Baumeister waren Abraham Leutner, Georg Dientzenhofer und Bernhard Schießer. Dann schmückte Giov. Battista Carlone den Innenraum mit hervorragenden Stukkaturen und einem schönen Hochaltar. Das Chorgestühl und die originelle Kanzel kamen 1696 bzw. 1715 hinzu. Eine große kunstgeschichtliche Sehenswürdigkeit bildet der Bibliothekssaal im Kloster, dessen Hauptanziehungspunkte die grotesk geschnitzten Galeriebrüstungen und die sie tragenden Atlanten sind. Diese Lindenholzfiguren von Karl Stilp (1724/25) stellen auf humorvolle und skurrile Weise die an der Herstellung eines Buches beteiligten Personen dar, wie z. B. den Lumpensammler, den Papiermüller, den Schriftsteller usw.

Stützfigur aus der Bibliothek zu Waldsassen

Zu Ehren der Heiligen Dreifaltigkeit entstand 1684 unter Förderung des Waldsassener Abtes die berühmte Wallfahrtskirche K a p p e l auf dem Glasberg bei M ü n c h e n r e u t h. Die Dreizahl führte zu einer hochoriginellen, einzigartigen Anlage. Baumeister Georg Dientzenhofer fügte drei Apsiden zu einem Dreipaß zusammen, in dessen Winkel er Zwiebeltürme stellte. Ein niedriger Umgang umläuft den ganzen Komplex.

Burg Falkenberg

Zur Nachbarschaft Waldsassens gehören ferner B a d K o n d r a u mit kohlensauren Mineralquellen, K o n n e r s r e u t h (als Wohnsitz der 1962 verstorbenen stigmatisierten Therese Neumann bekannt) und das Abteischloß F o c k e n f e l d (erb. 1750).

Erwähnenswert bei Tirschenreuth sind die Burgruine L i e b e n s t e i n und die auf Granitfelsen thronende Burg F a l k e n b e r g (erb. 11. Jh.; umgebaut 15. Jh.), deren einstiger Besitzer Graf Friedrich von der Schulenburg als Mitglied der Widerstandsbewegung vom 20. Juli 1944 ein Opfer des Naziregimes wurde.

Am Südrand des Stiftlandes findet man in der Perlmutterknopfstadt B ä r n a u (beachtenswerte Barockkirche) die einzige Perlmutterknopf-Fachschule der Welt. Von hier und von P l ö ß b e r g führt ein Zugang zum Wintersportgebiet bei S i l b e r h ü t t e am hohen Entenbühl (901 m).

Der alte Markt W i e s a u mit dem nahe gelegenen König-Otto-Bad (Stahl- und Moorbäder gegen Rheuma, Gicht, Ischias usw.) gilt als Eingangstor zum Steinwald. Dessen bewaldete Granithöhen sind ein Teil des Fichtelgebirges. Sie erreichen in der „Platte" 946 m. Skurrile Felsbildungen erheben sich über das Waldkleid. Die hoch gelegene Burgruine W e i ß e n s t e i n gewährt eine weite Aussicht.

Kemnath

Südwestlich von Wiesau liegt der Erholungsort F r i e d e n f e l s mit seinem Schloß, nordwestlich die doppeltürmige Wallfahrtskirche von F u c h s m ü h l (erb. 1712–1726).

Das Schloß W a l d e r s h o f nördlich des Steinwaldes ist eine ehemalige Wasserburg aus dem Jahre 1471.

Um das einstige Bergwerksstädtchen E r b e n d o r f im Tal der Fichtelnaab erstreckt sich ein erdgeschichtlich und mineralogisch äußerst aufschlußreiches Gebiet, ein „El Dorado" der Mineralogen, Geologen und Steinsammler. Schloß T h u m s e n r e u t h bei Erbendorf besitzt ein kleines Schloß- und Familienmuseum.

Das altertümliche Städtchen K e m n a t h am Südrand des Fichtelgebirges ist 1008 erstmals beurkundet. Eine Mauer aus dem 13./14. Jh. umzieht noch in ansehnlichen Partien die rechteckige Anlage mit der breiten Marktstraße, wo hübsche Häuser mit Staffelgiebeln stehen. Als östlicher Stadttorturm dient der Turm der Pfarrkirche, eines spätgotischen Hallenbaues, der im 17. und 19. Jh. Veränderungen erfuhr.

Östlich von Kemnath erheben sich zwei Basaltkegel aus der Landschaft des Oberpfälzer Hügellandes: der aussichtsreiche A r m e s b e r g zwischen Fichtelgebirge und Steinwald trägt eine Wallfahrtskirche von 1836, der W a l d e c k e r S c h l o ß b e r g eine schon 1124 genannte ausgedehnte Burgruine. Im Markt W a l d e c k steht eine Pfarrkirche (1731 bis 1738) mit eleganter Stuckdekoration und Fresken, die wahrscheinlich von den Gebrüdern Asam stammen.

Die Orte N e u s o r g, E b n a t h und B r a n d im Tal der Fichtelnaab

gehören zum Fichtelgebirge. Sie sind als ruhige Erholungsorte geschätzt. In Brand wurde 1873 der berühmte Komponist Max Reger geboren.
Die bedeutende Industrie des Kreises ist aus dem Handwerk hervorgegangen: Porzellan- und Glasmanufakturen, Textil- und Bekleidungsfabriken, holz-, kunststoff- und lederverarbeitende Industrie, Papier- und Pappe-Verarbeitung. Außerdem werden Maschinen, Elektroartikel sowie Knöpfe hergestellt und Granit, Basalt, Schwefelkies, Feldspat, Ton, Kaolin und Eisenerz (bei Pfaffenreuth) abgebaut. Hauptprodukte der Landwirtschaft sind Sommergerste, Roggen, Hafer und Kartoffel. Haltung und Zucht von Rindern und Schweinen gehören dazu. Von Bedeutung ist auch die Karpfenzucht in der weiten Weiherlandschaft um Mitterteich und Tirschenreuth, die man „Land der tausend Teiche" nennt.

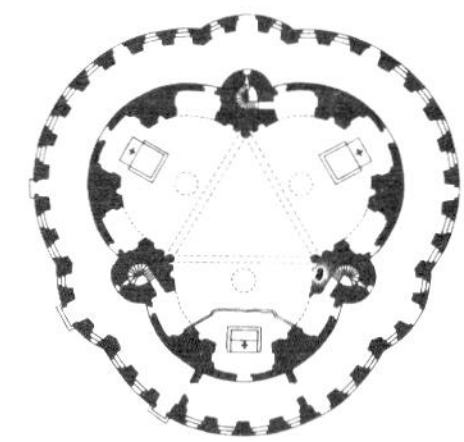

Grundriß der Kappel

Die Kappel bei Waldsassen

REGIERUNGSBEZIRK
OBERFRANKEN

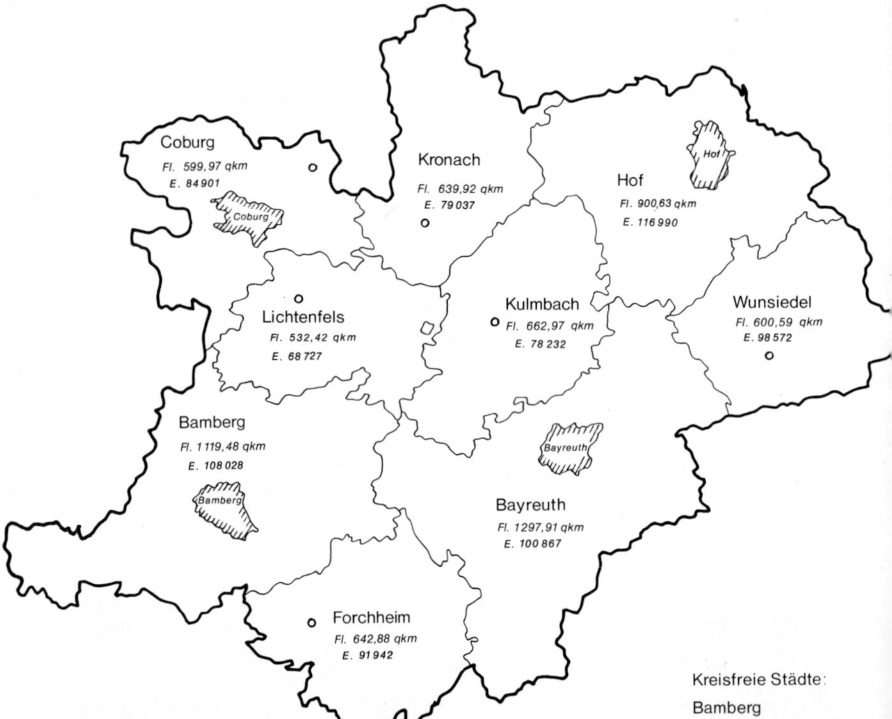

Kreisfreie Städte:

Bamberg
Fläche 53,31 qkm
Einwohner 75 378

Bayreuth
Fläche 45,24 qkm
Einwohner 66 936

Coburg
Fläche 40,55 qkm
Einwohner 46 646

Hof
Fläche 40,65 qkm
Einwohner 55 042

Der Regierungsbezirk Oberfranken ist ein Teil des zu Bayern gelangten ostfränkischen Siedlungsgebietes. Da Ostfranken seit dem Mittelalter kein geschlossenes Herzogtum mehr war, sondern in mehrere Herrschaftsbereiche zerfiel, folgte die bayerische Einteilung nach Regierungsbezirken im wesentlichen den Besitzverhältnissen am Ende des 18. Jh. In Oberfranken regierten damals als Territorialfürsten der Bischof von Bamberg, dessen Bistum unter Kaiser Heinrich II. aus Teilen des Eichstätter und Würzburger Hochstifts gebildet worden war, und der Markgraf von Bayreuth. Die Markgrafen sind aus den hohenzollerischen Burggrafen von Nürnberg hervorgegangen. Geschickte Hausmachtpolitik und treue Ergebenheit dem Kaiser gegenüber brachte ihnen großen Landgewinn. Nachdem noch die Markgrafschaft Brandenburg 1415 als kaiserliches Lehen an sie gekommen war, übernahmen auch die fränkischen Hohenzollern den Markgrafentitel. Markgraf Albrecht Achilles trennte 1472 Brandenburg von den fränkischen Gebieten, die nach seinem Tode 1486 wiederum in die Markgrafschaften Ansbach und Bayreuth zerfielen. Seine Nachfolger führten im 16. Jh. die Reformation ein, schoben damit die Zuständigkeit der Bischöfe beiseite und festigten ihre Macht durch Errichtung der landesfürstlichen Kirchenhoheit. Reichsfreiheit konnte in Oberfranken keine Stadt erringen, nur die Reichsstadt Nürnberg hatte um Gräfenberg und Betzenstein kleinere Besitztümer. Ferner gab es einige kleine selbständige Herrschaften. Ebrach gehörte zum Fürstbistum Würzburg. Das Herzogtum Coburg schloß sich erst 1920 durch Volksentscheid dem Freistaat Bayern an.

In der Vorzeit war Oberfranken nicht sehr stark besiedelt. Nur in der höhlenreichen Fränkischen Schweiz sind bedeutende vorgeschichtliche Funde gemacht worden. Auch die fruchtbaren Täler des oberen Mains und der Regnitz zogen schon früh Siedler an (Ringwälle auf dem Staffelberg und der Ehrenbürg), denen in der zweiten Hälfte des ersten Jahrtausends n. Chr. Slawen von Osten und Franken von Westen folgten. In friedlichem Nebeneinander wurde das Land urbar gemacht, wobei die Germanen den Slawen (Wenden) bei der Rodungsarbeit Lehrmeister waren. Das slawische Element ist im Mittelalter im fränkischen aufgegangen und nur noch Fluß- und Ortsnamen künden von seiner Mitwirkung. Vierzehn sog. Wendenmissionskirchen ließ Karl der Große zur Christianisierung der Slawen erbauen. Durch die Gründung des Bamberger Bistums 1007 und die Errichtung vieler Dienstmannenburgen und Klöster wurde die Erschließung des Landes tatkräftig vorwärts getrieben.

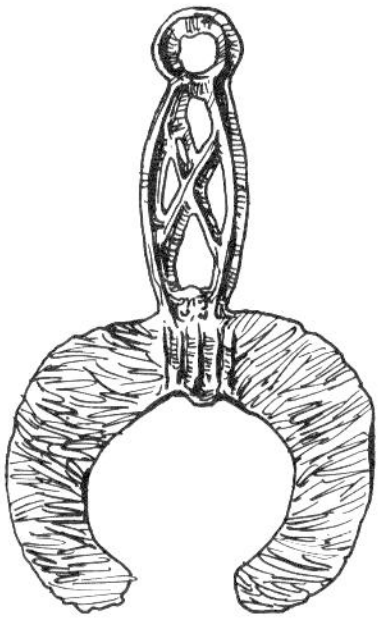

Bronzenes Rasiermesser aus der Urnenfelderzeit (um 1000 v. Chr.) Gefunden bei Burggailenreuth

Die Landschaften Oberfrankens gruppieren sich um den oberen Main und die bei Bamberg in ihn mündende Regnitz. Sie haben an drei unterschiedlichen Formationen teil, nämlich an zwei Stufen des Südwestdeutschen Schichtstufenlandes (Keuperstufe im Steigerwald und Coburger Hügelland, Jurastufe in der Fränkischen Alb) und an den kristallinen Gebirgszügen des Frankenwaldes und Fichtelgebirges.

Das Fichtelgebirge ist eine Art Gebirgsknoten, der als Quellgebiet von Main, Saale, Eger und Naab die Wasserscheide zwischen Rhein, Elbe und Donau bildet. Sein Hauptkamm hat die Form eines nach Nordosten geöffneten Hufeisens. Auf ihm reihen sich die von Blocktürmen und romantischen Felsmeeren besäten Kuppen der Kösseine, des Ochsenkopfs, Schneebergs, Rudolfsteins, Großen Waldsteins und Großen Kornbergs. Um die wilde Romantik der Blockmeere und granitnen Gipfel zu erhalten, wurden die wichtigsten unter Schutz gestellt. Das älteste und bekannteste aller Naturschutzgebiete, das einst auch Goethe bereiste, ist das Felsenlabyrinth der Luisenburg. Fast unberührt blieb das sich anschließende Kleine Labyrinth. Die Felsenmeere der Platte, Kösseine und des Habersteins am Schneeberghang vermitteln einen gewaltigen Eindruck. Wilde Felsbildungen finden sich im Naturschutzgebiet Nußhardt und Waldstein. In das Hufeisen des Gebirgsrückens schmiegt sich die Senke von Wunsiedel, die ungefähr dem Umfang des ehemaligen Sechsämterlandes entspricht. Aufgebaut ist das Fichtelgebirge aus Granit, der mit einem breiten Mantel kristalliner Schiefer umgeben ist. Ausgeprägte Gipfelgestalten sind selten, der Charakter einer welligen Hochebene mit Kuppen und Rücken überwiegt. Nur von Südwesten her, wo es zum Vorland abbricht und die Flüsse tiefe Täler in den Rand geschnitten haben, macht es den Eindruck eines steilen Gebirges. Wald bedeckt die Hälfte des Gebietes, vorherrschend dunkler Fichtenwald, der von einigen Hochmooren und Bergwiesen unterbrochen ist. Ackerbau und Viehzucht unterliegen schwierigen Bedingungen. Der einst blühende Bergbau auf Edelmetalle und Erze, der das Fichtelgebirge berühmt gemacht hat, ist längst erloschen und von Heimindustrie und einigen Großfabriken abgelöst worden. Porzellan, Webwaren, Steine und Glas sind die Hauptprodukte. Das alte hölzerne, schindelgedeckte Fichtelgebirgshaus in Blockbauweise ist nur noch an wenigen Orten anzutreffen (z. B. Fischern, Ölbühl), heute überwiegt das Steinhaus. Zum Egerland hin trifft man ab und zu das schöne Egerländerhaus. Auch das fränkische Volkstum ist hier mit Egerländer und bayerischer Art gemischt, was in der eigenen Sechsämter-Mundart anklingt. Kühle, angenehme Sommer und schneereiche Winter, Heilbäder und Luftkurorte sowie die günstige Verkehrslage ziehen viele Besucher an.

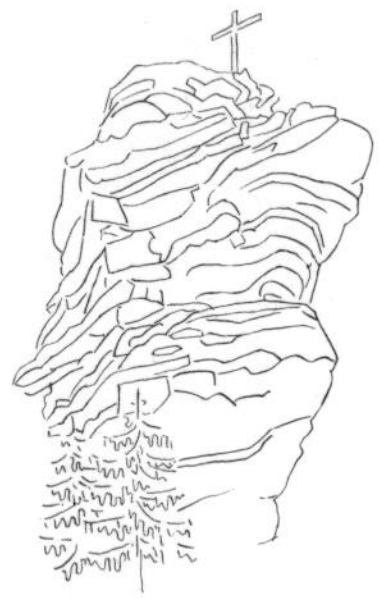

Gipfel des Rudolfsteins

Ohne sichtbare Grenze schließt sich nordwestlich an das Fichtelgebirge die sog. Münchberger Gneismasse an, die als sanftwellige Hochfläche nach Nordosten ein Durchgangsgebiet (Autobahn, Straßen, Eisenbahn) zum sog. Vogtland um Hof und nach Nordwesten einen Übergang zum Frankenwald darstellt.

Kopfschmuck der Effeltricher Festtracht

Wie das Fichtelgebirge und die Münchberger Gneismasse wendet auch der Frankenwald, ein Teil des Thüringisch-Fränkischen Schiefergebirges, seine Stirnwand nach Südwesten dem Obermainischen Bruchschollenland zu. Hier geben ihm auch tief eingeschnittene Täler Gebirgscharakter. Seine Hochfläche, die sich östlich gegen das Vogtland senkt, erscheint als schwachhügelige waldreiche Landschaft, über die der Döbraberg etwa 100 m seinen Rücken erhebt. Nur in Querrichtung zum Gebirgskamm haben schnelle Bäche markante Täler geschaffen, wie z. B.

das romantische Höllental bei Bad Steben. Die Eichen- und Verwaltersleite (König David) in diesem Tal sind Naturschutzgebiete, während die übrigen Täler und der Döbraberg unter Landschaftsschutz stehen. Feucht und kühl ist das Klima des Frankenwaldes, die Nährstoffarmut der Schieferböden macht der Landwirtschaft zu schaffen. Holz, Steine und die unermüdliche Arbeitskraft seiner Bewohner sind des Frankenwaldes Reichtümer. Vom Flößereiwesen der letzten Jahrhunderte ist nicht mehr viel zurückgeblieben; das Holz wird im Lande verarbeitet (Möbel, Papier, Spielwaren). Stein prägt das Bild der Frankenwaldorte. Das Blockhaus erhält hier seit dem vorigen Jahrhundert an Dach- und Wetterseite eine Verkleidung aus blaugrauen Schiefern, die vielfach durch Silberschiefer-Ornamentierung und weißgestrichenes Fensterrahmenwerk eine Belebung erfährt. Wohnräume und Stall reihen sich unter einem Dach.

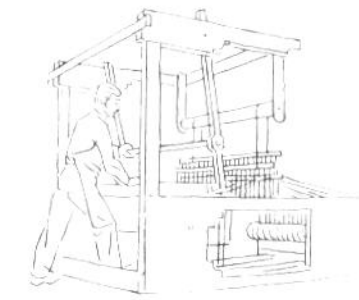
alter Webstuhl

Oft werden der Frankenwald und das anschließende Vogtland „Wäsche- und Kleiderschrank Frankens" genannt, weil Textilerzeugnisse jeglicher Art die Grundlage ihrer Wirtschaft bilden.

Stickmuster aus Oberfranken

An die kristallinen Urgebirge stößt im Südwesten der schmale Streifen des Obermainischen Bruchschollenlandes, das im Westen seine Begrenzung im Keuperland und im steilen Ostabfall des Jura findet, nach Südosten aber in das Oberpfälzer Schollenland übergeht. Wie der Name andeutet, zeigt es eine unruhige Oberfläche, die auch infolge der häufig wechselnden Bodenbeschaffenheit (meist Sande) verschiedenerlei Pflanzenkleider trägt, von fruchtbaren Weizenfeldern über Wiesenflächen und Moorgebiete bis zu Föhren- und Fichtenwäldern. Gute Verkehrslage begünstigte die Stadt- und Industrieentwicklung. Textil- und Porzellanindustrie herrschen vor. Ihre Schwerpunkte sind Bayreuth, Kulmbach und Kronach.

Mainabwärts schließt das Obermainland an, zu dem auch das Coburger Hügelland gezählt wird. Hier überwiegt Keuper als Bodenbedeckung. Das breitsohlige obere Maintal überrascht durch häufigen Landschaftswechsel. Der größte Gegensatz besteht zwischen den Felsstirnen des Juragebirges bei Staffelstein und der Weite des Bamberger Talkessels, in den das Regnitztal mündet. Es sind die wärmsten und fruchtbarsten Landstriche des Obermainlandes. Im Coburger Umland ist der Feldbauer zu Hause, im Maintal und besonders im „Gottesgarten" des Bamberger Kessels der Hackbauer und Gärtner, denn der vorzügliche Schwemmlandboden lohnt eine intensive Nutzung. Obst und Gemüse, früher sogar Wein, werden bevorzugt angebaut.

Obermainische Flechtarbeiten

Äußerst vielseitig ist auch die Industrie und das Handwerk in dieser Gegend. Die traditionelle Korbwarenherstellung stützt sich auf den Weidenanbau längs der wasserreichen Bäche und Flüsse. Neben Großbetrieben sind noch die Kretzenstricker mit dem Flechten von Zierkörbchen, Truhen, Stühlen, Kinderwagen u. v. a. beschäftigt. Aus dem Thüringer Wald strahlte die Spielwaren- und Puppenerzeugung ins Coburger Land hinein. Dann kamen Textil-, Leder-, Metall-, Maschinen-, Elektro-, Kunststoffindustrie usw. hinzu. Diese Vielfalt ist nicht zuletzt auf die guten Verkehrsverbindungen zurückzuführen, die die benachteiligende Grenzlage aufzuwiegen vermögen. Ein besonderer Reiz des Obermainlandes sind seine Fachwerkbauten, die kaum anderswo mit so reichen

Gößweinstein

dekorativen Zierformen vertreten sind wie hier (meistens wechselt das Muster von Geschoß zu Geschoß). Sie bieten die schönsten Beispiele echter Zimmermannskunst.

Im westlichsten Zipfel hat der Regierungsbezirk noch Anteil am Steigerwald, der nach Osten sanft zur Regnitz abdacht. Aurach, Mittelebrach, Rauhe und Reiche Ebrach und Aisch zerlegen diesen Teil des Keuperlandes in flache bewaldete Riedel. Die Flußtäler sind oft kilometerbreit, ihr Boden ist von den Sanden des Burgsandsteins bedeckt. Föhrenwälder wechseln mit Futter- und Kartoffelanbauflächen. Im Karpfenweiher-Land zwischen Aisch und Aurach mit seinen blinkenden Teichketten findet sich eines der letzten weiträumigen Paradiese der Wasser- und Sumpfvogelwelt. Aischgründer Spiegelkarpfen gelten als Delikatesse.

Föhrenwald in der Weiherlandschaft zwischen Aisch u. Regnitz

Zwischen das Becken der Regnitz und das Obermainische Bruchschollenland schiebt sich das Kalkgebirge des nördlichen Fränkischen Jura. Es ist arm an Bodenschätzen, arm an Industrie, aber reich an landschaftlichen Schönheiten. So einförmig die Hochfläche wirkt, so vielfältig sind die tief in den Frankendolomit geschnittenen Täler. In der sog. Fränkischen Schweiz, der Landschaft des Wiesenttales und seiner Nebentäler, sind die Vorzüge der Alb am glänzendsten vereinigt: rauschende Forellenbäche, malerische Mühlen, saftige Wiesengründe und bewaldete Talflanken, aus denen immer wieder die kühnsten

Felsgebilde aufsteigen, stellenweise bis zur Skurrilität gesteigert und in abenteuerlicher Weise von Burgen und Ruinen gekrönt. Die Städtchen und Weiler sind zumeist klein, aber von besonderem Reiz. Künstler haben die Fränkische Schweiz immer wieder besucht. Albrecht Dürer und Ludwig Richter haben hier gezeichnet, Viktor von Scheffel hat das Land besungen, Jean Paul, Wackenroder, Tieck und Arndt fanden Anregung für ihre Dichtungen. Ein starker Anziehungspunkt sind die vielen Höhlen, die seit jeher die Phantasie erregten. Viele von ihnen sind zugänglich und dem Besucher erschließen sich zauberhafte Hallen, Spalten und Tropfsteingruppen (z. B. Teufelshöhle bei Pottenstein).

Teufelshöhle bei Pottenstein

Im Mittelalter war das Gebiet in der Hand vieler Adelsgeschlechter. Man zählte damals gegen 120 Burgen. Etwa 15 sind bis heute bewohnt, über 50 stehen als Ruinen. Im 13. Jh. setzte, hervorgerufen durch Kriegs- und Kreuzzüge, Fehden und Machtkämpfe, ein Geschlechtersterben ein, das tragische Ausmaße annahm. Die meisten Burgen gelangten danach in bambergischen, markgräflichen oder Nürnberger Besitz.

Der Fränkische Jura fällt zum sog. Albvorland steil ab. Bergsporne und Zeugenberge, wie der Staffelberg, die Ehrenbürg und der Leyerberg, boten den Kelten gute Gelegenheit zum Bau ihrer umwallten Stadtsiedlungen. Der Boden des Albvorlandes ist recht ertragreich, die Siedlungen behäbig, die Häuser aus Fachwerk. Um Effeltrich breitet sich noch eine größere geschlossene Brauchtums- und Trachteninsel aus. Hier ist der Landmann weitgehend Obstbauer. Zwetschgen-, Mirabellen-, Kirschen-, Apfel- und Birnbäume bieten im Frühjahr eine Blütenpracht.

Fachwerkhaus mit abgewalmten Dach in Honings bei Forchheim

Erdgeschossiges Fachwerkhaus in der fränkischen Schweiz

Frankenwaldhaus. Blockhaus mit Schieferbekleidung. (Lkr. Kronach)

Mainfränkische und Egerländer Fachwerkfiguren. Posterlitzmühle bei Münchberg

Haus der markgräflichen Bauweise (Lkr. Wunsiedel)

Hausformen in Oberfranken

Der Bamberger Dom

STADT BAMBERG

Am Zusammenstrom wichtiger Täler, am Kreuzungspunkt zweier alter Fernstraßen, in einer reizvollen Landschaft mit Wechsel von Talweitung, Flußinsel, Burgberg und Hügeln bot sich der ideale Platz für eine mittelalterliche Stadtanlage. Die Geschichte Bambergs beginnt im 9. Jh. mit der Errichtung eines Grafensitzes der (älteren) Babenberger auf dem Burgberg. 973 verschenkt Kaiser Otto II. die „Civitas Papinberc" an seinen bairischen Vetter Heinrich den Zänker, den Vater Heinrichs II. Das entscheidende Ereignis für die Entwicklung des Ortes aber war die Gründung eines Bamberger Bistums durch Kaiser Heinrich II., den Heiligen, im Jahre 1007. Mit besonderen Privilegien ausgestattet, wuchs das vom Erzbistum Mainz nahezu unabhängige Bistum zu einem Machtfaktor in Franken heran. Symbol dafür war der großartige Dom.

Bamberg wurde Hauptstadt und Bildungszentrum des Reiches, man sprach von einem „deutschen Rom".

Bedeutende Klöster und Kirchen entstanden in der romanischen und frühgotischen Epoche. Das 14. und 15. Jh. waren von Wirren und Kämpfen erfüllt, in denen die bedrängte Bürgerschaft vergeblich die harte bischöfliche Herrschaft abzuschütteln versuchte. Noch im 18. Jh. bestand der Gegensatz zwischen den Parteien, zwischen geistlicher und bürgerlicher Stadt, fort. Bis dahin aber behielten die Bischöfe das Heft in der Hand. Unter Bischof Georg (gest. 1522) war Bamberg eine Hochburg des Humanismus. 1648 wurde die „Academia Ottoniana“ gegründet (im 18. Jh. zur Universität ausgebaut, aber 1802 aufgehoben; heute wieder Gesamthochschule).

Initiale aus dem Perikopenbuch Heinrichs II.

Barock- und Rokokozeit prägten endgültig das lebendige Antlitz der Stadt mit Bauten, die sich dem alten Stadtbild vorzüglich einfügten. 1802/03 kam Bamberg und der weltliche Besitz des Fürstbistums an Bayern. Von 1808 an war Bamberg Regierungssitz des Obermainkreises (d. h. Oberfrankens), mußte diesen Rang aber 1810 an Bayreuth abtreten. Das Bistum wurde 1817 zum Erzbistum erhoben.

Relief an den Georgenchorschranken im Dom

Die Krone der Stadt ist der Domberg und ihr größter Edelstein darin ist der D o m. Er stellt das eindrucksvollste Denkmal spätstaufischer Kunst dar. In vier Bauabschnitten erwuchs er zwischen 1215 und 1237 über einer durch Brand zerstörten kleineren Pfeilerbasilika (1004–1012) Heinrichs II. als doppelchörige Gewölbebasilika (Georgenchor im Osten, Peterschor im Westen) mit zwei Krypten (Westkrypta verschüttet) und vier Türmen an den Chorflanken. Einflüsse aus Burgund und Nordfrankreich bestimmten den spätromanischen und frühgotischen Stil des Bauwerkes. Hochberühmt ist der Figurenschmuck des Domes, der zu den hervorragendsten Schöpfungen deutscher Kunst gehört. Mit der Portalplastik an den drei Pforten (Fürstenportal, Marienpforte, Adamspforte) beginnt die Ausschmückung. Hier sind Propheten und Apostel, Ecclesia und Synagoge, die Gründer der Menschheit (Adam und Eva), der römischen Kirche (Petrus), des Bamberger Domes (Heinrich und Kunigunde) und der erste Märtyrer (Stephanus) dargestellt. Die Figuren befinden sich z. Z. teilweise im Innern. Meisterwerke staufischer Kunst sind der berühmte Bamberger Reiter am nordöstlichen Chorpfeiler, eine klassische Verkörperung des staufischen Ritterideals (13. Jh.), ferner die lebensvollen Reliefplastiken der Georgenchorschranken (Propheten und Apostel), die großartigen Figuren von Maria und Elisabeth, die Statuen des hl. Dionysius und des lachenden Engels und die Tumba des einzigen in Deutschland begrabenen regierenden Papstes Clemens II., der als Suidger Bischof von Bamberg war (gest. 1047). Aus gotischer Zeit stammen die Grabplatten der Bischöfe Friedrich von Hohenlohe (14. Jh.) und Friedr. von Truhendingen (gest. 1366), das in der Mitte des Kirchenschiffes stehende Grabmal Kaiser Heinrichs II. und Kaiserin Kunigundes, 1499–1513 von Tilman Riemenschneider aus Solnhofer Marmor gearbeitet, und der schöne Marienaltar von Veit Stoß (1520–1523). In der Ostkrypta liegt König Konrad III. begraben.

Der Bamberger Reiter

An die Südseite des Domes schließt ein spätgotischer Kreuzgang (14./15. Jh.) an, den gegen Osten das 1730/33 nach Balthasar Neumanns Plänen erbaute Domkapitelhaus begrenzt. Es beherbergt nun das Diözesanmuseum, in dem mittelalterliche Sakralgewänder (u. a. Ornat Heinrichs II. und Kunigundes), Originalskulpturen aus dem Dom, Gemälde und der Domschatz ausgestellt sind.

Der Schatz des Bamberger Domes war vor der Säkularisation einer der reichsten Kirchenschätze. Von den Stiftungen Kaiser Heinrichs wanderten drei berühmte Bände mit den schönsten Hauptwerken mittelalterlicher Buchmalerei in die Staatsbibliothek nach München: das Perikopenbuch Heinrichs II., das Sakramentar Heinrichs II. und das Evangeliar Ottos III. In der Schatzkammer verblieben trotzdem noch viele alte und wertvolle Arbeiten sakraler Kunst.

Tor zur „Alten Hofhaltung"

Zum Dombergkomplex gehören ferner die Alte Hofhaltung und die Neue Residenz. Erstere steht an der Stelle der Babenberger-Burg und späteren Kaiserpfalz, wovon Reste aus dem 10./11. Jh. erhalten oder mitverbaut sind. Der sog. Ratsstubenbau der Hofhaltung ist ein geglückter Renaissancebau des Caspar Fischer (1570–1577). Das angrenzende Tor, von Pankraz Wagner um 1570 mit Bildwerk geschmückt, führt in den Hof dieser alten Residenz. Er ist von malerischen Wirtschaftsgebäuden (15. Jh.; Fachwerk) mit Laubengängen umgeben. Im Innern beherbergt die Alte Hofhaltung das Historische Museum der Stadt, das vorzüglich eingerichtet ist und Sammlungen fränkischer Kunst und Kultur von der Frühzeit bis zum 19. Jh. zeigt.

Die Neue Residenz gehört zu den bedeutendsten barocken Schloßbauten in Franken. Joh. Leonh. Dientzenhofer schuf hier sein Hauptwerk (1695–1704) für den Fürstbischof und Mainzer Kurfürsten Lothar Franz von Schönborn. Ein älterer Trakt von Jakob Wolf, Vater und Sohn, war 1599–1610 vorausgegangen. Der ganze Block der Residenz setzt einen gewichtigen Akzent neben die Masse des Domes. Viele der Innenräume sind reich ausgestattet (z. B. der Kaisersaal mit Melchior Steidls Malereien und Joh. Jak. Vogels Stukkaturen). Die frühklassizistischen Kavalierzimmer bewohnte der wittelsbachische König Otto I. von Griechenland nach seiner Abdankung 1862. In der Residenz sind Gemäldegalerien mit Werken von Hans von Kulmbach, Lukas Cranach d. Ä., Bernhard Strigel, Hans Baldung Grien, Jordaens, van Dyck, Teniers d. J., Jan Breughel d. Ä., Salomon van Ruysdael, Tiepolo, Canaletto, Ribera u. v. a. untergebracht. Sehenswert ist auch der gepflegte Rosengarten der Residenz.

Die Altenburg

Heute dient ein schlichteres Palais, erbaut von J. J. Michael Küchel in der 2. Hälfte des 18. Jh., dem Erzbischof als Sitz. Zeitweise residierten die Bischöfe auch im Geyerswörth-Schloß auf der Regnitzinsel (16. Jh.) oder in der die Bamberger Landschaft überblickenden Altenburg, die im 12. Jh. erstmals genannt wird, später mehrfach verändert wurde und heute als Aussichtspunkt und Ausflugsziel geschätzt ist.

Eine kleine Stadt für sich ist auf dem Domberg die Ansammlung der mittelalterlichen Domherrenhöfe mit ihren Hofgalerien und Fachwerkbauten. Der teilweise ummauerte Domberg wurde noch im 18. Jh. „die Burg" genannt.

Um den Domberg herum folgten dem ersten Dombau bald viele Kirchen- und Klostergründungen, deren wirkungsreichste die ehem. Benediktinerabtei Michelsberg war. Sie wurde noch unter Heinrich II. gegründet. 1117–1121 erwuchs die Klosterkirche, die man mehrfach veränderte, zuletzt im Barock. Joh. Leonh. Dientzenhofer blendete um 1697 eine neue Westfassade vor. Das Innere zeigt eine hervorragende Barockausstattung aus dem 17./18. Jh. (das Gewölbe ist mit über 600 Heilpflanzen bemalt). Die weitläufigen Klosterbauten (meist im 18. Jh. von Joh. Leonh. und Joh.

Dientzenhofer sowie B. Neumann um- oder neugebaut) bilden neben dem Dom den markantesten Punkt in der Stadtsilhouette.

St. Jakob, westlich des Domberges, entstand 1071–1109 als Kirche eines Kollegiatstiftes. Das Innere zeigt bis heute einen der eindrucksvollsten frühromanischen Kirchenräume. Nur der Westchor und der übriggebliebene Turm erfuhren gotische Erneuerungen. Die spätbarocke Schauseite im Osten hat 1771 Franz Ignaz Neumann gestaltet.

Südlich des Dombergs errichteten im 12. Jh. die Zisterzienserinnen ihr Kloster, das seit 1589 Karmeliter beherbergt. Das Gotteshaus wurde seit 1694 durch J. L. Dientzenhofer barock umgebaut.

St. Stephan, eine ehem. Kollegiatstiftskirche (heute evang.), erhielt 1020 eine erste Weihe durch Papst Benedikt III. Vom Urbau ist aber nichts erhalten. Das jetzige Aussehen gaben ihr 1628–1717 Giov. Bonallino und A. Petrini. Aus gotischer Zeit stammt die Obere Pfarrkirche am Kaulberg. An das schlichte Langhaus aus dem 13. und frühen 14. Jh. schloß sich ein prächtiger Chor (um 1360–1370) und ein schön gegliederter Turm, dessen charakteristische Bedeckung (Türmerwohnung) eine Behelfslösung blieb. Die Ausstattung besteht aus bemerkenswerten gotischen und barocken Kunstwerken.

Noch in der geistlichen Stadt, am Ufer der Regnitz, siedelten sich die Dominikaner an. Sie bauten im 14. Jh. ihre schlichte Hallenkirche. Kloster und Kirche aber fielen der Säkularisation zum Opfer und sind heute profaniert, der schöne Kreuzgang wird renoviert.

Zwei bedeutende Kirchenbauten entstanden in der Bürgerstadt: St. Martin und St. Gangolf. Ersterer gehörte zum Kloster der Jesuiten. Diese ließen von 1689–1691 durch Georg und J. L. Dientzenhofer das Gotteshaus am Grünen Markt neu aufführen. Die kraftvolle Fassade, der Chorturm und das Innere mit eindrucksvollen Altären sind bewußt auf

Romanische Säulen in St. Jakob

beherrschende Wirkung bedacht. An die Kirche stößt das ehem. Jesuitenkolleg (1696–1735), heute Sitz der an alten Handschriften reichen Staatsbibliothek. Daneben befindet sich das Naturalienkabinett mit zoologischen, botanischen und geologischen Sammlungen. In der sogenannten Theuerstadt jenseits der Regnitz erhebt sich die ehemalige Kollegiatstiftskirche St. Gangolf. 1057 gegründet, 1063 geweiht, mehrfach verändert, zeigt sie Bestandteile aus neun Jahrhunderten. Die mit barokken Zwiebeln besetzten Vierecktürme sind in den Untergeschossen romanisch. Im Innern dominieren das Barock und Rokoko. Eine „Göttlich-Hilf-Kapelle“ birgt das wundertätige Bild der göttlichen Hilfe (St. Kümmernis) aus der 1803 aufgelassenen Hl. Grabkirche.

Engel vom Hochaltar in St. Gangolf von M. Mutschele

Bamberg als Stadt ist ein Gesamtkunstwerk, an dem viele Hände, Stile und Jahrhunderte geschaffen haben, bis das heutige abwechslungsreiche Bild vollendet war. Der Baueifer der Bischöfe begeisterte auch die Bürger. Besonders unter der Regierung der beiden Schönborn, Lothar Franz (1693 bis 1729) und Friedrich Karl (1729–1746), erhielt Bamberg die vorherrschende barocke Note seines Stadtbildes. Berühmte Beispiele solcher Privatinitiative sind das Böttingerhaus (vollendet 1713), eines der prachtvollsten barocken Bürgerhäuser (heute Museum), die sog. Concordia (1716–1722), ein Meisterwerk Joh. Dientzenhofers, der wahrscheinlich auch das reizende Haus am Maxplatz 8 baute, ferner der Neue Ebracher Hof (1764–1766 von J. M. Küchel), das entzückende Haus Nr. 7 an der Hauptwachstraße (1750 von J. J. Vogel) u. v. a.

Unter den hervorragenden öffentlichen Bauten erhielt das einem Schiffe gleich inmitten des Flusses und damit in neutraler Lage an der Schwelle von geistlicher und bürgerlicher Stadt stehende mittelalterliche Rathaus durch J. M. Küchel 1744–1756 seine heutige malerische Gestalt (Bauplastik von Bonaventura Joseph Mutschele 1756; originelle Fasadenmalerei von J. Anwander 1755). Den Maxplatz flankieren die Bauten des ehem. Priesterseminars (jetzt Neues Rathaus) und des ehem. Katharinenspitals (1731–1737) von Balthasar Neumann. Sehenswert ist die Hauptwache von 1774.

Fresken an der Rathausfassade

Die genannten Gebäude sind aber nur Festpunkte in dem schmucken, lebendigen Straßennetz von Bamberg. Wie malerisch wirken die namenlosen Fachwerkhäuschen im Fischerviertel an der Regnitz, das der Volksmund Klein-Venedig nennt, oder die Fassaden in der Oberen Sandstraße, am Oberen Kaulberg, der Unteren Karolinenstraße usw. oder die geschlossenen Zeilen der niedrigen typischen Gärtnerhäuser in der „unteren Gärtnerei“.

Ein kulturelles Zentrum, das Stadttheater (erb. 1808), ist mit dem Namen E. T. A. Hoffmanns (1776–1822) eng verknüpft, der hier 1808–1813 als Kapellmeister, Spielleiter und Kulissenmacher wirkte. Das nahe gelegene

Fries am Fürstenportal des Domes zu Bamberg

schmalbrüstige Hoffmann-Haus ist als Gedenkstätte eingerichtet. Heute fördert das berühmte Orchester der Bamberger Symphoniker den Ruf der Stadt als Kulturmittelpunkt. Konzerte finden in der ehem. Dominikanerkirche und im Kaisersaal der Residenz statt. Zwei Sammlungen seien noch erwähnt, die nicht alltäglich sind: Das Naturkundemuseum in der Fleischstraße und das Karl-May-Museum mit Erinnerungen an den populären Schriftsteller.

St. Michael, Barocke Darstellung von Heilpflanzen auf dem Gewölbe des Langhauses

Alljährlich wird eine Frühjahrs- und eine Herbstmesse mit „Plärrer" veranstaltet.

Bamberg ist als größte Stadt Oberfrankens auch sein wichtigster Industriestandort. Der Bau des Europakanals hat den Bamberger Hafen wieder zu einem bedeutenden Handelsumschlagplatz gemacht. Mehrere große Textilwerke haben in Bamberg ihren Sitz. Metallverarbeitung und Maschinenbau, Elektroindustrie und Lederverarbeitung sind mit mehreren Betrieben vertreten (Techniker-Schule für Maschinenbau und Elektrotechnik). Eine wichtige Rolle spielen Druckerei- und Verlagswesen, Musikinstrumenten-, Nahrungsmittel- und Genußmittelherstellung sowie Brauereien (Spezialität „Bamberger Rauchbier"). Für den Stadtrand und die Umgebung von Bamberg ist seit Jahrhunderten der Gartenbau typisch. Auf lockeren, durchfeuchteten Schwemmlandböden bauen die Gärtner in intensiver Bodennutzung (Treibhäuser) Gemüse und Gewürzkräuter aller Art (Spargel, Spinat, Salat, Meerrettich usw.).

Das von den Zerstörungen des Zweiten Weltkrieges verschonte originale und originelle Stadtbild Bambergs zieht heute im Zeitalter der vorfabrizierten Einheitsform mehr denn je die Besucher an. Doch dieses Grundkapital des Fremdenverkehrs ist stark gefährdet. Wie kaum in einer anderen Stadt sind große Mittel notwendig, um den drohenden Verfall vieler historischer Gebäude aufzuhalten. Die Sanierung ihres Baubestandes ist das vordringlichste Problem der Stadt.

STADT BAYREUTH

Medaillon einer jungen Bayreutherin am Alten Schloß

Am Roten Main, zwischen den Ausläufern von Fichtelgebirge und Fränkischem Jura, liegt Bayreuth, die Hauptstadt des Regierungsbezirks Oberfranken. Sie hat durch die Festaufführungen von Richard Wagners Musikdramen Weltberühmtheit erlangt. Nicht zuletzt wegen ihrer Gastfreundlichkeit und ihrer Schlösser verdient sie internationalen Ruf.

Der Name besagt, daß Bayreuth als Rodung von Bayern angelegt wurde, wahrscheinlich unter der Herrschaft des Grafen von Andechs im 12. Jh. Deren Erbe traten 1248 die hohenzollerischen Burggrafen von Nürnberg und späteren Markgrafen von Ansbach-Bayreuth an. Im 13. Jh. gewann Bayreuth Stadtrechte, trat unter Markgraf Georg dem Frommen 1529 dem Protestantismus bei und wurde 1603 infolge der Verlegung des Hofes von Kulmbach hierher zur Residenz der Bayreuther Linie der Markgrafen erhoben. Damit begann die große Zeit Bayreuths. Besonders Markgraf Friedrich (1735–1763) und dessen kunstsinnige Gemahlin Wilhelmine, Lieblingsschwester Friedrichs des Großen, bereicherten die Stadt mit schönen Bauwerken. Nach dem Erlöschen der Bayreuther Linie 1768 kam die Stadt an die Ansbacher Markgrafen, deren letzter Bayreuth 1791 an Preußen abtrat. Seit 1810 ist es bayerisch.

Der Dichter Jean Paul lebte hier von 1804 bis zu seinem Tode. Sein Wohnhaus und sein Arbeitszimmer im Gasthaus „Rollwenzelei" sind noch zu sehen. Jean Pauls Ruhestätte liegt unweit von derjenigen des Komponisten Franz Liszt auf dem Stadtfriedhof.

Haus Wahnfried

Richard Wagner erweckte die stille Provinzstadt zu neuem Leben. 1872 bis 1876 ließ er unter Förderung König Ludwigs II. auf bewaldeter Höhe das Richard-Wagner-Festspielhaus errichten, in dem seither alljährlich im Juli und August seine Opern mit triumphalem Erfolg aufgeführt werden – nun bereits unter Leitung der dritten Generation Wagner. Im Garten seiner Villa „Wahnfried" ist der Komponist begraben. Das Gebäude dient als „Richard-Wagner-Nationalmuseum".

Heute ist Bayreuth neben seiner Eigenschaft als Verwaltungszentrum eine rege Industriestadt. Vor dem 19. Jh. waren von seinen Produkten wohl nur die Bayreuther Fayencen bekannt. Seit dem letzten Jahrhundert aber schwang es sich neben Hof zur bedeutendsten Textilstadt Nordbayerns auf. Die Zerstörungen des Bombenkrieges trafen zwei Drittel der Stadt. Viele Kunstwerke wurden vernichtet, die Industrie gelähmt. Trotz erneuter Schwierigkeiten durch die oberfränkische Grenzlage erholte sich die Wirtschaft und erweiterte ihren Umfang. Zur Textilindustrie traten eisen- und metallverarbeitende Betriebe, Verarbeitung der Steine und Erden, Sägewerke, Fabriken für Kunststoffe, elektrotechnische und optische Produkte, für Lederwaren, Möbel, Zigaretten und Süßwaren. Ferner werden Porzellan, Flügel und Klaviere hergestellt. Die bisherige Pädagogische Hochschule wurde 1975 zur Universität Bayreuth ausgebaut.

Stadtkirche

Den Strom von Besuchern aber lockt, abgesehen von den Wagner-Festspielen und der Fränkischen Festwoche um Pfingsten, vor allem Bayreuths Stadtbild an. Es zeigt eine Synthese von altdeutschem Stadtgepräge und barockem Residenzcharakter. Das erstere äußert sich im breiten bayerischen Straßenmarkt, schmalen Gassen, Giebelhäusern mit Erkern, einer gotischen Stadtkirche (erb. im 14. Jh., weitgehende Restaurierungen 1611–1614) und Stadtmauerresten. Das Barock setzt seinen ersten Akzent mit dem Alten Schloß. Dieses geht zwar auf einen Bau des 14. Jh. zurück, sein heutiges Aussehen aber gab ihm das 17. Jahrhundert (Ch. Ph. Dieussart und Joh. Leonh. Dientzenhofer). Die Schloßkirche (1753) zeigt innen lebendigstes Rokoko.

Das 18. Jahrhundert brachte der Stadt die entscheidenden Neuerungen im Straßenbild. Es begann mit dem Bau der kleinen Vorstadt St. Georgen für die Hugenotten, die mit ihren völlig gleich angelegten Häusern ein Unikum darstellt. Nur die Ordenskirche (erbaut 1705–1711 von Gottfr. v. Gedeler), das Ordensschloß (erbaut 1725–1727 von Joh. Dav. Räntz) und das Gravenreuther Stift (1741/1742) heben sich heraus.

Gebäude von höchstem Rang entstanden unter der Herrschaft des Markgrafen Friedrich auf Initiative seiner Gattin Wilhelmine. Da ist zunächst das Neue Schloß, erbaut 1753–1764 infolge Brandschadens im Alten Schloß. Der Baumeister Joseph Saint-Pierre hatte die undankbare Aufgabe, mehrere bereits bestehende Komplexe beim Neubau mitzuverwenden. Er löste sie bestmöglich. Vor dem prächtigen Mittelbau des

Schlosses steht der barocke pomphafte Markgrafen-Brunnen von Elias Räntz (1700). Das Schloßinnere birgt äußerst originell gestaltete Rokokozimmer (Stukkaturen von J. B. Pedrozzi, R. Albini u. v. a.), eine Richard-Wagner-Gedenkstätte, die Staatliche Gemäldegalerie, das Stadtmuseum, ein erdgeschichtliches Museum und eine vor- und frühgeschichtliche Sammlung. Hinter dem Schloß der schöne Hofgarten, einst ein Park im französischen, heute ein Landschaftsgarten im englischen Stil. Nahebei das Deutsche Freimaurermuseum. Eine ungewöhnliche Ausstellungsstätte ist ferner das Oberfränkische Bäuerliche Arbeitsgerätemuseum.

Eines der schönsten erhaltenen Barocktheater der Welt ist das Markgräfliche Opernhaus in Bayreuth (1745–1748). Saint-Pierre schuf den Bau, das Innere gestalteten die Theaterarchitekten Giuseppe und Carlo Galli-Bibiena.

Barockhaus von J. D. Räntz am Marktplatz

Etwas außerhalb der Stadt entstand die anziehende Anlage der „Eremitage". Hier verwirklichte Markgräfin Wilhelmine ihre dem Rokokozeitalter so gemäßen Vorstellungen von einer Einsiedelei mit Parkanlagen, Lustschlössern, Wasserkünsten, Grotten, Ruinentheater usw.... Das Obere oder Alte Schloß ihres Vorgängers erweiterte sie und stattete es vorzüglich nach eigenem Geschmack, zum Teil sogar mit eigener Hand aus. Das Untere oder Neue Schloß ließ der Markgraf 1749–1753 durch Saint-Pierre für Wilhelmine errichten. Diese halbkreisförmige, einem Bassin zugewendete Anlage wird in der Mitte vom achteckigen Kuppelbau eines „Sonnentempels" unterbrochen. Ihre Wände und Säulen sind mit buntfarbigen Glasflüssen inkrustiert.

An den markgräflichen Bauwerken Bayreuths erfolgte die Ausprägung des späten Barockstils in einer –verglichen mit dem bayerischen Barock– kühleren Haltung, im sogenannten Markgrafenstil nämlich, der schon zum Klassizismus tendiert. Einflüsse aus Norddeutschland spielten maßgeblich mit herein. Dieses Stilwollen spricht sich auch im Straßenbild der Stadt aus, etwa in der Spitalkirche an der mit drei Brunnen geschmückten Maximiliansstraße, im Kanzleigebäude, in den Häusern des Architekten Carl Ph. von Gontard, in den Fassaden der einheitlich angelegten Friedrichstraße oder im ehem. Schloß Reitzenstein zu Colmdorf.

Eremitage

STADT COBURG

Sparkassengebäude in Coburg 1766

In das Keuperhügelland vor dem Südabhang des Thüringer Waldes bettet sich C o b u r g, ein hervorragendes Beispiel jener vielen kleinen Kulturmittelpunkte, die von deutschen Fürstenhöfen geschaffen worden sind. Im Schutze seiner starken Burg blühte es als Stützpunkt der Grafen von Henneberg seit dem 12. Jh. rasch auf. Nach den Hennebergern fiel Coburg an das sächsische Haus Wettin und stieg im 16. Jh. zur Residenz wettinischer Fürsten auf. 1521 wurde die Reformation eingeführt, Luther weilte 1530 ein halbes Jahr lang auf der Burg und verfaßte hier u. a. den „Sendbrief vom Dolmetschen". 1549 verlegte man den Regierungssitz in das neue Stadtschloß. Unter dem tatkräftigen Herzog Johann Casimir (1586–1633) erhielt die R e s i d e n z s t a d t ihre entscheidenden Akzente in den Renaissancebauten des fähigen Baumeisters Peter Sengelaub. Das Barock fügte nichts Wesentliches mehr hinzu.
Erst im 19. Jh., als Coburg von 1826 bis 1918 eine der beiden Hauptstädte des Herzogtums Sachsen-Coburg-Gotha war und Mitglieder seines Fürstenhauses auf mehrere europäische Throne berufen wurden (z. B. Albert, Prinzgemahl der englischen Königin Viktoria), entstanden noch mehrere repräsentative Bauten. Der Dichter Friedrich Rückert (1788 bis 1866), bedeutendster Ehrenbürger der Stadt, lebte damals auf einem Gutshof im Vorort Neuses (Gedenkstätte). 1920 schloß sich die Stadt mit dem ehemaligen Herzogtum Coburg nach Volksabstimmung freiwillig dem bayerischen Staate an.
Ist die Residenz- und Schulstadt Coburg auch nie eine richtige Industriestadt geworden, so beherbergt sie doch mehrere Betriebe, die u. a. Maschinen, Karosserien, Autozubehör, Kunststoffprodukte, Druckerzeugnisse, Lederwaren, Korbwaren und Nahrungsmittel herstellen (Lebkuchen, Coburger Würste und Schinken).
Der Umfang Coburgs im Mittelalter läßt sich an den drei noch erhaltenen Stadttoren ablesen: Spital- und Judentor aus dem 13. Jh. und Ketschentor aus dem 14. Jh. Mittelpunkt der Altstadt ist das Quadrat des M a r k t - p l a t z e s. Es ist gerahmt von den Renaissancegebäuden der ehem. Regierungskanzlei (erb. 1597–1599 nach Plänen Sengelaubs) und des Rathauses (1578–1580; 1750/1751 und 1901–1905 überarbeitet). Beide Gebäude zieren zweigeschossige polygonale Eckerker, die auf einer Säule ruhen. Solche Erker sind für die Coburger Architektur so charakteristisch, daß sie kurz „Coburger Erker" genannt werden. Die weiteren Seiten des Platzes bestimmen ein mächtiges spätgotisches Patrizierhaus und die Sparkasse mit reicher Rokokofassade.

Coburger Erker

Hauptwerke des Hofbaumeisters Sengelaub sind das Gymnasium Casimirianum (1601–1605), gestiftet von Herzog Casimir, dessen Figur eine der Ecken schmückt, und das Zeughaus (1616–1621). Alle Renaissancebauten muß man sich mit der Fassadenbemalung vorstellen, die sie in der Erbauungszeit erhalten hatten.
Etwas abseits vom Marktplatz ragen das mächtige Dach und die ungleichen Türme der M o r i z k i r c h e über die Dächer der Stadt. Es ist ein spätgotischer Hallenbau, an dem vom 14. Jh. bis etwa 1530 gebaut wurde. Das Innere wandelte der Ansbacher J. D. Steingruber ins Barocke, nur der Chor, an dessen Ende ein überreich verziertes Alabasterepitaph

(1595) für den Vater Herzog Casimirs steht, behielt seinen gotischen Charakter.
Ein Schwerpunkt der Stadt ist der im 19. Jh. geschaffene Schloßplatz. An seiner Nordseite das Palais Edinburgh (1866) und das Landestheater (1840), an der Ostseite die „Arkaden“ und dahinter der zur Veste ansteigende Hofgarten stehen als Platzumrahmung dem Residenzschloß Ehrenburg gegenüber. Der erste hier residierende Herzog Johann Ernst begann um 1543 mit dem Bau. Unter Casimir entstand der Renaissanceflügel an der Steingasse mit dem ersten aller Coburger Erker. 1626 folgte der barocke Osttrakt und von 1690–1693 die sich zum Schloßplatz hin öffnende Dreiflügelanlage. Sie wurde 1816 in den Formen englischer Neugotik maskiert, d. h. überarbeitet. Die Innenräume aus dem späten 17. Jh. zeigen prächtiges Barock. Eine außergewöhnliche Raumschöpfung ist der „Riesensaal“, den Carlo Domenico und Bartolomeo Lucchese 1697–1699 gestalteten. 28 Hermenfiguren tragen hier das stark verkröpfte Gebälk unter der schweren Stuckdecke. Im Schloß ist heute die Coburger Landesbibliothek untergebracht.
Neben einem reizvollen Rosengarten in der Stadt besitzt Coburg mit seinem Hofgarten einen großen englischen Park, der vom Schloßplatz bis zur Veste ansteigt. Auf halber Höhe steht das reichhaltige Naturwissenschaftliche Museum, dessen über achttausend präparierte Vögel die größte derartige Sammlung in Europa darstellen.

Harnisch aus der Waffensammlung auf der Veste

Die Veste Coburg

Die Veste Coburg thront 167 m hoch über der Stadt und beherrscht weithin das Coburger Land. Nicht zu Unrecht heißt sie die „Krone Frankens“. Es ist eine der größten deutschen Burganlagen. Die sicher schon sehr früh entstandene Befestigung wird 1126 erstmals erwähnt. Ihren heutigen Umfang erreichte sie im 15./16. Jh. Wallenstein berannte sie im Dreißigjährigen Krieg vergeblich. Das 19. Jh. nahm nicht sehr glückliche Erneuerungen vor, denen aber unter dem letzten Coburger Herzog zwischen 1909–1924 eine gründliche Wiederherstellung folgte. Die starken Ringmauern, Bastionen, Türme, das Fachwerk des Fürstenbaues, das Hohe Haus, die Kemenate usw. fügen sich zum Idealbild einer deutschen Burg. Heute beherbergt sie bedeutende Kunstschätze: mittelalterliche Bildwerke, Gemälde von Cranach, eine Waffensammlung mit 10 000 Objekten, Prunkwagen und Schlitten, eine Glassammlung, Münzen, Autographen, Volkskunst u. a. m. Von europäischem Rang aber ist das Kupferstichkabinett mit rund 300 000 Blatt von Künstlern des Mittelalters bis zur Gegenwart.

Noch zum Stadtgebiet gehören das 1840 erbaute Schloß Hohenfels und die herzogliche Sommerresidenz Schloß Callenberg, das 1857 bis 1882 aus einer früheren Burg umgebaut wurde. Es beherbergt heute eine Frauenfachschule.

STADT HOF

Rathaus

Die Grenzstadt Hof an der Saale gilt neben Bamberg und Bayreuth als bedeutendste Industrie- und Handelsstadt Oberfrankens. Ihre Gründung erfolgte 1230 in Anlehnung an einen vorausgegangenen Siedlungskern, die „Altstadt", durch die Grafen von Andechs. Später kam sie unter die Herrschaft der Vögte von Weida und wurde Mittelpunkt des Vogtlandes. 1373 erwarben die Burggrafen von Nürnberg Hof käuflich, 1792 fiel es an Preußen, 1810 an Bayern.
Der Ort hatte zahllose Drangsale durch Krieg, Plünderung, Pest und Brand zu erdulden. Im Brand von 1823 fiel die Stadt in Asche. Der Wiederaufbau nach altem Grundriß gab ihr das heutige Aussehen: großzügige Straßen mit klaren Fluchtlinien. Einige mittelalterliche Bauwerke wurden nach dem Brande erneuert. St. Michael (14./15. Jh.) wurde innen neugotisch wiederhergestellt. St. Lorenz, vor 700 Jahren Urkirche einer riesigen Pfarrei, enthält einen schönen spätgotischen Flügelaltar. Auch das Renaissance-Rathaus (1563/66) mußte nach 1823 weitgehend erneuert werden. Die schlichte gotische Spitalkirche wirkt durch eine barocke Kassettendecke, Gemälde und Marienaltar von 1511 stammen aus einer der bekannten Hofer Schnitzwerkstätten.
Der Dichter Jean Paul lebte zwischen 1779 und 1794 in Hof und verfaßte hier u. a. seine Romane „Quintus Fixlein" und „Siebenkäs".
Hof liegt in der verkehrsfreundlichen Senke zwischen Frankenwald und Erzgebirge. Diese Durchgangslage nach Norddeutschland zog im 19. Jh. die Industrie an. Hof entwickelte sich auf alter gewerblicher Grundlage zum Zentrum der nordbayerischen Textilindustrie (Spinnereien, Webereien, Textilveredelung, Textilverarbeitung). Andere Großbetriebe stellen Lebens- und Genußmittel (Bier, Likör, Süßwaren), Maschinen und Elektrogeräte her (Technikerschule für Maschinenbau und Elektrotechnik). Nicht unbedeutend sind Verlagswesen, Holz- und Steinverarbeitung, Möbel- und Porzellanproduktion, Papier- und Pappeverarbeitung sowie die Herstellung der „Hofer Würstchen". Die Schließung des Eisernen Vorhangs nach dem Kriege versetzte Hof in eine Grenzwinkellage, die der Industrie schwer zu schaffen machte. Doch sie hat sich gut erholt.

St. Michael

Mit ihrem Städtebundtheater, das viele Orte im Grenzland bespielt, und mit ihrem Symphonieorchester wurde die Industriestadt zu einem kulturellen Ausstrahlungspunkt. Im Städtischen Museum kann man sich über heimische Kunst, Geschichte und Tierwelt informieren (Sammlung aller europäischen Säugetiere und Vögel). Der Botanische Garten im Stadtpark Theresienstein und eine reizvolle Umgebung laden zur Erholung ein.
Acht Tage nach Pfingsten wird der traditionelle „Schlappentag" begangen.

Das Land um Bamberg hat seinen naturgemäßen Mittelpunkt in dem großen ebenen Kessel, wo Regnitz und Main zusammenfließen und wo sich die kreisfreie Stadt Bamberg ausbreitet. Sie ist auch Sitz der Landkreisverwaltung. Der Nachbarort Hallstadt liegt am Ufer des Mains. Er war karolingischer Königshof und kam als Schenkung Kaiser Heinrichs II. an das Bistum Bamberg. Seine Hallenkirche von 1442 ist ein sorgfältig gearbeitetes Werk der Spätgotik. Im Maintal aufwärts folgen Breitengüßbach mit barockisierter Pfarrkirche (1707) und alter Dorfschmiede (1693), Zapfendorf mit alter, barock ausgestatteter Kirche und Unterleiterbach mit ähnlicher Pfarrkirche und einer Friedhofskapelle von J. M. Küchel (1740). Wo das Itztal in den Main mündet, stehen die Mauern und Tortürme von Rattelsdorf (gotische, barockisierte Pfarrkirche), an der Mündung der Baunach liegt der alte Markt Baunach mit zwei spätgotischen Gotteshäusern (Pfarrkirche und Magdalenenkapelle), mit einem Rokokobau als Rathaus und einem barocken Amtsgerichtsgebäude (1689). Auf dem Stiefenberg über dem Ort Reste der gleichnamigen Burg.

Torturm in Rattelsdorf

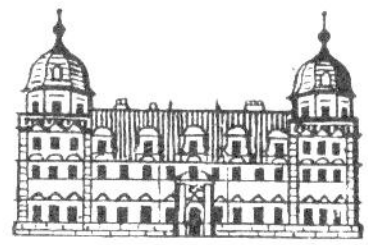

Seehof

Östlich von Bamberg, hinter dem ausgedehnten Hauptsmoorwald, steigen die Höhen des Juragebirges an. Noch in seinem Vorland liegt bei Memmelsdorf das markante Schloß Seehof, eines der eindrucksvollsten Barockschlösser Frankens. Es gehört zu den ersten Schloßbauten nach dem Dreißigjährigen Krieg in Deutschland. Antonio Petrini errichtete es 1687–1695 für den Bamberger Bischof. Seine heutige Gestalt erhielt das Gebäude im wesentlichen unter Lothar Franz von Schönborn durch J. Leonhard und Johann Dientzenhofer in den Jahren zwischen 1698 und 1730. Vier Flügel umgeben einen quadratischen Arkadenhof, die vier starken Ecktürme tragen große barocke Zwiebelhauben.

Der einst berühmte Park des Schlosses ist heute seiner über 400 Statuen aus der antiken Götterwelt beraubt, er hat die morbide Schönheit des Verfalls. Memmelsdorf selbst besitzt eine interessante Pfarrkirche des 14.–18. Jh. Das reizvolle Friedhofsportal hat Ferdinand Tietz mit Figuren versehen.

Zunfthaus der Brauer in Scheßlitz (erbaut 1692)

Etwas weiter kommt man nach Scheßlitz. Es war ursprünglich eine slawische Siedlung, in der Karl der Große um 800 eine Wendenmissionskirche errichten ließ. Im 14. Jh. kam der Ort an das Hochstift Bamberg und umgab sich mit Mauern und Türmen. Er zeichnet sich bis heute aus durch ein gewachsenes altes Straßenbild mit schönen Fachwerkhäusern, einer spätgotischen, barock ausgestatteten Hallenkirche und einer vortrefflichen Spätrokokokirche von J. M. Küchel, der Spitalkirche.

Südlich des Städtchens ragt über dem grünen Steilabfall des Fränkischen Jura die Burgruine Giech, die schon zur Keltenzeit eine Fluchtburg gewesen sein mag. Nach den Rittern von Giech und den Andechser Grafen kam die Burg 1390 an Bamberg und erlebte manchen Sturm. Obwohl das 19. Jahrhundert sie verkommen ließ, bietet sie immer noch einen imposanten Anblick. Die benachbarte Felsenwallfahrtskirche Gügel (erb. 14. Jh.; Umbau 1620) geht auch auf eine vorangegangene Burg zurück.

Pankratiuskapelle in Gügel

Von Seehof den Seebach entlang führt der Weg nach Litzendorf, mit dessen Pfarrkirche J. L. Dientzenhofer 1715–1718 einen sehenswerten

Gehäuse einer Ölbergdarstellung in Burgebrach

Saalbau geschaffen hat. Talaufwärts, bei Tiefenellern, hat man aus der „Drei-Jungfern-Höhle“ jungsteinzeitliche Geräte und Keramiken sowie 40 Skelette junger Mädchen gefunden, die offenbar vor 5000 Jahren dort geopfert worden sind.
Wo das Aufseßtal in der Albhochfläche seinen Anfang nimmt, liegt Königsfeld, dessen Pfarrkirche bis heute inmitten der mittelalterlichen Friedhofsbefestigung steht. Ihr kräftiger Turm trägt eine sog. welsche Haube aus dem 17. Jh.
Nördlich von Oberleinleiter entspringt mit drei Quellen das idyllische Leinleitertal. Hauptort ist hier der Markt Heiligenstadt mit seinen freundlichen Fachwerkhäusern. Die St. Veitskirche hat einen freistehenden Turm, ihr Langhaus mit Kassettendecke stammt von 1656. Hinter dem Ort ragt die eindrucksvolle Burg Greifenstein auf. Durch eine 250 Jahre alte Lindenallee betritt man diese feudale Burganlage mit den zahlreichen Türmen, der Burgkapelle, dem 90 m tiefen Brunnen und der kostbaren Inneneinrichtung. Die Burg wurde im 12. Jh. erbaut und gehört seit 1690 den Grafen Schenk von Stauffenberg. Der Schloßpark zeigt den Charakter eines romantischen Landschaftsgartens mit gotischer Kapelle, Kettenbrücke und Einsiedelei. Der Seigelstein nordwestlich von Heiligenstadt trug einst eine heidnische Kultstätte, die benachbarte „Schwedenschanze“ ist ein vorgeschichtlicher Ringwall.

Kirchenfassade in Ebrach

Westlich von Bamberg breiten sich die Sandsteinkeuperwellen der Steigerwaldabdachung aus. Die Täler von Aurach, Rauher Ebrach, Mittlerer und Reicher Ebrach führen hinauf in die Wald- und Wanderlandschaft des Steigerwaldes. Entlang der Rauhen und Mittleren Ebrach führt die Straße nach Frensdorf (Pfarrkirche von 1353), nach Burgebrach (spätgotische Pfarrkirche mit Kirchenschiff von 1731) und Burgwindheim nach Ebrach, wo im 12. Jh. die Erschließung des Steigerwaldes ihren Ausgang genommen hatte. Dort war 1127 ein Zisterzienserkloster, das erste dieses Ordens in Franken, gegründet worden, das bis zur Säkularisation 1803 segensreich wirkte. Die mächtige Klosterkirche (1200–1285) zeigt spätromanische und frühgotische Formen. Eine schöne Maßwerkrosette schmückt die Westfassade (Kopie; Original im Nationalmuseum München). Das Kircheninnere erfuhr im späten 18. Jh. durch Materno Bossi eine barock-klassizistische Ausstattung. Nur die Michaelskapelle zeigt den Urzustand. Der Klosterkomplex wird unter die schönsten barocken Schloßanlagen Frankens gezählt (heute Jugendstrafanstalt). Sein fürstliches Gepräge verdankt der zwischen 1687 und 1730 errichtete Bau den Baumeistern Leonhard Dientzenhofer und Balthasar Neumann. Eines der besten Treppenhäuser der Zeit führt in den prächtigen Kaisersaal. Die Pläne schuf B. Neumann.

Frühromanisches Relief in der Pfarrkirche von Großbirkach

Wenige Kilometer südlich, in Großbirkach, steht eine romanische Pfarrkirche aus der Rodungszeit. Den Ebracher Äbten gehörte auch das Schloß von Burgwindheim. Es ist 1720/25 entstanden und hat wahrscheinlich ebenfalls B. Neumann zum Architekten. Auch die Pfarrkirche mit der Rokokoausstattung von 1751 wird ihm zugeschrieben. Über der 1626 entdeckten Heilquelle wölbt sich der Hl.-Blut-Brunnen von L. Dientzenhofer. Die Wallfahrtskapelle Hl. Blut stammt aus dem 15./16. Jh. In Reichmannsdorf errichteten Johann und Leonhard Dientzenhofer 1714/19 eine dreiflügelige Schloßanlage.

Im Tal der Reichen Ebrach zeigt sich zunächst das 1260 gegründete ehemalige Zisterzienserinnenkloster Schlüsselau, das seit 1949 Karmelitinnen beherbergt. Die Klosterkirche aus dem 14. Jh. wurde 1895 renoviert.

Dann aber folgt in Pommersfelden das bekannteste Bauwerk im Bamberger Land: das prachtvolle Barockschloß Weißenstein. Lothar Franz von Schönborn, Bischof von Bamberg und Erzbischof von Mainz, gab den Bau in Auftrag und Johann Dientzenhofer führte ihn 1711 bis 1718 unter Mitwirkung von Johann Lukas von Hildebrandt und Maximilian von Welsch aus. Die Schloßanlage entspricht allen Bedürfnissen fürstlicher Repräsentation. Aus einem weiten Ehrenhof betritt man im Mittelbau das berühmte Treppenhaus, das an Größe und Raumwirkung von keinem späteren übertroffen wurde. Eine Flucht hervorragend ausgestatteter Räume schließt sich an, wie z. B. der Marmorsaal mit Fresken J. M. Rottmayrs. In der Gemäldegalerie, die zu den bedeutendsten Privatgalerien Deutschlands gehört, hängen Werke von Tizian, Dürer, Rubens, van Dyck u. v. a. Im Juli und August werden Konzerte des „Collegium Musicum Schloß Pommersfelden" veranstaltet.

Der anschließende große Park wurde zu Anfang des 19. Jh. aus einem französischen in einen englischen Garten verwandelt. Ein vorangegangenes Wasserschloß im Ort ist nur mehr Ruine.

Viele Einwohner des Landkreises sind noch in der Land- und Forstwirtschaft tätig. Garten- und Hopfenbau spielen eine wichtige Rolle. Die nicht so umfangreiche Industrie umfaßt in erster Linie Bekleidungs- und Textilproduktion, Elektrotechnik, metall-, kunststoff- und holzverarbeitende Betriebe, chemische Werke sowie Abbau und Verarbeitung von Steinen und Erden.

Schloß Pommersfelden

Schloß Greifenstein

LANDKREIS BAYREUTH

Gartenhaus in Fantaisie

Pfarrkirche Nemmersdorf

Creußener Krug

Das Alte Schloß in Bad Berneck

Obermainisches Hügelland, Fichtelgebirge und Frankenalb geben den landschaftlichen Dreiklang im Kreisgebiet. Mittelpunkt des Hügellandes zwischen den Gebirgszügen ist der vom Roten Main durchflossene „Bayreuther Kessel“ um die kreisfreie Stadt Bayreuth. Auch die Landkreisverwaltung hat ihren Sitz in dieser Stadt. In ihrer Umgebung stehen stattliche Dörfer mit sehenswerten Kirchen und Schlössern. Wenig westlich der Stadt, in Donndorf, ließ die Markgräfin Wilhelmine das Lustschloß „Fantaisie“ anlegen, das allerdings erst unter ihren Nachfolgerinnen im 19. Jh. seine heutige Gestalt erhielt. Der Schloßpark steigt stufenweise den Berghang in eine Schlucht hinunter. Es ist ein Landschaftsgarten; Wasserbassins, Grottenarchitekturen, Grabmäler und künstliche Ruinen entsprechen den romantischen Naturvorstellungen in der Epoche der „Empfindsamkeit“. Weitere Schlößchen finden sich in Ramsenthal (17. Jh.), Thiergarten (erbaut 1715–1720 von J. D Räntz, ehemaliges Jagdschloß, heute Hotel) und Unternschreez (ehem. Wasserburg, Bauteile des 16.–19. Jh.).

Repräsentative Kirchen im Markgrafenstil stehen in Bindlach (1766 bis 1768, gute Ausstattung), Benk (1741–1748, vorzügliche Altarausstattung von J. G. Räntz und Stuck von F. H. Andrioli), Nemmersdorf (1754; spitzbehelmte Türme des 14. u. 16. Jh.), Mistelgau (1737) und Obernsees (1728). Gesees besitzt eine eindrucksvolle Kirchenburg.

Nach Süden geht der Bayreuther Kessel in das Oberpfälzer Hügelland über. Dort liegt das mauerumgürtete Städtchen Creußen, dessen Ruhm die einst in hoher Blüte stehende Töpferkunst begründet hat. Eine Sammlung Creußener Steinzeugwaren aus dem 16. bis 18. Jh. besitzt das Städtische Krügelmuseum im Hinteren Tor (1601). Ein Kuriosum stellt die „Eremitage“ des Joh. Theodor Künneth dar, der damit 1760 den Anlagen der Gräfin Wilhelmine in Bayreuth nacheiferte.

Im Osten des Kreises erheben sich die dunklen Granithöhen des Fichtelgebirges, beherrscht vom Ochsenkopf (1024 m) und seinem 176 m hohen Fernsehturm. Von der Plattform des Asenturmes öffnet sich ein großartiges Panorama. Ein Felsen unweit des Gipfels trägt als Wahrzeichen den eingemeißelten Ochsenkopf. Die wichtigsten Kur- und Wintersportorte des Fichtelgebirges liegen um den Ochsenkopf: Bischofsgrün (Kneippkuren, Sprungschanze), Fichtelberg (Sprungschanze, in der Nähe der romantische Fichtelsee), Oberwarmensteinach mit seiner barocken Kuratiekirche von 1757 (Waldbad mit radioaktivem Moorwasser und Moorsuhle; Skilifte), Warmensteinach (Sprungschanze, Skilifte) und Mehlmeisel.

Am Westrande des Gebirgsmassivs reihen sich einige gewerbereiche Städte und Märkte. Das idyllische Bad Berneck wird eingerahmt von den steilen Hängen des Ölschnitztales. Es ist als Kneippbad, Luftkurort und Wintersportplatz gleichermaßen geschätzt. Vom bewaldeten Schloßberg blicken zwei Ruinen herab: die Reste des „Alten Schlosses“ (13./14. Jh.) mit dem zum Uhrturm ausgebauten Bergfried und die darüber stehende Ruine Hohenberneck, die vom 10. bis zum 12. Jh. den Walpoten gehörte (Reste vom Neubau des 15. Jh.). Die Pfarrkirche im Ort entstand nach Plänen Carl Chr. Riedels in frühklassizistischem Stil

(1796–1800). Weiter nördlich G e f r e e s. Hier stehen die romantischen Ruinen von Grünstein und Stein. Die Friedhofskapelle vom Ende des 17. Jh und das barocke Künnethsche Haus von 1787 sind beachtenswert. G o l d k r o n a c h verdankt seinen klingenden Namen dem längst erloschenen Goldbergbau. Sein ehemaliges Schloß (14. Jh.) wurde im 18. Jh. zum Teil neu erbaut.

Der Fichtelsee

Der Markt W e i d e n b e r g ist wie viele andere Orte an der „Glasstraße" (Untersteinach, Warmensteinach, Fichtelberg) wegen seiner Glas- und Schmuckwarenindustrie bekannt (Gablonzer Arbeiten). Sein Stadttor im schlichten Markgrafenstil entstand nach dem verheerenden Brand von 1770. Die Pfarrkirche von 1770 besitzt eine hervorragende Ausstattung.

Im Westen hat der Bayreuther Landkreis einen ganz wesentlichen Anteil an dem Juragebirge der nördlichen Frankenalb, die in diesem Abschnitt auch „Fränkische Schweiz" genannt wird.

Das Städtchen P e g n i t z wird geradezu „Eingangstor zur Fränkischen Schweiz" genannt. Seine gute Verkehrslage ließ den Luftkurort auch zu industrieller Bedeutung gelangen (Maschinenbau, Textil-, Nahrungs- und Genußmittel-, Metall- und Instrumenten-Industrie). Seit 1355 Stadt, unterstand es von 1402 bis 1806 den Markgrafen von Ansbach-Bayreuth. Das freundliche Stadtbild zeigt seine beste Seite am Marktplatz, wo das fachwerkverzierte Rathaus (16. Jh.) steht. Über der Stadt ragt auf dem rundlichen Böheimstein die Ruine einer Burg, die 1358 von Karl IV. von Böhmen erbaut, im 16. Jh. aber durch die Nürnberger zerstört wurde. Eine geologische Kuriosität bietet die Pegnitz, die am Böheimstein entspringt, etwas unterhalb im „Wasserberg" verschwindet und nach 320 m auf der anderen Seite des Berges wieder zutage tritt. Zwei traditionelle Bräuche werden in Pegnitz bis heute gepflegt. Der Starkbierausschank um Pfingsten wird durch Aushängen der „Flinderer", im Winde flatternder Zeichen, angekündigt. Dem folgen festliche Tage. Drei Wochen danach begehen die Schulkinder das „Gregorienfest" zu Ehren des Schulpatrons.

Zaußenmühle in Pegnitz

Die Randgebiete der Fränkischen Schweiz um Pegnitz weisen manche schönen Ausflugsziele und Sehenswürdigkeiten auf. So dehnt sich südwärts über 35 qkm der tierreiche Hochwald des Veldensteiner Forstes aus, der mit seinen skurrilen Felsen- und Karstformen ein idealer Naturpark ist. An seinem Nordrande liegt B r o n n mit einer alten Kirche (ungewöhnliches normannisch-roman. Portal um 1230). Nordwestlich von Pegnitz gewähren der K l e i n e K u l m und die Burgruine H o l l e n b e r g weite Aussicht, im Norden liegen die Märkte L i n d e n h a r d t mit einer durch wertvolle gotische Kunstwerke (Tafelbilder des M. Grünewald) bereicherten Pfarrkirche und S c h n a b e l w a i d mit Renaissanceschloß sowie T r o c k a u mit einem schön gelegenen Barockschloß. Westlich des Veldensteiner Forstes schmiegt sich das alte Städtchen B e t z e n s t e i n zu Füßen eines Burgberges. Wehrmauer, Torturm, ein 92 m tiefer Radbrunnen mit Tretrad aus der Zeit um 1545 und die Burg (1504–1806 Sitz des Nürnberger Pflegers) machen seinen Reiz aus. In der Umgebung seien die Burgruinen S t i e r b e r g, S p i e s und R i e g e l s t e i n genannt. Etwas weiter steht die wegen ihrer Aussicht gerühmte Burgruine L e i e n f e l s.

Kirchenportal in Bronn

Ein Angelpunkt der Fränkischen Schweiz, der Flußstern von Beringersmühle, gehört nicht mehr zum Kreisgebiet, hingegen die davon ausstrahlenden Täler: das Püttlachtal mit dem „Felsendorf" Tüchersfeld, wo sich die Häuschen an phantastisch geformte, ruinenbekrönte Dolomitfelstürme lehnen, und dem reizvollen Städtchen Pottenstein, das zwischen Fels, Berg, Wald und Fluß eine märchenhafte Lage einnimmt. Seine Sehenswürdigkeiten sind eine spätgotische Pfarrkirche (Hochaltar von 1730) und ein Heimatmuseum (Höhlenfunde und Versteinerungen, Vorgeschichtliches und Volkskundliches) in der alten Stadtmühle. Auf der hochragenden Burg fand die hl. Elisabeth von Thüringen 1228/1229 Zuflucht. Bereits 918 erbaut, war sie von 1139 bis 1806 Sitz der bambergischen Pfleger. Jedes Jahr am Tag der Hl. Drei Könige sieht Pottenstein ein einzigartiges Schauspiel: die mit vielen Kerzen, Fackeln und jederlei pyrotechnischem Aufwand begangene Lichterprozession.

Tüchersfeld

Die Teufelshöhle südlich von Pottenstein gilt als größte Sehenswürdigkeit der Fränkischen Schweiz und ist von großem naturwissenschaftlichem Interesse. In diesem 1,5 km langen Bachbett eines unterirdischen Höhlenflusses finden sich zauberhafte Tropfsteingebilde und große Mengen an urzeitlichen Tierknochen.

Das zweite Tal folgt dem felsgesäumten Ailsbach. Sein Glanzpunkt ist der Rabenstein auf steilem Felsvorsprung, Urbild einer mittelalterlichen deutschen Burg. Sie wurde mitsamt ihrem Burggärtlein 1829 wiederhergestellt. Nahebei die Sophienhöhle und die Ludwigshöhle. Weiter östlich erhebt sich die aussichtsreiche Hohenmirsberger Platte.

Der Wiesent folgend gelangt man zum geheimnisvollen Fels- und Waldlabyrinth der sog. Riesenburg mit ihren Felsbogen, Grotten, Schluchten und Klippentürmen, dann zur prachtvoll gelegenen Halbruine Rabeneck, wo die Wiesent das angeblich unheimliche „Tal des Todes" durchläuft. Sie hat das Schicksal fast aller Burgen dieses Landes geteilt, oft zerstört, oft wiederaufgebaut zu werden und ebenso oft den Besitzer zu wechseln.

Eingezwängt zwischen hohen Felspartien und romantischen Burgruinen ist das altertümliche Städtchen Waischenfeld mit seiner spätgotischen Pfarrkirche und seiner barocken Laurentiuskapelle. Ein jährliches Annafest geht auf ein Gelöbnis zurück, das die Waischenfelder der Heiligen für Bewahrung vor Unwetter 1851 abgelegt haben.

Weiter das felsenumrahmte Wiesenttal hinauf kommt man nach Nankendorf mit einem Schloß unterhalb der hochgelegenen Burgruine Plankenstein.

Das mittelalterliche Städtchen Hollfeld ist schon im 10. Jh. bezeugt. Sein Wahrzeichen ist der Turm von St. Gangolf (romanische, gotische und barocke Bauteile). Die barocke Salvatorkirche erbaute J. L. Dientzenhofer, die kath. Pfarrkirche Neumann d. J. (1774–1777).

Pfarrkirche und Burgturm in Waischenfeld

Das oberste Wiesenttal wartet mit zwei gut erhaltenen Schlössern auf. An der Burgruine Neidenstein (im Volksmund das „Salzfaß" genannt) vorbei gelangt man nach Freienfels, wo das mit Ringmauer und Türmen bewehrte hochgelegene Schloß (17. Jh.) der Herren von Aufseß steht, und nach Wiesentfels, wo die mächtige Burg der Grafen von Giech (14. und 16. Jh.) von einem Felsen ins Tal blickt.

Hauptort des Aufseßtales, das bei D o o s in das Wiesenttal mündet, ist das Pfarrdorf A u f s e ß. Hier sind seit mehr als 800 Jahren die Freiherrn von und zu Aufseß ansässig. Einst gehörte dem Geschlecht ein halbes Hundert Burgen und ebenso viele Ortschaften. Das heutige Schloß ist ein Neubau aus dem 17. Jh. mit älteren Bestandteilen (wertvoll ausgestattete Innenräume). Den Schloßherren gehört auch das benachbarte Barockschloß O b e r a u f s e ß (1690).
Die Landwirtschaft des Kreises ist wegen der sehr unterschiedlichen Bodengüte nicht überall homogen. Wald überzieht die kargen Lagen, Sommergerste, Weizen, Roggen, Hafer, Kartoffeln und Grünmais gedeihen auf besseren Böden. Das Grünland ist die Grundlage für die Zucht und Haltung von Rindern und Schweinen. Herausragende Industriebranchen sind: Maschinenbau, Textil- und Bekleidungsindustrie, elektrotechnische und Glas-Industrie, Industrie der Steine und Erden und Betriebe, die Asbest, Kunststoffe, Leder, Gummi und Holz verarbeiten.

LANDKREIS COBURG

Die Veste Coburg führt eine lange Reihe von Burgen und Schlössern an, die mit Türmen und Zinnen über das Coburger Land grüßen: nordöstlich das Schlößchen R o s e n a u (1809–1817 in englisch-neugotischem Stil ausgebaut), im Süden das von einem wunderbaren Park umsäumte Schloß H o h e n s t e i n (erb. 14. Jh.; Umbauten im 18. und 20. Jh.), ferner Schloß N i e d e r f ü l l b a c h (17. Jh.; durch Prinz Leopold von Coburg, der später als Leopold I. König der Belgier wurde, lange im Besitz der belgischen Krone) und das Schloß A h o r n mit seinen zwei wuchtigen Ecktürmen (erb. um 1555, erweitert im 17. Jh.). Ein Kuriosum ist hier die Wendeltreppe, deren Spindel nicht größer als ein Geldstück ist. Die anschließende Kirche birgt das hervorragende figurenreiche Epitaph für den 1631 verstorbenen Wilhelm von Streitberg.
Etwas weiter entfernt liegen die große Dreiflügelanlage des Schlosses T a m b a c h , erbaut 1697–1700 von Leonhard Dientzenhofer durch das Kloster Langheim (Naturpark mit großen Wildgehegen) und das Wasserschloß U n t e r s i e m a u , das seit dem 13. Jh. mehrere Brände und Wiederherstellungen (zuletzt im 20. Jh.) erlebt hat.
Die älteste Stadt im Coburger Land ist R o d a c h. 899 erwähnt, erhielt sie 1347 Stadtrechte, verlor aber bei der Verwüstung durch Wallenstein im Dreißigjährigen Krieg ihr altes Stadtbild. Nur Reste des Mauerringes blieben damals übrig. Die Stadtkirche und viele Häuser stammen aus dem 18. Jh. Bei Rodach wurde die wärmste Thermalquelle Nordbayerns erbohrt. Ein Thermalbad wird eingerichtet.
N e u s t a d t bei Coburg nennt sich stolz die „Bayerische Puppenstadt". Hier werden die schönsten Spielwaren und Christbaumschmuck hergestellt. Außerdem geben ein großes Werk der Elektrotechnik, Betriebe der Textilindustrie und chemischen Industrie sowie ein Ferngaswerk der Grenzstadt ihren wirtschaftlichen Rückhalt. Neustadt wurde im 12. Jh. als Zollmaut gegründet – unterhalb des bewaldeten Muppberges, der

Schloß Tambach

Aus dem Trachten- und Puppenmuseum Neustadt b. Cob.

Mönchröden

schon in vorgeschichtlicher Zeit eine Schutzburg und Kultstätte getragen hat. 1632 und 1839 wurde die Stadt von Brandkatastrophen heimgesucht. Ihr Erscheinungsbild ist daher durch Gebäude des 19. Jh. und der Gegenwart geprägt. Einzigartig dürfte die Sammlung von über 600 kostbaren Trachtenpuppen aus aller Welt im „Deutschen Trachten- und Puppen-Museum“ sein.

Sonnefeld war einst ein Zisterzienserinnenkloster. Sein Gotteshaus zeichnet sich durch einen mächtigen, aber schlanken Chor (um 1330) und durch mehrere gute Grabsteine aus. Der Stein der Äbtissin Anna (gest. 1363) ist ein gotisches Kunstwerk höchsten Ranges.

Mönchröden ist als „Puppendorf“ und durch sein ehem. Benediktinerkloster bekannt. Von dem 1149 gegründeten Stift steht noch das hohe Abtshaus mit einem prächtigen gotischen Chörlein. Als Spezialität gilt der Mönchrödener Handkäse.

Das Dorf Lahm im Itzgrund wurde durch seine imposante Barockorgel in der ansehnlichen Pfarrkirche bekannt.

Das Städtchen Seßlach an der sächsischen Rodach ist seit 800 beurkundet. Es hat sich das Bild einer unversehrten mittelalterlichen Siedlung bewahrt. Die ganze Mauer, drei Tortürme und viele Fachwerkhäuser nebst einer barock umgestalteten Pfarrkirche tragen zu diesem Eindruck bei. Den besten Blick auf den Ort genießt man von dem erhöht gelegenen Schloß Geyersberg. In der Nähe das Barockschloß Heilgersdorf.

Einen besonderen Reiz des Coburger Landes machen die reichen typischen Zierformen der Fachwerkhäuser und die mannigfaltig gebildeten, doch immer kräftigen Türme der alten Kirchen aus, wie sie etwa in Meeder, Unterlauter, Fechheim (alle drei mit befestigten Kirchhöfen), Großwalbur, Rossach, Scherneck, Grub u. v. a. zu finden sind.

Scherneck im Itzgrund

Die Wirtschaft im Landkreis Coburg weist bis in die kleinsten Orte Industrie- und Produktionsstätten vielfältigster Erzeugnisse auf. So hat es mit dem angrenzenden Thüringer Wald die Puppen- und Spielwarenherstellung gemein. Aus der früher nur in Heimarbeit betriebenen Korbflechterei hat sich eine bedeutende Sitz- und Polstermöbelindustrie entwickelt. Wertvolle Erden ließen Porzellanbetriebe und Ziegeleien entstehen. Der Wald beliefert Papierfabriken und Sägewerke. Gemessen an der Beschäftigtenzahl führt die Holzverarbeitung vor der Elektrotechnik, der Spiel-, Schmuckwaren- und Sportgeräteindustrie, der Kunststoffverarbeitung, der Industrie der Steine und Erden und der Feinkeramik. Darüber hinaus bestehen noch viele kleinere Betriebe verschiedenster Branchen.

LANDKREIS FORCHHEIM

Das Kreisgebiet erstreckt sich vom Aischgrund im Westen über das Regnitzbecken bis in das Kernland des Juragebirges hinein, das hier wegen seiner romantischen Gebirgsformen den Namen „Fränkische Schweiz“ trägt. Forchheim, am Zusammenfluß von Regnitz und Wiesent gelegen, ist ein ideales Eingangstor zu dieser Landschaft. Es dürfte eine der ältesten Städte im Regnitzbecken sein. Es war Königshof der Mero-

winger und Karolinger, wurde 805 erstmals als Pfalz erwähnt und sah bis ins 12. Jh. zahlreiche Hof-, Fürsten- und Reichstage. Unter Heinrich II. fiel Forchheim 1007 an das Bistum Bamberg, das es zu einer Grenzfestung gegen die Markgrafen und Nürnberger ausbaute. Vier der Bastionen (15.–17. Jh.) und das prächtige Nürnberger Tor (1692) stehen noch. Seit der Säkularisation 1803 ist Forchheim bei Bayern.
Ob die heute „Pfalz" genannte bischöfliche Residenz aus dem 14. Jh. auf dem Platz der alten Kaiserpfalz steht, ist strittig, doch bildet sie ein schönes Beispiel für einen Herrschersitz des Mittelalters. Sie wurde im 14. Jh. als Wasserburg erbaut und birgt aus dieser Zeit mehrere Säle mit Wandmalereien in ihrem mächtigen Palasbau. Hier ist auch das reichhaltige Pfalzmuseum mit Sammlungen zur Vorgeschichte und Heimatkunde untergebracht.
Einen Glanzpunkt Forchheims stellt der typisch fränkische Marktplatz mit der malerischen Fachwerkgruppe der Rathausbauten (14.–16. Jh.) dar, die wesentlich zum mittelalterlichen Gepräge der Stadt beitragen. Sehr alten Bestand weist ferner die Pfarrkirche St. Martin auf. Teile aus dem frühen 13. Jh. sind in dem gotischen Bau des 14. Jh. erhalten. Wertvollstes Ausstattungsstück ist das Holzschnitzwerk „Abschied Christi von Maria" von Hans Nußbaum (um 1520).
Alljährlich gegen Ende Juli wird das Annafest auf den Felsenkellern im schönen Laubwald gefeiert.
Zum Vorland der Fränkischen Schweiz gehört das Obstbaugebiet südlich von Forchheim, das sich jedes Frühjahr in ein Blütenmeer verwandelt. Unter den hübschen Ortschaften besitzt Kersbach eine Pfarrkirche (1744) von J. M. Küchel, dem Schüler B. Neumanns. In Effeltrich zieht um die gotische Kirche (um 1500) eine mit Türmen und Wehrgängen versehene Friedhofsbefestigung. Sonntags, vor allem aber zu den großen Feiertagen (Georgifest im April und Fronleichnamsprozession), zeigen sich die Bewohner in der unverfälschten altfränkischen Tracht, die hier und in der Umgebung liebevoll gepflegt wird. Hoch her geht es am Fastnachtsdienstag bei den „Fasalecken" (symbolische Vertreibung des Winters) und beim „Jagen der Mädchen", dem ein alter Fruchtbarkeitszauber zugrunde liegt. Heidnischen Ursprung haben auch das Treiben der „Kärwanarrn" (Kirchweihnarren) und das „Karfreitagsratschen", das hier noch in vielen Dörfern geübt wird.
Neunkirchen am Brand zu Füßen des Hetzles oder Leyerberges hat das Gotteshaus eines ehem. Augustinerchorherrenstifts (gegr. 1313, aufgelöst 1552) zur Pfarrkirche. Im Innern zeigt der gotische, barockisierte Bau eine reiche Ausstattung. Den altertümlichen Eindruck des Ortes verstärken ferner drei alte Torhäuser und malerische Stadtmauerreste (15./16. Jh.).
Im nahegelegenen Dormitz ist die gute spätgotische Pfarrkirche mit ihrer Wehranlage sehenswert (Ausstattung 18. Jh.).
Nordöstlich von Forchheim, auf einer Jurahöhe, ließ Fürstbischof Franz von Schönborn um 1720 das freundlich geschmückte Jagdschloß Jägersburg errichten. Weiter nördlich liegt der uralte Ort Eggolsheim mit seiner nach Klenzes Plänen 1830 neuerbauten Kirche und charakteristischen Reihen kleiner Giebelhäuser an der vom Bach durchzogenen Hauptstraße. Den Eggenbach aufwärts gelangt man nach

Fachwerkhäuser in Forchheim

Christuskirche (ev.) in Forchheim

Im Garten von Schloß Thurn

Pfarrkirche in Pretzfeld

Die gotische Frühmeßkapelle in Ebermannstadt

Neideck

Drügendorf, das eine gut eingerichtete Rokokokirche von 1775 besitzt. Eine reizvolle Anlage der Rokokozeit ist auch Schloß Thurn südwestlich von Forchheim (urspr. Wasserburg).

Über das untere Wiesenttal grüßt die malerische Anlage der 1728 barockisierten, reich ausgestatteten Pfarrkirche von Pinzberg. Eine hohe Verteidigungsmauer umgibt den Kirchhof, Zugang gewährt nur ein Tor im Kirchturm. Außerdem machen schöne Fachwerkhäuser und ein Brunnenhaus aus dem 16. Jh. den Ort sehenswert.

Wiesentaufwärts folgen Reuth mit seiner prachtvoll ausgestatteten Johanneskirche (1708–1717), Wiesenthau mit einem der wertvollsten Schloßbauten des Landes, einer türmereichen Renaissanceanlage von 1566 und Kirchehrenbach mit seiner spätbarocken Bartholomäuskirche (erb. 1765–1766 von J. M. Küchel, ausgestattet von M. Mutschele und F. Theiler).

Zwischen den beiden letzten Orten erhebt sich die hohe Ehrenbürg, im Volksmund „Walberla“ genannt, ein Jura-Zeugenberg, der einst eine keltische Fliehburg trug (Funde im Forchheimer Museum) und der seit dem frühen 14. Jh. am ersten Maisonntag Schauplatz der berühmten „Walberlaskirchweih“ ist. Um die kleine Walburgiskapelle versammeln sich dann Zehntausende zu einem fröhlichen Volksfest, das nicht seinesgleichen in Franken hat.

Flußaufwärts liegen Unterweilersbach mit einer der hl. Anna geweihten Wallfahrtskirche und Pretzfeld mit einem alten Schloß (16. und 18. Jh.) und dem glänzenden Rokokobau der Pfarrkirche (1739 von J. M. Küchel; Ausstattung von F. Theiler).

Der Erholungsort Ebermannstadt besitzt seit 1323 Stadtrechte. Seine Geschichte geht aber bis in das 10. Jahrhundert zurück, wo es als kaiserliche „Villa“ bezeichnet wird. Sein Marktplatz ist von schönen Fachwerkhäusern umstanden. Die spätgotische Marienkirche überrascht durch ihre reiche Barockausstattung von der Hand des hier geborenen Bildhauers Friedrich Theiler, dem die Gotteshäuser des Landes viele Holzplastiken verdanken. Einige davon sind im Heimatmuseum zu sehen. In der Nähe die Jugendburg Feuerstein und der langgestreckte Rücken der „Langen Meile“ mit einer Bundes-Segelflugschule.

Flußaufwärts folgt man der Wiesent im Haupttal der Fränkischen Schweiz. Da begegnen uns zunächst das vom felsgekrönten Hunnenstein überragte Gasseldorf, wo Georg Lahner, der „Erfinder“ der „Frankfurter“ und „Wiener Würstl“ 1772 geboren wurde, und zwischen hohen Waldbergen und Felstürmen der Kurort Streitberg. Rechts und links blicken Bergruinen von der Höhe. Die Streitburg (erst ritterlicher, dann Bamberger und markgräflicher Besitz) ging im 16. Jh. in Trümmer und wurde im 19. Jh. z. T. abgetragen, Burg Neideck, die größte Anlage dieses Gebietes, war lange Jahre im Besitz der mächtigen Grafen von Schlüsselburg, deren letzter, Konrad, bei einer Belagerung der Burg 1347 den Tod fand. Die Neideck fiel an Bamberg, wurde 1553 in Brand gesetzt und ist seither eine imposante romantische Ruine. Bei Streitberg liegt auch der Eingang zur schönsten und reichhaltigsten Tropfsteinhöhle in der Umgebung, der 420 m langen Binghöhle.

Das folgende Muggendorf ist der älteste Kurort der Fränkischen Schweiz, die bis zum 19. Jh. noch Muggendorfer Gebirge hieß. Die spätgotische, barockisierte Pfarrkirche enthält eine sehenswerte Einrichtung aus dem 18. Jh.

In der Nähe liegen die Zugänge zu den drei Tropfsteinhöhlen im „Hohlen Berg“ und zur berühmten Rosenmüllershöhle. Interesse verdient auch die sog. Zoolithenhöhle, aus der man reiche vorgeschichtliche Funde an Menschen- und Tierknochen geborgen hat.

Gasthaus in Burggailenreuth

Etwas südlich steht die reizende kleine Burg Gailenreuth, die vom 12. bis zum 19. Jh. eine mächtige Anlage gewesen ist. Im Juni wird hier ein Stephansritt veranstaltet. In dem kleinen Dörfchen Trainmeusel soll der Raubritter Eppelein von Gailingen seinen Sitz gehabt haben.

Gößweinstein liegt im Herzen der Fränkischen Schweiz. Es ist ein Fremdenverkehrsplatz ersten Ranges und zugleich ein bevorzugtes Wallfahrtsziel. Die doppeltürmige Wallfahrtsbasilika zur hl. Dreifaltigkeit ließ Bischof Fr. Karl von Schönborn 1730 bis 1739 nach Plänen B. Neumanns errichten. Innen zeigt der festliche Bau zarte Stukkaturen von F. J. Vogel (1733) und einen phantasievollen Hochaltar, der das spätgotische Gnadenbild birgt. Im Sommer finden Kirchenmusikkonzerte statt. Der anschließende stattliche Pfarrhof (erb. 1747–1749 von J. M. Küchel) diente den Bamberger Bischöfen zeitweilig als Sommersitz. Das Franziskanerkloster wurde 1723 gegründet. Auf steilem Fels überragt eine Burg den Ort. Sie steht schon seit dem 11. Jh. dort oben, wechselte aber oft ihr Aussehen und erhielt 1890 das jetzige neugotische Gewand einer Märchenburg. Richard Wagner soll in ihr das Vorbild für seine Gralsburg gefunden haben. Bezaubernd ist die Aussicht vom Burggarten. Seit 1958 besitzt Gößweinstein ein kleines Heimatmuseum.

Kirchenportal in Gößweinstein

In Moggast, westlich von Gößweinstein, ist der zweite Weihnachtsfeiertag das Fest des Jahres. Da kommen zum „Stephansritt“ alle Pferdebesitzer aus der Umgebung mit ihren Tieren zum Umritt um die Pfarrkirche, wie es seit Jahrhunderten Brauch ist.

Unterhalb von Gößweinstein liegt der kleine Luftkurort Behringersmühle am Zusammenfluß von Wiesent, Ailsbach und Püttlach. Es ist daher Ausgangspunkt für den Besuch ihrer schönen Täler.

Ein hervorstechendes Kennzeichen der Fränkischen Schweiz ist der Reichtum an Burgen. Da ragt fast 100 m über dem forellenreichen Trubachflüßchen die imposante Stammburg der Grafen von Egloffstein auf, die seit tausend Jahren ununterbrochen hier ansässig sind. Sie erfuhr seit ihrer Erbauung im 11. Jh. viele Stürme, Zerstörungen und Erneuerungen; ihr heutiges Aussehen geht auf das 17. Jh. zurück. Mit dem Felsen verwachsen scheinen die Mauern der benachbarten Burg Hundshaupten. Hier sitzen die Ritter von Pölnitz. Besondere Vorzüge dieses reizenden Felsenschlosses sind seine wertvolle Ausstattung und seine waldreiche Umgebung. Im Besitz des fränkischen Uradelsgeschlechts der Egloffsteiner ist auch die malerische Wasserburg Kunreuth, die nach Zerstörung 1625 wiedererstand. In jedem sechsten Jahr findet hier seit 400 Jahren der Familientag aller in der Welt verstreuten Egloffsteiner statt.

Egloffstein

Das Städtchen Gräfenberg gilt als südliches Haupteingangstor zur Fränkischen Schweiz. Drei Stadttore, die gotische Pfarrkirche, ein Rathaus mit Erker und freundliche bejahrte Häuser geben ihm ein altertümliches Aussehen. Ein Minnesänger und Dichter, der hier geborene Ritter

Wirnt von Gravenberc, hat dem Ort einen Platz in der Literaturgeschichte gesichert. Er schuf um 1202–1205 das Heldengedicht vom tapferen Ritter Wigalois. Seine Erziehung erhielt der Dichter im benachbarten Benediktinerstift Weißenohe, das die einzige bedeutende Klostergründung der Fränkischen Schweiz war (1052 gegr., zwischen 1556 und 1695 aufgehoben, 1803 endgültig säkularisiert). Das barocke Gotteshaus stammt aus dem Jahre 1707.

In Gräfenberg

Um Gräfenberg stehen die Burgruinen von Thuisbrunn, Regensberg und Igensdorf sowie zwei Edelsitze in Guttenburg und Ermreuth.

Östlich von Gräfenberg liegt in waldreicher Umgebung der kleine Markt Hiltpoltstein. Hier bietet die auf 40 m hohen Dolomitfelsen thronende Burg einen prachtvollen Anblick. Sie war von 1504 bis 1806 Sitz des Nürnberger Pflegers. Aus der Burgkapelle ging die heutige stimmungsvolle Pfarrkirche hervor.

Die Wirtschaft des Landkreises findet einen starken Rückhalt im Fremdenverkehr. Die vielfältigen Bodenarten lassen Getreide und Hackfrüchte, Gemüse (Kraut, Spargel, Meerrettich), Hopfen und Obst (Kirschen) gedeihen. In der Industrie führt die Textilbranche vor der Elektrotechnik und dem Maschinenbau. Beachtlich vertreten ist auch die Industrie der Steine und Erden sowie die Nahrungs- und Genußmittel-Industrie.

LANDKREIS HOF

Einen großen Teil des Kreises nimmt die sog. Münchberger Hochfläche ein, die eine Art Übergangsland zwischen dem Frankenwald mit seinen bewaldeten Flanken und Bergen (Döbraberg 794 m) und dem Fichtelgebirge mit dem Großen Waldstein (878 m) und dem Großen Kornberg (829 m) darstellt. Von Nordosten reicht bis Hof noch das Vogtland herein, das aber mit seinen flachen, gerodeten Hügelwellen kaum von der Münchberger Hochfläche zu unterscheiden ist. Die Hochebenen begünstigten seit je den Durchgangsverkehr nach Nordosten. Doch genügten Handel und Wandel nicht zum Broterwerb.

Die kargen Böden, die nur durch intensive Bearbeitung und Düngung ertragreicher gemacht werden können und im allgemeinen nur Roggen, Hafer und Kartoffeln liefern, konnten schon bald die zunehmende Bevölkerung nicht mehr ernähren.

Helmbrechts

So wurde bereits kurz nach 1400 in Münchberg und Umgebung die Baumwollverarbeitung eingeführt, die hinfort für den Landkreis besonders wichtig wurde und die ihn zum größten Textilzentrum Nordbayerns machte. Mittelpunkt dieser Industrie sind Münchberg (Sitz einer Textilfachschule), Helmbrechts (Heimatmuseum mit kunstvollen Textilien und Musterbüchern früherer Zeiten), Naila und Selbitz.

Naila ist ein ehemaliges Bergbaustädtchen (Eisen- und Kupferförderung im 16.–18. Jh.) in schöner waldreicher Umgebung. Textil- und Lederverarbeitung sind schon lange in Naila beheimatet. Die notwendigen Textil- und Schuhbearbeitungsmaschinen stellt man auch in Naila her. Den Nachwuchs schult die Staatliche Fachschule für Bekleidungsindustrie.

Im Westen des Kreises, im Frankenwald und dessen Vorland, haben fast alle Orte den Vorzug eines hervorragenden Klimas, einer waldreichen Landschaft und guter Wintersportbedingungen. Sie sind daher als Erholungs- und Ferienplätze geschätzt. Überall gibt es auch fleißige Handwerks- und Industriebetriebe. So in Schwarzenbach am Wald (Döbraberg; Sprungschanze), Geroldsgrün (romanische Kirche aus dem 11. Jh., Wehrmauer mit drei Türmen 15. Jh.; Erweiterung 16./17. Jh.) Reitzenstein (Schloß von 1557) und Bad Steben, das ein modern eingerichtetes bayerisches Staatsbad ist. Es zählt zu den ältesten Stahl- und Moorbädern, seine Heilquellen sind seit dem Mittelalter bekannt. Zur Unterhaltung gehören hier Theaterabende und Kurkonzerte. Das alte Walburgiskirchlein (1019) gilt als ältestes Baudenkmal der Gegend. Im stattlichen „Humboldthaus" von 1780/90 wohnte Alexander von Humboldt 1792–1797 als Oberbergmeister der Fürstentümer Ansbach und Bayreuth. Das Pfarrdorf Steben wurde auch durch die Stebener Handstickereien bekannt, die in Heimarbeit hergestellt wurden.

Staatsbad Steben

Hart an der Grenze zur DDR liegt das tausendjährige Bergwerksstädtchen Lichtenberg. Seine zerstörte Burg war eine wichtige Grenzveste gegen die Sorben (herrliche Aussicht vom Schloßbergturm). Heute wird Feldspat abgebaut, der Bergbau auf Silber, Kupfer und Eisen hat längst aufgehört. Im Juni feiern die Lichtenberger das große Wiesenfest mit Armbrustschießen, Hammelkegeln und Kinderfestzug.

Östlich von Lichtenberg liegt als Glanzpunkt des Frankenwaldes das wildromantische Höllental, dessen 160 m hohe, steile Talseiten von dunklem Tannenwald bedeckt sind. Auf dem Wolfstein über den Talhängen steht der Wiede-Aussichtsturm (Blick in die DDR).

Die Selbitz hat einst das Höllental eingesägt. Folgt man dem Fluß aufwärts, so gelangt man über das ehemalige Hammergut in Unterklingensporn (stattliches Gebäude im Geschmack des 18. Jh.) und über Naila in die Industriestädtchen Selbitz (barocke Pfarrkirche mit guter Ausstattung) und Schauenstein (Schloß des 15. Jh.; Pfarrhaus des 16. Jh.).

Im Höllental

Wie im Frankenwald liegen auch am Rande des Fichtelgebirges idyllische Erholungsorte: Zell ist aus einem Rastort des 12. Jh. hervorgegangen. Seine Pfarrkirche St. Gallus stammt aus dem 18./19. Jh. Sparneck hat eine gotische Pfarrkirche. Beide Dörfer liegen unterhalb des Großen Waldsteins, dessen Gipfel auf mächtigen Felsenriffen die Ruinen der sog. Östlichen Burg und des Roten Schlosses trägt. Hundert Meter westlich eine Kuriosität der Jagdgeschichte: ein Bärenfang aus dem 17. Jh. – eine Art gemauerter Bärenfalle.

Die Kirche von Weißdorf besitzt ein schönes Rippengewölbe (erb. 1480).

Weiter östlich liegt die Stadt Rehau. Dort ist der Hauptsitz der bayerischen Lederindustrie. Außerdem hat sie namhafte Werke der Porzellan-, Textil-, holz- und der kunststoffverarbeitenden Industrie sowie Brauereien. Die regelmäßige und großzügige Planung der Stadt ist auf einen Großbrand im Jahre 1817 zurückzuführen.

Moses von der Kanzel in Pilgramsreuth

In Pilgramsreuth bei Rehau verleiht die barocke Ausstattung (1692–1721) der sonst unerheblichen spätgotischen Landkirche besonderen Rang. Kanzel und Altar von Elias Räntz aus Bayreuth sind hervorragende Leistungen. Volkstümlich erscheinen die Malereien des Joh. H. Schertel (1711) am Kirchengestühl.

In Schwarzenbach an der Saale verbrachte Jean Paul seine Jugend und gründete und leitete 1790–1794 eine Elementarschule. Heute ist die Stadt ein Hauptort der feinkeramischen Industrie.

Schloß Zedtwitz

Die Kreisverwaltung hat ihren Sitz in der kreisfreien Stadt Hof. Sie ist der Hauptort des bayerischen Vogtlandes, in dem zahlreiche stattliche Schloßanlagen über das Land blicken. So in Oberkotzau das hochgelegene Schloß der Freiherrn von Kotzau aus dem 18. Jh., in Döhlau ein Bau von 1702, ferner die Schlösser in Konradsreuth (16./17. Jh.) und Feilitzsch (erb. 1747), in Zedtwitz (18. Jh.) und in Rudolphstein (15.–17. Jh.). Einsam über der Saale ragt auf einem Bergsporn die schon im 14. Jh. zerstörte Burgruine Saalenstein. In Schloßgattendorf östlich von Hof dient das barocke Schloß als Hotel und Erholungsort; das alte Schloß ist Ruine.

Auch die Kirchenbauten des Vogtlandes haben Format. In der Pfarrkirche von Regnitzlosau zwischen Hof und Rehau fällt die stilvolle Ausstattung der Kirche im Markgrafenstil auf. Geschnitzte und bemalte hölzerne Doppelemporen und Gestühl (1668/1669), Bilder, Wappen und ein schöner Kanzelaltar von 1743 aus der Hofer Knoll-Werkstatt schmücken diesen Musterraum des evang. Kirchenbaues. Die Kirche im benachbarten Kirchgattendorf weist ein 1509 datiertes Chorgestühl mit interessanten volkstümlichen Schnitzereien auf. Rokokokanzel und -orgel von 1754 stammen aus der Hofer Knoll-Werkstatt. Die Jakobskirche in Oberkotzau zeigt zahlreiche Grabsteine aus gotischer Zeit und einen barocken Kanzelaltar. In Ahornberg steht eine gotische Kirche, die mehrfach erneuert wurde.

Kanzelaltar in Regnitzlosau

In Joditz an der Saale nordwestlich von Hof verlebte Jean Paul seine Jugend.

Die Industrie blickt in diesem Lande, wo der Boden mehr Steine als Brot hergibt, auf eine lange Tradition zurück. Vor allem Textil- und Bekleidungsbetriebe gibt es seit Jahrhunderten. Heute entfallen nahezu 60% aller Arbeitsplätze auf diese Branchen. Daneben entwickelte sich vor allem die kunststoffverarbeitende und die feinkeramische Industrie, der Maschinenbau, die Schuhindustrie, die Elektrotechnik und die chemische Industrie.

LANDKREIS KRONACH

Die Berge und Täler des Frankenwaldes und seines Vorlandes prägen das Landschaftsbild im Kreis. Kronach, westliches Haupteingangstor zum Frankenwald, ist einer der ältesten Orte Oberfrankens. Es wurde 1003 erstmals urkundlich genannt, als Markgraf Heinrich II. von Schweinfurt bei seinem Aufstand gegen Kaiser Heinrich II. das eigene Lehen Cranaha niederbrannte. Unter Kaiser Heinrich IV. kam es an den Bamberger Bischof Otto den Heiligen, der 1120–1130 mit dem Bau der Veste Rosenberg als einem nördlichen Eckpfeiler des Bistums begann. Aus einer kleinen Burg entwickelte sich bis zum 16. Jh. eine der größten deut-

Die Veste Rosenberg

schen Burgen, eine nie bezwungene Festung. Über die Bauwerke des 14. bis 16. Jh. ragt ein quadratischer Bergfried. Um die ganze Burganlage aber legten sich nach dem Dreißigjährigen Krieg großartige Bastionen, Wälle und Mauern. Im Zeughaus der Burg ist das Frankenwald-Heimatmuseum eingerichtet (u. a. Flößerei- und Schießscheibensammlung).

Zu Füßen der Burg breitet sich auf zwei Terrassen die Stadt aus, auf der oberen die Altstadt, auf der unteren im Flußtal die Stadterweiterung seit dem letzten Jahrhundert. Hier ist die Industrie der rührigen Stadt angesiedelt, die Porzellan, Rundfunk- und Fernsehapparate, Schuhe, Metallwaren, Textilien, Holzwaren, Bier usw. herstellt.

„Scharfes Eck" und Strauer Torweg in Kronach

Die ältere, innere Stadt liegt noch im Gürtel ihrer Mauern, die streckenweise dreifach verlaufen. Auch einige Türme und das Bamberger Tor sind erhalten. Zwischen schönen Fachwerkhäusern und Steinbauten erhebt sich die gotische Pfarrkirche (13.–16. Jh.). Ein bisher unbekannter Baumeister, der auch die auf den Zwinger der Stadtmauer gesetzte Annenkapelle (1515) schuf, war maßgeblich am Bau beteiligt. Erwähnenswert sind die Spitalkirche (1467) und die Klosterkirche St. Petrus von Alcantara (1670/82). Beherrschend treten der Renaissancebau des Rathauses von 1583 und mehrere Amtshäuser aus der Reihe der schönen alten Bürger-

Pfarrkirche und Annenkapelle in Kronach

häuser. Das „Haus zum Scharfen Eck“ erhebt den Anspruch, Geburtshaus des großen Malers Lukas Cranach zu sein.

Die Ehrensäule (1654) ist ein Erinnerungsmal an die tapfere Verteidigung der Stadt durch die Bürger im Dreißigjährigen Krieg. Dieselbe erfolggekrönte Tapferkeit hatten die Kronacher schon gegen die Hussiten und den Markgrafen bewiesen. Bei der Festzugsprozession am Sonntag nach Fronleichnam, dem sog. Schwedenumgang, haben Frauen und Mädchen wegen ihrer tapferen Haltung bei der Abwehr der schwedischen Stürme den Vortritt vor den Männern.

Neben der Veste Rosenberg aber gibt es im Kronacher Land weitere interessante Burganlagen: Den nördlichsten Punkt Oberfrankens besetzt die großartige Burg Lauenstein. Sie hat wie wenige Ritterburgen die Zeiten überdauert und die mittelalterliche Atmosphäre in ihrem Rittersaal, dem Bankettsaal, dem Betsaal, den Türmen, Giebeln und Erkern und im Söllersaal mit Lukas Cranachs Fresken bewahrt. Seit dem frühen Mittelalter wechselte sie mehrfach den Besitzer, gehörte den Orlamünde, den Markgrafen, den Thüna und weist Bauteile aus Romanik, Gotik, Renaissance und Barock auf. Einer der letzten Besitzer richtete das Fränkisch-Thüringische Heimatmuseum ein (u. a. Waffen, Möbel, Schmiedeeisen).

Lauenstein

Eine weitere bedeutende Burganlage ist die mitten im Wasser auf einem Eichenrost erbaute Wasserburg zu Mitwitz im Steinachgrund westlich von Kronach. Dieses idyllische Renaissanceschloß mit Wallgraben, Schießscharten, Türmen und Neptunsbrunnen entstand 1527 und befand sich lange im Besitz der Freiherrn von Würtzburg. Das zweite, obere Schloß ist ein Barockbau aus dem frühen 18. Jh. mit gepflegtem Park. In Küps an der Rodach steht ein erkergeschmücktes Barockschloß von 1730.

Die Höhen und Hänge des Frankenwaldes im Westen des Landkreises gelten als Paradies für Erholungsuchende. Fremdenverkehrszentren sind das ehem. Bergwerksstädtchen Ludwigsstadt im schönen Loquitztal mit der profanierten frühromanischen Marienkapelle, die ein seltener einheitlicher Rundbau aus der Zeit um 1100 ist, ferner Steinbach am Wald sowie das Städtchen Teuschnitz, der Markt Nordhalben, die Stadt Wallenfels im tief eingeschnittenen Tal der Wilden Rodach, Seibelsdorf (freundliche Pfarrkirche im Markgrafenstil von 1735) u. v. a. Birnbaum bietet ein gutes Beispiel für einen mittelalterlichen Rodungsort in Angerform. Über das Leben und die Arbeit der Frankenwaldflößer unterrichtet das Flößermuseum in Unterrodach.

Der Eisturm im Neuen Schloß zu Küps

Die Hälfte der Kreisfläche bedeckt dichter Nadelwald, die Böden sind für die Landwirtschaft so geringwertig, daß kaum ein Zehntel der Bevölkerung davon leben kann. So suchen die Kleinbauern einen gewerblichen Nebenverdienst. Die Industrie hingegen weist trotz der erschwerenden Umstände durch die Grenzlage hohe Produktionsziffern auf. An erster Stelle stehen elektrotechnische Industrie, Porzellan- und Glasindustrie, Textil- und Bekleidungsindustrie, Kunststoff- und Holzverarbeitung. Daneben gibt es Maschinenbau, Brauereien, Spielwarenherstellung, Abbau von Steinen und Erden und Betriebe, die Schuhe, Stahlrohrmöbel, chemische Produkte und Druckwaren herstellen.

LANDKREIS KULMBACH

Im Landkreis Kulmbach fließen Roter und Weißer Main zusammen. Für das Land zwischen den beiden Flüssen hat man den Namen „Zweimainland" geprägt. Südwestlich dieses Gebietes steigen die Berge des Jura auf, nordöstlich davon die Flanken des Frankenwaldes. Am Weißen Main liegt die Kreishauptstadt K u l m b a c h. Dominierend thront über der Stadt die Plassenburg. Es ist zweifellos die bedeutendste Schloßburg der Renaissance in ganz Franken. Die Grafen von Andechs-Meranien erbauten im 12. Jh. als erste auf der strategisch günstigen Höhe eine Burg, die 1248 an die Grafen von Orlamünde (eine Gräfin dieses Geschlechtes spukt heute noch angeblich in der Plassenburg als „Weiße Frau") und 1338 an die hohenzollerischen Burggrafen von Nürnberg und späteren Markgrafen von Kulmbach-Bayreuth kam, in deren Besitz sie bis 1810 blieb. Die Markgrafen wählten 1397 die Burg zu ihrer Residenz und bauten sie zu einem fürstlichen Schloß aus. Georg Beck und Caspar Fischer errichteten 1559–1585 den weitläufigen Komplex, dessen Glanzstück, der arkadenumschlossene „Schöne Hof", als Deutschlands prächtigster Turnierhof gilt. Denn alle sich bietenden Flächen sind mit reichem Skulpturenschmuck in Steinrelief versehen. In den Medaillons wurde die Ahnenreihe der Hohenzollern bis auf antike Herrscher zurückgeführt. Achtzehn Jahre nach der Vollendung des Schlosses erlosch der höfische Glanz. Der markgräfliche Hof siedelte nach Bayreuth über. Heute beherbergt die Plassenburg das reichhaltige Zinnfiguren-Museum, eine Staatsgalerie mit Schlachtenbildern des 17. und 18. Jh. und künftig auch die Sammlungen des Luitpold-Museums, die neben bedeutenden vorgeschichtlichen und heimatkundlichen Sammlungen den Pörbitscher Schatzfund zeigen, Goldschmiedearbeiten aus der Zeit vor dem Dreißigjährigen Krieg, die 1912 gefunden wurden.

Plassenburg

Rathaus in Kulmbach

Zu Füßen der Burg wuchs eine Stadt heran, die sich während des 14. Jh. im Anschluß an eine Kirchenburg mit einem festen Mauergürtel umgab (Reste und Türme erhalten). Anstelle der Kirchenburg erbaute man seit 1439 die spätgotische Hallenkirche St. Petri (reicher Choraltar von 1650 bis 1653). Das Rathaus aus dem 16./17. Jh. erhielt 1752 eine neue Fassade nach Entwurf des Bayreuther Architekten J. Saint-Pierre, die ehem. Kanzlei vom Jahre 1563 wurde barock verändert. Wirkungsvoll gelegen ist der barocke Bau des ehem. Langheimer Klosterhofes (1694; heute Finanzamt). Auf dem Holzmarkt steht der originelle Zinsfelderbrunnen von 1660. Kulmbach ist heute eine rege Industriestadt. Besonderen Ruf genießt das Bier aus den großen Kulmbacher Brauereien (im Juli bis August Kulmbacher Bierwoche). Ferner werden hergestellt Handelsmalz, Lebensmittel, Fleischwaren (Bundesanstalt für Fleischforschung; Staatl. Fachschule für Fleischwirtschaft), Textilien, Motore und Fahrzeuge, Druckerzeugnisse, chemische Produkte und Elektroartikel.

Himmelkron. Grabstein der Äbtissin Anna von Orlamünde († 1354).

Im Zweimainland südöstlich von Kulmbach gelangt man über T r e b g a s t mit seiner vorzüglich im Markgrafenstil ausgestatteten Pfarrkirche (1742–44; Stuck von J. F. Andreoli, Kanzelaltar von Joh. Fr. Fischer) und einem gut bespielten Freilichttheater zum ehem. Zisterzienserinnenkloster H i m m e l k r o n. Ein Graf von Orlamünde hatte es 1279 gestiftet. Nach der Säkularisierung 1569 diente es den Markgrafen als Schloß. Die Klosterkirche des 13. Jh. wurde um 1700 verändert, der Kreuzgang teilweise eingerissen, die Ritterkapelle als Fürstengruft eingerichtet. Viele Mitglieder der Markgrafenfamilie wurden hier beigesetzt.

Abendmahlsszene vom Altar in Neudrossenfeld

Sehr alt und mehrfach umgebaut sind auch die Pfarrkirchen in den benachbarten Orten M a r k t s c h o r g a s t und W i r s b e r g. N e u d r o s s e n f e l d erhielt zwischen 1753 und 1761 anstelle einer spätgotischen Kirche in seinem mauerumringten Friedhof einen prachtvollen Neubau im Barock markgräflicher Prägung. Die Flügelgemälde seines Kanzelaltars stammen von dem Dürerschüler Hans von Kulmbach (1519). Der Herrensitz des Ortes (13./16. Jh.) erhielt im 18. Jh. sein endgültiges Aussehen.

Die bedeutendsten Schloßanlagen liegen im Jura, es sind Sanspareil und Thurnau. Die Burg Zwernitz in S a n s p a r e i l (zu deutsch „ohne Gleichen") verdankt ihre Erhaltung der Markgräfin Wilhelmine von Bayreuth. Die Fürstin ließ diese ehemalige Stammburg der Walpoten aus dem 12. Jh. als romantische Staffage für einen Felsengarten 1746–1747 wieder instandsetzen. Unter der Burg legte sie, inspiriert von der skurrilen Felsenszenerie und angeregt durch einen Erziehungsroman des französischen Erzbischofs Fénélon, einen Naturpark mit Grotten, Gartenarchitekturen, Felsentheater usw. an, der ganze Partien aus dem Roman veranschaulichte. Auch heute noch ist der Felsenpark in seinen Resten höchst stimmungsvoll.

Burg Zwernitz

Das malerische Schloß der Grafen von Giech in T h u r n a u besteht aus Bauteilen des 13.–18. Jh. Das 16. Jh. hat die bezeichnendsten Spuren hinterlassen. Waffen- und Gemäldesammlung im Innern. Den Schloßpark durchzieht eine vor 350 Jahren angelegte Lindenallee. Durch einen Brückengang mit dem Schlosse verbunden ist die Pfarrkirche, deren Turm spätgotisch, deren Langhaus barock erscheint. Der Figurenschmuck stammt von Elias Räntz. Thurnau ist aber auch wegen seines alten Töpfergewerbes bekannt, das bis heute ausgeübt wird.

In der Umgebung des benachbarten K a s e n d o r f (Gregoriusfest im Juli) wurden bei Ausgrabungen ein Ringwall aus der Eisenzeit und Gräberfelder zutage gefördert.

Westlich von Kulmbach erhebt sich Schloß W e r n s t e i n, das seit dem 14. Jh. im Besitz der Herren von Künßberg ist. Der höher gelegene Schloßteil, das Obere Schloß, erfuhr im 16. und 18. Jh. Veränderungen (gute Ausstattung des 18. Jh.), das tiefer liegende Untere Schloß entstand im 15./16. Jh.

Schloß Thurnau

Östlich von Kulmbach führen die Täler in die Landschaft des Frankenwaldes hinein. Am Austritt des romantischen Steinachtales aus dem Frankenwald liegt das idyllische Städtchen S t a d t s t e i n a c h innerhalb seiner teilweise erhaltenen Stadtmauer mit den zwei Stadttürmen. Es ist 1151 erstmals in Urkunden erwähnt. Die barocke Marienkapelle entstand um 1690. Interessant ist die 360 m lange dreifache Ringwallanlage der Grünburg und der Opferstein einer früheren germanischen Opferstätte auf dem Hainberg. Von einer Anhöhe im Steinachtal blicken die Reste der 1525 zerstörten hennebergischen Burg N o r d e c k. Hier hatte der Bamberger Bischof 1522 den Nürnberger Kaufmann Baumgartner wochenlang im Burgverlies gefangengehalten, um ein hohes Lösegeld zu erpressen.

Schloß G u t t e n b e r g zeigt mit Umfassungsmauern, Torbau, Burgkapelle und Türmen das Bild einer echten, trutzigen mittelalterlichen Burg. Sie war 1310 erbaut worden, fiel aber 1908 einem Großbrand zum Opfer. 1910 wurde sie originalgetreu wiederhergestellt. Die klassizistische Pfarrkirche des Ortes entstand 1800.

Schloß Guttenberg

Die kleinen erholsamen Orte am Westhang des Frankenwaldes haben vielfach sehenswerte Gotteshäuser aufzuweisen. Im alten Bergbaustädtchen K u p f e r b e r g fallen die 1280–1300 erbaute frühgotische Stadtkirche mit ihrem großen Chorturm und das ansehnliche Spital mit seiner Kirche (1738–1742 von J. M. Küchel) auf. Im Ort bedeutende Holzschnitzwerkstätten. Nach M a r i e n w e i h e r führt eine Wallfahrt zu der weithin sichtbaren Barockkirche (1718/20) mit einem Gnadenbild von 1480. Das Innere ist mit Stukkaturen und Fresken reich geschmückt. M a r k t l e u g a s t und P r e s s e c k haben barocke Pfarrkirchen mit gotischen Chorpartien, in Presseck mit Fresken von 1517. G r a f e n g e h a i g besitzt eine dreischiffige Hallenkirche (15. Jh.; Glasmalereien). Beachtenswert sind auch die Kirchen von U n t e r s t e i n a c h (romanisch, gotisch verändert; Kanzel und Altar von 1631) und R u g e n d o r f (15. Jh.; Ausstattung 17. Jh.).

Das Erwerbsleben im Landkreis stützt sich nur zum Teil auf die Landwirtschaft, die auf unterschiedlichen Böden Getreide, Hackfrüchte und Futterpflanzen anbaut. In der Industrie überwiegt bei weitem die Textil- und Bekleidungsindustrie. Von großer Bedeutung sind auch die Ernährungsindustrie, der Maschinenbau, die Druckerei- und Vervielfältigungsindustrie, leder- und holzverarbeitende Betriebe, Elektrotechnik sowie die Industrie der Steine und Erden.

„Schöner Hof" in der Plassenburg

LANDKREIS LICHTENFELS

Bronzeepitaph des Wolf v. Schaumburg um 1529 in der Pfarrkirche von Lichtenfels

Ein bevorzugter Abschnitt des Obermaintales und die romantische Weismainalb bilden die hervorstechenden Landschaftszüge im Landkreis. Am Main liegt auch die Stadt Lichtenfels, der Sitz der Kreisverwaltung. Sie kann auf eine lange Geschichte zurückblicken. Von der Burg des 10. Jh. auf dem „lichten Fels" ist nichts mehr erhalten, die Stadtmauer aus dem Spätmittelalter zeigt sich noch in zwei Tortürmen (15./16. Jh.). Alte Fachwerkhäuser, ein Rathaus nach Plänen J. H. Dientzenhofers (1743), der Kastenboden, ein ehemaliges Renaissanceschloß (1556) und die spätgotische Pfarrkirche mit zwei hervorragenden Bronzeepitaphien (16. Jh.) kennzeichnen das Aussehen des Ortes. Seinen guten Ruf begründete die Korbflechterei, deren deutsches Zentrum Lichtenfels ist. Die 1904 gegründete Staatliche Fachschule für Korbflechterei hat hier ihren Sitz.

Südöstlich der Stadt liegen Mistelfeld (Spankorbflechterei) mit seiner interessanten gotischen Pfarrkirche und die Reste des ehemaligen Zisterzienserklosters Langheim. Von dem 1132 gegründeten, einst reichen Kloster blieben einige Barocktrakte aus dem 18. Jh. stehen. Die Wetterbeobachtungen des Abtes Mauritius Knauer bildeten die Grundlage für den „Hundertjährigen Kalender" (um 1650). Der sogenannte Nassanger bei Trieb war einst Wirtschafts- und Lagerhof des Klosters Langheim: ein schloßartiges Gebäude, das ringförmig um einen elliptischen Hof gebaut wurde. Es ist einer der merkwürdigsten Zweckbauten der Barockarchitektur in Deutschland, erbaut 1692/93 vermutlich von L. Dientzenhofer. In Trieb stehen ein Sommerschlößchen des Klosters von 1723/25 und ein größerer Schloßbau mit Park.

Nördlich von Lichtenfels das barocke Schloß von Schney.

Einen absoluten Höhepunkt der Kulturlandschaft am Obermain stellen die Wallfahrtskirche von Vierzehnheiligen und die Benediktinerabtei Banz dar. Sie liegen sich auf den Höhenzügen gegenüber, die das Flußtal säumen. Vierzehnheiligen blickt mit hoher zweitürmiger Westfassade aus goldgelbem Eisensandstein über Wiesenhänge ins Tal. Man muß diesen Barockbau, der weitgehend nach Balthasar Neumanns Plänen 1743–1772 errichtet wurde, als eines der bedeutendsten Werke süddeutscher Baukunst bezeichnen. Die phantasiereiche Raumgestaltung beruht im Grundriß auf Kreisen und Ovalen, die ineinandergreifen, sowie auf der hervorragenden Ausschmückung in Weiß und Gold durch J. M. Feichtmayr, J. G. Übelherr (Stukkaturen) und Giuseppe Appiani (Deckengemälde). In der Mitte der Kirche erhebt sich der feingegliederte Rokokoaufbau des Gnadenaltars von J. M. Küchel über der Öffnung im Boden, wo 1445 die heiligen 14 Nothelfer einem Schäfer erschienen sind. (Großes Wallfahrtsfest am vierten Sonntag nach Ostern.)

Grundriß von Vierzehnheiligen

Das ehemalige Kloster Banz krönt einen Tafelberg, der durch den Main vom Jura abgetrennt worden war und nun steil zum Fluß abfällt. Vorausgegangen ist eine Burg, die 1069 in ein Benediktinerkloster verwandelt wurde. Die kulturelle Blüte der Abtei im 17. und 18. Jh. äußert sich augenfällig im monumentalen Neubau der ganzen Klosteranlage zwischen 1700 und 1772. Das große Geviert des Konventbaues schuf J. L. Dientzenhofer. Seit 1752 entstanden durch B. Neumann die Wirtschaftsgebäude, die J. M. Küchel 1772 vollendete. Sie beherbergen u. a. eine kleine ägyptische

Vierzehnheiligen

Sammlung und eine Petrefaktensammlung mit seltenen Versteinerungen (Ichthyosaurus). Die Klosterkirche ist ein Werk Joh. Dientzenhofers (1710 bis 1719). Schwingende Formen, prunkvolle Stukkaturen (J. J. Vogel), farbkräftige Fresken (Seb. Reinhart), Kanzel und Altäre (B. Esterbauer) schaffen einen überaus wirkungsvollen Barockinnenraum.
Den sagenumwobenen, das Maintal beherrschenden Staffelberg hat Viktor von Scheffel berühmt gemacht, der hier oben sein Wanderlied

Schloß Banz

„Wohlauf, die Luft geht frisch und rein . . .“ dichtete. Einst trug der Berg eine keltische Burgsiedlung innerhalb eines Ringwalles, heute steht hier die 1653 errichtete Adelgundiskapelle.

Zu Füßen des Staffelbergs liegt das alte Städtchen Staffelstein. Seine Pfarrkirche (15. Jh.) geht wahrscheinlich auf eine der durch Karl den Großen veranlaßten Wendenmissionskirchen zurück. Glanzpunkt der Stadt ist der prächtige Fachwerkbau des Rathauses von 1687, in dem das Heimatmuseum mit vorgeschichtlichen Funden und Erinnerungen an Viktor von Scheffel untergebracht wurde. Außen erinnert eine Gedenktafel an den hier geborenen Rechenmeister Adam Riese, den Verfasser des ersten deutschen Rechenbuches (1550; zwei Exemplare im Museum).

Schöne alte, barockisierte Pfarrkirchen besitzen die flußabwärts liegenden Orte Döringstadt (Wehrkirche) und Ebensfeld.

Fachwerkhäuser in Marktzeuln

Von Lichtenfels den Main und die Rodach hinauf folgen idyllische Orte mit reich und kunstvoll gearbeiteten Fachwerkhäusern, wie z. B. Schwürbitz, Marktzeuln, das durch seine Hanglage am Wasser zu den schönsten Siedlungen des Obermainlandes zählt, ferner das industriestarke Redwitz a. d. Rodach mit altem Renaissanceschloß und das malerisch um einen Berg gebettete Marktgraitz, nicht zuletzt auch Burgkunstadt, wo das Rathaus (1689) an Holzschnitzwerk alle anderen Fachwerkhäuser übertrifft. Urfränkisch ist Altenkunstadt mit seiner Wehrkirche. In beiden „Kunstadt“ befindet sich eine von mehreren großen Betrieben getragene leistungsfähige Schuhindustrie und ein bedeutendes Großversandhaus. Außerdem ist der Maschinenbau vertreten. Eine Sonderstellung nimmt die Korbflechtergemeinde Michelau ein – die Wiege der Feinkorbmacherei und der Sitz des einzigen deutschen Korbmuseums (kunstreiche Flechtarbeiten aus aller Welt).

Fachwerkhäuser und Rathaus in Burgkunstadt

Hier beginnt entlang des Weismainflüßchens ein Landschaftsgebiet, das an überraschenden Schönheiten der Fränkischen Schweiz nicht nachsteht: die sogenannte Weismainalb oder das Kleinziegenfelder Tal. Den östlichen Flügel der Weismainalb bildet der Görauer Anger, ein aussichtsreiches Landschaftsschutzgebiet, und der Niestener Schloßberg, in dessen abgegangener Burg 1248 der letzte Meranier, Otto II., starb. Beherrschend ragt der hohe Kordigast, ein Aussichtsberg ersten Ranges, über das Land. Zu seinen Füßen liegen das teilweise mauerumgürtete

Städtchen W e i s m a i n mit einem Renaissancerathaus von 1543 (innen kleines Heimatmuseum), einer spätgotischen barockisierten Pfarrkirche und schönen Fachwerkhäusern, ferner G i e c h k r ö t t e n d o r f mit malerischem Schloß von 1574–1576, A r n s t e i n, dessen Kirche B. Neumann 1732–1734 errichtete, und die W e i h e r s m ü h l e in ihrer romantischen Lage. Das benachbarte M o d s c h i e d e l besitzt innerhalb seiner Friedhofsmauern eine imposante festungsartige Pfarrkirche von 1494/1508.

Pfarrkirche in Modschiedel

Im Erwerbsleben des Kreises stehen Industrie, Handel und Handwerk an erster Stelle, nicht zuletzt wegen der gut ausgebildeten Arbeitskräfte und der günstigen Verkehrsverbindungen. Bedeutend sind Holz-, Korbwaren- und Schuhwarenerzeugung, außerdem spielen die Bekleidungsindustrie, die Porzellan- und Kunststoff-Industrie, die Metallverarbeitung sowie Steinbrüche eine Rolle. Die Landwirtschaft tritt dagegen zurück. Es werden Getreide, Kartoffeln, Obst und Gemüse angebaut, Rinder und Schweine gezüchtet.

LANDKREIS WUNSIEDEL im FICHTELGEBIRGE

Der heutige Landkreis umfaßt die ehemalige Bayreuther Amtshauptmannschaft Wunsiedel, das sogenannte Sechsämterland mit den einstigen Ämtern Wunsiedel, Weißenstadt, Thiersheim, Arzberg, Selb und Hohenberg. Die Kreisstadt W u n s i e d e l ist bis heute Mittelpunkt der Fichtelgebirgslandschaft geblieben. Im 12. Jh. erstmals beurkundet, erhielt es 1326 Stadtrechte, verteidigte sich erfolgreich gegen Hussiten (1430) und Böhmen (1462), verarmte aber im Dreißigjährigen Krieg. Es gehörte zur Markgrafschaft Bayreuth, kam mit dieser 1791 an Preußen und 1810 an Bayern. Jean Paul (1763–1825) nannte seinen Geburtsort eine „kleine, aber gute, lichte Stadt". Sein Geburtshaus ist das einstige Schulhaus an der St. Veitskirche. Leider haben verheerende Brände, zuletzt 1834, weitgehende Um- und Neubauten der Stadt erzwungen, die nur wenig Altes bestehen ließen. Die Stadtkirche St. Veit mit ihrem gotischen Chor wurde 1730 und 1906 erneuert. Die gotische Spitalkirche und das Stift verdanken die Wunsiedler einer Stiftung des Großkaufmanns Sigmund Wann (1451). Ein Hauptanziehungspunkt ist das reichhaltige Fichtelgebirgsmuseum. Es birgt eine Fülle von Dokumenten zur Geschichte des Gebirges (u. a. Mineraliensammlung), seiner Kultur, seiner Bewohner, seiner Trachten, seines Gewerbes und seiner Industrie (Möbel, Hausrat, Marzipanmodel, Waffen) sowie Erinnerungen an Jean Paul, Max Reger und den Studenten Karl Sand, der im Jahre 1819 den Schriftsteller und russischen Legationsrat August von Kotzebue aus politischen Gründen erstochen hat. Seit über hundert Jahren wird in Wunsiedel der magenstärkende „Sechsämtertropfen" hergestellt, dessen Grundstoff die Vogelbeere ist.

Koppetentor in Wunsiedel

Marzipanmodel des 19. Jahrh. im Fichtelgebirgsmuseum

Um das idyllische Hügelland von Wunsiedel erheben sich die schönsten Ausflugsberge des Fichtelgebirges: Kösseine, Luisenburg, Platte, Nassert, Schneeberg und Rudolfstein. Berühmt ist das Felsenlabyrinth der L u i s e n b u r g, wo gewaltige, aus weicherem Gestein herausgewitterte Granitblöcke wie von Riesenhand verstreut in wunderlichen Gruppierungen liegen. Goethe löste das Rätsel ihrer Entstehung. Er erkannte, daß es sich um Formen der Verwitterung handelt. Inmitten der wildromantischen Landschaft werden auf der Freilichtbühne während der Juli- und Augustmonate Schauspiele aufgeführt. Es ist das älteste Naturtheater Deutschlands.

Klassizistischer Rundtempel in Alexandersbad

Am Fuße der Luisenburg liegt Alexandersbad mit hochradioaktiven Stahlquellen und Moorbädern. Markgraf Alexander erbaute das Badehaus als Altes Schloß, 1839 entstand das Kurhaus. Luise, Königin von Preußen, suchte hier mit Gemahl und Kindern Heilung; ihr verdankt die Luisenburg den Namen.

Westlich von Wunsiedel hat sich mit der „Milchgrube“ von Schönbrunn einer der originellen Dorfbrunnen des Sechsämterlandes erhalten, in denen das eiskalte Quellwasser durch Kühlkammern für die Milchaufbewahrung geleitet wurde.

Die Stadt Marktredwitz an der Röslau nennt man gern die „Pforte zum Fichtelgebirge und zum Steinwald“. Es ist ein wichtiger Verkehrsknotenpunkt mit vielen Industriebetrieben: Webereien und Färbereien, Porzellan-, Chamotte-, Glas-, Schleifscheiben-, Maschinenfabriken, chemische und elektrotechnische Werke; es gibt eine Mineralmühle, ein Kalkwerk, Saatzuchtanlagen, Brauereien und Druckereien.

Taufstein in der Theresienkirche von Marktredwitz

Angeblich war Redwitz eine altgermanische Thingstätte. 1143 wurde es urkundlich zuerst erwähnt und kam später in den Besitz der Freien Reichsstadt Eger. Erst 1816 fiel es an Bayern. Sehenswert sind die Renaissancekanzel der Bartholomäuskirche sowie die auf Veranlassung der Kaiserin Maria Theresia 1776 im Rokokostil erbaute Theresienkirche, ferner das Alte Rathaus (erbaut 1384) mit Erker von 1591 und das Neue Rathaus (1794), wo Goethe 1822 mehrere Tage wohnte.

Das Grenzstädtchen Hohenberg liegt weithin sichtbar über dem Tal der Eger. Seine tausendjährige fünftürmige Reichsveste war einst eine gesuchte Freistatt für kleinere Verbrecher. Heute „Landeswarte der Sudetendeutschen“. Die heilkräftige Mineralquelle „Carolinensprudel“ wurde einst viel besucht. Seit 1814 ist Hohenberg Sitz einer berühmten Porzellanfabrik.

Die Stadt Schönwald ist wegen ihrer Industrie bekannt. (Zierdruckanstalten, Porzellan-, Wirkwaren- und Handschuhfabriken.) In der Nähe liegt Schloß Sophienreuth.

Die Veste in Hohenberg

Selb ist in der ganzen Welt als Stadt des Porzellans ein Begriff. Es wuchs seit der Mitte des 19. Jh. zur größten Produktionsstätte für Feinkeramik heran. Die bedeutendsten Manufakturen haben hier ihren Sitz. Für die Heranbildung von Nachwuchs sorgt eine Staatliche Höhere Fachschule für Porzellan. Andere Betriebe stellen Maschinen, Elektrogeräte, Papier und Textilien her. Im Ort ist die Gottesackerkirche aus dem 16. Jh. sehenswert. An jedem zweiten Sonntag und Montag im Juli begehen die Selber ihr großes Heimat- und Wiesenfest.

Die Kriegsgefahren des Mittelalters ließen viele Wehranlagen im Kreisgebiet entstehen. Zeugen dafür finden sich in der auf einer Basaltkuppe oberhalb von Thierstein aufragenden Ruine, in der Burgruine von Epprechtstein (Aussicht), in den Friedhofsbefestigungsresten von Arzberg und Thiersheim und in den Stadtmauerresten von Weißenstadt und Wunsiedel (Koppetentor aus dem 15. Jahrhundert).

Kleinere Edelsitze und Herrenhammerhäuser stehen im ganzen Landkreis. Erwähnt seien die Schlößchen von Röthenbach, Fahrenbach, Oberröslau, Leupoldsdorf und Brand.
Das Fichtelgebirge verdankte seine Besiedlung in früheren Zeiten der Suche nach Bodenschätzen. Viele Städte lebten damals vom Bergbau. Dieses Wirtschaftsbild hat sich weitgehend gewandelt; der Bergbau ist zu unergiebig, heute spielt die Porzellanindustrie die erste Rolle. Die wichtigsten Produktionsstätten sind in Selb, Arzberg, Hohenberg, Marktleuthen und Schirnding. Mehrere bedeutende Steinbruchbetriebe, z. B. in Kirchenlamitz, brechen und bearbeiten den grobkörnigen Granit und den geschätzten Speckstein. In Wunsiedel besteht eine Staatliche Fachschule für Steinbearbeitung. Daneben aber gibt es umfangreiche Textilindustrie, elektrotechnische Betriebe, metallverarbeitende Industrie u. a.
Auf den waldfreien Flächen werden Getreide, Kartoffeln und Futterpflanzen angebaut sowie Rindvieh- und Schweinezucht betrieben. Nicht unwesentlich ist im Sommer wie im Winter der Fremdenverkehr für die Wirtschaft.

Detail von einer stuckierten Decke im Schloß Röthenbach

Naturbühne Luisenburg

REGIERUNGSBEZIRK

MITTELFRANKEN

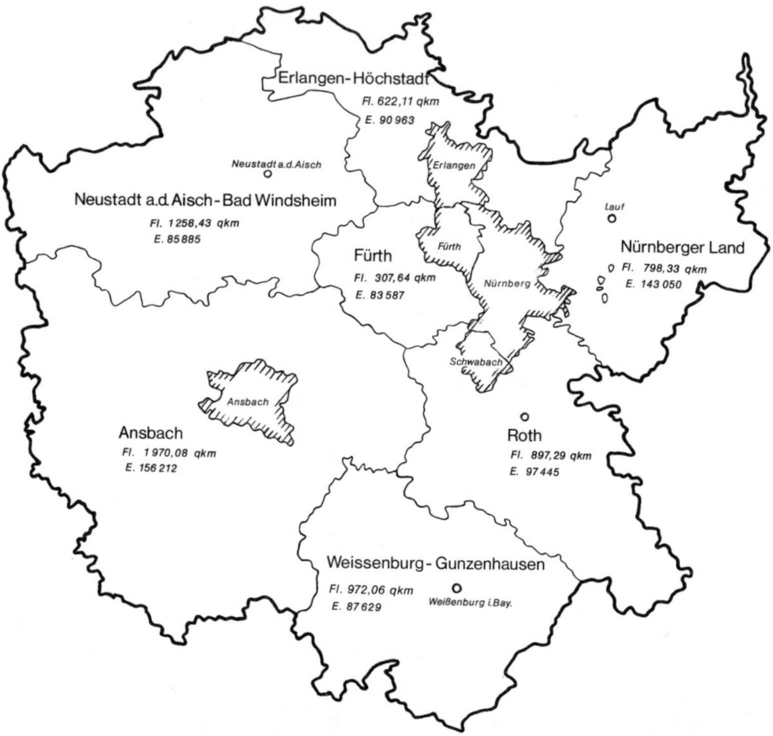

Kreisfreie Städte:

Ansbach	Erlangen	Fürth	Nürnberg	Schwabach
Fläche 99,39 qkm	Fläche 76,37 qkm	Fläche 63,46 qkm	Fläche 183,02 qkm	Fläche 38,84 qkm
Einwohner 39 673	Einwohner 100 550	Einwohner 103 238	Einwohner 509 813	Einwohner 33 102

Was man heute in Bayern als „Franken“ bezeichnet, ist nur ein Bruchteil des großen fränkischen Siedlungsraumes. Doch nur hier hat sich der Name „Franken“ offiziell erhalten. Die Teilung in Unter-, Ober- und Mittelfranken in Form von Regierungsbezirken geschah erst im 19. Jh. nach der Eingliederung Frankens in das Königreich Bayern zwischen 1803 und 1816 auf der Grundlage der vorausgegangenen Besitzverhältnisse.

Mittelfranken setzt sich zusammen aus ehemaligen Territorien der hohenzollerischen Markgrafen von Ansbach und Bayreuth (bis 1427 Burggrafen von Nürnberg), der Reichsstädte Nürnberg, Rothenburg, Dinkelsbühl, Weißenburg und Windsheim, des Deutschen Ordens (Ellingen), und mehrerer kleiner selbständiger Herrschaften wie derer von Hohenlohe, von Schwarzenberg, von Pappenheim u. a.; das Land um Hilpoltstein gehörte zum bayerischen Nordgau.

Die Besiedelung Mittelfrankens vollzog sich verhältnismäßig spät. Vor- und frühgeschichtliche Funde sind selten. Die römische Herrschaft machte am Limes halt und bezog nur das frühe Kulturland auf der Altmühlalb südlich von Weißenburg ein. Die fränkische Landnahme erfolgte im wesentlichen zwischen dem 9. und 11. Jh.; denn Mittelfranken ist arm an fruchtbaren Böden, war damals weitgehend mit Wald oder Sumpf bedeckt und bot wenig Anreiz zum Siedeln.

Unter den Konfessionen überwiegt das evangelische Element, da Markgraf Georg der Fromme und die Reichsstädte in ihren Territorien während des 16. Jh. durchwegs der Reformation folgten und dabei alle Klöster und Kirchengüter säkularisierten.

Den Süden und Osten Mittelfrankens nehmen große Teile des Fränkischen Jura und des Jura- oder Albvorlandes ein. Infolge der Wasserdurchlässigkeit des Kalkbodens zeichnet sich die Jurahochfläche durch Trockenheit aus, Karsterscheinungen und Höhlenbildung (im Pegnitzgebiet) sind häufig. Die Hochfläche ist zwar bewaldet, trägt aber mitunter den Charakter von „Steppenheiden“. Daher kommt es auch, daß dieser Landstrich wegen seiner Zugänglichkeit zuerst besiedelt wurde, wie zum Beispiel der Ringwall „Houbirg“ beweist. Die bewegteren Gebirgsformen am Juraabfall und in den romantisch eingeschnittenen Tälern von Pegnitz und Schwarzach sowie die vereinzelt ragenden Zeugenberge machen den Reiz des nord-südverlaufenden Teiles des Fränkischen Jura aus. Viel besucht ist der Hersbrucker Jura, wo Hopfen- und Obstpflanzungen das abwechslungsreiche Landschaftsbild noch beleben. Das schlichtere Steinhaus der Albhochflächen erhält hier einen Trockenspeicher (meist Fachwerk) zur Hopfenaufbewahrung. Der westliche Juraabfall zum Rednitzbecken hin erfolgt in einzelnen Terrassen, wovon die unterste, das Albvorland, ein breiter flachwelliger Liasstreifen ist. Gelbbrauner Lehm gibt hier einen guten Ackerboden ab.

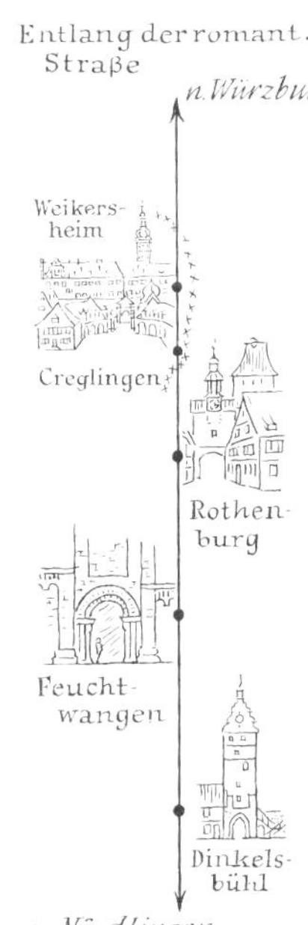

Der west-ostverlaufende Fränkische Jura, der sog. Altmühljura, wurde größtenteils erst im 19. Jh. administrativ Franken angefügt, er ist uraltes bayerisches Siedlungsland. Seine Hochfläche ist ruhiger als die des nördlichen Frankenjura. Sie senkt sich gleichmäßig zur Donau hin. Mitten hindurch allerdings zieht sich das Mäanderband des romantischen Altmühltales mit seinen malerischen burgenüberragten Orten. Einer von ihnen, Solnhofen, hat Weltruf wegen seines vorzüglichen Lithographieschiefers. Die Kalkplatten aus seinen Brüchen geben aber auch als Dachbedeckung den breit gelagerten Steinhäusern des Altmühljura ihr charakteristisches Aussehen. Westlich von Weißenburg schickt der Jura den Ausläufer des Hahnenkamms nach Norden und nördlich des Rieses ragt einsam als höchster Punkt des Fränkischen Jura der Hesselberg auf, Zeuge für den stetig zurückweichenden Juraabfall.

Im Altmühltal

Mittelfranken liegt zwischen den Steilabfällen zweier Stufen des Südwestdeutschen Schichtstufenlandes, nämlich dem des Fränkischen Jura im Osten und Süden und dem des Keupergebirges im Westen. Das mittelfränkische Keupergebirge besteht aus Frankenhöhe und südlichem Steigerwald; die Windsheimer Bucht trennt beide voneinander.

Den Steigerwald deckt weitgehend lichter Laubwald. Seine kleinen und altertümlichen Siedlungen sind schwer zugänglich und deshalb von der Hast, allerdings auch von der Industrie der Zeit weitgehend unberührt geblieben. Das Fehlen von Arbeitsplätzen hatte eine ständige Abwanderung zur Folge.

Die Frankenhöhe ähnelt dem Steigerwald, sie bietet aber stellenweise fruchtbares Ackerland. Wo der Gipskeuper zutage tritt, wird Gips gewonnen.

Das Keuperland dacht sanft nach Osten zum Rednitzbecken hin ab. Breite, meist bewaldete Höhenflächen werden voneinander getrennt durch weite Täler, in denen langsam fließende Gewässer der Rednitz zuschleichen. An vielen Orten sind sie sogar zu Fischweihern aufgestaut. Nur Altmühl und Wörnitz durchbrechen den Jura und münden in die Donau. Karge Böden und das Fehlen von Großindustrie verhinderten das Wachstum größerer Städte. Ansbach als Verwaltungszentrale ist eine Ausnahme. Einen wichtigen Erwerbszweig bildet der Fremdenverkehrsstrom entlang der Romantischen Straße. Er schafft einen wirtschaftlichen Ausgleich für die industriearmen Orte und ermöglicht das lebendige Weiterbestehen der einzigartigen mittelalterlichen Städte.

Marter in der Altmühlalb

Vor Urzeiten gehörte das Einflußgebiet der Rednitz zum Flußnetz der Donau. Die Hebung des Jurarückens aber zwang die Rednitz, in entgegengesetzter Richtung dem Main zuzufließen. Das Rednitzbecken zählt zwar auch zum Keuperland, erhielt aber sein Charakteristikum durch mächtige Sandschichten, die während der Zwischeneiszeiten hier aufgeschüttet worden waren. Infolge des geringen Gefälles waren die Flüsse nicht imstande, sie abzutragen, und so entstanden Moore und Weiher. „Streusandbüchse des Reiches" wurde diese Gegend einst genannt. Die einzige gut gedeihende Pflanze ist die Föhre. Rund um Nürnberg erstreckt sich der große Reichswald, den man wegen seiner überschlank aufgeschossenen Föhrenbestände als „Steckerleswald" verspottet. Dazu hat ihn jedoch nur menschliche Gewinnsucht gemacht; im

Das Ellinger Tor in Weißenburg

Mittelalter war er noch ein gesunder Mischwald. Es gibt aber auch bedeutende Spezialkulturen im Rednitzbecken, so nördlich von Nürnberg das sog. Knoblauchsland mit vielfältigem Gemüseanbau, bei Baiersdorf eine Meerrettichkultur, Tabakanbau um Fürth und Roth und das wichtige Hopfenbaugebiet um Spalt. Einzigartig innerhalb Deutschlands ist im Rednitzbecken die noch gelegentlich geübte altbewährte Feldbewässerung mittels Schöpfrädern (besonders um Möhrendorf).

Die Rednitzfurche ist der Haupttalzug Mittelfrankens. Hier setzte auch die Besiedlung zuerst ein. Sie erfolgte vorwiegend in Dörfern; Weiler oder Einzelgehöfte sind selten. Der mittelfränkische Hof gruppiert Wohnhaus, Scheune und Stall im rechten Winkel um einen freien Hofraum, der häufig durch einen Zaun oder eine Mauer mit überwölbter Toreinfahrt abgeschlossen ist. Im Rangau zwischen Fürth und Ansbach herrscht das oft verputzte Fachwerk, im Nürnberger Umland das Sand-

Schöpfrad bei Erlangen

steinbauernhaus vor. Zahlreiche befestigte Dorfkirchen erinnern an die Kriegszüge und Plünderungen früherer Zeiten.
Eine einzigartige Ausbildung erfuhr das Hopfenbauernhaus in Spalt: Bis zu sechs Dachgeschosse türmen sich über einem gemauerten Erdgeschoß. Typisch für das fränkische Landschaftsbild sind ferner die in jedem Landstrich eigentümlich ausgebildeten Martersäulen. Sie stellen Flurdenkmale dar, die seit dem 15. Jh. aus verschiedensten Anlässen errichtet worden sind.
Der Rednitzfurche folgten seit je die großen Verkehrswege. Straßen, Eisenbahnen und Flüsse gewährleisten den Transport. Bis zum zweiten Weltkrieg trug der Ludwigskanal ein Jahrhundert lang Lastboote vom Main zur Donau. Er soll durch den leistungsfähigeren Europakanal ersetzt werden. Die Strecke zwischen Bamberg und Nürnberg ist bereits ausgebaut und in Betrieb genommen worden.
In starkem Gegensatz zu allen anderen mittelfränkischen Landschaften, wo Industriebetriebe nur sehr zögernd Fuß fassen konnten, entstanden im Rednitzbecken führende Handels- und Industriestädte. Obwohl der Boden keine Schätze birgt, haben guter Baugrund, günstige Verkehrslage und geschickte Arbeitskräfte ein süddeutsches Industriezentrum wachsen lassen. Die Schwerpunkte von Süden nach Norden heißen Roth, Schwabach, Nürnberg, Fürth und Erlangen. Unter den Industriezweigen zählt die Elektrotechnik die meisten Beschäftigten, gefolgt von: Maschinenbau, Metallwaren, Spielwaren, Holzverarbeitung, Fahrzeugbau, Steine und Erden, graphisches Gewerbe, Bekleidung und Feinmechanik.
Der Begriff „Franken" ruft in uns die Vorstellung landschaftlicher Schönheiten, zahlreicher Kunstdenkmäler und alter romantischer Städte und Burgen hervor. Dieser Vorstellung folgte die wachsende Zahl der Besucher dieses schönen Landes. Wohl keiner von ihnen wurde enttäuscht.

Hausformen in Mittelfranken

Bauernhof, sog. Haken-Hof mit Kalkplattendach (Lkr. Weißenburg-Gunzenhausen)

Mittelfränkisches Wohn-Stall-Haus (Lkr. Fürth)

Fachwerkhaus in Großhabersdorf

Sandsteinhaus des Nürnberger und Schwabacher Umlandes

Fachwerkhaus. Ziergiebel, Anfang 18. Jh. Eckartsweiler bei Rothenburg o.T.

Die langjährige Markgrafenresidenz Ansbach ist seit 1806 Regierungssitz von Mittelfranken. Ihr Charakter als barocke Residenzstadt hat dadurch den Akzent einer ruhigen Beamtenstadt erhalten. Onolzbach, wie der Ort bis zum Ende des 18. Jh. hieß, erwuchs aus einer Klostergründung des 8. Jh. Grundherr war der Würzburger Bischof, Vögte waren die Staufer und Dornberger. Entscheidend wurde für Ansbach 1331 der Verkauf an die Burggrafen von Nürnberg aus dem Hause Hohenzollern. Diese machten Ansbach und Kulmbach (später Bayreuth) zu Hauptorten ihrer Markgrafschaften und schufen hier in der Renaissancezeit und noch mehr in der späten Barockzeit so einheitliche Stadtbilder, daß man von einem Markgrafenstil spricht. Mit der 1769 vereinigten Markgrafschaft Ansbach-Bayreuth fiel die Stadt Ansbach 1791 an Preußen, 1806 an den bayerischen König. Damit nahm die Regierung von Mittelfranken ihren Sitz im markgräflichen Residenzpalast.

Porzellanleuchter im Schloß

Dieser Gebäudekomplex wurde 1705–1733 von den im 18. Jh. in Ansbach maßgeblichen Architekten Gabriel Gabrieli, den Brüdern von Zocha und Leopold Retti erbaut, die zusammen mit J. D. Steingruber das heutige Stadtbild geprägt haben. Schauseite der Residenz ist die gediegene Fassade des breitgelagerten Gabrielibaues (1705–1715). Große künstlerische Bedeutung kommt der Innenausstattung der Prunkräume zu, die unverändert erhalten ist (Stukkaturen, Fresken, Gobelins, Bildnisse, Schnitzereien usw.). Von 1730 bis 1775 arbeiteten unter Leitung Karl Friedrich von Zochas und Joh. David Steingrubers bedeutende Künstler (Carlo und Diego Carlone, J. A. und P. A. Biarelli, J. K. Wezlar u. v. a.) an dem glänzenden Rokokoschmuck der Gemächer. Die Gemäldesammlung geht auf den Galeriebestand des Markgrafen Wilhelm Friedrich zurück. Zum Schloß gehörig, wenn auch nicht direkt anschließend, ist der Hofgarten mit dem langgestreckten, säulengeschmückten Orangeriebau. Im Garten steht ein Denkstein für das 1833 hier ermordete, gerüchteumgebene Findelkind Kaspar Hauser und ein Relief für den Botaniker Leonhart Fuchs (1501–1566), der der Fuchsie seinen Namen gab.

Das Herrieder Tor (1750 umgebaut) ist das letzte erhaltene Eingangstor in die Altstadt, wo als Wahrzeichen Ansbachs die Dreiturmgruppe der Gumbertuskirche emporragt (erb. von Gideon Bacher in gotisierender Renaissance 1594–1597). Von einer dem heutigen Gotteshaus vorausgegangenen roman. Klosterkirche zeugt die Krypta (11. Jh.). 1501–1523 erfolgte ein Choranbau, der seit 1825 als eine Erinnerungsstätte an den „Schwanenritterorden" dient. Sie wurde mit spätgotischem Altar, Glasgemälden, Chorgestühl und Ritterepitaphien reich ausgestattet. Das nüchterne Langhaus der Hauptkirche ist von Retti 1736–1738 neu erbaut worden.

Kaspar-Hauser-Stein

An die Gumbertuskirche schließt der schön gegliederte Renaissancebau der ehem. Hofkanzlei an (erb. 1594 von G. Bacher).

Die Gruft der markgräflichen Familie befindet sich in der got. Johanniskirche (15. Jh.) mit ihren beiden ungleichen Türmen. Im Innern zeigt sich eine schlichte Hallenanlage.

Beachtenswerte Bauten der Altstadt sind ferner das Rathaus und das

Stadthaus (beide in gotisierender Renaissance des 16. Jh.), die Synagoge L. Rettis (1744–1746), das Gymnasium von 1727 mit einem einbezogenen Turm der ehem. Stadtbefestigung, die zwei Markgrafenbrunnen (16. Jh. und 18. Jh.) und sehr viele schöne Bürgerhäuser des 16. bis 18. Jh.
Ganz nach eigenem barocken Geschmack konnten die Markgrafen die sog. Neue Auslage, eine regelmäßig angelegte Stadterweiterung, bebauen lassen. Hier reihen sich demgemäß die schönsten Barockfassaden aneinander (Häuser der Maximiliansstraße, ehem. Gesandtenbau). Am Karlsplatz überrascht der klassizistische Tempelbau der Ludwigskirche. Außerhalb der einstigen Stadt schuf Gabrieli 1709–1715 das heitere Prinzenschlößchen.
Zwei großen Söhnen der Stadt, den Dichtern Peter Uz (1720–1796) und August Graf von Platen (1796–1835), errichtete man Denkmäler. Die heimische Kunst aus der ehem. Ansbacher Porzellan- und Fayencenmanufaktur, eine Kaspar-Hauser-Sammlung, Münzen und viele Objekte aus Früh- und Vorgeschichte zeigt das „Markgrafenmuseum" im Schnitzleinhaus.
Im Juli finden die Ansbacher Rokokospiele mit Konzerten und Aufführungen statt. Das 20. Jahrhundert hat der stillen Residenz- und Beamtenstadt neuen Auftrieb gebracht. Fachschulen für Maschinenbau, Landwirtschaft und Bauhandwerk, die Bayerische Landesfinanzschule sowie gut ausgebaute Berufsschulen bilden den Nachwuchs für ein vielseitiges Handwerk und für die Industrie heran. Wichtigste Produkte sind Kunststoffe, Holz-, Metall-, Musikinstrumente, Schmuck-, Leder- und Textilwaren, Apparate, Kugellager, Herde, Druckereierzeugnisse, Nahrungsmittel und Bier.

Nordturm von St. Johannis

Die Ansbacher Residenz. Fassade von Gabriel Gabrieli (erbaut 1705-15)

STADT ERLANGEN

Erlangen hat sich im Laufe seiner Geschichte die Attribute Hugenottenstadt, Residenzstadt, Universitätsstadt und Industriestadt erworben. Es wurde zwar bereits im 9. Jh. erwähnt und im 14. Jh. zur Stadt erhoben, gewann aber erst Bedeutung, als Markgraf Christian Ernst von Bayreuth südlich der Altstadt für französische Hugenottenflüchtlinge zwischen 1686 und 1700 eine Neustadt erbauen ließ, die von Johann Moritz Richter völlig rechtwinkelig entworfen und angelegt wurde. Es ist ein Musterbeispiel barocker Stadtplanung geworden. Ihr Name war bis 1812 „Christian Erlangen". Deutsche Siedler erweiterten die Stadt im gleichen Sinne. 1743 wurde die Bayreuther Akademie als Universität hierher verlegt. Sie spielt seither mit ihren zahlreichen Instituten eine entscheidende Rolle im Leben Erlangens. 1791 fiel die Stadt mit dem Fürstentum Bayreuth an Preußen, 1810 an Bayern. Das 20. Jh. brachte mit mehreren Großindustrien neue Akzente und eine Erweiterung der Stadt auf das Vielfache ihres einstigen Umfanges (Elektroindustrie, größtes Röntgengerätewerk der Welt, Metallverarbeitung, Maschinenbau, chemische und pharmazeutische Fabriken, Feinmechanik, Papierverarbeitung, Druckereien, Leder- und Textilindustrie, Nahrungsmittelwerke und Brauereien). Der Anschluß an den Europakanal schuf neue Transportmöglichkeiten. Neben der Universität Erlangen-Nürnberg besteht eine Fachschule für Technik und Wirtschaft.

Residenzschloß

Palais Stutterheim

Das Bild der alten, geplanten Stadt aber hat sich seit der Barockzeit kaum verändert. Die von zweigeschossigen einheitlichen Häusern umstandenen gleichförmigen Straßen haben an den Hauptkreuzungspunkten sog. Richthäuser, die etwas höher und reicher gegliedert sind. Den Schwerpunkt bildet der Marktplatz mit dem großen, aber schlichten Residenzschloß (1700–1704 von Antonio Porta und Gottfried von Gedeler; heute Universitätsräume) und dem ehemaligen Rathaus (erb. 1728–1730 als Palais Stutterheim). Hinter dem Schloß dehnt sich ein Schloßgarten mit originellem Hugenottenbrunnen und flachem Orangeriebau (erb. 1704 von Gedeler). Aus dem Stadtbild heben sich ferner die evang.-reform. Kirche, 1686–1693 nach dem Muster einer frz. Hugenottenkirche am reizvollen Hugenottenplatz errichtet (Turm 1732–1736), und die Neustädter Kirche (1724–1737) mit Deckenfresken der Brüder Leimberger heraus. Das Markgrafentheater wurde 1715–1719 erbaut, 1743/1744 durch den Venezianer Giov. Paolo Gaspari umgestaltet und 1959 restauriert.

Hugenottenkirche

Neustädter Kirche

Das Aussehen der vorangegangenen Altstadt Erlangens glich sich durch den Neubau nach einem Brand 1706 dem der Neustadt völlig an. Hier bringen die barocke Dreifaltigkeitskirche (1717–1721) und das Altstädter Rathaus (1733–1736; jetzt Stadtmuseum) Abwechslung.
Der Burgberg im Norden der Stadt ist um Pfingsten Schauplatz der vielbesuchten Erlanger Bergkirchweih.
Zum Stadtgebiet Erlangens gehört noch eine Reihe alter ehemaliger Dörfer wie z. B. Bruck mit seiner spätgotischen, 1726 barockisierten Pfarrkirche, Büchenbach mit seiner spätgotischen Kirchenburg oder Kriegenbrunn mit seiner uralten Kirche, die wertvolle Fresken besitzt. Frauenaurach hat die Kirche eines ehemaligen Dominika-

Dreifaltigkeitskirche

Die barocke Stadtanlage
(erbaut 1696-1700)

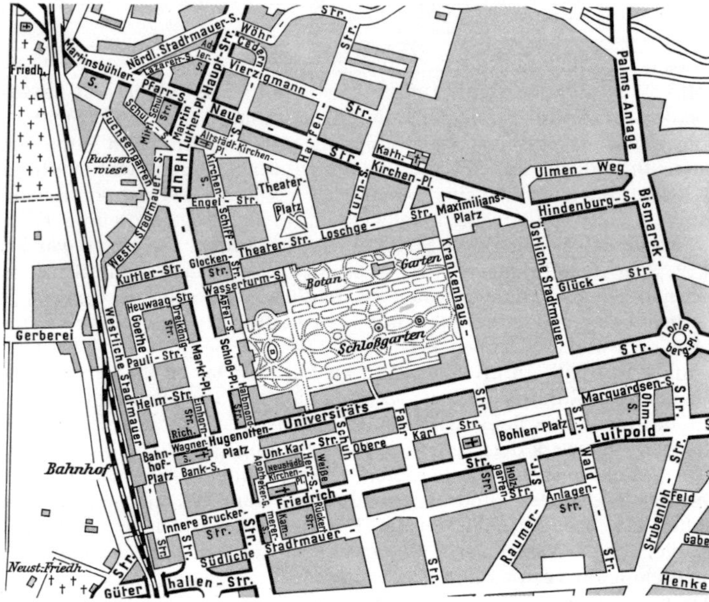

nerinnenklosters zum Gotteshaus. Das Kloster war im 13. Jh. gegründet worden. Aus dieser Zeit besitzt die Kirche noch das spätromanische Nordportal; im übrigen wurde sie im 16. Jh. umgebaut und in der Barockzeit neu ausgestattet.

Südlich von Erlangen dehnt sich bis Nürnberg das sog. Knoblauchsland hin, ein fruchtbares Gemüseanbaugebiet. Mitten darin liegt T e n n e n l o h e mit seiner alten Pfarrkirche und einem Schloß von 1625.

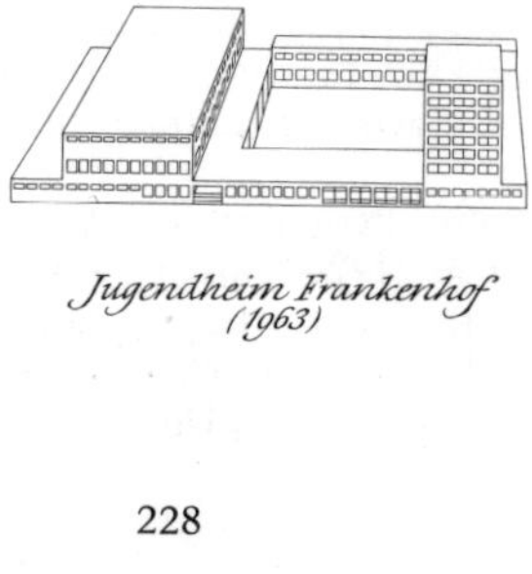

Jugendheim Frankenhof
(1963)

Rathaus und Stadthalle
(1969/71)

STADT FÜRTH

F ü r t h entstand aus einem fränkischen Königshof, der um 750 an der Rednitzfurt angelegt worden war („Furthum"). Kaiser Heinrich II. verschenkte sein Gut Fürth anläßlich der Gründung des Bistums Bamberg 1007 an die Dompropstei. Es erhielt Münz- und Marktrecht. In den folgenden Jahrhunderten machten nicht nur die Markgrafen von Ansbach, sondern auch die Reichsstadt Nürnberg Ansprüche auf Fürth geltend. Daraus ergaben sich lange Streitigkeiten, die erst 1792 aufhörten, als das Königreich Preußen mit dem Fürstentum Ansbach auch Fürth unter seine Regierung nahm. Im Dreißigjährigen Krieg war die Stadt 1632 und 1634 zerstört worden. Bei der „Alten Feste" berannte der Schwedenkönig Gustav Adolf 1632 vergeblich Wallensteins befestigtes Lager. Der Neuaufbau des heutigen Stadtkernes erfolgte im Barockstil. Er bestimmt bis heute das Gesicht Alt-Fürths. Erhalten blieb die gotische M i c h a e l s k i r c h e. Das R a t h a u s entstand 1850 nach Florentiner Renaissancevorbildern.

Am Rathaus

Der Zuzug holländischer und französischer Emigranten im 17. Jh. beschleunigte die gewerbliche Entwicklung der Stadt. Nach seiner Eingliederung in Bayern (1806) ist Fürth 1818 zur Stadt erster Klasse erhoben worden. Es ist nun die jüngste Großstadt Bayerns.

1835 dampfte die erste deutsche Eisenbahn von Nürnberg nach Fürth. Fußend auf alten Handwerkstraditionen begann eine einzigartige I n d u s t r i e e n t w i c k l u n g, die Fürth zur zweitgrößten Industriestadt Nordbayerns emporhob. Das Weichbild der Stadt ist mit dem Nürnbergs zusammengewachsen. Große Fabrikgelände entstanden. Fürther Erzeugnisse gewannen Weltruf, vor allem: Spezial- und Spiegelglas, mechanische Spielwaren, Radio- und Fernsehgeräte, mechanische und elektrotechnische Geräte, Bronze- und Aluminiumfarben, Papier, Druckereierzeugnisse, Lederartikel und nicht zuletzt das Fürther Bier. Als wichtiger Umschlagplatz kam neuerdings der H a f e n am Europakanal hinzu.

Ausgelassen wird die traditionelle Michaels-Kirchweih, das sog. Fränkische Oktoberfest mit dem Erntedank-Festzug in den Straßen der Altstadt gefeiert.

Pfarrhaus von St. Michael (erb. 1620)

Neben einem Stadttheater hat Fürth eine Freilichtbühne im großzügig angelegten Stadtpark. Im November finden die „Fürther Kirchenmusiktage" statt.

Beliebtes Ausflugsziel sind die Felsenkeller in B u r g f a r n b a c h. Die einstige Wasserburg des Ortes wurde im 19. Jh. zum geräumigen Schloß ausgebaut und mit einem Schloßpark umgeben. Es soll künftig das Fürther Stadtmuseum aufnehmen. Die gotische Pfarrkirche trägt einen Fünfknopfturm.

STADT NÜRNBERG

N ü r n b e r g, einst des Deutschen Reiches Schatzkästlein genannt, ist heute die zweitgrößte Stadt Bayerns, ist geographisches, kulturelles, industrielles und wirtschaftspolitisches Zentrum Nordbayerns. Die Bomben des Zweiten Weltkrieges haben zwar seine Altstadt, die die besterhaltene Großstadt des deutschen Mittelalters gewesen war, schwer getroffen, konnten ihm aber seine Atmosphäre und seinen Unternehmungsgeist nicht nehmen, der das Beschädigte rettete, und das Zerstörte in altem Geiste neu erschuf.

Keimzellen Nürnbergs im 11. Jh. waren ein Königshof südlich der Pegnitz (bei St. Jakob), aus dem sich die „Lorenzer Stadt" entwickelte, und die Burg auf dem roten Sandsteinfelsen, an die sich die „Sebalder Stadt" lehnte. Eine erste urkundliche Nennung ist 1050 datiert.

Wappen am Rathaus

Die B u r g, bekrönendes Wahrzeichen der Stadt, besitzt nur noch im Fünfeckturm („Altnürnberg") einen Bestandteil der ältesten Anlage. König Konrad III. erweiterte sie nach Westen um die „Kaiserburg", während er die alte Burg den Burggrafen überließ. Diese Kaiserburg beherbergte häufig die deutschen Könige. Friedrich I. Barbarossa nahm bedeutende Umbauten vor: der sog. Heidenturm wurde Wachtturm und zugleich Chorturm der doppelgeschossigen romanischen Pfalzkapelle, die ein Untergeschoß mit vier massiven Säulen für das Gefolge und eine darüberliegende Kaiserkapelle mit vier eleganten Pfeilern aufweist. Ferner entstand der runde Bergfried, auch Sinwell- oder Vestnerturm genannt (Aufsatz 1560–1570). Palas und Kemenatenbau gehen auf Erweiterungen (1440–1442) Kaiser Friedrichs III. zurück, der als letzter Kaiser seinen Sitz in der Burg nahm. Diesem Bestand fügte das 16. Jh. nur noch die Kastellans- und Sekretariatswohnung, den Finanzstadel und das Brunnenhaus für den Tiefen Brunnen hinzu (50 m tief, im 12. Jh. gebohrt).

Das Amt der Burggrafen hatten seit 1192 die Grafen von Hohenzollern inne, die seit 1415 auch Markgrafen von Brandenburg waren. Ständige Reibungen mit der Bürgerschaft veranlaßten sie, ihre Burggrafenburg nach einem Brand 1427 an die Stadt zu veräußern. Neben dem Fünfeckturm blieb davon nur die Burgamtmannswohnung erhalten. Ein hufeisenförmiger Eindruck in der Brüstungsmauer zwischen beiden stammt der Sage nach vom Pferd des berüchtigten Raubritters Eppelein von Gailingen, der 1381 den Nürnbergern kurz vor seiner Hinrichtung durch einen kühnen Sprung über den Burggraben entkam („die Nürnberger hängen keinen, sie hätten ihn denn"). Zwischen Fünfeckturm und dem weiter ostwärts von den Nürnbergern 1377 zur Überwachung der Burggrafenburg errichteten „Luginsland" erbaute Hans Behaim d. Ä. 1494/1495 die mächtige Kaiserstallung. Sie erstand nach der Zerstörung 1950–1952 als Jugendherberge wieder.

Im 15. Jh. ging die Burg praktisch in den Besitz der Stadt über. Diese hatte sich im Schutze der Burg bis zur Pegnitz ausgedehnt und dabei zum mächtigen Handelsplatz entwickelt. Ein Patrizierrat leitete das Gemeinwesen. Mauergürtel legten sich im 13. Jh. um die Sebalder und die mittlerweile auch gewachsene Lorenzer Stadt. Ein Zusammenschluß der Stadthälften erfolgte erst im frühen 14. Jh. Von dieser Mauer zeugen nur

noch Weißer Turm, Laufer Schlagturm und Tiergärtnertorturm. Doch bald wucherte die Stadt über die Mauern hinaus. Seit dem „Freiheitsbrief" Kaiser Friedrichs II. (1219) gewann sie nach und nach die Reichsfreiheit. Kaiserliche Gunstbezeugungen durch Ludwig den Bayern, durch Karl IV., der 1356 in der „Goldenen Bulle" festsetzte, daß jeder deutsche König seinen ersten Reichstag hier abhalten müsse, und durch Sigismund, der 1424 Nürnberg zum Hort der Reichskleinodien (seit 1796 in Wien) bestimmte, sowie Privilegien und Freiheitsbriefe förderten Verkehr, Handel und Gewerbe. Zwölf bedeutende Handelsstraßen liefen in Nürnberg zusammen, aus Wien, Venedig, Straßburg, Antwerpen, Hamburg, Leipzig, Krakau, Prag usw.

Um 1350 ging man an den Bau des letzten M a u e r r i n g e s, der 1452 fertig war. Zwei Drittel davon stehen noch. Sie können durchaus eine Vorstellung von dieser hunderttürmigen, vieltorigen, uneinnehmbaren Befestigung geben. Besonders sehenswert ist der „Henkersteg" an der Pegnitz.

Das 14. und das beginnende 15. Jahrhundert brachten den Höhepunkt wirtschaftlicher und politischer Macht. Nürnberg war die wichtigste deutsche Reichsstadt. Fast alle Kirchen verdanken dieser Zeitspanne ihre heutige Erscheinung. Als Baumaterial wurde in ganz Nürnberg der warmtonige rote Sandstein bevorzugt.

Die erste große Pfarrkirche war S t. S e b a l d geweiht. Sie entstand im 13. Jh. (Weihe 1273) nach dem Vorbild des Bamberger Domes in früh-

Statuette des Peter Vischer am Sebaldusgrab

Kapitell aus St. Sebald

gotischen Formen. Das 14. Jahrhundert fügte den großen, die Hälfte der ganzen Kirche einnehmenden Hallenchor an das Langhaus (1361–1379) und erweiterte die Seitenschiffe. Außen wie innen findet sich hervorragender plastischer Schmuck. Berühmt geworden ist das Sebaldusgrabgehäuse von Peter Vischer d. Ä. (1508–1519), das als bedeutendster Erzguß der deutschen Kunst gilt, ferner die Volckamersche Passion (1499) und die Kreuzigungsgruppe (1506–1520), beides Schnitzwerke des Veit Stoß; ferner eine Kreuztragung von Adam Kraft und hervorragende Glasgemälde des frühen 16. Jh. im Ostchor. Wie eine Zwillingsschwester von St. Sebald erscheint die Pfarrkirche der Lorenzer Stadt, St. Lorenz. Hier liegt der Baubeginn am Ende des 13. Jh., aber an die dreischiffige Basilika fügte sich 1439–1477 auch ein großartiger Hallenchor, der das Langhaus überragt. Ebenso ähneln sich die Westturmpaare, doch weitteifert St. Lorenz an der Westfassade durch Portal und Rosette mit den großen Dombauten der Zeit. Plastischer Schmuck und Glasfenster finden sich gleichermaßen wie in St. Sebald. Hier sind es das berühmte, im Chor schwebende Schnitzwerk des Veit Stoß, der sog. Englische Gruß (1517) und das Sakramentshaus des Adam Kraft von 1493/95, das großartigste seiner Art überhaupt. Es wird von den Figuren des Meisters und seiner zwei Gesellen getragen.

Die dritte, katholische Pfarrkirche Nürnbergs ist die Frauenkirche, die als Stiftung Karls IV. 1355–1361 erbaut wurde. Als Baumeister wird Peter Parler aus Prag vermutet. Ihr hoher Kirchenraum hatte durch seine Hallenform den Neubau der Hallenchöre von St. Sebald und St. Lorenz angeregt. Das plastische Bildwerk ist auch hier sehr reich, besonders an der Westfassade. Im Giebel des Michaelschörleins (1506–1508 von Adam Kraft) umschreiten in einem alten Uhrwerk (1506–1509) die sieben Kurfürsten den Kaiser (sog. Männleinlaufen). Im Innern der Kirche ragen die Epitaphien der Familie Peringsdörffer (1498) und des Hans Rebeck (um 1500) als Hauptwerke Adam Krafts hervor. Die Kriegsschäden aller drei Kirchen sind weitgehend behoben. Ebenso an den übrigen gotischen Gotteshäusern Nürnbergs, wie zum Beispiel an St. Jakob (14./15. Jh.; Hochaltar um 1370), an St. Klara (13. und 15. Jh.), an St. Johannis (14. Jh.) im altehrwürdigen Johannisfriedhof (Gräber von Albrecht Dürer, Veit Stoß, Willibald Pirkheimer u. v. a.) und an St. Martha (14. Jh.; Glasmalereien des 14. bis 16. Jh.), das von 1578 bis 1620 den Meistersingern als Singschule gedient hatte. Diese Poetenvereinigung kunstbeflissener Handwerker und Bürger zog 1620 in die St. Katharinenkirche (13. Jh.; heute Ruine) um, die durch Richard Wagners Oper „Die Meistersinger von Nürnberg" Weltruhm erlangte.

Die Mauthalle

Mit den Gotteshäusern hatte die bürgerliche Bautätigkeit des 14. und 15. Jh. das Antlitz der Stadt geprägt. Die profanen Bauten aber fielen in den Bombennächten des Weltkrieges weitgehend in Schutt und Asche. Hier konnte nur wenig geheilt werden. Wiederhergestellt wurde als typisches Fachwerkhaus der Nürnberger Spätgotik das Wohnhaus Albrecht Dürers (Mitte 15. Jh.), das nun ein Dürermuseum enthält (viele Kopien bzw. Nachdrucke), ferner das Pilatushaus (1489), das Nassauer Haus (13. und 15. Jh.), der Weinstadel (1446–1448) am mittelalterlichen Wasserturm, das Unschlitthaus und die Maut, das riesige Kornhaus (20 × 80 m) von Hans Behaim (1498–1502). Der gleiche Meister hatte auch das alte Hl. Geistspital von 1341 durch Anbauten erweitert (1488–1527). Die dazugehörige Kirche war von 1424–1796 Aufbewahrungsort der Reichskleinodien gewesen. Im Innenhof eine Kreuzigungsgruppe von Adam Kraft.

Das hervorragende Werk eines böhmischen Meisters ist der vielgerühmte „Schöne Brunnen" am Markt (um 1390). Allerdings blieb wegen gründlicher Restaurierungen kaum mehr ein originaler Stein an ihm.

Das Nürnberger Bürgerhaus zeigt im allgemeinen eine einfache, ungegliederte Fassade. Einziger Schmuck waren die für das Straßenbild typischen Erker, sog. Chörlein. Ein äußerst reiches Beispiel ist das Chörlein am Sebalder Pfarrhof (1365).

Gotisches Chörlein am Sebalder Pfarrhof

Ende des 15. Jh. war die Stadt gewissermaßen fertig. Sie wuchs auch nicht mehr, als sich hier im 16. Jh. das Zentrum deutschen Kunst- und Geisteslebens bildete, angeregt und gefördert durch Macht und Reichtum der Nürnberger „Geschlechter" (d. h. Patrizier) und Bürger. Es wirkten mit- und nebeneinander: der Schnitzer Veit Stoß, der Steinmetz Adam Kraft, der Rotgießer Peter Vischer mit seinen Söhnen und seinem Schüler Pankraz Labenwolf (Gänsemännleinbrunnen hinter dem Rathaus), die berühmten Maler der „Nürnberger Malerschule": Hans Pleydenwurff, Michael Wolgemut, dessen größter Schüler Albrecht Dürer, Hans von Kulmbach und Wolf Traut (beide Dürers Schüler), die Kleinplastiker Ludwig Krug und Peter Flötner und der angesehene Goldschmied Wenzel Jamnitzer. Nürnberger Messing-, Zinn-, Medaillengießerei und Plattnerhandwerk waren weit berühmt. Große Erfindungen wurden gemacht, wie die Taschenuhr Peter Henleins, der Globus Martin Behaims, das Radschloß und die Windbüchse. Die volkstümliche Dichtung vertraten Hans Folz, Hans Rosenplüt und der berühmte Hans Sachs, den Humanismus Willibald Pirkheimer und die Mathematik und Astronomie der gelehrte Regiomontanus. Anton Kobergers Druckerei hatte europäischen Ruf.

In dieser weltoffenen Stadt fand die Reformation bald Eingang (1523), Martin Luther nannte Nürnberg „das Auge und Ohr Deutschlands".

Die Stadt hatte ihren wirtschaftlichen und politischen Höhepunkt im 16. Jh. zwar schon überschritten, doch entstanden damals noch die prunkvollsten Bürgerbauten der Stadt: Das stattliche Renaissancegebäude des Fembohauses (vollendet 1598) ist samt seiner Ausstattung des 17. und 18. Jh. erhalten geblieben. Es beherbergt das Stadtmuseum (Nürnberger Wohnkultur und Entwicklungsgeschichte). Im 18. Jh. war es Sitz des weltberühmten Homannschen Landkartenverlages. Erhalten blieb auch das Herrenschießhaus, das 1582/1583 von der Stadt im Renaissancestil erbaut wurde. Das Pellerhaus (1602–1605), von dem nur die Eingangshalle und die Hofarkaden übrig sind, bewunderte man einst als Deutschlands schönstes Bürgerhaus. Auch das Toplerhaus (1590–1597) zerstörte der Krieg.

Tugendbrunnen

Das Rathaus konnte zum größten Teil restauriert werden. Seine Baugeschichte zieht sich vom 14. bis in das frühe 17. Jh. hin. Die „Lochgefängnisse" unter dem Rathaus zeigen die Zustände eines Untersuchungsgefängnisses im Mittelalter. Dem 16. Jahrhundert verdankt Nürnberg auch seinen zweiten schönen Brunnen, den der sieben Tugenden (1585–1589).

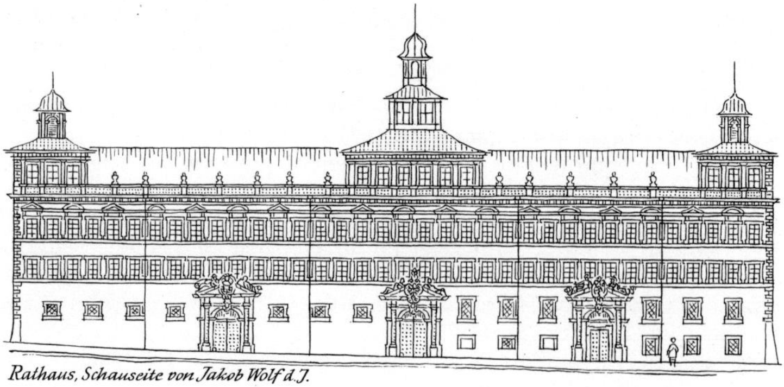

Rathaus, Schauseite von Jakob Wolf d. J.

Aus der Barockzeit stammt die E g i d i e n k i r c h e, die 1718 anstelle einer niedergebrannten romanischen Basilika erbaut wurde.

Andauernde Streitigkeiten mit den Markgrafen und der Fortschritt in der Kriegstechnik (Kanonen) machten im 16. Jh. eine Verstärkung der Stadtmauer durch Bastionen, Wälle, Gräben und durch die für Nürnberg so überaus charakteristischen vier „dicken Türme" notwendig. Georg Unger ummantelte 1556–1559 die alten Tortürme an den vier Ecken der Stadt zu Rundturmkolossen, die jeden Feind abschrecken mußten (Höhe 40 m, Durchmesser 18 m, Mauerstärke 5 m).

Der „dicke Turm" am Königstor

Es waren die letzten Manifestationen reichsstädtischer Macht. Der Verfall der Reichseinheit und die Ausbildung von Einzelstaaten, die Verlegung der Welthandelswege und die Wirren des 30jährigen Krieges führten eine stetige Abwärtsentwicklung herbei, die bis zur Eingliederung der Stadt in das Königreich Bayern 1806 anhielt. Damals hatte Nürnberg etwa 25 000 Einwohner.

Im I n d u s t r i e z e i t a l t e r des 19. Jh. jedoch regten sich wieder Nürnberger Erfindergeist und Unternehmerfreude. 1835 fuhr die erste deutsche Eisenbahn von hier nach Fürth. Traditionelles Nürnberger Gewerbe und Kleinindustrie wurden ausgeweitet und vergrößert. Eine der bedeutendsten deutschen Maschinenfabriken entstand, gefolgt von Bleistift-, Spielwaren-, Fahrrad-, Motoren- und Elektrogerätefabriken. Die Bleistift- und Spielwarenproduktion Nürnbergs dominiert in der Bundesrepublik. Bis zu 80% werden exportiert. Der erste deutsche Bleistiftmacher war angeblich ein Nürnberger (um 1662), Spielwaren wurden hier bereits im 14. Jh. gewerbsmäßig hergestellt.

Die gastlichen Nürnberger verstehen sich aber auch auf Lebens- und Genußmittel. Ihre Lebkuchen sind auf der ganzen Welt ein Begriff für sich, nicht minder ihr Bier und ihre Rostbratwürste (das zerstörte Bratwurstglöcklein bestand seit 1313). Gastronomische Spezialitäten sind ferner Nürnberger Stadtwurst und Ochsenmaulsalat.

Die Bevölkerung hat sich seit 1806 verzwanzigfacht, die Stadt ist weit hinausgewachsen über ihre Altstadt und wächst stetig weiter. Die furchtbaren Zerstörungen des Weltkrieges hatten einen schweren Rückschlag gebracht. 1945/1946 setzten im Nürnberger Justizgebäude die Kriegsverbrecherprozesse gegen die Größen des nationalsozialistischen Regimes einen Strich unter das Dritte Reich.

Dann begann mit Energie der Wieder- und Neuaufbau, der in ständig steigender Kurve Nürnberg zum wirtschaftlichen Schwerpunkt Nordbayerns im Industrieraum Nürnberg–Fürth–Erlangen machte.
Gemessen an der Beschäftigtenzahl führt die Elektroindustrie mit nahezu 50 000 Werktätigen, der Maschinenbau und die anderen metallverarbeitenden Branchen, kurz die sog. Investitionsgüterindustrie. Im neuen Großhafen am Europakanal können Schiffe bis zu 1500 t anlegen.
Nürnberg als K u l t u r m i t t e l p u n k t ist ein eigenes Kapitel. Unter den Museen steht das einzigartige G e r m a n i s c h e N a t i o n a l m u s e u m vornan, die größte Sammlung an Meisterwerken deutscher Kunst und Kultur. In dem riesigen Areal, das zwei ehem. Klöster miteinschließt, werden ausgestellt: vorgeschichtliche Funde, germanische, karolingische Altertümer, altdeutsche Malerei (von Konrad Witz, Stef. Lochner, A. Dürer, H. B. Grien, A. Altdorfer, L. Cranach, H. v. Kulmbach, H. Burgkmair), Plastiken (von V. Stoß, A. Kraft, P. Vischer, T. Riemenschneider, H. Leinberger), Glasmalereien, Hauskultur, Kunsthandwerk, wissenschaftliche Instrumente usw. Angeschlossen sind Archiv und Bibliothek.

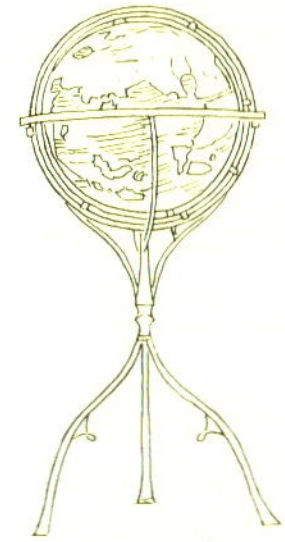
Globus des Martin Behaim

Interesse verdienen weiterhin das Gewerbemuseum, das Verkehrsmuseum mit Eisenbahn- und Postabteilung, das Spielzeugmuseum, die „Kunsthalle Nürnberg“ mit wechselnden Ausstellungen, das Stadtmuseum im Fembohaus, der Handwerkerhof „Alt-Nürnberg“ und der schöne Tiergarten am „Schmausenbuck“.
Opern- und Schauspielaufführungen bieten das Opernhaus und das Lessingtheater. Im Rahmen der Veranstaltungsreihe „Sommer in Nürnberg“ gibt es Hans-Sachs-Spiele auf der Burg und Konzerte in Schlössern, in Gärten und auf Plätzen Nürnbergs. Die Internationale Orgelwoche im Juni hat Tradition.

Roman. Rundkapelle in Altenfurt

An Bildungsinstituten besitzt Nürnberg neben mehreren Fachhochschulen und Fachschulen einige Fakultäten der Universität Erlangen-Nürnberg, eine Akademie der bildenden Künste und ein Musikkonservatorium.
Berühmt sind die großen Veranstaltungen der Stadt. Voran die Internationale Spielwarenmesse im Februar/März, der Christkindlmarkt im Dezember und die „Consumenta“ (Ausstellung für Hauswirtschaft). Weiterhin werden im Laufe des Jahres mehrere Kirchweih- und Volksfeste gefeiert.
Noch zum Nürnberger Stadtgebiet gehört ein Kranz schöner Ausflugsziele, wie z. B. die Landschaft um das Ausstellungsgelände am Dutzendteich und das südlich anschließende einstige Reichsparteitagsgelände, auf dem die Trabantenstadt Langwasser entstanden ist. Im nahen A l t e n f u r t steht eine denkwürdige Rundkapelle, die nach der Sage von Karl dem Großen gegründet worden sein soll. Als Erbauungszeit wird jedoch das 12. Jahrhundert angenommen.
Im Osten der Stadt locken die Randgebiete des Reichswaldes zu einem Besuch. F i s c h b a c h im Reichswald gehört als Exklave noch zu Nürnberg. Dort steht als altertümliches Weiherhaus das Peller-Schlößchen, ferner das Scheurl-Schloß und das Harsdörffersche Schlößchen.

Das Pellerschlößchen in Fischbach

Im Süden reicht das Stadtgebiet bis nach Kornburg und Katzwang. Das ehem. Wasserschloß zu K o r n b u r g war Sitz der Nürnberger

Patrizierfamilie Rieter. Wenn auch häufig verändert, bietet es immer noch den Anblick einer mittelalterlichen Burg. K a t z w a n g ist seit 760 beurkundet. Seine Wehrkirche von 1287 mit Karner und Zehntscheune birgt eine wertvolle Innenausstattung (spätgotischer Flügelaltar und Sakramentshäuschen).

Das Schloß in Kornburg

Im Norden Nürnbergs gehört noch ein guter Teil des sog. Knoblauchslandes zur Stadt. Es ist ihr „Gemüsegarten". Die Landwirte versorgen die Großstadtbevölkerung mit Frischgemüse (besonders Spargel), Gewürzen und Tabak. Die Orte dort sind alt und traditionsbewußt. Das idyllische K r a f t s h o f war jahrhundertelang im Besitz der Familie Kress von Kressenstein, deren Schloß zerstört wurde, deren Kirchenstiftung (1305 bis 1315) aber eine der besterhaltenen Wehrkirchen mit turmbewehrter Friedhofsmauer (1505–1510) ist. Etwas östlich liegt der „Irrhain" (d. h. Lustgarten) des Nürnberger Pegnesischen Blumenordens, einer 1644 gegründeten poetischen Vereinigung, die bis heute besteht und deren Gründer Georg Philipp Harsdörffer den sprichwörtlichen „Nürnberger Trichter" verfaßte (ein Schnellehrbuch der Poesie).
In Kraftshof sieht man von weitem die ehem. Wasserburg (13./15. Jh.) der Nürnberger Burggrafen in N e u n h o f. Sie enthält heute die Jagdwaffensammlung des Germanischen Nationalmuseums. Der Ort besitzt außerdem ein Heimatmuseum, das über Lebensgewohnheiten und Volkskunst im Knoblauchsland informiert. Im September kommen viele Gäste zur volkstümlichen Neunhöfer Kirchweih.
Das benachbarte G r o ß g r ü n d l a c h ist bekannt geworden durch das Patrizierschloß (1685–1695) derer von Pfinzing und den Grabstein der sog. Weißen Frau in der Pfarrkirche, einer Gräfin Kunigunde von Orlamünde, die angeblich in der Plassenburg von Kulmbach umherspukte.

STADT SCHWABACH

Schöner Brunnen, Rathaus und Pfarrkirche

Im weiten Tal des Rednitzbeckens liegt umgeben von Wäldern die kulturell und wirtschaftlich lebendige kreisfreie Stadt Schwabach. Historisch gesehen geht der Ort vermutlich auf einen fränkischen Königshof des 8. Jahrhunderts zurück. 1364 kam er an die Burggrafen von Nürnberg, die späteren Markgrafen von Ansbach, die ihm bald das Stadtrecht verliehen und im 15. Jh. eine Münzstätte errichteten. Münzen sowie Sammlungen zur Volkskunde finden sich im reichhaltigen Stadtmuseum. Einen Niedergang der Stadt verhinderten nach dem 30jährigen Kriege Emigranten, vor allem österreichische und Oberpfälzer Protestanten sowie französische Hugenotten. Sie brachten mancherlei neue Industriezweige mit und belebten die Wirtschaft. 1792 kam Schwabach an Preußen, 1806 an Bayern. Im 19. Jh. entwickelte es sich zu einer ausgesprochenen Industriestadt, ohne daß jedoch sein historischer Kern beeinträchtigt wurde.
Der Name Schwabach hat durch verschiedene Ereignisse und Erzeugnisse Berühmtheit erlangt. Da ist zum Beispiel die „Schwabacher Frakturschrift"; sie stammt wahrscheinlich von einem Schwabacher Schriftgießer (um 1480). Mit den von Luther verfaßten und hier beratenen sog. Schwabacher Artikeln wurde die Grundlage zur „Augsburgischen Konfession" gelegt (grundlegende Bekenntnisschrift der lutherischen Kirche). Schwa-

bach war und ist die Stadt der Blattgoldschläger (seit 1571), der Nadelmacher (seit dem 17. Jh., im 19. Jh. führend in der Welt) und des Tabaks (seit 1630 Mittelpunkt des Tabakanbaues im mittelfränkischen Raum).
Auf der Tradition fußend haben sich vor allem Betriebe der metallveredelnden Industrie entwickelt, die neben Nadeln, Blattgold und Schrauben, Stahlfedern und elektrotechnischen Artikeln (Kohlebürsten), Maschinen, aber auch Turn- und Sportgeräte sowie medizinisches Laborgerät herstellen.
Schwabachs Innenstadt hat ihr altes Gesicht bewahrt, besonders am einheitlich umbauten Königsplatz. Hier stehen das Rathaus mit Rundbogenarkaden (1509) und Fachwerkgeschossen (1799), alte Giebelhäuser und der stolze Bau der Fürstenherberge (1726–1728). Zwei Brunnen (Schöner Brunnen von 1716/1717; Pferdebrunnen von 1823) zieren den Platz. Hinter dem Rathaus ragt 72 m hoch der Turm der spätgotischen Pfarrkirche auf, die in Zustand und Ausstattung seit ihrer Erbauungszeit (1469–1495) kaum geändert wurde. Ungewöhnlich reich und kostbar ist diese Ausstattung dank der Stifterfreude Schwabacher Bürger. Allein sechs spätgotische Flügelaltäre stehen hier, darunter der berühmte Hochaltar von M. Wolgemut (1507/1508) sowie Altartafeln von Hans Süss von Kulmbach und Hans Baldung Grien. Dazu Glasgemälde, Bildtafeln und Epitaphien. Für die zugewanderten französischen Emigranten wurde 1688 die sog. Franzosenkirche erbaut.
Da auch die Schwabacher Altstadt in ihrer Bausubstanz gefährdet ist, werden z. Z. umfangreiche Sanierungsmaßnahmen in Angriff genommen.

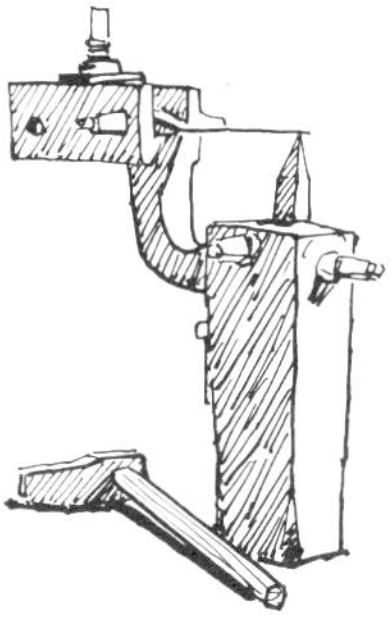

Spezialamboß zum Einschlagen des Nadelöhrs (Heimatmuseum)

LANDKREIS ANSBACH

Mit einer Fläche von nahezu 2000 qkm ist Ansbach der weitaus größte Landkreis in Bayern. Er nimmt über ein Viertel des Regierungsbezirks Mittelfranken ein. Von der Frankenhöhe im Nordwesten dacht sich das Land ganz allmählich nach Südosten ab. Auch die Flüsse Fränkische Rezat, Altmühl, Sulzach und Wörnitz mit ihren weiten Tälern folgen dieser Bodenneigung. Im Süden ragt der Kreis in das Vorland der südlichen Fränkischen Alb hinein, womit auch der Hesselberg, der mit 688 m die höchste Erhebung des Fränkischen Jura darstellt, zum Kreisgebiet gehört. Im Nordwesten kommt der Taubergrund und ein kleiner Teil der Hohenloher Ebene hinzu.
Der wirtschaftliche und verwaltungsmäßige Mittelpunkt ist die kreisfreie Stadt Ansbach. Unter den Städten ihrer Umgebung war Heilsbronn das früheste und bedeutendste Kulturzentrum. Hier wurde 1132 eine Zisterzienserabtei gegründet. Die Grafen von Abenberg, maßgeblich an der Klostergründung beteiligt, waren auch deren Wohltäter und Schutzherren. Ihr Erbe – in Besitz, Amt und Grablege – traten die hohenzollerischen Burggrafen von Nürnberg an. Das Heilsbronner Münster ist nicht nur die Ruhestätte vieler Burggrafen, sondern auch die größte Hohenzollern-Grablege Deutschlands (1297–1625). Schon im Mittelalter als „Schlafkammer des fränkischen Adels" gerühmt, wurden hier

Pieta im Münster zu Heilsbronn (um 1500)

Die Spitalkapelle in Heilsbronn

u. a. die ersten drei Kurfürsten von Brandenburg, also die Ahnen der nachmaligen preußischen Könige und deutschen Kaiser aus dem Geschlecht der Hohenzollern, bestattet. Mehrere Hochgräber und Epitaphien, darunter hervorragende Werke von Loy Hering, erinnern daran. In dem mehrfach erweiterten Gotteshaus, das zu den wertvollsten Basiliken des Landes gehört, sammelte sich ein großer Reichtum an Grabmälern, Bildern, Wappen und prächtigen Altären an (z. B. Hochaltar von 1502–1522, Sakramentshäuschen aus der Adam-Kraft-Werkstatt). 1578 wurde das Kloster aufgehoben und fiel an den Markgrafen, der zunächst eine Fürstenschule darin einrichtete, die bis zum Jahre 1736 bestand. Nach dem Zweiten Weltkrieg wurde die alte Bildungstradition in Heilsbronn wieder aufgenommen und die „Neue Abtei" mit der sehenswerten ehem. Privatkapelle des Abtes zum Sitz des Katechetischen Amtes der evang.-luth. Kirche in Bayern bestimmt.

Zwei Tore und interessante Gebäude, wie die ehem. Klostermühle (1336), die ehem. Klosterspitalkapelle (13. Jh.) mit Fachwerk-Obergeschoß und Satteldach (Anfang des 18. Jh.), das Markgrafenhaus von 1621 (Klosterverwalterhaus), der evang. Gemeindesaal, die neuerbaute kath. Kirche sowie große, moderne Wohnsiedlungen prägen das Aussehen der Stadt.

Im alten Markgrafenstädtchen Windsbach an der Fränkischen Rezat überragt ein kräftiger Stadtturm (Rest der einstigen Burg) das behäbige Ortsbild. Der schöne geräumige Marktplatz mit dem blumengeschmückten Brunnen ist von dem mächtigen Rathaus mit Wappen und Pranger, vom Schwabacher- und Brückentor und von hübschen Fachwerkhäusern umstanden. An der Straße nach Wolframs-Eschenbach liegt die Gottesruh-Kapelle mit wertvollen Fresken.

Windsbach ist der Geburtsort des Minnesängers „Windsbecke". Bekannt geworden ist Windsbach auch durch seinen hervorragenden „Knabenchor", durch den Singkreis der „Windsbacher Volkssänger" und durch die Tätigkeit des evang. Pfarrwaisenhauses.

Leutershausen

Seine mittelalterliche Stadtmauer mit Türmen und Toren konnte sich auch das reizvolle Altmühlstädtchen Leutershausen bewahren, wo bis heute die uralten Bräuche des Osterfeuers, des Fackelschwingens und der Bescherung durch das Christkind (vom Turm des Oberen Tores herab) gepflegt werden. Das ehem. markgräfliche Stadtschloß (1624) und schöne Fachwerkhäuser zieren die tausendjährige Stadt.

Altmühlabwärts liegt das alte Städtchen Herrieden. Hier war im 8. Jh. ein Benediktinerkloster gegründet worden, das der 888 damit beschenkte Bischof von Eichstätt in ein Chorherrenstift verwandelte. Seit dem 14. Jh. Stadt, blieb der Ort in eichstättischem Besitz bis zum 19. Jh. Die ehem. Stiftskirche, ein ansehnlicher spätgotischer Bau, wurde im 18. Jh. völlig ins barocke gewandelt und wirkungsvoll ausgestattet. Teile der Stadtmauer und ein Tor blieben bis heute erhalten. Auch das mittelalterliche, idyllische Städtchen Ornbau ist noch weitgehend von einer Stadtmauer mit Türmen und Toren umhegt.

Altmühlbrücke in Ornbau

Zwischen Altmühl und Fränkischer Rezat liegen zwei weitere altertümliche Städtchen von großer Geschlossenheit: Merkendorf und Wolframs-Eschenbach. Das letztere trägt seinen Namen zu Ehren des Parzivaldichters und Minnesängers Wolfram von Eschenbach (gest. um 1220), der auf dem Burgstall südöstlich der Stadt seinen Stammsitz hatte

(Wolframsarchiv und Wolframsdenkmal). Seit 1316 war der Ort im Besitz des Deutschen Ordens, 1332 erhielt er Stadtrechte. Im 14. und 15. Jh. wurde er mit einem Mauergürtel umgeben, der samt Toren, Türmen, Zwingern und Graben wunderbar erhalten ist. In den stimmungsvollen Straßen fallen schöne Fachwerkbauten auf wie das ehem. Rathaus und die ehem. Ordensvogtei aus dem 15. Jh., ferner der steinerne Spätrenaissancebau des ehem. Deutschordensschlosses (erb. 1623; heute Rathaus) und das Fürstengasthaus mit seinem Sgraffitoschmuck (1609). Die kath. Pfarrkirche, in der Wolfram bestattet wurde, entstand im 13. Jh.; eine barocke Erneuerung hat das 19. Jh. überarbeitet. Wie Wolframs-Eschenbach hat auch M e r k e n d o r f seine Ummauerung (15. Jh.) mit allen Türmen und Toren vollständig erhalten. Es ist ein kleines Ackerbürgerstädtchen altfränkischer Prägung mit hübschen Häusern und einer gotischen Pfarrkirche aus dem 15. Jh. Stadtrechte besitzt es seit 1398.

„Amtsschloß" 1623 in Wolframs-Eschenbach

Eine große Zahl von festen Burgen und Schlössern steht bis heute im Ansbacher Umland: C o l m b e r g, das obere Altmühltal beherrschend, wurde im 12. Jh. erbaut und bis zum 18. Jh. durch Zu- und Umbauten ergänzt. Es war ein wichtiger Stützpunkt markgräflicher Macht und wurde nie bezwungen.

Burg V i r n s b e r g, von 1294 bis 1806 im Besitz des Deutschen Ordens, hat sich durch Umbauten im 16./17. Jh. zu einem prächtigen Schloß gewandelt (z. Z. im Besitz der evang. Kirche).

Die Veste L i c h t e n a u war von 1406 bis 1806 im Besitz der Reichsstadt Nürnberg, wurde von deren Widersachern, den Markgrafen von Ansbach, mehrfach eingenommen und zerstört, von den Nürnbergern aber immer wieder, so auch 1558–1630, aufgebaut. Besonders im Dreißigjährigen Krieg spielte die Veste für ihre Umgebung eine verhängnisvolle Rolle. Sie ist ein gut erhaltenes Beispiel für die Festungsarchitektur der Renaissance. Im Ort ist der von Mauern und Toren beschirmte Marktplatz mit seinen hübschen Bürgerhäusern und seinem renovierten Kirchlein sehenswert.

Mauerpartie in Merkendorf

Schloßbauten der Barockzeit (vorwiegend im Markgrafenstil) sind zu nennen in R a m m e r s d o r f bei Leutershausen (erbaut von Gabriel Gabrieli), T r i e s d o r f bei Weidenbach (markgräfl. Lustschloß von 1629 mit reich stuckierten Innenräumen; Fachakademie für Hauswirtschaft und Ernährung), in R ü g l a n d und B r u c k b e r g (beide erbaut von K. F. von Zocha). Aus dem 13. Jh. stammt der Sitz der Freiherrn von Crailsheim in S o m m e r s d o r f. Es wird zu den schönsten Wasserschlössern Frankens gezählt. Die Verstorbenen in seiner Familiengruft sind seit Jahrhunderten mumifiziert – angeblich aufgrund von Radiumadern, die im Boden verlaufen.

Virnsberg

Das Schloß in N e u e n d e t t e l s a u ging aus einer Burg hervor, die 1298 erstmals urkundlich genannt wird. Pfarrer Wilhelm Löhe eröffnete 1854 in Neuendettelsau die weitbekannte evang. Diakonissenanstalt und verlegte die Missionsanstalt von Nürnberg hierher (sehenswertes Missionsmuseum, Evangelische Augustana-Hochschule).

Das leonrodsche Stammschloß in L e o n r o d ist nur mehr eine romantische Ruine.

Der Ansbacher Markgrafenstil fand über die Kirchenbauten auch Eingang in die Dörfer und Marktflecken. Viele gotische Pfarrkirchen mit

meistens befestigten Friedhöfen erhielten damals neue Langhausbauten, so in Lehrberg, Flachslanden, Dietenhofen (gotischer Schnitzaltar, romanische Fresken), Klein- und Großhaslach, Wernsbach und Königshofen a.d. Heide.
Im Westteil des Landkreises gingen die kulturellen und künstlerischen Impulse von den Städten an der „Romantischen Straße" aus, von Rothenburg o. d. T., Feuchtwangen und Dinkelsbühl.

Rödertor und Markusturm in Rothenburg ob der Tauber

Das kostbarste Kleinod unter den erhalten gebliebenen mittelalterlichen Städten Deutschlands ist zweifellos Rothenburg ob der Tauber. Es wurde zum weltbekannten Inbegriff einer romantischen Stadt aus dem Mittelalter. Nicht so sehr einzelne Sehenswürdigkeiten, als vielmehr der Zusammenklang aller Bauten, Mauern, Straßen und der umliegenden Landschaft machen Rothenburg zu einem lebensvollen historischen Denkmal.
Urzelle der Stadt war die „Rothenburg", Sitz alter Geschlechter, dann Reichsburg der Staufer. 1356 fiel sie einem Erdbeben zum Opfer, nur die schlichte Blasiuskapelle aus dem 12. Jh. und der Burgtorturm stehen davon noch im heutigen Burggarten. An die Burg lehnte sich eine Siedlung, die im 12. Jh. Stadtrechte erhielt und bereits im 13. Jh. zur Freien Reichsstadt aufblühte. Einem ersten Mauerkranz des 12. Jh. (Reste im Inneren Röderturm und im Weißen Torturm) folgte nach der Stadterweiterung im 13. Jh. die bis heute noch wunderbar erhaltene Stadtbefestigung mit Mauertürmen und Torbauten wie dem Klingentor, dem Würzburger Tor, dem Rödertor und den beiden, am Plönlein zu einem höchst malerischen Motiv vereinigten Inneren Spitaltor und Kobolzeller Tor. Auf den Wehrgängen kann man rings um die Stadt gehen. Abgesehen von der Er-

Wehrgang am Würzburger Tor

weiterung durch das Spitalviertel, den sog. Kappenzipfel mit dem Äußeren Spitaltor (15. Jh.), dehnte sich die Stadt späterhin nicht mehr aus.

Jünger aus dem Hl. Blutaltar in St. Jakob

In der Blütezeit des 13. und 14. Jh. errichteten die Rothenburger ihre Gotteshäuser. Die evang. Stadtpfarrkirche St. Jakob erstand anstelle einer älteren Kirche zwischen 1373 und 1464 als dreischiffige Basilika. Von der Ausstattung sind hervorzuheben der geschnitzte Hochaltar (1466) mit gemalten Flügeln von Friedrich Herlin, das Sakramentshaus (um 1400) und der berühmte Hl. Blutaltar von Tilman Riemenschneider (1501 bis 1505). Ein zweiter, gleichwertiger Riemenschneideraltar, der sog. Kreuzaltar von 1510, steht in der romanischen Kirche von D e t t w a n g im Taubertal, die die Mutterkirche Rothenburgs war. Ein einheitlicher frühgotischer Bau ist die ehem. Franziskanerkirche (begonnen 1285, geweiht 1. Hälfte 14. Jh.), in der die Grabsteine des Hans und der Margarethe von Beulendorf und der des Dietrich von Berlichingen (1484), eines Vorfahren des berühmten Götz von Berlichingen, beachtenswert sind. Aus der gotischen Stilepoche stammen ferner die Johanniskirche (14. Jh.; innen barockisiert), die Wolfgangs- oder Schäferkapelle am Klingentor (15. Jh.) und die Kobolzeller Kirche (1472–1479).

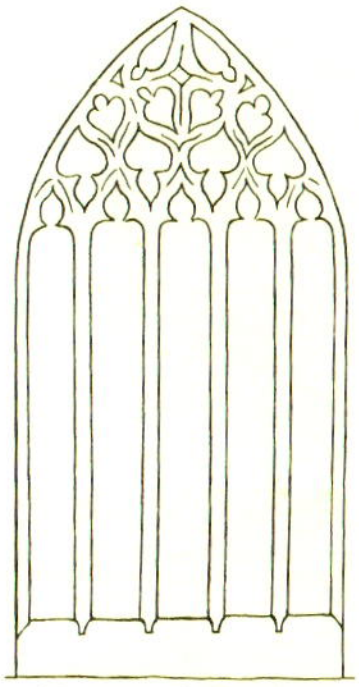

Maßwerkfenster in der Wolfgangskapelle

Im ehem. Dominikanerinnenkloster (gestiftet 1258), das im wesentlichen seine mittelalterlichen Räumlichkeiten bewahrt hat (im 16. bis 18. Jh. teilweise neu ausgestattet), sind die Schätze des Reichsstadtmuseums zur Schau gestellt. Neben den originalen Räumen und schönen alten Möbeln heben sich 12 Tafelbilder, die „Rothenburger Passion" eines unbekannten Meisters von 1492, heraus. Im „Mittelalterlichen Kriminalmuseum" sind Folter- und Hinrichtungsinstrumente sowie Darstellungen zur Rechtspflege zu sehen.

Die Profanbauten jener Glanzzeit beschränken sich, abgesehen vom hochgiebeligen alten Rathaustrakt (13. Jh.), vorwiegend auf Bürgerhäuser wie das Fleisch- oder Tanzhaus, die Ratstrinkstube (1466), das Jagstheimerhaus (1488), das Wohnhaus des Bürgermeisters Toppler und das reizvolle Topplerschlößchen im Taubertal (erb. 1388 als Wasserburg). An der Tauber sind außerdem die vielen alten Mühlen sehenswert.

Topplerschlößchen

Unter diesem tatkräftigen Bürgermeister Heinrich Toppler (1372–1408) stand Rothenburg an der Spitze der Reichsstädte im Schwäbischen Bund und war mächtiger als Nürnberg; 160 Ortschaften und 40 Burgen gehörten zum Stadtterritorium. Fehden, Kriege und Uneinigkeit brachten einen vorübergehenden Niedergang. Im 16. Jh., nach Einführung der Reformation, erholte sich die Stadt jedoch wieder und festigte ihren Wohlstand in einer längeren Friedensperiode. Nun kamen im Stadtbild die Stiltendenzen der Renaissance zur Wirkung. Führend war der einheimische Baumeister Leonhard Weidmann. Er war maßgeblich am Neubau des Rathauses (1572–1578; Arkaden 1681) beteiligt, das zu den schönsten Süddeutschlands gezählt wird. Weidmann errichtete auch den dreigeschossigen Spitalneubau (1574–1578), das malerische Hegereiterhaus (1591), das Gymnasium (1589–1591) und das Baumeisterhaus, das erste steinerne Bürgerhaus Rothenburgs (1596) mit hübschem Hof. Entscheidend zum Schmuck, bzw. zur Wehr der Stadt trugen ferner Renaissanceerker an den Häusern, Brunnen (Georgsbrunnen 1608, Seelbrunnen 1626) und die Basteibauten am Klingentor (1586), am Äußeren Spitaltor (1547) und am Äußeren Rödertor (1615) bei.

Schloß Schillingsfürst

Dann brach das Grauen des 30jährigen Krieges über die Stadt herein. Rothenburg wurde 1631 von kaiserlichen Truppen unter Tilly erstürmt und soll der Sage nach nur durch den Meistertrunk des Altbürgermeisters Nusch, der den Dreiliterhumpen auf einen Zug leerte, vor völliger Vernichtung gerettet worden sein.

Die Kraft der Stadt aber war durch den Krieg gebrochen worden. In der Folgezeit sank sie zur Bedeutungslosigkeit herab, die Bautätigkeit stagnierte. 1802 ging die Reichsfreiheit verloren. Bis ins späte 19. Jh. stand die Zeit still in Rothenburg. Die Dichter und Maler der Romantik weckten die Stadt aus ihrem Dornröschenschlaf; man entdeckte ihre malerischen Reize. Der Besucherstrom wuchs bis heute immer mehr und nahm unerwartete Ausmaße an. Die jährlichen Übernachtungen gehen in die Hunderttausende. Besonders stark ist der Ansturm zu den historischen Aufführungen des „Meistertrunkes" mit buntem Heereszug und Feldlager, die die Ereignisse des 30jährigen Krieges wieder lebendig werden lassen. Von Pfingsten an werden den ganzen Sommer über Aufführungen veranstaltet, dazu Hans-Sachs-Schwänke und Schäfertänze inszeniert. Ferner gibt es Serenaden im Burggarten, Sonntagskonzerte, Marionettenspiele, ein Volksfest im Juni und zahlreiche Feste im Jahreslauf.

Rothenburg lebt hauptsächlich von Fremdenverkehr und Gastgewerbe. Da man das alte Ortsbild nicht antasten wollte, ist die Industrialisierung relativ gering geblieben. Die Betriebe siedelten sich außerhalb des historischen Stadtkerns an.

Im Kreuzgang von Feuchtwangen

Etwas südlich, abseits der Romantischen Straße, liegt die Stadt Schillingsfürst. Es ist der höchstgelegene Ort der Frankenhöhe, die hier als Hauptwasserscheide zwischen Donau und Rhein wirkt. Als Sitz der Fürsten zu Hohenlohe-Schillingsfürst hat es durch einige Gebäude im Markgrafenstil den Charakter einer kleinen Residenzstadt angenommen. Weit sichtbar ist das massige Fürstenschloß (1723–1750) mit seinem schönen Hofgarten und den prachtvoll ausgestatteten Innenräumen. Es ist bis heute im Besitz der fürstlichen Familie.

Feuchtwangen wird als Benediktinerkloster bereits 812 urkundlich genannt. Es schloß sich, wie man mit Sicherheit annehmen darf, an einen sog. Königshof an. Eine Siedlung neben dem Kloster findet um 1000 in Briefschaften des Klosters Erwähnung. Die Stadt ist sicher eine hohenstaufische Gründung um 1200. 1376 wurde Feuchtwangen durch Kaiser Karl IV. an die Burggrafen von Nürnberg und späteren Markgrafen verpfändet. Aus dieser Pfandschaft konnte es sich nicht mehr lösen und blieb von da an eine markgräfliche Landstadt. Zwei Grafen von Feuchtwangen, Konrad und Siegfrid, waren im 12. und 13. Jh. als Hochmeister des Deutschen Ordens maßgeblich an der Kolonisierung und Christianisierung des Ostens beteiligt. 1309 und 1388, im Verlauf des Städtekrieges, wurde Feuchtwangen durch die Nachbarstadt Dinkelsbühl zerstört. Nur das Kloster und die Kirchen blieben verschont, so auch die schönen romanischen Türme der Stiftskirche und die romanischen Fresken in ihrer Vorhalle. Im Innern zeigt die umgebaute romanische Kirche einen gotischen Chor (14. Jh.) und ein Langhaus im Charakter des 16. Jh. Sie ist wegen ihrer guten Ausstattung (Chorgestühl um 1510, Marienaltar von M. Wolgemut) besuchenswert. Der romanische Kreuzgang aus dem 11. Jh. hat neue Bedeutung durch die Freilicht-Festspiele gewonnen, die seit

Brettstuhl im Heimatmuseum Feuchtwangen

1948 jeden Sommer von Ende Juni bis Anfang August dort stattfinden. Feuchtwangens Heimatmuseum gehört auf Grund seiner geschlossenen Darstellung der bäuerlichen und bürgerlichen Kultur Westmittelfrankens zu den besten Bayerns. Hier finden sich Möbel, Trachten, Hausrat, Arbeitsgerät, fränkische Fayencen usw. Im ehem. Stiftsgebäude sind alte Handwerkerstuben eingerichtet.

Wirtshausschild in Dinkelsbühl

Wenige Kilometer südlich lagert auf einem sanften Uferhang der oberen Wörnitz die ehemals Freie Reichsstadt Dinkelsbühl, ein weiterer Höhepunkt auf der Romantischen Straße, eine Perle unter den altertümlichen Städten Deutschlands. Im 12. Jh. ist es als staufischer Besitz zuerst beurkundet. Seit dem frühen 13. Jh. kämpfte die Stadt mit den Grafen von Oettingen um ihre Reichsfreiheit, die sie 1398 endgültig gewinnen und bis 1802 behalten konnte. Das 14. und 15. Jh. brachten der Stadt Wohlstand und Macht, die aber in den Konfessionskriegen und besonders im 30jährigen Krieg wieder schwanden. Achtmal wurde die Stadt belagert, und nur ein mutiges Unternehmen der Türmerstochter, das bei der jährlichen Aufführung der „Kinderzeche" (Mitte Juli) wieder lebendig wird, soll die Stadt vor einer völligen Plünderung durch die Schweden bewahrt haben. Dem großen Krieg folgte wirtschaftlicher Niedergang. Dinkelsbühl konnte sich nicht mehr erholen. Es blieb, auch nach seiner Eingliederung nach Bayern 1806, bis heute eine Stadt aus dem Mittelalter; keine nachfolgende Zeit hat ihre durchaus einheitliche Gestalt merklich beeinträchtigt.

Deutsches Haus in Dinkelsbühl

Ein Kunstwerk für sich ist die völlig erhaltene Stadtmauer aus dem 14. und 15. Jh. mit Wehrgängen, allen vier Toren (Wörnitztor 13. Jh., Rothenburger Tor 14. Jh., Nördlinger Tor 15. Jh., Segringer Tor 1655) und mit mehr als einem Dutzend trutziger runder oder quadratischer Mauertürme (z. B. Grüner Turm, Bäuerlinsturm). Die Mauern rahmen ein überaus reizvolles und behagliches Stadtbild. Die alten Bürgerhäuser (meist Fachwerk, teils verputzt) blicken mit blumengeschmückten Giebelseiten auf die Straße, am stolzesten und prächtigsten das „Deutsche Haus" (erb. 16. Jh.). Von der ehemaligen Einrichtung der Häuser gibt das Historische Museum eine Vorstellung. Unter den städtischen Bauten heben sich die Schranne (Kornhaus) mit ihrem eleganten Renaissancegiebel (um 1600), das Kornhaus (1508), die ehem. Ratstrinkstube (16. Jh.) und die mittelalterliche Stadtmühle heraus. Barocke Bauwerke sind ganz selten, nur das Deutschordenshaus (1761–1764; hübsche Rokoko-Hauskapelle) setzt einen stärkeren Akzent.

Dominierender Mittelpunkt der Stadt aber ist die Sankt Georgskirche, deren hohes Dach und deren romanischer Kirchturm (Portal um 1220) über alle Häuser ragen. Es ist ohne Zweifel eine der schönsten spätgotischen Hallenkirchen Deutschlands. Ihre lichte Klarheit und Feierlichkeit verdankt sie einer kurzen Bauzeit (1448–1499) und der einheitlichen Planung durch die Baumeister Nikolaus Eseler von Alzey und Sohn. Die Ausstattung der Kirche weist trotz mehrfacher Veränderung gute Kunstwerke des 15. Jh. auf, besonders in den Altären. Gegen St. Georg treten die übrigen schlichten Gotteshäuser, wie die Spitalkirche (1772/1773), die Dreikönigskapelle (14. Jh.; jetzt Kriegergedächtniskapelle), die Kapuzinerkirche und außerhalb der Stadt das schön gelegene Kirchlein St. Ulrich (1700–1702) zurück.

Portal der St. Georgskirche

Die Dinkelsbühler Knabenkapelle

Einen guten Ruf haben die Aufführungen des Städtetheaters (im Sommer Freilichtaufführungen an der Stadtmauer) und der Dinkelsbühler Knabenkapelle.
Auch rechts und links der Romantischen Straße liegen traditionsreiche Orte und Schloßanlagen wie z. B. die Schlösser in Habelsee (erb. 1651/52) und Gebsattel (16./17. Jh.) bei Rothenburg. In Nordenberg blieb nur eine Ruine von der Burg des 13. Jahrhunderts übrig.
Die Kirchenbauten entstanden zumeist im Mittelalter. Steinsfeld hat eine romanische Säulenbasilika mit einem romanischen Portaltympanon zur Kirche (gotische Umbauten). Die Pfarrkirchen in Neusitz und Wettringen besitzen schöne Altäre aus der Riemenschneider-Schule. Die Kirche von Insingen erhielt 1791 ein neues Langhaus. Dombühl hat eine alte Wehrkirche und Kloster Sulz das Gotteshaus eines im 13. Jh. gegründeten und 1531 aufgelassenen Prämonstratenser-Klosters. Die Kirchen von Segringen und Ammelbruch bei Dinkelsbühl sind trotz gotischer Veränderungen im Grunde romanisch.
Die Landschaft östlich von Dinkelsbühl ist vom Hesselberg beherrscht. Über hundert Ortschaften kann man von hier überschauen, bei gutem Wetter schweift der Blick bis zu den Alpen und zur Rhön. Einst trug der Berg eine keltische Fliehburg. Zur Römerzeit verlief der Limes, die sog. Teufelsmauer, nördlich des Hesselberges. Bei Dambach und Unterschwaningen (Barockkirche und „Sommerpalais") bestanden Kastelle.
Südöstlich des Berges liegt das ehem. Markgrafenstädtchen Wassertrüdingen (Stadtrechte 13. Jh.), umgeben von den Resten seiner alten Stadtmauer mit dem „Törlein". Es besitzt schöne, behäbige Bürgerhäuser und eine ansehnliche Barockkirche von J. D. Steingruber (1740). Aus der Markgrafenzeit stammt das Schloß (einstige Wasserburg). In Großlellenfeld nördlich von Wassertrüdigen steht eine stattliche dreischiffige Hallenkirche aus dem 15. Jh.
In der Landwirtschaft des weitgespannten Kreises spielt die Schweinemast und Rinderzucht eine wesentliche Rolle. Angebaut werden Weizen, Sommergerste, Hafer und Kartoffeln. Die Teichwirtschaft bringt stattliche Speisekarpfen auf den Markt. Durch beachtliche Vielseitigkeit zeichnet sich die Industrie aus, wobei die elektrotechnische Industrie führend ist, gefolgt von der Kunststoff-, Holz- und Textilindustrie. Ferner werden Maschinen, chemische Produkte, Spielwaren, Christbaumschmuck, Lederartikel, Nahrungs- und Genußmittel u. v. a. hergestellt.

In Höchstadt a.d. Aisch

LANDKREIS ERLANGEN-HÖCHSTADT

Beiderseits der kreisfreien Stadt Erlangen, die jedoch Verwaltungssitz des Landkreises ist, breitet sich die Landschaft von Erlangen-Höchstadt aus. Nach Osten erstreckt sich bis zum Albvorland der Sebalder Forst, ein Teil des Reichswaldes, nach Westen und Norden die Sandstein-Keuperlandschaft der sog. Ebrach-Aisch-Abdachung mit ihren Wäldern und Weiherplatten. Beide trennt das ebene Regnitztal voneinander. Da liegt nördlich von Erlangen das Dorf Bubenreuth, das sich nach dem Zweiten Weltkrieg durch Ansiedlung sudetendeutscher Geigenbauer aus Schönbach bei Eger zur Saiteninstrumenten-Zentrale der Bundesrepublik entwickelt hat.

Flußabwärts ist Möhrendorf für seine alten Wasserräder bekannt. Dann folgt die gewerbereiche Stadt Baiersdorf mit ihrer spätgotischen, aber barockisierten Pfarrkirche. Der Ort wurde 1062 erstmals erwähnt und erwarb um 1353 Stadtrechte. Die Blasinstrumentenherstellung von Baiersdorf hat Tradition.

Tönerne Christusfigur in Kalchreuth

Auf den Jura-Ausläufern nordwestlich Erlangens stehen einige ehemalige Edelsitze Nürnberger Patrizier wie der schlichte Barockbau von Atzelsberg (1705; Erlanger Erholungs- und Kulturzentrum), das Renaissanceschloß in Adlitz und das Schlößchen in Rathsberg (1622). Nordwestlicher Eckpfeiler im alten Nürnberger Reichsland war im 13. Jh. die Burg Marloffstein, von der ein Großteil bis heute erhalten blieb.

Wer den Sebalder Forst mit seinen botanisch interessanten Flecken (Brucker Lache, Teufelseiche) durchwandert, kommt nach Kalchreuth mit seiner hervorragend ausgestatteten spätgotischen Kirche (Altar aus der Schule Wolgemuts, Sakramentshäuschen von 1498, Tonfiguren der Apostel) und zu einem Schloß der Haller (1560) sowie in den industriereichen Markt Heroldsberg. Hier stehen drei Schlösser der Herren von Geuder und eine schöne Pfarrkirche (gotisch, Umbau 1821), die ein Kruzifix von der Hand Riemenschneiders (um 1500) aufbewahrt. In Kalchreuth und Heroldsberg hatte sich Albrecht Dürer mehrmals aufgehalten.

Wartturm in Herzogenaurach

Das Land westlich von Erlangen wird wesentlich durch die Gewässer gegliedert. Im Süden am Aurach-Flüßchen liegt Herzogenaurach mit schönen Fachwerkbauten, einem Barockschloß, einer romanischen, gotisch veränderten Basilika (bemalte Holzdecke, Skulpturen des 15. und 16. Jh.) und einer Marienkapelle mit Karner, die von Wehrtürmen aus dem 14. Jahrhundert umstanden sind. Im Jahre 1300 erhielt Herzogenaurach Stadtrechte.

Das benachbarte Münchaurach hat eine ehem. Klosterkirche (Kloster von 1108–1528) zum Gotteshaus, das im Langhaus noch die schlichte Großartigkeit einer romanischen Kirche aus der ersten Hälfte des 12. Jh zeigt.

Nach Norden zu bis zum Aischgrund reihen sich idyllische Weiherplatten aneinander, die der Karpfenzucht dienen. Aber auch für Pflanzen- und Vogelliebhaber dürfte hier ein Paradies sein. In dieser Landschaft steht in Hannberg eine der besterhaltenen Wehrkirchen Frankens. Der Friedhof dieser gotischen, 1721 erneuerten Kirche ist von einer rechteckigen Mauer und fünf Türmen (15. Jh.) umgeben.

Kirchenburg Hannberg

Höchstadt an der Aisch ist eine romantisches Städtchen mit Resten alter Befestigungsmauern (13. Jh.), einer spätgotischen, im 16./18. Jh. veränderten Pfarrkirche (spätgot. Statuen), einem umfangreichen ehem. Schloß mit Bauteilen aus dem 15., 16. und 18. Jh. (schöner Fürstensaal) und einem Heimatmuseum.

Das Tal der Reichen Ebrach führt in den Steigerwald, wo das als Sommerfrische gern besuchte Städtchen S c h l ü s s e l f e l d liegt. Von seiner Befestigung stehen noch zwei Rundtürme und ein Stadttor. In der Pfarrkirche (14. Jh.) ist der barocke Hochaltar aus der Würzburger Universitätskirche mit dem Rokokotabernakel von Peter Wagner aufgestellt. Trotz intensiver Industrialisierung in den letzten Jahrzehnten hat die Landwirtschaft noch lohnende Aufgaben im Kreis. Neben dem Ackerbau, der Viehzucht und der Teichwirtschaft spielen Gartenprodukte wie Erdbeeren, Süßkirschen, Meerrettich, Pfefferminze und Hopfen eine Rolle. Die Industrieproduktion ist gekennzeichnet vom Maschinenbau, der Textil-, Bekleidungs- und Schuhbranche, der Musikinstrumenten-Herstellung, der holzverarbeitenden Industrie und der Industrie der Steine und Erden.

LANDKREIS FÜRTH

Das Gebiet des Kreises liegt in dem alten Kulturland westlich von Regnitz und Rednitz, das man „Rangau" nennt. Es ist ein fruchtbares Hügelland mit kleineren Flußtälern (Zenn, Bibert) und bewaldeten Höhenrücken. Sitz der Kreisverwaltung ist die kreisfreie Stadt Fürth.

Cadolzburg

Westlich von Fürth, auf einem Ausläufer des Dillberges, steht die C a d o l z b u r g, eine der großartigsten Burgen des Mittelalters. Sie war von 1427 (Zerstörung der Nürnberger Burggrafenburg) bis 1520 (Verlegung des Hofes nach Ansbach) Residenz der fränkischen Hohenzollern. Mächtiges Mauerwerk auf einer Länge von 150 m kennzeichnet den wuchtigen Bau. Spätere Umbauten haben den spätgotischen Charakter wenig verändert, der Weltkrieg erst ließ sie 1945 als Brandruine zurück. Die Wiederherstellung ist im Gange. An die Burg lehnt sich das wohlerhaltene, in Obstgärten gebettete Städtchen Cadolzburg, dessen betriebsamer Adventsmarkt viel besucht ist. Vom Aussichtsturm südlich des Ortes hat man einen prächtigen Blick auf den gesamten Kreis und darüber hinaus bis zur Frankenhöhe, zum Steigerwald und zum Fränkischen Jura.

Kreuzgang in Langenzenn

Hauptort des Zenngrundes ist die alte Stadt L a n g e n z e n n. Schon 954 fand hier ein Fürstentag unter Kaiser Otto I. statt. Der dort entstandene Königshof fiel später an Bamberg, dann an die Burggrafen von Nürnberg, die hier ein Augustinerchorherrenstift (1409 bis 1533) errichteten. In der frühgotischen ehem. Stiftskirche (Umbauten 1388 und 1468) werden beachtenswerte Kunstwerke aus dem späten Mittelalter aufbewahrt, u. a. ein Verkündigungsrelief von Veit Stoß (1513). Neben der Kirche legt sich um Kreuzgang (15. Jh.) und Klosterhof der erhaltene Komplex des ehem. Klosters. Im freundlichen Städtchen stehen mehrere hübsche Fachwerkhäuser, ein Rathaus von 1727 und Reste der Stadtbefestigung.

Etwas höher im Zenngrund liegt das tausendjährige W i l h e r m s - d o r f mit seinem imposanten Ritterhaus inmitten von fränkischem Giebelgewinkel.

Wie im ganzen mittelfränkischen Raum überragen auch im Landkreis Fürth kräftige viereckige Türme die meist spätgotischen, aber barockisierten Pfarrkirchen, z. B. in G r o ß h a b e r s d o r f (Fachwerkhäuser)

und Zirndorf. Dieses Städtchen ist zudem ein anerkannter Kneipp-kurort mit großem Stadtpark. Das Zirndorfer Bier hat Tradition.
Friedhofsbefestigungen umrahmen die Kirchen von Roßtal, Vincenzenbronn und Veitsbronn. Interessante Profanbauten sind der spätgotische Fachwerkhof in Roßtal, ein Bauernhof mit Lauben in Gutzberg und eine Fachwerkmühle mit prachtvollem Schmuck-giebel in Ammerndorf.

Fachwerkhaus in Zirndorf

Die Wirtschaft des Kreises steht ganz unter dem Einfluß des Industrie-großraumes von Nürnberg-Fürth-Erlangen, zu dem die Randgemeinden um Fürth bereits gehören, vor allem Zirndorf, Oberasbach und Stein b. N. Von den relativ zahlreichen Betrieben gehören die bedeutendsten der elektrotechnischen und chemischen Industrie an. Danach folgen die Spielwarenherstellung, die Druck- und Metallindustrie, die Kunststoffverarbeitung und die Industrie der Steine und Erden. Viele Pendler fahren täglich zur Arbeit in die Großstädte. Die Landwirtschaft beliefert die Städte mit Obst, Gemüse und Milchprodukten und baut Getreide und Kartoffeln an.

LANDKREIS NEUSTADT a. d. AISCH – BAD WINDSHEIM

Nürnberger Tor in Neustadt a.d.Aisch

Dem Steigerwald und der Frankenhöhe gehören die Berge des Landkreises an, dem Uffgau und der Windsheimer Bucht die Ebenen, dem Aischflüßchen der wichtigste Talgrund. Es herrscht ein gesundes Mittelmaß im Verhältnis zwischen Berg und Tal, Wald und Feld.
Im Aischgrund, von waldreichen Hügeln umgeben, liegt die alte Markgrafenstadt Neustadt a. d, Aisch. Sie ist heute Sitz der Kreisverwaltung. Bereits im 8. Jh. soll hier ein Königshof bestanden haben, der in dem zwischen 1440 und 1486 errichteten Markgrafenschloß (Nebenresidenz; heute Heimatmuseum mit Sammlungen zur Handwerkskunst) entsprechende Nachfolge fand. Die mittelalterliche Mauer des 1318 zur Stadt erhobenen Ortes steht mit dem Nürnberger Tor (1370) und einigen turmbesetzten Partien noch aufrecht. Die große spätgotische Hallenkirche wurde barockisiert (Markgrafengruft), das barocke Rathaus von 1711 nach einem Brand 1947 wiederhergestellt. Nach dem Zweiten Weltkrieg siedelten sich geflüchtete Blechinstrumentenhersteller aus Graslitz in Neustadt an.
Bedeutende Klöster in Neustadts Umgebung waren bis zur Reformation im 16. Jh. die Zisterzienserinnenabtei Birkenfeld mit ihrer schlichten frühgotischen Kirche (13. Jh.) und das Benediktinerkloster Münchsteinach, dessen Klosterkirche den Typus einer Basilika des frühen 13. Jh. zeigt.

Münchsteinach

Etwas östlich steht das Schloß von Rauschenberg. Südlich von Neustadt im Hügelland der sog. Zenn-Rezat-Abdachung, die sich von der Frankenhöhe herabsenkt, liegt Markt Erlbach, das wie Neustadt auf einen frühen Königshof zurückgeht. Seine befestigte gotische Kirche ist barockisiert worden, zeigt aber im Chor noch alte Glasmalereien vom Ende des 14. Jh.
Von den Markgrafenbauten der Umgebung seien die mittelalterlichen, im 18. Jh. erneuerten Pfarrkirchen in Trautskirchen und Neid-

h a r d s w i n d e n, von den Burgruinen die Schauerburg bei E m s k i r c h e n und die Ruine von Neuhof a. d. Zenn genannt.

Schloß Schwarzenberg

Mitten im Steigerwald liegt das alte Städtchen S c h e i n f e l d innerhalb der Reste seiner Befestigung. Es besitzt seit 1415 die Stadtrechte. Die Pfarrkirche ist ein bedeutender Rokokobau von 1766–1772. Der Ort kam 1421 an die späteren Fürsten von Schwarzenberg, deren Stammschloß nördlich der Stadt in ausgezeichneter Höhenlage thront. Ein Brand veranlaßte den imposanten Neubau (1607–1647). Elias Holl und die Nürnberger Meister Wolf, Vater und Sohn, waren entscheidend daran beteiligt. Das Schloß stellt sich nun als phantasievolle Anlage (Türme, Giebel, Mauern) aus der Spätrenaissance dar. Heute ist es Internat.

Der ganze Steigerwald ist reich an alten Schloßbauten. Hier im südlichen Teil dieses Berglandes ragt auf einem Vorsprung die guterhaltene Burg F r a n k e n b e r g (15. Jh.), auf den Nachbarbergen die Ruinen H o h e n l a n d s b e r g und H o h e n k o t t e n h e i m. Gefällige Schloßbauten sind Schloß Seehaus bei N o r d h e i m und die Schlösser in S u g e n h e i m (um 1600) und U l l s t a d t, dessen Hauptgebäude Joh. L. Dientzenhofer 1725 vollendete und das J. M. Küchel um 1747 zu einer ausgedehnten barocken Schloßanlage erweiterte. Der reizvolle Bau enthält zeitgenössische Möblierungen, ein wertvolles Archiv und eine Porzellansammlung. Bei O b e r s c h e i n f e l d steht die Burgruine Scharfeneck.

Das Rathaus in Bad Windsheim

Im Norden des Kreises sind die guterhaltene Renaissance-Wasserburg B r e i t e n l o h e (um 1560), das Schloß in B u r g h a s l a c h und das Schlößchen F ü r s t e n f o r s t (1735) zu nennen.

Fast alle Kirchen im Land waren früher befestigt. Gute Beispiele für mittelalterliche Kirchenburgen sind in B u r g h ö c h s t a d t und K i r c h r i m b a c h zu finden.

Zentrum der Windsheimer Bucht ist naturgemäß die ehemals freie Reichsstadt B a d W i n d s h e i m, die schon im 8. Jh. als zu Würzburg gehörig auftaucht. Im 14. Jh. erreichte sie unter großen Anstrengungen die Reichsunmittelbarkeit und gelangte zu einigem Wohlstand. Eingeschlossen von markgräflichem Gebiet und im Dreißigjährigen Krieg übel mitgenommen, konnte sie jedoch nicht recht aufblühen. 1803 verlor sie ihre Reichsfreiheit und fiel an Bayern.

Torhaus der Friedhofsbefestigung in Burgbernheim

Imposant wirkt das 1713–1717 von einem Gabrieli-Schüler erbaute barocke Rathaus mit seinem Laubengang. Der Platz davor sieht zu besonderen Anlässen den traditionellen Wagnertanz (aus dem Jahre 1560). Neben dem Rathaus erhebt sich die gotische Stadtkirche (1730 barockisiert). Außer vielen altfränkischen Fachwerkhäusern sind ferner die Spitalkirche (1318), der schöne Brunnen (1572) und das Heimatmuseum mit Trachten und volkskundlichen Sammlungen sehenswert. Der Augustinerklosterchor beherbergt eine 6000bändige mittelalterliche Bibliothek. Heute hat Windsheim als Solbad mit Sole- und Glauber-Bittersalz-Quellen einen guten Ruf und ist Mittelpunkt des Fremdenverkehrs. Das gleiche gilt von der über tausend Jahre bekannten Schwefelquelle im benachbarten Wildbad B u r g b e r n h e i m (außerdem Kneippkuranlagen). Das Städtchen selbst schmiegt sich mit seiner malerischen Kirchenburg an den Ostrand der Frankenhöhe. Die sog. Roßmühle zeigt ein einzigartiges Dachhängewerk (1599). Im September findet unter allgemeiner Beteiligung ein traditionelles Bürgerschießen statt. Auf den Hängen bzw. Bergen der Frankenhöhe südlich und östlich der Windsheimer Bucht finden sich die Jugendburg Hoheneck, der Turmhügel Spielberg sowie das „Blaue" und das „Rote" Schloß der alteingesessenen Grafen bzw. Freiherrn von Seckendorff in Obern- und Unternzenn.

Kirche in Obernzenn

Im Uffenheimer Gau oder kurz Uffgau liegt auf altem Kulturboden zwischen Steigerwald und Frankenhöhe das idyllische Städtchen Uffenheim. Die Stadtmauer des 14. Jh. blieb gut erhalten, den Turmbau des Würzburger Tores krönt eine schwungvolle Barockkuppel, im Schnellerturm ist das Heimatmuseum mit Trachten, Bauernmöbeln, Schützenscheibensammlung u. a. untergebracht.

Wappen vom Markgrafenbrunnen in Uffenheim

Im Erwerbsleben des Landkreises kommt der Landwirtschaft noch große Bedeutung zu. Allgemein angebaut werden Getreide, Kartoffeln und Zuckerrüben. Die Spezialkulturen bringen Wein, Obst (Obstbaumschule in Burghaslach) und Meerrettich (ein Drittel der bayerischen Anbaufläche) hervor. Rindvieh- und Schweinezucht ist verbreitet. In Bad Neustadt befindet sich die Rinderbesamungszentrale Nordbayern mit angeschlossenem Forschungsinstitut. In der Industrie dieses waldreichen Landkreises steht die Holzverarbeitung an erster Stelle. Daneben gibt es Leder- und Kunststoffverarbeitung, Maschinenbau, elektrotechnische Industrie, Industrie der Steine und Erden, Textil- und Bekleidungsindustrie sowie Nahrungsmittelherstellung.

LANDKREIS NÜRNBERGER LAND

Von den großen Wäldern des Nürnberger Beckens bis zu den Höhen und romantischen Felstälern der Hersbrucker Schweiz reicht die Spannweite des Landkreises. Die Pegnitz durchbricht hier die Juratafel und öffnet mit ihrem abwechslungsreichen Tal den Landstrich nach Westen. Hier liegt auch die Kreishauptstadt Lauf an der Pegnitz. Sie war einst staufischer, dann wittelsbachischer Besitz. Zwischen 1353 und 1373 unterstand sie Kaiser Karl IV., der anstelle einer älteren Burg auf der Pegnitzinsel das neue, mächtigere Wenzelschloß aufführen ließ. Es wurde eine äußerst romantisch wirkende Anlage mit einzigartigem Wappensaal, in dem 122 Wappenreliefs die Wände schmücken. Von 1504 bis 1806 war Lauf nürnbergisches Pflegamt. Nach der Stadterhebung 1355 umgab sich der Ort mit einer Stadtmauer. Um den freundlichen Marktplatz mit altem Rathaus (16. Jh.) in der Mitte stehen behäbige Bürgerhäuser, ab und zu mit Fachwerk. Über den Markt erhebt sich der Turm der evang. Pfarrkirche St. Johannis. Im ehem. Glockengießer-Spital (1374) ist das Stadtarchiv mit den städtischen Sammlungen untergebracht. Das behagliche Ortsbild blieb ungestört von der weitgehenden Industrialisierung, die bereits im Mittelalter, gestützt auf Wasserkraft (Hammerwerke, Mühlen), bedeutend war. Heute dominiert die Speckstein-, Metall- und Porzellanindustrie. Am ersten Julisonntag feiern die Kinder der Stadt Kunigundenkirchweih („Kunalaskärwa"), ein volkstümliches Fest mit buntem Kinderfestzug zur Kunigundenkapelle.

Karlsschloß in Lauf

Vom großen Einfluß Nürnbergs und den Besitztümern seiner Patrizier in

Aus dem Laufer Wappenfries

der Umgebung von Lauf können viele kleine Schloßbauten erzählen. So gibt es in Neunhof bei Lauf drei Schlösser der Frhrn. von Welser, eines Zweiges der Augsburger Stadtadelsfamilie, in Behringersdorf zwei Schlößchen der Frhrn. von Tucher, deren Grablege sich in der hübschen Barockkirche von 1717 befindet, in Nuschelberg das sog. Hallerschlößchen (erb. 1535) und am Fuße des Moritzberges, der als vorgeschobener Zeugenberg des Jura das untere Pegnitztal beherrscht (Aussicht, Kapelle, Moritzkirchweih), erbauten die Führer von Haimendorf 1564 ein malerisches Schloß in Haimendorf und ein Fachwerkschlößchen in Rockenbrunn; ihnen gehörte auch das turmartige Schlößchen in Renzenhof.

Weiter südlich bedeckt der Lorenzer Reichswald einen großen Teil des Landkreises. Im Mittelalter war er als schöner Mischwald ein Zentrum des Zeidelwesens, d. h. der Bienenzucht. In Feucht gab es ein eigenes Zeidelgericht. Tracht und Brauchtum der Zeidler werden dort bis heute gepflegt, obwohl es nur mehr wenige Imkereien gibt. Das Hermann-Oberth-Museum im Pfinzingschloß zeigt die Entwicklung der Weltraumfahrt auf. Der Wald war auch beliebter Aufenthalt Nürnberger Patrizier. Es stehen in Feucht neben dem Pfinzingschloß das reizvolle Zeidlerschlößchen und ein Tucherschloß, in Weiherhaus der Sitz der Familie von Grundherr. Viele Edelsitze liegen auch in dem romantischen Schwarzachtal, wo der Fluß beim Durchsägen des Buntsandsteins schöne Landschaftsformen und Höhlen schuf. So etwa das Petzenschloß in Schwarzenbruck, die schön gelegene Halbruine Burgthann mit Bergfried und Mauer und das malerische Schloß Grünsberg der Stromer von Reichenbach.

Zeidlerschlößchen in Feucht

Auf einer vorgeschobenen Terrasse des Jura am Ostrand des Waldes liegt die Stadt Altdorf. Auf erste bayerische Siedler folgte wohl ein fränkischer Königshof. Im 14. Jh. Stadt, kam es von 1393–1505 unter die Herrschaft von Pfalz-Bayern, dann zu Nürnberg. Altdorfs Ruhm knüpft sich an die Schule, die 1575 von Nürnberg hierher verpflanzt wurde. Es war anfangs ein Gymnasium, dann eine Akademie und schließlich eine Universität, die von 1622 bis 1809 bestand und berühmte Schüler wie Leibniz, Logau, Wallenstein und Pappenheim aufzuweisen hatte. Mit dem Niedergang Nürnbergs verlor die Universität ihre Bedeutung an die Erlanger Hochschule. Die Universitätsgebäude (erb. 1571–1575) stehen heute als „Wichernhaus" im Dienst der Ausbildung, Pflege und Heilung Körperbehinderter. Im stimmungsvollen Hof der Universität mit dem schönen Renaissancebrunnen des Nürnbergers Georg Labenwolf (1575) wurde zeitweilig das Heimatspiel „Wallenstein in Altdorf" aufgeführt. Im Anschluß daran rief ein historischer Festzug der damaligen Professoren und Studenten die Erinnerung an Altdorfs große Zeit wach. Sein altertümliches Ortsbild zeigt Altdorf an der breiten Marktstraße, die vom Oberen und Unteren Tor (Reste der Stadtmauer) begrenzt wird. Das Rathaus (1565) steht in ihrer Mitte, die Pfarrkirche (1753–1755) an der Nordseite.

Der Hopfenbau um Altdorf ist seit 1435 bezeugt.

Stadttor in Altdorf

Hopfen gibt es auch im Schnaittachtal, einem Nebental der Pegnitz. Dort liegt der alte Markt Schnaittach. Er weist ein Pflegschloß aus dem 18. Jh. und ein reichhaltiges Heimatmuseum auf, in das auch die ehem.

Synagoge einbezogen ist (religiöse Kunst, Volkskunst, Öfen und Kacheln). Auf dem Kalvarienberg steht eine schöne Barockkapelle (1723 bis 1750). Auf der Höhe über dem Ort dehnen sich die Reste der 1838 aufgelassenen Festung Rothenberg. Es war eine der größten Anlagen dieser Art in Franken (schöne Aussicht).

Marienstatue vom Kalvarienberg in Schnaittach

Hinter Schnaittach kommt man zum Tucherschloß von Simmelsdorf und zum schlichten Schloß der Patrizierfamilien Groland und Harsdorf in Diepoltsdorf.

Flußaufwärts im Pegnitztal liegt als Hauptort der Hersbrucker Schweiz die Stadt Hersbruck. Ihr Talkessel bildet das zweitgrößte Hopfenanbaugebiet in Deutschland. Seit dem 14. Jahrhundert wird hier Hopfen angebaut. Von der alten Besiedelung dieses Gebietes zeugen vorgeschichtliche Stätten wie z. B. die Houbirg bei Happurg, einer der ältesten Siedlungsplätze Frankens. Die Funde reichen bis weit in die Altsteinzeit zurück. Ein Ringwall aus Kalksteinen beweist, daß zuletzt die Kelten hier eine Stadt von fast 90 ha Fläche angelegt hatten.

In Hersbruck wechselten seit dem 10. Jh. mehrfach die Besitzer. Es gehörte dem König, dem Bistum Bamberg, den Hohenstaufen, den Wittelsbachern und von 1503 bis 1806 der Reichsstadt Nürnberg. Einen Mauerring erhielt die Stadt im 15. Jh.; Nürnberger, Hohenstädter und Wassertorturm sowie einzelne Mauerpartien stehen noch aufrecht. Die mittelalterliche Burg wich dem Schloß des Nürnberger Pflegers, das 1618 bis 1622 entscheidend erweitert wurde. Die spätgotische Stadtpfarrkirche erhielt 1738 ein neues Langhaus, die kleine Spitalkirche entstand im 15. Jh. Fachwerkbauten lockern das freundliche Straßenbild auf. Eine ungewöhnliche Sehenswürdigkeit ist das Hersbrucker Heimat- und Hirtenmuseum, in dem neben Volkskunst, Zunftaltertümern, Handwerksschau, Zinnfiguren und wertvollen Münzen des 12. und 13. Jh. eine reiche Sammlung an Hirtenattributen zu sehen ist: Schellenbögen, Peitschen, Stöcke, Blasinstrumente usw. Zum jährlichen Hirtentreffen am Dreikönigstag kommen Hirten aus ganz Deutschland, um Erfahrungen auszutauschen und ihr Brauchtum zu pflegen.

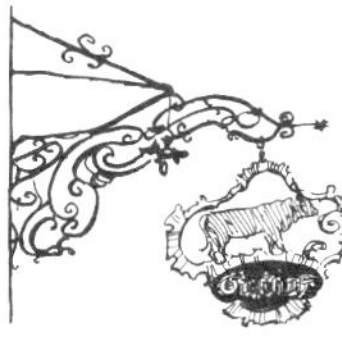

Gasthausschild in Hersbruck

Südwestlich von Hersbruck kommt man nach Henfenfeld, dessen romanische Pfarrkirche mehrfach, zuletzt im 18. Jh., verändert und ausgestattet wurde. Den Ort beherrscht eine malerische Burganlage, die im 12. Jh. erbaut, nach Kriegszerstörungen des 16. Jh. aber neu errichtet wurde. In Engelthal dient die Kirche eines ehem. Augustinerinnenklosters als Pfarrkirche (erb. 1270, barockisiert 1747–1751). Dorf und Kloster waren von einer Mauer umhegt, wovon Osttor, Nordtor und Mauerteile noch stehen.

Schellenbögen aus dem Hersbrucker Hirtenmuseum

Im oberen Pegnitztal liegt das alte Städtchen Velden. Es verlor 1945 durch Bomben viel von seinem mittelalterlichen Aussehen. Von der einstigen Befestigung verblieb das Mühltor. Auch die Pfarrkirche (erb. 14. Jh., renov. 1729) und das ehem. Pflegschloß (1540–1543) blieben verschont. In der Umgebung Veldens sind zwei Grotten, Geislochhöhle und Petershöhle (vorgesch. Funde) erwähnenswert.

Neuhaus an der Pegnitz mit hübschen Fachwerkhäusern und einer barockisierten Pfarrkirche wird überragt von der Burg Veldenstein, die um das Jahr 1000 angelegt, später mehrfach zerstört, Ende des 19. Jh. wieder wohnbar gemacht wurde (Falknerei). Sehenswert ist die Maximiliansgrotte beim benachbarten Dorf Krottensee. Sie gilt als eine der schönsten und ausgedehntesten deutschen Tropfsteinhöhlen (mit Deutschlands größtem Tropfstein).

Im benachbarten Hartenstein, das von einer mittelalterlichen Burg (Teilruine) überragt wird, haben sich bis heute zwei Frühlingsbräuche erhalten. Am Karsamstag wird mit einer Strohpuppe (einst Sinnbild des Winters) symbolisch „der Judas verbrannt" und in der Walburgisnacht verjagen die Burschen beim „Hexenauspeitschen" mit lautem Peitschenknallen die imaginären bösen Geister.

Burg Veldenstein

Südwestlich von Velden erhebt sich als höchster bewohnter Punkt Mittelfrankens die Halbruine Hohenstein (erb. 12. Jh., spätere Umbauten), deren Besuch mit einer prächtigen Rundsicht belohnt wird.

Die Hersbrucker Alblandschaft hat darüber hinaus noch zahlreiche schöne Gotteshäuser und Schlösser aufzuweisen. Die Pfarrkirchen mit ihren wuchtigen quadratischen Spitztürmen sind zumeist mittelalterlich, seit dem 17. und 18. Jh. aber barock verändert. So z. B. in Alfeld, Eschenbach, Happurg, Kirchensittenbach, Ottensoos, Pommelsbrunn und Vorra. Schlichte alte Schloßbauten stehen in Artelshofen (13.–14. Jh.), Eschenbach (seit 1508 Sitz der Herren von Ebner-Eschenbach), Kirchensittenbach (16. Jh.), Oberndorf (1627), Thalheim, Vorra und Reichenschwand. Erwähnt seien auch die Burgruinen Reicheneck und Lichtenstein bei Happurg und Pommelsbrunn sowie die auf steilem Felssockel thronende Burg Wildenfels im Norden des Landkreises. 1553 wurde sie als nürnbergische Veste von Markgraf Albrecht Alcibiades zur Ruine gemacht. Die benachbarte Burg Strahlenfels weist nur noch kümmerliche Reste auf.

Im Erwerbsleben des Kreises spielt der Hopfen eine erhebliche Rolle. Außerdem werden Getreide, Hackfrüchte und Kernobst geerntet und Viehzucht betrieben. Wirtschaftliche Bedeutung kommt auch dem Walde zu.

Entscheidend aber ist die Industrie, die vor allem an der Pegnitz angesiedelt wurde, von Lauf über Rückersdorf, Röthenbach und Behringersdorf. Wie fast überall im mittelfränkischen Industrieraum dominieren die Elektrotechnik, der Maschinenbau und die Metallverarbeitung. Aber auch die feinkeramische, die holzverarbeitende, die Bekleidungsindustrie, die Kunststoff-, Papier- und Pappeverarbeitung beschäftigen viele Einwohner des Kreises.

Die ehemalige Festung Rothenberg

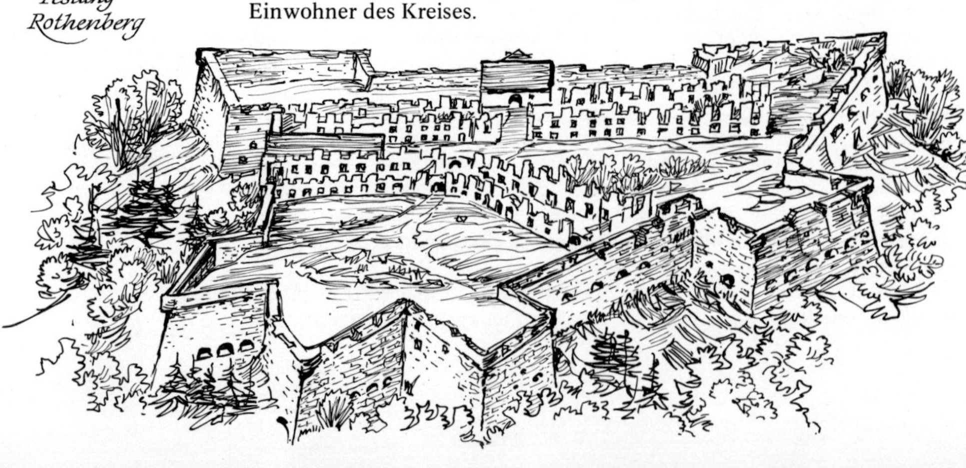

LANDKREIS ROTH

Das Rednitztal bildet die landschaftliche Achse im Kreisgebiet. Links und rechts breiten sich die sanften Hügelwellen der Sandsteinkeuperlandschaft aus. Nur im Osten und Süden des Landkreises tritt das Albvorland mit Feuerletten- und Liasböden heran.

An der Mündung der Roth in die Rednitz liegt die Kreisstadt Roth b. Nbg. Sie war seit 1292 im Besitz der Nürnberger Burggrafen, seit 1361 ist sie Stadt. Bekannt wurde Roth als Zentrum der „leonischen Arbeiten“ (d. h. Gespinste, Tressen und Litzen aus feinen Metalldrähten), die im 17. Jh. durch französische Einwanderer aus Lyon (daher „leonisch“) hier heimisch gemacht worden sind. Im Laufe der Zeit entwickelten sich weitere Groß- und Kleinbetriebe zur Herstellung von Stanniol, Kabeln, Christbaumschmuck, Filzen, Textilien, Holz- und Spielwaren u. a. Sie machten Roth zu einer industriereichen Stadt. Es besteht eine Fachschule für Maschinenbau.

Schloß Ratibor in Roth (Hofpartie)

Markgraf Georg der Fromme ließ 1535/38 das umfangreiche Schloß Ratibor mit Hilfe von Einkünften aus seinen kleinen schlesischen Fürstentümern Oppeln und Ratibor errichten. Viele Giebel und runde Ecktürme kennzeichnen diese Frührenaissanceanlage. Ihr Prunksaal ist goldstuckiert. Im Obergeschoß wurde ein Heimatmuseum mit Sammlungen zur Handwerks- und Volkskunst, Christbaumschmuck, fränkischer Bauernkeramik und Barockzimmern eingerichtet. Außerdem gibt es wechselnde Kunstausstellungen. Im Sommer finden Schloßhofspiele statt.

Die Burg von Abenberg

Mittelpunkt des Kreises westlich der Rednitz ist das Städtchen Abenberg. Weit über das Land grüßen die Türme ihrer Burg, die schon im 11. Jh. von sich reden macht und in den Heldendichtungen vom Tannhäuser und vom Parzival Erwähnung findet. Die heutigen Reste stammen aus dem 13. Jh., die Türme wurden im 19. Jh. erhöht. Im Schutze der Burg entwickelte sich ein Städtchen, von dessen Ummauerung noch die beiden Tortürme stehen (um 1300). Burg und Stadt gehörten von 1296 bis 1796 zu Eichstätt. Vom Eichstätter Baudirektor Gabrieli wurde 1730 das Rathaus erbaut.

Vor der Stadt liegt Kloster Marienburg, das auf eine Kirchengründung der seligen Stilla, Gräfin von Abenberg, im 12. Jh. zurückgeht. Nach einem Brand entstanden die Kirche (1675 von J. Engel) und das ehem. Kloster (1720 von Gabrieli) neu. Die Nonnengruft mit 68 Gräbern aus nahezu 5 Jahrhunderten erinnert an die Katakomben in Rom. Heute ist Marienburg Provinzsitz der „Genossenschaft von der Schmerzhaften Mutter“ für Deutschland.

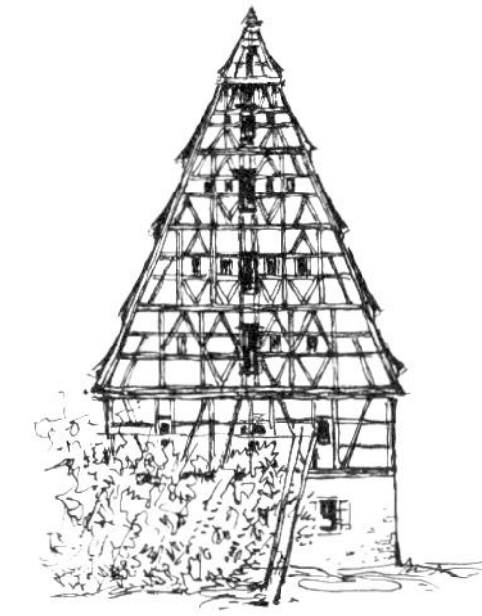

Hopfengut Mühlreißig in Spalt

Der Name Spalt ist mit Hopfen untrennbar verbunden, dessen Anbau hier seit dem 14. Jh. bezeugt ist. Diese Stadt weist sich als Zentrum eines großen Hopfenanbaugebietes bereits durch die Bauart ihrer Häuser aus. Über gemauertem Erdgeschoß erheben sich die Trockenböden bis zu sechs Dachgeschoßen in Fachwerk. Beispielhaft sind das Hopfengut Mühlreißig und die Hopfensiegelhalle (spätes 15. Jh.). Das gut fränkische Ortsbild überragen zwei ehem. Stiftskirchen: die eintürmige Pfarrkirche St. Emmeram (romanisch, doch 1698/1699 grundlegend barockisiert) und die zweitürmige Nikolauskirche (im 18. Jh. völlig erneuert und mit

Gotischer Katharinenaltar in Kleinschwarzenlohe

Rokokostukkaturen und -fresken geschmückt). Von der Stadtmauer stehen noch ein Tor und Mauertürme.
Zwei sehenswerte Schlösser in der Umgebung von Spalt sind Wernfels, eine schön gelegene, gut erhaltene Burg aus dem 13. Jh., und Dürrenmungenau, ein schlichtes Schlößchen des 17. Jh.
Östlich der Rednitz, im Tal der Schwarzach, steht die einfache Votivkapelle von Kleinschwarzenlohe (15. Jh.), die von ihren Patronatsherren, den Rieter von Kornburg, mit einer glücklich zusammengetragenen Ausstattung beschenkt wurde.
Flußaufwärts liegen das ehem. Wasserschloß Wendelstein mit mauerumgürtetem Friedhof (Pfarrkirche 14. Jh., spätere Umbauten; got. Flügelaltar) und das schlichte Renaissanceschloß Gugelhammer von 1607/1608.
An der Grenze von Keuper und Lias, umgeben von Kiefernwäldern und Ackerland, liegt das Städtchen Hilpoltstein. Es ist bis heute von seiner Ringmauer umgürtet und besitzt viele spätmittelalterliche Bürgerhäuser, zum Teil in Fachwerk, die ihre Giebelseiten der Straße zuwenden. Die Stadt entwickelte sich im Schutze einer Burg des 13. Jh., von der nur Mauerreste und der Bergfried noch aufrecht stehen. Daneben bestimmt die barockisierte Pfarrkirche, das Rathaus und das Jarsdorferhaus von 1523 das Ortsbild. Am ersten Sonntag im August feiert Hilpoltstein sein Burgfest mit historischem Festspiel von 1606 und Festzug.

Burg Hilpoltstein

Ebenfalls am Albrand hingelagert sind das freundliche Städtchen Heideck und die Märkte Eysölden (spätgotisches Schloß) und Allersberg, wo der wohlerhaltene Marktplatz mit Giebelhäusern und dem schloßartigen Gilardihaus (1723–1728 von G. Gabrieli) vom Wohlstand der Bewohner künden. Allersberg war im 17. und 18. Jh. ein Hauptort der leonischen Industrie gewesen. Seine Kirchen besitzen wertvolle Plastiken. Nördlich steht die Wallfahrtskirche St. Wolfgang vom Anfang des 18. Jh.
Südlich von Eysölden krönt die Burgruine Stauf eine isolierte Kuppe über dem gleichnamigen Dorf. Die ehem. Reichsritterburg war im 13. und 14. Jh. erbaut worden.
Schöne kleine Landschlösser aus dem 18. Jh. stehen in Mörlach und Kreuth bei Heideck.

Türme im Allersberg

Greding im schönen Schwarzachtal war ein Königshof, ehe es 1311 endgültig an das Bistum Eichstätt kam. Es erhielt eine Stadtmauer, die auch heute nur durch drei Torbauten Einlaß gewährt. Zwanzig Türme betonen ihre Wehrhaftigkeit. Neben der Pfarrkirche von 1727 interessiert die romanische St. Martinskirche (erb. 12. Jh.). Sie zeigt im Innern Wandmalereien aus dem 12.–16. Jh. Die Fürstbischöfe ließen 1696 von Jakob Engel ein Schloß mit einem achteckigen Erkertürmchen am Markt errichten. Hier stehen auch das Rathaus (erb. 1699 von J. Engel) und das Jägerhaus. Stattliche Giebelhäuser vervollständigen das freundliche Stadtbild.
Die Landwirte im Kreis bauen Getreide, Kartoffeln und in Sonderkulturen Hopfen und Tabak an. Daneben wird Viehzucht und Milchwirtschaft getrieben. Die Industrie konzentriert sich um Roth und um die größeren Orte. Voran stehen elektrotechnische und metallverarbeitende Industrie, gefolgt von Holzbe- und verarbeitung, Spielwarenherstellung, Kunststoffverarbeitung und Ernährungsindustrie.

Der Abfall des Fränkischen Jura, die weiten Tallandschaften von Altmühl und Schwäbischer Rezat und die sanften Anhöhen der Lias- und Sandsteinkeuperlandschaft im Norden sind die auffälligsten Naturformen im Kreisgebiet. Fünf traditionsreiche Städte breiten sich in den Tälern aus: Weißenburg, Gunzenhausen, Treuchtlingen, Ellingen und Pappenheim. An der Rezat liegt die alte, ehemals Freie Reichsstadt W e i ß e n b u r g. Ihre Geschichte reicht bis in die Römerzeit zurück, als hier das Kastell Biriciana (ca. 90–253 n. Chr.) bestand, ein bedeutendes Militärlager am römischen Limes, der 41 km lang den Landkreis durchzieht. Im frühen Mittelalter war der Ort karolingischer Königshof. Er wuchs allmählich zur Stadt heran. Im Laufe des 14. Jahrhunderts gewann Weißenburg die Reichsfreiheit. Es verlor dieses Privileg 1802 und gehört seit 1806 zu Bayern. Seine Glanzzeit erlebte Weißenburg im 14. und 15. Jh. Damals umgürtete die Stadt ein Mauerring, der mit 31 Türmen, 2 Toren und Wehrgängen noch heute zu den besterhaltenen zählt. Sehr eindrucksvoll wirkt das Ellinger Tor (14. Jh.) mit dem schmucken Vorwerk von 1520. Im Angelpunkt von Marktplatz und Holzmarkt, wo sich abwechslungsreiche Giebelhäuser aneinanderreihen, steht das repräsentative Rathaus (1470/76). Unter den Bürgerhäusern tritt das Fachwerkhaus zurück, jedoch behaupteten sich viele gute Bauten aus dem 17. und 18. Jh. Die Pfarrkirche St. Andreas gilt als bedeutendster Sakralbau der Gotik im südlichen Mittelfranken. Sie entstand im 14. Jh., ihre Chorpartie mit prachtvollem Sterngewölbe wurde erst 1425 im stumpfen Winkel angesetzt. Am Scheitel des neuen Chores erbaute man 1459–1520 den kräftigen Turm. In der spätgotischen Karmeliterkirche (1711 und 1729 barockisiert) befindet sich ein Freskobild der sog. hl. Kümmernis (um 1400), eine der seltenen Darstellungen des „Volto Santo“ im Dom zu Lucca. Das Heimatmuseum besitzt reiche vor- und frühgeschichtliche Sammlungen (Funde aus dem freigelegten Römerkastell hinter dem Bahnhof), Dokumente zur Stadtgeschichte, Werke der Volkskunst und Handwerkserzeugnisse, darunter auch Beispiele aus der sog. Leonischen Industrie der Weißenburger Bortenmacher und Drahtzieher.

Roman. Vortragskreuz aus der St. Andreaskirche

Auf einem Bergsporn der Alb oberhalb der Stadt liegt die unverändert erhaltene Wülzburg, die Markgraf Georg Friedrich von Ansbach 1587 bis 1604 an der Stelle eines Benediktinerklosters anlegen ließ. Sie war damals eine der modernsten Festungen ihrer Art in Europa. Ihr 166 m tiefer Brunnen wird bis heute bestaunt.

Die Wülzburg (Plan der Festung von 1739)

Auf der benachbarten Ludwigshöhe gibt es seit 1929 das Bergwaldtheater, in dem jeden Sommer Freilichtaufführungen stattfinden.

Das Tal der Schwäbischen Rezat hinab kommt man nach E l l i n g e n, in die einstige Residenz der Landkomture der Deutschordensprovinz Franken. Von 1216–1796 war die Stadt im Besitz des Ordens, der mit seinen Bauwerken ihr Aussehen bestimmte. Von einer ehemaligen Ummauerung zeugen das Pleinfelder Tor (1660) und Stadtmauerpartien. In der Barockzeit entstand ein stilistisch erstaunlich einheitliches Stadtbild. Der hervorragende Baumeister und Stukkateur Franz Joseph Roth schuf das reizvolle Rathaus von 1744, die Pfarrkirche St. Georg (1729–31), die Mariahilf-Kapelle und die Maximilianskapelle. Beherrscht wird die Stadt

Schnitzwerk
aus der Sattelkammer
von Schloß
Ellingen

von der mächtigen Anlage des Schlosses, das man als den prächtigsten deutschen Ordensbau bezeichnen kann. Die Südfassade, das Treppenhaus, viele im Rokoko oder frühem Klassizismus ausgestattete Räume und eine glänzend dekorierte Schloßkirche sind seine Hauptanziehungspunkte. Erbaut wurde der Komplex zwischen 1711 und 1752 von den Baumeistern Wilh. Heinrich Beringer, Franz Keller und besonders von Franz Joseph Roth. Seit 1774 wirkte der Franzose Michel d'Ixnard an der Ausstattung mit, dem die klassizistischen Einflüsse zuzuschreiben sind. Von 1815–1939 war das Schloß im Besitz der Fürsten von Wrede, seither ist es Staatseigentum.

„Altmühlkreuz"
bei Gunzenhausen

Der deutsche Orden ließ auch im Markt Absberg ein Vogteischloß errichten (erb. 1725 von Franz Keller), das heute von Franziskanerinnen aus Dillingen als „St.-Ottilien-Heim" für Schwerkranke und Behinderte geführt wird.

In Pleinfeld, nördlich von Ellingen, blieb die Stadtmauer mit zwei Toren (16. Jh.) gut erhalten. Das mittelalterliche Schloß und die romanische Pfarrkirche (12. Jh.) erfuhren Veränderungen.

Wo die Altmühl noch durch ihren weiten Wiesengrund fließt, liegt die Stadt Gunzenhausen. Sie blickt ebenfalls auf eine lange Geschichte zurück: Vorgeschichtliche Siedlung (Funde), Römerkastell bis zum 3. Jh., 823 erstmals als „Kloster Gunzinhusir" urkundlich erwähnt, im 14. Jh. zur Stadt erhoben und von 1368 bis 1806 hohenzollerischer Besitz, erst den Burggrafen von Nürnberg und später den Markgrafen von Ansbach unterstehend. Von der einstigen Stadtbefestigung verblieben nur drei Türme (Färber-, Blas-, bzw. Ansbacher Torturm und Storchenturm). Das Straßenbild am Marktplatz bestimmen mehrere Bürgerhäuser aus dem 18. Jh. Das sog. Feldmeier-Haus im Markgrafenstil von 1756/57 beherbergt das Heimatmuseum mit einer guten vor- und frühgeschichtlichen Sammlung. Die evangelische spätgotische Pfarrkirche aus dem 15. Jh. ist mehrfach renoviert worden.

Der Storchenturm
in
Gunzenhausen

Besucher von weit und breit zieht die „Gunzenhäuser Kirchweih" an, eines der populärsten Volksfeste in Mittelfranken.

Eine sehr alte Siedlung im Altmühltal ist auch Markt Berolzheim. Flußabwärts liegt Wettelsheim, wo im Getreidekasten des alten Amtshofes eine schöne Ortssammlung zur heimischen Lebens- und Wohnkultur zu besichtigen ist.

Bei Treuchtlingen tritt die Altmühl zwischen die Berge des Jura ein. Die recht lebendige Stadt war vom 15.–17. Jh. im Besitz der Pappenheimer. Der bayerische Generalfeldmarschall im 30jährigen Kriege, Gottfried Heinrich von Pappenheim, wurde hier geboren. Von der alten Burg sind nur geringe Reste geblieben. Das Stadtschloß von 1575 erlitt einschneidende Umbauten.

Das benachbarte Dorf Graben (gotische Fresken in der Pfarrkirche) hat seinen Namen von der sog. Fossa Carolina, den Resten eines Kanals, der durch Altmühl und Rednitz die Nordsee mit dem Schwarzen Meer verbinden sollte. Karl der Große hatte diesen ersten Versuch einer europäischen Wasserstraße unternommen, doch widrige Umstände verhinderten die Vollendung. Die Fossa Carolina ist also der Urahne des Europakanals. Im sich allmählich verengenden Altmühltal folgt nun bald Pappenheim, die altertümliche Residenz der Grafen von Pappenheim. Die Stadt drängt sich in einer Flußschlinge um den Burgberg, der die im 30jährigen Krieg zerstörte Stammburg (13. bis 16. Jh.) trägt. Anschließend an die Burg umlaufen noch große Teile der Mauer die Stadt (Oberes Tor 14. Jh.), in der das Alte Schloß (16. Jh.) und seit 1819/1822 das Neue Schloß von Leo von Klenze den Grafen als Residenz dienten. Die frühere Pfarrkirche St. Gallus (9. Jh.) ist eines der ältesten karolingischen Bauwerke Frankens; spätere Umbauten haben ihren ehrwürdigen Charakter nicht wesentlich beeinträchtigt.

Soldatenfriedhof am Nagelberg bei Treuchtlingen

Weiter flußabwärts hat Solnhofen durch seine Kalkschieferbrüche Berühmtheit erlangt. Die hier gebrochenen Platten sind reich an vielfältigen Versteinerungen (Fundort des Urvogels Archaeopterix). Eine schöne Sammlung kann man im Museum des Solnhofer Rathauses besichtigen. Die Platten waren wegen ihrer Feinkörnigkeit als Lithographiesteine für den von Aloys Senefelder 1796 erfundenen Steindruck sehr begehrt.

Beachtenswert sind im Ort die Reste der romanischen Basilika des hl. Sola aus dem 9. und 10. Jh.

Das alte Schloß und die Pfarrkirche in Pappenheim

Von den Landschaften abseits der großen Flußtäler ist vor allem der langgestreckte Jurazug des Hahnenkammes zu nennen. Einen hervorragenden Punkt bildet die „Gelbe Bürg“, ein kahler, aussichtsreicher Vorsprung, der in Vorzeiten Fliehburgen getragen hat.

Wie eine Landmarke thront auf einem vorgeschobenen Sporn des Hahnenkammes weithin sichtbar Schloß Spielberg. Es wurde im 14./15. Jh. erbaut und oftmals verändert. Die schöne Schloßkapelle stammt aus der Barockzeit. Besitzer sind die Grafen Oettingen-Spielberg. Zu Füßen des Burgberges liegt der Markt Gnotzheim, der aus einer Siedlung um ein römisches Limeskastell des 1.–3. Jh. n. Chr. entstand.

Hauptort im Hahnenkamm ist der Markt Heidenheim. Sein berühmtes Kloster gehört zu den Urklöstern des Frankenlandes. Es war 752 vom hl. Wunibald, dem Bruder Willibalds, des ersten Eichstätter Bischofs gegründet worden. Nach seinem Tode leitete beider Schwester, die hl. Walburg, das Kloster. Der jetzige Kirchenbau stammt aus dem 12. Jh., der gotische Chor wurde 1484 fertiggestellt. Höchst eindrucksvoll sind der wuchtige Innenraum mit den zahlreichen Grabsteinen, die Grabkapelle des Walburga-Grabes (die Überreste der Heiligen wurden nach Eichstätt überführt), die Tumba des hl. Wunibald (1483) und der Kreuzgang.

Versteinerter Urvogel im Solnhofener Schiefer (Archaeopterix)

Weiter südlich liegt Polsingen, dessen ehem. Wasserschloß eine Anstalt für Pflegebedürftige beherbergt. Ein ehem. Wasserschloß steht auch in Altenmuhr an der Altmühl. In der Pfarrkirche des Ortes (1467) schöne Epitaphien von Loy Hering.

Schloß Syburg

Im Jura östlich der Rezat ragt einsam auf einem Hügelrücken des Anlautertales die Burgruine von Bechthal. Nicht weit davon liegt die schlichte Schloßanlage von Syburg in einer Talmulde.
Über das Keuperland im Norden des Kreises erhebt sich die gut erhaltene Burg Sandsee, die aus dem 12. Jh. stammt. Ihr 27 m hoher Bergfried wird von einem originellen Kegeldach mit Laterne gekrönt. Die Burg war durch die Grafen von Hirschberg errichtet und 1302 an das Hochstift Eichstätt verkauft worden, bei dem sie 500 Jahre lang blieb. Heute beherbergt sie Kunstwerkstätten.
Bei Stirn und Kalbensteinberg ragt von Norden her das Spalter Hopfengebiet in den Kreis und beeinflußt das Bild der hügeligen Keuperlandschaft. Das stattliche Pfarrdorf Kalbensteinberg besitzt ein ungewöhnlich reich ausgestattetes Gotteshaus (1467). Der Nürnberger Patrizier und Patronatsherr Hans Rieter hat hier im 17. Jh. Kunstwerke aus ganz Franken zusammengetragen, darunter eine spätgotische Madonna, Gemälde der Wolgemut-Schule, aber auch eine russische Ikone, die in 12 Bildern das Leben des hl. Theodor schildert (um 1500).
Eine einschneidende Veränderung und vielleicht auch eine Bereicherung im Landschaftsbild des Kreises wird die Errichtung des großen Staubeckens im Altmühltal zwischen Gunzenhausen und Ornbau sowie der Brombachtalsperre zwischen Absberg und Pleinfeld bringen. Diese bis zu 10 km langen Seen sollen mit Hilfe des Altmühlwassers die Wasserversorgung des Europakanals sichern und zugleich für die Erholung der Bevölkerung zur Verfügung stehen.
Das Wirtschaftsleben im Kreisgebiet hat sich seit dem Zweiten Weltkrieg entscheidend gewandelt. Bestand vordem eine stark agrarische Struktur mit Getreide-, Hafer-, Hopfenanbau und Viehhaltung, so überwiegt heute die Industrieproduktion. Auf der Grundlage einer vielfältigen Handwerkstradition entstanden Werke der Metallverarbeitungs-, Maschinenbau-, Bekleidungs-, Textil-, Elektro-, Kunststoff- und Holzverarbeitungsindustrie. Daneben gibt es Betriebe, die Musikinstrumente, Spielwaren, Angelgeräte u. v. a. produzieren. Der Abbau von Steinen und Erden spielt noch eine bedeutende Rolle, so der Quarzsandabbau bei Pleinfeld und vor allem die Natursteinindustrie im Altmühltal zwischen Wettelsheim und Solnhofen.

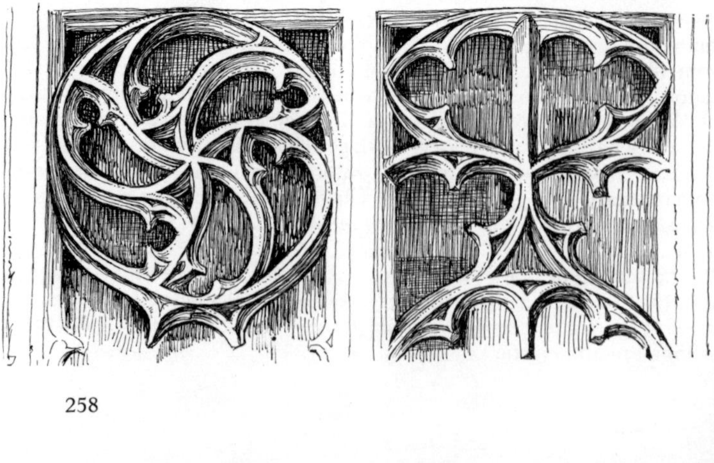

Gotisches Maßwerk-Detail aus dem Chor von St. Andreas in Weißenburg

REGIERUNGSBEZIRK UNTERFRANKEN

Kreisfreie Städte:

Aschaffenburg
Fläche 49,42 qkm
Einwohner 54 535

Schweinfurt
Fläche 32,97 qkm
Einwohner 56 976

Würzburg
Fläche 62,98 qkm
Einwohner 113 121

Das Land am mittleren und unteren Main ist seit vorgeschichtlicher Zeit stets besiedelt gewesen. Die Römer waren bis zum Main westlich der Linie Miltenberg-Aschaffenburg vorgedrungen. Vor der fränkischen Landnahme trafen das alemannische und das thüringische Stammesgebiet am Main aufeinander. Die Franken kamen im frühen 6. Jh. und weiteten das neu gewonnene Gebiet östlich des Rheins zum Herzogtum Ostfranken aus. Die ältesten Kulturgebiete waren die Gaue entlang des Mains, die bis heute das Fränkische in Wesen und Erscheinung am eindeutigsten bewahrt haben. Im Gegensatz zu anderen deutschen Ländern war Ostfranken nie ein erbliches Stammesherzogtum. Es war Königsland, das allmählich in den Besitz verschiedener Lehensträger kam. Im Gebiet des heutigen Regierungsbezirks Unterfranken hatte das Fürstbistum Würzburg den größten Anteil; es behauptete sich kräftig gegen die zahlreiche Ritterschaft, die sich nur kleinere, zersplitterte Territorien bewahren konnte, darunter das Fürstentum Schwarzenberg und die Grafschaften Rieneck, Castell, Wertheim, Erbach u. a. ... Der westliche Spessart mit Aschaffenburg und der unterfränkische Anteil am Odenwald gehörten zum erzbischöflichen Kurfürstentum Mainz, Teile der Rhön zum Hochstift Fulda. Einzige Reichsstadt war Schweinfurt. Im Laufe der napoleonischen Kriege verloren alle diese Gebiete ihre Souveränität. Das Hochstift Würzburg (1803 säkularisiert) war von 1806 bis 1814 unter Ferdinand von Toskana ein eigenes Großherzogtum, das Aschaffenburger Land und die fuldischen Territorien gehörten von 1810 bis 1813 zum Großherzogtum Frankfurt unter Fürstprimas Karl Theodor von Dalberg. 1820 war ihre Vereinigung unter der bayerischen Krone beendet, nur das vorher coburgische Königsberg i. B. kam noch 1920, die thüringische Exklave Ostheim vor der Rhön 1945 durch die Zonengrenzschließung an Bayern.

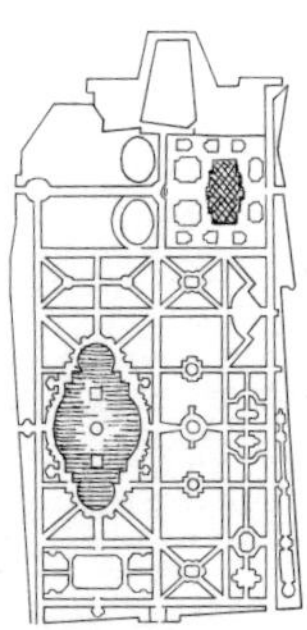

Schloßpark von Veitshöchheim

Der unterfränkische Raum gehört geologisch zum Südwestdeutschen Schichtstufenland. Seine Landschaft baut sich von Osten nach Westen aus drei Stufen auf: Keuper, Muschelkalk und Buntsandstein. Alle drei verbindet das Mäanderband des Mains. Der geruhsame Strom durchquert den Keupergürtel zwischen Steigerwald und den Haßbergen, durchbricht die Muschelkalkplatte und schneidet das große Dreieck in sie ein, er umläuft die Buntsandsteinmasse des Spessarts im Viereck und verläßt Bayern hinter Aschaffenburg in der sandigen Niederung der Rheinebene. An seinen Ufern reihen sich alle Bilder, die mit der Vorstellung „Mainfranken“ wachgerufen werden: Weinhänge, Obstgärten, Burgen, Schlösser und altertümliche Städtchen, bei denen Stadtmauern, Tore, Türme und Fachwerkgewinkel keine Ausnahme, sondern die Regel sind.

Den Osten Unterfrankens nehmen die Keupergebirge der Haßberge und Ausläufer des Steigerwaldes ein. Dem Westen wenden sie ihre dunkelbewaldeten Steilabhänge zu. Auf ihren gewellten Rücken stehen Eichen-, Buchen- und Birkenwälder, durchsetzt von Nadelhölzern. Die behäbigen Orte der Haßberge sind Rodungsflecken, deren jeder sein angestammtes Adelsgeschlecht hatte, wovon bis heute die vielen Rittergrabsteine in den Pfarrkirchen, die Edelsitze und die Burgen zeugen können. Kein Gebiet Unterfrankens weist so viele Adelsgeschlechter auf. Es kam vor, daß Dörfer in Form einer Ganerbschaft (Erbengemeinschaft) unter mehr als einem Dutzend Besitzern aufgeteilt waren. Das Geschichtliche ist hier kleinförmig und die Konfessionszugehörigkeit wechselt oft von Dorf zu Dorf. Schlichte alte Saalkirchen deuten auf protestantische Einwohner, reichere barocke Gotteshäuser auf katholische.

Brunnenhaus in Ettleben

Im besten Sinne geschichtsträchtig sind die fränkischen Gaulandschaften, die die nächste Terrasse des Stufenlandes einnehmen. Man bezeichnet sie auch als Fränkische Platte, da ihre Oberflächenform nur sehr wenig bewegt ist. Den Untergrund bildet Muschelkalk, der aber nur am Westrande dieser nach ihm benannten Stufe mit relativ kargen Böden zutage tritt, im Ostteil bedecken ihn Letten- und Gipskeuper, die wiederum häufig eine fruchtbare Lößschicht tragen. Wegen dieser hohen Bodengüte und des trockenen und warmen Klimas (bedingt durch den Regenschatten von Spessart und Rhön) dehnen sich auf der Platte ertragreiche Ackerfelder und reich behangene Obsthaine. Es ist die Kornkammer Unterfrankens. Nach dem Main zu werden die Obstbaumreihen und die Spezialkulturen für Wein, Gemüse, Kräuter und Gewürze immer zahlreicher, der Wald tritt zurück. In diesem gesegneten Landstrich kann fast jeder Ort stolz auf eine über tausendjährige Geschichte zurückblicken. Germanische Gaunamen sind hier bis heute lebendig geblieben (z. B. Grabfeldgau). Die Siedlungsform ist ausschließlich die des Dorfes bzw. der Stadt, Einzelhöfe oder Weiler gibt es kaum. Der stark ausgeprägte Gemeinsinn der Franken findet seine Sinnbilder im Rathaus, das überall ungewöhnlich stattlich sein muß, in der Dorflinde, die noch mehrfach anzutreffen ist, im Dorfbrunnen (schöne Brunnenhäuser) und in der Kirchenburg mit Gaden, d. h. Vorratshäusern innerhalb der Kirchhofsmauer, in denen der Bauer seine Vorräte sicher wußte und in die er sich bei Kriegs- und Plünderungsgefahr zurückziehen konnte. Es ist erstaunlich, wie stark der Baustil einer einzigen Epoche, der des Fürstbischofs Julius Echter von Mespelbrunn (1573–1617) nämlich, den Kirchenbau des Landes beeinflußt hat. Viele Gotteshäuser sind schon an der charakteristischen Spitze („Juliusturm") als Bauwerke oder Umbauten im sog. Juliusstil, einer besonderen Mischung von gotischem Maßwerk und Renaissanceformen, kenntlich. Eine zweite fränkische Kunstblüte führten die Würzburger Fürstbischöfe im 18. Jh. herauf. Der Außenbau vieler Dorfkirchen folgte damals dem seit Petrini in Würzburg geläufigen Schema (Giebelfassade mit Frontturm), das durch Balthasar Neumann und seine Nachfolger eine geschmackvolle Durchbildung erfuhr. In vielen protestantischen Orten der Gerolzhofener und Kitzinger Umgebung stehen zwischen den Gräbern von schützenden Dächlein bekrönte Friedhofskanzeln; die Gemeinde lauschte der Predigt in einer offenen Friedhofshalle. Beweise für die künstlerische Gestaltungskraft des Volkes ist die unübersehbare Fülle von Bildstöcken, religiösen Steinmalen, die in Unterfranken allenthalben anzutreffen sind. Fast durchwegs Erzeugnisse der Handwerks- oder Volkskunst, folgen sie keinem festen Typus,

„Juliusturm" der Kirche in Zeuzleben

sondern zeigen von Ort zu Ort wechselnde einfallsreiche Formen. In der Barock- und Rokokozeit sind sie besonders beschwingt. Der unterfränkische Bauernhof gliedert Wohnhaus mit Stallung (meist Fachwerkgeschosse auf Steinunterbau), Scheune und Schuppen um einen rechteckigen Hof, der gegen die Straße durch eine Mauer oder einen Zaun mit schmuckvoll gestalteter Toreinfahrt abgegrenzt ist. In den mittelalterlichen nestartigen Häckerbauern- und Weinbauernsiedlungen am Main ist alles gedrängter und beengter. Der Hof schrumpft zusammen, die Wirtschaftsräume nehmen nun das Untergeschoß des Wohnhauses ein. Idyllisches, regelloses, aber auch äußerst unbequemes Gewinkel ist kennzeichnend für die Straßenbilder. Die Blüte des Weinbaus im 18. Jh. allerdings ermöglichte auch hier repräsentativere Anlagen.

Unterfränkischer Bildstock

Im Westen begrenzen Rhön, Spessart und Odenwald die Fränkische Platte. Sie stellen die letzte Tafel des Stufenlandes dar und bestehen aus einem Sandstein, der jede Schattierung von Rot, Weiß und Gelbbraun aufweist. Er wird daher Buntsandstein genannt und findet in ganz Unterfranken Verwendung als Baustein. In der Rhön haben vulkanische Besalt- und Phonolithgesteine den Buntsandstein durchbrochen und in Kuppen oder Lavadecken überlagert. In engstem Zusammenhang mit der vulkanischen Natur des Gebirges stehen die Mineralquellen (Kohlensäure-, Kochsalz- und Stahlquellen) der berühmten Badeorte Bad Kissingen, Bad Brückenau, Bad Neustadt und Bad Bocklet.

Grundstock des Gebirges ist die Hohe Rhön, ein einförmiger Rükken mit steilen Flanken. Waldarmut, rauhes, windiges Klima und Hochmoore kennzeichnen die Landschaft. Ihre höchsten Erhebungen auf bayerischem Gebiet sind Heidelstein, Dammersfeld und Kreuzberg. Im Gegensatz zur Kuppigen Rhön (westlich der Hohen Rhön; größtenteils in Hessen) mit ihrem abwechslungsreichen Relief ist die Südöstliche Rhön oder das Fränkische Rhönvorland durch seine Flüsse in niedrige, sargdeckelförmige Züge zerlegt. Doch die Flußtäler, die von der Hohen Rhön herabkommen, sind nicht ohne Reiz. Auf ihren Talflanken hat sich auch der Laubwald gehalten, den die Mißwirtschaft vergangener Zeiten im übrigen auf ein Viertel des ursprünglichen Bestandes reduziert hat. Die Rhönbewohner sind ein genügsames Volk. Den Schwerpunkt ihrer nicht sehr ergiebigen Landwirtschaft (Getreide, Kartoffeln, Flachs) bildet die Viehzucht. Neuerdings haben Textilfabrikation, Abbau von Steinen und Erden, Holzverarbeitung und verstreute Kleinbetriebe das Erwerbsleben verbessert. Die Notlage der Rhön im letzten Jahrhundert, verursacht durch Erbteilungen, Waldraubbau und die dadurch entstandene Verödung, konnte durch Ödlandkultivierung, Ansiedlung kleinerer Betriebe und Steigerung des Fremdenverkehrs (Bäder, Wintersport, Segelflug) weitgehend gemildert werden.

Salzburg

Nach Südwesten gehen die Kuppen der Rhön in den Spessart über (d. h. „Spechteshart" = Spechtswald), der als sagenumwobenes Waldgebirge den hellglitzernden Rahmen des Mainvierecks ausfüllt. Seine Buntsandsteintafel ist eine flachwellige Hochfläche mit nur mäßig überragenden Einzelgipfeln (z. B. Geyersberg). Eine Gliederung schaffen die gewundenen, oft tief eingeschnittenen Tälchen, die ihre rauschenden Bäche durch schmale, saftige Wiesengründe dem Main zuführen. Nach Klima und Boden ist der Spessart seit jeher Waldland gewesen. Zur guten

Hälfte trägt er heute noch die alten Buchen-, Eichen- und Nadelbaumbestände, die im H o c h s p e s s a r t von keiner Rodung unterbrochen werden, da hier die früheren Herrn (Mainzer und Würzburger Fürstbischöfe) der Jagd zuliebe keine Besiedlung zuließen. In Naturschutzgebieten ragen aus den schönsten und größten Eichenwäldern Deutschlands halbtausendjährige Baumriesen auf. Einzigartig ist der Reichtum und die Vielfalt der Tierwelt. Von den altbewohnten Rändern drang erst im 13./14. Jh. die Besiedlung mit langgestreckten Waldhufendörfern in die Waldtäler vor. Glashütten nutzten den Holzreichtum; nach ihrem Niedergang wurden sie von Eisenhämmern abgelöst. Auch sie sind längst stillgelegt. Im Hochspessart ist die Einheitshausform besonders typisch ausgebildet. Auf einem hohen Buntsandsteinsockel, in dem Stall und Keller untergebracht sind, erhebt sich der einstöckige Fachwerkbau mit engen, anspruchslosen Wohnungen. Stall-Wohnbau und Scheune schirmt ein Dach. Die Bewohner suchen neben dem kärglichen Ertrag ihrer kleinen Äcker (Kartoffeln, Hafer, Roggen) zusätzlichen Verdienst als Pendelarbeiter in den Industrieorten am Main. Anders geartet ist der V o r s p e s s a r t, ein kleines Gebiet östlich und nordöstlich von Aschaffenburg, wo unter dem Buntsandstein liegende kristalline Gebirge zutage treten und zu fruchtbarem Boden verwittern. Getreide-, Kartoffelfelder und Obsthaine liegen hier um die gewerbereichen Dörfer, die in Heimarbeit für die Aschaffenburger Industrie tätig sind. Wie andere Mainorte etwa Schiffer-, Tüncher- oder Maurerdörfer genannt werden können, weil alle Einwohner den gleichen Beruf ausüben, so gibt es hier Schneiderdörfer, die vielfach sogar auf bestimmte Kleidungsstücke spezialisiert sind. Diese Form der Heimarbeit tritt allerdings in neuester Zeit zugunsten des Fließbandsystems in den Betrieben zurück.

Mit dem Gebiet um Amorbach südlich von Miltenberg hat Unterfranken auch noch am O d e n w a l d teil. Seine Erscheinungsform ist der des Spessarts verwandt.

Unterfranken wird häufig mit dem Namen Mainfranken bezeichnet, der landschaftlich und volksmäßig viel zutreffender ist. In Geschichte, Aufbau und Struktur ist der Regierungsbezirk vom Main her bestimmt. Dieser große Verkehrsweg, der seit Vorzeiten die enge Verbindung der Mainbewohner untereinander und zu den alten Kulturlandschaften am Rhein ermöglicht, bildet nach seiner Schiffbarmachung für größere Schiffe auch heute wieder die Hauptschlagader der unterfränkischen W i r t s c h a f t. Fast ausschließlich an seinen Ufern sind die Industriezentren zu finden, etwa in den Räumen Haßfurt-Eltmann, Schweinfurt, Kitzingen–Ochsenfurt, Würzburg, Lohr–Gemünden, und im sog. Untermaingebiet zwischen Miltenberg und Aschaffenburg. Für den stark am Wirtschaftsleben beteiligten H a n d e l ist der Main ein bedeutender Faktor. Nicht zuletzt wirkt er als Hauptanziehungspunkt für den Fremdenverkehr in Unterfranken.

Drehscheibentopf aus einen Grab bei Pflaumheim

Landwirtschaft, Handel, Industrie und Handwerk ergänzen sich relativ günstig. Abgesehen von einigen Großbetrieben hat die Industrie typisch mittelständischen Charakter. Sie konnte nur entstehen, weil vorher das entsprechende Handwerk mit einem sehr hohen Ausbildungsstand und einer langen Tradition vorhanden war. Bezeichnend dafür ist die Zahl von Betrieben, deren Aufstieg von einer einzigen Gründer- oder Erfin-

derpersönlichkeit ausging. Abgesehen von Holz, Steinen, Erden und Landwirtschaftsprodukten fehlen in Unterfranken jegliche Bodenschätze und Rohmaterialien. Die Industrie stützt sich daher vornehmlich auf Verarbeitung eingeführter Rohstoffe. Wie im übrigen Franken sind Quantität und Qualität der Arbeitskräfte die bedeutendsten Produktionsfaktoren. Rund ein Drittel aller Beschäftigten sind Pendler, d. h., sie fahren morgens aus den Arbeiterdörfern am Main, im Spessart, der Rhön usw. zu ihren Arbeitsstätten und kehren abends zurück.
Den ersten Rang unter den zahlreichen Industriegruppen nimmt die Metallverarbeitung ein (Motoren, Maschinen, Stahlbau, Schiffsbau, Apparate, Spezialteile wie z. B. Kugellager u. v. a.). Dann folgen Maßkleidungs- und Textilfabriken, Gewinnung und Verarbeitung von Holz (Papier, Zellulose), Steinen und Erden (Naturstein, Schwerspat, Kalkstein, Ton, Gips, Kies), chemische Industrie (Kunststoffe, Textilfasern, Farben, Lacke), Elektroindustrie, Druckereien, Genußmittelfabriken (Tabak) und die hochbedeutende Nahrungsmittelbranche mit Süßwaren-, Konservenfabriken (Obst, Gemüse), Brauereien, Mälzereien und mit Weinkellereien, die den goldgelben Frankenwein in die berühmten Bocksbeutelflaschen füllen: „Mainland ist Weinland."

Hausformen in Unterfranken

Fachwerkhaus in Schöllkrippen (Lkr. Aschaffenburg)

Nordfränkisches Gehöft

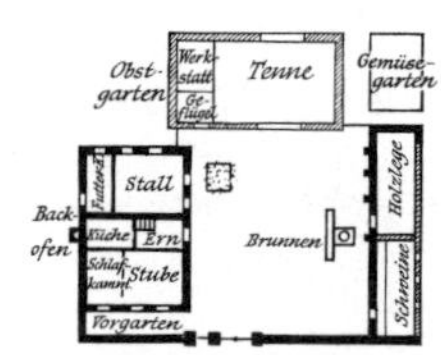

Grundriß eines fränkischen Gehöfts

Das „Wattenbacher Haus", Firstsäulenbau im Raum Amorbach

Fachwerkbau in Breitensee bei Bad Königshofen im Grabfeld

Spessarthaus

STADT ASCHAFFENBURG

A s c h a f f e n b u r g am Main ist der Mittelpunkt des untermainischen Industrieraumes und zugleich Bindeglied zwischen den bayerisch-ostfränkischen und den angrenzenden rheinfränkisch-hessischen Landschaften. Der Ort entwickelte sich im Anschluß an einen fränkischen Königshof. Um 957 wurde durch Herzog Liudolf, den Sohn Kaiser Ottos d. Gr., das K o l l e g i a t s t i f t S t. P e t e r u n d A l e x a n d e r gegründet. Es erwarb viele Sonderrechte und gelangte in den Besitz des ganzen Spessartgebietes. Seine Bedeutung dokumentiert sich in der S t i f t s k i r c h e, deren heutiger Bau in seinem Kern im 12. Jh. entstand, deren Baugeschichte aber bis zum 19. Jh. währt. Um- und Anbauten haben die Stiftskirche bereichert; sie wirkt durch das architektonische Zusammenklingen hervorragender Einzelteile (Kapellen, Kreuzgang, Vorhalle, spätgot. Westturm) und wertvoller Ausstattungsstücke (roman. Kruzifix aus dem 12. Jh., Epitaphien aus der Vischer-Werkstatt in Nürnberg, Gemälde von Matth. Grünewald und L. Cranach, Kanzel und Magdalenenaltar Hans Junckers u. v. a.). In der Schatzkammer werden Meisterwerke der Goldschmiedekunst gezeigt. Das benachbarte Stiftskapitelhaus beherbergt heute in seinen stimmungsvollen Räumen das S t i f t s m u s e u m der Stadt Aschaffenburg mit einer wichtigen vor- und frühgeschichtlichen Sammlung, Werken der kirchlichen und profanen Kunst des Umlandes, Gemälden und Plastiken (u. a. Riemenschneider).

Romanisches Portaltympanon an der Stiftskirche

Nachdem Liudolfs Sohn, Herzog Otto von Schwaben und Bayern, 982 auf einem Italienzug gestorben war, gelangte Aschaffenburg mit seinem Umland an das Erzstift Mainz, dem damals der berühmte Erzbischof Willigis vorstand. Seit dem Ende des 13. Jh. wuchs die Stadt zum Eckpfeiler des Erzbistums, zum Mittelpunkt des sog. Mainzer Oberstifts und zur zweiten Residenz der Mainzer Erzbischöfe und Kurfürsten heran.

Detail von der Kanzelstiege in der Schloßkirche

Das 1605–1614 von Georg Ridinger erbaute S c h l o ß J o h a n n i s b u r g gilt als bedeutendste Schloßanlage der deutschen Spätrenaissance. Es leitet den neuzeitlichen repräsentativen Schloßbau ein. Festungsartig beherrscht das wuchtige Rechteck (85 × 87 m) mit seinen vier gedrungenen Ecktürmen das Stadtbild. Die Schloßkirche wurde von Hans Juncker mit einem Alabaster-Altar und einer Kanzel aus Marmor (1614 bzw. 1618) ausgestattet. Die großen Kriegsschäden des Schlosses sind im Außenbau behoben. In den klassizistisch ausgestatteten Innenräumen wurden die Staatsgalerie (europäische Malerei des 15.–18. Jh., besonders Lucas Cranach), die Staatliche Graphische Sammlung (deutsche und englische Druckgraphik) und das Schloßmuseum der Stadt Aschaffenburg eingerichtet (bedeutende Fayencen-Sammlung, Porzellan, Glas, Möbel, Korkmodelle antiker Bauwerke).

Freundschaftstempel in Schönbusch

Durch die Ereignisse des 30jährigen Krieges verarmte die Stadt. Erst im Laufe des 18. Jh. trat mit Kurfürst Friedrich Karl von Erthal Besserung ein. Ihm verdankt man die Parkanlagen Schöntal, Fasanerie und vor allem Schönbusch, wo in einem weitläufigen englischen Park ein reizvolles Lustschlößchen mit Louis-XVI.-Ausstattung und mehrere Gartengebäude nach Plänen des frühklassizistischen Architekten Joseph Emanuel d'Herigoyen eingebettet liegen (1778–1800).

Schloß Johannisburg

Nach der Säkularisation 1803 wurde Aschaffenburg für einige Jahre Hauptstadt des für Karl Theodor von Dalberg neu gebildeten gleichnamigen Fürstentums, das 1810 dem Großherzogtum Frankfurt angegliedert und 1814 zu Bayern geschlagen wurde. Unter Dalberg entstand 1810 das klassizistische Stadttheater.
König Ludwig I. von Bayern gab den Auftrag zum Bau des Pompejanums (1840–1848), einer freien Nachbildung eines pompejanischen Hauses am Ufer des Mains.
Nahezu alle Bauwerke der Stadt erlitten im Zweiten Weltkrieg schwere Schäden. Vieles konnte wiederhergestellt werden, manches ging unwiederbringlich verloren. Von den alten Gotteshäusern mußten die Pfarrkirche St. Agatha (12.–17. Jh.), die Muttergottespfarrkirche (roman. Turm mit Tympanon des 12. Jh.; Neubau der Kirche im 18. Jh.), die ehem. Jesuitenkirche (17. Jh.) und die Sandkirche mit ihrer Spätrokokoausstattung mehr oder weniger restauriert werden. Im barocken „Schönborner Hof" ist das Naturwissenschaftliche Museum untergebracht.
Mitte Juni feiern die Aschaffenburger ein siebentägiges Volks- und Heimatfest mit Schloßbeleuchtung und Feuerwerk.
Aschaffenburg hatte verhältnismäßig stark an der epochemachenden Industrialisierung Deutschlands im 19. Jh. teilgenommen. Es ist mit seinen rund 55 000 Einwohnern ein bedeutendes Zentrum der westdeutschen Herrenbekleidungsindustrie, die seit 1874 hier heimisch ist. Viele Dörfer der Umgebung werden von diesen Bekleidungsfabriken in Heimarbeit beschäftigt. Daneben stehen Buntpapier-, Zellstoff-, Papier-, Textil-, Metall-, Motoren-, Feinmeßwerkzeugfabriken, elektrotechnische und chemische Industrie, ferner Holzverarbeitungs-, Druck- und Vervielfältigungsindustrie, Nahrungs- und Genußmittelindustrie. In Aschaffenburg gibt es Techniker-Schulen für Bekleidungstechnik, Maschinenbau und Steintechnik. Der Ort ist ein wichtiger Hafen und Umschlagplatz der Mainschiffahrt. Viele Werktätige kommen täglich aus dem Untermaingebiet zu ihren Arbeitsplätzen in die Stadt. Als „Pforte zum Spessart" hat Aschaffenburg auch teil am Fremdenverkehr.

STADT SCHWEINFURT

In einer Talweitung des Flußbogens, an dem das Maindreieck beginnt, breitet sich Schweinfurt aus, die bedeutendste Industriestadt Unterfrankens. Seine Geschichte ist turbulent. Es wird in der Mitte des 8. Jh. erstmals genannt. Die Siedlung entstand im Schutze einer Burg der Markgrafen von Schweinfurt und ist schon vor 1254 als freie Reichsstadt nachgewiesen. Nach einer ersten Zerstörung erfolgte die Verlegung der Stadt an ihren heutigen Platz (Wiederaufbau zwischen 1259 und 1282). 1554 legte im Markgrafenkrieg ein Brand den Ort in Asche. Sein zweiter Wiederaufbau erfolgte den herrschenden Stiltendenzen entsprechend in Renaissanceformen, wofür das 1570–1572 erbaute R a t h a u s mit seinen ausgeglichenen Proportionen ein hervorragendes Beispiel ist (nach schwerem Brand 1959 hervorragend wiederhergestellt). Daneben entstanden das ehem. Z e u g h a u s (1590) und die Lateinschule (erb. 1581/82, ab 1634 Gymnasium, heute Städtisches Museum). Die Humanisten Conrad Celtis und Johannes Cuspinianus gingen hier zur Schule. Die evang. S t a d t p f a r r k i r c h e, an der seit dem frühen 14. Jh. zu verschiedenen Zeiten gebaut worden war, mußte nach dem Brand renoviert werden. Sie ist mit guten Arbeiten figürlicher und ornamentaler Steinmetzkunst ausgestattet.

Rathaus

1542 wurde die Reformation eingeführt und Schweinfurt im 17. Jh. als Stützpunkt Gustav Adolfs von Schweden zu einer Festung ausgebaut. 1802 verlor die Stadt ihre Reichsfreiheit und fiel an Bayern. Zwischen 1810 und 1814 unterstand sie dem Großherzogtum Würzburg.

Friedrich Rückert, dem großen Sohn der Stadt, errichtete man ein Denkmal am Marktplatz. Nicht geringe Verdienste erwarb sich der Schweinfurter Johann Kaspar Bundschuh, der mit seinem „Geographisch-statistisch-topographischen Lexikon von Franken“ (1799–1804) eine Grundlage für die fränkische Heimatforschung geschaffen hat.

Das erste Tretkurbelfahrrad der Welt

Schweinfurt wäre zu einer vergessenen Provinzstadt herabgesunken, hätten nicht Erfindergeist und Initiative seiner Bürger eine einzigartige I n d u s t r i e e n t w i c k l u n g herbeigeführt. Sie begann 1814 mit der Herstellung des Farbstoffes „Schweinfurter Grün“. Philipp Moritz Fischer erfand 1853 die Fahrrad-Tretkurbel (erstes Tretkurbelrad im Museum), den entscheidenden Aufschwung aber brachten die Erfindungen des Kugellagers (seit 1886 sind Schweinfurter Kugellager jeder Art weltbekannt) und der Fahrrad-Freilaufnabe (1903). Schweinfurt rückte in die Reihe der ersten Industriestädte Bayerns. Da brach das Unheil der Bombenangriffe über die Stadt herein. Mehr als die Hälfte aller Gebäude erlitt schwere Schäden, die Industrie war gelähmt. Nach 1945 begann ein mühsamer Wiederaufbau, der der Stadt ein modernes, zweckmäßiges Gepräge gab. Heute haben ihre Erzeugnisse wieder Weltruf. Neben den genannten Artikeln entstehen in den Industriebetrieben: Kleinmotoren, automatische Kupplungen, Stahlerzeugnisse, Konserven, Seifen, Farben u. v. a. Warenumschlagplatz ist vor allem der Mainhafen. Nahezu 30 000 Pendler aus der Umgebung haben in Schweinfurt ihre Arbeitsstätte. Eine Technikerschule für Maschinenbau schult den Nachwuchs.

Modernes Glasfenster in St. Kilian

STADT WÜRZBURG

Die alte Bischofs- und Universitätsstadt Würzburg ist heute Regierungssitz von Unterfranken. Ihre Bedeutung als Hauptort des Frankenlandes begann mit dem Wirken des irischen Apostels Kilian, der hier im Jahre 689 das Martyrium erlitt. Seit dem 6. Jh. schon war Würzburg fränkisch, Sitz der von den Frankenkönigen bestellten fränkisch-thüringischen Herzöge. Der von Bonifatius geweihte hl. Burkard versah als erster das Bischofsamt (741–754). Schon im 11. Jh. stiegen die Bischöfe zu landesfürstlicher Herrschaft auf und erfreuten sich der Gunst der Kaiser, besonders Friedrich Barbarossas, der seine Vermählung mit Beatrix von Burgund in Würzburg feierte (1156) und 1168 dem Bischof den Titel eines „Herzogs von Ostfranken“ verlieh. Das Jahrhundert der Staufer war eine Glanzzeit für Würzburg. Das 14., 15. und 16. Jahrhundert dagegen waren erfüllt von Machtkämpfen zwischen den Bischöfen und der Bürgerschaft, die um Reichsunmittelbarkeit rang. Im Jahre 1400 wurde ein Bürgerheer in der Schlacht bei Bergtheim vernichtet. Der Ausgang des Bauernkrieges 1525 besiegelte das Schicksal der Stadt.
Die Fürstbischöfe triumphierten. Der bedeutendste unter ihnen, Julius Echter von Mespelbrunn (1573–1617), führte die Gegenreformation durch, gründete 1582 die Universität, setzte viele Neuerungen durch und prägte das Gesicht des Bistums durch Bauwerke in den Formen gotisieren-

der Renaissance, die man nach ihm „Julius-Stil" nennt. Eine Blütezeit erlebte Würzburg im Barockzeitalter, namentlich unter den baufreudigen Fürstbischöfen von Schönborn (Johann Philipp 1642–1673; Johann Philipp Franz 1719–1724; Friedrich Karl 1729–1746). Mit Hilfe des großen Baumeisters Balthasar Neumann gaben sie der Stadt ein neues, ein barockes Gesicht. 1803 wurde Würzburg säkularisiert, wobei unersetzliche Kirchenschätze verschleudert wurden und verlorengingen. Es fiel zuerst an Bayern, wurde 1805 noch einmal Hauptstadt eines Großherzogtums unter Ferdinand von Toskana und ist seit 1814 endgültig bayerisch.

Im frühen 19. Jh. residierte der bayerische Kronprinz Ludwig noch zeitweise hier. Dann begann mit der Industrialisierung und dem wirtschaftlichen Aufstieg ein neuer Geschichtsabschnitt. Der barocke Befestigungsgürtel fiel nach 1871 und machte Grünanlagen Platz. Die Stadt weitete sich aus, das idyllische Städtchen Heidingsfeld mit seinen Stadtmauern und seiner romanischen Kirche (unter Julius Echter erneuert) wurde 1930 eingemeindet.

Scherenbergtor auf der Festung Marienberg

Am 16. 3. 1945 aber brach das Inferno jenes furchtbaren Großangriffs über Würzburg herein, der 85% der Stadt vernichtete und fast 5000 Todesopfer forderte. Das Ausmaß der Zerstörung erläutert am besten die Tatsache, daß eine völlige Verlegung der Stadt erwogen worden ist. Doch die Silhouetten der Altstadt überlebten die Feuersbrunst, ihre Fassaden blieben dank des soliden Baumaterials (Muschelkalk und Sandstein) stehen. Sie konnten neu ausgebaut werden und dabei ihr Antlitz bewahren. Würzburg ist wieder, was es einst war, die strahlende Stadt am Main.

Unter den großen Namen, die im Zusammenhang mit Würzburg stehen, seien u. a. die hier gebürtigen Dichter Konrad von Würzburg (um 1220 bis 1287), Max Dauthendey (1867–1918) und Leonhard Frank (1882–1961), der Bildhauer Tilman Riemenschneider (um 1460–1531) und der Maler Matthias Grünewald (um 1470–1528) genannt. Wilhelm Röntgen (1845–1923) gelang 1895 in Würzburg die weittragende Entdeckung der nach ihm benannten Strahlen.

Schwerpunkte der Stadt sind die bischöflichen Residenz- und Kirchenbauten. Beherrschend blickt die Festung M a r i e n b e r g von ihrer rebenbestandenen Höhe über den Main. Dort oben bestand seit etwa 1000 v. Chr. ein keltischer Ringwall, der um 100 v. Chr. in germanischen Besitz überging. Seit Beginn des 6. Jh. Bergfestung der Frankenkönige. Ihr ältester Bestandteil ist die Marienkirche aus der Zeit um 706. Sie gilt als frühester erhaltener Kirchenbau rechts des Rheins. 752 war sie vorübergehend Bischofskirche. Seit 1200 erfolgte ein Neubau der gesamten Burganlage, die ununterbrochen von 1253–1720 den Fürstbischöfen von Würzburg als Residenz diente. Viele Umbauten und Restaurierungen machten die Burg im Laufe der Jahrhunderte zu einer der mächtigsten und vielfältigsten Bergfestungen in Deutschland. Die jeweils bedeutendsten Baumeister der Bischöfe waren daran tätig.

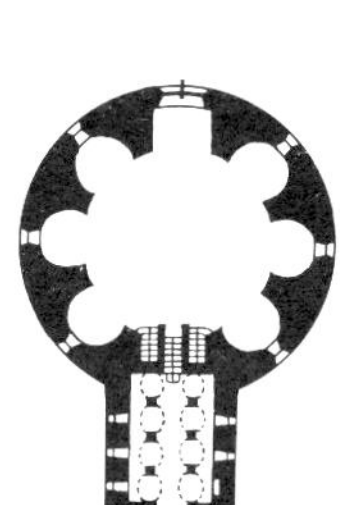

Grundriß der Marienkapelle auf der Festung Marienberg

Die weiten Räume des ehem. Zeughauses bergen eines der schönsten deutschen Museen: das Mainfränkische Museum. Es ist die „Schatzkammer des wiedererstehenden Würzburg". Ihre kostbarsten Ausstellungsstücke sind Werke Tilman Riemenschneiders, der 1520/21

Bürgermeister der Stadt gewesen war (u. a. Adam und Eva von 1491/93), Plastiken von Ferdinand Tietz (Originale aus Veitshöchheim), Peter Wagner und anderen Künstlern verschiedener Stilepochen, Gemälde großer Meister, Epitaphien, Möbel, Kleinodien, kirchliches Kunstgewerbe, Zeugnisse der fränkischen Weinkultur, der Volkskunst u. v. a.

Im 18. Jh. genügte die Burg den Repräsentationsansprüchen der Bischöfe nicht mehr. 1720–1744 entstand in der Stadt die Residenz. Sie stellt die vollkommenste Leistung der barocken Schloßbaukunst in Deutschland dar. Die beiden Bauherrn Joh. Ph. Franz und Friedr. Karl von Schönborn riefen die größten Künstler ihrer Zeit nach Würzburg. Unter der Bauleitung Balthasar Neumanns wirkten Lukas von Hildebrandt, Maximilian von Welsch, Johann Dientzenhofer u. a. an der Gestaltung mit. Die Ausmalung krönte G. B. Tiepolo 1751–1753 mit seinem gewaltigsten Werk: dem Deckenfresko mit der Darstellung der Erdteile in Neumanns genialem Treppenhaus. Antonio Bossi schuf die Stukkaturen in den drei erhaltenen Prachtsälen, dem Kaisersaal (eine der bedeutendsten Raumschöpfungen abendländischer Kunst; Gemälde von Tiepolo), dem Weißen Saal und dem originellen Gartensaal (Fresken von Joh. Zick). Kriegszerstörungen sind weitgehend behoben. Die großartige Hofkirche (Stukkaturen von A. Bossi, Fresken von Rudolf Byss) blieb verschont. Einige Säle beherbergen heute das Martin-von-Wagner-Museum (u. a. berühmte Vasensammlung). Den Hofgarten hinter der Residenz versah Peter Wagner mit heiter bewegten Rokokogruppen (1771–1781), Georg Oegg mit schmiedeeisernen Toren (1746–1767).

Puttengruppe von P. Wagner im Schloßgarten

Würzburg war seit je eine Stadt der Kirchen und Klöster. Wenn auch fast alle im Bombenhagel ihre glanzvollen Ausstattungen verloren haben, so bestimmen sie doch weiterhin das Stadtbild. Allen voran der monumentale viertürmige Dom St. Kilian. An der Stätte eines karolingischen Salvatordomes wurde er 1045 bis 1188 erbaut und konnte seine romanische Grundform bis heute bewahren. Außer der barocken Schönbornkapelle, die Max. von Welsch und B. Neumann als Grablege der Fürstbischöfe anfügten, blieb eine großartige Reihe von Bischofsgrabmälern des 12.–19. Jh. erhalten. Hervorzuheben sind der Stein für Rudolf von Scherenberg (gest. 1495), eine der menschlich ergreifendsten Arbeiten Riemenschneiders, ferner die Epitaphien für Lorenz von Bibra von Riemenschneider, für Gottfried von Hohenlohe (gest. 1322) und für Otto von Wolfskeel (gest. 1345). Der gotische Kreuzgang hat keinen Schaden erlitten. Nördlich vom Dom, an der Stelle, wo Kilian mit seinen Gefährten Kolonat und Totnan getötet worden war, erhebt sich die kuppelüberragte Neumünster-Stifts-Kirche. Sie besteht aus Bauteilen des 12.–18. Jh. Ihre schwungvolle Schauseite (von Joh. Dientzenhofer) ist eine der schönsten Barockfassaden Frankens. Auch das Innere ist barock (Stuck von Dom. Zimmermann 1715–1730: Fresken von J. B. Zimmermann und Nikolaus Stuber). Im „Lusamgarten", dem ehem. Kreuzgang (Arkaden 1170–1180), wurde Walther von der Vogelweide um 1230 begraben.

Kiliansbüste von T. Riemenschneider im Neumünster

Von den vielen Würzburger Kirchen seien weiterhin erwähnt die spätgotische Marienkapelle (schöne Hallenkirche des 15. Jh.) mit dem Grabmal Konrads von Schaumburg (gest. 1499) von Riemenschneider, die Kirche St. Burkard (erb. 11. Jh.; erweitert 12.–15. Jh.; gute Ausstattungsreste), die Kirche von Stift Haug (erb. 1670–1691 von A. Petrini) mit mächtiger Vierungskuppel, die Deutschhauskirche (13. Jh.), die Franziskanerkirche (13. Jh.), die Universitätskirche (1583–1591); Turmbau durch Petrini im 17. Jh.), die Karmelitenkirche (erb. 1660–1669 von Petrini; erster italienisch-barocker Kirchenbau in Würzburg), die Peterskirche (12. Jh.; grundlegender Umbau 1717–1720), die Augustinerkirche (erb. 1266–1270; Umbau B. Neumanns 1743), die Michaelskirche (1765–1798) und die Stephanskirche (Ende 12. Jh.; Umbau Ende 18. Jh.).

Zwischen Gotik und Barock: Fenster in der Neubaukirche

Die reichen Innenräume all dieser Gotteshäuser demolierte der Krieg. Allein die hoch gelegene Wallfahrtskirche Käppele auf dem Nikolausberg südlich des Marienbergs hat der Krieg nicht berührt. Ein Stationsweg führt in einer doppelläufigen Treppe in Terrassen zu diesem reizenden Bau B. Neumanns (erb. 1747–1750; Fresken von Matth. Günther 1752).

Neben den Kirchen trugen die vorwiegend barocken Profanbauten der Bischöfe, des Adels und der Bürgerschaft Entscheidendes zum Stadtcharakter bei. Auch hier ist viel vernichtet oder beschädigt worden. Julius Echter sind die Anlagen der Alten Universität (1582–1592) und des schloßartigen Juliusspitals (gegründet 1576; Umbauten 1714–1791 durch Petrini und Geigel) zu verdanken.

Renaissanceportal der Alten Universität

Das bürgerliche Zentrum der Stadt, das Rathaus, ist ein Konglomerat von Teilen aus verschiedenen Zeiten. Zu seinem ältesten Bestand gehört der Grafen-Eckarts-Turm, der in seinem Unterbau auf das 12. Jh. zurückgeht. Das schönste Bürgerhaus der Stadt, das Haus zum Falken, erhielt 1751 eine prächtige Stuckverkleidung, die beim Wiederaufbau glücklich restauriert werden konnte. Im neuerbauten Zunfthaus der Fischerzunft (1010 gegründet) wurde der historische Zunftsaal mit Sammlungen zur Fischereikultur wieder eingerichtet. Das ehem. Harmoniegebäude am Paradeplatz beherbergt die Städtische Galerie mit Kunstwerken des 19. und 20. Jh.; u. a. Wilhelm Leibl, H. v. Habermann, Max Slevogt, K. Schmidt-Rottluff, E. Heckel, H. Purrmann, Emy Roeder. Der Schwerpunkt liegt auf der mainfränkischen Kunst. Der Alten Mainbrücke aus dem 15./16. Jh. mit ihrem Zyklus barocker Heiligenfiguren sieht man die Kriegsschäden nicht mehr an.

Würzburg ist eine lebendige, anziehende Stadt. Seine Schulen (Universität, Hochschule für Musik, Fachhochschulen u. v. a.), Ausstellungen (Städtische Galerie, Otto-Richter-Halle, Aquarium, Mainfranken-Messe alle 2–3 Jahre im Juli usw.), seine Feste (Kiliani-Volksfest im Juli, Würzburger Winzerfest Ende September/Anfang Oktober), seine Konzerte (Mozartfest im Juni und Bachtage im November), sein Stadttheater und nicht zuletzt seine Weinkultur (Weinbergslagen „Leisten" und „Stein") locken viele Besucher an.

Kelterhalle im Mainfränkischen Museum

Das Erwerbsleben stützt sich auf Industrie und umfangreichen Handel. Mehrere Verlage arbeiten in der Stadt. Würzburg ist Mittelpunkt des fränkischen Weinhandels. Großbetriebe für Druck, Buchdruckerei-Maschinen, Elektrotechnik, Textilien, Fahrzeugbau, chemische Produkte, Brücken- und Weichenbau, Nahrungs- und Genußmittel sind hier ansässig. Hauptumschlagplatz ist der Mainhafen.

LANDKREIS ASCHAFFENBURG

Pfarrkirche in Großostheim

Von der weiten Fläche der Untermainebene über die Kuppen und Täler des Vorspessarts bis zu den endlosen Wäldern des Hochspessarts reicht die Spannweite des Landkreises. Sitz der Kreisverwaltung ist die kreisfreie Stadt Aschaffenburg.

In der Mainebene herrscht industrielle Betriebsamkeit. Die Ortschaften wuchsen mit dem Wirtschaftswachstum der Untermain-Region, doch weisen alle noch einen historischen Kern auf.

Die linksmainische Niederung ist schon seit der Jungsteinzeit besiedelt. Auch die Römer bezogen sie in ihr Herrschaftsgebiet ein; das linke Mainufer war Grenze gegen Germanien. Hier liegen Stockstadt mit einem Römerkastell (um 100 n. Chr.) und Großostheim, das in seiner historisch wie künstlerisch bedeutsamen gotischen Pfarrkirche ein großartiges Schnitzwerk der Beweinung Christi besitzt. Es wurde erst 1956 als Frühwerk Riemenschneiders erkannt (um 1489). Einen Patrizierlandsitz aus der Renaissance stellt der Nöthighof dar. Drei Rundtürme und größere Mauerpartien geben Zeugnis von den Befestigungsanlagen der Marktgemeinde.

Das benachbarte Pflaumheim ist durch seine bedeutenden frühfränkischen Bodenfunde bekannt geworden und Wenigumstadt durch das schöne spätgotische Tafelbild „Maria und die 14 Nothelfer“ in der Pfarrkirche. Flußabwärts in Kleinostheim dient die alte Kirche von 1708 heute als Rathaus. Dettingen am Main erlebte 1743 eine Schlacht, in der die Franzosen von den alliierten Österreichern, Engländern und Hannoveranern geschlagen wurden. Georg Friedrich Händel komponierte aus diesem Anlaß das „Dettinger Tedeum“. Die alte Kirche des Ortes stammt aus dem 15. Jh.

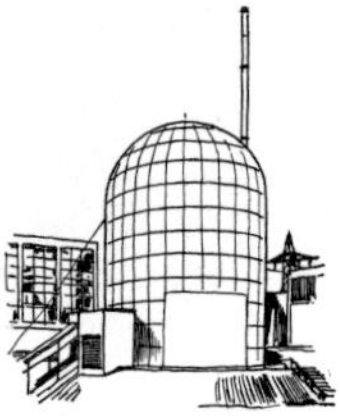

Versuchs-Kernkraftwerk Kahl am Main

In Großwelzheim und in Kahl am Main arbeiten Atomkraftwerke. Dasjenige in Kahl begann 1961 als erstes in Deutschland elektrischen Strom zu liefern. In Großwelzheim widmet man sich in Versuchsreihen der Kernenergieforschung. Der Ort selbst wird 772 erstmals genannt. In seiner 1854 erbauten Kapelle steht eine schöne spätgotische Holzstatue der Madonna.

Die einstigen Braunkohlen- und Sandabbaugruben um Kahl füllten sich mit Grundwasser und bieten heute gute Bade- und Wassersportgelegenheiten.

Burg Alzenau

Wo die Kahl den Vorspessart verläßt, liegt das alte Städtchen Alzenau. Es trug als Hauptort eines alten Freigerichtes bis ins späte Mittelalter den Namen Wilmundsheim. Weil ihm die Bauern der Umgebung bei einem hinterhältigen Überfall zu Hilfe kamen, soll Kaiser Barbarossa ihnen 1184 volle Freiheit verliehen haben. Als das Freigericht 1500 an den Kurfürsten von Mainz fiel, übernahm Alzenau den Namen der spätgotischen Burg, die die Stadt überragt. Sie ist 1395–1399 von den Kurmainzern erbaut worden. Die Burg zeigt trotz des ruinösen Zustandes eine malerische, echt fränkisch anmutende Baugruppe. Im Ort ist die 1754 erbaute Rokoko-Pfarrkirche sehenswert. In der näheren und weiteren Umgebung von Alzenau finden sich mehrere Schloßanlagen, so in Wasserlos, dessen klassizistischer Bau an der Stelle einer Raubritterburg steht, in Michelbach (18. Jh.), Maisenhausen (18.

Jh.), Emmerichshofen (typischer Landsitz des Rokoko um 1766) und auch in Schöllkrippen (um 1544; ehemals Sitz von Mainzer Vögten, heute Rathaus), das aus einem Jagdhof Kaiser Barbarossas hervorgegangen ist. Die Pfarrkirche mit gemauertem Spitzhelm und die frühgotische Kirche im Ortsteil Ernstkirchen sind beachtenswert. Am Reuschberg keltischer Ringwall. Schöllkrippen ist bis heute Zentrum des oberen Kahlgrundes, einer offenen, schönen und obstreichen Wanderlandschaft.

Pfarrkirche von Hörstein

An Kirchenbauten dieser Gegend sind hervorzuheben die Pfarrkirche in Hörstein am Fuße des Hahnenkammes (Turm mit gemauertem Spitzhelm von 1473; Renaissance-Hochaltar von 1662), die dortige Marienkirche mit der Anna-Selbdritt-Gruppe von 1520, die Kirchen in Kälberau (alte Wallfahrtskirche vom 15. Jh., neue Kirche von 1957), die Kirchen in Mömbris (1783) und Krombach (1744).

Das gewerbereiche Tal der Aschaff führt in die Wälder des Spessartgebirges, das einst bevorzugtes Jagdgebiet der Mainzer Erzbischöfe war. Aus Glashütten-, Jäger- und Holzarbeitersiedlungen entwickelten sich Luftkurorte wie z. B. Heigenbrücken, Heimbuchenthal (Rokokokirche von 1753), Krausenbach, Weibersbrunn, Rothenbuch (schlichtes Jagdschloß von 1567) und Rohrbrunn, wo das „Wirtshaus im Spessart" stand. Es war mit Wilhelm Hauffs gleichnamiger Erzählung in Verbindung gebracht und dadurch allgemein bekannt geworden; das Gebäude mußte aber der Spessart-Autobahn weichen.

Hauptanziehungspunkte dieses Gebietes oberhalb von Aschaffenburg sind die ehem. Benediktinerinnenabtei Schmerlenbach (1218 bis 1803) mit ihrer Rokokokirche von 1759, das Spätrenaissanceschloß von Weiler (1653–67) und der Wallfahrtsort Hessenthal mit dem malerischen Komplex der gotischen Gnadenkapelle, der Begräbniskirche der Echter von Mespelbrunn (erb. 1439; vorzügliches Renaissancegrabmal von 1582) und der modernen Kirchenhalle mit Hans Backoffens überlebensgroßer Kreuzigungsgruppe (1519) und der spätgotischen „Beweinung" (um 1490), die als eine frühe Arbeit Riemenschneiders angesehen wird.

Schloß Mespelbrunn

Vor allem aber zieht Mespelbrunn die Besucher an. Von einem See und Wäldern umgeben, ist es das Musterbeispiel für ein „romantisches" Schloß. Um 1430 errichtet, erhielt der Bau im 16. Jh. sein heutiges Aussehen durch Peter Echter, den Vater des hier geborenen berühmten Würzburger Fürstbischofs Julius Echter. 1665 fiel der Besitz an die Grafen von Ingelheim. Das reich ausgestattete Innere ist geradezu ein Familienmuseum des Geschlechtes Echter-Ingelheim.

Unnötig zu betonen, daß der Landkreis Aschaffenburg ein gut besuchtes Fremdenverkehrsgebiet darstellt. Er gehört ja fast ganz zum Naturpark Bayerischer Spessart, dessen Einrichtungen (Naturschutzgebiete, Wanderwege, Aussichtspunkte, Rastplätze, Lehrpfade usw.) das Erlebnis der Landschaft bequem machen sollen. Dagegen hat sich die Industrie am Main und in den dorthin weisenden Flußtälern angesiedelt, voran die Bekleidungsindustrie, der Abbau von Steinen und Erden, die Holzverarbeitung, die metallverarbeitende und die elektrotechnische Industrie. Auch die Papier, Pappe und Leder verarbeitende Branche, die

Kunststoffindustrie und die Nahrungs- und Genußmittelindustrie spielen eine große Rolle. Die landwirtschaftliche Nutzung des Bodens beschränkt sich vor allem auf die Mainniederung, wo Wein, Obst und Tabak gedeihen.

LANDKREIS BAD KISSINGEN

Regentenbau in Bad Kissingen

Die landschaftliche Achse des Landkreises bildet das Tal der Fränkischen Saale. Sie trennt das Rhöngebiet um Bad Brückenau und das Vorland der Rhön von den Hügelketten des Salzgaues und den Ebenen des Grabfeldes, das bei Münnerstadt in den Kreis hereinragt.
Hauptstadt des Kreises ist Bad Kissingen. In waldreicher, anmutiger Lage an der Saale gelegen, ist es heute das meistbesuchte Kurbad Bayerns. Um seine Salzquellen stritten germanische Stämme schon im 1. Jh. n. Chr. Als Gründung erscheint es zu Anfang des 9. Jh., als befestigte Stadt im 13. Jh. Der Feuerturm ist der letzte von 14 Mauertürmen.
Zu einem Badeort wurde Kissingen erst im 16. Jh. Die Würzburger Bischöfe (seit 1394 Herren der Stadt) förderten die Heilquellen und die Salzgewinnung. Der Hofarchitekt B. Neumann errichtete Kurbauten und entdeckte 1737 die Rakoczyquelle. Sechs kohlensäurereiche, eisenhaltige Kochsalzquellen begründeten Kissingens Ruf als Heilkurort.
Im 19. Jh. begünstigten die bayerischen Könige das Bad, das als internationaler Treffpunkt u. a. den Fürsten Bismarck, die Dichter Scheffel, Fontane und Tolstoi, die Maler Lenbach und Menzel sowie viele gekrönte Häupter in seinen Mauern sah.
Ausgedehnte Kuranlagen (Regentenbau von 1911–1913, Obere Saline von 1767–1772, Untere Saline von 1788, Arkadengang von 1838), Gärten (u. a. Rosengarten mit 12 000 Stöcken), elegante Hotels und ein Staatliches Kurtheater bestimmen das Gesicht des Kurortes. Zahlreiche Veranstaltungen (Rakoczyfest, Symphoniekonzerte, Reitturniere usw.) sorgen für Unterhaltung.
Im alten Stadtkern ist die klassizistische kath. Stadtpfarrkirche sehenswert, deren außergewöhnlich hoher Saalbau mit Emporen von J. Ph. Geigel 1772–1775 erbaut wurde. Das Alte Rathaus entstand 1577, das Neue 1709 nach Plänen J. Dientzenhofers. Die barock veränderte Friedhofskirche St. Burkhard behielt ihren gotischen Chor und den Turm von 1446.

Grabmal Ottos von Bodenlauben

Seit der Jahrtausendwende beherrschten die Grafen von Henneberg das Land um Bad Kissingen. Einer von ihnen, Otto von Bodenlauben (um 1180 bis 1244), ein berühmter Minnesänger und Kreuzfahrer, saß auf der Burg Bodenlauben oberhalb der Kreisstadt. Sie zeigt heute kaum mehr als zwei recht wuchtige, runde Bergfriedstümpfe (1525 zerstört). Derselbe Otto und seine Gemahlin Beatrix, Tochter des Seneschalls von Jerusalem, stifteten 1231 das Zisterzienserinnenkloster Frauenroth (1574 aufgehoben), in dessen schlichter Kirche das Stifterehepaar ruht. Ihre Grabsteine gehören zu den großartigsten Schöpfungen mittelalterlicher Bildhauerkunst.
Von Bad Kissingen saaleaufwärts fährt eine reguläre Postkutsche über Hausen und Aschach (Renaissanceschloß von 1559–1579 mit dem

Graf-Luxburg-Museum, einer Sammlung von erlesenen Teppichen, Möbeln, Hausrat und Schmuck) nach Bad Bocklet, einem der ruhigsten und erholsamsten bayerischen Bäder (starke Stahlquelle). Auch hier machte sich B. Neumann um die Einrichtung des Bades und der Quellen verdient.

Der nördlich gelegene Markt Steinach an der Saale bewahrt in seiner Pfarrkirche ein großartiges Kruzifix von T. Riemenschneider (1515). Demselben Künstler wird die ergreifende Vespergruppe in der Kirche von Hassenbach zugeschrieben (um 1495). Rund 200 Jahre früher entstand die Sandsteinmadonna in Lauter, die zu den schönsten ihrer Zeit gehört.

Bad Bocklet

Saaleabwärts reihen sich freundliche alte Orte hintereinander. So z. B. der Marktflecken Euerdorf, der schon 716 erwähnt wird. Er besitzt noch stolze Reste seiner mittelalterlichen Befestigung, darunter einen gotischen Torturm, stattliche Häuser und eine Kirche mit hervorragenden Schnitzfiguren.

Dem idyllischen Pfarrdorf Aura mit seiner mittelalterlichen Saalebrücke dient die romanische Basilika eines ehem. Benediktinerklosters (es bestand von 1108–1564) als Gotteshaus.

Glanzpunkt des Saaletales im Landkreis aber ist die stolze Burgruine Trimberg. Ihr Bergfried und Mauerteile stammen aus dem 12. Jh., die übrigen Bauten kamen im 14.–17. Jh. hinzu. Die Burg war seit 1292 als Würzburger Lehen an viele Adelige gegeben worden und lange Zeit Sitz eines Amtmanns. Nach längerem Aufenthalt in der Burg nahm der Dichter der verbreiteten mittelalterlichen Versdichtung „Der Renner“ den Namen Hugo von Trimberg an (Mitte 13. Jh.).

Trimberg

Hinter Trimberg folgt Elfershausen an der Saale, das ebenfalls seit dem 8. Jh. beurkundet ist. Sein 1562 errichtetes Schloß erfuhr 1600 und 1705 Umbauten. Fuchsstadt mit seiner von Materno Bossi eingerichteten Rokokokirche (1766) wird 923 erstmals erwähnt.

Nun taucht im Flußtal das Städtchen Hammelburg auf. Ursprünglich einer der zahlreichen fränkischen Königshöfe an der Fränkischen Saale, wurde es 777 von Karl dem Großen an die Reichsabtei Fulda verschenkt, in deren Besitz der Ort bis zur Säkularisierung 1803 verblieb. Ein Stadtbrand vernichtete 1854 das alte Stadtbild; der Mauergürtel und die Tore (13. Jh.) wurden bis auf drei Wehrtürme eingerissen. Die Pfarrkirche, eine spätgotische dreischiffige Basilika (1389–1461), blieb im wesentlichen erhalten (gute Innenausstattung; Barockmadonna von Jakob van der Auwera um 1720). Das ehem. Schloß der Fürstäbte von Fulda ist ein kühler Barockbau von 1725–1731. Den Marktplatz ziert ein schöner Renaissancebrunnen (1541). Kleinere Fabriken und ein nahe gelegener Truppenübungsplatz fördern das Wirtschaftsleben des Städtchens.

Marktbrunnen in Hammelburg

Das Franziskanerkloster Altstadt (Barockkirche von 1700) liegt unterhalb der mächtigen Burg Saaleck, deren kolossaler Rundturm noch aus dem 12. Jh. stammt. Die übrigen Gebäude wurden von den Lehensträgern der Fuldaer Äbte mehrfach verändert. Der Wein von Saaleck hat einen guten Ruf.

Saaleabwärts folgen Diebach mit einem teilweise noch romanischen Gotteshaus, umrahmt von einer Gadenanlage des 17. Jh., und der beherrschende Kopf des Sodenberges („Rigi des Saaletales“), dessen Ba-

Stadtpfarrkirche in Münnerstadt

saltkrone weitgehend abgebaut wurde. Ein wenig südlich davon erhebt sich der Reußenberg mit einer gotischen Burgruine und unterhalb des Truppenübungsplatzes Hammelburg steht das Schloß Greifenstein in Bonnland (erbaut 16. Jh.). Es ist Besitz der Freiherrn von Gleichen-Rußwurm und war 1828–1882 Wohnsitz von Schillers Tochter Emilie.
In Windheim nördlich von Diebach steht eine reizvolle Rokokokirche mit Ausstattung von P. Wagner (Kanzel 1770). Das benachbarte Waizenbach besitzt ein ehem. Renaissance-Wasserschloß (1570). Thulba hat eine romanische ehem. Klosterkirche.
Im abwechslungsreichen Land östlich der Saale liegt als Zentrum Münnerstadt. Eine gut erhaltene Mauer des 13. Jh. zieht um das mittelalterliche Städtchen, das auch seine vier Tortürme behielt. Wahrscheinlich schon im 5. Jh. besiedelt, war es bis 1585 hennebergisch, dann würzburgisch. Sein Straßenbild bestimmen die ehem. Deutschordenskomturei (17. Jh.), das spätgotische Rathaus am fachwerkumgebenen Marktplatz, das Schulhaus (1699) und die alles überragende Stadtpfarrkirche, an der von der Romanik bis zum 17. Jh. gebaut worden ist. Ihr größter Schatz sind die Glasfenster des Chores (15. Jh.), die hervorragenden, verbliebenen Figuren des zerstörten Riemenschneider-Hochaltares (1492), Tafelbilder von Veit Stoß (1504) und mehrere gute Statuen und Epitaphien. Eine reizend ausgeschmückte Rokokokirche ist die der Augustiner (1752). Der Ort besitzt ein Heimatmuseum.

Stuckdetail in der Abtei Bildhausen

Weiter östlich liegt die ehem. Zisterzienserabtei Bildhausen, die vom 12. Jh. bis 1803 Bestand hatte. Ihre Kirche ist abgetragen, die Klosterbauten aber zeigen interessante Bauteile von der Romanik bis zum Spätbarock (Rokoko im hervorragenden Treppenhaus und im Gartenpavillon).
In Maßbach südlich von Münnerstadt ist seit 1961 das „Fränkische Theater" zu Hause. Die Gartenfront des Schlosses dient als Freilichtbühne. Die Spielsaison dauert von Juni bis Anfang September. Erwähnenswert sind die Barockkirchen von Großwenkheim und Eltingshausen (beide mit Deckenbildern von J. P., bzw. J. A. Herrlein) sowie die Schlösser von Thundorf (16./18. Jh.) und Ebenhausen (mittelalterl. und barocke Teile).
Im Westen und Norden des Kreisgebietes steigen die Höhen der sog. Waldgebirgigen Rhön an, die in die Schwarzen Berge übergehen (Totnansberg 839 m). Jenseits der Vorderen Sinn erhebt sich das Dammersfeld mit der Dammersfeldkuppe (928 m), die jedoch vom Truppenübungsplatz Wildflecken eingenommen werden. Nur zur Wallfahrtskirche Maria Ehrenberg (erbaut 1731) mit ihren 252 Stufen ist der Zugang frei.

Bad Brückenau

Im Tal der Sinn liegt das schmucke Städtchen Bad Brückenau. Ein Kranz schöner Wälder umgibt den Ort. Da 1876 ein vernichtender Brand den Bestand an Gebäuden vernichtet hat, mußten alle Häuser neu errichtet werden. Brückenau war bis 1802 im Besitz der Fürstabtei Fulda, 1804 kam es an Bayern. 1906 sind drei Heilquellen (Eisenschwefel- und Stahlquelle, erdig-sulfatischer Eisensäuerling) erbohrt worden. Der Stadt kommt somit beinahe der gleiche Rang zu wie dem gleichnamigen Vorort, dessen Heilquellen seit 1747 genutzt werden. Es war ein Lieblingsaufenthalt König Ludwigs I. von Bayern, der es häufig zur Kur aufsuchte.

Er veranlaßte auch den Bau vieler Kuranlagen im klassizistischen Stil. Bad Brückenau besitzt ein Heimatmuseum. Noch zur Stadtgemeinde gehört Schloß Römershag, das der fuldische Fürstabt Adolf von Dalberg 1729 erweiterte und umgestaltete; die hübsche Schloßkapelle wurde barock ausgestattet. Heute dient die Anlage als Pflegeanstalt für Unheilbare.

Thüngendenkmal in Zeitlofs

Der nahe gelegene Volkersberg trägt ein Franziskanerkloster, dessen schlichte Barockkirche (1665) eine einheitliche Einrichtung vom Ende des 17. Jh. besitzt. Eindrucksvolle, volkstümliche Passionsstationen. Einige künstlerische Bedeutung kommt drei Schlössern der Herren von Thüngen zu, die alle im 18. Jh. erbaut wurden: Roßbach (Westbau von 1615), Weißenbach und Zeitlofs, in dessen evang. Pfarrkirche (1737–1740) eine lebensvolle barocke Alabasterfigur des Grafen J. K. von Thüngen (gest. 1709) auf ihrem Denkmalssockel steht.
Das freundliche Dorf Geroda hat sich einen guten Ruf durch die Pflege von Rhöntracht und -brauchtum erworben.
Der Reiz der Landschaft, ihre großen Wälder und stillen Weiten sowie die Heilquellen der Badeorte rufen viele Besucher ins Land. So bildet der Fremdenverkehr eine wesentliche Erwerbsquelle. Da die Industrie (Maschinen, Bekleidung, Elektrotechnik, Metall- und Glaswaren, Werkzeug und Waffen) nicht so bedeutend ist, kommt der Landwirtschaft im Erwerbsleben des Kreises noch große Bedeutung zu.

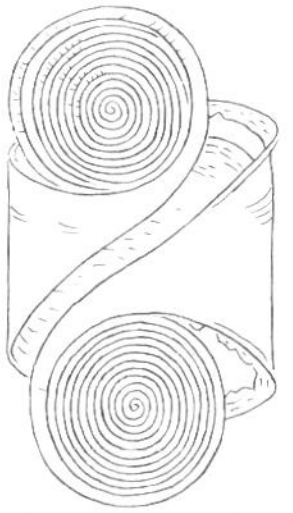

Bronzezeitlicher Fußberg aus einem Grabfund in Stetten b. Ebelsbach (um 1200 v. Chr.)

LANDKREIS HASSBERGE

Der Landkreis erhielt seinen Namen von dem Keupergebirgszug zwischen Main und Baunach, der etwa 45 km lang den Stufenrand der Keuperlandschaft kennzeichnet. In der Nassacher Höhe erreicht er 515 m. Der Süden des Landkreises gehört noch zum Steigerwald. Die Hauptschlagadern des Landes sind die Täler des Mains, der Nassach und der Baunach.
Bald nach seinem Eintritt in den Landkreis passiert der Main das rührige Städtchen Eltmann. Es war unter den Merowingern ein bedeutendes Kastell, späterhin eine wichtige Zollstation zwischen den Bistümern Würzburg und Bamberg. 1335 kam mit dem Stadtrecht der Ausbau der Stadtmauer (Reste erhalten). Die gotische Pfarrkirche erlebte mehrere Umbauten, das Langhaus errichtete Leo v. Klenze 1835–38 in romanischem Stil. Ein spätbarockes Kleinod ist die elliptische Hl.-Kreuzkapelle im Friedhof (1768). Sie wird B. Neumann zugeschrieben. Über der Stadt erhebt sich der runde Bergfried (13. Jh.) der 1632 zerstörten Wallburg.

Maria Limbach

Jenseits des Flusses liegt Ebelsbach mit dem reizvollen Wasserschloß von 1564–69 und einem Barockschlößchen in Gleisenau. Zwischen Wiesen und Feldern leuchtet die Wallfahrtskirche Maria Limbach, B. Neumanns letztes Werk (1751–1754). Fürstbischof Friedrich Karl von Schönborn gab den Auftrag zum Bau, der in seinen klaren Proportionen bereits zum Klassizismus tendiert. Die Ausstattung dagegen ist noch blühendes Rokoko. Altäre und Kanzel sind die ersten Meisterwerke Joh. Peter Wagners.

Johannes d. T. von T. Riemenschneider in der Pfarrkirche zu Haßfurt

Dann folgen das Korbflechterdorf S a n d a m M a i n, der einstige Schiffsbauplatz K n e t z g a u (Reste eines Wasserschlosses) und das malerische Fachwerkstädtchen Z e i l a m M a i n. Seine Pfarrkirche im Rokokoschmuck trägt einen originellen Fünfknopfhelm als Turmbedeckung. Das Rathaus mit dem alten Prangereisen entstammt dem 16./17. Jh. Auf den Bergspornen über der Stadt stehen die Burgruine Schmachtenberg und die neuromanische Wallfahrtskirche auf dem Kapellenberg (1894–97).

Auch das nahe A u g s f e l d weist eine reichstuckierte Rokokokirche von 1730–50 auf. Vor den Toren Haßfurts lagert innerhalb einer starken Wehrmauer das einstige Zisterzienserinnenkloster M a r i a b u r g - h a u s e n. Sein langgestrecktes frühgotisches Gotteshaus (13./14. Jh.) ist typisch für die Kirchen dieses Ordens.

Die Kreisstadt H a ß f u r t am Main hat sich trotz glücklichen Industriewachstums (Textilien, Schuhe, Möbel, Farben, Papier, Malz, Bier, Marmeladen) seinen altertümlichen Reiz bewahrt. Die Furt im Main hat wohl schon früh eine Siedlung hergelockt. 1234 wird sie erwähnt und im selben Jahrhundert ummauert. Eine Mauerstrecke und drei Tore (16. Jh.) stehen noch aufrecht. Hauptanziehungspunkte des Ortes sind die Pfarrkirche (14 Jh.), unter deren hervorragenden Holzplastiken sich ein eigenhändiges Frühwerk Riemenschneiders, Johannes der Täufer, befindet, und die sog. Ritterkapelle, Gründung einer Ritterbruderschaft. Sie wurde seit 1390 erbaut und mußte mehrere Restaurierungen über sich ergehen lassen, stellt aber bis heute, besonders im durchfensterten Chor, ein Meisterwerk der spätgotischen Architektur dar. An Profanbauten sind das Fürstbischöfliche Amtshaus aus dem 14. Jh. und das renovierte Rathaus vom Ende des 15. Jh. zu nennen. Kleine historische Sammlung im Stadtmuseum.

Ritterkapelle in Haßfurt

Die Kirche im benachbarten U n t e r h o h e n r i e d birgt einen spätgotischen Schnitzaltar von hoher Qualität.

Von Haßfurt mainabwärts interessieren W o n f u r t mit einer Rundkirche von 1824 und einem Renaissanceschloß des 16. Jh. sowie das ehem. Benediktinerkloster O b e r t h e r e s, das wie ein stattliches Barockschloß wirkt (erb. 1743; gute Innenausstattung). Sein Gotteshaus wurde abgerissen. In Obertheres hat sich das alte „Dreikönigsspiel" in seiner traditionellen Form erhalten.

Ein ähnliches repräsentatives Barockschloß ist O b e r s c h w a p p a c h am Rande des Steigerwaldes. Es war die Sommerresidenz der Ebracher Äbte (erb. 1714–1741 von J. L. Dientzenhofer; stuckierte Innenräume). In den Steigerwaldtälern finden sich kleinere Edelsitze des 18. Jh. in F a t s c h e n b r u n n, D a n k e n f e l d, T r e t z e n d o r f und D i p p a c h.

Der Ort F a b r i k s c h l e i c h a c h im Steigerwald geht auf eine Glashütte zurück, die von B. Neumann für den Würzburger Bischof erbaut und zur Blüte geführt worden war. Sie stützte sich auf den Holzreichtum des Steigerwaldes (seit 1867 eingestellt).

Die evang. Pfarrkirche in Königsberg

Das Tal der Nassach breitet sich vor dem bewaldeten Stufentrauf der Haßberge aus. Zunächst liegt hier, umgeben von fruchtbaren Fluren, das Städtchen K ö n i g s b e r g i n B a y e r n. Es war erst Königsgut, kam 1243 an das Bistum Bamberg und wurde an verschiedene Herren, zuletzt an die sächsischen Wettiner verliehen. Der namengebende Berg trug einst eine Burg, in deren Schutz sich das Städtchen entwickelte. Ein ungestörtes mittelalterliches Ortsbild mit viel Fachwerk tut sich auf, wenn man durch eines der vier erhaltenen Tore die Straßen betritt. Der stattliche Fachwerkbau des Rathauses (1456) ruht auf einem massiven Untergeschoß. Ein anderes Fachwerkhaus gilt als Geburtshaus des großen Astronomen Joh. Müller, genannt Regiomontanus (1436–1476). Die gutausgestattete dreischiffige Pfarrkirche wurde 1397–1432 errichtet.

Das Untere Tor in Hofheim

Über das „Zwetschgenparadies" Unfinden und über Junkersdorf (spätgotische Fresken in der evang. Pfarrkirche) erreicht man das Städtchen Hofheim i. Ufr. Seine Gründung geht in das 10. Jh. zurück. Wie im ganzen Landkreis ergeben auch hier gute Fachwerkbauten romantische Bilder. Von der Wehrmauer sind drei Torhäuser erhalten geblieben. In der Stadtpfarrkirche (spätgotisch, 1740 verändert) finden sich wertvolle spätgotische Plastiken.

Pfarrkirche in Friesenhausen

Die malerisch gelegene Bettenburg östlich der Stadt ist seit 1343 in Händen der Truchsesse von Wetzhausen. Nach Zerstörung im Bauernkrieg wurde sie als Renaissanceschloß wiederhergestellt (16. Jh.). Ihr Park (Ende 18. Jh.) zeigt sich als Landschaftsgarten im romantisch-sentimentalen Zeitgeschmack. Ritterdenkmäler, künstliche Ruinen u. a. sollten das Gemüt ansprechen. Unter Christian Truchseß v. Wetzhausen wurde die Burg ein Treffpunkt geistigen Lebens. Hier versammelten sich F. Rückert, G. Schwab, Jean Paul, H. Voß, F. de la Motte Fouqué u. a. zur „Bettenburger Tafelrunde".

Infolge der großen Zersplitterung des adeligen Grundbesitzes seit dem Mittelalter gibt es im Haßgau zahllose Edelsitze. Von den mittelalterlichen Burgen Bramberg, Rottenstein und Dippach verblieben nur Ruinen. Schöne Renaissanceschlösser stehen in Friesenhausen (erb. um 1563; originelle Toreinfahrt), wo die Pfarrkirche eine elegante Barockfassade (1713–1715) zeigt und Bundorf, dessen Schloß aus Teilen des 16. und 18. Jh. besteht.

Schloßeingang in Friesenhausen

Mit den Schloßbauten in Schweinshaupten (17. Jh.), Eichelsdorf (1678–1713), Stöckach (1730) und Burgpreppach (wuchtige Anlage um 1726; schöne Innenräume) zieht das Barock in die Baukunst des Haßgaues ein. Bei Schloß Birkenfeld liegen Pläne J. D. Steingrubers zugrunde. 1738–1753 erbaut, zog sich die Ausstattung von der Hand vieler Künstler bis in die 70er Jahre hin; dabei entstand eine Anzahl reizvoller Räumlichkeiten mit Stukkaturen, Malereien, Täfelungen usw.

Ebenso zahlreich war der Adel am Ostrand der Haßberge, im Baunachtal, vertreten, wo es 1517 zu einem Zusammenschluß im „Ritterkanton Baunach" kam. So verwundert auch die außergewöhnlich große Zahl von Adelssitzen nicht. Unter den Burgruinen gehört Lichtenstein zu den größten und bedeutendsten. Seit 1232 beurkundet, geriet sie als würzburgisches Lehen an verschiedene Herrschaften. Der noch bewohnte Südbau mit spätgotischem Wehrgang entstammt dem 16. Jh., die wuchtigen Trümmer des Nordbaues dem 12.–14. Jh.

Das Schloß in Burgpreppach

In Rauheneck und Rotenhan verlieren sich die Grenzen zwischen Fels und Mauerwerk.

Altenstein thront wuchtig über dem Baunachtal. Als würzburgisches

Schloß- u. Pfarrkirche von Eyrichshof

Lehen im Jahre 1232 erwähnt, bestand die Burg bis zum Bauernkrieg. Unter den Schlössern erhebt Eyrichshof den höchsten Anspruch. Es ist ein beispielhafter Renaissancebau des 16. Jh.: eine Zusammenstellung von Staffelgiebeln, Rundtürmen, Erkern und verschiedenen Dächern. Den Nordflügel schuf K. F. von Zocha im 18. Jh. Die Schloßkirche und die Orangerie sind barock.

Schlichtere Landsitze aus der Renaissance stehen in Fischbach (1530–1605) und Leuzendorf (barockisiert). Repräsentative Barockanlagen sind die Schlösser von Kirchlauter (1689) und Gereuth (1710), dem Spätbarock und Rokoko entsprechen die Stilmerkmale der Schlösser in Pfaffendorf (Anfang 18. Jh.), Maroldsweisach (18. Jh.), Rentweinsdorf (Mitte 18. Jh.; Epitaphien der Herren von Rotenhan in der Pfarrkirche) und Untermerzbach (im 18. Jh. aus einer Anlage des 16. Jh. umgebaut).

Der Hauptort des stillen Baunachtales aber ist Ebern, das seit 1235 als Stadt bezeugt ist. Jahrhundertelang gehörte es zum Fürstbistum Würzburg. Die Reste der Stadtmauer (14. Jh.) beschreiben ein Viereck, das von einer Marktstraße halbiert wird. An ihr stehen das imposante Fachwerkrathaus (1604) auf steinernem, in Rundbogentoren geöffnetem Sockelgeschoß und die gotische Pfarrkirche (15. Jh.). Die gotische Marienkapelle außerhalb der Stadt überrascht durch ihre Rokokoausstattung.

Schloß in Kirchlauter

Das Erwerbsleben im Landkreis ist noch stark von der Land- und Forstwirtschaft geprägt. Es gibt Getreide- und Hackfruchtanbau (Zuckerfabrik in Zeil), Obst- und Weinbau sowie Viehzucht. Der Wald liefert das Material für Sägewerke und holzverarbeitende Betriebe. Die Industrie der Steine und Erden nutzt die Basaltvorkommen der Haßberge sowie den roten Zeiler Buntsandstein und stellt Kunststein her. Die Industriefabrikation umfaßt die Branchen Maschinenbau, Elektrotechnik, Bekleidung, Textilien, Schuhe und Nahrungsmittel. Auch der Fremdenverkehr trägt zum Wirtschaftsleben bei.

LANDKREIS KITZINGEN

Falterturm

Weinhänge, eine fruchtbare Talweitung, ein günstiger Straßenschnittpunkt, ein Mainhafen und ein wichtiger Mainübergang (Pippinsbrücke) kennzeichnen die Lage der Kreishauptstadt Kitzingen. Sie entwickelte sich aus einem auf Bonifatius zurückgehenden Benediktinerinnenkloster (1544 säkularisiert) und geriet seit dem 13. Jh. abwechselnd unter die Herrschaft der Hohenlohe, des Würzburger Hochstifts und der Markgrafen. Erst 1629 brachte der Würzburger Fürstbischof diesen wichtigen Handels- und Stapelplatz endgültig an sich. Sammlungen zur Geschichte der Stadt sind im Städtischen Museum, einem Biedermeierhaus, ausgestellt. Von einer älteren Mauer, die den Stadtkern umfaßte, blieb wenig mehr als der gewaltige Marktturm (Aufsatz 1546) am behäbigen Renaissancerathaus (erb. 1560–1563). Unter den Resten der jüngeren äußeren Stadtmauern (1443 begonnen) ragt der Ende des 15. Jh. errichtete Falterturm als Wahrzeichen Kitzingens hervor. Er wird wegen seines weinselig schiefen Spitzhelms auch „Schiefer Turm“ genannt und beherbergt folgerichtig das Deutsche Fastnachtsmuseum (Karnevalsarchiv). Beachtenswert sind u. a. drei Gotteshäuser der Stadt. Die kath. Pfarrkirche erstand als dreischiffige Hallenkirche im 15. Jh. In ihrem südlichen Seitenschiff ist eine interessante Empore eingezogen. Der Bau besitzt wertvolle Ausstattungsstücke. Die evang. Pfarrkirche zeigt die eindrucksvollen, wuchtigen Formen des italienischen Barock, betont durch das Fehlen der Ausstattung (erb. 1686–1693 von A. Petrini). Jenseits des Mains, im Stadtteil Etwashausen, steht als originelles Meisterwerk Balth. Neumanns die Kapelle Hl. Kreuz (1741–1745). Auch hier fördert das Fehlen jeden Schmuckes die Wirkung des kunstvollen Raumgefüges aus Flächen, Linien und Lichteffekten, die in echt barockem Geist zusammenspielen.

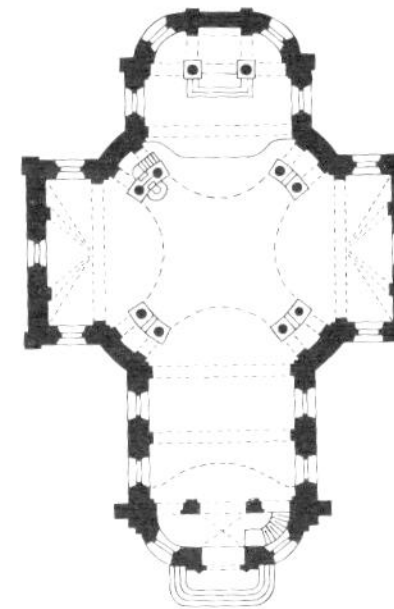

Grundriß der Hl.-Kreuz-Kirche in Etwashausen

Einige der bekanntesten fränkischen Mundartdichter unserer Zeit haben Kitzingen zum Geburtsort: Alfred Buchner (1868–1942), Wilhelm Widder (1879–1953), Hans Rupp (geb. 1898) und Engelbert Bach (geb. 1929). Kitzingen ist neben Würzburg im fränkischen Weinbau und -handel führend (Rebveredelungsanstalt, Rebschule). Die Stadt besitzt eine Lehr- und Versuchsanstalt für Kleintierzucht.

Die schöne Landschaft der Mainuferhänge und der blitzende Strom geben den Rahmen für viele malerische Orte. Von Kitzingen mainaufwärts folgen M a i n s t o c k h e i m mit reich angelegtem ehem. Ebracher Hof (Renaissancebau von 1624), M a i n s o n d h e i m mit einem stattlichen spätgotischen Schloß (mehrfach renoviert), Dettelbach und der uralte Klosterort M ü n s t e r s c h w a r z a c h, dessen barockes Benediktinerkloster mit B. Neumanns wundervoller Kirche nach der Säkularisation in barbarischer Weise eingerissen worden war. Seit 1913 haben Benediktiner die Abtei mit einer monumentalen Klosterkirche (1935 bis 1938) wiedererrichtet (Missionsmuseum).

Bildstock bei Sommerach

D e t t e l b a c h ist ein unverfälschtes altes Städtchen mit nahezu unversehrtem Mauergürtel, 36 Wehrtürmen und zwei Toren (Faltertor und Brucktor), an dem die Zeit nur wenig geändert hat. Die Mauer wuchs im Anschluß an die Stadterhebung 1484. Wenig später entstand das gotische Rathaus (1492–1512). Neben der kath. Pfarrkirche mit ihren malerischen Bauteilen vom 15.–18. Jh. hat Dettelbach ein prächtiges Gotteshaus des sog. Juliusstils in seiner Wallfahrtskirche „Maria im Sand". 1610–1613 von Lazaro Augustino erbaut, erhielt sie hervorragenden plastischen Schmuck durch zeitgenössische Künstler. Hervorzuheben ist die üppige Kanzel des Michael Kern, die den Stammbaum Christi bildhaft darstellt. Ein Rokokoaufbau birgt das Gnadenbild.

Mit S o m m e r a c h (Tortürme des 16. Jh., spätbarocke Pfarrkirche, Zehnthof des 16. Jh.) beginnt die Reihe der berühmten Weinorte an der Volkacher Mainschleife. Bei E s c h e r n d o r f und N o r d h e i m (Zehnthof um 1600) erhebt sich dieser rebenumrankte Muschelkalksporn, den der Main in weitem Bogen umfließt. Auf seiner Höhe die V o g e l s b u r g (keltische Ringwälle, mittelalterliche Burgreste, Kloster der Augustinus-Schwestern), wo man den gesegneten Landstrich überschauen kann und der Blick über viele der uralten Dörfer schweift.

Taufstein aus der Pfarrkirche von Gaibach

In nordöstlicher Richtung sieht man nach G a i b a c h mit seinem Renaissanceschloß (Umbauten durch J. L. Dientzenhofer 1694–1710 und Leo von Klenze im 19. Jh.), seiner schön gegliederten Pfarrkirche von B.

Sommeracher Tor in Volkach

Neumann (1742–1745) und mit seiner barocken Rundkapelle Hl. Kreuz (1697–1700). Die Konstitutionssäule (Leo v. Klenze 1828) erinnert an die Verkündigung der Bayerischen Verfassung 1818. Sie ist 32 m hoch. Südöstlich geht der Blick nach D i m b a c h, wo eine erstaunlich große frühgotische Wallfahrtskirche mit romanischen Stilmerkmalen steht.

Mittelpunkt dieses Obst- und Weingartens an der Mainschleife ist das alte Städtchen V o l k a c h, dessen Mauergürtel noch zwei Tortürme aufweist (Sommeracher Tor 1597 und Gaibacher Tor 1579). Aus den malerischen Häuserzeilen heben sich das reizvolle Rathaus (16. Jh.) und das barocke Schelfenhaus (1719/20; Heimatmuseum) heraus. Besondere Schmuckstücke des Ortes sind seine gotische Pfarrkirche (barockisiert; gute Ausstattung) und die Wallfahrtskirche „Maria im Weingarten", unter deren Schätzen sich die berühmte Rosenkranzmadonna Riemenschneiders von 1524 befindet. Mitte August feiern die Volkacher das Fränkische Weinfest.

Jenseits der Mainbrücke liegt das ehem. Kartäuserkloster A s t h e i m, dessen Gotteshaus eine typische Anlage der Nachgotik um 1600 darstellt. Die benachbarte H a l b u r g (oft verändert) besitzt noch einen Bergfried aus dem 13. Jh.

Rathaus in Sulzfeld

Mainabwärts von Kitzingen kommt man über das verträumte mauerumgürtete Pfarrdorf S u l z f e l d a m M a i n (19 Wehr- und 3 Tortürme des 15.–17. Jh.; mächtiges Renaissancerathaus von 1609), über den ehem. markgräflichen Hafenplatz M a r k t s t e f t mit alter Gadenanlage um die Pfarrkirche (1623) und stattlichen Barockhäusern (18. Jh.) und über das Gärtnerdorf S e g n i t z nach M a r k t b r e i t, das im 16.–18. Jh. der bedeutendste Handels- und Umschlagplatz der Grafschaft Schwarzenberg gewesen war. Ein ungewöhnlicher, mittels Treträdern bewegter Kran aus dem Jahre 1773 steht am Mainufer und erinnert an das rege Handelstreiben vergangener Jahrhunderte. Vom Reichtum des Ortes erzählen das gewaltige Rathaus (1579) mit schön getäfelter Ratsstube, barocke Bürgerhäuser, das Renaissanceschloß der Grafen von Seinsheim, der späteren Fürsten von Schwarzenberg, die frühgotische, 1597 erweiterte Pfarrkirche und die großenteils erhaltene Stadtmauer mit vielen reizvollen Türmen. Überraschend malerische Partien öffnen sich an dem das Breitbachflüßchen überbrückenden Maintor. Heute ist der Hafen ein Ladeplatz für die Gips-, Naturstein- und Kunststeinindustrie.

Die Pfarrkirche von Wiesentheid

Wahrhaft geschichtsträchtig ist auch das Land zwischen Main und Steigerwald. Hier hatten sich zahlreiche kleinere Herrschaften behauptet, die in ihren Besitzungen künstlerisch wie kulturell höchst eigenständige Akzente setzten. Da sind z. B. die Orte Wiesentheid und Prichsenstadt, beide verträumt und wie aus dem Bilderbuch geschnitten. P r i c h s e n s t a d t zeigt altfränkischen Charakter mit seinen Fachwerkhäusern (Rathaus 17. Jh.), Renaissancegebäuden, Stadtmauerpartien und malerischen Toren (Vorstadttor 15./16. Jh.; Inneres Tor 15. Jh.). Das Städtchen war von 1403–1806 im Besitz der Markgrafen. In der Nähe liegen das Renaissanceschloß N e u s e s und die stattlichen Barockschlösser K i r c h s c h ö n b a c h (Ende 17. Jh.) und B i m b a c h (um 1703).

W i e s e n t h e i d ist vom Rokoko geprägt. Seine Akzente erhielt es durch die Grafen Schönborn, die den Markt seit 1701 zu ihrer Residenz machten. Das Schloß besteht seit dem 16. Jh., wurde jedoch mehrfach verändert, so daß es heute ein spätbarockes Aussehen hat. Weitere Bauwerke dieser Zeit sind das Rathaus (1741), die Mohrenapotheke (1740) und die Schönbornhäuser. J. G. Seitz und B. Neumann errichteten 1727–1732 die Pfarrkirche, deren eigenartige Raumwirkung auf der Deckenmalerei des F. Marchini (1728) beruht, die anstelle der flachen Decke eine schwere Barockkuppel vortäuscht. Der gleiche Effekt ist im Deckenfresko der Kreuzkapelle (1687–1712) erreicht, wo die Scheinkuppel im Einsturz begriffen zu sein scheint.

Gewölbefresko in der Kreuzkapelle zu Wiesentheid

Südlich Wiesentheid liegen Abtswind mit seiner schönbehelmten Barockkirche (spätgot. Schreinaltar) und das benachbarte Jagdschlößchen Friedrichsberg (1735), Rüdenhausen mit einem gotischen Wasserschloß und einem neuen Schloß (1803–1807) der Grafen von Castell und schließlich Castell selbst, wo zwei ruinenhafte Stammburgen der Grafen die Ausläufer des Steigerwaldes krönen und das neue Schloß (1686–1690) repräsentativ inmitten seines schönen Gartens steht. Die evang. Pfarrkirche ist ein gelungener frühklassizistischer Bau von 1784–1792. Feierlich wird im Oktober am Kirchweihdienstag der „Casteller Bürgerauszug“ begangen.

Das alte Schloß in Rüdenhausen

Östlich von Kitzingen stehen zwei weitere gut erhaltene Städtchen altfränkischer Prägung: Mainbernheim, dessen turmbewehrter Mauerkranz mit zwei engen Toren aus dem 14./15. Jh. über die Ruhe der Bürger wacht. Er bewahrt idyllische alte Bürgerhäuser mit viel Fachwerk, ein stattliches Rathaus von 1548 und eine evang. gotische Pfarrkirche, die 1732 ihre heutige Gestalt erhielt. Die Stadt ist auch durch ihre schmackhaften Lebkuchen und Süßwaren bekannt geworden.

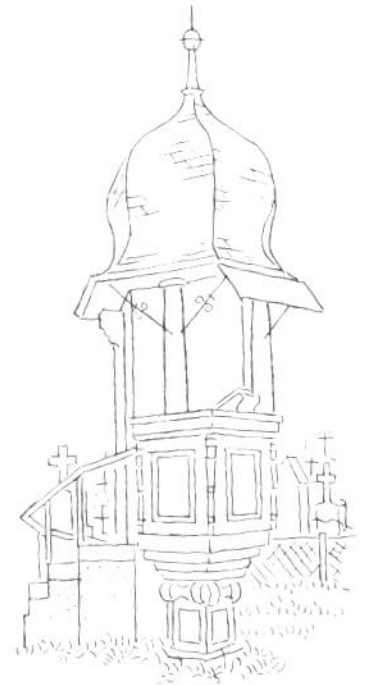

Friedhofskanzel in Mainbernheim

Iphofen ist ein Rothenburg im Kleinen. Das würzburgische Dorf wurde 1287 Stadt und ummauerte sich. Drei Tortürme und der größte Teil der Mauern stehen noch. Das Rödelseer Tor ist geradezu ein Symbol altfränkischer Stadtromantik geworden. Im Innern zeigt sich ein altertümliches Ortsbild mit Fachwerkhäusern, gotischer Pfarrkirche (15. bis 17. Jh.; Johannesstatue von Riemenschneider) und heiter barockem Rathaus (1716–18). Der Iphöfer Wein hat viele Liebhaber. Im Herbst, nach der Weinlese, wird ein Winzerfest gefeiert.

Nördlich von Iphofen erhebt sich als markanter Vorsprung des Steigerwaldes der aussichtsreiche Schwanberg. Vorgeschichtliche Funde weisen auf eine frühe Besiedlung hin. Heute krönt ihn ein Schloß (16. bis 18. Jh.), das nach wechselvollen Schicksalen nun die „Communität Casteller Ring“ beherbergt (Vorseminar für soziale Frauenberufe; Internat) und eine beliebte Tagungsstätte des Frankenbundes ist. Recht stimmungsvoll wirkt der große Schloßpark. Der alte Weinort Rödelsee zu Füßen des Berges nutzt das ehem. Crailsheimer Schloß (um 1600) als Kellerei.

Am Marktplatz von Iphofen

Malerische Kirchhofsbefestigungen aus dem Mittelalter (z. T. mit Gadenanlagen, d. h. Vorratshäusern innerhalb der Kirchenmauer), wie sie in Unterfranken häufig auftreten, bestehen noch in Kleinlangheim, Possenheim, Willanzheim, Herrnsheim, Mönchsondheim und Nenzenheim. Die Gotteshäuser von Großlangheim (Pfarrkirche vom 15.–19. Jh. und Antoniuskapelle des 14. Jh.) bergen wertvolle spätgotische Figuren und Reliefs.

Grabstein des Jörg von Gnodstadt in der Pfarrkirche von Iphofen

Ein Beispiel für die malerische Bauweise altfränkischer Häuser ist der Fachwerkbau des Büttnerhauses (1591) in Wiesenbronn (Rathausuhr mit Figurenspiel).
Kleinere Edelsitze sind im Kreisgebiet recht zahlreich. Dem 16. Jh. gehören die Bauten in Fröhstockheim (Wasserschloß), Bibergau (Weiherhaus) und Wässerndorf an (Stammsitz der Herren von Seinsheim; 1945 in Brand geschossen). Von einem Johanniterkastell in Biebelried (um 1275) stehen noch Ruinen. Zwei Christusdarstellungen in der Kirche des Ortes verraten die Hand Riemenschneiders.
Eine Ruine blieb von der mittelalterlichen Burg Speckfeld am Steigerwaldrand beim Markt Einersheim übrig.
Ein großer Teil des Kreises umfaßt klimabegünstigtes fruchtbares Ackerland auf fast ebenen Lößböden. Hier bringen die Bauern nach intensiver Bewirtschaftung reiche Ernten an Braugerste, Luzerne, Weizen, Kartoffeln und Zuckerrüben ein. An den Hängen des Maintales und des Steigerwaldes reift Qualitätswein. Im Maintal wird Erwerbsgartenwirtschaft, Freilandgemüsebau (Spargel bei Marktsteft), Obst- und Heilpflanzenanbau (um Albertshofen) getrieben. In der Industrie dominieren der Abbau und die Verarbeitung von Steinen und Erden (Gips). Es folgen Maschinenbau und Elektrotechnik, Holzverarbeitung und Ernährungsindustrie, Kunststoff- und Lederverarbeitung.

Schloß Fröhstockheim

LANDKREIS MAIN-SPESSART

Die Hauptschlagader des Landkreises ist in jeder Hinsicht das Maintal. Hier zieht der Verkehr auf Fluß, Straße und Bahn dahin, hier reihen sich die Ortschaften aneinander.
Gleich beim Eintritt in den Landkreis passiert der Main zwischen zwei Orten hindurch, die sich mit kunstvollen Gotteshäusern gegenüberliegen: Retzbach mit seiner Pfarrkirche (erb. 1736–1738 nach Plänen B. Neumanns) und der Wallfahrtskirche „Maria im Grünen Tal" (erb. 14. bis 17. Jh.; Altäre von P. Wagner 1788) und Zellingen mit der von M. Bossi klassizistisch ausgestatteten Pfarrkirche (erb. 1785–1787 von J. Ph. Geigel).
Die Kirche des höher gelegenen Retzstadt besitzt Reste schöner romanischer Steinmetzarbeiten.

Romanisches Kapitell aus der Pfarrkirche von Retzstadt

Karlstadt, der Sitz der Kreisverwaltung, wuchs seit etwa 1200 nach einem planmäßigen Grundriß der Würzburger Bischöfe zu einer der wichtigsten Städte des Hochstifts im Mittelalter heran. Oft nahmen Bischöfe hier ihren Sitz. Heute liegt Karlstadts Bedeutung in der Produktion von Zement, Maschinen, Gummireifen, Musikinstrumenten, Holzartikeln, Zigarren, Malz, Bier u. a. Viele Kriege gingen über das Städtchen hinweg, doch sein rühmenswertes mittelalterliches Stadtbild blieb erhalten. Der Mauergürtel (13./14. Jh.) weist noch beachtliche Teile der Mauer (besonders am Mainufer), 7 Türme und zwei Stadttore auf. Im Innern überrascht die Fülle alter Bürgerhäuser. Das stattliche gotische Rathaus (1422) und die Stadtpfarrkirche (13.–16. Jh.) sind die hervorragenden Bauwerke. Die Kirche besitzt zudem eine reiche Ausstattung: Ritter-Epitaphien der Voite (= Vögte) von Rieneck, eine Sandsteinkanzel aus Riemenschneiders Werkstatt (1523) und eine eigenhändige Nikolausstatue dieses Meisters. Bekannte Karlstädter waren der Reformator Andreas Bodenstein, genannt Dr. Karlstadt (1480–1541), der gelehrte Humanist Johannes Schöner (1477–1547), der Geschichtsschreiber Mich. Beuther (1522–1587) und der Chemiker Joh. Rudolf Glauber (1604–1670), nach dem das Glaubersalz benannt ist.

Am linken Mainufer, auf steilem Felsen, thronen die Reste der Karlsburg (roman. und got. Ruinen), die 1525 zerstört worden ist. Ihr Begründer im 8. Jh., Karl Martell, soll der Sage nach in der unterhalb gelegenen Mühlbacher Mühle geboren worden sein. In der Nachbarschaft liegen ein Segelfluggelände an der „Saupurzel"-Kuppe und Kletterwände am Kalbenstein.

Karlsburg und Maintor in Karlstadt a/M.

Bei Wernfeld und Adelsberg (schlichtes Schloß von 1626) nimmt der Main die Wern auf.

Am Zusammenfluß von Saale, Sinn und Main liegt das Städtchen Gemünden. Es ist gleichermaßen Eingangstor zum Spessart und zur Rhön. Die sicher ältere Siedlung wird 1243 erstmals urkundlich erwähnt. Schon damals bestand, mit ihr verbunden, die Scherenburg, deren Reste den Burgberg östlich der Stadt besetzen (Bergfried 13. Jh.). Seit dem 15. Jh. sind die Würzburger Bischöfe Besitzer von Burg und Stadt. Vom spätgotischen Stadtmauergürtel stehen noch einige Reste und das Mühltor. Ein Luftangriff beschädigte 1945 die Stadt schwer. Die spätgotische Pfarrkirche konnte restauriert werden, das barocke Huttenschlößchen (1711) blieb verschont. Bald sieht man am linken Mainufer die auf Resten einer Klosteranlage des 11. Jh. erbaute Burgruine Schönrain.

Das ehemalige Schloß in Lohr

Das altfränkische Städtchen Lohr an der Mündung von Rechtenbach und Lohr in den Main lockt als Spessarttor mit einem Kranz grüner Berge viele Erholungsuchende und Wanderer an. Der Ort ist 938 beurkundet. Lehensherren waren die Grafen von Rieneck. 1333 mit Stadtrechten begabt, blieb Lohr von 1559 bis 1803 eine Mainzer Oberamtsstadt, ehe es 1814 an Bayern fiel. An die einstigen Stadtherren erinnert das im Kern spätgotische Kurmainzer Schloß, in dessen Räumen heute das Landratsamt und das Heimat- und Spessartmuseum mit hübschem Hausrat und hervorragenden Arbeiten der Spessart-Glashütten untergebracht sind. 1730 wurde hier der Würzburger Fürstbischof Franz L. von Erthal geboren. Das Renaissancerathaus von 1599–1601 erlitt später Veränderungen. Ehrwürdig ist die flachgedeckte frühgotische Pfarrkirche (Ende 13. Jh.) mit einer Fülle kunstvoll gearbeiteter Grabsteine. Einst umzog das reizvolle Stadtbild (Fachwerkhäuser) ein Mauergürtel, von dem noch als Wahrzeichen Lohrs der mächtige Stadtturm kündet. Mitte August wird die Spessart-Festwoche gefeiert.

Unweit mainaufwärts liegt der Ort Steinbach mit einem reizenden Schloß B. Neumanns (1725–1728) und einer anmutigen Barockkirche (1725). Von hier führt der Weg zur Wallfahrtskirche Mariabuchen (1692–1701), deren Gnadenbild seit dem 14. Jh. verehrt wird.

Roman. Relief des St. Martinus in der Kirche zu Neustadt

Bis in das 8. Jh. geht die Gründung des Klosters von Neustadt am Main zurück. Es war eines der fränkischen Urklöster. Bis zur Säkularisation 1803 erlebte es alle Drangsale einer tausendjährigen Geschichte. 1857 äscherte es ein Brand ein. Nur die Klosterkirche des 11./12. Jh. und der Kreuzgang wurden wieder instand gesetzt. Die Peter-und-Pauls-Kapelle neben der Kirche zeigt die Reste einer interessanten Kreuzbasilika des 8. Jh. Auf dem Klostergrund errichteten Missionsdominikanerinnen ein Provinzial-Mutterhaus.

Das uralte malerische Städtchen Rothenfels genießt den Ruf, die kleinste Stadt Bayerns zu sein (1077 Einwohner). Seine Anziehungspunkte sind eine reizvolle Lage, ein romantisches Stadtbild, eine Pfarrkirche von 1611, ein stattliches Rathaus und eine großartige Burg über dem Ort, die als schönste deutsche Jugendherberge gepriesen wird. Mauern und Türme stammen noch aus dem 12. Jh., die Wohnbauten erhielten im 16. Jh. ihr heutiges Aussehen.

Das benachbarte Hafenlohr besitzt in seiner Pfarrkirche (erb. 1814) eine Statue des hl. Blasius (13. Jh.) aus dem verschwundenen Kloster Mattenscheid. In Hafenlohr ist seit einem halben Jahrtausend das Töpferhandwerk zu Hause.

Dreifaltigkeitssäule in Lengfurt

Das regsame Städtchen Marktheidenfeld ist aus einem Fischer- und Schifferdorf entstanden. Es wird als Erholungsort und als Ausgangspunkt für Wanderungen in den Spessart geschätzt. Marktheidenfeld gehörte verschiedenen Adelsgeschlechtern, ehe es Julius Echter 1612 für das Würzburger Fürstbistum gewann. Das Ortsbild beleben viele Fachwerkbauten. Prächtig hebt sich die Rokokofassade des Flasch-Hauses heraus (1745). Der älteste Teil der Stadtpfarrkirche geht noch auf Julius Echter zurück.

Am Mainufer reihen sich weiter die Wein-, Erholungs- und Industrieorte. Südlich von Marktheidenfeld liegt Lengfurt mit seiner Dreifaltigkeitssäule (1728), seiner Pfarrkirche (1700–1707) und einem Zementwerk. Vom jenseitigen Uferhang blicken die Fenster des ehem. Augustinerchorherrenstifts Triefenstein (gegr. 1102; Neubau um 1700) mit einer der bestausgestatteten frühklassizistischen Kirchen Frankens (Ende 18. Jh.). Dann spiegeln sich Bergfried (12. Jh.), Mauern und Wohngebäude (1561) der Homburg im Main. In der Tropfsteinhöhle des Burgberges soll 754 St. Burkard, der erste Würzburger Bischof, sein Leben beschlossen haben. Von Homburg bis Lengfurt ziehen sich die Rebhänge hin, an denen der berühmte Kallmuthwein gedeiht.

Gegenüber der badischen Stadt Wertheim liegt der ältere Markt Kreuzwertheim mit zwei Rundtürmen seiner einstigen Befestigung, einem Schloß der fürstlichen Familie Löwenstein-Wertheim-Freudenberg (erb. 1736; Umbau 19. Jh.) und einer oft veränderten gotischen Pfarrkirche. Bekannt sind die Zwetschgen des Ortes und das bei ihrer Ernte fällige Fest im September.

Saaltür im Burgsinner Schloß zu Thüngen

In die Landschaft des Main-Dreiecks führt das Tal der Wern und ihrer Nebenflüsse. Beachtung verdienen hier die Ruinen der wuchtigen Homburg (11. Jh.; hoher Bergfried) bei Gössenheim, die Wasserburg derer von Thüngen in Höllrich (16. Jh.), das Stammschloß der Herren von Thüngen im Dorf Thüngen, das 1564 auf älteren Fundamenten errichtet und im 19. Jh. erneuert wurde, ferner die Burgruine in Büchold (Bergfried 12. Jh.), wo auch eine Bruderschaftskirche aus der Julius-Echter-Zeit steht (1619–22; originelle Ausmalung) und nicht zuletzt das Städtchen Arnstein. Seine Silhouette bestimmen das schlichte ehem. Schloß (1540–1544), die St. Nikolauskirche (17./18. Jh.) und das Spital (1713–1730). Jenseits der Wern steht die Wallfahrtskirche

Maria Sondheim. Sie ist eine Stiftung der Herren von Hutten (15./16. Jh.), deren hervorragende Grabsteine einen Teil der schönen Ausstattung ausmachen (u. a. Glasfenster des 15. Jh.; Deckengemälde; Grabstein für Philipp v. Hutten von Loy Hering um 1546).

Die Flüsse Fränkische Saale und Sinn führen in das waldreiche Vorland der Rhön. Die Saale hinauf gelangt man zum Kloster Schönau mit der frühgotischen, im 17. Jh. überarbeiteten Kirche sowie nach Wolfsmünster, wo ein Renaissanceschloß (1584) der Herren von Thüngen steht.

Rieneck

Im Sinntal liegt das Ackerbürgerstädtchen Rieneck. Ein Rathaus mit Wandbrunnen und Prangereisen, das „Historische Haus“ mit offener Laube und die klassizistische Stadtkirche (1809) bestimmen das Bild des Ortes, der jedoch im Schatten der Stammburg der Grafen von Rieneck steht. Sie wurde 1168 erbaut, mehrfach verändert und im 19. Jh. neugotisch umgestaltet. In ihrem Nordturm eine romanische Kapelle in Kleeblattform, wie sie ähnlich nur noch in London zu finden ist.

Weiter hinauf, in Burgsinn, stehen drei Schlösser der Herren von Thüngen: die alte Wasserburg mit Bergfried (11. Jh.) im hübschen Park, das Fronhofer Schlößchen von 1607 und das Neue Schloß von 1620.

Auch nach Westen erstreckt sich der sog. Sinngrund. Dort liegen Rengersbrunn mit einer vorzüglichen barocken Wallfahrtskirche, die J. Ph. Geigel 1777 errichtete, und Aura im Sinngrund mit einem stattlichen würzburgischen Amtshaus vom Anfang des 18. Jh. („Auraer Schlößchen“).

Der Sinngrund wird schon zum Naturpark Spessart gerechnet, der den ganzen Westen des Landkreises umfaßt. Es ist ein Urlaubs- und Wanderland, dessen größten Reichtum die tiefen Wälder mit Nadel- und Laubbäumen darstellen. Die Siedlungen verdanken dem Holzhandel und der Glasfabrikation ihr Entstehen. Zunehmend leben sie vom Fremdenverkehr.

Das Fronhofer Schlößchen in Burgsinn

Frammersbach war bis in das letzte Jahrhundert als Ort der Fuhrleute bekannt, die anfangs die Erzeugnisse des Spessarts beförderten, später aber durch ganz Europa zogen. Ihre Tradition setzt gewissermaßen die einzige Fernfahrerschule Deutschlands bei Rieneck fort.

Die Wanderziele im Spessart sind ohne Zahl. Außer den idyllischen Ortschaften seien der Löwensteinsche Wildpark (Wildschweinfütterung beim Forsthaus Hubertushöhe), der schöne Wachengrund bei Windheim, der Eisenhammer im Haselbachtal und die Reste der ehemaligen Kartause Grünau genannt.

Im fruchtbaren Dreieck zwischen Marktheidenfeld, Gemünden und Retzbach, auf der sog. Marktheidenfelder Platte, liegen Urspringen mit seinem schlichten Barockschloß (17. Jh.) und Rohrbach mit der schönen Pfarrkirche von Geigel (erbaut 1778), die Peter Wagner 1789/90 ausgestattet hat.

Das Wirtschaftsleben des weitgestreckten Landkreises ist durch große Vielfalt gekennzeichnet. Der Boden gibt Getreide, Kartoffeln, Wein und Obst her; die Steine und Erden werden auf vielerlei Weise genutzt. Vom Holzreichtum zehrt die holzbe- und -verarbeitende Industrie. In der Metallindustrie führt der Maschinenbau. Bedeutend ist auch die Bekleidungs- und Schuhindustrie, die elektrotechnische Industrie, die Glas- und die Kunststoffindustrie.

LANDKREIS MILTENBERG

Schnitzwerk von einem Fachwerkhaus in Miltenberg

An drei der berühmtesten deutschen Landschaften hat der Landkreis teil: am Odenwald, am Maintal und am Spessart.
Miltenberg an der südwestlichen Spitze des Mainvierecks ist durch sein romantisches Stadtbild berühmt. Der zur Burg ansteigende Marktplatz mit dem unteren Burgtor, den flankierenden spätgotischen Fachwerkhäusern und dem feinen Renaissancebrunnen (1583) gehört zu den meistgemalten Stadtansichten überhaupt. Auch die übrigen Straßen zeigen Zeilen alter, häufig mit Schnitzwerk verzierter Fachwerkbauten. Hervorgehoben seien die ehem. Mainzer Amtskellerei (um 1593; heute Heimatmuseum mit Römerfunden, Spessartgläsern, Zeugdruckstöcken u. v. a.) und das „Hotel Riesen", das als ältestes Gasthaus Bayerns gilt (um 1590). Das steinerne gotische Rathaus wurde im 19. Jh. verändert. Am Marktplatz steht ein Rokokohaus von 1751. Von der Stadtbefestigung des 15. Jh. verblieben zwei Tortürme und einige Mauerstrecken. An Gotteshäusern besitzt Miltenberg eine gotische Pfarrkirche (Umbau 18./19. Jh.), eine Franziskanerklosterkirche von A. Petrini (17. Jh.) und eine spätgotische Laurentiuskapelle (Wandmalereien 15. Jh.; Flügelaltar 1509). Aus Waldhängen blickt die im 12. Jh. angelegte, im 15./16. Jh. erweiterte Miltenburg auf den Ort herab, der ihr sein Entstehen verdankt. Vorausgegangen war eine benachbarte Siedlung Wallhausen auf den Resten eines römischen Kastells, das von der Limesbefestigung übriggeblieben war, denn hier traf der Limes auf den Main. Wiederholte Kriegszüge und Plünderungen veranlaßten die Wallhausener, sich im Schutze der Miltenburg niederzulassen. Sie erhielten von ihrem Grundherrn, dem Mainzer Erzbischof, viele Privilegien und erwarben sich durch Handel großen Wohlstand. 1525 besetzten die aufständischen Bauern unter Götz von Berlichingen den Ort und verkündeten hier in 12 Punkten ihre Forderungen. Seit 1816 gehört Miltenberg zu Bayern. Alle Jahre zu Anfang September findet in Miltenberg die Michaelismesse mit Feuerwerk statt. Auf dem Greinberg über der Stadt liegt ein großer keltischer Ringwall.

Rathaus in Stadtprozelten

Mainaufwärts reihen sich romantische Orte aneinander: Bürgstadt mit seiner interessanten Martinskapelle (erb. 11. Jh.; Umbau 15./16. Jh.; originelle Wandmalereien von 1593 mit Darstellungen aus der Bibel) und seinem wohlproportionierten Renaissancerathaus (1592), Fechenbach mit glänzender Barockkirche (1732) und stattlichem Spätrokokoschloß, die ausgedehnten Ruinen der Burg Kollenberg (1214 genannt, im 17. Jh. verfallen), der Main-Schifferort Dorfprozelten und das altertümliche Stadtprozelten. Malerisch wirkt dort das Rathaus von 1520 (Umbau 1621 mit mehreckigem Treppenturm und Erker; Privatsammlung von Werken der Schnitzkunst). Die gotische Pfarrkirche stammt aus dem 14. Jh. Alles überragend aber krönt eine der markantesten deutschen Burgruinen den Höhenrücken über dem Städtchen: die Henneburg. Kühne Warttürme, hohe Mauern, Zinnenkränze und Rundbogenfriese kennzeichnen ihr Aussehen (erb. 12. Jh.; Ruine seit dem 18. Jh.).

Alle sieben Jahre sieht der reizvolle Ort den „Schäfflertanz“, einen seit 1887 geübten Ableger des berühmten Münchener Zunfttanzes. Hier wie im benachbarten Faulbach (Rathaus über der Straße) wird mit den Strohfiguren „Toten-Moo“ und „Toten-Fraa“ der Winter ausgetrieben. Auch zur Fastnacht leben originelle alte Bräuche auf.

Die Henneburg

Mainabwärts, noch innerhalb des Miltenberger Talkessels, liegt Kleinheubach mit seinem prachtvollen Barockschloß, das Johann Dientzenhofer nach Plänen von Louis Remy de la Fosse 1723–1732 errichtete. Mehrere Innenräume sind in klassizistischen Formen ausgestattet worden. Den Schloßpark hat man 1817–1819 aus einer barocken Anlage zu einem natürlichen Garten englischen Stils umgewandelt. Auf dem Haineberg südlich des Ortes lagern neun mächtige Säulen, die im 11. Jh. für den Willigis-Dom in Mainz gearbeitet worden waren und aus unbekannten Gründen liegengeblieben sind.

Auf dem jenseitigen Mainufer liegt Großheubach (Fachwerkrathaus von 1612) reizvoll vor dem Hintergrund der Spessartberge, deren einen das Franziskanerkloster Engelberg mit der barocken Wallfahrtskirche von 1639 krönt.

Mittelpavillon des Schlosses Kleinheubach

In Laudenbach am Main steht ein hübsches Schloß der Herren von Fechenbach (18. Jh.).

Bei Röllfeld (Pfarrkirche mit Rokokoausstattung) mündet der Röllbach in den Main. Sein Tal führt über Röllbach mit der Maria-Schnee-Kapelle nach Mönchberg, wo eine imposante Barockkirche von 1749–1751 steht (Luftkurort, Bergschwimmbad).

Weiter am Main hinab gelangt man zum berühmten alten Weinstädtchen Klingenberg, das durch eine zauberhafte Lage besticht. Sehenswert sind das ummauerte Stadtschloß (1560) und die aussichtsreiche Ruine der Klingenburg (12./13. Jh.) oberhalb der Stadt. Gegenüber liegt Trennfurt mit einer Rokokokirche von 1754.

In Erlenbach arbeitet die leistungsfähigste Werft für Flußschiffe in Süddeutschland. Das gegenüber liegende Städtchen Wörth am Main besitzt ein imposantes Rathaus (darin Schiffahrts- und Schiffbau-Museum in Vorbereitung), einen hervorragenden spätgotischen Flügelaltar in der Pfarrkirche sowie große Teile seiner Ortsbefestigung wie z. B. das Obere Tor (15. Jh.).

Erker am Rathaus in Großheubach

Wie fast alle linksmainischen Orte ist auch Obernburg auf der Stelle eines Römerkastells entstanden. Hier bildete der Main die Grenze des Römerreiches. Zahlreiche Ausgrabungsfunde aus der Epoche des bedeutenden Kastells zeigt das „Römerhaus“ (Heimatmuseum). Der 1317 durch Ludwig den Bayern als Stadt bestätigte Ort war von 1313 bis zur Säkularisation beim Erzstift Mainz. Von seiner Ummauerung blieben die meisten Türme erhalten (z. B. der Almosenturm, das Obere Tor und der Runde Turm). Innerhalb der Mauer finden sich behäbige Häuserreihen, darunter das schöne Renaissancehaus der Sparkasse, eine barocke Pfarrkirche (1890 erweitert) und zwei interessante alte Kapellen. Alljährlich im Mai wird das volkstümliche Apfelblütenfest gefeiert. Eine Mainbrücke führt nach Elsenfeld hinüber, wo eine schönausgestattete Rokokokirche (1767) und die moderne Christkönigkirche stehen.

Obernburg

Bei Elsenfeld mündet die Elsava in den Main. Ihr Tal gehört zu den reizvollsten Landschaften im Spessart. Es erschließt die Orte im südwestlichen Teil dieses Gebirges: Rück mit hübscher Rokokokirche (1750 bis 1760) und Schippach mit der modernen St.-Pius-Kirche (1960), Himmelthal mit den Bauwerken einer ehem. Jesuitenniederlassung (Barockkirche von 1753), die auf ein 1232 gegründetes Zisterzienserinnenkloster gefolgt war, den Marktflecken Eschau, das benachbarte Sommerau (Ruinen eines Wasserschlosses) und Hobbach (Rokokokirche von 1757). In der Nähe liegen das hübsche Schloß von Oberaulenbach, die imposanten Ruinen der Burg Wildenstein (erb. 13. Jh.; seit dem 16. Jh. aufgelassen), und westlich das Dorf Eichelsbach mit einer Rokokokirche von 1751.

Am Main nördlich von Elsenfeld folgen Kleinwallstadt mit einer Rokokopfarrkirche (1752) und freundlichem Rathaus (1773), Großwallstadt mit schönen Wohnbauten (viel Fachwerk) und umfestigtem Friedhof (roman. Portal), Sulzbach am Main mit Ortsmauer (14./15. Jh.), dorischer Tempelvorhalle als Kirchenportal (1789) und ehem. Fachwerkrathaus (Geburtsort des Bildhauers Hans Backoffen) sowie Niedernberg. Auch hier bestand ein Römerkastell. Chor und Turm der Pfarrkirche sind interessante Beispiele rheinischer Gotik (1461).

Wandgliederung im Grünen Saal von Schloß Amorbach

Im östlich gelegenen Soden (Kinderheim der Stadt Frankfurt) wurden zahlreiche vorgeschichtliche Funde gemacht. Die Sodenburg diente bereits den Kelten als Fliehburg.

Das Dorf Mömlingen in den Odenwald-Ausläufern westlich von Obernburg wird für den Geburtsort des spätgotischen Malers Hans Memling gehalten.

Südlich des Mains erheben sich die Höhen des Odenwaldes. Das Städtchen Amorbach ist Zentrum dieses Gebietes. Der Sage nach hat der hl. Pirmin 713 an der Heilquelle Amorsbrunn eine Niederlassung errichtet, die 734 verlegt, zur mächtigen Benediktinerabtei heranwuchs. Seit 849 bezeugt, entwickelte sie sich zu einer fast unabhängigen, für die Geschichte des Odenwaldes hochbedeutsamen Anlage. Vom mächtigen Bau der romanischen Basilika (11. Jh.) stehen noch das Turmpaar und Reste des Kreuzgangs. Das Gotteshaus wurde durch Maximilian von Welsch 1742–1747 als barocke Pfeilerbasilika neu erbaut. Ihre Hauptwirkung verdankt sie einer blühenden Rokokoausstattung durch die Künstler J. G. Übelherr und J. M. Feichtmayr (Stuck), Matth. Günther (Deckenfresken), J. W. van der Auwera (Kanzel) u. a. Die Orgel gilt als größte Barockorgel Europas. Mehrmals im Jahr werden Orgelkonzerte veranstaltet. Die Klostergebäude (17./18. Jh.) bergen Meisterwerke frühklassizistischer Ausstattung: den Grünen Saal und die Bibliothek (1792–1798).

Pfarrkirche in Amorbach

1803 verfiel das Kloster der Säkularisation und ging in den Besitz der Fürsten von Leiningen über, denen auch das 1724–1727 errichtete Schloß gehört. Die Ortschaft Amorbach entwickelte sich um die Abtei. Sie besitzt schöne alte Gebäude wie z. B. das Rathaus (um 1500), das sog. Alte Stadthaus (1475), die ehem. Amtskellerei (erb. 1483–1485; heute Heimatmuseum mit Römerfunden, Volks- und Handwerkskunst aus dem hinteren Odenwald) und eine 1752–1754 erbaute Pfarrkirche, deren vorzüglicher Rokokoschmuck mit dem der Abteikirche wetteifert (Gemälde von

Joh. Zick; Kanzeln von A. Bossi). Ein eigenes Kunstwerk für sich ist der kleine Schloßpark, den Fr. L. v. Sckell 1806/17 nach englischem Muster angelegt hat.

Die aussichtsreiche Ruine auf dem Gotthardsberg stammt von einer romanischen, 1629 umgebauten Nonnenklosterkirche (1714 ausgebrannt). Zur idyllischen Wallfahrtskapelle Amorsbrunn mit ihrer Heilquelle und ihrem spätgotischen Schnitzaltar führt im Mai der Gangolfsritt mit anschließender Segenspendung für Roß und Reiter.

Ein weiteres Quellheiligtum besteht in Breitenbach (Kapelle von 1741; Gemälde von M. Günther), daneben das Bauernhof-Museum „Watterbacher Haus“. Nach Schneeberg führt eine Marienwallfahrt (Kirche 15.–17. Jh., im 20. Jh. erneuert). Beachtenswert ist die frühklassizistische Kirche von Weilbach.

Bei Preunschen sitzt auf steilem Bergsporn über dem Waldtal die Burgruine Wildenberg. Reste feinster romanischer Steinmetzarbeiten zeugen von ihrer einstigen Bedeutung. Wolfram von Eschenbach hat sie als Burg „Monsalväsche“ in seinem Epos „Parzival“ verewigt, an dem er hier oben arbeitete. 1525 verbrannte die Burg im Bauernkrieg.

Natürlicherweise hat der Fremdenverkehr beträchtlichen Anteil am Wirtschaftsleben dieses Landkreises. Fast der ganze Norden gehört zum Naturpark Spessart, der Süden und Westen zum Naturpark Odenwald-Bergstraße. Dagegen ist die Landwirtschaft auf die wenigen ertragreichen Flächen beschränkt, die intensiv genutzt werden (Wein- und Apfelkulturen). Industriebetriebe sind vorwiegend am Main entlang angesiedelt. Das Schwergewicht liegt auf der chemischen Industrie, der Textil- und Bekleidungsindustrie, aber auch die Metall-, Maschinen-, Fahrzeugbau-Industrie, die Feinmechanik und Feinkeramik sind stark vertreten. Der Holzreichtum des Spessarts begünstigt alle Arten der Holzbe- und -verarbeitung. Die Industrie der Steine und Erden wirkt sich nicht immer unumstritten im Landschaftsbild aus.

Stuckdetail in der Abteikirche von Amorbach

Torbau der Burg Wildenberg

Marktplatz in Miltenberg

Hohntor in Bad Neustadt

Zwei Landschaften in reizvollem Kontrast bestimmen das Bild des Kreises: das urtümliche, sanft gerundete Bergland der Rhön mit baumlosen Hochflächen und waldreichen Flanken und das flache, fruchtbare Gauland des Grabfeldes mit seinen Gersten- und Zuckerrübenfeldern. Das Flußtal der Streu und der Fränkischen Saale trennt beide voneinander. Hier liegt, seit dem 11. Jh. gewachsen, die Kreisstadt Bad Neustadt a. d. Saale. Ihre Befestigung mit zwei- bzw. dreifachem Mauerring und den drei Wappentürmen vom 13.–16. Jh. steht noch aufrecht. Auch ein Torturm (Hohntor 1578/1579) blieb erhalten. Sehenswert sind die klassizistische Pfarrkirche von Alois Geigel und A. Gärtner (1793–1836) und die ehemalige Karmelitenkirche (erb. 1352; Umbau 17. Jh.; glänzende Barockausstattung).

Die sog. „Heimatstuben" des Landkreises sind im ehemaligen Fürstbischöflichen Amtshaus (1720) eingerichtet. Sie zeigen Sammlungen zur Volkskunde und zur traditionellen Holzschnitzkunst. Das Kurviertel (früher Bad Neuhaus) mit Einrichtungen für Trink-, Bade-, Moor- und Inhalationskuren liegt jenseits der Saale. Hier sprudeln fünf Heilquellen (eisenhaltige kohlensaure Kochsalzquellen mit hohem Bitter- und Glaubersalzgehalt). Das ehem. Schloß (Ende 18. Jh.) dient als Kurhotel. Die Einwohnerzahl der Stadt hat sich von 1781 im Jahr 1861 auf fast 12 000 Einwohner im Jahr 1974 erhöht.

Grundriß der Salzburg

Im Saalebecken bestand seit dem 8. Jh. eine bedeutende karolingische Pfalz, oft besucht von Karl dem Großen, Königsherberge bis ins 10. Jh. Die Pfalz ist heute verschwunden, ihre Lage unbekannt. An der Kirche in Salz aber sind karolingische Bauteile im heutigen, gotisch erweiterten Gotteshaus (barockisiert) festgestellt worden.

Östlich über Neustadt beherrscht die Salzburg, eine der größten Burgruinen Deutschlands, das Umland. Die Würzburger Bischöfe erbauten sie im 12. Jh. als Ganerbenburg und belehnten damit fünf Ritterfamilien, die innerhalb der Burgmauer getrennte Wohnanlagen errichteten. Ihre Ruinen bieten heute einen malerischen Anblick. Bauglieder aus Romanik, Gotik und Renaissance stehen nebeneinander. Heute z. T. Wohnsitz der Frhrn. von und zu Guttenberg.

Holzgruppe aus der Spitalkapelle in Mellrichstadt

Unter den alten Gotteshäusern in Neustadts Umgebung gehen die Pfarrkirche von Brendlorenzen und die Peter- und -Pauls-Kirche von Unterebersbach in karolingische Zeit zurück (gotisiert). Reste typischer Friedhofsbefestigungen mit Gadenanlagen legen sich in Heustreu, Hollstadt und Unsleben um die Pfarrkirchen.

Die Wasserburg von Unsleben ist ein schönes Beispiel für einen Rittersitz des 16. Jh. Einige Innenräume zeigen interessante Täfelungen. Schlichtere Schloßbauten stehen in Lebenhan (1750) und Rödelmaier (1754; heute klösterliche Anlagen).

Das Streutal hinauf gelangt man nach Mellrichstadt, in eine der ältesten Ansiedlungen im nördlichen Unterfranken. 770 wurde ihre Martinskirche dem Bischof von Würzburg übergeben. 1078 tobte in ihrer Flur eine Schlacht zwischen Heinrich IV. und seinem Gegenkönig Rudolf von Schwaben. Sehr früh sicherte sich die Stadt durch eine Mauer. Zwei Warttürme im Bannkreis des Ortes (Sules- und Galgenturm) dienten der Verständigung anderer Siedlungen in Notzeiten. In der nordwestlichen Mauerecke erhebt der Bürgerturm seine welsche Haube. Das Ortsbild zeichnet sich durch eine Reihe guter Fachwerkhäuser aus. Die gotische Pfarrkirche wurde im 13. Jh. erbaut, doch 1494 fast vollständig durch Feuer vernichtet. Die Spitalkapelle aus dem 14. Jh. wie die Großenbergkapelle aus dem 15. Jh. bergen mehrere Statuen alter bäuerlicher Kunst.

Kirchenburg in Oberstreu

Zahlreiche Orte im Umkreis Mellrichstadts weisen noch alte Kirchengaden auf. Innerhalb eines befestigten Speicherringes lagen Friedhof und Gotteshaus. Es waren richtige Kirchenburgen mit guten Versorgungsmöglichkeiten in gefahrvoller Zeit. In den Gemeinden Ober- und Mittelstreu sind diese Anlagen noch besonders gut erhalten.

Westlich von Mellrichstadt und nördlich von Bad Neustadt breitet sich die Parklandschaft des Besengaues aus. Um seinen Hauptort Bastheim liegt ein Kranz kleiner Dörfer, von denen die ehemalige Zisterzienserinnenabtei Wechterswinkel und der Ort Frickenhausen mit seinem sagenumwobenen See besonders zu nennen sind. Noch ragen in Wechterswinkel der alte Konventsbau, die Propstei und die romanische Kirche auf (erb. 1170; umgestaltet 1811). Der Frickenhäuser See verrät deutlich seine Entstehung durch Einbruch. Unterirdische Zu- und Abflüsse regeln seinen Wasserstand (15 bis 17 m). Der Kirchturm im benachbarten Reyersbach trägt ein originelles Kuppeldach.

Kirche von Reyersbach

Hart an der Grenze zur DDR, die das nördliche und östliche Kreisgebiet umzieht, steht eine der schönsten fränkischen Wasserburgen, das alte Wasserschloß Roßrieth. In seiner heutigen Form entstammt es dem 15./16. Jh. Der Oberstock zeigt reiches Fachwerk. Weiter nördlich interessiert Völkershausen mit dem Schloß der Frhrn. von Stein und einer klassizistischen Pfarrkirche (1790), in der Kanzel, Altar und Orgel zu einem Aufbau vereinigt sind. In der Nähe die Wüstung Ellenbach.

Im Westen steigen die Höhen der Rhön an. Der Kreuzberg ist ihre traditionsreichste Erhebung. Er wird sommers wie winters (Skilifte) viel besucht. Weithin sichtbar krönt eine Golgathagruppe mit den drei Kreuzen den Gipfel. An seiner Westseite steht das Franziskanerkloster Klosterkreuzberg, dessen Kirche auf Grund des zunehmenden Andrangs von Wallfahrern 1681–1692 neu erbaut wurde. Große Anziehungskraft hat das gute, hier gebraute Klosterbier.

Konsolstein von einem Kamin der Osterburg im Osterburgmuseum

Unterhalb des Kreuzbergs liegt das idyllische Rhön-Städtchen Bischofsheim, das der Sage nach vom hl. Kilian 686 gegründet wurde. Leider haben Brände den alten Charakter des Ortes verwischt. Teile der Stadtmauer stehen noch. Von einer alten Pfarrkirche blieb nur der wuchtige romanische Zentturm (Anfang 13. Jh.); die neue Pfarrkirche ließ Julius Echter 1607–1610 errichten. Einen guten Ruf hat heute die Holzschnitzschule. Im Osterburgmuseum (Rathaus) sind die Funde aus der nahe gelegenen Ruine Osterburg (erbaut 12. Jh., zerstört 1271) zusammengefaßt.

Folgt man dem Brendtal abwärts, so gelangt man nach Schönau, wo 1923 das erste Rhönrad gebaut wurde. Weiter nördlich, unterhalb des Naturschutzgebietes Gangolfsberg (Basaltsäulen) und des Skigebiets der

Nordheim

Rother Kuppe liegt der Markt Oberelsbach mit seiner stattlichen Rokokokirche (1765–1784). Es ist der Geburtsort des Barockkomponisten Valentin Rathgeber.

Wo der Oberlauf der Streu von der Hohen Rhön herabkommt, liegt Fladungen, die nördlichste Stadt Bayerns. Sie paßt noch beinahe ganz in den mittelalterlichen Mauerring. Fünf Türme überragen die Befestigung. Ein Gotteshaus mit schöner Spätrokoko-Ausstattung sowie zahlreiche alte Fachwerkhäuser fügen sich zum altertümlichen Gesamtbild. Viele Gebäude weisen noch eine Hausmadonna auf, manche sind mit sog. Schreckköpfen versehen. Das alte Amts- und Zenthaus, ein mächtiges Renaissance-Gebäude von 1601, birgt das vielgerühmte Rhön-Museum, dessen Sammlungen einen guten Einblick in Natur, Geschichte und Volkstum der Rhön geben.

Zwischen Fladungen und Mellrichstadt träumt Nordheim im Wiesengrund. Eine befestigte Kirche überragt den Ort, dessen zwei Teile eine altersgraue Steinbrücke verbindet. Das alte Amtshaus ist einer der schönsten Fachwerkbauten des Kreises. Das schmucklose Schloß der Frhrn. von Tann erinnert an die Zeiten, da das halbe Dorf dieser Herrschaft zu eigen war. Auf einem Muschelkalkhügel liegt die Sebastianskapelle, deren Bau im Pestjahr 1634 begonnen wurde.

Kirchenburg Ostheim vor der Rhön

Mit dem Rhönflüßchen Streu abwärts gelangt man nach Ostheim vor der Rhön. Mit Recht wird es vielfach als „Rothenburg an der Streu" bezeichnet. In drei Stufen steigt es auf: im Tal die Häuser des Städtchens, auf einem Hügel die Kirchenburg, die mit ihren vier Türmen die besterhaltene und schönste Kirchenburg Deutschlands darstellt, und darüber auf waldigem Bergkegel die Ruine Lichtenburg. Gleich Schluchten ziehen enge Gassen zwischen Fachwerkhäusern. Die Michaelskirche (1615 bis 1619) liegt im doppelten Ring des Gadens. Bei ihrer Renovierung wurde ein Deckengemälde mit Darstellungen aus der Apokalypse freigelegt (1619). Das Rathaus (1587) ist ein schöner Fachwerkbau. Einer der zahlreichen alten Herrenhöfe beherbergt heute das Heimatmuseum. Ostheims Schicksal war das der Lichtenburg. Es war hennebergisch, fuldisch, würzburgisch und sächsisch. Bis 1945 lag es mit drei weiteren Orten als thüringische Enklave mitten im Bayerischen, beim Einzug der Sowjets in Thüringen unterstellte es sich ohne Staatsvertrag bayerischer Verwaltung. Die Ostheimer Weichselkirschen haben einen guten Ruf.

Den ganzen Ostteil des Landes nimmt das Grabfeld ein, eine alte Kulturlandschaft, deren Besiedelung lange vor Christi Geburt einsetzte. Funde aus vielen Perioden der mittleren Steinzeit machte man auf dem Judenhügel bei Kleinbardorf. Bei Großeibstadt stieß man auf eine fürstliche Grabstätte aus der Hallstattzeit um 700 v. Chr.

Bad Königshofen

Bad Königshofen als Mittelpunkt des Grabfeldgaues ist bereits im 8. Jh. urkundlich belegt. Es blieb bis 1345 hennebergisch und wurde dann würzburgisch. 1650 begann der Ausbau der Stadt zu einer modernen Festung. Im 19. Jh. wurden die Bastionen und Werke wieder geschleift. 1896 erbohrte man eine Natrium-Chlorid-Sulfatquelle, die den Ort zu einem besuchten Mineralbad macht. Bäder, Alleen und Kuranlagen zieren heute die Stadt. Das ansehnliche Rathaus (1575) steht am rechteckigen, brunnengeschmückten Marktplatz (Kornmeßstein des 16./17. Jh.), über dessen westliche Häuserzeile der Turm der Pfarrkirche aufragt. Sie entstand 1442–1520 als dreischiffige Halle und glänzt im Innern durch kunstvolle Steinmetzarbeiten. Im „Grabfeld-Museum" werden Gegenstände der sakralen Kunst und Sammlungen zur Kulturgeschichte aufbewahrt.

Vor den Toren der Stadt findet man in der Wallfahrtskirche von I p t h a u s e n (1746–1754) ein Kleinod fränkischer Rokokokunst. G. A. Urlaub schuf 1752 die Deckenfresken, die von reichen Muschelwerkstukkaturen umrahmt werden. Von gleicher einheitlicher Wirkung ist die Rokokokirche im benachbarten E y e r s h a u s e n (erb. 1752; Fresken von G. A. Urlaub). Alle Schlösser und Burgen des Grabfeldes übertrifft an Bedeutung die mittelalterliche Wasserburg in I r m e l s h a u s e n, die seit 1376 von den Freiherrn von Bibra bewohnt wird (erweitert 1556/61; Renaissance-Ausstattung). Auf wuchtigem Unterbau erhebt sich das reichgestaltete Fachwerk-Obergeschoß. Reste alter Burgen zeigen der Burgstall bei T r a p p s t a d t und die hochgelegene Ruine W i l d b e r g. Sie steht auf einem Vorsprung der Haßberge, die hier in den Kreis hereinragen. Dem Mittelalter gehören noch Schloß B r e n n h a u s e n, der Renaissancezeit die Anlagen von K l e i n b a r d o r f und S u l z f e l d an. In Sulzfeld grenzt eine modern erweiterte Wehrkirche an das Schloß. Eine zweite alte Wehrkirche steht in S e r r f e l d.

Fassade der Kirche von Ipthausen

Stolze Barockschlösser sind S t e r n b e r g (um 1670), das im Volk „Gralsburg des Grabfelds" heißt und im Typus den Schlössern von Seehof und Aschaffenburg gleicht, sowie das Schloß W a l t e r s h a u s e n (erb. 1619–1627; stuckierte Rokokozimmer), auf dem Charlotte von Kalb, die Vertraute Schillers und Jean Pauls, lebte. Friedrich Hölderlin widmete sich hier der Erziehung ihres Sohnes und begann mit der Niederschrift des Romans „Hyperion". Bei Sternberg steht der Aussichtsturm Büchelberg, der einen weiten Ausblick nach Thüringen erlaubt.

Der Markt T r a p p s t a d t hatte einst durch komplizierte Erbschaftsvorgänge 12 Herren zu gleicher Zeit. Das Schloß entstand 1616. Es dient heute als Erholungsheim für Behinderte („Neu-Aumühle"). Das Wahrzeichen des Marktes S a a l a n d e r S a a l e ist die malerische Gruppe der Türme von Kirche und Friedhofsbefestigung (um 1600). Bei der benachbarten Wallfahrtskirche Maria Findelberg (erb. 1780–1785; frühklassizist. Ausstattung) bewahrt eine kleine Kapelle zahlreiche wächserne Votivgaben auf (z. T. getreue Nachbildungen genesener Kinder).

Der Neubau der Pfarrkirche von M e r k e r s h a u s e n erfolgte 1737 bis 1743 nach Plänen B. Neumanns (Deckengemälde von J. P. Herrlein (1777). A u b am Fuße des Kleinen Haßberges weist eine Dorfschmiede aus dem Jahre 1610 auf.

Schloß Sternberg

Die Wirtschaft des Kreises ist durch die Lage in einem Winkel der Grenze zur DDR entscheidend beeinträchtigt. Sie ist noch weitgehend landwirtschaftlich ausgerichtet. Nur im Raum um Bad Neustadt gibt es eine nennenswerte Industrie, wobei Elektrotechnik, Feinmechanik und Bekleidung führen. Dagegen treten die Wirtschaftszweige Bau und Ausbau, Holz und Papier, Nahrungs- und Genußmittel, Metallverarbeitung u. a. zurück. Der Fremdenverkehr spielt zunehmend eine Rolle – nicht nur in den Badeorten.

Das betriebsame Maintal und seine fruchtbare Talaue, die Weinhänge und die Gemüsekulturen, die Obstplantagen und die Waldberge prägen das Bild der Landschaft im Landkreis. Das Schweinfurter Umland ist im 6./7. Jh. während der fränkischen Landnahme besiedelt worden. Im späten Mittelalter gelangte es in den Besitz der Würzburger Fürstbischöfe. Eine Ausnahme machten die sog. Reichsdörfer Sennfeld und Gochsheim, die bis zum 19. Jh. den Kaiser zum Schirm- und Territorialherrn hatten. Beide nahmen die Reformation an und konnten trotz ständiger Reibereien mit den Bischöfen ihre Freiheit wahren. Seit September 1649 feiert jedes von ihnen den traditionellen „Plantanz", ein farbenfrohes Volksfest. In S e n n f e l d wird dabei die alte Tracht angelegt (in der Nähe Stahl- und Schwefelbad Sennfeld). G o c h s h e i m hat seine malerische Kirchenfestung aus dem 13./14. Jh. nebst Gaden, Torturm und hohen Mauern bis heute behalten. In beiden Dörfern wird Gemüse auf fruchtbaren Böden angebaut, die allerdings von denen um G r a f e n r h e i n f e l d noch übertroffen werden. Diesen Ort, der einst den Beinamen „Dorf des Rokoko" trug, hat ein Bombenangriff fast völlig verwüstet. Rathaus und ehem. Pflegerhaus erinnern noch an den einstigen Reichtum. Ein Grafenrheinfelder, Georg Wüst, brachte es im 18. Jh. bis zum Vizekönig von Indien; er starb in einem Würzburger Spital.

Gadenanlage in Gochsheim

Um S c h w e b h e i m mit seinem schönen Renaissance-Wasserschloß (1526–1576) und um Grettstadt breitet sich ein kultiviertes Moorgebiet aus, in dem Pflanzenarten verschiedenster Herkunft und Variation ein Paradies für Botaniker bilden. Hier werden auch in großem Umfang Gewürzkräuter wie Eibisch und Pfefferminze angebaut.

G r e t t s t a d t besitzt einen der schönsten Dorfplätze Frankens, umstanden vom Renaissancerathaus (1590) und der Rokokopfarrkirche (erb. 1766/1769 von J. M. Fischer, dem Neumannschüler). Die Mitte nimmt eine scheibenförmig gestutzte Dorflinde ein (1792 gepflanzt).

Dorflinde, Pfarrkirche und Rathaus in Grettstadt

Unter den Schloßanlagen kommt W e r n e c k als Meisterwerk B. Neumanns der höchste Rang zu. Friedrich Karl von Schönborn ließ 1733–1745 anstelle einer Wasserburg diese wundervolle Sommerresidenz errichten. Nach 1806 nahm der Großherzog Ferdinand von Toskana zeitweilig hier seinen Sitz. Am wirkungsvollsten ist die Schauseite der Gartenfront. Die spätere Zweckentfremdung als Nervenheilanstalt hat leider von der Innenausstattung wenig übriggelassen. Allein die Kapelle weist noch die Originaldekoration auf.

Schloß M a i n b e r g bietet vom Fluß aus eine imponierende Ansicht. Seit dem 11. Jh. von den Hennebergern bewohnt, beherbergte die Burg bis zur Säkularisation bischöfliche Amtmänner. Im 19. Jh. erfuhren ihre meist gotischen Bauteile romantische Erneuerungen und Umbauten, die jedoch das alte malerische Bild nicht zerstörten. Zu Füßen der Burg steht das schön gegliederte Amtshaus von 1702.

Nach Neumanns Plänen entstanden die schloßartigen Konventsgebäude des ehem. Chorherrenstifts H e i d e n f e l d (1723–1732). Heute dient es den Barmherzigen Schwestern als Heilstätte. Der schön stuckierte Hauptsaal ist als Hauskapelle eingerichtet worden. Neumann wird ferner die

Schloß Werneck

Planung des reizvollen Erweiterungsbaues von Schloß O b b a c h (1746–1747) zugeschrieben. Renaissanceschlösser finden sich in O b e r e u e r h e i m (1571–1596; gute Spätbarockkirche) und in K l i n g e n b e r g (Umbau des 16. Jh.; Erholungsheim) bei W i p f e l d. In diesem uralten Ort ist der berühmte Humanist Konrad Pickel, genannt Conrad Celtis, 1459 geboren worden. Er starb 1508 hoch geehrt in Wien.

Schloß Klingenberg

Die interessante frühgotische Kirche des ehem. Zisterzienserinnenklosters H e i l i g e n t h a l ist größtenteils profaniert. Von den Kirchenbauten seien noch die mit Gadenanlagen umgebenen in E u e r b a c h (barokkisiert) und G e l d e r s h e i m (erb. 1618; 1760–1770 stuckiert und ausgemalt) erwähnt.

Barockkirchen aus der Einflußsphäre B. Neumanns sind überaus zahlreich, es gibt sie z. B. in S c h o n u n g e n (1740), S c h r a u d e n b a c h (1752), E g e n h a u s e n (1766), T h e i l h e i m u. v. a.... Im 18. Jh. wurde das Gotteshaus von B e r g r h e i n f e l d (erb. 1688) reich geschmückt und ausgestattet.

Den Südosten des Landkreises nimmt das hügelige Steigerwald-Vorland mit seinen fruchtbaren Lößböden ein. Es findet seinen Abschluß an dem grünen Rand des Steigerwaldes. Hauptort dieses Landstriches ist das alte Städtchen G e r o l z h o f e n. Es erscheint erstmals 906 auf Urkunden, erhielt im 14. Jh. Stadtrechte und ummauerte sich. Reste der Vorstadt- und Innenstadtmauer mit Türmen stehen noch. Neben Fachwerk- und Steinbauten des 16.–18. Jh. bestimmen das Rathaus (15./16. Jh.), die unter Julius Echter errichteten Renaissancegebäude (Landratsamt von 1580, Rentamtsgebäude von 1614, heute Finanzamt, sowie der ehemalige Zehentstadel) und die spitzen Türme der Pfarrkirche („Dom des Steigerwaldes“; erb. 15. Jh.; Rokokoausstattung) das Bild dieser würzburgischen Amtsstadt. In der Johanniskapelle (erb. Ende 15. Jh.) stehen gute Schnitzwerke (Kruzifix von Riemenschneider). Das Spital beherbergt das Heimatmuseum mit Sammlungen zur Stadtgeschichte.

Pfarrkirche in Gerolzhofen

Wie im ganzen Kreis, waren auch in Gerolzhofens Umgebung zahlreiche

Reichsritter ansässig, die dem Lande mit ihren Schlössern eine eigene Note gaben. So stammen aus dem Mittelalter die Reste der Burgen S t o l l b u r g (1525 von den aufständischen Bauern zerstört) und Z a b e l s t e i n, die als Festung des Fürstbistums bis 1689 (durch Brand zerstört) den nordwestlichen Eckpfeiler des Steigerwaldes krönte.
Der Renaissancebau in O b e r s c h w a r z a c h (um 1600) war bischöflicher Amtssitz.
Im Barock entstand der ehem. Ebracher Amtssitz S u l z h e i m (1728). Auf den Sulzheimer Gipshügeln wachsen äußerst interessante Steppenpflanzengesellschaften.
Die gefällige Barockkirche von M i c h e l a u erbaute Balth. Neumann 1738–1741.
Im nördlichsten Zipfel des Landkreises stehen sehenswerte Barockschlösser in S t a d t l a u r i n g e n und B i r n f e l d (um 1719). Das Stammschloß der Truchsesse von W e t z h a u s e n im gleichnamigen Ort wurde seit dem 16. Jh. mehrfach umgebaut. Die Pfarrkirche von Wetzhausen stellt mit einer Fülle guter Grabdenkmäler ein wahres Mausoleum der Truchsess-Familie dar.
Das Erwerbsleben im Kreis stützt sich auf die vielfältigen Produkte seiner Acker- und Waldflächen. Da gibt es neben Zuckerrüben, Winterweizen, Sommergerste, Luzerne, Gemüse (Gurken und Zwiebeln) auch Obst (Äpfel, Zwetschgen und Wein) und Heil- und Gewürzkräuter. Es ist Bayerns größtes Anbaugebiet für Pfefferminze, Eibisch und Baldrian. Die Rinder- und Schweinezucht spielt auch eine Rolle. Dagegen tritt die Industrie, die ja ihren Schwerpunkt in der kreisfreien Stadt Schweinfurt hat, im Landkreis zurück. Die meisten Beschäftigten sind in der Ernährungsindustrie tätig, in der Industrie der Steine und Erden sowie in der Verbrauchsgüterindustrie.

LANDKREIS WÜRZBURG

Das Land um Würzburg ist in Geschichte, Kultur, Wirtschaft und Verwaltung ganz auf die ehemalige Residenzstadt bezogen. In ihr laufen alle Straßen zusammen, an ihrem Rande wachsen die Wohnsiedlungen. Dort hat auch die Kreisverwaltung ihren Sitz.
Schon in vorgeschichtlicher Zeit war der Landkreis dicht besiedelt, wie aus den zahlreichen Bodenfunden hervorgeht.
In V e i t s h ö c h h e i m am Main, unweit der Hauptstadt, ließen die Fürstbischöfe ein Lustschloß samt Park errichten. Den barocken Kernbau des 17. Jh. erweiterte B. Neumann 1750. Das Schloß erhielt eine gefällige Ausstattung, deren figürlicher Schmuck von Peter Wagner stammt. Der Park gewann unter Adam Friedrich von Seinsheim seine heutige Form (1755–1775). Er ist einer der wenigen späten französischen Gärten, die sich erhalten haben, und gilt als einer der schönsten Rokokogärten Europas. Diesen Rang vermittelt ihm nicht zuletzt der verschwenderische Reichtum an Gartenplastiken, die der beschwingte Ferdinand Tietz, J. W. van der Auwera und Peter Wagner modellierten. Kern der riesigen Anlage ist der Große See mit dem Parnaß, einer Felseninsel mit dem Dichterroß Pegasus auf der Spitze.

Putto aus dem Park von Veitshöchheim

Zum Sommersitz der Bischöfe ließ Julius Echter auch Schloß Rimpar ausbauen. Er erwarb es 1593 von den Herren von Grumbach (schöne Grumbachepitaphien in der Pfarrkirche, darunter eines von Riemenschneider). Mit seinen prächtigen Repräsentationsräumen stellt es einen typischen Bau im Juliusstil dar.

Schloß Rimpar

Spätmittelalterliche Adelssitze erhielten sich mit den Schlössern von Reichenberg (Umbau 17. Jh.), Burggrumbach (15. Jh.) und Estenfeld. Von der Burg der Schenken von Roßberg bei Unterdürrbach blieb nur der Bergfried stehen (13. Jh.). In Rottenbauer gibt es ein Schloß des 16./17. Jh.

Zell am Main ist durch seine beiden Klöster bekannt. Die ehem. Prämonstratenserabtei Oberzell bestand von 1128–1803. Ihr Gotteshaus geht bis in die Gründungszeit zurück, das heutige Erscheinungsbild ist barock. B. Neumann errichtete 1744–1760 die prachtvollen Abteigebäude mit dem hervorragend stuckierten Treppenhaus.

Das ehem. Prämonstratenserinnenkloster Unterzell entstand Mitte des 13. Jh. durch Verlegung der Nonnen aus dem Doppelkloster Oberzell. Seine Kirche zeigt die gotisierenden Formen der Julius-Echter-Zeit (erb. um 1610 von Lazaro Augustino).

Ein Zisterzienserinnenkloster war von 1235 bis zum 16. Jh. Maidbronn, dessen kleine gotische Kirche eines der letzten und ergreifendsten Werke Riemenschneiders, ein Steinrelief der Beweinung Christi, zum Hochaltar hat. Ein lebensgroßer Kruzifixus (um 1500) dieses großen Bildhauers hängt in der Pfarrkirche von Eisingen.

Romanischer Kirchturm in Randersacker

Die bedeutendsten Weinorte vor den Toren Würzburgs, beide mit stattlichen alten Häusern und behäbigem Straßenbild, sind Thüngersheim (Pfarrkirche des 16./17. Jh. mit roman. Turmuntergeschossen; Ursprungsort der Malerfamilie Urlaub) und Randersacker, dessen Pfarrkirche (16./17. Jh.) einen ungewöhnlich reich gegliederten romanischen Turm und Reste der Kirchhofsbefestigung mit Gaden besitzt.

Ein romanisches Gotteshaus mit gut erhaltenem Portal (Ende 12. Jh.) hat ferner Oberleinach. Das Langhaus ist barock.

Unter den Barockkirchen stechen die unter Mitwirkung von Balthasar Neumann erbaute Pfarrkirche in Kürnach (1723) und die große Wallfahrtskirche von Fährbrück (1683–1697) hervor.

Der Westen des Landkreises kann beachtenswerte Schloßbauten in Remlingen (sog. Würzburger Schloß von 1401 und Castell'sches Schloß vom 16. Jh.) und Neubrunn (spätgotische Anlage; Tor der ehem. Befestigung 15. Jh.) aufweisen. Die Kirchenbauten dieser Gegend sind vorwiegend barock, so in Wüstenzell (1689), in Böttigheim (1701) und in Helmstadt (1721).

Auch eines der feinsten Werke Balthasar Neumanns findet sich hier: der achteckige Zentralbau der ehem. Benediktinerklosterkirche von Holzkirchen (1730). Die noch erhaltenen Bauwerke des in der Karolingerzeit gegründeten Klosters gehen bis in die romanische Zeit zurück (Kreuzgang mit Skulpturenschmuck des frühen 12. Jh.). Man ist dabei, sie vom drohenden Verfall zu retten.

Mainaufwärts von Würzburg ziert eine Kette altertümlicher Städte und Märkte die Ufer des Flusses. Das alte Städtchen Eibelstadt ist noch von 15 Rundtürmen, drei Toren und großen Mauerteilen (16. Jh.)

umstanden. Ein gefälliges spätbarockes Rathaus von 1706 am überraschend weiten Marktplatz, stattliche Bürgerhäuser und eine gotische, mehrfach veränderte Pfarrkirche mit schönen Altären kennzeichnen sein Stadtbild. In Eibelstadt arbeitet eine Schiffswerft.

Der Theater-Torturm in Sommerhausen

Danach folgen Winterhausen und gegenüber der unversehrte alte Weinort Sommerhausen (gemeinsam als „Ahusen“ um 600 entstanden). Mit schönen Hausfassaden, barocker Pfarrkirche (1740 erbaut; Kanzel mit Adam und Eva von G. Brenck 1621), stattlichem Rathaus und völlig erhaltener Mauer. Im nördlichen Torturm bestand seit 1950 das kleine Zimmertheater des vielseitigen Luigi Malipiero, der dort im Laufe von 20 Jahren zahlreiche anspruchsvolle Schauspiele mit größtem Erfolg aufführte (viele Uraufführungen).

Seither sind mehrere Künstler in das „Musennest“ Sommerhausen gezogen. Alljährlich wird im Rahmen der „Sommerhäuser Kirchweih“ ein Auszug des „Historischen Burschenvereins“ zum Renaissanceschloß der Grafen von Rechteren-Limpurg-Speckfeld veranstaltet. Preisschießen, Hammeltanz, Hammelessen usw. gehören zu diesem farbenfrohen Fest.

Goßmannsdorf am Main (ehem. „Gotzbaldesdorf“; seit 840 bekannt) besitzt noch große Teile seiner Umfestigung (14.–16. Jh.), ein Fachwerkhaus mit reicher Schnitzerei (1588) und eine gotische Kreuzkapelle.

Fachwerkhäuser in Ochsenfurt

Das betriebsame Städtchen Ochsenfurt an der südlichen Spitze des Maindreiecks ist seit 725 bekannt (Gründung eines Benediktinerinnenklosters durch Bonifatius). Von 1295 an unterstand es dem Würzburger Domkapitel, seit 1814 gehört es zu Bayern. Ein doppelter Mauergürtel aus dem 16. Jh. umfaßt mit einigen runden Wehrtürmen bis heute das altertümliche Stadtbild. An der Hauptstraße zwischen Klingentor und Oberem Tor stehen imposante Reihen alter Fachwerkgiebel, das Alte Rathaus (15. Jh.) mit vorragender Steinplatte und Halseisen für die Angeprangerten und das Neue Rathaus, das zu den schönsten Frankens gezählt wird. Zwischen 1488 und 1499 erbaut, zeigt es ein hübsches Uhrtürmchen mit Spielwerk. Den Wert der schönen gotischen Pfarrkirche (Turm 1288; Glocke 1296; Chor und Langhaus 14. Jh.) machen nicht zuletzt die verschiedenartig geformten Maßwerkfenster, der bedeutende Renaissance-Hochaltar von 1612 und die Nikolausstatue von Riemenschneider (um 1510) aus. Die angrenzende zweigeschossige Michaelskapelle (1440) betritt man durch ein Portal mit gotischen Reliefdarstellungen. Ihr Inneres durchlichten hohe Fenster. Zwei weitere gotische Kirchen sind die Herz-Jesu-Kirche (um 1500) am 1604 erbauten Spitalgebäude und die Wolfgangskapelle (1463) südlich der Stadt, die bis 1960 am Pfingstmontag Schauplatz des bunten Pfingstritts war. Das sog. Schlößchen (15. Jh.) und das Greisinghaus (erb. 1713; vor allem Trachten) dienen heute als Heimatmuseum. Über den Main führt die 1512 geschlagene, im 17./18. Jh. erneuerte Steinbrücke. Ochsenfurt und sein Hafen sind der Hauptumschlagplatz für den Ochsenfurter Gau. Zuckerfabrik, Mälzerei und Wohnwagenwerk bilden die Grundlagen der Industrie.

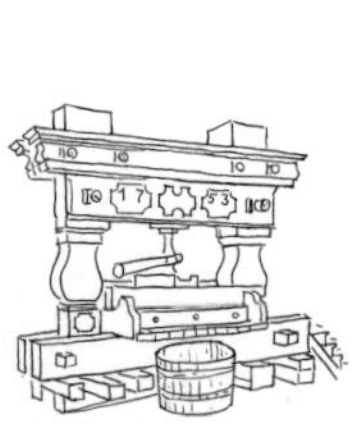

Weinkelter aus Frickenhausen

Der Markt Frickenhausen, angelehnt an seine Weinberge, ist ein Musterbeispiel für einen Häckerort (819 erwähnt). Sein stimmungsvolles Ortsbild ist berühmt. Aus den Reihen der Bürgerhäuser heben sich das

Rathaus (15./16. Jh.), die ehem. Kellerei des Domkapitels (1475) mit eichener Kelter von 1753 und die Pfarrkirche St. Gallus (spätgot. Langhaus 1514/21 von Dombaumeister H. Bock) mit schönen Renaissance- und Barockaltären. Eingänge zum Dorf führen nur durch vier alte Tortürme (Ochsenfurter, Oberes, Maktbreiter und Wassertor).

Rathaus in Röttingen

Im Süden des Kreises ragen die Mauertürme des Städtchens Röttingen im Taubertal auf. Die ehem. Ritterburg Brattenstein ist ein Konglomerat vieler Bauperioden; das Rathaus entstand 1750, der sog. Hohe Bau im 13. Jh. Die spätromanische Pfarrkirche erfuhr barocke Veränderungen. Der Ort wurde 1953 symbolisch zur ersten Europastadt in Bayern proklamiert. Gauvolksfest im August.

Die imposante Brücke im nahen Tauberrettersheim (erb. 1716) wird B. Neumann zugeschrieben.

Weiter östlich, im Tal der Gollach, bettet sich das Städtchen Aub. Hier rahmen Mauerteile des 15. Jh. das malerische Stadtbild mit dem 1671 erbauten Rathaus (am Obergeschoß Pranger mit Halseisen) und der frühgotischen, unter Julius Echter erneuerten Pfarrkirche (Kreuzigungsgruppe von Riemenschneider um 1505). An der südlichen Ecke der Stadtbefestigung reckt das 1580–1620 erbaute ehemals fürstbischöfliche Schloß seine schwingenden Renaissancegiebel (Innenräume mit lebendigen Stuckdekorationen von M. Bossi um 1760). Südwestlich des Städtchens liegt, umgeben von herrlichem Laubwald, die Burgruine Reichelsberg (1525 zerstört). Von einem Vorsprung des „Alten Berges“ über dem Gollachtal bei Burgerroth grüßt die romanische Kunigunden-Kapelle herab. Sie wurde im Julius-Echter-Stil verändert.

Die Brücke von Tauberrettersheim

Schloßbauten der einst zahlreichen alteingesessenen Adelsfamilien des Ochsenfurter Gaues stehen noch in Darstadt (Renaissanceanlage derer von Zobel; Grabsteine in der Pfarrkirche von 1597), Giebelstadt (Wasserschloß der Zobel; erb. 1545–1585; vom Schloß des Florian Geyer blieben nur spärliche Reste übrig) und Erlach (Wasserschloß vom 14.–18. Jh.; tiefer Ringgraben).

Das Bürgertum legte seinen Stolz in die Rathäuser, wovon reizvolle Fachwerkbauten zeugen: z. B. in Gelchsheim (1666), Bieberehren (1612), Allersheim und Bütthard (die Schnitzereien am sog. Bäckerhaus stellen alte Brot- und Kuchenformen dar).

Das Barockzeitalter hat im 18. Jh. einige hervorragende Gotteshäuser entstehen lassen. So z. B. die prachtvolle Pfarrkirche von Gaukönigshofen (1724–1730), an der B. Neumann mit Plänen, J. A. Urlaub mit großem Deckenfresko (1777), M. Bossi mit Stuckrahmungen (1776), F. Tietz mit Altarplastik (1730) und I. G. v. d. Auwera mit prachtvoller Kanzel (1752) beteiligt waren, ferner die Kirchen in Sonderhofen (Rokokoausstattung), Wolkshausen, Ingolstadt u.a. Bei Ingolstadt endete der unheilvolle Bauernkrieg 1525 mit einem Gemetzel, bei dem fast 5000 Bauern umkamen.

Das „Schloß“ in Aub

Das älteste Gotteshaus des Gebietes ist die romanische Klosterkirche der ehem. Kartäuserabtei in Tückelhausen (1138 von Bischof Otto von Bamberg als Prämonstratenserkloster gegr., seit 1350 im Besitz der Kartäuser, 1803 säkularisiert). Sie wurde aber Anfang des 17. Jh. im Juliusstil verändert und im 18. Jh. von drei Meistern aus der Familie Auwera neu ausgestattet. Die Klostergebäude haben den Charakter einer

Kartause mit abgeschlossenen Zellen bewahrt. Jeder der eingeschossigen Zellen war ein Gärtchen beigegeben.
Der Ochsenfurter Gau ist wegen seiner guten Böden, seiner Fruchtbarkeit und damit auch der Wohlhabenheit seiner Bewohner bekannt, die in ihrer bodenständigen Art an den alten farbenfrohen Volkstrachten festhalten. Aber auch um Würzburg bringt der Ackerboden Weizen, Braugerste, Zuckerrüben und Kartoffeln hervor. Wein- Obst- und Gemüseanbau, Rindvieh- und Schweinezucht sind bedeutend. Entscheidend für die Landwirtschaft war die Errichtung einer großen Zuckerfabrik in Ochsenfurt.
An industriellen Wirtschaftszweigen sind im Landkreis besonders vertreten die Industrie der Steine und Erden, die Ernährungs-, Bekleidungs-, Schuh- und Holzverarbeitungsindustrie sowie der Maschinenbau und die Metallverarbeitung.

Frickenhausen

REGIERUNGSBEZIRK SCHWABEN

Kreisfreie Städte:

Augsburg
Flache 146.56 qkm
Einwohner 254 053

Kaufbeuren
Flache 37.94 qkm
Einwohner 42 571

Kempten
Flache 63.28 qkm
Einwohner 57 022

Memmingen
Flache 29.16 qkm
Einwohner 34 799

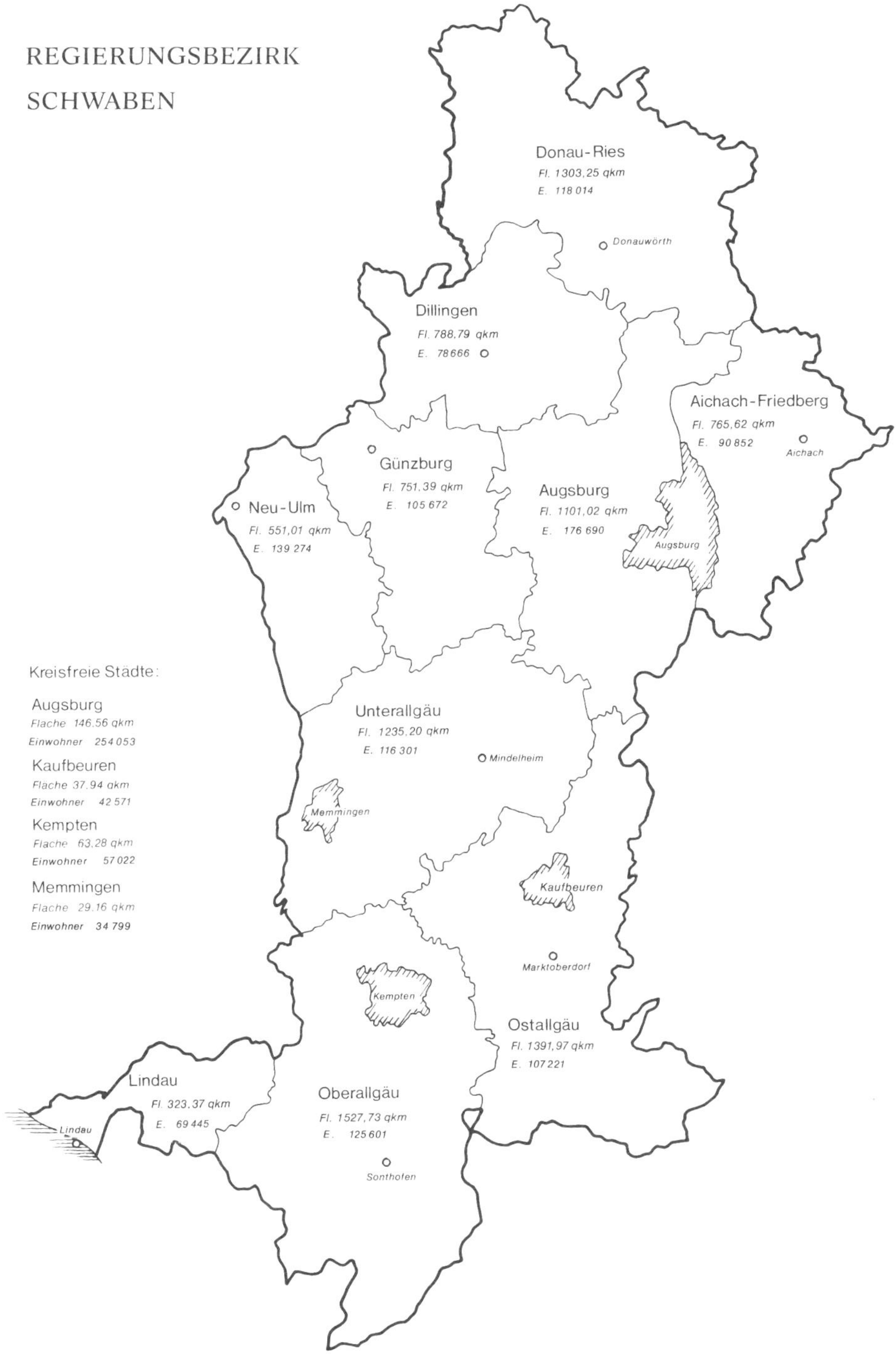

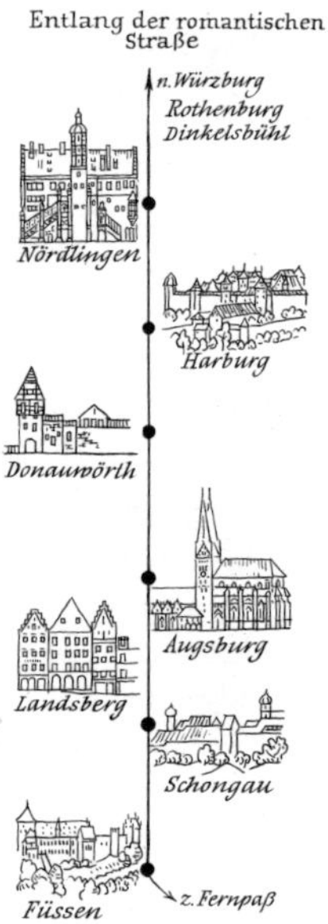

Bayerisch Schwaben ist der einzige Teil des großen schwäbischen Stammesgebietes, der amtlich diesen Namen trägt. Er gehörte im frühen Mittelalter zum großen Stammesherzogtum der Schwaben, zuletzt vereinigt unter der Herrschaft der Staufer. Mit dem Tode des letzten Hohenstaufen Konradin erlosch die herzogliche Würde. Das Land zerfiel unter viele Herren und Dienstmannen. Im 18. Jh. teilten sich 165 Grund- und Landesherren in das Gebiet des heutigen Regierungsbezirks. Der größte unter ihnen war der Bischof von Augsburg. Dem bayerischen Kurfürsten gehörten damals Rain, Hohenschwangau, Wemding, Schwabegg, Mindelheim, Donauwörth, Wertingen, Illertissen und Aichach. Die Markgrafschaft Burgau und kleinere Territorien unterstanden den Habsburgern. Ansehnlichen Besitz hatten die Klöster und Fürstenhäuser (Oettingen-Wallerstein, Fugger, u. a.). Dazu kamen sechs Reichsstädte. Zu Anfang des 19. Jh. wurde das zerstückelte Gebiet dem Königtum Bayern einverleibt und im Jahr 1837 zum Regierungsbezirk Schwaben mit der Hauptstadt Augsburg geformt.

Seine große Längenerstreckung von Nord nach Süd (rund 200 km) läßt Bayerisch-Schwaben an vielerlei Landschaften teilhaben, es ist ein schönes und mannigfaltiges Land.

Da liegt im Norden die fruchtbare Riesebene, 200 m zwischen die Albhochflächen des Schwäbischen und Fränkischen Jura eingesenkt. Sie ist höchstwahrscheinlich auf einen gewaltigen Meteoriteneinschlag zurückzuführen, der nach geologischen Verhältnissen und Landschaftsformen als einzigartig auf der Erde bezeichnet werden kann. Die umliegenden Höhen sind vorwiegend mit Laubwald bestanden, darüber erheben sich quasi als Landmarken zum fränkischen und württembergischen Gebiet hin Hesselberg, Baldern und Bopfinger Ipf. Gemächlich durchfließt die Wörnitz zwischen wogenden Getreidefeldern und behäbigen Dörfern das flachwellige Ries. Langsam neigt sich die Albhochfläche zum breiten Band der Donauebene. Entlang des großen Stromes reiht sich gleich den Perlen einer Kette Ort an Ort. Die Donau ist im letzten Jahrhundert gründlich reguliert worden, wodurch die moorigen Überschwemmungsgebiete der Donauriede zwischen Ulm und Donauwörth in fruchtbares Wiesen- und Ackerland verwandelt wurden. Eine schwierige Aufgabe hatte sich Kurfürst Karl Theodor mit der Kultivierung des ausgedehnten Donaumooses bei Neuburg gestellt. Dort entstanden die Moossiedlungen Karlskron (1791), Karlshuld (1795), Karlsruh (1792) u. v. a. Aber erst nach mehrfachen Mißerfolgen wurde im Laufe des 19. Jh. diese umfangreichste Neulandgewinnung Süddeutschlands in neuerer Zeit zu Ende geführt. Hauptanbaufrucht ist heute die Saatkartoffel.

Romanisches Gießgefäß aus dem Allgäuer Heimatmuseum in Kempten

Südlich der Donau erstreckt sich das Alpenvorland, dessen Bodengestalt von den Alpengletschern des Eiszeitalters geprägt worden ist.

Die abfließenden Wasser der Gletscher haben die Flußtäler von Iller, Günz, Mindel, Wertach und Lech geschaffen, die alle nordwärts der Donau zustreben und das Land in langgezogene Hügelrücken, die sog. Riedel zerlegen. So entstand das Landschaftsbild der hügeligen Iller-Lech-Platte. Das ganze Gebiet ist recht fruchtbar und stark besiedelt. Fichten- und Buchenwälder wechseln mit Ackerflächen und Wiesen. Neben anderen Getreidearten ist in Schwaben der Dinkel heimisch. Die originale Herstellung der weitberühmten „Spätzle" (Mehlspeise) beruht auf dem Dinkelmehl; das Dinkelbrot gilt als besonders wohlschmeckend und würzig. In Gebieten mit reichen Grünflächen wird Viehzucht und Milchwirtschaft betrieben. Nur das Lechfeld südlich des Industrieraumes von Augsburg blieb infolge des wasserdurchlässigen Bodens eine baumlose Heide.

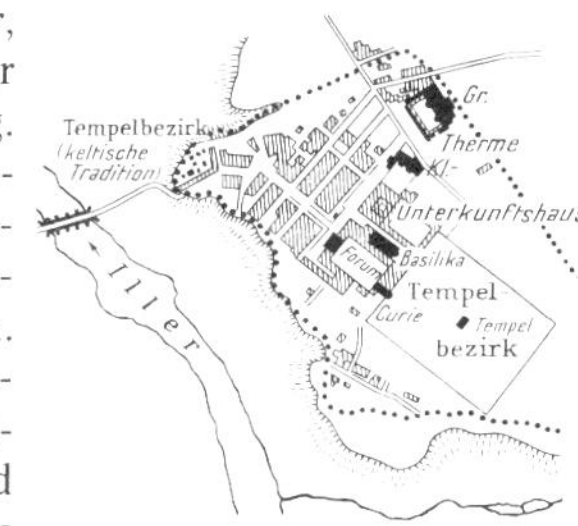

Cambodunum
(Die Stadt Kempten zur Römerzeit)

Eine andere Bodenform schuf die Eiszeit in den sog. Moränen, Schuttmassen, die die vorrückenden Gletscher aus dem Untergrund pflügten und mitschleppten. Die dadurch entstandenen Hügel, Rücken und Kuppen, mittlerweile begrünt und bewaldet, geben dem Allgäuer Voralpenland sein charakteristisches Gepräge. Flüsse und Bäche bahnen sich in Windungen und Krümmungen, manchmal durch enge und steile Schluchten, sog. Tobel schießend, ihren Weg durch den Moränenschotter (z. B. Eistobel bei Riedholz). Zahlreiche Seen und Hochmoore hinterließ das Eis im Moränengebiet nach der großen Schmelze, die größten sind Alpsee, Niedersonthofener, Weißen-, Hopfen- und Bannwaldsee. Eine Ausnahme macht der Forggensee, der als Wasserspeicher im Bett des einst ausgelaufenen nacheiszeitlichen Lechsees künstlich aufgestaut wurde.

Alphornbläser

Um die obere Iller gruppieren sich die Allgäuer Alpen. Sie ist es, die den Gebirgsstock durch ihre Quellbäche gliedert, aufschließt und das großartigste Gebirgstal (Oberstdorfer Becken) der deutschen Alpen zugänglich macht. Von Immenstadt an ziehen nach Südwesten die Gunzesrieder Kämme mit den Felsköpfen Stuiben, Rindalphorn und Hochgrat. Nach Süden folgen die rundlicheren Balderschwanger und Rohrmooser Berge, hinter denen die kahlen Gottesackerwände und der Hohe Ifen aufragen. Ein Kranz von charaktervollen Bergformen grenzt das Illertal nach Süden gegen die Einflußgebiete von Lech und Bregenzer Ach ab. An der scharfgeschnittenen Pyramide des Widdersteins nimmt dieser Hauptkamm der Allgäuer Alpen seinen Anfang. Nach Nordosten zu folgen auf deutschem Gebiet Biberkopf, Hochfrottspitze Mädelegabel, Trettachspitze, Kratzer, Großer Wilder, Hochvogel, Rauhhorn u. a. Östlich von Immenstadt leiten Grünten, Wertacher Hörnle und Sorgschrofen zu den Felszinnen der Vilstaler Alpen (Aggenstein, Breitenstein) hinüber, an die sich jenseits des Lechs die Schwangauer Berge mit dem Säuling anschließen. Das bayerische Allgäu, dessen Nordgrenze etwa die Linie Memmingen-Kaufbeuren-Schongau bildet, ist ein Land der Milchwirtschaft, eines der matten- und viehreichsten Gebiete der ganzen Alpen. Das graubraune „Höhenvieh" oder der mausgraue „Allgäuer Schlag" liefern die Milch für die „Käseküche" Deutschlands, wie Spötter sagen. Was in der Bundesrepublik als Emmentaler oder Schweizer Käse gegessen wird, stammt zum größten Teil aus dem Allgäu.

Allgäuer Tracht

Eine auffallende und kennzeichnende Siedlungsform ist die sog. Vereinödung, eine bewundernswerte Flurbereinigungsmethode, die die Allgäuer im 16. Jh. erfunden haben. Durch Erbteilungen stark zersplitterte Grundstücke legte man zusammen und verteilte sie neu. Manche der Bauern brachen ihre hölzernen Häuser im Dorfe ab und bauten sie draußen inmitten der oft entlegenen neuzugeteilten Äcker und Wiesen wieder auf. Die vielen für das Landschaftsbild des Allgäus so typischen Einzelgehöfte verdanken diesen Maßnahmen ihre Entstehung.

Bei der Käsebereitung

Ein ganz anderes Bild bietet das Gebiet am B o d e n s e e, dem Schwäbischen Meer. Hier liegt der Garten von Bayerisch-Schwaben mit einem Blütenmeer im Frühjahr und reichen Obsternten im Herbst.

Neben der Landwirtschaft stand in Schwaben seit je das H a n d w e r k. Aus ihm entwickelte sich eine leistungsfähige I n d u s t r i e, vorherrschend die Textil- und Metallindustrie, denen die Zweige Bekleidung, Bau, Steine und Erden, Nahrungs- und Genußmittel, Holz, Papier, Leder, Elektrizität und Chemie folgen. Die Eingliederung der Flüchtlinge brachte neue Industrien hervor: Gablonzer Glaswarenwerke im Raum Kaufbeuren–Marktoberdorf, Handschuhe in Offingen und Günzburg, Schuhe und Leder im Raum Neu-Ulm.

Schwabens Industrie ist zu einem bedeutenden Faktor des bayerischen Wirtschaftslebens geworden, seine Produktionsziffern sind im Vergleich mit Gesamtbayern sogar um einiges höher. Daß Schwaben ein schönes und besuchenswertes Land ist, beweisen uns die von Jahr zu Jahr steigenden Zahlen im F r e m d e n v e r k e h r.

Mittelschwäbisches Bauernhaus

Bauernhaus mit fensterreicher Giebelseite. Immenthal bei Marktoberdorf

Allgäuer Bauernhaus

Fachwerkbau der Bodenseegegend (Lkr. Lindau)

Ehemaliger Paarhof in Gerstruben (Lkr. Oberallgäu)

Hausformen in Schwaben

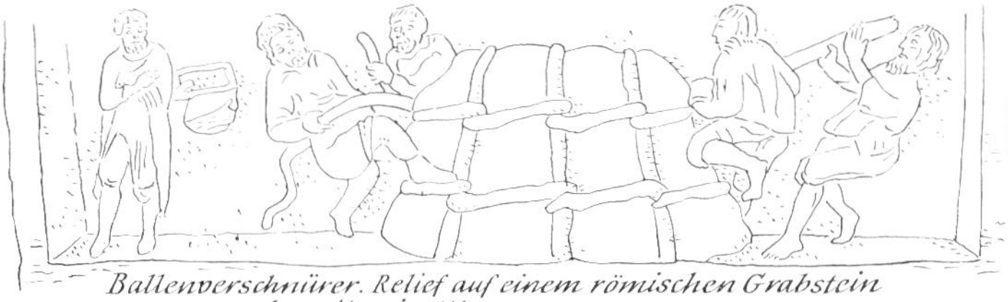

Ballenverschnürer. Relief auf einem römischen Grabstein aus dem Maximilianmuseum

STADT AUGSBURG

Glasmalerei vom Anfang des 12. Jh. im Dom

A u g s b u r g, heute die Hauptstadt des Regierungsbezirks Schwaben, trug bereits bei seiner Gründung den Charakter einer Metropole. Als die Römer 15 v. Chr. das Voralpenland bis zur Donau besetzt hatten, entstand im ersten Drittel des 1. Jh. n. Chr. auf der Höhenschwelle zwischen Lech und Wertach eine Siedlung, die sich als Kreuzungspunkt der Via Claudia Augusta mit der West-Oststraße von Gallien bis zum Schwarzen Meer sehr schnell zum Zentrum der neuen Provinz Rätien entwickelte. Augusta Vindelicum hieß die Siedlung zu Ehren des Kaisers Augustus; sie wird von dem berühmten Geschichtsschreiber P. C. Tacitus die glänzendste Kolonie Rätiens genannt. Schon im 4. Jh. Sitz eines Bischofs, war es auch nach der Römerepoche kontinuierlich besiedelt. Unter dem Bischof St. Ulrich, dem volkstümlichsten Heiligen Schwabens, wurde die Ungarngefahr durch die siegreiche Schlacht auf dem Lechfeld 955 für immer gebannt.

Die Stadt nahm seit dem 10. Jh. einen stetigen Aufschwung. Ihr D o m S t. M a r i a erfuhr mehrfache Umbauten, nur die Krypta und die berühmte Bronzetür mit Szenen aus dem Alten Testament und sinnbildlichen Darstellungen stammen noch aus jener Zeit. Die gotischen Erweiterungen von 1328–1431 gingen vom romanischen Bestand aus. Das Innere ist heute sehr glücklich wiederhergestellt. Farbige Glasfenster, die den ältesten und bedeutendsten Glasmalereizyklus der Welt bilden, durchlichten das Langhaus; an den Wänden ist stellenweise noch Freskenmalerei erhalten, im Westchor steht der steinerne Bischofsstuhl aus der Zeit um 1100. Viele Gemälde und kunstvolle Grabsteine schmücken die Kapellen. Nach Norden schließt sich der stimmungsvolle spätgotische Kreuzgang an.

Um den Dom mit der frühmittelalterlichen ummauerten Stadt als Kern wuchs die Bürgerstadt nach Süden bis zum Wallfahrtsheiligtum der Augsburger Märtyrerin St. Afra und dem Grab des hl. Ulrich, denen im 11. Jh. ein Doppelheiligtum in der Kirche St. Ulrich und Afra errichtet wurde, dann nach Norden die Untere Vorstadt und nach Osten die Jakobervorstadt. Dieses Areal vom Ende des 14. Jh. blieb bis in das 19. Jh. unverändert; es wurde mit Mauern, Bastionen und Torbauten geschützt, von denen Wertachbrucker Tor, Jakobertor, Vogeltor und Rotes Tor sowie einige Wälle und Wassertürme noch vorhanden sind.

Romanischer Türring vom Dom in Augsburg (Ende 12. Jh.)

Nach mehreren Auseinandersetzungen entzog sich die Stadt der bischöflichen Oberhoheit und erlangte 1316 Reichsfreiheit. Damit setzte ein Aufstieg ein, der Augsburg zu einer W e l t s t a d t emporhob. Diese Blüte von etwa 1470 bis 1630 verdankte sie zunächst dem Gewerbe der Leinen-

und Barchentweberei, der Ausnutzung ihrer reichen Wasserkräfte in einem ausgeklügelten Grabensystem, dann dem Fernhandel als Kopf der Alpenpässe, wodurch es Umschlagplatz zwischen Venedig, Mailand und dem Norden wurde, schließlich aber den weltumfassenden Handelsbeziehungen der Patrizierfamilien Fugger, Welser, Hoechstetter, Gossenbrot u. a. Durch sie wurde Augsburg neben London und Lissabon zum bedeutendsten Geldmarkt Europas, zum Zentrum eines schon rein kapitalistischen Geldhandels. Die Fugger finanzierten Kaiser und Fürsten und galten als die reichsten Kaufherren der Erde. Kaiser Maximilian weilte so oft und gern in Augsburgs Mauern, daß man ihn scherzweise Bürgermeister von Augsburg nannte.

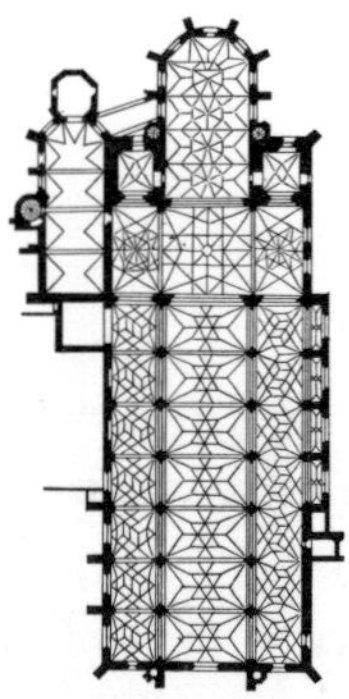
Grundriß von St. Ulrich und Afra

Mit der wirtschaftlichen kam die kulturelle Blüte. Augsburg öffnete sich der neuen Kunstrichtung aus Italien, der Renaissance, und wurde zu ihrer Vermittlerin in Deutschland. Hervorragendes leistete die Silber- und Goldschmiedekunst, in der Malerei haben Hans Holbein der Ältere und Hans Burgkmair Augsburgs Ruhm begründet. Die dekorative Fassadenmalerei hatte hier ihr Zentrum; leider sind nur wenige Reste dieser Bemalungen erhalten, die einst das Stadtbild mitbestimmten. Die rege Baukunst des 15. und 16. Jh. schuf viele Kirchen und Patrizierhäuser: Die spätgotische ehemalige Benediktinerstiftskirche St. Ulrich und Afra wurde bis 1500 von Burkhard Engelberg neu erbaut. Ihr Turm von 1594 gilt als der älteste Zwiebelturm Deutschlands. Das Innere ist reich ausgestattet; ein kunstvolles Gitter (1712) trennt Vor- und Kirchenraum; die Sakristei enthält wertvolle Glasgemälde von Hans Holbein d. Ä.

Im Karmelitenkloster wohnte 1518 Martin Luther, als er dem päpstlichen Legaten Cajetan den Widerruf seiner Thesen verweigerte. St. Anna, die Kirche dieses ehemaligen Klosters, dient heute als evangelische Pfarrkirche. Sie entstand im wesentlichen im 15. Jh., wurde aber barock erneuert. Die westlich anschließende Fuggerkapelle ist eines der frühesten deutschen Renaissancedenkmäler. Jakob Fugger der Reiche ließ sie 1509 bis 1518 als Grabkapelle erbauen und reich ausstatten. Die Goldschmiedekapelle in St. Anna ist um 1430 und 1510 vollständig mit Freskomalereien ausgeschmückt worden.

Nahezu alle Kirchen wurden in der Blütezeit des „Goldenen Augsburg“, in der Spätgotik und Renaissance, neu errichtet oder umgestaltet; es sei auf die St. Moritzkirche, die katholische Hl. Kreuzkirche, die ehemalige Augustinerstiftskirche St. Georg, die ehemalige Barfüßerkirche und die ehemalige Dominikanerkirche hingewiesen, die jedoch fast alle in der Barockzeit Veränderungen erfuhren.

Grundriß der Fuggerei

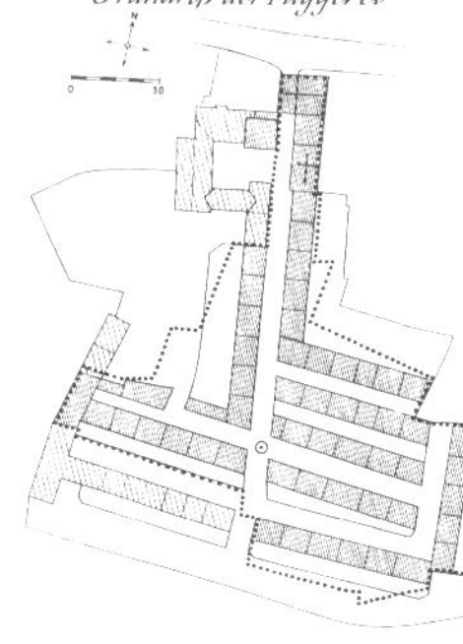

Die Bürgerhäuser jener Zeit wurden durch den letzten Krieg schwer mitgenommen. Besonders von den durch eine einheitlich bemalte Frontwand zusammengefaßten Fuggerhäusern blieben nur Teile der rückwärtigen Höfe mit Resten der Bemalung von Jörg Breu erhalten, so gut der Komplex im übrigen auch wiederhergestellt wurde. Jakob Fugger dem Reichen verdankt Augsburg die sogenannte Fuggerei in der Jakobervorstadt. Diese älteste soziale Wohnsiedlung ist 1516 bis 1525 in großzügiger und vorbildlicher Weise angelegt worden. Unbemittelte Familien bewohnen noch heute die 52 Reihenhäuschen für einen lächerlich geringen Mietpreis.

In die Spätrenaissance fällt die Errichtung der schönsten Brunnen. Hubert Gerhard schuf 1589–1594 den Augustusbrunnen zum 1600jährigen Stadtjubiläum. Er verherrlicht als mutmaßlichen Stadtgründer den Kaiser Augustus. Weiter südlich stehen in der Maximilianstraße zwei Brunnen, die der Niederländer Adriaen de Vries 1596–1602 entwarf: Merkurbrunnen, dem Gott des Handels gewidmet, und Herkulesbrunnen. Die schöne Bronzefigur des Neptunbrunnens (1530) vor der Fuggerei stammt von einem unbekannten Augsburger Meister; der Georgsbrunnen, jetzt bei der Jakobskirche aufgestellt, entstand 1575.

Herkulesbrunnen von Adriaen de Vries

Die weltoffene Stadt war auch ein fruchtbarer Boden für die aufkommenden Ideen der Neuzeit. Der Augsburger Stadtschreiber Konrad Peutinger (1465–1547), ein Vertrauter Kaiser Maximilians I., war ein bedeutender Vertreter des Humanismus. Luthers Lehre gewann sofort Einfluß; ihretwegen fanden hier viele Reichstage statt: 1530 überreichten die protestantischen Fürsten dem Kaiser Karl V. die „Augsburgische Konfession“, die grundlegende Bekenntnisschrift der lutherischen Kirche, der auf dem Reichstag von 1548 eine einstweilige Regelung im „Augsburger Interim“ folgte. Auf dem Reichstag von 1555 wurde der Religionsfriede zwischen Lutheranern und Katholiken geschlossen. Trotz der Religionsstreitigkeiten symbolisiert sich Augsburgs Größe um die Wende zum 17. Jh. noch einmal in den Bauten des Elias Holl, die das Gesicht der Altstadt bis heute geprägt haben. Ein monumentales Bauwerk ist das Rathaus, Sinnbild reichsstädtischer Macht und Freiheit und der Höhepunkt augsburgischer Renaissance. Elias Holl errichtete es 1615–1620, nachdem er auf einer Studienreise die italienische Architektur kennengelernt hatte. Den volutengeschmückten Giebel der Westfassade krönt eine große Zirbelnuß aus Erz, das Wahrzeichen im Wappen der Stadt. Die Innenausstattung mit dem prächtigen, durch drei Stockwerke reichenden „Goldenen Saal“ Matthias Kagers fiel den Bomben zum Opfer. Neben dem Rathaus erhöhte Holl den alten Perlachturm zum 78 m hohen Stadtturm. Seine charaktervolle Helmkrone korrespondiert mit den Hauben der zwei Rat-

Das Zeughaus von Elias Holl (erbaut 1600-07)

haustürme. Von den vielen öffentlichen Bauten des Elias Holl seien erwähnt: das Zeughaus (1600–1607) mit seiner bewegten Fassade, die für die Metzgerzunft errichtete Stadtmetzg (1609) mit schöner Giebelfassade, das ehemalige Kaufhaus (1611), das Gymnasium St. Anna (1613–1615) und sein letztes Werk, das Heilig-Geist-Spital (1623–1631). Der Dreißigjährige Krieg verminderte Augsburgs Bevölkerung um zwei Drittel auf 16 000 Einwohner und ließ den Glanz verblassen. Die Stadt verlor ihre welt- und reichspolitische Bedeutung.

Das Goldschmiede- und Druckgewerbe und die Textilherstellung (Augsburg wurde führend in modischen Dingen) bewirkten noch eine Nachblüte im 18. Jh. Davon zeugt der barocke Umbau vieler alter Kirchen, wie z. B. der evangelischen Pfarrkirche Hl. Kreuz, der Dominikanerkirche St. Magdalena, der St. Antoniuskapelle, von St. Peter am Perlach u. v. a. Neu erbaut wurden im späten Barock der sogenannte „Kleine Goldene Saal", Kongregationssaal der Jesuiten (1763–1765), mit der Ausmalung von Matthäus Günther, die Bischöfliche Residenz (um 1730), das Regierungsgebäude (1743) und der schloßartige Bau der Schüleschen Kattunfabrik (1770) vor dem Roten Tor. Den prächtigsten Rokoko-Profanbau stellt das Schaezler-Palais (1765–1767) an der Maximilianstraße dar. Erbauer war der Cuvilliés-Schüler Karl Albert von Lespilliez. Heute birgt es die Städtischen Kunstsammlungen („Deutsche Barockgalerie"), die Staatliche Gemäldegalerie und die Graphische Sammlung.

Augustusbrunnen von Hubert Gerhard

Diese Nachblüte endete mit den Napoleonischen Kriegen und dem Verlust der Reichsfreiheit. 1805 sank Augsburg zur bayerischen Provinzstadt herab.

Unternehmungsgeist und Schaffenskraft der Bürger brachten in den 30er Jahren des 19. Jh. einen Neuanfang. Gestützt auf die Wasserkraft der vielen Kanäle wuchs eine leistungsfähige Industrie heran. Die Stadt drängte über ihre Mauern hinaus, die Befestigungen wichen Grünanlagen. Bei Cotta in Augsburg erschien die bedeutendste Zeitung Süddeutschlands, die „Allgemeine Zeitung".

Augsburg war wieder eine blühende Großstadt, als 1944/45 Bombenhagel die Altstadt zerstörten und die Industrie lahmlegten. Doch nach einer Zeit der Erschöpfung machte tatkräftiger Wiederaufbau sie erneut zu einer der schönsten Großstädte Deutschlands.

Auf das Handwerk gründete sich einst der Reichtum Augsburgs, eine Stadt des Handwerks kann man es auch heute noch nennen, obwohl nun die Produktionsziffern der Industrie unvergleichlich größer sind. Neben München und Nürnberg ist Augsburg die höchstindustrialisierte Stadt Bayerns (über 200 Industriebetriebe mit etwa 60 000 Beschäftigten).

Die Barchentweberei hatte im 15. Jh. die Grundlage zum sprichwörtlichen Reichtum der Stadt geschaffen. Der Bedarf der ständig wachsenden Textilindustrie an Maschinen begründete die zweite Augsburger Großindustrie, den Maschinenbau. Druckmaschinen und Dieselmotoren sind seine Spitzenerzeugnisse. 1893–1897 wurde hier der erste Dieselmotor konstruiert. Diese zwei Industriezweige allein beschäftigen die Hälfte aller Werktätigen.

Heute spielt die Elektroindustrie ebenfalls eine bedeutende Rolle. Dazu entwickelten sich die Druckerei- und Vervielfältigungsindustrie, die leder- und kunststoffverarbeitenden Betriebe, die chemische Industrie, die Bekleidungs- und die Ernährungsindustrie sowie die Industrie der Steine und Erden.

Stadttheater

Jedem Theaterfreund sind die jährlichen Festspiele in der Freilichtbühne am Roten Tor bekannt. Augsburgs Stadttheater ist 1956 modern und geschmackvoll wiederaufgebaut worden. Außerdem gibt es das Schauspielhaus „Komödie", die Kongreß- und Konzerthalle im Stadtgarten und ein Marionettentheater. Augsburgs Museen haben manchen Schatz aus der „Goldenen Zeit" bewahrt. So zeigen die Kunstsammlungen im

Der Kelch des Hl. Ulrich aus der Kirchenstiftung St. Ulrich und Afra (10. Jh.)

Schaezler-Palais Werke von Michel Erhart, Hans Daucher, Sebastian Loscher, Hans Holbein d. Ä., Albrecht Dürer, Lukas Cranach d. Ä., Hans Burgkmair, Jörg Breu, Christoph Amberger, H. E. Schäufelin, Bernhard Strigel, J. H. Schönfeld, J. E. Holzer, J. G. Bergmüller, F. A. Maulpertsch, M. Günther, Jan. Zick, J. H. Tischbein, R. Mengs, F. Kobell, und ausländischer Meister wie P. P. Rubens, A. van Dyck, Jan Breughel d. Ä., Jan Siberechts, Lambert Sustris, Phil. Wouwermann u. a., in der „Stiftung Haberstock" Gemälde von Ruysdael, Jordaens, Tiepolo, Veronese u. a.

Die Kunstsammlungen im Maximilianmuseum gewähren einen Überblick über die Kultur- und Stadtgeschichte Augsburgs seit der Frühzeit, und das Mozarthaus hinter dem Dom erinnert daran, daß Wolfgang Amadeus Mozarts Vater Leopold 1719 hier geboren wurde (Musikaliensammlung; Konzerte im Rahmen des „Augsburger Mozartsommers"). Vor- und frühgeschichtliche wie römische Bodenfunde aus Schwaben werden im „Römischen Museum" in der ehemaligen Dominikanerkirche aufbewahrt.

In der Lechaltstadt steht das Geburtshaus von Bert Brecht (Auf dem Rain 7).

Geburtshaus von Leopold Mozart

Das große Angebot an S c h u l e n in der Stadt ist durch die Einrichtung der Universität Augsburg abgerundet worden, deren Erziehungswissenschaftliche Fakultät schon bisher als Pädagogische Hochschule bestanden hatte. Daneben gibt es an Höheren Lehranstalten die Fachhochschule (ehemalige Rudolf-Diesel-Ingenieurschule), das Leopold-Mozart-Konservatorium, das Deutsche Singschullehrer- und Chorleiterseminar und die Städtische Kunstschule. Außerdem besteht eine Technikerschule für Maschinenbau.

Dem Tier- und Pflanzenfreund steht der Tiergarten in den Siebentisch-Anlagen und der Botanische Lehr- und Schaugarten zur Verfügung.

Natürlich hat auch Augsburg seine Feste, Kirchweihen, „Plärrer" und Markttage. Auf eine Tradition von 1616 geht das „Turamichele" zurück: Am Vorabend des Michaelstages (29. September) erscheint am Perlach-Turm die Figur des Erzengels Michael und stößt mit jedem Stundenschlag dem Satan einen Speer in den Leib.

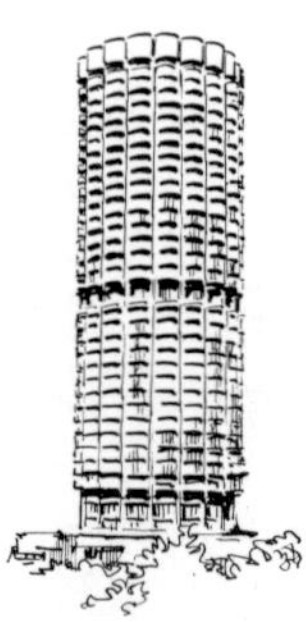

Turmhotel an der Kongreßhalle

Die großen Randsiedlungen von Augsburg gehören zum Wirtschaftsraum der Großstadt. Sie beherbergen Spinnereien, Webereien und andere Textilindustrien; dazu treten chemische und Metallindustrie und Holzverarbeitungsbetriebe. In unmittelbarem Siedlungszusammenhang mit Augsburg liegt der alte Markt G ö g g i n g e n, heute ein Industrieort mit bedeutender Zwirnerei und Nähfadenfabrik und einer Heilanstalt für Orthopädie. Die eingemeindete Stadt H a u n s t e t t e n mit großen Textil- und mechanischen Fabriken besitzt eine reizvolle Muttergotteskapelle mit lebendigen Rokokostukkaturen und Fresken des Asam-Schülers Christian Thomas Scheffler. Die „Deutsch-Miniatur" zeigt Nachbildungen ausgewählter deutscher Baudenkmäler.

Schloßanlagen des alteingesessenen Adels stehen in I n n i n g e n (16./17. Jh.) und in W e l l e n b u r g (neugotischer Bau; Kunstsammlungen; Parkanlage).

STADT KAUFBEUREN

Die ehemalige Reichsstadt Kaufbeuren ist zum Teil noch vom alten Mauergürtel und fünf Wehrtürmen umgeben. Zeugen der Glanzzeit im späten Mittelalter sind vor allem ihre Kirchen. Die Pfarrkirche St. Martin, ein mehrfach erneuerter spätromanischer Bau aus dem 13. Jh., zeigt heute gotische Formen. Ihr Turm ist 70 m hoch. Die an ein Stück der Stadtmauer mit Wehrgang und dem „Fünfknopfturm“ (Wahrzeichen der Stadt) stoßende St.-Blasius-Kirche ist eine gotische Hallenkirche aus dem 15. Jh. mit einem Flügelaltar von Jörg Lederer (1518), einem Hauptwerk der oberschwäbischen Gotik, und mit sehr realistisch gemalten Legendenzyklen. Ebenfalls aus gotischer Zeit stammen die vielfach umgebaute Kirche St. Dominikus, das Franziskanerinnenkloster und die barockisierte Kirche St. Cosmas und Damian.

Stadtmauer mit Fünfknopfturm

Im Kaufbeurener Heimatmuseum befinden sich Erinnerungen an Ludwig Ganghofer, der 1855 hier geboren wurde, ferner Allgäuer Bauernstuben und eine große Kruzifixsammlung. Auch ein Theater besteht in Kaufbeuren.

Auf dem goldenen Boden des Handwerks beruhte Kaufbeurens Wachstum und Gedeihen. Seit 1286 Freie Reichsstadt, hat es besonders die Weberei und demgemäß auch den Tuchhandel betrieben. 1565 etwa zählte die Weberzunft 389 Meister, das waren mehr als die Hälfte aller Bürger. Kaiser Maximilian I. schätzte Kaufbeuren sehr; anläßlich eines seiner Besuche soll 1497 das noch heute alljährlich im Juli begangene „Tänzelfest“ der Kinder entstanden sein. Am großen Festzug wirken über tausend Kinder in farbenfrohen historischen Kostümen mit.

Münze aus der Kaufbeurer Münzstätte (im Heimatmuseum)

Die Zeitverhältnisse des Dreißigjährigen Krieges und der Napoleonischen Kriege taten der Stadt schweren Abbruch. Im 19. Jh. jedoch, unter bayerischer Oberhoheit (seit 1802), entstand eine große mechanische Baumwollspinnerei und -weberei, die wirtschaftlichen Rückhalt schuf. Heute ist in Kaufbeuren die metallverarbeitende Industrie, die Nahrungs- und Genußmittelindustrie u. a. vertreten. An jedem Donnerstag wird ein Großhandelsmarkt für Butter und Weichkäse abgehalten.

Seit 1946 hat sich die sudetendeutsche Siedlung Kaufbeuren-Neugablonz zum Zentrum der Gablonzer Glas- und Schmuckwarenindustrie entwickelt. Es werden außer Glas auch viele andere Werkstoffe, besonders Kunststoffe verarbeitet. In Neugablonz besteht eine Staatliche Fachschule für Glas und Schmuck, außerdem ein Gablonzer Archiv und Museum. Auch Großkemnat mit seiner Burgruine gehört zu Kaufbeuren.

STADT KEMPTEN

Gotisches Astkreuz in St. Lorenz

Kempten darf sich mit einigem Recht die älteste Stadt auf deutschem Boden nennen. Denn bereits um 18 n. Chr. spricht der griechische Geograph Strabon von einer keltischen Siedlung Cambodunum. Keine andere deutsche Stadt kann auf ein so frühes schriftliches Zeugnis verweisen. Die nachfolgende Römerstadt auf dem Ostufer der Iller übernahm den keltischen Namen. Es dürfte eine blühende Handelsstadt gewesen sein, die bis 259 n. Chr. Bestand hatte. Ausgrabungen haben ihren Grundriß

Bürgerhäuser

freigelegt, doch wurde das Gelände 1954 weitgehend überbaut. Nach dem Einbruch der Alemannen verlegte man die römische Siedlung an den Fuß der Burghalde, wo sie bis in das 5. Jh. nachweisbar ist.

Nach der Christianisierung erwuchs gegen 750 aus der Zelle der St. Gallener Mönche Magnus und Theodor das Kloster Kempten mit der Kirche St. Mang. Es war die älteste Benediktinerabtei des Allgäus und eine der einflußreichsten des Frankenreiches. Die Verlegung des Klosters vor die Stadt führte zur Entwicklung einer eigenen Neustadt. Die Altstadt Kempten erwarb 1361 endgültig ihre Reichsfreiheit, befreite sich 1525 im „Großen Kauf" von den grundherrlichen Rechten des Klosters und nahm 1527 die Reformation an. Jahrhundertelang waren die evangelische, demokratisch regierte Reichsstadt und die katholische, vom Fürstabt autoritär regierte Neustadt Erbfeinde, bis sie 1811/18 nach der Säkularisierung des Klosters vereinigt wurden und sich zur „Hauptstadt" des Allgäus und seiner Wirtschaft entwickelten.

Am Rathausplatz

In der ehemaligen Freien Reichsstadt blieben viele schöne Beispiele schwäbischer Kunst aus dem 15. bis 18. Jh. erhalten: das Rathaus von 1474, im 16. Jh. erneuert, der Rathausbrunnen von 1601 und Wohnbauten wie das Ponikauhaus (1570–1574), das Schlößle (Ende 16. Jh.) und der Londoner Hof (1764). Der spätgotische Bau der evangelischen Pfarrkirche St. Mang ist im Innern barock umgestaltet. Die sog. Keck-Kapelle weist ungewöhnliche spätgotische Fresken auf. Das alte Stadttheater im einstigen Salzstadel ist vielfach renoviert worden. Es präsentiert sich nun im klassizistischen Gewande.

Die imposanten Gebäude der geistlichen Neustadt zeigen alle Stufen des Barockstils, da der Dreißigjährige Krieg Kloster und Neustadt bis auf den Grund zerstört hat und der Wiederaufbau 1651 mit der Errichtung der ersten süddeutschen Klosteranlage der Barockzeit begann. Die ehemalige fürstäbtliche Residenz (1651–1674) enthält den glänzenden Thronsaal und die verschwenderisch ausgestatteten Prunkräume (1728–1747), die zum Besten gehören, was das süddeutsche Rokoko geschaffen hat. Gleichzeitig führten nebenan Michael Beer und Johann Serro die ehemalige Stiftskirche St. Lorenz auf, die stilistisch an der Schwelle von der Renaissance zum Barock steht. Westlich der schön gegliederte Bau des Kornhauses mit Festsaal und Allgäuer Heimatmuseum (gotische Kunst, Kulturgeschichte, Gemäldesammlung). Die „Römische Sammlung Cambodunum" mit den wertvollsten Funden aus der römischen Stadtanlage ist im klassizistischen Zumsteinhaus (1802) vorbildlich aufgestellt worden. Dort kann auch die naturwissenschaftliche Sammlung zur Geologie des Allgäus besichtigt werden. Neben dem Stadttheater besitzt Kempten auf der aussichtsreichen Burghalde eine Freilichtbühne.

„Der Friede" von Egid Verhelst im Thronsaal der Residenz

Seit 1949 bedeutet die Allgäuer Festwoche im August den Höhepunkt im Jahreslauf der Stadt. Diese umfassende Wirtschaftsschau des Allgäuer Landes ist zugleich Volksfest und Kulturereignis mit Konzerten, Theateraufführungen und Ausstellungen.

Zum Stadtgebiet gehören neuerdings auch L e n z f r i e d mit der barocken ehem. Franziskanerklosterkirche und H e i l i g k r e u z mit einer Wallfahrtskirche aus dem 18. Jh. Hier erinnert eine der seltenen „Blutsäulen" an ein „Blutwunder" von 1691.

Kempten ist der Hauptumschlagplatz der Allgäuer Milchprodukte und Sitz der Süddeutschen Butter- und Käsebörse. Es ist eine Stadt des Handels und der „Dienstleistungen". Die Industrie zeichnet sich weniger durch Großbetriebe als vielmehr durch die Vielfalt von Produktionsbranchen aus. Es gibt Spinnereien, Webereien, Zwirnereien, Maschinenbau, Papierverarbeitung, Verpackungsindustrie, Feinmechanik, chemische Industrie, Druckereien und Brauereien.

Die ehemalige Stiftskirche St. Lorenz

STADT MEMMINGEN

M e m m i n g e n, einst Freie Reichsstadt, hat bis heute den Eindruck einer selbstbewußten bürgerlichen Wohlhabenheit bewahrt. Besonders die Altstadt mit der teilweise erhaltenen Mauer und ihren stattlichen Torbauten zeugt von der Bedeutung der Stadt im 15. und 16. Jh. Sie war damals die handelsmächtigste und volkreichste der fünf Allgäuer Reichsstädte. Aus dieser Zeit stammen auch die spätgotische M a r t i n s k i r c h e mit ihrem prachtvollen Chorgestühl (1501–1506) und die gotische Basilika der F r a u e n k i r c h e mit wertvollen Wandmalereien (um 1470), die als die bedeutendsten gotischen Fresken Süddeutschlands gelten. Unter den weltlichen Gebäuden ragen der Renaissancebau des R a t h a u s e s (1589), dessen Fassade 1765 eine Rokokodekoration erhielt, und viele stolze Bürger- und Zunfthäuser, wie zum Beispiel das Siebendächerhaus und das Steuerhaus mit seiner Arkadenreihe, hervor. Im Fuggerbau (1581–1591) wurde Wallenstein 1630 von seiner ersten Absetzung benachrichtigt, im Kramerzunfthaus entstanden 1525 die berühmten „Zwölf Artikel" der aufständischen Bauern. Die 1709 barock umgestaltete Kreuzherrenkirche von 1480 mit ihrem eleganten Turm dient heute als Fest- und Ausstellungssaal.

Stifterporträt vom Chorgestühl in St. Martin

Das Memminger Stadtmuseum befindet sich im Hermansbau, einem Rokokopalast von 1766. Es enthält viele Beispiele zur Volkskunst, Künersberger Fayencen und Werke spätgotischer Kunst (Strigel-Altar). Das „Schwäbische Landestheater" hat seinen Sitz in Memmingen.

Memmingen ist eine alte alemannische Niederlassung, die erst den Welfen, dann den Staufern gehörte. 1438 erhielt sie endgültig die Reichsfreiheit. Grundlage ihres Wohlstandes im 15. und 16. Jh. waren die Tuchbereitung und der Handel von Süd nach Nord und Ost nach West, denn Memmingen war Kreuzungspunkt der Handelsstraße von Norditalien nach Ulm mit der bayerischen Salzstraße. Vor dem Westtor steht das Denkmal für den Memminger Bürger Burkhard Zink, der als erster Überseekaufmann der deutschen Wirtschaftsgeschichte gilt, er starb um 1474. In der Reformationszeit schloß sich die Stadt dem Protestantismus an und hatte in den folgenden Kriegen viel zu leiden. 1802 kam sie zu Bayern.

Das Siebendächerhaus in Memmingen

Im Juli werden ein großes Kinderfest und der sog. Fischertag begangen, ein ursprüngliches Volksfest für alle Memminger (sog. „Bachauskehr"). Seinen wirtschaftlichen Neuaufstieg verdankt Memmingen vor allem der industriellen Regsamkeit, die Textil-, Metallwaren-, Maschinenbau-, chemische, elektrotechnische und feinmechanische Industrien, Fleischwaren- und Leimfabriken, Kunstmühlen und Brauereien schuf.

Rathaus und Steuerhaus am Marktplatz

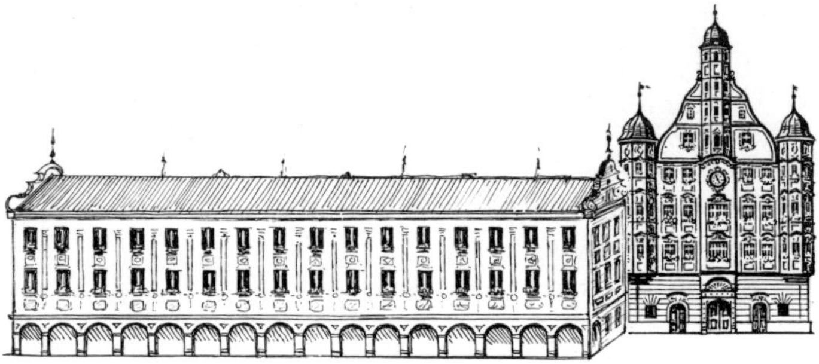

LANDKREIS AICHACH-FRIEDBERG

Die Wellen des tertiären Hügellandes im Osten, durchflossen von der Paar, und das Lechtal am Westrand bestimmen das Bild der Landschaft im Kreis.

Wenn es heute auch zum Regierungsbezirk Schwaben gehört, so war das Land um die Kreisstadt Aichach doch das Stammland der bayerischen Wittelsbacher. Auf einer Randhöhe der Paar lag bei Oberwittelsbach einst die Stammburg der Pfalzgrafen von Wittelsbach, die 1180 mit dem Herzogtum Bayern belehnt wurden, das sie bis 1918, zuletzt als Könige, regierten. 1209 zerstörte Herzog Ludwig I. von Bayern die Burg im Strafvollzug gegen seinen Vetter Otto von Wittelsbach, der 1208 König Philipp von Schwaben getötet hatte. Nur wenige Steine und ein neugotisches Denkmal erinnern an diese Burg. Auf ihrem Platz steht die gotische Kirche St. Maria (1418).

Stadttorturm in Aichach

Das gewerbereiche alte Städtchen Aichach an der Paar liegt auf vorgeschichtlichem Siedlungsboden. In der Nähe fand man eine keltische Anlage zur Erzgewinnung. Eine 1126 angelegte Burg der Wittelsbacher wurde 1704 verwüstet. Das Stadtbild bestimmen heute ansehnliche barocke Bürgerbauten, z. B. an der Marktstraße, die zwischen zwei mächtigen Tortürmen verläuft (Reste der Stadtumfestigung von 1418). Auch das barocke Rathaus wendet ihr seinen schwungvollen Giebel zu. Einflüsse aus dem benachbarten Schwaben machen sich in den Straßenzeilen geltend. Die Stadtpfarrkirche (Anfang 16. Jh.) besitzt ein Altarbild des bekannten Malers I. Baldauff, die spätgotische Spitalkirche wurde im späten 17. Jh. barockisiert. Sammlungen zur Ortsgeschichte und zur Volkskunde im Städtischen Heimatmuseum.

Berühmte Wallfahrtsstätten sind St. Leonhard in Inchenhofen, das als älteste Leonhardiwallfahrt Deutschlands einst zu den größten Pilgerstätten der Welt zählte (Kirche des 15. Jh.; Barockisierungen 1610–1620 und 1706; Fresken des hier gebürtigen Ignaz Baldauff um 1763) und Maria Birnbaum, dessen Kirche über einem hohlen, ein wundertätiges Marienbild bergenden Birnbaum 1661–1665 erbaut wurde. Es entstand dabei ein höchst origineller, slawisch anmutender Bau mit vielen Kuppeln über an- und ineinandergefügten Rund- und Ovalräumen. Feine Stukkaturen von der Hand M. Schmuzers überziehen die Wände.

Maria Birnbaum

Die ehemalige Deutschordenskomturei Blumenthal (veränderte Renaissanceanlage) ist heute Sitz der Grafen Fugger-Blumenthal.

Ein Benediktinerinnenkloster bestand bis zur Säkularisation 1803 in Kühbach. Die ehemalige Klosterkirche ist ein großer Barockbau (1687 bis 1688) mit kostbarer Ausstattung. Der hölzerne Palmesel mit segnendem Christus (18. Jh.) wird bei Palmsonntagsprozessionen mitgeführt. Das Klostergebäude dient seit der Säkularisation profanen Zwecken.

Palmesel aus der ehemaligen Klosterkirche in Kühbach

Im Paartal zwischen Inchenhofen und Kühbach liegt Schloß Haslangkreit, dessen heutiger Bau im 17. Jh. entstand.

Im Westen des Kreises reihen sich die Orte auf dem Hochufer des Lechtales. Das Gebiet auf dem Lechrain war erst in welfischem, dann in staufischem und schließlich in wittelsbachischem Besitz. Mitte des 13. Jh. entstand die Burg Friedberg, die Stadtgründungsurkunde von König Konradin und Herzog Ludwig II., dem Strengen, trägt die Jahreszahl 1264. Als Grenzfeste gegen Augsburg und als Zankapfel zwischen den bayerischen Herzögen der Münchner und Ingolstädter Linie hatte die Stadt viel zu leiden und wurde oft zerstört, am schwersten aber in den Mordbränden des Dreißigjährigen Krieges, so daß die bestehenden Bauten größtenteils nach 1650 errichtet wurden. So die Burg (Turm von 1552) mit dem reichen Heimatmuseum, das auf die weitbekannte Friedberger Fayencenherstellung und Uhrmacherkunst im 17. und 18. Jh. hinweist, ferner das prätentiöse Rathaus und die Kirche St. Stefan. Mehrere schöne Bürgerhäuser des 18. Jh. bereichern das geschlossene Stadtbild. Auch die Stadtmauer ist zum Teil erhalten. Eine beliebte Wallfahrtsstätte ist „Herrgottsruh". Diese erstrangige Rokokokirche hat einen glänzenden Innenraum mit sprühenden Rocaillestukkaturen von F. X. Feichtmayr und großen Deckenfresken (im Chor von C. D. Asam). Westlich von Friedberg liegt die originelle kleine Wallfahrtskirche St. Maria Alber (17./18. Jh.).

Burghof in Friedberg

Auch der Markt Mering hat eine reiche Geschichte. Im Mittelalter war er Königshof und häufiger Aufenthalt von Kaisern und Herzögen. Die einstige Burg ist im Lauf der Jahrhunderte zum heutigen Schloß umgebaut worden. Den Bau der Pfarrkirche haben Ignaz Gunetzrhainer und Joseph Effner 1739–1743 gemeinsam entworfen, die Fresken stammen von I. Baldauff. Mering war die Heimat der Barockbildhauerfamilie Luidl. Aus dem benachbarten Kissing stammte der berühmt-berüchtigte Bandenführer Mathias Klostermaier, genannt der bayerische Hiasl, hingerichtet 1771 zu Dillingen. Der Ort ist zu einer großen Wohnsiedlung herangewachsen. Pfarrkirche, Peterskapelle und die Kapelle auf dem Burgstall zeigen barockes Aussehen.

Rathaus in Friedberg

In den Südzipfel des Kreises führt eine Wallfahrt nach Maria Kappel bei Schmiechen, in dessen festlicher Kirche Franz Xaver

Schmuzer 1754 die zarten Stuckdekorationen und Franz Martin Kuen die vorzüglichen Deckengemälde schuf.

Gnadenbild in Maria Kappel bei Schmiechen

Die behäbigen Dörfer in der idyllischen Landschaft des Hügellandes weisen noch manches wertvolle Gotteshaus auf, wie z. B. Derching, dessen Kirche ihren romanischen Ursprung nicht verleugnet, Aulzhausen (erbaut 1734), Affing (erbaut 1689), Pöttmes (erbaut um 1478), Dasing (1756; gotischer Turm) u. v. a.

Als größerer Edelsitz ist im Süden des Kreises Hofhegenenberg zu nennen. Das mittelalterliche Schloß wurde 1542 umgebaut und im 18./19. Jh. wiederum verändert.

Das Erwerbsleben im Landkreis stützt sich auf die Textil- und Bekleidungsindustrie, die Holzver- und Holzbearbeitung, die Metallverarbeitung, die Ernährungsindustrie, die Kunststoffverarbeitung und die Industrie der Steine und Erden. Die Landwirte bauen Getreide und Kartoffeln und treiben Viehzucht.

LANDKREIS AUGSBURG

„Hexentürmlein" an der Toreinfahrt des ehem. bischöflichen Pflegamts

Die Landschaft westlich des Lech bei Augsburg, aus der das Kreisgebiet gebildet wurde, zeigt zwei gegensätzliche Formen. Da ist einerseits das baumlose Lech- und Wertachtal mit dem Niederterrassenfeld des ebenen Lechfeldes im Süden und der weitgehend gerodeten Auenlandschaft im Norden, andererseits das Hügelland der eiszeitlichen Hochterrassen- und Deckenschotterfelder mit starker Bewaldung im Westen. „Holzwinkel" heißt das nördliche Gebiet, „Stauden" das südliche. Dazwischen liegt die fruchtbare Senke der „Reischenau".

Die großen Siedlungen folgen naturgemäß dem breiten Talzug des Lech, vor allem südlich der Stadt Augsburg (Sitz der Kreisverwaltung) im Bannkreis des Lechfeldes: Da ist zunächst die Stadt Bobingen. Ihr prächtiger Pfarrkirchturm stammt aus spätromanischer Zeit; er wurde gemeinsam mit dem Kirchenraum in der Gotik vergrößert. Die Bobinger Frauenkapelle ist seit 1472 als Wallfahrtskirche bekannt. Den Neubau errichtete Franz Xaver Kleinhans 1749/51 in Rokokoformen. Das benachbarte Königsbrunn, eine ausgeprägte Straßensiedlung von sieben Kilometer Länge, entwickelte sich zu einem bevorzugten Wohngebiet.

Die Madonna aus der Wallfahrtsstätte auf dem Kobel (16. Jh.)

Großaitingen hat zwei wertvolle Barockkirchen. Die Pfarrkirche St. Nikolaus erbaute 1750 F. X. Kleinhans, F. X. Feichtmayr zierte sie mit Stukkaturen. Die Sebastianskapelle von 1740 ist mit Fresken von Matthäus Günther geschmückt.

Die Stadt Schwabmünchen lagert breit inmitten des seit früher Zeit besiedelten Gebietes (prähistorische Funde). Über die ganze Länge des Lechfeldes hin kommt der 60 m hohe spätromanische Backsteinturm der Pfarrkirche zur Geltung. Die Frauenkapelle am Unteren Markt (1486 bis 1507) hat eindrucksvolle frühe Barockaltäre. Die Muttergotteskapelle errichtete F. X. Kleinhans. Im Wasserturm ist das Heimatmuseum untergebracht, das viele Beispiele aus der Volkskunst sowie 150 Werke des Schwabmünchner Malers Ferdinand Wagner zeigt. Der „Luitpoldhain" ist ein freundlicher Park aus dem vorigen Jahrhundert.

Das Lechfeld, eine sieben Kilometer lange Schotterebene, war eines der berühmtesten Schlachtfelder Europas. Hier kämpften die Römer Tiberius und Drusus um Vindelicien, Aurelian und Constantin Chlorus besiegten die Alemannen. 794 errang Karl der Große einen ersten Sieg über die Ungarn, die aber hier 910 noch eine Schlacht gewannen, ehe sie am 10. August 955 von Kaiser Otto dem Großen endgültig besiegt wurden, wobei der hl. Ulrich mit Kreuz und Schwert die Heersäulen begeisterte. Nach dieser Niederlage kamen sie nicht mehr in deutsche Länder. Später diente das Lechfeld noch oft den kaiserlichen Heeren als Sammelplatz. Bis heute ist es Truppenübungsplatz mit einer der größten Garnisonen im süddeutschen Raum (NATO-Flughafen).

Wallfahrt und Kloster Lechfeld entstanden erst 1603 durch die Stiftung einer Augsburger Patrizierswitwe. Den Kern der Anlage bildet der Kuppelbau von Elias Holl, der später erweitert und im 18. Jh. reich ausgestattet wurde. Graben ist der Herkunftsort der großen Familie der Fugger, deren Stammvater Hans Fugger 1367 von hier nach Augsburg übersiedelte.

Kloster Lechfeld

Weiter südlich, an der Singold, liegen Langerringen mit seinem freundlichen Gotteshaus und Schwabmühlhausen mit seiner gut ausgestatteten Rokokokirche. Die Figuren stammen von F. X. Schmädl, die Fresken von J. B. Enderle.

Im Lechtal nördlich von Augsburg folgen die Stadt Gersthofen und das Dorf Herbertshofen, das mit einer Rokokokirche von Hans Dossenberger aufwarten kann, die J. B. Enderle freskiert hat.

Am Westrande des Lechtales schlängelt sich die Schmutter entlang, auf deren Uferhöhen viele alte Orte mit schönen Kirchen- und Schloßbauten stehen. Oberhalb von Westheim erhebt sich auf dem Kobel die vielbesuchte Wallfahrtskirche St. Maria von Loreto (erbaut 1602, erweitert 1728). Alte Fugger-Schlösser sind in Hainhofen und Gablingen (16. Jh.) zu sehen. Die barocke Pfarrkirche Gablingens stammt von Joseph Schmuzer (1734). Barocke Schlößchen stehen in Hammel und Aystetten.

Gablingen

Das Dorf Biberbach ist einer der Orte, die den Anspruch erheben, das berühmte Herrgöttlein zu besitzen, auf das der vielgebrauchte Ausruf „O du lieb's Herrgöttle von Biberach" gemünzt ist. In diesem Streit hat Biberbach ein schwerwiegendes Argument: In seiner schönen Wallfahrtskirche Hl. Kreuz (17. Jh.) wird ein lebensgroßes romanisches Kruzifix, ein sogenanntes Herrgöttle, verehrt. Von der einstigen Burg des Ortes verblieben zwei Türme.

Weiter nördlich erhebt sich das ehemalige Benediktinerinnenkloster Holzen, dessen Kirche 1698/1704 nach Plänen von Franz Beer errichtet und im Innern mit einer hochbarocken Wessobrunner Stuckdekoration ausgestattet wurde.

Das „Herrgöttle" von Biberbach

Nur hier im Norden greift der Landkreis auch auf das rechte Lechufer über, wo die Orte Thierhaupten und Baar liegen. In Thierhaupten steht eine romanische Backsteinbasilika, deren Anlage von 1170 weitgehend erhalten blieb. Allerdings hat das 18. Jh. Gewölbe, Stuck (F. X. Feichtmayr) und Fresken angebracht. Das stattliche Wasserschloß in Unterbaar entstand im 16. Jh.

Im Gebiet der „Stauden" südöstlich von Augsburg liegt das Zisterzienserinnenkloster Oberschönenfeld (gegründet um 1211), dessen

Kloster Oberschönenfeld

schöne Barockkirche Franz Beer 1721–1729 zusammen mit dem Geviert der Konventgebäude erbaute. Hauptort der „Stauden“ und Ausgangspunkt für geruhsame Wanderungen ist der Markt Fischach mit seiner reichstuckierten barocken Pfarrkirche.

In Mickhausen stehen die barock umgestaltete Pfarrkirche St. Wolfgang mit wohlproportioniertem Raum vom Anfang des 16. Jh. und das schlichte Schloß, das um 1690 von den Fuggern erbaut wurde und heute als Altersheim dient. Klimmach und Langenneufnach besitzen sehenswerte Barockkirchen, Münster ein spätgotisches Gotteshaus.

Im Zusamtal liegen der behäbige Marktflecken Zusmarshausen, auf dessen Flur 1648 zwischen kaiserlichen Truppen und den alliierten Schweden und Franzosen die letzte Schlacht des Dreißigjährigen Krieges geschlagen wurde, ferner Gabelbach mit einer stattlichen Barockkirche von 1738 und Steinekirch mit den Resten seiner romanischen Burg.

Pfarrkirche in Dinkelscherben

Der ländliche Markt Dinkelscherben am Rande der „Reischenau“ besitzt eine gotische, barock veränderte Pfarrkirche, deren Turm einen interessanten achteckigen Kuppelaufbau mit Giebeln trägt, und ein Spital, das bereits 1604 als Altersheim gegründet worden war.

Ein alter Markt ist auch Welden im „Holzwinkel“. Seine Pfarrkirche ziert ein riesiges Deckengemälde von M. Günther (1732). Über den Ort hin blickt die Votivkirche St. Thekla, eine Stiftung des Jos. Maria von Wellenburg. 1757 von Hans Dossenberger errichtet, besticht sie durch die einheitliche köstliche Rokokoausstattung.

Wallfahrtskirche Violau

Die heute noch blühende Wallfahrt nach Violau im Westen des Kreises führte zum Bau der interessanten frühbarocken Wallfahrtskirche St. Michael in den Jahren 1617/19. Sie wurde im 18. Jh. durch Simpert Kramer etwas umgestaltet.

Das Wirtschaftsleben des Landkreises ist von der Sogkraft der Stadt Augsburg beeinflußt. Die größeren Industriebetriebe liegen daher in den Ortschaften des Lechtals am Rande der Großstadt. Nach der Zahl der Beschäftigten steht die chemische Industrie an erster Stelle, gefolgt von der Textilfabrikation und dem Maschinenbau. Aber auch viele andere Branchen sind durch eine große Zahl kleinerer Betriebe vertreten.

Biberbach

Eine ganze Kette von schönen alten Städten reiht sich am Donaulauf im Kreisgebiet aneinander: Gundelfingen, Lauingen, Dillingen und Höchstädt.

Dillingen bietet das unveränderte Bild einer kulturell überaus lebendigen Stadt aus dem 16., 17. und 18. Jahrhundert. Es hat das Gepräge eines barocken Fürstensitzes. 973 erstmals erwähnt, kam die Stadt 1258 an das Bistum Augsburg. Im 15. Jh. nahmen die Bischöfe aufgrund von Streitigkeiten mit der Stadt Augsburg in der ehem. Grafenburg ihren Wohnsitz, wodurch Dillingens Schicksal für die nächsten Jahrhunderte bestimmt wurde. Unter dem Kardinal-Fürstbischof Otto Truchseß von Waldburg (1543–1573) nahm die Stadt ihren Aufstieg zu einer fürstbischöflichen Residenz- und Universitätsstadt. Die Universität (1554 gegr., seit 1564 in den Händen der Jesuiten, 1804 aufgehoben) erhielt eine prächtige Aula, den sog. Goldenen Saal, der 1761–1763 im Rokokostil umgeformt wurde; das große Deckenfresko malte Joh. Anwander. Im Jesuitenkolleg (1736 bis 1738) befindet sich ein schöner Bibliothekssaal von 1738. Wie so manche andere geistliche Stadt hat Dillingen sich zu einer regen Bildungs- und Schulstadt entwickelt. Die Studienkirche Mariae Himmelfahrt, nach dem Vorbild von St. Michael in München von Joh. Alberthal 1617 erbaut, wurde 1750–1768 im Rokokostil festlich dekoriert (Fresken von Chr. Th. Scheffler, Skulpturen von J. M. Fischer). Aus Dillingens großer Zeit stammt auch die Pfarrkirche St. Peter, 1618–1628 von J. Alberthal errichtet und 1733/1734 barockisiert, ferner die kleine Kirche des Franziskanerinnenklosters (1736–1738) mit sehr delikater Rocaille-Stuckierung und das bischöfliche Schloß, das vom 13. Jh. bis ins 18. Jh. zahlreiche Veränderungen erfuhr.

Das Dillinger Schloß

Die Bürger der Stadt trugen durch die künstlerische Gestaltung ihrer gotischen und barocken Hausfassaden entscheidend zum repräsentativen Charakter des Straßenbildes bei. Wertvolle Hausmadonnen sind hier zahlreicher zu finden als in einer anderen Stadt. Das Historische Museum besitzt reiche frühgeschichtliche Funde aus dem Kreisgebiet.

Pfeilerkapitell in der Studienkirche

Seit dem 19. Jh. stockte die Entwicklung Dillingens infolge der Übersiedlung der Bischöfe nach Augsburg und der Auflösung der Universität. Eine Wiederbelebung brachte die Industrialisierung der neuesten Zeit und die Einrichtung der Akademie für Lehrerfortbildung, die die Lehrerschaft Bayerns zu Fortbildungskursen zusammenruft.

Die drei Städte Höchstädt, Lauingen und Gundelfingen am Nordufer der Donau hatten alle ein ähnliches Schicksal. Ursprünglich staufisch, kamen sie 1268 an das Herzogtum Bayern und 1505 an die Herzöge von Neuburg a. d. D.

In Lauingen ist Albertus Magnus (1193–1280), der vielseitigste Gelehrte des 13. Jh., geboren worden. Vom 53 m hohen Stadtturm hat man eine weite Aussicht. Dieser sog. Hof- oder Schimmelturm (erb. 1478–1571) beherrscht den Marktplatz und bildet mit dem Turm des ehem. Schlosses und dem Turm der spätgotischen Hallenkirche St. Martin (vollendet 1518) die wichtigsten Akzente der Stadtsilhouette. Auffallend ist das italienisch-klassizistische Rathaus (1783–1790) von Lorenzo Quaglio, das in dem behaglichen Kleinstadtbild ein wenig fremd wirkt. Im „Heimathaus"

Löwe von einem Grabmal in St. Martin zu Lauingen

Unteres Tor in Gundelfingen

(einst Agneskloster vom 15./16. Jh.) befindet sich das Museum mit interessanten Sammlungen zur Vor-, Früh- und Stadtgeschichte.

Gundelfingen zeigt das typische Bild eines bäuerlich-bürgerlichen Donaustädtchens, dessen mittelalterliche Mauern mit Türmen zum Teil noch erhalten sind. Die ursprünglich romanische Pfarrkirche ist stark erneuert, das Rathaus stammt von 1677.

Höchstädt an der Donau ist durch die Niederlage des bayerischen Kurfürsten Max Emanuel gegen die alliierten Österreicher unter Prinz Eugen und Engländer unter General Marlborough am 13. 8. 1704 bekannt geworden. Das Stadtbild wird im Osten von dem weithin sichtbaren Schloß der Pfalzgrafen von Pfalz-Neuburg (um 1590) und am Westende von der spätgotischen Pfarrkirche bestimmt. Deren guter Hochaltar entstand 1695. Sehenswert ist das Tabernakel von 1760 und die prachtvolle Kanzel von 1681. Ein Heimatmuseum besteht im alten Schulhaus.

Die Landschaft des Dillinger Kreises erstreckt sich über das weite Donauried und große Teile des Donaumooses. Nördlich steigt allmählich die Tafel der Schwäbischen Alb an und südlich stößt das tertiäre Hügelland mit dem Zusamtal an das Donauried. Die Stadt Wertingen im Tal der Zusam bietet ein freundliches Ortsbild. Das hoch gelegene Schloß aus dem 14. und 17. Jh. (Neues Schloß) beherbergt heute Ämter. Die Pfarrkirche St. Martin mit zwei kraftvollen romanischen Osttürmen von quadratischem Grundriß hat im Innern prachtvolle Stukkaturen der Wessobrunner Schule. Im Heimatmuseum ist die Sammlung altschwäbischen Schmuckes und verschiedener Gegenstände der Volkskunst sehenswert. Wertingen kam bereits 1278 an Bayern und wurde im Laufe der Geschichte an verschiedene Herren als Lehen vergeben.

Buttenwiesen

Die Pfarrkirche von Buttenwiesen ist ein gotischer Ziegelbau, dessen Turm einen für das Barock typischen achteckigen Aufbau mit Zwiebelhaube trägt. Die Kirche des benachbarten Pfaffenhofen schuf Johann Schmuzer.

Weiter westlich, wo die Glött das Hügelland verläßt, steht als ehemaliger Wohnsitz der Grafen Fugger die Wasserburg Glött (16. Jh.), die heute als Versorgungsanstalt dient.

Im Albgebiet nördlich der Donau liegt Wittislingen, das bis zum 10. Jh. Hauptort des Dillinger Landes war. Kostbare Funde aus einem alemannischen Fürstengrab des 7. Jh. zeugen von seiner Bedeutung. Die Pfarrkirche von 1751 hat z. T. eine frühklassizistische Ausstattung.

Schloßtor in Haunsheim

Viele bedeutende Klöster bestanden einst in diesem Landstrich. Für das Dominikanerinnenkloster in Mödingen errichtete Dom. Zimmermann 1716 bis 1718 eine Kirche, die als sein frühestes Werk gilt. Die Fresken stammen von seinem Bruder Johann Baptist. Der 1351 hier verstorbenen Mystikerin Maria Ebner ist die Ebnerkapelle gewidmet, die 1753 bis 1755 ihre heutige Gestalt erhielt. Von Vorarlberger Baumeistern wurde das Gotteshaus des ehem. Dominikanerklosters Obermedlingen 1719–1721 erbaut. Die hervorragende Inneneinrichtung zeigt erstaunlich reiche Einlegearbeiten.

Die Bautätigkeit der Augsburger Bischöfe in Dillingen regte besonders den Dorfkirchenbau des Umlandes an. Der Graubündener Joh. Alberthal schuf in Haunsheim 1609 eine Kirche, deren Renaissanceformen in Landkirchen dieser Zeit noch nicht üblich waren. Das neugotisch reno-

vierte Schloß des Ortes behielt von der einstigen Anlage den Torbau (1604).
Zahlreiche Kirchen hat der Lauinger Maler Joh. Anwander ausgemalt. Gut ausgestattete Gotteshäuser besitzen auch Donaualtheim (1753) und Unterliezheim (1739; Fresken von Chr. Th. Scheffler). Barocke Wallfahrtskirchen stehen in Stillnau und Buggenhofen (Fresken von Joh. Baptist Enderle 1769). Nicht weit davon das für die Alb so charakteristische Kesseltal mit den Kreuzwegstationen zur Michaelskapelle bei Frohnhofen.
Das Wirtschaftsleben des Kreises bestimmen neben der Landwirtschaft: Maschinenbau, Metallverarbeitungsindustrie, Elektrotechnische Industrie und Textilbetriebe. Außerdem werden Glocken, Sportgeräte, Nahrungsmittel, Keramik, Medikamente u. v. a. hergestellt.

LANDKREIS DONAU-RIES

Das got. Hintermeierhaus in Donauwörth

Wie schon der Name andeutet, hat der Landkreis zwei Schwerpunkte: das Ries mit der Stadt Nördlingen, umgeben vom Kranz der Juraberge, und das Donau-Lech-Gebiet um die Städte Donauwörth und Rain.
Donauwörth, Sitz der Kreisverwaltung, war seit je ein wichtiger Brückenkopf. Hier überqueren die Romantische Straße von Füssen nach Würzburg und die alte Handelsstraße von Augsburg nach Nürnberg die Donau. Obwohl 1945 zwei Luftangriffe die Stadt zu 70 v. H. zerstörten, sucht der Wiederaufbau das alte Bild annähernd wiederherzustellen. Vom Mauerring stehen noch Strecken aufrecht, von den Toren das Riedertor und Färbertor. Die berühmte Reichsstraße mit ihren Giebelhäusern aus dem 16. bis 18. Jh. ist neu erstanden. Einige Profanbauten zeigen den Stil der schwäbischen Donaustädte, z. B. das Fuggerhaus von 1537–1543, das ehem. Deutschordenshaus von 1774 bis 1778 mit schönen Rokokofresken im Innern, das gotische Giebelhaus des ehem. Stadtzolls, das wiedererrichtete „Tanzhaus“ oder das Gerberhaus im Ried (um 1500; darin das Kreisheimatmuseum). Den oberen Teil der Reichsstraße beherrscht der wuchtige Turm der gotischen Stadtpfarrkirche Mariae Himmelfahrt, die 1444–1467 entstand. Sie birgt ein Sakramentshäuschen, dessen hervorragender figürlicher Schmuck teilweise von Gregor Erhart stammt. Die schöne Barockkirche Heiligkreuz des ehem. Benediktinerklosters ist nach Plänen Franz Beers von Joseph Schmuzer 1712–1722 errichtet worden. Sie enthält den Grabstein Marias von Brabant, der Gattin Herzog Ludwigs des Strengen, die unschuldig wegen Verdachtes ehelicher Untreue 1256 auf der Burg Mangoldstein enthauptet worden war. In den Klostergebäuden befindet sich die Stiftung Cassianeum, die geistige Hochburg der Stadt, mit ihrer großen Bibliothek.

Stadtpfarrkirche in Donauwörth

Donauwörths Geschichte ist sehr bewegt. Seit dem 10. Jh. hatte es verschiedene Herren, dann wechselte sein Besitz mehrfach zwischen Kaiser und Bayernherzögen. Von 1301 bis 1607 war es mit Unterbrechungen Freie Reichsstadt, trat der Reformation bei, kam 1607 in die Reichsacht und wurde infolge seiner Besetzung durch Bayern wieder katholisch (einer der Anlässe zum 30jährigen Krieg). 1714 fiel Donauwörth endgültig an Bayern.

Rauchfaß aus der Pfarrkirche in Rain (16. Jh.)

Das Städtchen Rain fungierte von 1250 bis 1803 als befestigter wittelsbachischer Brückenkopf am alten Lechübergang. Im Mittelalter blühte der Ort durch das Textilgewerbe auf. Während des Dreißigjährigen Krieges erlitt der Feldherr Tilly in der Schlacht bei Rain 1632 tödliche Verletzungen. Von der Stadtmauer blieben nach dem Abbruch im 19. Jh. nur Schwab- und Donauwörther-Tor übrig. Das Pflegschloß der Herzöge, das Rathaus (1759) und die gotische Pfarrkirche gehören zum historischen Baubestand. In der ehem. Allerheiligenkapelle (1471–1642) ist ein kleines Heimatmuseum untergebracht. Der Stagnation der Stadt folgte nach dem Zweiten Weltkrieg ein wirtschaftlicher Aufstieg durch verschiedenerlei Betriebe (u. a. Möbel, Gartenbau) und eine große Zuckerfabrik, die die Zuckerrübenernten des Donau-Lech-Gebietes verarbeitet.

Unweit von Rain liegt am rechten Lechufer das einst bedeutende, 1803 aber säkularisierte Zisterzienserinnenkloster Niederschönenfeld. Seine ursprünglich spätromanische Klosterkirche wurde 1662 in barocken Formen neu gestaltet. Druisheim am linken Lechufer südlich von Donauwörth besitzt mit seiner Pfarrkirche St. Veit und der Kapelle der Schmerzhaften Muttergottes zwei schöne Kirchenbauten des 18. Jh., ebenso Oberndorf mit seiner Pfarrkirche und der Wallfahrtskapelle Herrgottsruh. Das Oberndorfer Schloß diente früher den Fuggern als Landsitz. Mertingen hat neuerdings ein Heimatmuseum.

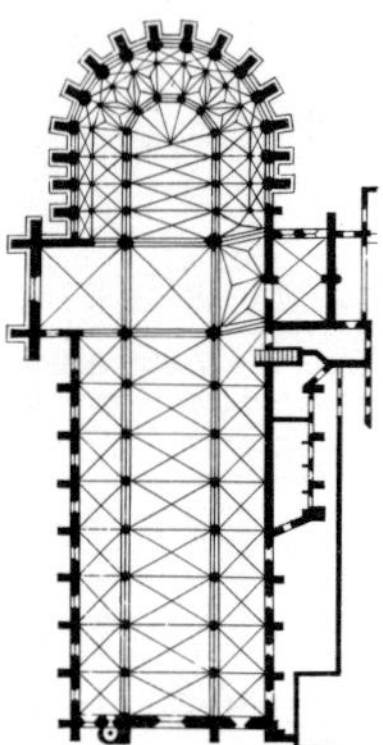

0 10 20 m

Grundriß der gotischen Klosterkirche von Kaisheim

Nördlich der Donau steigt die wellige Tafel der Alb an. Das Wörnitztal grenzt hier die Schwäbische Alb von der Monheimer und Altmühlalb ab. Westlich, noch in der Schwäbischen Alb, liegen Amerdingen mit der klassizistischen Schloßanlage der Schenken von Stauffenberg, die idyllischen Reste der ehemaligen Kartause Christgarten und die Burgruinen von Hochhaus und Niederhaus. Östlich der Wörnitz ist vor allem das 1133 gegründete und 1802 aufgehobene strenge Zisterzienserkloster Kaisheim zu nennen. Es hat eine Pfeilerbasilika zur Klosterkirche (1352–1387), die mit ihrer spröden Großartigkeit in der zisterziensischen Tradition steht. Spätere Jahrhunderte haben nur die Ausstattung hinzugefügt, die sich trotz barocker Formen sehr gut in den Raum fügt. Die Klostergebäude sind heute Jugendstrafanstalt.

Das Schloß Leitheim südöstlich von Kaisheim, ein 1690 errichteter und in zauberhaftem Rokoko ausgeschmückter Bau, war Sommersitz der Kaisheimer Äbte. Im großen Saal mit den Malereien von Gottfried Bernhard Götz (1751) und den Wessobrunner Rocaille-Stukkaturen des Anton Landes finden jeden Sommer festliche Konzerte statt.

Das Landstädtchen Monheim ist Zentrum der sog. Monheimer Alb. Seine teilweise aus dem 14. Jh. erhaltene Ummauerung mit zwei Toren, sein ehemaliges Schloß und seine Stadtpfarrkirche (um 1500) zeugen von alter Geschichte.

In Monheim

Wörnitzaufwärts führen Straße und Bahn nach Harburg, zur Pforte des Rieses. Oberhalb der engen Durchbruchstelle des Flusses thront auf dem Riesrand die Harburg, ein von Mauern und Türmen umgebener mächtiger Bau. Zum Schutze der Reichsstraße von Nördlingen nach Donauwörth bestimmt, war die Burg um 1150 im Besitz der Hohenstaufen; 1295 kam sie an die Grafen und späteren Fürsten von Oettingen, die sie seit damals vielfach erweitert und verändert haben. So finden sich am Bau Teile des 13. bis 19. Jh. nebeneinander, während im Innern die fürstlichen Sammlungen hervorragende Kunstwerke aus allen Epochen zeigen. Der gleichnamige Ort war einst Freie Reichsstadt und teilte das Schicksal der Burg. Heute arbeitet hier ein großes Zementwerk.

Harburg

Danach öffnet sich das flache Becken des Rieses, eine kreisförmige Ebene von etwa 18 km Durchmesser. Ein Kranz von Waldbergen rahmt sie ein. Vermutlich hat ein Meteoriteneinschlag in der Tertiärzeit vor 15 Millionen Jahren diesen Trichter entstehen lassen, der nun mit fruchtbarem Ackerboden angefüllt ist.

Historischer Mittelpunkt im Ries ist die ehemals Freie Reichsstadt N ö r d l i n g e n, eine „Perle der Romantischen Straße". Umrahmt von einer vollständig erhaltenen Stadtmauer mit Wehrgängen, 16 Türmen und fünf Torbauten (bes. Löpsinger Tor und Reimlinger Tor) aus dem 14. bis 16. Jh. bietet sie den Anblick eines organischen, geschlossenen Stadtbildes aus dem Mittelalter. Ihr Wahrzeichen ist die bedeutende spätgotische Hallenkirche St. Georg (1427–1505; Hochaltar 1462 von F. Herlin, Nicolaus Gerhaert von Leiden u. a.) und deren 89 m hoher Turm, der „Daniel", dessen Besteigung mit einem großartigen Blick über die Stadt und das Ries belohnt wird. Die ehem. Klosterkirche St. Salvator ist ein interessanter gotischer Bau, der 1827 Veränderungen erlitt.

Reichswappen am Berger Tor

Fast alle Profanbauten der Stadt erzählen von der Blütezeit Nördlingens im 15. und 16. Jh., als die Stadt in Städtebünden und bei Feldzügen ein gewichtiges Wort sprach und ihre Loden-, Leinen-, Tuch- und Teppichweber, ihre Gerber und Färber überall einen guten Namen hatten. Die Nördlinger Messe war neben der Frankfurter die größte in Oberdeutschland. Berühmte Männer wie Hartmann Schedel, Willibald Pirkheimer, Paracelsus sowie die Maler Friedrich Herlin und Hans Schäufelin wirkten in Nördlingen.

NÖRDLINGEN
ein mittelalterlicher Stadtkern

Reimlinger Tor

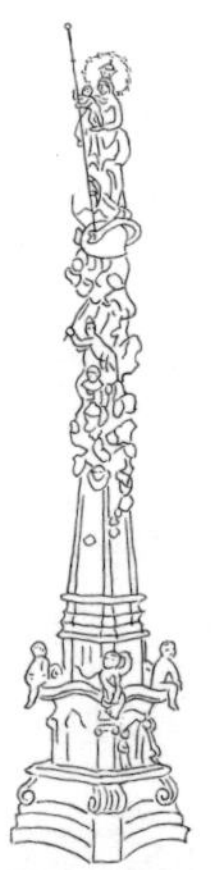

Mariensäule im Schloßhof von Oettingen

Aus den Reihen der Patrizierhäuser heben sich das Rathaus mit seiner interessanten Freitreppe und der Bundesstube (Tagungsort des Schwäbischen Bundes), das Tanzhaus, das Klösterle, die alte Schranne und das ehem. Spital, das heute als Stadtmuseum bedeutende Gemälde, eine Vor- und Frühgeschichtliche Sammlung sowie Schauobjekte zur Geologie des Rieskraters beherbergt. Um den Marktplatz und im Gerberviertel finden sich noch viele malerische Fachwerkhäuser.
Nördlingen wird bereits 898 urkundlich erwähnt. Im 13. Jh. Reichsbesitz, wurde es Ende des 14. Jh. Freie Reichsstadt, mußte seine Freiheit aber häufig gegen die Ansprüche der benachbarten Grafen von Oettingen verteidigen. Im Dreißigjährigen Krieg verloren die Schweden hier 1634 in einer mörderischen Schlacht die Vorherrschaft über Süddeutschland an die kaiserlichen Truppen. Nördlingen hat sich von den Schäden der Kriegswirren nicht mehr erholt. 1803 fiel es an Bayern. Erst 1939 hatte es die Einwohnerzahl des Jahres 1600 wieder erreicht.
Heute ist Nördlingen das wirtschaftliche Zentrum Nordschwabens und hat rührige Industriebranchen: Metall, Druck, Kunststoffe, Chemie, Elektronik, Feinmechanik, Baumwoll- und Wollverarbeitung, Papier, Bekleidung, Mälzerei, Brauerei, Schuhherstellung, Hoch- und Tiefbau.
Mitte Juli treffen sich die pferdefreudigen Bauern des Rieses in alten Trachten und Tausende von anderen Besuchern zum „Scharlachrennen" (seit 1438 überliefert) auf der Kaiserwiese, die zum schönsten und größten Reitturnierplatz Süddeutschlands geworden ist. Ein Frühlingsfest der Nördlinger Kinder war seit dem 15. Jh. das „Stabenfest". Mit einem geschmückten Stab in den Händen begrüßten sie die wiedererwachende Natur. Heute wird der Tag mit „Stabenlied", Festzug, Kletterbaum und Tanzmusik gefeiert. Jeden Sommer gibt es Freilichtaufführungen in der Alten Bastei. Die Rieser Kirchenmusikwochen haben einen guten Ruf.
Das Ries um die Stadt Nördlingen war immer dicht besiedelt und unterstand seit alters zum größten Teil den Grafen und späteren Fürsten von Oettingen. Seit dem Dreißigjährigen Krieg weitete dieses Geschlecht nach der konfessionellen Trennung in die protestantische Linie Oettingen-Oettingen und die katholische Linie Oettingen-Wallerstein seinen Einfluß bestimmend aus. Ihre Residenzorte nahmen das Aussehen kleiner barocker Fürstensitze an. Das unversehrte alte Stadtbild von Oettingen zeigt noch Reste der Stadtbefestigung, vor allem das stattliche Königstor (Turmaufbau aus dem 16. Jh.). Schloßstraße und Marktplatz werden von hübschen Fachwerkbauten (z. B. Rathaus von 1431 mit Heimatmuseum) und Bürgerhäusern mit schwungvollen Ziergiebeln gesäumt. Das Schloß der Fürsten von Oettingen wurde 1679–82 erbaut; Festsaal und Repräsentationsräume hat Matthias Schmuzer 1682/83 mit schwerem Wessobrunner Stuck großartig ausgestaltet. Die Orangerie im ausgedehnten Hofgarten erbaute G. Gabrieli 1726. Auch das Innere der gotischen Pfarrkirche wurde von M. Schmuzer in ausgeglichenen Barockformen überarbeitet.
Wallerstein, durch das steil emporragende Felshaupt seiner einstigen Burg ein beherrschender Punkt der Ebene, wurde oft als „Kapitol des Rieses" bezeichnet. Das unten gelegene Neue Schloß der Fürsten von Oettingen-Wallerstein wuchs im 16.–18. Jh. zu seinem heutigen Umfang heran. Hier stehen im Hofgarten der vortreffliche Reitschulbau (1741) und

das frühklassizistische Moritzschlößchen von 1803/04. Die Pfarrkirche St. Alban (1612–16) hat einen ansehnlichen Turm mit Zwiebelhaube.

Am Ostrand des Rieses liegt das Städtchen Wemding. Es war in kirchlichem, Oettinger und seit 1503 in wittelsbachischem Besitz. Bis heute sind Anlage und Gesicht des Ortes bayerisch beeinflußt. Von der Mauer stehen noch Türme und Tore. Die doppeltürmige Pfarrkirche St. Emmeram ist im wesentlichen ein mittelalterlicher Bau mit barocker Innenausstattung. Auch die alten Bürgerhäuser erfuhren nach dem Dreißigjährigen Krieg eine Barockisierung. Vor der Stadt errichtete Franz Josef Roth, der Deutschordensbaumeister aus Ellingen, für ein Marienbild die Wallfahrtskirche Maria Brünnlein (1748–1752). Johann Baptist Zimmermann und sein Sohn Michael schufen die glänzenden Fresken und Stukkaturen. Das nahe Wildbad Wemding (Schwefel-Stahlbad) besteht seit 500 Jahren.

Gasthaus in Wemding

Fast alle Schloßanlagen des Rieses und Riesrandes sind oder waren im Besitz der Oettinger Dynastien. Hohenaltheim (erbaut Anfang 18. Jh.), Hochaltingen (erbaut 1551 und 1764) und Hirschbrunn (Jagdschloß von 1626) glänzen bis heute im ländlich höfischen Charakter. Die Deutschordens-Ballei ließ die Schlösser von Reimlingen (1595 und 1736) und Lierheim (1758/62 neugestaltet; gediegener Rocaille-Stuck) errichten. Die Burg von Alerheim wurde in einer heftigen Schlacht während des Dreißigjährigen Krieges zerstört.

Hirschbrunn

Einen gewichtigen Anteil an der Baukunst im Riesgebiet hatten die Klöster. Voran Auhausen, dessen ehem. Benediktinerklosterkirche aus romanischer Zeit (12. Jh.) stammt, dessen Gesamteindruck jedoch wegen späterer Einbauten uneinheitlich ist. Der Hochaltar (1513) gilt als das umfangreichste Werk Hans Schäufelins. In Auhausen wurde 1608 die Protestantische Union, eine Vereinigung protestantischer Fürsten, geschlossen. Eine schlichte gotische Stiftskirche gibt es in Klosterzimmern, dessen Zisterzienserinnenkloster 1559 säkularisiert worden war. In Maihingen stehen das Minoritenkloster und die barocke Klosterkirche Maria Immaculata mit reicher Innenausstattung (erbaut 1712–1719; gute, einheitliche Arbeit des Vorarlberger Kirchenbauwesens). Die Kirche des ehemaligen Benediktinerklosters Mönchsdeggingen (romanischer und gotischer Bau) wurde 1751–53 zu einem bewegten barocken Festraum umgestaltet.

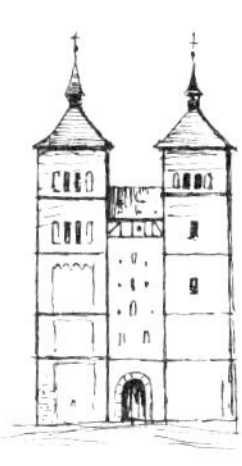

Auhausen

Von den vielen schönen Dorfkirchen im Ries seien nur Minderoffingen mit seiner romanischen Kirche (die älteste im Ries) und Hochaltingen genannt, das in seiner Pfarrkirche (16.–18. Jh.) ein Meisterwerk des schwäbischen Manierismus besitzt: das Epitaph für die Edlen von Hürnheim, wahrscheinlich von Hans Daucher 1526 geschaffen.

Gemäß der großen Ausdehnung über Donautal, Alb und Ries ist die Wirtschaft des Landkreises breit gefächert. Vom Weizen-, Kartoffel- und Zuckerrübenanbau sowie der Tierzucht der Landwirte über die großen Viehmärkte (Nördlingen und Oettingen) der Händler bis zur vielgestaltigen Industrie: sie umfaßt Waggon-, Luftfahrtgeräte-, Armaturen- und Maschinenbau, Druckereien, Textilbetriebe, Herstellung von Käthe-Kruse-Puppen und Klöppelspitzen, Orgeln (Oettingen), Papier- und Holzverarbeitung, Bau- und Ausbaugewerbe sowie Nahrungsmittelfabrikation.

LANDKREIS GÜNZBURG

Frauenkirche

Palais Cimaroli-Brentano

Maria-Theresien-Taler

Der Landschaftscharakter des Kreises ist bestimmt von den Tälern der Donau und der ihr zuströmenden Flüsse Günz, Kammel und Mindel, die von Süden nach Norden den ganzen Landkreis durchziehen. Dazwischen erstrecken sich langgezogene Riedel mit dichten Waldrücken. Den Norden nimmt die Auenlandschaft der Donau ein. In den fruchtbaren Talweitungen reihen sich schmucke Ortschaften. Geschichtlich betrachtet bildete das Gebiet schon früher eine Einheit; denn die wesentlichsten Bestandteile der einstigen Markgrafschaft Burgau lagen im heutigen Kreisgebiet.

Der am Zusammenfluß von Donau und Günz ansteigende Höhenrücken, auf dem heute die Stadt G ü n z b u r g gelegen ist, trug bereits zur Römerzeit ein Kastell (Guntia) zur Sicherung des alten Donauüberganges. Im Mittelalter der Diözese Augsburg unterstehend, kam der Ort 1274 an die Markgrafschaft Burgau und fiel mit dieser an Österreich, dessen Oberhoheit nach fünf Jahrhunderten 1805 von Bayern abgelöst wurde.

Den Höhenrücken besetzt im Südwesten der massige Schloßbau, im Norden die Frauenkirche. Dominikus Zimmermann, der bedeutendste schwäbische Kirchenbaumeister der Zeit, schuf 1736–1741 diese vornehme Rokokokirche und schmückte sie prachtvoll aus. Sie zählt neben der Wieskirche und der Kirche von Steinhausen zu seinen Hauptwerken. Die Deckengemälde stammen von dem Günzburger Maler Anton Enderle. Ein Teil der Westempore dient als Hauskapelle den Englischen Fräulein, deren Klostergebäude (einst Franziskanerinnenkloster) sich hinter der Kirche erstrecken. Der schlichte Bau des Schlosses war vom 15. Jh. bis 1805 die Residenz der österreichischen Markgrafschaft Burgau; er enthält heute die doppeltürmige Schloßkirche von 1579 mit einer reich ausgestatteten Rokokokapelle und ein Heimatmuseum mit interessanten vor- und frühgeschichtlichen Funden.

Das Stadtbild Günzburgs mit dem schönen, langgestreckten Marktplatz ist durch einige Rokokobauten des Zimmermann-Schülers Joseph Dossenberger belebt, darunter das ehem. Kolleghaus des Piaristenordens, die ehem. Kaserne und der ehem. Münzbau (Gasthof), wo seit 1780 die erste und lange Zeit einzige Münzstätte des weltberühmten Maria-Theresia-Talers bestand. Der alte Mauerring behauptete sich mit einem gotischen Tor bei der Frauenkirche und dem stattlichen Stadttor von 1612, das die breite Hauptstraße im Westen abschließt. „Klein-Wien" nannte man das Städtchen wegen seiner heiteren Lebensauffassung.

Im Mittelalter war die Stadt B u r g a u der Hauptort der gleichnamigen Markgrafschaft und unterstand 1304–1805 den Habsburgern, welche sie aber immer wieder anderen Herren verpfändeten. Aus dem gut schwäbischen Straßenbild mit Giebelhäuserreihen heben sich der klassizistische Saalbau der Pfarrkirche (1789; Malerei von J. B. Enderle und Konrad Huber), das barocke Stadttor und der Block des ehem. Schlosses. Das Städtische Museum besitzt sehenswerte Stücke aus der religiösen Volkskunst.

Eine Folge der verwickelten territorialen Besitzverhältnisse dieses Landes sind die vielen Schloßbauten. I c h e n h a u s e n hat deren gleich zwei: den stattlichen Bau des Unteren Schlosses von 1697 und das heute als Rathaus dienende Obere Schloß von 1566. Für die jüdische Gemeinde des Städtchens hatte Joseph Dossenberger 1781 eine Synagoge errichtet.

L e i p h e i m mit seinem malerischen Schloß aus dem 15./16. Jh. (Waffen- u. Uhrensammlung) und der gotischen Pfarrkirche steht auf altem römischem Kulturboden. Es war im Mittelalter württembergisch, kam dann zu Ulm und 1803 zu Bayern. Die R e i s e n s b u r g östlich von Günzburg, seit der Bronzezeit besiedelt, wurde bereits 700 urkundlich genannt und spielte 955 eine wichtige Rolle bei der Schlacht auf dem Lechfelde. Sie hat trotz aller Veränderungen durch die Jahrhunderte ihren wuchtigen Burgencharakter erhalten und beherbergt heute das „Internationale Institut für wissenschaftliche Zusammenarbeit". Ein neugotisches Schloß steht in H a l d e n w a n g. Durch Sebastian Schertlin von Burtenbach, den bekannten Feldhauptmann der Stadt Augsburg, ist der Ort B u r t e n b a c h historisch bedeutsam geworden. Er führte hier 1546 die Reformation ein. Heute ist das historische Schertlinhaus eine Heimstätte für pflegebedürftige alte Menschen.

Unteres Schloß in Ichenhausen

Vom ausgedehnten Kirchenbau des Spätmittelalters seien die Pfarrkirchen von J e t t i n g e n und U n t e r k n ö r i n g e n mit ihren Skulpturen und Grabsteinen genannt. Ein hervorragender Bau ist die Kirche des ehem. Augustinerchorherrenstifts W e t t e n h a u s e n. Das Kloster gewann um 1600 große Bedeutung als kirchliches Reformzentrum (heute Dominikanerinnenkloster). Die weiträumige, gut ausgestattete Kirche (1670–1683) ist im wesentlichen ein Bau von Michael Thumb aus Vorarlberg.

Reisensburg

Die reiche Bautätigkeit im 18. Jh. hat den Kirchen den Stil des Spätrokoko aufgeprägt. Fast alle verraten den Einfluß Joseph Dossenbergers, der Inspektor und Direktor des Bauwesens in der Markgrafschaft gewesen war. S c h e p p a c h s Pfarrkirche St. Felix hat er 1768 sehr geschickt von einer spätgotischen Anlage in eine Barockkirche verwandelt (Malerei von Franz Martin Kuen), die nahe gelegene Wallfahrtskirche Allerheiligen (erb. von Simpert Kramer 1732, Fresken von Joh. Bapt. Enderle) 1770 um den Altarraum erweitert. Die Kirchen von H a m m e r s t e t t e n, H o c h w a n g, S c h ö n e n b e r g und K l e i n b e u r e n wurden von Dossenberger neu erbaut und diejenigen von M i n d e l a l t h e i m, E t t e n b e u r e n, G r o ß k ö t z, A u t e n r i e d (Ikonenmuseum im barocken Schloß), O x e n b r o n n u. a. glücklich barockisiert.

Wettenhausen

Der südliche Teil des Kreises bestand bis 1972 als eigene Verwaltungseinheit mit dem Zentrum K r u m b a c h. Die Stadt war im 12. Jh. Sitz der Herren von Krumbach. Später mit der Markgrafschaft Burgau österreichisch geworden, erhielten 1630 die Grafen und späteren Fürsten von Lichtenstein die Stadt als Lehen. 1805 fiel sie an Bayern. Über Geschichte, Kultur und Kunsthandwerk des Umlandes findet sich reiches Anschauungsmaterial im Heimatmuseum, das in einem der typischen ehemaligen Judenhäuser mit Zwerchbau und Dreiecksgiebel eingerichtet wurde (erbaut 1810).

Im Stadtbild dominieren die hübsche St.-Michaels-Kirche (erb. 1752, Fresken von Franz Martin Kuen), der stattliche Renaissancebau des Schlosses aus der Mitte des 16. Jh., der Fachwerkbau des Rathauses von 1679 und die moderne Maria-Hilf-Kirche. In Krumbach steht das Geburtshaus von Ernst Buschor, dem großen deutschen Archäologen.

Michaelskirche in Krumbach

In den letzten Jahren ist Krumbach zu einem Zentrum der schwäbischen Volksmusikpflege geworden (Musikschule).

Unweit östlich der Stadt liegt das kleine Mineralbad Krumbad (Schlammbäder, Kneippkur), dessen eisenhaltige Quellen seit dem 14. Jh. bekannt sind.
Einen stattlichen Barockbau besitzt Edelstetten mit seiner ehem. Damenstiftskirche St. Johannes. Das reiche Stuckwerk schuf Joh. Bapt. Zimmermann 1710. Das barocke Stiftsgebäude wurde von Michael Thumb errichtet.

Pfarrkirche in Ursberg

Ursberg war von 1125 bis 1803 Sitz des ersten deutschen Prämonstratenserklosters, in dessen Gebäuden heute Anstalten für geistig und körperlich Behinderte unter Betreuung von Schwestern der St.-Josefs-Kongregation untergebracht sind. Die Klosterkirche, 1670 barock erneuert, ist in der Anlage spätromanisch. Aus dieser Zeit stammt auch die wertvolle Kreuzigungsgruppe. Zum Kloster Ursberg gehörte einst auch die Pfarr- und Wallfahrtskirche St. Michael in Mindelzell (1749 von Joh. Kasp. Radmiller erbaut). Eine Schirmburg von Ursberg war ursprünglich Schloß Neuburg an der Kammel (seit 1817 Sitz der Frhrn. von Aretin).
Der Kern der Frauenkirche von Münsterhausen ist ein kleiner Zentralbau nach dem Muster der Altöttinger Gnadenkapelle (im 17. Jh. erweitert).
„Maria Feldblume" heißt die kleine barocke Wallfahrtskirche oberhalb von Wattenweiler, für deren Bau der Architekt Michael Thumb gewonnen wurde. Schöne Gotteshäuser des späten 18. Jahrhunderts von J. Dossenberger sind Deisenhausen (erb. 1767; Malerei von J. B. Enderle) und die frühklassizistische Pfarrkirche in Breitenthal.
Das gewerbereiche Thannhausen (seit 1953 Stadt) weist eine Rokokokirche von J. K. Radmiller (1740/46) und hübsche Barockhäuser auf. Dem Jugendschriftsteller und Dramatiker Christoph von Schmid, der 1796–1816 hier wirkte, ließ die Stadt ein Denkmal setzen.
Der Markt Ziemetshausen kam 1751 durch Kauf an die Grafen von Oettingen-Wallerstein. Johann Schmuzer errichtete 1686–1694 die barocke Pfarrkirche (Rokokoergänzungen im 18. Jh., Anna-Altar von Lorenz Luidl). Ein sehenswerter Rokokobau ist die Wallfahrtskirche „Vesperbild" (1725 von Simpert Kramer erbaut, 1754 von Joh. Georg Hitzelsberger erneuert).

Wallfahrtskirche „Maria Vesperbild"

Das Wirtschaftsgefüge des Landkreises weist die ganze Spannweite vom bäuerlichen Kleinbetrieb bis zum Atomkraftwerk auf, vom handwerklichen Familienbetrieb bis zum exportierenden Industriewerk. In diesem alten Agrarland ist zwar immer noch jeder fünfte Erwerbstätige in der Land- und Forstwirtschaft tätig, doch in den letzten Jahrzehnten hat sich die Industrie stark entwickelt. Voran gehen die chemische Industrie (besonders Düngemittel), die Textil-, Bekleidungs- und Kunststoffindustrie sowie der Maschinenbau. Dazu gibt es Lederhandschuhindustrie, Nahrungs- und Genußmittelindustrie, Wachswaren, Silber- und Zinnwarenherstellung, Bau- und Ausbaubetriebe. Das Atomkraftwerk Gundremmingen nahm als erstes Leistungskraftwerk der Bundesrepublik 1966 den Betrieb auf. Seine Kapazität wird erweitert.

LANDKREIS LINDAU (BODENSEE)

Die weite und milde Landschaft des Bodensees tut sich auf, wenn man vom Norden nach Lindau kommt. Hier hat der Bodenseegletscher während der letzten Eiszeit mit Moränen und Schotterterrassen das liebliche Bild geprägt, während im Osten des Kreises die Voralpen das überaus abwechslungsreiche Relief gestalten. Die zum Bodensee hin geneigten Bezirke tragen ausgedehnte Obstgärten, während alpine Matten und Wälder die nordöstlichen Gebiete überziehen.

Diebsturm in Lindau

L i n d a u, das „Schwäbische Venedig", auf einer Insel im östlichen Bodensee gelegen, ist mit seinen Außenstadtteilen auf dem Festland durch Brücke und Eisenbahndamm verbunden. Die Inselstadt zeigt ein reizvolles altertümliches Stadtbild. Reste der Befestigungsanlagen und Türme (Peters-, Mang-, Diebs-, Pulverturm) bekunden die alte Reichsstadt, die sich ihrer Gegner zu erwehren wußte. Die älteste Pfarrkirche St. Peter (jetzt Kriegergedächtniskapelle) mit Passionsfresken (um 1470 bis 1480) stammt größtenteils noch aus dem 11. Jh., die jetzige evang. Pfarrkirche St. Stephan wurde im 12. Jh. erbaut, 1506 umgestaltet und im 18. Jh. neu ausgestattet, die barocke kath. Pfarrkirche St. Maria entstand 1748–1751. Aus der alten Barfüßerkirche ist durch Umbau das Stadttheater geworden. Das Stadtbild wird weiter von Profanbauten, wie dem Alten Rathaus (im 15. Jh. erbaut, im 16. Jh im Renaissancestil erneuert), den stattlichen Barockbauten des Neuen Rathauses und des „Kawatzen" (darin die Städtischen Kunstsammlungen) und von den die Hauptstraße begleitenden Arkaden, den sogenannten Brodlauben, bestimmt. Lindaus Wahrzeichen ist die bekannte Hafeneinfahrt mit Leuchtturm und Löwenmonument von 1856.

Hölzerne Saaltüre aus dem Alten Rathaus

Ein Hafen war Lindau schon zur Römerzeit als Castrum Tiberii. Zur Zeit der Karolinger hieß es Lintova, zur Stauferzeit Lindavia. Von 1220 bis 1802 blieb es kontinuierlich Freie Reichsstadt und bildete ein in Oberschwaben verbreitetes eigenes Stadtrecht aus. Seit 1805 ist es bayerisch mit einer Unterbrechung von 1945–1956, wo es der französischen Besatzungszone angehörte.

Im Mittelalter erlangte Lindau große Bedeutung als Hafen- und Handelsstadt und blieb bis heute eine der wirtschaftlich wichtigsten Städte des Bodenseegebietes. Ein wesentlicher Faktor ist der Fremdenverkehr (Lindauer Spielbank seit 1950; Bad Schachener Eisen- und Schwefelquelle). Mitte Juli wird seit 1655 das „Lindauer Kinderfest" gefeiert.

In der Ludwigstraße

Volkstümliche Wandmalereien in St. Stephan zu Genhofen (Ausschnitt)

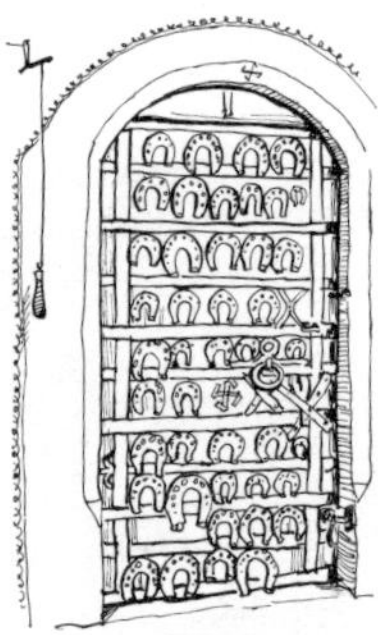
Genhofen

Die Industriebetriebe liegen meist in der „Gartenstadt" auf dem Festland (1922 eingemeindet; hübsche Schlößchen in Aeschach und Hoyren), sie erzeugen Maschinen, Kunststoffe, Gummiwaren, Textilien, Kühlanlagen, Nahrungs- und Genußmittel, Möbel, elektrotechnische Geräte und feinmechanische Artikel.

Das Städtchen L i n d e n b e r g im Allgäu ist ein vielbesuchter Luftkurort an der Queralpenstraße. Neben einem großen Schmelzkäsewerk hat es eine traditionsreiche eigene Industrie: Als im 18. Jh. ein Lindenberger Roßhändler wegen einer Erkrankung in Oberitalien festgehalten wurde, erlernte er dort aus Langeweile das Strohhutflechten. Damit begann die heute weltbekannte Lindenberger Hutindustrie, die mit ihren Nebenbetrieben (Bleichereien, Färbereien usw.) auch im weiteren Umkreis des Ortes beheimatet ist. Daneben gibt es Nahrungsmittel- und Metallindustrie.

W e i l e r im Allgäu hat neuerdings einen guten Namen als Rheumabad. Es ist ein freundlicher Markt mit hübschem Rathaus von 1681, klassizistischer Pfarrkirche von 1806 und vorbildlich aufgestelltem Westallgäuer Heimatmuseum (u. a. Anschauungsmaterial zur Strohhutherstellung). Im Ort befindet sich eine Lehr- und Versuchsanstalt für Emmentaler Käserei. In Weiler und S c h e i d e g g, aber auch im übrigen Westallgäu wird von den Einheimischen noch die sog. alemannische Mundart gesprochen wie zur Zeit der Hohenstaufen und Walthers von der Vogelweide. Auch Scheidegg hat einen hellen frühklassizistischen Bau zur Pfarrkirche (1796–1800). S i m m e r b e r g westlich von Weiler ist ein bekannter Westallgäuer Theaterort mit eigenem Theaterbau. Seine Kirche beherbergt eine wertvolle ausdrucksstarke Steinfigur der Muttergottes (um 1330), die einst im Kloster Mehrerau bei Bregenz als Gnadenbild verehrt worden war. Weiter nördlich liegt der größte erratische Block Europas, der „Riesenfindling" von E l l h o f e n, mit einem ursprünglichen Rauminhalt von rund 4000 cbm (er wurde jahrelang als Steinbruch genutzt). Der Rheingletscher hat ihn einst aus der Schweiz (Dreischwesterngruppe) bis hierher getragen.

Südwestlich in G e n h o f e n steht die Kapelle St. Stephan (erbaut 1497 vermutlich auf einem vorchristlichen Sonnengottheiligtum) mit auffallenden Malereien geometrisch-dekorativer Art, symbolischen Figuren und verschiedenen Zauberzeichen, Drudenfüßen u. a.

Von den über 40 Burgen des Landes blieb kaum eine bis heute erhalten, nur in W a s s e r b u r g a. B. überstand das Renaissanceschloß die Drangsale seiner wechselvollen Geschichte. Bei Heimenkirch ragt wie zur Erbauungszeit das Bergschloß S y r g e n s t e i n aus dem 15./16. Jh. auf, das seine zeitgenössische Einrichtung z. T. bewahren konnte (schöne Holztäfelungen).

Im Wirtschaftsleben des Kreises spielt neben Viehzucht und Milchwirtschaft der Obstanbau eine bedeutende Rolle.

Hüte aus Lindenberg

LANDKREIS NEU-ULM

In dem Winkel zwischen Donau und Iller erstreckt sich der Landkreis von den Donauauen im Norden bis zum Günztal bei Kettershausen im Süden. Vorwiegend bewaldete Hügelrücken streichen nordwärts. Die breiten Längsfurchen zwischen ihnen werden durch die Täler von Iller, Roth, Biber und Osterbach gezogen. Die Kreisstadt Neu-Ulm ist eine Ortsgründung aus dem 19. Jh. Sie geht auf einen Staatsvertrag zwischen Bayern und Württemberg zurück, auf Grund dessen das Gartenland „Ulm auf dem rechten Donauufer" 1810 an Bayern fiel. 1811 wurde Neu-Ulm gegründet, 1842–1849 jedoch wieder als Brückenkopf in die Bundes- und Reichsfestung Ulm miteinbezogen. Festungsbau und Garnison ließen die Siedlung rasch aufblühen. 1869 erhielt sie Stadtrechte und wuchs zu einem regen Industrieort heran. Die Reste der Festungsanlagen gehören zu den bedeutendsten Denkmälern der Festungsbaukunst des 19. Jh. in Süddeutschland.

Kath. Stadtpfarrkirche St. Johann Baptist

Über die Vorgeschichte des „Ulmer Winkels" unterrichtet das Neu-Ulmer Heimatmuseum.

Bei der Bombardierung Ulms 1944/45 wurde auch Neu-Ulm zu drei Vierteln zerstört. Im Zuge des Wiederaufbaus haben viele heimatvertriebene Handwerker das Wirtschaftsleben belebt, das heute Betriebe der Metallverarbeitung, des Maschinen- und Fahrzeugbaus sowie Möbel-, Textil-, Leder-, Ernährungs- und chemische Industrie umfaßt.

Das Gebiet des Landkreises gehörte seit 15 v. Chr. zur römischen Provinz Raetia. Es war kultiviert und von Straßen durchzogen. Kastelle bestanden an der Illermündung und vor allem in Kellmünz, das nach einem der sieben Hügel Roms „Caelius mons" benannt war, woraus der jetzige Name entstand.

Das Obere Tor in Weißenhorn

Die weiteren Hauptorte des Kreises neben Neu-Ulm sind Weißenhorn und Illertissen.

Das malerische alte Städtchen Weißenhorn wird zum erstenmal in einer Urkunde aus dem Jahr 1000 genannt. Im Mittelalter wechselten mehrfach die Besitzer der Stadt. Auch die Wittelsbacher und die Habsburger waren darunter. 1508 wurde Weißenhorn an die Fugger verpfändet und ging 1735 endgültig in deren Besitz über. 1805 kam es zu Bayern. Jakob Fugger ließ 1513/14 das alte Schloß um einen Neubau erweitern, das Neue Rathaus von 1576 wurde nach Plänen J. Dossenbergers 1761 erneuert. Aus gotischer Zeit stammen noch die ansehnlichen Stadttore und die Spitalkirche St. Leonhard (1470). Das 1534 erbaute Wollhaus erinnert an das florierende Barchentweberhandwerk des Städtchens im 16. Jh. Es dient heute als Heimatmuseum, das eine reiche Volkstumssammlung und viele Werke schwäbischer Rokokomaler, besonders der Weißenhorner Malerfamilie Kuen, besitzt. Ein berühmter Sohn der Stadt war auch der streitbare Prediger und „Vater der schwäbischen Mundartdichtung" P. Sebastian Sailer (1714–1777).

Schloß Illertissen

Schüssel mit dem Haupt Johannis des Täufers im Heimatmuseum von Illertissen

Die Stadt Illertissen ist durch ein Urnengräberfeld des 12./11. Jh. v. Chr. als bronzezeitliche Siedlung nachgewiesen. Aus dem 6./7. Jh. n. Chr. fand man einen alemannischen Reihengräberfriedhof. Im Jahre 954 wird Illertissen erstmals in einer Urkunde genannt. Im 12. Jh. Eigentum der Grafen von Kirchberg, wechselte es häufig den Besitzer, bis der letzte der Freiherrn von Vöhlin die Herrschaft 1756 an Kurbayern verkaufte. Das ehemalige Schloß derer von Vöhlin ist ein malerischer Renaissancebau aus der Zeit um 1550, der den Ort überragt. Die Schloßkapelle glänzt seit 1751 in reichem Rokokoschmuck. Die Pfarrkirche St. Martin, um 1590 errichtet, besitzt einen prächtigen Barockaltar von 1604.

Ein stattlicher Bau ist auch das Schloß von O s t e r b e r g, an dem vom 15.–20. Jh. immer wieder gebaut wurde. Auch im Markt I l l e r e i c h e n - A l t e n s t a d t bestand ein Schloß, von dem aber nur die Vorburg erhalten blieb. Die alte Pfarrkirche des Schlosses ist im Stil des 18. Jh. ausgestattet.

Roggenburg

Die kirchliche Baukunst des Kreises entfaltete sich besonders seit Mitte des 18. Jh. Voran in R o g g e n b u r g, für dessen Prämonstratenserabtei (1126 gegründet, seit 1544 Reichsstift) Simpert Kramer 1752–1758 eine neue Anlage schuf. An der strahlenden Rokokoausstattung waren viele schwäbische Künstler beteiligt. Weiß-golden glänzt der großartige Orgelbau. Das reiche Kloster ließ auch in seinen Stiftsgütern neue Kirchen errichten. So in S c h i e ß e n eine prächtige Wallfahrtskirche (erbaut 1681, Stuck 1720, Deckenbild von Konrad Huber 1780) und in I n g s t e t t e n eine frühklassizistische Pfarrkirche, die zu den bemerkenswertesten Landkirchen dieser Stilstufe zählt (erbaut 1790/93).

Auch in O b e r e l c h i n g e n bestand ein bedeutendes Kloster. Seine romanische Kirche wurde 1782–1785 neu erbaut und von namhaften Künstlern in frühklassizistischem Stil hervorragend ausgestattet (Deckenfresken von Januarius Zick). Unter den vielen Kirchen dieser Stilepoche im Ulmer Land nimmt sie neben Wiblingen den ersten Rang ein. Einen „Salon du bon Dieu“ soll Napoleon sie beim Betreten genannt haben. Um Oberelchingen tobte 1805 die Schlacht zwischen den Österreichern unter General Mack und den Franzosen unter Marschall Ney, der für seinen Sieg von Napoleon zum Herzog von Elchingen erhoben wurde.

Benediktus-Altar in Oberelchingen

Stiftungen der Grafen Fugger verdankt die elegante Wallfahrtskirche von W i t z i g h a u s e n (1735–1740) ihre glanzvolle Rokokodekoration.

Als Wallfahrtsstätte wird auch die schön gelegene, reizvolle Rokokokirche von M a t z e n h o f e n (Fresko von Franz Martin Kuen 1751) besucht.

Nur geringe barocke Änderungen hat die gotische Kirche in R e u t t i erfahren. Es ist eine interessante „Chorturmanlage“ (Turm zwischen Apsis und Kirchenschiff) mit guter spätgotischer Ausstattung.

Besuchenswerte Bauwerke sind weiterhin die Rokokokirchen in R i t z i s - r i e d (einheitliche Ausstattung, Deckengemälde von Franz M. Kuen) und S t r a ß (erbaut 1747).

Die wirtschaftlichen Schwerpunkte im Kreis neben den genannten Städten sind V ö h r i n g e n (Messingwerk) und S e n d e n. Es gibt vor allem metall- und holzverarbeitende Werke, chemische, elektrotechnische, feinmechanische und Maschinenbaubetriebe sowie Textilwerke. Erwähnt sei die Bienenzucht zur Gewinnung von Bienengift für Heilzwecke.

LANDKREIS OBERALLGÄU

Von den höchsten Berggipfeln der Allgäuer Alpen bis zu den Endmoränenhügeln unterhalb der kreisfreien Stadt Kempten reicht die Spannweite des Landkreises. Er genießt den Ruhm, eines der schönsten und abwechslungsreichsten Feriengebiete Deutschlands zu sein. Fast jede Siedlung kann sich Erholungs- oder Luftkurort nennen.

„Funken" im Allgäu

Sitz der Kreisverwaltung ist die Stadt S o n t h o f e n. Ihr Zentrum hat sie in der Marktstraße, wo auch der Giebelbau des Rathauses steht. Südöstlich liegt beherrschend auf einer Terrasse die 1935 bis 1941 erbaute Ordensburg, heute Kaserne, östlich die Ruine Fluhenstein (14. Jh.). Frei vorgeschoben am Alpenrand erhebt sich nordöstlich von Sonthofen der Grünten als „Wächter des Algäus", der ein Alpenpanorama von der Zugspitze bis zum Säntis bietet (Sessellift).

Alle zwei Jahre am Fastnachtssonntag führen die Sonthofener das uralte „Eggaspiel" auf, wobei eine böse Hexe das ganze Dorf in Aufruhr bringt und die Bauern schädigt, ehe sie eingefangen wird und auf den Scheiterhaufen kommt. Ein anderer alter Brauch ist es, am Sonntag Invocavit auf vielen Hügeln des Allgäus die sogenannten Funken zu entzünden. In Gestalt einer Hexe aus Stroh wird der böse Geist des Winters verbrannt. Über das „Eggaspiel", über Volkskunst, Alpsennerei und Nagelschmieden unterrichten die Sammlungen im Sonthofener Heimathaus.

Die vielen Burgställe und Ruinen des Oberallgäus bekunden, wie stark zersplittert die Besitzverhältnisse im Mittelalter waren. Seit dem Spätmittelalter kristallisierten sich östlich der Iller die Reichsgrafschaft Königsegg-Rothenfels mit Sitz Immenstadt und westlich der Iller das augsburgische Pflegamt Rettenberg mit Sitz R e t t e n b e r g heraus.

I m m e n s t a d t gilt als Eingangstor der Allgäuer Alpen. Es war lange Zeit Residenz der Grafen Königsegg-Rothenfels, in deren Schloß heute das Amtsgericht untergebracht ist. Ihre einstigen Stammburgen Rothenfels und Hugofels nördlich der Stadt sind heute Ruinen. Immenstadt besitzt ein reichhaltiges Heimatmuseum. Im nahe gelegenen Alpsee finden sich Spuren von Pfahlbauten. In die Berge südlich von Immenstadt mit den Gipfeln Hochgrat, Rindalphorn, Stuiben führen viele Wanderwege (Sessellift zum Mittagsberg).

Der südlichste Markt Deutschlands und ein hervorragendes Zentrum für Wintersportler, Touristen und Erholungsuchende ist O b e r s t d o r f.

Der alte Ort wurde 1865 durch einen Brand so zerstört, daß er zum größten Teil neu aufgebaut werden mußte. Nur im Süden blieben die beiden Loretokapellen aus dem 17./18. Jh. und die Appachkapelle mit ihren gotischen Fresken erhalten. Das Oberstdorfer Heimatmuseum beherbergt schöne Stücke aus Handwerk und Volkskunst. Alle fünf Jahre führen die Oberstdorfer den uralten „Wildmännletanz" auf. Er gilt als der älteste deutsche Kulttanz und läßt sich über zweitausend Jahre zurückverfolgen.

Wildmännle

Berühmt ist die riesige Skiflugschanze südlich von Oberstdorf, die Flüge bis zu 140 m ermöglicht. Eine Großkabinenseilbahn und ein Sessellift führen auf das bevorzugte Ausflugsziel, das Nebelhorn, die Söllereck-Sesselbahn zum Hotel Schönblick und im Stillachtal Seilbahnen zum Fellhorn und zur Kanzelwand-Alm.

Turm der Pfarrkirche in Petersthal

Bei Oberstdorf münden acht Bergtäler, die unerschöpfliche Möglichkeiten zu Wanderungen bieten. So z. B. das großartige Oytal mit der Höfats, dem schönsten „Grasberg" der Ostalpen, dem Schneck, der Wildengruppe und dem Seealpsee; das Trettachtal, die sogenannte Spielmannsau mit Kratzer, Trettachspitze und Muttler; das Stillachtal mit dem Freibergsee und mit einem der großartigsten Talschlüsse der Nördlichen Kalkalpen, gekrönt von den Spitzen der Mädelegabel, Hochfrottspitze und Trettachspitze. Das berühmte Kleine Walsertal gehört staatspolitisch zu Österreich, ist aber deutsches Zollgebiet. Es wurde im 13. Jh. von Wallisern besiedelt, die sich in Mundart, Tracht, Haus- und Siedlungsform manche Eigenart bewahrt haben. Private Heimatmuseen bestehen in Riezlern und Bödmen. Auch hier nehmen dem Skifahrer zahlreiche Bergbahnen und Skilifte die Aufstiegsmühen ab.

Am Eingang zum Kleinen Walsertal bricht sich die Breitach ihren Weg durch die düstere Breitachklamm. Weiter westlich steht die kleine Holzkapelle von Rohrmoos, deren volkstümliche Ausmalung von 1587 in Bayern einzigartig ist.

In das Illertal mündet bei Sonthofen breit und offen das Ostrachtal mit dem Hauptort Hindelang. Es war im 15. und 16. Jh. ein Zentrum der oberdeutschen Metall- und Rüstungsindustrie. Man verarbeitete die bescheidenen Eisenerzvorkommen des Tales. Heute erinnern an diese Zeit nur noch drei mit Wasserkraft betriebene Hammerschmieden und die kleinen Nagelschmieden, deren Besitzer früher im Winter Nägel fabrizierten (bis 2000 Stück pro Tag) und im Sommer als Hirten oder Sennen auf die Almen zogen.

In einer Hammerschmiede im Ostrachtal

In Hindelang dient das Jagdschlößchen (1660) der Augsburger Fürstbischöfe als Rathaus (kleine heimatkundliche Sammlung). Das Hindelanger Jagdrevier war ein Lieblingsaufenthalt des Prinzregenten Luitpold von Bayern. (Sessellift zur Hornalpe).

Gelegenheit zu Kneipp-, Moorbad- und Schwefelkuren bietet neben Hindelang Bad Oberdorf am Fuß des Iseler. In der neuerbauten Holbeinkapelle befinden sich ein Madonnengemälde von Hans Holbein d. Ä. (1493) und ein wertvoller spätgotischer Schnitzaltar von Jörg Lederer (1519). In Liebenstein, auf einem Felsen über der Ostrach, steht das interessante Kirchlein St. Leonhard. Seine drei kleeblattartig angeordneten Apsiden gehen noch auf den romanischen Grundriß zurück. Das Innere zeigt glänzendes Rokoko.

Die Fortsetzung des Ostrachtales im Hintersteiner- und Retterschwangtal führt ins Hochgebirge mit den Gipfeln von Geißhorn, Rauhhorn, Kugelhorn, Hochvogel, Großer Daumen, Nebelhorn und Entschenkopf.

Liebenstein

Von Hindelang nach Unterjoch verläuft als Teil der Alpenstraße die kurvenreichste Bergstrecke Deutschlands. In Oberjoch Sessellift zum Iseler.

Oberstaufen an der Queralpenstraße westlich von Immenstadt ist ein bekannter Luft- und Schrothkurort. Da Oberstaufen als sehr schneesicheres Gebiet gilt, ist es auch im Winter gut besucht (Sessellift zum Imberghaus, Doppelsesselbahn zur Hündlealpe und Bergbahn zum Hochgrat). Nördlich steht die kleine Kirche des Weilers Zell mit Wandmalereien aus dem frühen 15. Jh.

Der Besucher findet im Oberallgäu zahllose malerische Kapellen, und weil das abgelegene Land von Kriegszügen verschont worden war, überrascht ihn ein unerwarteter Reichtum an alten Bildwerken und Malereien. So auch in Bühl am Alpsee (Heiliggrabkapelle und Loretokapelle), in Altstädten (um 1740), in Hinang (1688), Schöllang (1726–31), Reichenbach (Altar von 1470–95) und Rubi (um 1750). Baulich höchst originell ist die Frauenkapelle in Fischen (16./17. Jh.) mit ihrem überkuppelten Vierungsturm. Als kleines Schmuckstück präsentiert sich die Sebastianskapelle in Wertach, die durch große Deckenfresken besticht. Sie entstand 1763. Die schöne Pfarrkirche dieses Marktes ist ein Werk Kaspar Feichtmayrs von 1696. Das Heimatmuseum besitzt mehrere Schnitzwerke einheimischer Künstler aus der Zeit um 1800.

Die Kanzel von Maria Rain

Im nördlichen Teil des Landkreises dominiert der Einfluß der alten Stifts- bzw. Reichsstadt Kempten. Der barocke Baueifer der Fürstäbte strahlte auch in das Umland hinaus. Kemptener Stiftsherren und Patrizier errichteten manches hübsche Schlößchen (z. B. Wagegg), und alle Pfarreien bemühten sich um eine Erneuerung ihrer Kirchen. Als Beispiel sei Petersthal genannt. Eine neue Barockkirche entstand u. a. in Frauenzell. Das schön gelegene Wallfahrtskirchlein Maria Rain wurde 1496 erbaut und in der Barockzeit teilweise neu eingerichtet (prachtvoller kanzeltragender Engel von 1620). Es steht an der Stelle eines wundertätigen Brunnens. Im benachbarten Oy spendet eine Heilquelle noch heute ihre wohltätige Wirkung.

Altusried gewann durch seine gelungenen Freilichtaufführungen einen guten Ruf.

Von den vielen Burgruinen des Kreises sind das malerisch gelegene Sulzberg, die zyklopischen Mauerreste der Trauchburg und die Reste der Ruine Kalden zu nennen, von den zahlreichen römischen Spuren die Wachtturmreste von Ahegg.

Die Landwirtschaft im Kreis beschränkt sich auf Viehzucht und Grünlandwirtschaft. Die Milchprodukte spielen eine entscheidende Rolle. Industriell gesehen steht die Elektrotechnik an der Spitze, Textil- und Bekleidungsindustrie folgen. Viele Arbeitsplätze gibt es ferner im Maschinenbau, der Ernährungsindustrie, der Kunststoffverarbeitung, der Druckerei- und Vervielfältigungsindustrie, der Holzverarbeitung und der Industrie der Steine und Erden.

Berghofen

LANDKREIS OSTALLGÄU

Siegel des kaiserlichen Bestätigungsbriefes über das Marktrecht

Von den Gipfeln des Tannheimer Gebirges und des Ammergebirges über die Seenlandschaft von Füssen und über die Moränenlandschaft von Marktoberdorf bis zu den ersten Terrassenfeldern der Iller-Lechplatte reicht die Skala der Naturbilder im Kreisgebiet. Lech und Wertach heißen die größeren Flußläufe. Sitz der Kreisverwaltung ist der Luftkurort Marktoberdorf. Ursprünglich eine alemannische Siedlung, wurde es später Pflegamt des Hochstifts Augsburg. 1453 erhielt es Marktrecht, seit 1953 ist es Stadt. Den Eindruck der jungen Stadt bestimmen sein Schloß und die gut ausgestattete Pfarrkirche. Beide schuf der Marktoberdorfer Baumeister Johann Georg Fischer zwischen 1722 und 1732, wobei er in den Kirchenbau den Chor der vorangegangenen gotischen Kirche miteinbezog. Hinter dem Schloß, das einst den Fürstbischöfen von Augsburg als Jagdschloß diente, dehnt sich fast 2 km lang die von etwa 500 Linden bestandene prächtige Kurfürstenallee. Sie ist 1780 auf Veranlassung des letzten Augsburger Fürstbischofs Clemens Wenzeslaus, Prinzen von Sachsen und Polen, gepflanzt worden. Im Alten Rathaus von 1723 befindet sich ein Heimatmuseum.

Kurfürstenallee in Marktoberdorf

Das wirtschaftliche Leben des Ortes ist bestimmt durch die große Traktorenfabrik, die Textilindustrie und Gablonzer Glas- und Schmuckwarenerzeugung.

Gediegene alte Märkte und Dörfer liegen in Marktoberdorfs Umgebung. Da ist nordwestlich der Markt Obergünzburg. Er geht auf eine Römersiedlung zurück. Seine Pfarrkirche ist barock umgestaltet, der Turm aber steht auf romanischer Grundlage und trägt ein Satteldach. Das Amtshaus des Stiftes Kempten wurde 1570 erbaut. Von der früheren Burg ist nur noch die Burgkapelle, heute Gottesackerkapelle, erhalten. Ein Heimatmuseum im alten Pfarrhof zeigt vor allem Volkskunst. Im Stadel des Pfarrhofes befindet sich kurioserweise auch eine reichhaltige Südseesammlung, die der Obergünzburger Kapitän Nauer zusammengetragen hat. Westlich von Obergünzburg bietet die Höhe von Eschers (901 m) einen großartigen Blick auf die Alpen.

Auch in Unterthingau steht ein Pflegamtsschloß (1594) des Stiftes Kempten. Die Kirche des Ortes war ursprünglich gotisch und erhielt in der Barockzeit ein neues Gewand.

Stuhlwange von 1705 aus der Klosterkirche Irsee

Der Markt Irsee ist bekannt durch die ehemalige Benediktinerabteikirche Mariae Himmelfahrt, eine schöne Barockkirche (1699–1704) von Franz Beer mit Stukkaturen von Joseph Schmuzer und einer originellen Kanzel (1725), die die Form eines Schiffes nachbildet. Sie symbolisiert Petri Fischzug. Die Klostergebäude beherbergen heute eine Heil- und Pflegeanstalt.

Generell hat die Baukunst im Land um Marktoberdorf und um die kreisfreie Stadt Kaufbeuren viele Einflüsse von den benachbarten Stiften und Klöstern aufgenommen (Kempten, Ottobeuren, Füssen, Wessobrunn u. a.). Sie zeigen sich vor allem im Kirchenbau der Barockzeit. Bertoldshofens Pfarrkirche St. Michael wurde 1728–1731 von Johann Georg Fischer nach dem Vorbild der Basilika des hl. Antonius in Padua errichtet und mit Stuck und Fresken geschmückt. Zauberhaft ist die Rokokokirche von Stöttwang ausgestattet, die 1744 erbaut, von

F. X. Feichtmayr stuckiert und von F. G. Hermann freskiert wurde. An der Decke eine frappierend gemalte Scheinkuppel. Besuchenswert sind weiter die Kapelle Maria Seelenberg in Eggenthal (erbaut 1697/1711) und die Pfarrkirchen von Stötten (unterhalb des Auerberges, des „Schwäbischen Rigi"), Leuterschach, St. Alban bei Aitrang und Altdorf, in dessen ursprünglich gotischem Inneren M. Günther 1748 das Deckenbild schuf. Das letzte Freskengemälde dieses Künstlers ziert die Decke der barocken Pfarrkirche von Waalhaupten. Es entstand 1787. Der gotische Turm dieser Kirche trägt ein Satteldach, ebenso der Turm der gotischen Friedhofskirche St. Michael (mit spätgotischen Wandgemälden im Innern). Derartige Satteldachtürme sind in Oberschwaben häufig anzutreffen. So auch in Buchloe, einem wichtigen Bahnknoten und Industrieort (gotische Pfarrkirche, 1729 umgebaut), und in Georgenberg, dessen eindrucksvolle romanische Georgskirche mittelalterliche Fresken aufweist. Georgenberg gehört zur Gemeinde Untergermaringen, dem Geburtsort des Schriftstellers Peter Dörfler (1878 bis 1955).

St. Georg in Georgenberg

Der alte Markt Waal erlebt alle paar Jahre im neuerrichteten Passionsspielhaus traditionsreiche Bauernpassionsspiele (sog. „Schwäbische Passion"); zwischenzeitlich werden Marienspiele aufgeführt. Die spätgotische Pfarrkirche und das Schloß der Fürsten von der Leyen geben dem Ort seine Hauptakzente.

Von den zahlreichen Wehrbauten in diesem Nordteil des Kreises sei die Burgruine Helmishofen genannt. Die meisten sind nur noch als Burgstall erhalten.

Nördlich von Marktoberdorf, in Bießenhofen, liegt ein führendes Unternehmen der bayerischen Milchindustrie.

Die Burg in Füssen

Die landschaftlichen Höhepunkte und die attraktivsten Kunstwerke des östlichen Allgäus findet man im Süden des Landkreises.

Vor dem Hintergrund der jäh ansteigenden Alpen, wo der Lech das Gebirge verläßt, liegen Burg und Stadt Füssen. Sie gehört neben Kempten zu den ältesten Städten im Allgäu. Unter dem Namen Foetibus bestand hier eine römische Straßenstation an der Via Claudia Augusta von Rom nach Augsburg. Um 725 baute der „Apostel des Allgäus", der 750 hier verstorbene St. Magnus, seine Zelle, aus der sich (ähnlich wie in Kempten) eine Benediktinerabtei entwickelte. Diese fiel nach den Welfen und Staufern 1310 dem Hochstift Augsburg als Pfandschaft zu, bei dem sie bis 1803 blieb. Der um die Abtei sich ausbreitende Ort erlebte als Stapelplatz für den italienischen Handel im 15. und 16. Jh. eine Blütezeit, wovon noch viele Bürgerhäuser und Teile der Stadtbefestigung zeugen. Auch die seit dem 13. Jh. erbaute Burg wurde von den Bischöfen um 1500 als Sommerresidenz zum „Hohen Schloß" umgestaltet, in dem der Rittersaal und die anschließenden Fürstenzimmer noch unverändert erhalten sind. Im Füssener Schloß wurde 1745 zwischen Kurfürst Max III. Joseph von Bayern und Kaiserin Maria Theresia von Österreich mit dem „Frieden von Füssen" der Österreichische Erbfolgekrieg beendet.

St. Gallus und St. Magnus auf der Wanderschaft. (Wandbild in der Krypta von St. Mang)

Über der erhaltenen Krypta des hl. Magnus (9. Jh.) mit einer ebenso alten Freskodarstellung der Mönche Magnus und Gallus erhebt sich unterhalb des Burgberges auf romanischen Fundamenten die barocke Stiftskirche St. Mang, die 1701–1717 vom Allgäuer Baumeister Johann J. Herkomer erbaut, stuckiert und ausgemalt worden ist. In der angefügten St.-Anna-Kapelle befindet sich ein Totentanz in 20 Bildern von Jakob Hiebeler (um 1600). Der schöne Bibliothekssaal des einstigen Benediktinerklosters (1803 säkularisiert) beherbergt das kleine Heimatmuseum, wo eine Anzahl von Musikinstrumenten daran erinnert, daß Füssen im 15. und 16. Jh. eine bekannte Geigen- und Lautenmacher-Stadt war. Sehenswert sind ferner die barocke Spitalkirche mit ihrer bemalten Giebelfassade und die barocke Frauenkirche am Berge von Johann Schmuzer.

Füssen ist ein vielbesuchter Badeort. Der Ortsteil Bad Faulenbach bietet Kneippkuren und eine schon den Römern bekannte Schwefelquelle, die nahe gelegenen Gewässer Mitter- und Obersee haben Naturbäder mit moor- und schwefelhaltigem Wasser.

Milchwirtschaft, Viehzucht, Hanfwerke (große Seilerwarenfabrik) und Holzindustrie bestimmen das Wirtschaftsleben in Füssen.

Neuschwanstein

Viele Schlösser, Burgen und Ruinen reihen sich entlang des Gebirgsrandes. Östlich von Füssen die zwei berühmten bayerischen Königsschlösser aus dem 19. Jh.: Hohenschwangau und Neuschwanstein. Für König Maximilian II. entstand 1832–1837 Schloß Hohenschwangau in romanisch wirkenden Formen auf der Stelle der frühgotischen Burg Schwanstein. Reizvoll ist die Aussicht auf den blaugrünen Alpsee, das Gebirge und nach Schloß Neuschwanstein hinüber. Dieses märchenhafte Traumschloß ist wie Herrenchiemsee und Linderhof den phantastischen Ideen König Ludwigs II. zu verdanken. Hier versuchte er der Gegenwart zu entfliehen in eine schöner gedachte Vergangenheit, die Wunschtraum bleiben mußte. Hier erhielt er auch 1886 die Nachricht von seiner Absetzung. Er wurde nach Schloß Berg gebracht und ertrank auf bis heute noch nicht geklärte Weise im Würmsee. Neuschwanstein, das bis 1890 Neuhohenschwangau hieß, war Ludwigs „Wartburg". Von Münchner Künstlern erbaut und ausgestattet, stellt es ein Musterbeispiel für die romantisch historisierenden Kunsttendenzen in der bayerischen Metropole gegen Ende des 19. Jh. dar. Im September finden alljährlich Schloßkonzerte statt. Den Höhepunkt der Schloßbauten Ludwigs II. hätte die „Gralsburg" Falkenstein bilden sollen, deren Entwurf alles Dagewesene an Phantastik übertrifft. Falkenstein war eine der ältesten Burgen Bayerns und ist heute die höchste Burgruine Deutschlands (1268 m). Sie wurde 1646 zusammen mit den nordöstlich von Pfronten gelegenen Burgen Eisenberg und Hohenfreyberg wegen der anrückenden Schweden niedergebrannt.

Forggensee mit dem Säuling

Nesselwang am Fuße von Edelsberg und Alpspitze (Schlepplifte, Alpspitzbahn) ist ein freundlicher Kurort und Wintersportplatz und zugleich Hauptort der feinmechanischen Industrie im Allgäu.

Feinmechanische Werkstätten hat neben Maschinenbau- und elektrotechnischer Industrie auch die aus dreizehn verstreuten Ortschaften bestehende Gemeinde Pfronten, die auf eine mittelalterliche Rodungsgemeinschaft zurückgeht. Der Ortsname allerdings ist älter. Er dürfte römisch sein („ad frontes Alpium"). Wahrzeichen des Pfrontener Tales ist der schlanke Turm der Pfarrkirche St. Nikolaus in Berg. Die reizvolle Lage zieht viele Erholungsuchende und Wintersportler an (Breitenbergkabinenbahn, Sessellift zum Breitenbergsattel, Hochalpsesselbahn und Schlepplifte).

Nordöstlich des Dorfes S c h w a n g a u steht malerisch mitten im freien Feld die Wallfahrtskirche St. Koloman, ein Barockbau, der 1673–1678 unter Mitwirkung vieler einheimischer Künstler nach Plänen von Johann Schmuzer entstanden ist (Kabinenseilbahn auf den Tegelberg).
Die Pfarrkirche des als Sommerfrische und Kurort besuchten Dorfes S e e g ist ein Beispiel für den Typus der barocken Allgäuer Dorfkirche. Sie wurde 1703 von dem Füssener J. J. Herkomer erbaut und 1766–1770 vorzüglich stuckiert und ausgemalt. Interessante Stukkaturen zeigen auch Kapelle und Hauptkirche der Wallfahrtskirche Maria Hilf in S p e i d e n nordwestlich von Füssen.

St. Koloman

Der jüngste und größte See in der an Gewässern so reichen Füssener Landschaft, der Forggensee (nach dem überfluteten Weiler Forggen benannt), ist erst 1955 als Stausee für das Kraftwerk bei R o ß h a u p - t e n entstanden. An seinem Ufer liegt W a l t e n h o f e n, dessen Kirche nach der Legende die älteste des Füssener Gebietes ist (heute barockisiert). Etwas nördlich sind die als Grablege der Familie Herkomer gestiftete Kapelle in S a m e i s t e r (erbaut 1685–1688 von J. J. Herkomer) und die frühklassizistische Pfarrkirche von L e c h b r u c k (1786) höchst sehenswert.
Da neben dem Wald das Grünland den überwiegenden Teil des Landkreises einnimmt, kommt der Viehzucht und der Milchwirtschaft die größte Bedeutung zu. Nur im Norden gibt es auch Ackerbau. Die nicht unbedeutende Industrie umfaßt vor allem Betriebe des Maschinenbaus, der Metallverarbeitung, der Textil- und Bekleidungsindustrie sowie der Nahrungsmittelindustrie (besonders Käse und andere Milchprodukte).

Herkomerkapelle in Sameister

LANDKREIS UNTERALLGÄU

Das Landschaftsbild im Landkreis ist geprägt von den langgezogenen Hügelrücken der Iller-Lechplatte, die durch breite Täler voneinander getrennt werden. Nur der Illerdurchbruch im Südwesten des Kreises hat ein markanteres Profil. Ausgedehnte Wälder und nach Süden zu überhandnehmende Weideflächen bilden das Vegetationskleid. Es gibt keine schroffen Gegensätze, Farben und Konturen wechseln vielmehr in sanften Übergängen. Seine Schwerpunkte hat der Landkreis in der Kreishauptstadt Mindelheim und in der kreisfreien Stadt Memmingen. Die dritte Stadt des Kreises ist der Kurort Bad Wörishofen.
M i n d e l h e i m geht auf eine alemannische Siedlung des 7. Jh. zurück, deren Friedhof bei Grabungen aufgedeckt wurde. Die heutige Stadt entstand um das Jahr 1200 an der Salzstraße München–Memmingen. Sie kam aus welfischem Besitz an die Herzöge von Teck und 1467–1586 an die Herren von Frundsberg. Seit 1614 ist Mindelheim bayerisch. Nur von 1705 bis 1715 unterstand sie ein Jahrzehnt lang John Churchill, dem Herzog von Marlborough, einem Vorfahren von Sir Winston Churchill. Von ihrer mittelalterlichen Umfestigung behielt sie noch einige Teile der Mauer und die meisten Türme. Die drei Stadttore (Oberes und Unteres Tor, Einlaßtor) kennzeichnen das Bild der Altstadt. Die ursprünglich gotische Pfarrkirche St. Stephan ist 1712 erneuert worden, ihr freistehender Glockenturm stammt noch aus gotischer Zeit, ebenso wie die Gruftkapelle auf dem

Pfarrkirche St Stephan in Mindelheim

Kirchplatz, die 1720–1730 erweitert und barock ausgestattet wurde. Im Turmgeschoß der Pfarrkirche ist ein bedeutendes Werk spätgotischer Plastik eingelassen: das Epitaph des Herzogs Ulrich v. Teck und seiner Gemahlin (1432). Am Westende der Maximilianstraße erhebt sich die Jesuitenkirche (1625 erbaut, 1721 umgestaltet), die eine hervorragend feine Stuckdekoration aufweist. Jenseits der Mindel ist die Liebfrauenkapelle sehenswert, die 1455 errichtet, 1725 erneuert und in den letzten Jahren restauriert wurde. Neben vielen guten Schnitzwerken beherbergt sie als Kostbarkeit ein großes, sehr realistisch wirkendes Holzrelief, die „Mindelheimer Sippe" (um 1520). Im Heimatmuseum besitzt Mindelheim eine beachtenswerte Sammlung heimatlicher Volkskunst und bedeutende vor- und frühgeschichtliche Funde.

Mindelburg um 1850

Zur Fastnacht trägt der östliche Stadtturm in ganzer Länge ein Narrenkostüm.

Mit einer prachtvollen Aussicht wird ein Besuch der seit 1370 mehrfach veränderten Mindelburg belohnt. Hier saß einst der berühmte Georg von Frundsberg (1473–1528), kaiserlicher Feldhauptmann und „Vater" der Landsknechte.

Auf einer Randhöhe des Mindeltales nördlich von Mindelheim thront das Schloß Kirchheim der Fürsten Fugger-Glött, das 1578–1585 entstand. Es ist eine großzügige, einfach wirkende Anlage mit Innenausstattung aus der Zeit des Manierismus (gegen Ende des 16. Jh.), die bedeutenden Künstlern übertragen war: Schnitzer-Architekt Wendel Dietrich, Bildhauer Hubert Gerhard und Stukkateur Carlo Pallago. Ihre Kunst zeigt in vollendeter Form der „Zedernsaal" von 1581, der häufig zu Konzerten den festlichen Rahmen gibt („harmonia mundi-Konzerte"). In der renovierten Pfarr- und Schloßkirche, die Altarbilder von Rubens und Domenichino besitzt, steht die prächtige Grabtumba für Hans Fugger, den Erbauer des Schlosses, die Hubert Gerhard und Alexander Colin 1587 geschaffen haben.

Schloß Kirchheim

Bad Wörishofen ist weltberühmt für das Naturheilverfahren, das Pfarrer Sebastian Kneipp im 19. Jh. erprobt und begründet hat. Zehntausende von Kurgästen besuchen jährlich den Ort und erhoffen von der Kneippkur Heilung und Erholung. Die Übernachtungsziffer beträgt 1,4 Millionen. Wald, Wiesen und ausgedehnte Kuranlagen umgeben die Stadt. Ihre Pfarrkirche aus spätgotischer Zeit ist barock umgestaltet. Die Dominikanerinnenklosterkirche St. Maria von Franz Beer (1719–1722) besitzt eine vorzügliche Stuckdekoration, die Dominikus Zimmermann zugeschrieben wird (sehenswerte Einlegearbeiten an den Altären). Im Kloster ist ein Kneippmuseum eingerichtet.

Der nahe Markt Türkheim, heute ein Ort mit reger Industrie (Leder, Schuhe, Holzverarbeitung), war seit 1269 wittelsbachisch und lange Zeit Hauptort der bayerischen Herrschaft Türkheim-Schwabegg, dann 1666 bis 1705 Residenz von Herzog Maximilian Philipp, dem Bruder des bayerischen Kurfürsten Ferdinand Maria. Sein barockes Schloß (1757 von L. M. Gießl) beherbergt das „Sieben-Schwaben-Museum". Ludwig Auerbacher, der Autor des Volksbuches von den Sieben Schwaben stammte aus Türkheim. Neben dem Schloß liegt das Kapuzinerkloster mit der Loretokapelle, zusammen mit dem Ludwigstor eine interessante Baugruppe, der am anderen Straßenende die Gruppe des barocken Rathauses und der Pfarrkirche mit ihrem reizvollen Torbau (18. Jh.) gegenübersteht. Das Land um Mindelheim und Bad Wörishofen beherbergt viele schöne Beispiele barocker Kirchenbaukunst, darunter so originelle wie die Maria-Schnee-Kapelle bei N a s s e n b e u r e n. Im Markt P f a f f e n h a u s e n zeigt die Kapelle des ehemaligen Priesterseminars (heute Blindenanstalt) die reifen Rokokoformen Franz X. Schmuzers. Die Pfarrkirche des Ortes, ein einheitlicher Bau von 1780–1782, erhielt eine großzügige klassizistische Ausstattung. Zu den schönsten Dorfkirchen zählt jene von U n t e r r a m m i n g e n mit Deckenbildern von J. B. Enderle, der auch in der Wallfahrtskirche M u s s e n h a u s e n und in anderen Gotteshäusern des Landkreises freskierte. Die Pfarrkirchen von D i r l e w a n g, E u t e n h a u s e n, K i r c h d o r f oder von O b e r k a m m l a c h bergen manch kostbares Werk christlicher Kunst. Einen gotischen Wandzyklus fand man in der St.-Leonhard-Kirche von A p f e l t r a c h.

Pfarrkirche Pfaffenhausen

Die Geschichte des Memminger Umlandes ist geprägt durch die großen Stifte von Ottobeuren, Buxheim und Kempten, die das Land zum größten Teil in Besitz hatten. Aus dem Mittelalter verblieben noch zahlreiche Burgställe, Reste der einstigen Sitze ihrer Dienstmannen. Im 16. Jh. wuchs der Einfluß der Fugger mit ihren Amts- und Schloßbauten. Nach den Wirren der Glaubenskriege begann ein erstaunlicher Wiederaufstieg des Landes, der zu künstlerischen Hochleistungen führte.

Die Kirche der ehemaligen Benediktinerabtei O t t o b e u r e n ist zweifellos eine der hervorragendsten Schöpfungen des deutschen Barock. Viele Entwürfe berühmter Baumeister waren vorausgegangen, ehe Johann Michael Fischer die Bauleitung übernahm und ein Hauptwerk seines Lebens entwarf. Baubeginn war 1737, die Innenausstattung in reichem Rokoko war 1766 beendet; Künstler wie J. M. Feichtmayr (Stuck), Jakob und Anton Zeiller (Fresken) und Karl Riepp (Orgeln) wirkten mit. Die jährlichen Kirchenkonzerte genießen internationales Ansehen.

Abteikirche Ottobeuren

Die ehemalige reichsunmittelbare Abtei (764 gegründet) erhielt 1711 bis 1731 einen geschlossenen neuen Gebäudekomplex, der zusammen mit der Kirche die wohl prächtigste Klosteranlage Oberdeutschlands darstellt. „Schwäbischer Escorial" wird sie nach dem imposanten Klosterbau König Philipps II. bei Madrid genannt, was nicht recht zutrifft, denn ihre lichte Freundlichkeit hat nichts von der steinernen Strenge jenes spanischen Klosterschlosses. Die Ausstattung mit Stukkaturen und Fresken besorgten zum Großteil J. B. Zimmermann und Jacopo Amigoni. Prunkvoll sind der Kaisersaal, der Bibliothekssaal und die Räume, in denen heute das Klostermuseum untergebracht ist.

Der Markt O t t o b e u r e n ist Kneippkurort und Sommerfrische – ebenso wie das südlich gelegene G r ö n e n b a c h. Hier beherrscht das früher Pappenheimische, dann Fuggersche Schloß aus dem 16. Jh. das Ortsbild. Das ehemalige Kartäuserkloster in B u x h e i m westlich von Memmingen ist die einzige Kartause Deutschlands, bei der die dem Orden eigentümliche Bauform mit Kirche, Lettner, Kreuzgang und getrennten Klausen derartig erhalten blieb (Kartausenmuseum). Das wundervolle Chorgestühl wurde 1883 nach London verkauft. Dominikus Zimmermann dekorierte die kleine Annakapelle im Kreuzgang. Ein Frühwerk desselben ist die Pfarrkirche Unserer lieben Frau von 1725; die Deckenfresken schuf sein Bruder Johann Baptist.

Schloß Grönenbach

Die Wallfahrtskirche Maria Steinbach

Wallfahrtskirche Kirchhaslach

Vom ehemaligen Franziskanerinnenkloster K l o s t e r b e u r e n, das von 1273 bis 1803 bestand, blieb nur die Kirche St. Ursus erhalten.
Die K r o n b u r g (1470–1536) südlich von Memmingen ist ein typisches Beispiel für ein Burgschloß aus der Renaissance (Schloßmuseum, weiter Blick auf die Alpenkette).
Der Markt B a b e n h a u s e n wird von der ganzen Breite der fürstlich Fuggerschen Schloßanlage überragt, die mit drei Giebelfronten und einem Turm das Ortsbild beherrscht. Es ist eine 1541–1543 erbaute schlichte, aber umfangreiche Renaissanceanlage (innen ein Fuggermuseum). Die Pfarrkirche birgt das Grab Anton Fuggers.
Nicht unbedeutende Schloßbauten stehen auch in E i s e n b u r g, F e l l h e i m (barock), I l l e r f e l d (1784/1830), L a u t r a c h (1781) und mehrere Patrizierschlößchen in M e m m i n g e r b e r g. Burg R o t h e n s t e i n ist Ruine.
In I l l e r b e u r e n bei Lautrach besteht ein Bauernhofmuseum, in dem alte Wirtschaftsgebäude, eine Allgäuer Käsküche, eine Hausbrauerei, eine Wagnerei u. v. a. zu besichtigen sind.
Unter den Wallfahrtskirchen ist M a r i a S t e i n b a c h weitaus die beliebteste. Ihr hervorragend ausgestatteter Bau wurde zwischen 1746 und 1764 von Künstlern aus Kempten geschaffen. Viel besucht sind aber auch die Wallfahrtskirche Maria Schnee in M a r k t R e t t e n b a c h (1707), die Kapelle zum Heiligen Kreuz in P l e ß (1687) und die barockisierte Kirche in K i r c h h a s l a c h (spätromanische Muttergottesstatue).
Die Landwirtschaft des Kreises ist auf Viehzucht und Milchwirtschaft ausgerichtet; im Norden herrscht Getreidefutterbau, im Süden Grünlandfutterbau vor. Dazu bestimmen das Handwerk und vor allem Betriebe des Maschinenbaues, der Stahlverformung, der Textil- und Bekleidungsindustrie, der Holzbe- und -verarbeitung, der Industrie der Steine und Erden und der Ernährungsindustrie das Erwerbsleben im Landkreis. In der ehemaligen Silvesterkapelle am sogenannten Kappelturm in Mindelheim befindet sich eine Filiale der Münchner Gobelin-Manufaktur.

Ottobeuren. Putten von J. M. Feichtmayr

VERZEICHNIS DER BILDENDEN KÜNSTLER

ORTSVERZEICHNIS

I

Abkürzungen: f, ff = folgende, OB. = Oberbayern, NB. = Niederbayern, OPf. = Oberpfalz, OFr. = Oberfranken, MFr. = Mittelfranken, UFr. = Unterfranken, Schw. = Schwaben.

Seitenübersicht der Karten von Bayern 1 : 250 000

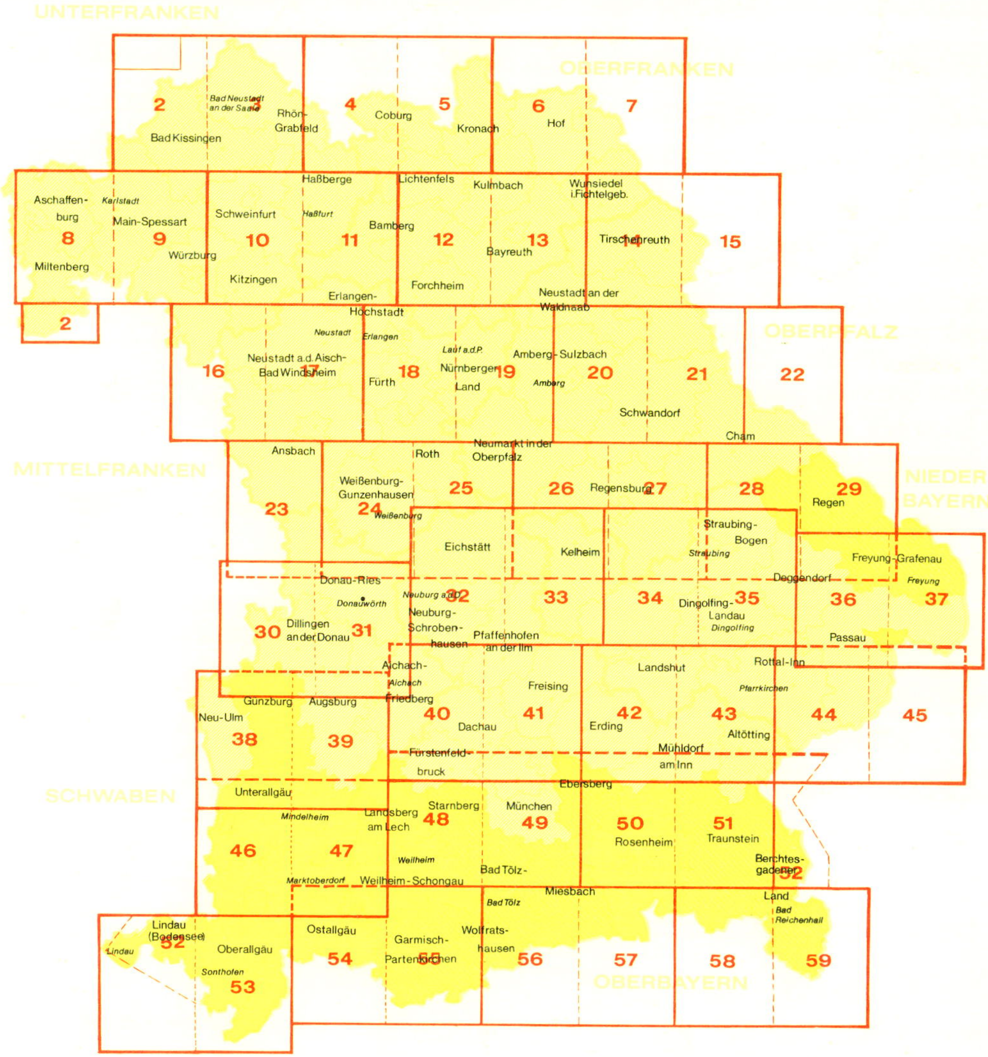

Gliederung der land- und forstwirtschaftlichen Nutzungsfläche

Ackerland *über 50 % der landwirtschaftlichen Nutzungsfläche*

Wiesen und Weiden *über 50 % der landwirtschaftlichen Nutzungsfläche*

Wald *über 33 % der Gesamtfläche des jeweiligen Landkreises*

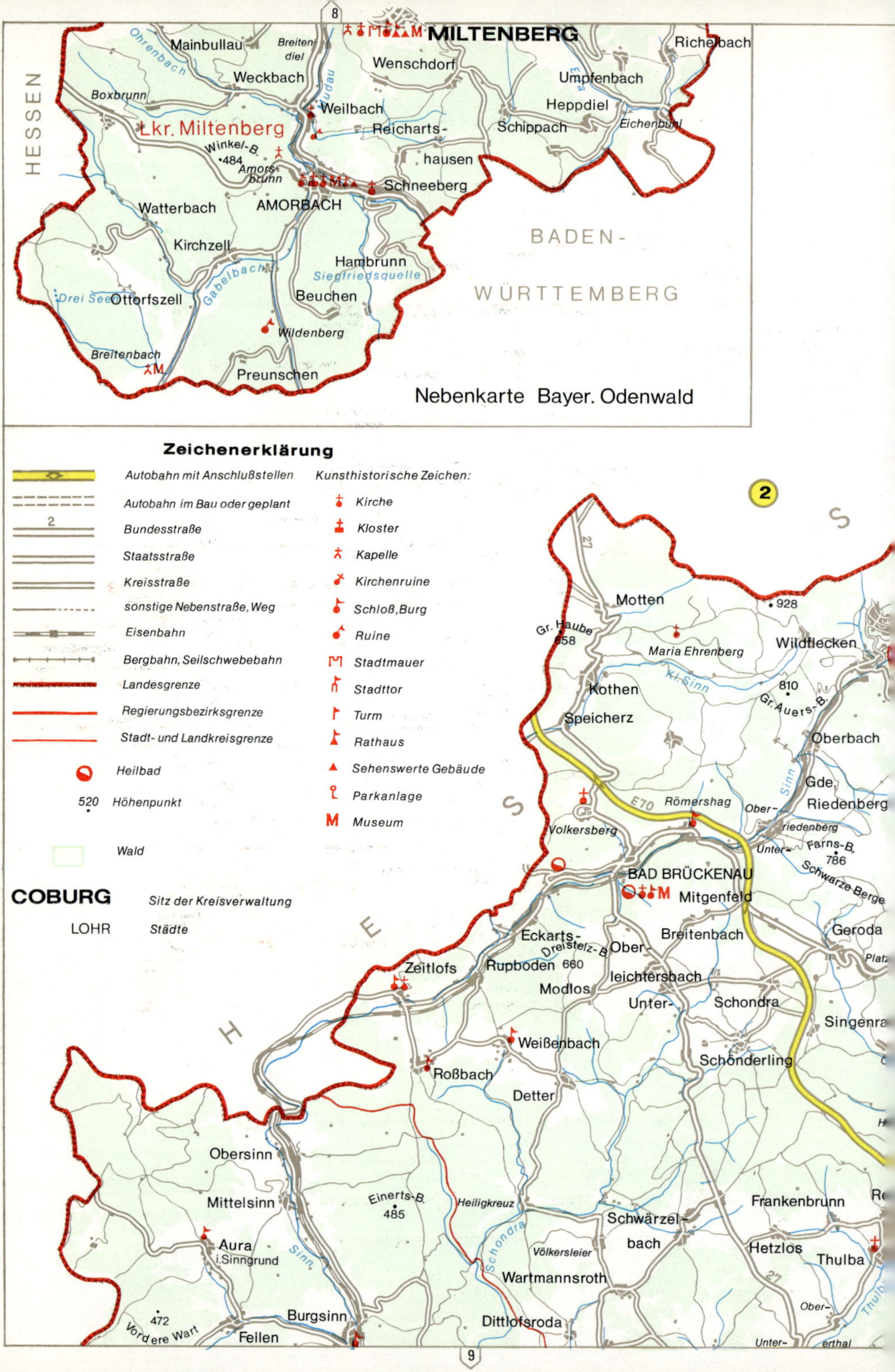
8
MILTENBERG
Mainbullau
Breiten-
diel
Ohrenbach
Weckbach
Wenschdorf
Richelbach
Umpfenbach
Mudau
Boxbrunn
Weilbach
Heppdiel
Erfa
Lkr. Miltenberg
Reicharts-
hausen
Schippach
Eichenbühl
HESSEN
Winkel/-B.
484
Amors-
brunn
Schneeberg
Watterbach
AMORBACH
BADEN-
WÜRTTEMBERG
Kirchzell
Hambrunn
Gabelbach
Siegfriedsquelle
Drei Seen
Ottorfszell
Beuchen
Wildenberg
Breitenbach
Preunschen
Nebenkarte Bayer. Odenwald
Zeichenerklärung
Autobahn mit Anschlußstellen
Autobahn im Bau oder geplant
2
Bundesstraße
Staatsstraße
Kreisstraße
sonstige Nebenstraße, Weg
Eisenbahn
Bergbahn, Seilschwebebahn
Landesgrenze
Regierungsbezirksgrenze
Stadt- und Landkreisgrenze
Heilbad
520 Höhenpunkt
Wald
COBURG
Sitz der Kreisverwaltung
LOHR
Städte
Kunsthistorische Zeichen:
Kirche
Kloster
Kapelle
Kirchenruine
Schloß, Burg
Ruine
Stadtmauer
Stadttor
Turm
Rathaus
Sehenswerte Gebäude
Parkanlage
Museum
2
S
27
Motten
928
Gr. Haube
658
Maria Ehrenberg
Wildflecken
Kl. Sinn
810
Kothen
Gr. Auers-B.
Speicherz
Oberbach
Gde.
Riedenberg
S
E70
Römershag
Ober-
riedenberg
Sinn
Volkersberg
Unter-
Farns-B.
786
Schwarze Berge
BAD BRÜCKENAU
Mitgenfeld
E
Eckarts-
Dreistelz-B.
Ober-
leichtersbach
Breitenbach
Geroda
Zeitlofs
Rupboden
660
Modlos
Unter-
Schondra
Singenrain
H
Weißenbach
Schönderling
Roßbach
Detter
Obersinn
Mittelsinn
Einerts-B.
485
Heiligkreuz
Schondra
Frankenbrunn
Schwärzel-
bach
Aura
i. Sinngrund
Sinn
Völkersleier
Hetzlos
Thulba
Wartmannsroth
27
472
Vordere Wart
Burgsinn
Feilen
Dittlofsroda
Ober-
Unter-
erthal
Thulba
9

Maßstab 1 : 250 000
0
5
10 km
RHÖN
D.D.R.
Weimar-
schmieden
Leubach
Brüchs
Oberfladungen
Sands
Filke
Rüdenschwinden
FLADUNGEN
Heufurt
Willmars
Lappbg.
Hausen
Roth
Rother Kuppe
Stetten
Königsburg
533
Nordheim
Völkershausen
Hohe
538
Schule
Ellenbach
Sondheim
v.d.Rhön
OSTHEIM
Stockheim
Eußenhausen
926
Heidelst.
Urspringen
Kaltenbg.
Ober-
591
Hüppbg.
Ginolfs
elsbach
Ober-
waldbehrungen
MELLRICHSTADT
Mühlfeld
Unter-
524
Unter-Heidelbg.
Roßrieth
Weisbach
383
Reutbg.
Frankenheim
Sondernau
Dornbg.
Sondheim
BISCHOFSHEIM
Bastheim
Oberstreu
Frickenhausen
Osterburg
Wegfurt
Reyersbach
Hendungen
Haselbach
Unterweißenbrunn
Braidbach
Wechters
winkel
Mittelstreu
Bahra
Rappershausen
Burg-
kreuzberg
754
Rödles
Käulingb.
wallbacher
Schönau
450
Schwein-B.
Wollbach
Unsleben
Weigler
928
Lkr. Rhön-Grabfeld
Berg
Forst
Lebenhan
Heustreu
Hollstadt
Wargolshausen
Sandberg
Burgwallbach
Alten-B.
343
Junkershausen
Gollmuthhausen
Schmalwasser
Brend-
lorenzen
Waltershausen
Windshausen
Leutershausen
Herschfeld
Storchs-B.
365
Aubstadt
Keuppelrain
Staatsforst
BAD NEUSTADT
Salzburg
Eichen-
hausen
Wülfershausen
Saal
Steinach
Hohenroth
Dürrnhof
Rödelmaier
Salz
Unter-
ebersbach
Löhrieth
Bildhäuser
Klein
Groß-
eibstadt
Premich
Ober-
Niederlauer
Forst
Stangenroth
Salzforst
Steinach
Roth
406
Quasten-B.
Burg-
Strahlungen
Klein-
Groß-
bardorf
Wollbach
Hohn
Bad Bocklet
Bildhausen
Frauenroth
Windheim
Fridritt
Aschach
Reichenbach
Michels-B.
404
MÜNNERSTADT
Klein-
Groß-
wenkheim
Sulzfeld
Stralsbach
Großenbrach
Burghausen
Haard
Wermerichs-
hausen
Wildberg
Kleinbrach
Althausen
Brünn
Klaushöhe
409
419
Alten-B.
Leinach
Hausen
Münner-
städter
346
Graue Leite
Seubrigshausen
505
Laubhüg.
Theinfeld
Weichtungen
Lkr. Bad Kissingen
Klauswald
Nüdlingen
Poppenlauer
Wald
419
Dürrn-B.
Oberlauringen
Thundorf
Mailes
Birnfeld
Winkels
Auraer Wald
BAD KISSINGEN
Stadt lauringen
Wetzhausen
Bodenlaube
Garitz
Massbach
Sulzdorf
Rothhausen
Wettringen
Aura
Arnshausen
Rannungen
Ballingshausen
Fuchs
stadt
Schein-B.
400
Eltings-
hausen
Rottershausen
Volkershausen
Hessel-B.
Wirmsthal
Altenmünster
Euerdorf
Aidhausen
Saale
Streu
Sulz
Brend
Lauer
Fränkische Saale

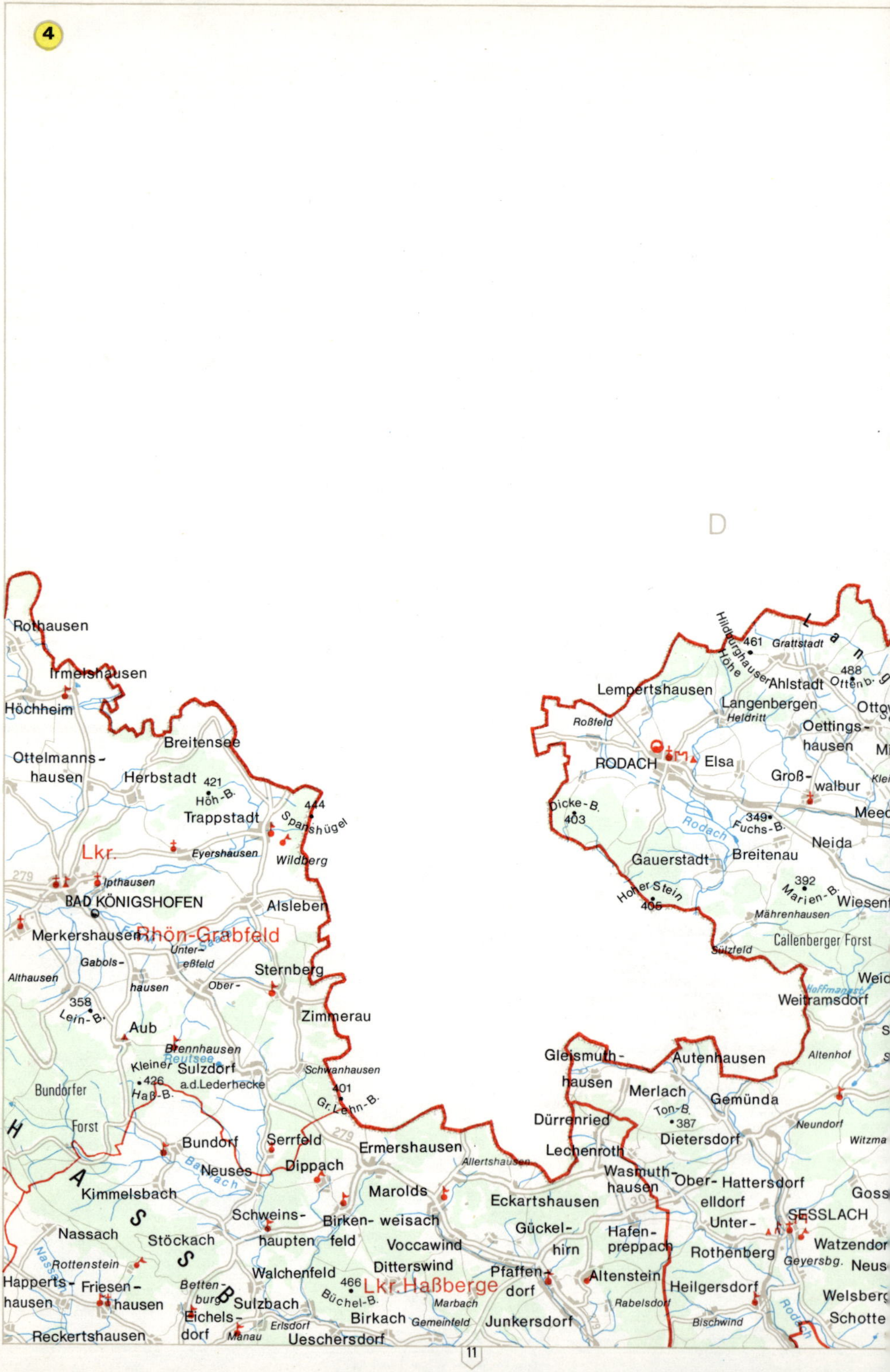

4
D
Rothausen
Irmelshausen
Höchheim
Ottelmanns-
hausen
Breitensee
Herbstadt
421
Höh-B.
Trappstadt
444
Spanshügel
Wildberg
Eyershausen
Lkr.
279
Ipthausen
BAD KÖNIGSHOFEN
Alsleben
Merkershausen
Rhön-Grabfeld
Unter-
eßfeld
Gabols-
hausen
Althausen
Ober-
Sternberg
358
Lein-B.
Aub
Zimmerau
Brennhausen
Reutsee
Kleiner
426
Haß-B.
Sulzdorf
a.d.Lederhecke
Schwanhausen
401
Gr. Lehn-B.
Bundorfer
Forst
H
A
S
S
B
Bundorf
Serrfeld
Ermershausen
Neuses
Dippach
Allertshausen
Kimmelsbach
Marolds
Eckartshausen
Nassach
Stöckach
Schweins-
haupten
Birken-
feld
weisach
Voccawind
Gückel-
hirn
Rottenstein
Happerts-
hausen
Friesen-
hausen
Betten-
burg
Walchenfeld
Ditterswind
466
Büchel-B.
Lkr. Haßberge
Pfaffen-
dorf
Altenstein
Sulzbach
Eichels-
dorf
Birkach
Marbach
Gemeinfeld
Junkersdorf
Rabelsdorf
Reckertshausen
Manau
Erlsdorf
Ueschersdorf
Lempertshausen
Hildburghäuser Höhe
461
Grattstadt
Ahlstadt
488
Ottenb.
Langenbergen
Heldritt
Ottow
Roßfeld
Oettings-
hausen
RODACH
Elsa
Groß-
walbur
Dicke-B.
403
349
Fuchs-B.
Rodach
Meed
Neida
Gauerstadt
Breitenau
392
Marien-B.
Hoher Stein
405
Wiesenf
Mährenhausen
Callenberger Forst
Sülzfeld
Weitramsdorf
Gleismuth-
hausen
Autenhausen
Altenhof
Merlach
Gemünda
Ton-B.
387
Dürrenried
Dietersdorf
Neundorf
Witzma
Lechenroth
Wasmuth-
hausen
Ober-
elldorf
Hattersdorf
Goss
Unter-
SESSLACH
Hafen-
preppach
Rothenberg
Watzendor
Geyersbg.
Neus
Heilgersdorf
Welsberg
Bischwind
Schotte
11

D
R
Lauenstein
Steinbach a.d.Haide
Geheeg
Ebersdorf
LUDWIGSSTADT
Tettau
Kleintettau
Lauenhain
Kehlbach
Langenau
Haßlach
Windheim
Steinbach a.Wald
Buchbach
Hirschfeld
TEUSCHNITZ
Förtschendorf
Quera-B.
628
Friedersdorf
Wickendorf
Rothenkirchen
Marienroth
Brauersdorf
Rauschenb.
606
Pressig
Eila
Lahm
Welitsch
Posseck
Neukenroth
Hesselbach
Grössau
Gifting
Stockheim
Lkr. Kronach
Wolfersdorf
Wilhelmsthal
Reitsch
Haßlach
Eibenberg
Burggrub
Haig
Glosberg
Steinberg
Roßlach
Gundelsdorf
Knellendorf
Friesen
Kaltenbrunn
Dörfles
KRONACH
Unt.-Ob.-rodach
Gehülz
Seelach
Burgstall
Groß-vichtach
Ziegelerden
Höfles
Theisenort
Neuses
Fischbach
Johannisthal
Thonberg
Weißenbrunn
Wötzelsdorf
Reuth
Au
Eichenbühl
Küps
Wildenberg
Hain
Kirchleus
Kirchlein
Schimmendorf
enbach
Forst
Weißenbrunn
Meilschnitz
Froschgrund
Schönstädt
Brüx
Fischbach
Höhn
Bergdorf
Wildenheid
Fornbach
Ketschenbach
494
Hühner B.
Mittelberg
Weimersdorf
Mupp b.
516
Ebersdorf
Taimbach
Lauterburg
Rüttmannsdorf
NEUSTADT b.Coburg
Lautertal
Mönchröden
Thann
Beuerfeld
wohlsbach
Haarbrücken
Unterlauter
Oeslau
Kemmaten
Boderndorf
Rosenau
Rothenhof
Dörfles-Esbach
Wellmersdorf
Bertelsdorf
Einberg
Kipfendorf
Birkig
Rödental
Fechheim
COBURG
Rögen
Veste
Steinrod
Wasung
Plesten
Schwärzdorf
Neu- u.Neershof
Lützelbuch
Kleingarnstadt
Hassenb.
Wörlsdorf Gde.
Neundorf
Oberfüllbach
Weickenbach
Hofsteinach
Seidmannsdorf
Zedersdorf
Mitwitz
Rohrbach
Gestungshausen
Zeickhorn
Groß-
Ahorn
Creidlitz
Eich-B.
386
Sonnefeld
Horb
Grub
Weischau
Mödlitz
Leutendorf
Frohnlach
Schmölz
Haarth
Niederfüllbach
Neuses
Ebersdorf
Beikheim
Schneckenlohe
Meschenbach
Lichtenfels
Neuensorg
Weidhausen
Mannsgereuth
Tüschnitz
Trübenbach
Lkr. Lichtenfels
Trainau
Siemau
Lettenreuth
Marktgraitz
Unter-Oberlangenstadt
Unter-Ober-
Buch
Forst
Neuensee
Marktzeuln
Großheirath
Birkach
Schney
Redwitz
Burkersdorf
Michelau
Ebneth
Herb.
Main
Schwürbitz
Zettlitz
Stetten
Kösten
Neuses
Weidnitz
Altenbanz
Hochstadt

D D R.
Reichenbach
Rappoltengrün
Tschirn
Doberbach
Nordhalben
Ködel
Effelter
Grümpel
Lkr. Kronach
Staatsforst
Birnbaum
Nurn
Neufang
Rodach
Steinwiesen
Neuengrün
Steinwiesen
173
WALLENFELS
Zeyern
Geuser-B.
708
Geuser
Wilde Rodach
Zeyern
Reichenbach
Seibelsdorf
303
Rugendorf
Gössersdorf
Lkr. Kulmbach
Lösau
85
STADT-
STEINACH
Lehenthal
Heiners-
berg
Langenbach
Dürrenwaid
Geroldsgrün
Wolfersgrün
Schnaid
Lamitz
Räumlas
Thiemitz
Meierhof
Bernstein
Löhmar
Köstenberg
Heinersreuth
Enchenreuth
Presseck
Schlackenreuth
Wartenfels
Schwand
Grafengehaig
Wildenstein
Triebenreuth
Nordeck
Torkel
630
Vogtendorf
Guttenberg
Steinach
Neuensorg
Weidmes
Traindorf
Marktleugast
Marien
weiher
289
F R A N K E N W A L D
Lichtenberg
Carlsgrün
Obersteben
Bad Steben
Thierbach
Steinbach
Bobengrün
NAILA
Lippertsgrün
Culmitz
Straß-
dorf
173
Döbrabg.
795
SCHWARZENBACH
a.Wald
Schwarzen-
stein
Döbra
Windischen-
grün
Baier-
Gösmes
Walberngrün
Schlockenau
Rauschb
Rappeten-
reuth
Horbach
Grünlas
Hohenberg
Poppenreuth
Sauerhof
Försteneuth
Klein-
schwarzenbach
Ober-
weißen-
bach
Wüsten-
selbitz
Rudolphstein
Tiefengrün
Sachs. Saale
Eisenbühl
Schnarchenreuth
Kemlas-
Hadermanns-
grün
Gottmannsgrün
Issigau
Reitzen-
stein
Berg
Marxgrün
Neuhaus
Rodesgrün
Dörnthal
SELBITZ
Rothenb
Lipperts
Weides-
grün
Marlesreuth
Haiden-
grün
Selbitz
SCHAUEN-
STEIN
Leupolds-
grün
Neudorf
Volkmannsgrün
HELMBRECHTS
M
Lkr. Hof
Meierhof
E6
Joditz
Bug
Bruck
Saalenstein
Kulm
615
Schlegel
Brunne
Köditz
Wölbatte
Föhrenreuth
Konrad
reu
Silberba
Ahorn-
berg
Gottfri
Markers-
reuth
MÜNCHBERG
Straas
Mechlenreuth
Klein-
losnitz
Sp
Tö

13

Trogen
Feilitzsch
Haidt
Kirchgattendorf
Leimitz
Gattendorf
HOF
Nentschau
Prex
Tauperlitz
Regnitzlosau
Schwesendorf
Vierschau
Regnitz
Kauten-
dorf
Döhlau
Faßmannsreuth
Oberkotzau
Draisendorf
Martinsreuth
Wurlitz
REHAU
Autengrün
Quellen-
reuth
Fattigau
Fohrenreuth
Sophienreuth
Neuhausen
Pilgrams-
reuth
Martinlamitz
Lauter-
bach
BACH
Selb-
Plößberg
SCHÖNWALD
Erkersreuth
Mühlbach
Vielitz
SELB
Hallerstein
Dörflas
Längenau
Gr. Kornbg.
827
Ober-
weißenbach
Kirchen-
lamitz
Spielberg
Nieder-
lamitz
Groß-
wendern
Unter-
Heidelheim
Lkr. Wunsiedel
TSCHECHOSLOWAKEI

8
Altenmarkskpf
269
Michelbach
Albstadt
Maisen-
hausen
Omersbach
Geisel
bach
Hofstädten
Gde.
Westerngrund
Ober-
western
kahl
Unt-
Groß-
Groß-
Klein-
Klein-
laudenbach
Edelbach
Wiesen
HESS
Emmerichshofen
ALZENAU
Kälberau
Dörnstein-
bach
Schneppen-
bach
Kahl
Kahl
a.Main
Wasserlos
Hemsbach
Nieder-
steinbach
Krom-
bach
Gde.
Blanken-
bach
Schöllkrippen
Ernstkirchen
Staatsforst
Bremers-B.
492
Aubach
Staats
forst
Hörstein
Gunzenbach
Hohl
Mömbris
Mensengesäß
Königshofen
Sommerkahl
Heinrichsthal
Habichsthal
Frammers
Groß-
welzheim
Dettingen
Rückersbach
Reichen-
bach
Daxberg
Schimborn
Feldkahl
Rotten-
berg
Eichenberg
Jakobsthal
Heigenbrücken
Parte
Johannes-
berg
Breunsberg
Heigenbrücken
Wiesthal
Main
Lkr. Aschaffenburg
Oberafferbach
Wenighösbach
Unter-
afferbach
Steinbach
Sailauf
Laufach
Hain i.Sp.
Klein-
ostheim
Goldbach
Hösbach
26
Kromme
Neuhütte
Glattbach
Gde.
Bessenbach
Mainaschaff
E5
Schmerlenbach
Weiler
Kreuzberg
457
Waldaschaff
Stockstadt
Winzenhohl
Haibach
Keilberg
26
Schönbusch
Straß-
bessenbach
Rothenbuch
ASCHAFFENBURG
Grün-
morsbach
Ober-
Aschaff
Rothen
bucher
Forst
469
Gailbach
Dörr-
Obernau
Pfaffenb.
432
Weibersbrunn
Groß-
ostheim
Soden
Hessenthal
Niedern-
berg
Sulzbach
Mespelbrunn
Sodenburg
Ebersbach
Pflaumheim
Dornau
Leiders-
bach
Volkersbrunn
Heimbuchenthal
Geiers-B.
586
Wenigumstadt
Groß-
wallstadt
Klein-
Krausenbacher
Forst
Roßbach
Elsava
Essgr.
Mömlingen
Hausen
Wintersbach
Dammbach
Mömling
Hofstetten
Krausenbach
Altenbucher
Forst
OBERNBURG
Elsenfeld
Eichelsbach
Hobbach
Oberaulenbach
Rück
Elsenbach
Sommerau
Wilden-
stein
Wildensee
Schollbrunn
Altenbuch
Schippach
469
Gr. Heckb.
Faulbach
ERLENBACH
Eschau
Streit
Neuenbuch
Mechen-
hard
Breiten
WÖRTH
KLINGENBERG
Stadtprozelten
Schmachten-
berg
Mönchberg
Dorfprozelten
Fau
Trennfurt
Röllfeld
Röllbach
Reistenhausen
Fechen-
bach
Kollenberg
Gde. Collenberg
BADEN-
Lkr. Miltenberg
Laudenbach
Groß-
heubach
Engelberg
Klein-
Rüdenau
Bürgstadt
Erfa
Eichenbühl
Neunkirchen
MILTENBERG
HESSEN
SPESSART
2

3
Waizenbach
Windheim
Feuerthal
9
Langendorf
Diebach
HAMMELBURG
Saale
Schondra
Morlesau
Unter-
Altstadt
eschenbach
Ober-
Westheim
Fuchsstadt
Rengersbrunn
Rienecker 434 Koppe
Gräfendorf
Michelau
Schonderfeld
Weickersgrüben
Hermannskoppe 567
RIENECK
Wolfsmünster
Aschenroth
Eichenb. 542
Ruppertshütten
Schaippach
Schönau
391
Weyersfeld
Pfaffenhausen
Reußen-B.
Höllrich
Lkr. Bad Kissingen
Reußenberg
Staatsforst
Langenprozelten
Seifriedsburg
GEMÜNDEN a.Main
Heßdorf
Ruppertshütten
Partenstein
Sohlhöhe 530
Neuendorf
Hofstetten
354
Ölberg
Bonnland
Gauaschach
Massenbuch
Schönrain
Adelsberg
Karsbach
Obersfeld
Harrbach
Sachsenheim
Gössenheim
Wernfeld
Münster
Lohr
Halsbach
Sackenbach
Steinbach
Aschfeld
Hundsbach
Bühler
Büchold
Gambach
LOHR
Rechtenbach
Mariabuchen
Wiesenfeld
Eußenheim
Heugrumbach
Wombach
Lkr. Main-Spessart
Karlburg
Heßlar
Müdesheim
Rohrbach
KARLSTADT
Halsheim
Reuchelheim
Pflochsbach
Hausen
Mühlbach
Rodenbach
Osterkuppel 552
Binsfeld
Steinfeld
Stetten
Wern
Waldzell
Laudenbach
Main
Thüngen
Neustadt
Erlach
Heißen- 347 Berg
Stadelhofen
Hafenlohr
Ansbach
Himmelstadt
Retzbach
Retzstadt
Gramschatzer Wald
Urspringen
Duttenbrunn
Breitfeldhöhe 387
Zellingen
ROTHENFELS
Roden
Zimmern
Thüngersheim
Windheim
Hafenlohr
Karbach
Billingshausen
Unterleinach
Steinmark
Marienbrunn
Oberleinach
Güntersleben
Esselbach
Kredenbach
Glasofen
Birkenfeld
Erlabrunn
RIMPAR
MARKTHEIDENFELD
Lkr. Würzburg
Altfeld
Michelrieth
Margetshöchheim
Veitshöchheim
Erlenbach
Oberdürrbach
Röttbach
Lengfurt
Tiefenthal
Greußenheim
Unterdürrbach
Oberwittbach
Unterwittbach
Triefenstein
Remlingen
Hettstadt
Zell
Retterbach
Trennfeld
Roßbrunn
Wiebelbach
Retterssheim
Homburg
Holzkirchen
Uettingen
Waldbüttelbrunn
Kreuzwertheim
Aalbach
Höchberg
Wüstenzell
Helmstadt
Waldbrunn
WÜRZBURG
Holzkirchhausen
Eisingen
Guttenberger Wald
Kist
WÜRTTEMBERG
Neubrunn
Oberaltertheim
Unteraltertheim
Reichenberg
Rain-B. 385
Böttigheim
Steinbach
Lindflur
16

3
Elfershausen
Oerlenbach
10
287
Trimberg
Engenthal
Machtilshausen
Ramsthal
Sulzthal
Brach-B.
393
Ebenhausen
Pfersdorf
Pfändhausen
Madenhausen
Ebertshausen
Lkr. Schweinfurt
Reichmannshausen
Weipoltshausen
Holzhausen
Hesselbach
Hain
E70
Wasserlosen
Poppenhausen
Hambach
Zell
Löffelsterz
Maibach
Kützberg
Kronungen
286
Üchtelhausen
Greßthal
Obbach
Oberwerrn
Niederwerrn
Dittelbrunn
Hausen
Abersfeld
Schwemmelsbach
Rütschenhausen
Mainberg
Marktsteinach
Euerbach
Waldsachsen
Neubessingen
Wülfershausen
Sömmersdorf
Schonungen
Burghausen
Kaisten
Brebersdorf
Sennfeld
Forst
Greßhausen
Geldersheim
Egenhausen
Altbessingen
Vasbühl
Schleerieth
SCHWEINFURT
Gädheim
Ottendorf
Lkr. Main-Spessart
Bergrheinfeld
Schnackenwerth
Gochsheim
Weyer
Eckartshausen
Unterspiesheim
Schwebenried
Rundelshausen
Untereuerheim
Obereuerheim
Stettbach
Grafen
Schwebheim
Hörhausen
Dampfach
Unkenbach
Schraudenbach
Pusselsheim
Werneck
ARNSTEIN
Ettleben
Röthlein
Grettstadt
Zeuzleben
Garstadt
Dürrfeld
Donnersdorf
Wern
Heidenfeld
Gänheim
Hergolshausen
Kleinrheinfeld
Mühlhausen
Waigolshausen
Sulzheim
Glocken-B.
298
Eßleben
Schwanensee
Binsbach
Traustadt
Theilheim
Hirschfeld
Gernach
Alitzheim
Mönch
Vögnitz
Schwanfelder Höhe
294
Rieden
Hausen
Fährbrück
Lindach
Wipfeld
Mönchstockheim
Hundelshausen
Gramschatz
Herlheim
Bischwind
Opferbaum
Schwanfeld
Kolitzheim
Erbshausen
Hörnausee
Rügshofen
Heiligenthal
Klingenberg
Stammheim
Brünnstadt
Dingolshausen
Hilpertshausen
Volkach
Dürren-B.
Gaibach
Zeilitzheim
Bergtheim
Oberelsenheim
GEROLZHOFEN
Kraut-heim
Frankenwinheim
Dipbach
Untereisenheim
Lkr. Würzburg
Wiebelsberg
Fahr
Burggrumbach
Oberpleichfeld
Obervolkach
Lülsfeld
Pusselsheim
VOLKACH
Vogelsburg
Schallfeld
Rimpar
Mühlhausen
Unterpleichfeld
Astheim
Rimbach
Brünnau
Escherndorf
Prosselsheim
Nordheim
Halburg
Jarkendorf
Maidbronn
Köhler
Kürnach
22
287
Kreuzberg
Eichfeld
Neuses
Neusetz
Sommerach
Stadelschwarzach
Stegendorf
Pleichach
Dimbach
Altenschönbach
Versbach
Schnepfenbach
Laub
Estenfeld
Lkr. Kitzingen
Lengfeld
Euerfeld
Neuses
Gerlachshausen
PRICHSENSTADT
316
Obere Warte
Schernau
Brück
Münsterschwarzach
Kirchschönbach
Rottendorf
DETTELBACH
Schwarzenau
Reupelsdorf
Geesdorf
Effeldorf
Bibergau
Stadtschwarzach
Düllstadt
Wiesentheid
Main
Hörblach
Schwarzach a.M.
Untersambach
Mainsondheim
Atzhausen
Haidt
Feuerbach
Gerbrunn
Mainstockheim
Albertshofen
343
Gieshügler Höhe
Biebelried
Kleinlangheim
Klosterforst
Rüdenhausen
Abtswind
Randersacker
Buchbrunn
Theilheim
KITZINGEN
Großlangheim
Repperndorf
Greuth
E5
Westheim
Wiesenbronn
Castell
Lindelbach
Fröhstockheim
Kaltensondheim
Wüstenfelden
Hoheim
Schwanberg
474
Scheine
EIBELSTADT
Hohenfeld
Sickershausen
Rödelsee
Sommerhausen
Rottenbauer
Sulzfeld
IPHOFEN
Erlach
MAINBERNHEIM
Birklingen
Oberscheinfeld
16

4

HOFHEIM
Fitzendorf
Burg-
preppach
Lohr
Pfarrweisach
Lichten-
stein
Memmelsdorf
Lenders-
hausen
feld
Ibind
Leuzendorf
Wüstenwelsberg
Ober-
Unter-
merzbach
Gleußen
Kalten-
brunn
prechts-
hausen
Goßmannsdorf
Brünn
Krais-
dorf
Fischbach
Gereuth
Ostheim
Hohnhausen
Bramb.
494
Bramberger
Wald
Bischwind
am Raueneck
Neuses
Haube-B.
Rauheneck
Eyrichshof
Rotenhan
Recheldorf
Lahm
i.Itzgrund
Freiberg
Klein-
Rügheim
Junkers-
dorf
Albersdorf
Vorbach
Unter-
preppach
Mechenried
Unfinden
Bramberg
EBERN
Gleus-
dorf
Eggen-
bach
Meßenfeld
Busendorf
Hellingen
Lkr. Haßberge
Jesserndorf
Haßwald
Welkendorf
Heubach
Holz-
hausen
Römershofen
KÖNIGSBERG
Weißenbrunn
Reutersbrunn
Losbergs-
gereuth
Eichelberg
hofen
Hofstetten
Stachel-B.
496
Rentweinsdorf
Treinfeld
Birkach
Alters-
hausen
Köslau
Kottenbrunn
Pettstadt
Mürsbach
Ober-
Unter-
hohenried
Prappach
Sylbach
HASSFURT
388
Sechsthal
Dörflis
Kirchlauter
Sendelbach
Abten-
b.
327
Medlitz
Krum
Hohe Wand
Neubrunn
Salmsdorf
Gerach
Laimbach
Höfen
365
Mariaburg
hausen
Bischofsheim
Breitbrunn
Lußberg
429
Reckendorf
Rattelsdorf
Augsfeld
Die Au
Schmachtenberg
Lußberg
Priegendorf
Reckenneusig
Ebing
Wonfurt
Zeil
Ziegelanger
Schönbach
Schönbrunn
Rudendorf
Daschendorf
Steins-
feld
Hainert
Knetzgau
Steinbach
Dorgendorf
Stiefenberg
Gleisenau
Deusdorf
BAUNACH
Unterobern-
dorf
Unter-
schwappach
Ober-
Westheim
Sand
Maria-
Limbach
Ebelsbach
Stettfeld
Eschenau
Knetzb.
488
Zell
Stadtwald
ELTMANN
Eschenbach
Lauter
Appendorf
393
Semb.
Breiten-
güßbach
Wohnau
Ober-
Dippach
Eltmann
Hannwald
Weisbrunn
Staffelbach
Kemmern
Beerb.
477
Neu-
Unter-
schleichach
Roßstadt
Ober-
haid
Unter-
Dörfleins
HALLSTADT
Fabrik
Lembach
Tretzendorf
Trunstadt
Schleichach
Fatschenbrunn
Trossenfurt
Kirchaich
Viereth
Trosdorf
Priesendorf
Karbach
Breiten-B.
Dankenfeld
Tütschen
Bischberg
Fürnbach
Gde. Rauhen
ebrach
Neuhausen
Trabelsdorf
gereuth
GAUSTADT
BAMBERG
Geusfeld
Wildensorg
Wustviel
Falsbrunn
Grub
Lisberg
Kolmsdorf
Erlau
Mühlendorf
Neudorf
Halbersdorf
Ebracher
Forst
Koppenwind
Prölsdorf
Zettmannsdorf
Stegaurach
Walsdorf
Bug
425
Schmerber-B.
Schönbrunn
Steinsdorf
Hartlanden
Lkr. Bamberg
Höfen
Ebrach
Großgreßingen
Hirschb.
401
Grasmannsdorf
Birkach
373
Distelberg
Unterweiler
Burg-
Windheim
Ampferbach
Ober-
harnsbach
Untersteinach
Kötsch
Vollmanns-
dorf
Burgebrach
Buch
Mittelebrach
Mönch-
herrnsdorf
Mönchsam-
bach
Unterneuses
Stappenbach
Reun-
dorf
Frensdorf
325
Schallenb.
Ebers-
brunn
Großbirkach
Treppendorf
Herrnsdorf
Ilmenau
Reichmannsdorf
Schlüsselau
Futtersee
Asch-
Ziegel-
Unter-
melsendorf
Oberköst
Obern-
dorf
Sambach
Geiselwind
Holzbern-
dorf
sambach
bach
Steppach
Eckersbach
Pommers-
felden
Zent-
Wasser-
SCHLÜSSELFELD
Mühlhausen
Weißen-
stein
bechhofen
Haag
Burghöchstadt
Heuchelheim
Thüngfeld
Wachenroth
Freihaslach
Appenfelden
Fürsten-
forst
Niederndorf
Elsendorf
Weingarts
greuth
Schirnsdorf
Ober-
Burg-
haslach
Prühl
rimbach
Kirch-
Gleißenberg
357
Roter Berg
Aisch
Frickenhöchstadt
Breitenlohe
Klein-
weisach
Gde. Weisachgrund
HÖCHSTADT
Etzels-
kirchen
Adelsdorf
Erlabronn
STEIGERWALD

17 18

5

LICHTEN-
FELS
BURGKUNSTADT
Weingarten
Reundorf
Stadel
Banz
Trieb
Wolfsloch
Strössen
Zeublitzdorf
Theisau
Mainroth
Gärtenroth
Seubelsdorf
Mistelfeld
Obersdorf
Langheimer
Wald
Herreth
Unnersdorf
Schönbrunn
Grundfeld
Altenkunstadt
Burkheim
Roth
Vierzehnheiligen
Nedensdorf
Drais-
dorf
451
Eierberg
Wolfsdorf
Kloster-
langheim
Lkr. Lichtenfels
Kordigast
Maineck
Main
Schwarzach
Wiesen
Unter-
zettlitz
STAFFELSTEIN
Ober-
Uetzing
Isling
Giechkröttendorf
Weismain
Weismainer
Forst
Mainecker
Forst
Willmersreuth
Döring-
stadt
Horsdorf
Serkendorf
Mönchkrötten
dorf
Kaspauer
WEISMAIN
Geutenreuth
Lahm
Frauendorf
Ebensfeld
Stublang
Buchau
Peesten
Ober-
brunn
Unter-
Ditters-
brunn
Schwabthal
Gorkum
578
Köttel
Niesten
Lopp
Bärental
Neudorf
Prächting
Rothmanns-
thal
Wallersberg
Kümmel
Roten-B.
346
Oberküps
Bojendorf
Arnstein
Weiden
Modschiedel
Kasen-
dorf
Azendorf
Unter-
leiterbach
Ober-
Kleukheim
Wattendorf
Groß-
ziegenfeld
Dörrn-
wasserlos
Roschlaub
Weichen-
Klein-
Fesselsdorf
Zapfen-
dorf
Oberobern-
dorf
Stübig
Schederndorf
Stadel
hofen
505
Kirchschletten
Gräfenhäusling
Buckendorf
Schirradorf
Lauf
Schweis-
dorf
Wölken
dorf
Sassendorf
Burgellern
Ehrl
Burglesau
Sanspareil
Windischletten
Paradiestal
Schulters-B.
474
Krögelstein
Burg Zwernitz
Hohen-
güßbach
Würgau
Steinfeld
Wonsees
SCHESSLITZ
Demmelsdorf
Treunitz
Kainach
Zückshut
Wiesen-
giech
Merkendorf
Lkr. Bamberg
Zeckendorf
Hohenhäusling
Freienfels
Wiesent
Giech
Giech
Drosen-
dorf
Straßgiech
Gügel
Ludwag
Königsfeld
Wiesentfels
Neidenstein
Weiher
Gundels-
heim
Weichend.
Peulendorf
Stamb.
Neudorf
Poxdorf
559
Kulm
Memmelsdorf
Kremmeldorf
Huppen-
dorf
Drosendorf
HOLLFELD
Schönfeld
Seehof
Schammelsdorf
Lohndorf
Ellern
Tiefen-
ellern
Treppendorf
Obernsee
Sachsendorf
Truppach
Pödeldorf
Litzendorf
563
Herzogen-
reuth
Schirra-B.
484
BAMBERG
Naisa
Hauptsmoor-
wald
Stocken-B.
Hohenpölz
Neuhaus
Stechendorf
Planken-
stein
Melkendorf
Lindach
Brunn
Ober-
Aufseß
Hochstahl
Plankenfels
585
Geisb.
Tiefenpölz
Oberlein-
leiter
Geisfeld
Misten-
dorf
Teuchatz
Greifenstein
Stücht
Leesten
Burggrub
Roßdorf
Zeegendorf
Zoggendorf
Heiligenstadt
Nankendorf
Wernsdorf
Tiefen-
höchstadt
Oberngrub
Breiten-
lesau
WAISCHENFELD
Regnitz
Amlingstadt
Friesener Warte
Traindorf
Siegritz
Wüstenstein
Strullendorf
Friesen
Kalteneggolsfeld
Leinleiter
Seelig
Europa-
kanal
Frankendorf
Dürrbrunn
Tiefen-
stürmig
Ober-
fellendorf
Gösselsdorf
Seigendorf
Ketschendorf
F R Ä N K I
Gde.
Raben-
eck
Rabenstein
Doos
Pettstadt
Stackendorf
502
Kautschenb.
Albertshof
Hirschaid
Götzendorf
Unter-
leinleiter
Streit-
berg
Wiesenttal
Muggendorf
Mainb.
371
Erlach
Dreuschendorf
Gunzen-
dorf
Neideck
Schotter-
mühle
Unter-
Kohl-
stein
Röbers-
dorf
Sassanfahrt
Drügen-
Gassel-
dorf
Engel-
hardsberg
Seußling
Buttenheim
Drosendorf
Eschlipp
Trainmeusel
Altendorf
Unterstürmig
EBERMANN-
STADT
Nieder-
mirsberg
Birkenreuth
Wohlmannsgesees
Rothensand
Weigels-
hofen
Lange Meile
Trailsdorf
Neuses
Neuses
Behringers-
mühle
Burg-
gaillenreuth
Sohnaid
Kauernhofen
Wohlmuthshüll
Schlammers-
dorf
Eggolsheim
Gde.
Reifenberg
Rüssenbach
Lkr. Forchheim
Moggast
Gößweinstein
Pautzfeld
Rettern
Pretzfeld
S C H W
Leutz-
dorf
Hallerndorf
Bammersdorf
Ober-
Weilersbach
Lützelsdorf
Stadelhofen
Greuth
Untere
Mark
Jägersburg
weilersbach
Hagenbach
Morschreuth
Aisch
Willersdorf
363
Unter-
Auerb.
Wannbach
Bucken-
hofen
FORCHHEIM
Kirchehrenbach
Wichsen-
stein
Biberbach
Kleinges
Reuth
Hetzelsdorf
Zaunsbach
Trubach
Weppersdorf
Wimmelbach
Wiesenthau
Hundshaupten
Bärnfels
Oesdorf
Burk
Gosberg
Schlaif-
hausen
Leutenbach
Affalter-
thal
Geschwand
Leienfels

18

6

KUPFERBERG
Unter-steinach
Ludwigschorgast
Neufang
Kauerndorf
Wirsberg
556
Rabenst.
Ziegenburg
Gundlitz
668
Weißenst.
Stamm-bach
Streitau
Friedmanns-dorf
Zell
877
Gr. Waldst.
13
Witzles-hofen
Zettlitz
Walpenreuth
785
Bärenh.
Kornbach
Falls
Plassenburg
KULMBACH
Hegnabrunn
Neuen-markt
Markt-schorgast
GEFREES
Voitsumra
Ködnitz
Wasser-knoden
Luetzenreuth
Metzlersreuth
Wülfersreuth
Leuchau
Trebgast
Lindau
Himmelkron
Rimlas
Gössenreuth
Lanzendorf
BAD BERNECK
Bärnreuth
Weißer Main
Schneebg.
1051
Lkr. Kulmbach
FICHTELGEBIRGE
Hutschdorf
Langen-stadt
Brücklein
Pech-graben
Harsdorf
Goldmühl
Escherlich
Bischofsgrün
1024
Ochsenkopf
Neu-
Alt-drossenfeld
Neuenreuth
Benk
Neudorf
Leisau
Brandholz
Ober-warmensteinach
Muckenreuth
Felkendorf
Ramsen-thal
GOLDKRONACH
Dressen-dorf
Nemmers-dorf
Warmensteinach
863
Hohb.
Fichtelberg
Crottendorf
Altenplos
Euben
Bindlach
838
Kreuzst.
Mehlmeisel
Unterwaiz
Cottenbach
Oschenb.
Laineck
528
Unter-steinach
Heinersreuth
Neustädtlein
BAYREUTH
Eremitage
Döhlau
Görschnitz
Mengers-reuth
Sophienthal
Platte
830
Eschen
Oberpreuschwitz
Oberwaiz
Seulbitz
Donndorf
Fantaisie
Aichig
Lankendorf
Weidenberg
Kirchen-pingarten
Lienlas
Eckersdorf
Ober-konnersreuth
Neunkirchen
Lessau
Reislas
Ahornberg
Seitenbach
Frankenhaag
Mistelgau
Wolfsbach
Schamels-berg
Lehen
Tressau
Immenreuth
Mistelbach
Thier-garten
Emtmanns-berg
Seybothen-reuth
Speichers-dorf
Haldenaab
Gesees
Pittersdorf
Schreez
Untern-
Hau endorf
Kötzers-dorf
Gde. Glashütten
Pettendorf
Hummeltal
Creez
Gde. Schreez
Birk
Kirchen-laibach
Haag
Windischen
Wirbenz
Volsbach
Körzendorf
Nairitz
Plössen
Reizendorf
Lkr. Bayreuth
Rotmaingu
Seidwitz
Gutten-thal
Höflas
Freiahorn
CREUSSEN
Rameles-reuth
Christanz
Poppen-dorf
Hinter-kleebach
Vorder-
Linden-hardt
Gottsfeld
Bühl
Neuhof
Mockersdorf
Rauher Kulm
682
Adlitz
Trockau
Haidhof
Prebitz
Vorbach
NEUSTADT a.Kulm
Hohen-mirsberg
Leups
Schnabel-waid
Ober-bibrach
Filchendorf
Püttlach
Büchenbach
Schlammers-dorf
Preißach
Heinersreuth
Seitenthal
Kl. Kulm
626
Buchau
647
Kalvarienbg.
Speinshart
Zips
Thurndorf
Tremmersdorf
Sassenreuth
POTTENSTEIN
Körbeldorf
Hollenberg
PEGNITZ
547
Zipser-B.
Troschenreuth
ESCHENBACH
Elbers-berg
Ranzen-thal
Neuzirken-dorf
Kirchen-thumbach
Hainbronn
Penzen-reuth
Gunzendorf
Bronn
Lkr. Neustadt a.d. Waldnaab
Nasnitz
Degelsdorf
Michelfeld

19 20

7
14
Raumetengrün
Schwarzen-hammer
Silberbach
651 Gr.Hengstbg.
MARKTLEUTHEN
Reicholdsgrün
674 Buchbg.
Ober röslau
Höchstädt
Thierstein
Neuhaus
Fischern
Weißenstadt
Neudes
Birkenbühl
HOHENBERG
Eger
Franken
Lkr. Wunsiedel
Kothigenbibersbach
Röslau
Bern-stein
Thiersheim
Schirnding
FICHTELGEB.
Stemmas
Schlottenhof
Bergnersreuth
ARZBERG
Vordorf
Holenbrunn
Grafenreuth
Röthen-bach
Lindenbg. 644
Hildenbach
Thölau
Korberdorf
Seußen
Münchenreuth
Schönbrunn
WUNSIEDEL
Lorenzreuth
Haid
Leupoldsdorf
Tröstau
Wölsau
Konnersreuth
Glasbg. 628
Platte 884
780 Luisenburg
Alexandersbad
Wölsauer-hammer
Brand
Fahrenbach
MARKTREDWITZ
693
Focken-feld
Kondrau
WALDSASSE
Kösseine 939
Leutendorf
Nagel
Groschlatten-grün
Pleußen
Rodenzen-reuth
WALDERSHOF
Lengenfeld
Wondreb
Brand
Kössein
Pechbrunn
Langentheilen
Walben-reuth
683
MITTERTEICH
Helmbrechts
Gr. Teichelb.
Ebnath
Poppenreuth
Leonberg
Neusorg
Mengers-reuth
Pilgramsreuth
Riglasreuth
Hohenhard
Fuchsmühl
Großensterz
Pullenreuth
Ober-wappenöst
Lochau
Platte 946
Weißenst.
Wiesau
Lkr. Tirschenreuth
Lenau
Zinst
Voitenthan
Schönhaid
TIRSCHENREU
STEINWALD
Kulmain
731 Armesb.
Trevesen
Friedenfels
KEMNATH
Gumpen
Waldnaab
Hohenwald
Waldeck
Heinb.
Rödlbach
Schönreuth
Zwergau
Grötschenreuth
Röthenbach
Falkenberg
Gutten-berg
Wetzldorf
ERBEN-DORF
Thumsenreuth
Reuth
Löschwitz
Atzmannsberg
Krummen-naab
Lengenfeld
Kastl
Bernstein
Unter-bruck
Hauxdorf
Fichtelnaab
Naab-demenreuth
WINDISCH-ESCHENBACH
Schönficht
Hessenreuth
Beidl
Neuhaus
Weihersberg
Wildenreuth
Schönkirch
Sauerb.
Feilersdorf
Riggau
Kirchen-demenreuth
Wurz
Eppen-reuth
Wildenau
Plößb
Pich-berg
PRESSATH
Altenparkstein
Schlatt
Schlattein
Creußen
Schwand
Schweinenaab
Kloben-reuth
Ilsenbach
Lanz
Püchersreuth
Dießfurth
Lkr. Neustadt
Wenders-reuth
Dürrschweinnaab
Gailertsreuth
Flosse
Parkstein
NEUSTADT a.d.Waldnaab
Störnstein
Gösen
Schwarzenbach
Hammerles
Süßen
St.Quirin
Roschau
Floß
a.d.Waldnaab
Meerbodenreuth
Joher W.
Schönb
GRAFENWÖHR
Altenstädter Wald
Altenstadt
Edeldorf
Bergnets-reuth
20

TSCHECHOSLOWAKEI
OBERPFÄLZER WALD
Querenbach
Neualben-
reuth
Tillenbg
939
reuth
Ottengrün
744
Birkenbg
Hochwald
Rosall
Wondreb
Pilmersreuth
Mähring
Poppenreuther-B.
781
Großkonreuth
ersreuth
Dippers-
reuth
Griesbach
Schwarzenbach
Ellenfeld
BÄRNAU
Thanhausen
enthan
Bürgerwald
ütte
901
Entenbühl
Schellenbg.
enbürg
Waldkirch
Neudorf
Georgen-
berg

21
22

9
10
16
Kleinrinderfeld
Üngers-hausen
Fuchsstadt
Winterhausen
Michelfeld
Albertshausen
Geroldshausen
Moos
Goßmannsdorf
Zeubelried
Main
MARKTSTEFT
Lkr. Kitzingen
Darstadt
Klein-ochsenfurt
Fricken-hausen
Segnitz
MARKTBREIT
Willanzheim
Moorseeb.
Einers
Ingolstadt
Eßfeld
Lkr. Würzburg
Tückel-hausen
OCHSENFURT
Obernbreit
Tiefenstock-heim
Herrnsheim
Kirchheim
Giebelstadt
Hohestadt
Gnodstadt
Iffb.
Iffigheim
Hütten
Gau-büttelbrunn
Sulzdorf
Acholshausen
Enheim
Wässern-dorf
Seinsheim
Allersheim
Seebach
Herchsheim
Gaukönigshofen
Martinsheim
Kapellb.
Bullenheim
Gützingen
Wolkshausen
Eichelsee
Höttingen
Euerhsn.
Ritters-hausen
Hopferstadt
Gnötzheim
Unter-ickelsheim
Gaurettersheim
Sächsen-heim
Bolzhausen
Geißlingen
Ober-
Frankenberg
Bütthard
Sonder-hofen
Osthausen
Herrnberchtheim
Ippesheim
Tiefenthal
Oellingen
Gülchsheim
Rodheim
Iffb.
Reusch
Stalldorf
Lipprichhausen
Geckenheim
Oesfeld
Gelchsheim
Hemmers-heim
Gollach
Gollhofen
Gollach-ostheim
Weigenheim
Holzb.
Ulsenheim
AUB
Riedenheim
Baldersheim
Pfahlenheim
UFFENHEIM
Brackenlohr
Reichelsberg
Aufstetten
Burger-roth
Rippach
Simmershofen
Strüth
St. Kunigunde
Adelhofen
Welbhausen
Bieber-ehren
Buch
Walkershofen
Auernhofen
Wallmersbach
Custenlohr
RÖTTINGEN
Tauber-rettersheim
Tauber
Klingen
Hohlach
Langen-steinach
Ermetz-
Steinach
Equarhofen
Reichardsroth
Mörlbach
BADEN-WÜRTTEMBERG
Großharbach
Ohrenbach
Habel-see
Neustett
Ober scheckenb.
Steinach
Tauberzell
Gickelh. B.
Tauber-scheckenbach
Adels-hofen
End-see
Gattenhofen
Steins-feld
Harters-hofen
Bettwar
Steinach
Schweinsdorf
Dettwang
ROTHENBURG
Leuzenbronn
Neusitz
Schandtauber
Betten-feld
Gebsattel
Kirnberg
Lohr
Bockenfeld
Tauber
Insingen
Diebach
Faulenberg
Bellers-hausen
Oestheim
SCHILLINGS
FÜRST
Gailnau
FRANKENHÖHE
23

11

Ziegenbach
407
Possenheim
Markt
Taschendorf
Kornhöfstadt
Herpersdorf
Frankfurt
Dutendorf
Frimmersdorf
Lonnerstadt
Fetzelhofen
17
Vestenbergs-
greuth
Sterpers
dorf
Mailach
Burgambach
Schnodsenbach
Altershausen
Grappertshofen
Altmanns-
hausen
Thierberg
Schornweisach
Uehlfeld
Hellmitzheim
SCHEINFELD
Tragel-
Schwarzen
bach
Demantsfurth
Dornheim
Ruthmanns
weiler
Obersteinbach
Abtsgreuth
Neuebersbach
Rauschenberg
Ober-
höchstädt
Peppen-
höchstadt
Markt Bibart
Ober-
laimbach
Unter-
Roßbach
Mönchsberg
Bergtheim
Trais
Dachsbach
Rockenbach
Münchsteinach
Gerhards-
hofen
Limpurger Forst
Grubsb.
388
Neundorf
Ullstadt
Reinhards-
hofen
Baudenbach
Gutenstetten
Pahres
Birnbaum
Krassolzheim
Willmersbach
Ingolstadt
Langenfeld
Hambühl
Stübach
Sugenheim
Göttelhof
NEUSTADT
a.d.Aisch
Markt Nordheim
Ezelheim
Diespeck
Dettendorf
Hohholz
Ober-
reichenbach
Deutenheim
Krautostheim
Ober-
Unter-
nesselbach
Hohen-
kottenhm.
Kühnbg.
Spielberg
Schauer-
heim
Birkenfeld
Eggensee
Ebersbach
Brunn
Wilhelmsdorf
Rüdisbronn
Dietersheim
Humprechtsau
Herbolzheim
Altheim
Herrnneuses
Gunzendorf
Berolzheim
Kauben-
heim
Rennhofen
Emskirchen
Dottenheim
Beerbach-
bach
Oberroßbach
Schellert
Hagen-
büchach
Obertief
Walddachs
Buchklingen
Lkr. Neustadt a.d. Aisch
Ipsheim
Hoheneck
Neidhards-
winden
Ergersheim
Külsheim
Eichelberg
Bräuers-
dorf
Oberndorf
Mailheim
Dürrnbuch
BAD
WINDSHEIM
Wiebelsheim
Siedelbach
Klausaurach
Markt
Erlbach
Laubendorf
Lenkersheim
Buchheim
Linden
Jobstgreuth
Eschenbach
Illesheim
Schloßbg.
463
Bad Windsheim
Ickel-
heim
Wilhermsdorf
Urfers
heim
Altselings-
bach
Keidenzell
Unter-
altenbernheim
Buch
Ober-
Dippoldsberg
Otten-
hofen
Westheim
Obern-
Untern-
zenn
Trauts-
kirchen
Neuhof
Kirch-
farrnbach
Katterbach
Markt-
bergel
Petersb.
504
Urpherts-
hofen
Sondernohe
Egenhausen
Oberfeldbrecht
Hirschneuses
Hohe
Steig
Ober
Virnsberg
Unternbibert
Andorf
Ermetzhof
Anfelden
Preuntsfelden
Poppen-
bach
dachstetten
Mittel-
Neudorf
Unter-
schlauersbach
Burg-
hausen
Neustetten
Rügland
Götteldorf
Leonrod
Flachslanden
Dennen-W.
Cadolzhofen
Ketten-
hofstetten
Haasgang
Sonnensee
Dietenhofen
Kehlmünz
Kleinhaslach
Ober-
sulzbach
Binzwangen
Stettberg
Oberfelden
Gräfenbuch
Schleinw.
Lkr. Ansbach
Betzendorf
Höfstetten
Colmberg
Heßbach
Brünst
Wernsbach
Weihen-
zell
Dornhausen
Lehrberg
Forst
Bruckberg
Ketteldorf
Bieg
Frommets-
felden
Zailach
Großhaslach
Auerbach
Grüb
Gebers-
dorf
Buch
Mittel-
ramstadt
Hennenbach
Vestenberg
Peters-
aurach
Jochsberg
Neunkirchen
Wiedersbach
LEUTERSHAUSEN
ANSBACH
Sachsen
Rauenbuch
Erlbach
Buchel-
berg
Erlach
Lichtenau

24

11
12

18
Gremsdorf
Lkr. Erlangen
Heppstädt
Neuhaus
358
Buschhorn
Zeckern
Hemhofen
Heroldsbach
Thurn
Hausen
Röttenbach
BAIERSDORF
Poxdorf
Doben-
reuth
Mittel-
ehrenbach
Ober-
Thuisb
Pinzberg
Kunreuth
Kersbach
Gaiganz
Weingarts
Regensberg
Ermreus
Effeltrich
Walkers-
brunn
Biengarten
Hessel-
berg
Boxbrunn
Markwald
Kleinseebach
Lkr. Forchheim
Pommer
Gutten-
berg
Kairlindach
Möhrendorf
Langen-
sendelbach
Ermreuth
Oberlindach
Hann-
berg
Groß-
dechsendorf
Atzels-
berg
Adlitz
Hetzles
Dachstad
Rödlas
Igensdorf
Reinersdorf
Großen-
seebach
Heßdorf
Bubenreuth
Rathsberg
Großenbuch
Weisendorf
Höchstadt
Monau
Spardorf
Marloffstein
Neunkirchen
Stöckach
Kosbach
Rosenbach
Hammerbach
Uttenreuth
Dormitz
Klein-
sendelbach
Benzen
Gde.
Aurachtal
Weiher
Schwabach
Gde. Eckenthal
Forth
Unter-
Falkendorf
Buckenhof
Unter-
schöllenbach
Brand
Ecken
Neun-
dorf
Münchaurach
Haundorf
Frauenaurach
ERLANGEN
Röckenhof
Ober-
Groß-
geschaidt
HERZOGENAURACH
Aurach
Sebalder
Kalchreuth
Klein-
Mausdorf
Niederndorf
Kriegenbrunn
Tennenlohe
Beerbach
Burgstall
Pirkach
Zweifels-
heim
Ober-
michelbach
Herolds-
berg
Puschen-
dorf
Tuchenbach
Hüttendorf
Großgründlach
Ödenberg
Kirch
Veitsbronn
Neunhof
Reichswald
397
Haid-Berg
fembach
Kraftshof
LANGENZENN
Zenn
Rückersdo
Seukendorf
Burgfarnbach
Weißens.
Behringers-
dorf
Horbach
FÜRTH
Roßendorf
Schwai
Farrnb.
Dillenb.
427
Cadolzburg
Deberndorf
Steinbach
ZIRNDORF
NÜRNBERG
Bronnam-
berg
Leichen-
dorf
Lorenzer
Lkr. Fürth
Ammerndorf
Ober-
asbach
Vincenzen-
bronn
Weinzierlein
Stein
FISCHBAC
Bibert
Großhabersdorf
Roßtal
Weitersdorf
Altenfurt
Reichs
Fernabrünst
Groß-
Gutzberg
weismannsdorf
Hafen
404
Hoher Bühl
Moosl
Mühlb.
Gugelhammer
Bürglein
Buch-
schwabach
Regelsbach
Kornburg
FEUC
Bonnhof
(E12)
Katzwang
Klein-
Schwarzach
Schwa
Müncherlbach
Weiterndorf
Schwabach
Wolkersdorf
Wendelstein
HEILSBRONN
Rohr
Gustenfelden
Groß-
schwarzenlohe
Raubersried
Weißen-
bronn
Prünst
SCHWABACH
Leerstetten
Volkersgau
Rednitz-
hembach
Aurach
Kammer-
stein
Veitsaurach
Schwand
Neuen-
dettelsau
Bertholds-
dorf
Lkr. Roth
Finsterb.
Suddersdorf
Barthelmesaurach
Büchen-
bach
E6

24

13

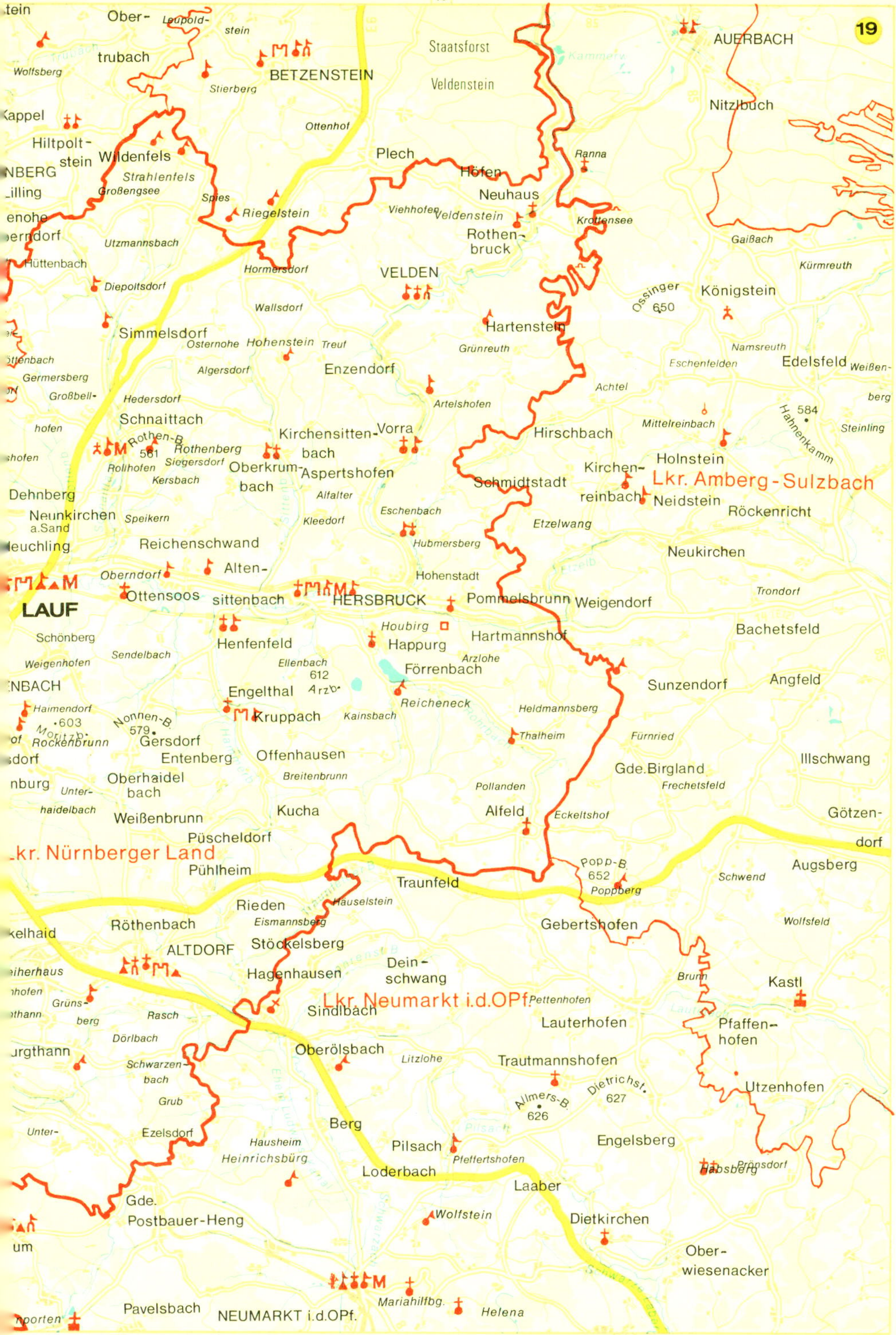
19
Ober-
trubach
Leupold-
stein
Wolfsberg
BETZENSTEIN
Stierberg
Staatsforst
Veldenstein
AUERBACH
Nitzlbuch
Kappel
Ottenhof
Hiltpolt-
stein
Wildenfels
Strahlenfels
Großengsee
NBERG
Lilling
Spies
Plech
Höfen
Neuhaus
Ranna
Riegelstein
Viehhofen
Veldenstein
Krottensee
Rothen-
bruck
Utzmannsbach
Hüttenbach
Hormersdorf
Gaißbach
Kürmreuth
VELDEN
Diepoltsdorf
Wallsdorf
Ossinger
650
Königstein
Hartenstein
Simmelsdorf
Osternohe
Hohenstein
Treuf
Grünreuth
Namsreuth
Germersberg
Algersdorf
Enzendorf
Eschenfelden
Edelsfeld
Weißen-
berg
Großbell-
hofen
Hedersdorf
Artelshofen
Achtel
584
Hahnenkamm
Steinling
Schnaittach
Rothen-B
561
Rothenberg
Rollhofen
Siegersdorf
Kersbach
Kirchensitten-
bach
Vorra
Oberkrum-
bach
Aspertshofen
Hirschbach
Mittelreinbach
Holnstein
Kirchen-
reinbach
Schmidtstadt
Lkr. Amberg-Sulzbach
Neidstein
Alfalter
Dehnberg
Neunkirchen
a.Sand
Speikern
Kleedorf
Eschenbach
Etzelwang
Röckenricht
Reichenschwand
Hubmersberg
Neukirchen
Oberndorf
Alten-
sittenbach
Hohenstadt
Trondorf
LAUF
Ottensoos
HERSBRUCK
Pommelsbrunn
Weigendorf
Schönberg
Houbirg
Happurg
Hartmannshof
Bachetsfeld
Henfenfeld
Sendelbach
Weigenhofen
Ellenbach
612
Arzlohe
Förrenbach
Sunzendorf
Angfeld
Engelthal
Haimendorf
603
Moritzb.
Nonnen-B
579
Rockenbrunn
Kruppach
Kainsbach
Reicheneck
Heldmannsberg
Thalheim
Furnried
Gersdorf
Entenberg
Offenhausen
Illschwang
Gde.Birgland
Frechetsfeld
Oberhaidel
bach
Unter-
haidelbach
Breitenbrunn
Pollanden
Weißenbrunn
Kucha
Alfeld
Eckeltshof
Götzen-
dorf
Püscheldorf
Lkr. Nürnberger Land
Pühlheim
Popp-B
652
Poppberg
Augsberg
Traunfeld
Schwend
Rieden
Hauselstein
Röthenbach
Eismannsberg
Gebertshofen
Wolfsfeld
ALTDORF
Stöckelsberg
Dein-
schwang
Hagenhausen
Brunn
Kastl
Grüns-
berg
Rasch
Lkr. Neumarkt i.d.OPf.
Pettenhofen
Sindlbach
Lauterhofen
Pfaffen-
hofen
Dörlbach
Oberölsbach
Litzlohe
Trautmannshofen
Schwarzen-
bach
Dietrichst.
627
Allmers-B
626
Utzenhofen
Grub
Berg
Ezelsdorf
Hausheim
Heinrichsbürg
Pilsach
Pfeffertshofen
Engelsberg
Habsberg
Pronsdorf
Loderbach
Laaber
Gde.
Postbauer-Heng
Wolfstein
Dietkirchen
Ober-
wiesenacker
Mariahilfbg.
Pavelsbach
NEUMARKT i.d.OPf.
Helena

26

13 14

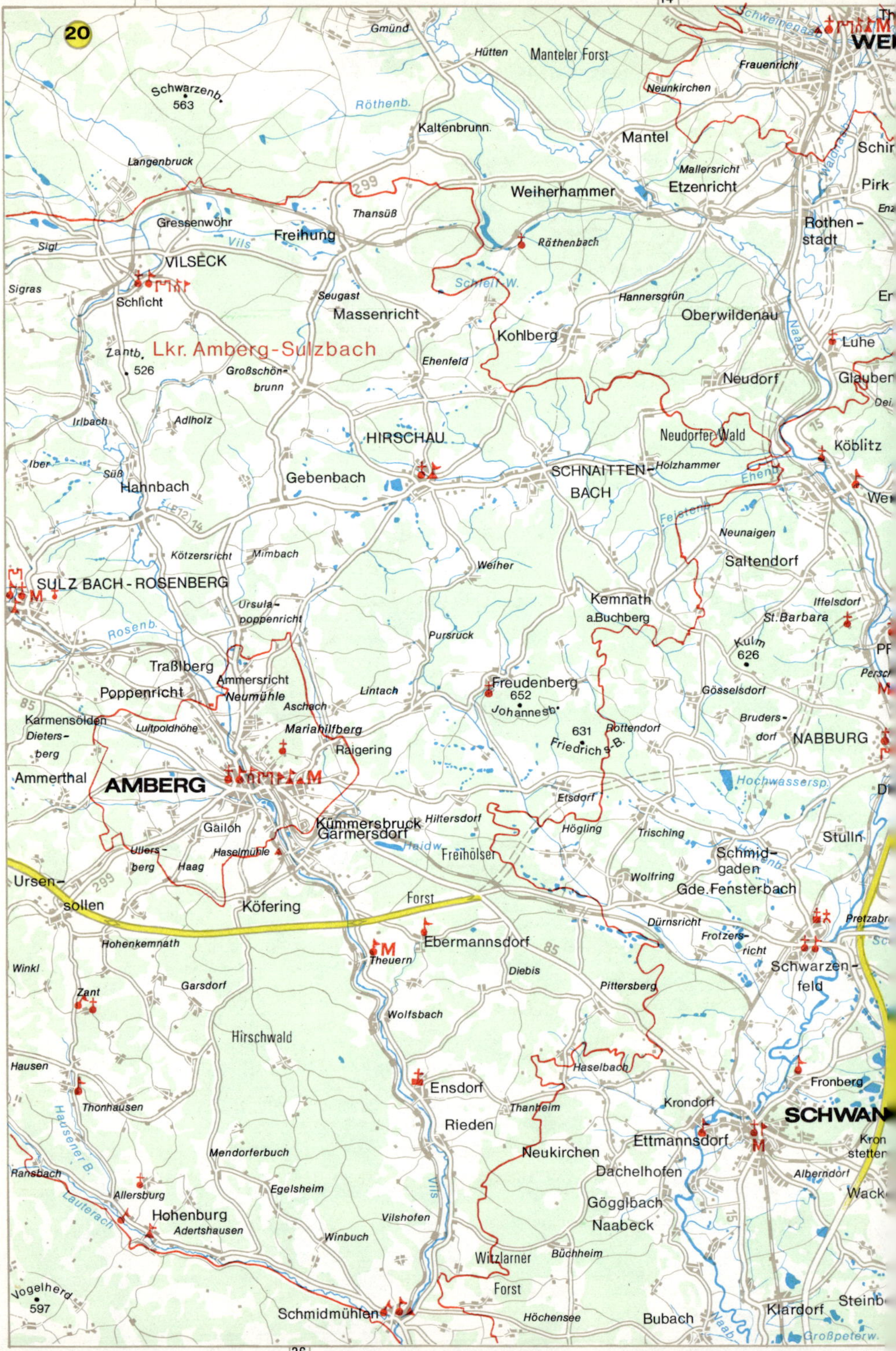
Gmünd
Hütten
Manteler Forst
Schweinenaab
Frauenricht
Neunkirchen
Schwarzenb.
563
Röthenb.
Kaltenbrunn
Mantel
Langenbruck
Mallersricht
Etzenricht
Weiherhammer
299
Thansüß
Pirk
Gressenwöhr
Vils
Freihung
Röthenbach
Rothen-
stadt
Sigl
VILSECK
Sigras
Schlicht
Schweif-W.
Seugast
Massenricht
Hannersgrün
Oberwildenau
Naab
Zantb.
526
Lkr. Amberg-Sulzbach
Kohlberg
Luhe
Großschön-
brunn
Ehenfeld
Neudorf
Irlbach
Adlholz
Neudorfer Wald
Köblitz
HIRSCHAU
Iber
Süß
Hahnbach
Gebenbach
SCHNAITTEN-
BACH
Holzhammer
Ehenb.
(E12) 14
Felsternb.
Neunaigen
Kötzersricht
Mimbach
Saltendorf
Weiher
SULZ BACH-ROSENBERG
Kemnath
a.Buchberg
Iffelsdorf
St.Barbara
Ursula-
poppenricht
Rosenb.
Pursruck
Kulm
626
Traßlberg
Ammersricht
Freudenberg
652
Poppenricht
Neumühle
Lintach
Johannesb.
Gösselsdorf
85
Aschach
Karmensölden
Luitpoldhöhe
Mariahilfberg
631
Pottendorf
Bruders-
dorf
NABBURG
Dieters-
berg
Raigering
Friedrichs-B.
Ammerthal
AMBERG
Hochwassersp.
Etsdorf
Gailoh
Kümmersbruck
Garmersdorf
Hiltersdorf
Högling
Trisching
Stulln
Ullers-
berg
Haselmühle
Haidw.
Freihölser
Schmid-
gaden
Haag
Wolfring
Ursen-
sollen
299
Köfering
Forst
Gde.Fensterbach
Dürnsricht
Pretzabr.
Hohenkemnath
Ebermannsdorf
Frotzers-
richt
Theuern
Winkl
Diebis
Schwarzen-
feld
Zant
Garsdorf
Pittersberg
Wolfsbach
Hirschwald
Hausen
Haselbach
Ensdorf
Fronberg
Thonhausen
Thanheim
Krondorf
Hausener B.
Rieden
SCHWAN
Neukirchen
Ettmannsdorf
Kron
stetten
Mendorferbuch
Dachelhofen
Ransbach
Albernd orf
Allersburg
Egelsheim
Vils
Wack
Lauterach
Hohenburg
Gögglbach
Adertshausen
Vilshofen
Naabeck
Winbuch
15
Vogelherd
597
Witzlarner
Büchheim
Forst
Steinb
Schmidmühlen
Höchensee
Bubach
Klardorf
Naab
Großpeterw.

26

15
21
Grafenreuth
Brünst
Dimpfl
Reinhards-rieth
784
Mitterbg.
Lkr. Neustadt a.d. Waldnaab
Lennesrieth
Waldthurn
Bernrieth
Fahrenbg.
Miesbrunn
PLEYSTEIN
Waldau
Roggenstein
Altenstadt
VOHENSTRAUSS
Kaimling
Waidhaus
Pfrentsch
Lohma
Burkhards-rieth
Ober-lind
Lerau
Gröbenstädt
Pfreimd
Heumaden
Burgtreswitz
Moosbach
Eslarn
Böhmischbruck
Etzgersrieth
Döllnitz
Tröbes
Klein-schwand
Großen-
Tännesberger Wald
Eisb. 771
Tännesberg
Söllitz
Trausnitz
Trausnitz Speicher
Schwangbühl 748
Wildstein
Pullenried
Wildeppenried
Gde. Langau
Dietersdorf
896 Ebene
Reichenstein
Stadlern
SCHÖNSEE
Schwand
Zeinried
Gleiritsch
Pamsendorf
Fuchsberg
Teunz
Roßhaupt 644
Gaisthal
Weiding
OBERVIECHTACH
Lind
Frauenstein
Signalb. 886
Schönau
Pondorf
Hannesried
Rottendorf
Pischdorf
Nieder-murach
Ober-
Nottersdorf
Guteneck
Schneeberg
Tiefenbach
Breitenried
Steinlohe
Alten-schneeberg
Winklarn
Treffelstein
Dürnersdorf
Wagnern
Pertolz-hofen
Haag
Willhof
Muschenried
Irlach
Spielberg
Schwarzach
Fronhof
Dieters-kirchen
Heinrichs-kirchen
Katzels-ried
Biberbach
Altendorf
Uckersdorf
Haag
Zangenstein
Bach
Kulz
Fahnersdorf
Prackendorf
Hiltersried
Pillmersried
Loitendorf
Unterauer-bach
Than-stein
Schwarzhofen
Dautersdorf
Diepolts-ried
568
Atlasb.
Mitter-aschau
Grassers-dorf
Premeischl
Thurau
Albernhof
Schwarzen-eck
Kemnath b.Fuhrn
Pettendorf
Kröblitz
Schwarzwöhr-B. 706
Schönthal
Rannersdorf
Katzdorf
Eixendorf
RÖTZ
Döfering
Lengfeld
NEUNBURG vorm Wald
Steegen
Hillstett
Fuhrn
Sinzendorf
Lkr. Schwandorf
Penting
Seebarn
Lkr. Cham
Forst
Kleinwinklarn
Meißenberg
Alletsried
Bernried
Grafenkirchen
Taxöldern
Erzhäuser
Egelsried
Boden
Hansenried
Engelsdorf
Rabenbg. 617
Altenschwand
Neukirchen-Balbini
Diebers-ried
571
Kürnb.
587
Sattel-B.
Friedersried
Fronau
Stamsried
Pemfling
Waffenbrunn
Schöngras
Bodenwöhr
Schwärzenberg
Hitzels-berg
TSCHECHOSLOWAKEI
27
28

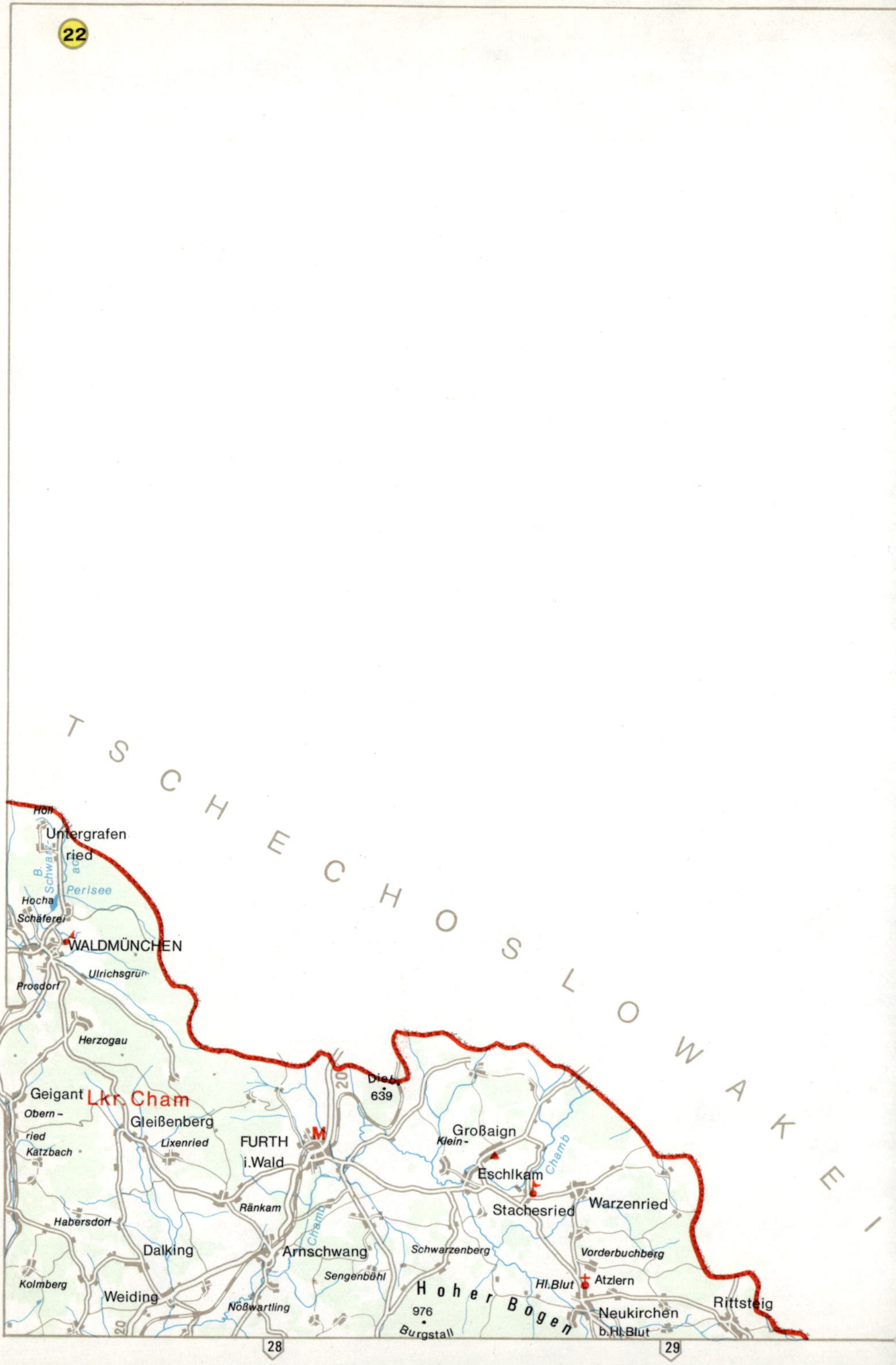
22
T S C H E C H O S L O W A K E I
Höll
Untergrafenried
B. Schwarzach
Perlsee
Hocha
Schäferei
WALDMÜNCHEN
Ulrichsgrün
Prosdorf
Herzogau
Geigant
Lkr. Cham
Obernried
Katzbach
Gleißenberg
Lixenried
FURTH i.Wald
M
20
Dieb. 639
Großaign
Klein-
Chamb
Eschlkam
Stachesried
Warzenried
Ränkam
Habersdorf
Dalking
Arnschwang
Schwarzenberg
Vorderbuchberg
Kolmberg
Sengenbühl
Hohe Bogen
Hl.Blut
Atzlern
Weiding
Nößwartling
976
Burgstall
Rittsteig
Neukirchen b.Hl.Blut
28
29

16
17
Rothb.
Wettringen
Wörnitz
Dombühl
Kloster Sulz
Eckartsweiler
23
Roßkopf
520
Aurach
HERRIEDEN
Erzberg
Arzbach
Gailroth
Botten-
weiler
Wildenholz
Weinberg
Stadel
Heuberg
Breitenau
Dorfgütingen
Vorder-
breitenthann
Elbersroth
Birkenb.
Oberampfrach
Schnelldorf
Unterampfrach
Banzenweiler
Aichau
Ober-
schönbronn
FEUCHTWANGEN
Haundorf
Heil-
bronn
Thürn-
hofen
Wieseth
Waizen-
dorf
Bechhofen
Mosbach
Dentleiner
Aichenzell
Dentlein
Großenohrenbronn
Larrieden
Krapfenau
Forst
Burk
Schopfloch
Dürrwangen
Lkr. Ansbach
Ob.-
Unt.-
Brunnw.
Weidelbach
Zwernberg
Lehen-
gütingen
Waldeck
Neuses
Langfurth
Dickersbronn
Dambach
Waldhäuslein
Oberradach
Hellenbach
Haslach
Ammelbruch
Esbach
Seidelsdorf
Halsbach
Ehingen
Hesselb.
689
DINKELSBÜHL
Wittels-
hofen
Ober-
michelbach
Sinbronn
Röckingen
Gerolfingen
Segringen
Wolferts-
bronn
Knittelsbach
Illenschwai
Langen-
Wörnitzhof
Weiltingen
steinbach
Diederstetten
Wilburg-
stetten
Frankenhofen
Mönchsroth
Veitsweiler
Furnheim
Wittenbach
Greiselbach
Seglohe
Rühling-
stetten
Hausen
Fremdingen
Schopflohe
Belzheim
Hochaltingen
Herblingen
Ehingen
Minderoffingen
Utzwingen
Heuberg
Maihingen
Marktoffingen
Lkr. Donau-Ries
Dürren-
zimmern
Pfäfflingen
Wallerstein
Kloster-
zimmern
Baldingen
NÖRDLINGEN
Reimlingen
BADEN-WÜRTTEMBERG
30

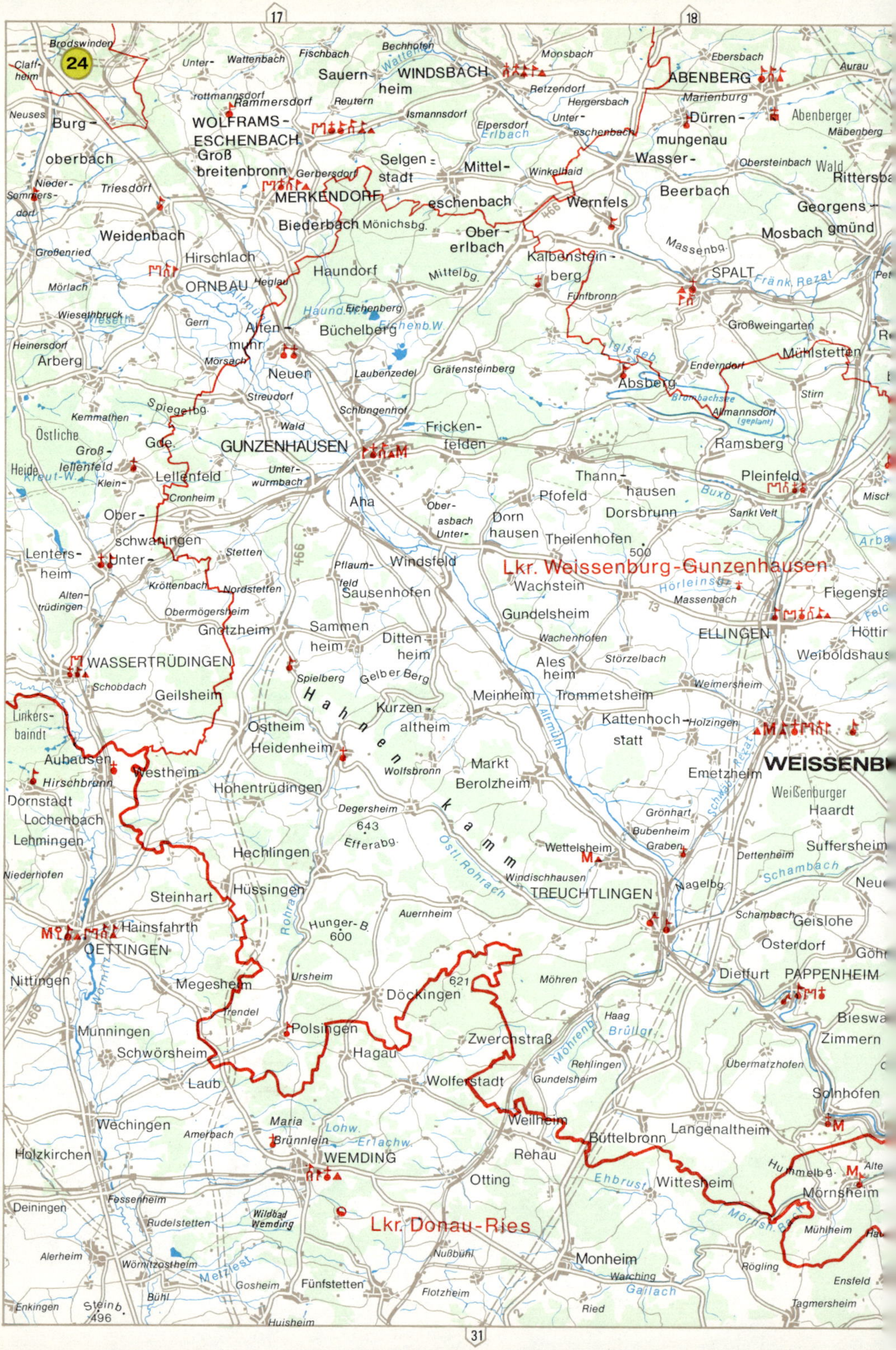
17
18
24
31
Brodswinden
Claffheim
Neuses
Burgoberbach
Unter-rottmannsdorf
Wattenbach
Rammersdorf
Fischbach
Bechhofen
Sauernheim
WINDSBACH
Moosbach
Ebersbach
Aurau
ABENBERG
Retzendorf
Marienburg
Reutern
Hergersbach
Dürrenmungenau
Abenberger Wald
Mäbenberg
WOLFRAMS-ESCHENBACH
Ismannsdorf
Elpersdorf
Erlbach
Untereschenbach
Großbreitenbronn
Selgenstadt
Mitteleschenbach
Winkelhaid
Wassermungenau
Obersteinbach
Rittersbach
Nieder-Sommersdorf
Triesdorf
Gerbersdorf
MERKENDORF
Wernfels
Beerbach
Georgensgmünd
Biederbach
Mönichsbg.
Obererlbach
Weidenbach
Mosbach
Großenried
Hirschlach
Kalbensteinberg
Massenbg.
Haundorf
Mittelbg.
SPALT
Fränk. Rezat
Mörlach
ORNBAU
Heglau
Altmühl
Fünfbronn
Hauund.
Eichenberg
Wiesethbruck
Wieseth
Gern
Altenmuhr
Büchelberg
Eichenb.W.
Großweingarten
Heinersdorf
Arberg
Mörsach
Neuen
Laubenzedel
Gräfensteinberg
Igelsbach
Enderndorf
Mühlstetten
Streudorf
Absberg
Brombachsee
Stirn
Kemmathen
Spiegelbg.
Schlungenhof
Allmannsdorf
(geplant)
Östliche
Wald
Frickenfelden
Ramsberg
Großlellenfeld
Gde.
GUNZENHAUSEN
Heide
Kleinlellenfeld
Lellenfeld
Unterwurmbach
Thannhausen
Pleinfeld
Kreut-W.
Cronheim
Aha
Pfofeld
Buxb.
Oberasbach
Dornhausen
Dorsbrunn
Sankt Veit
Oberschwaningen
Unterasbach
Theilenhofen
Lentersheim
Unterschwaningen
Stetten
466
500
Windsfeld
Pflaumfeld
Lkr. Weissenburg-Gunzenhausen
Wachstein
Hörlein
Massenbach
Fiegenstall
Altentrüdingen
Kröttenbach
Nordstetten
Sausenhofen
Obermögersheim
Gnotzheim
Sammenheim
Dittenheim
Gundelsheim
ELLINGEN
Wachenhofen
WASSERTRÜDINGEN
Spielberg
Gelber Berg
Alesheim
Störzelbach
Weiboldshausen
Schobdach
Geilsheim
Hahnenkamm
Meinheim
Trommetsheim
Weimersheim
Linkersbaindt
Kurzenaltheim
Ostheim
Kattenhochstatt
Holzingen
Heidenheim
Aubausen
Hirschbrunn
Westheim
Wolfsbronn
Markt Berolzheim
Altmühl
WEISSENB
Emetzheim
Hohentrüdingen
Weißenburger Haardt
Dornstadt
Degersheim
643
Lochenbach
Grönhart
Schwäb. Rezat
Lehmingen
Efferabg.
Bubenheim
Graben
Suffersheim
Hechlingen
Wettelsheim
Östl. Rohrach
Dettenheim
Niederhofen
Schambach
Windischhausen
Nagelbg.
Steinhart
Hüssingen
TREUCHTLINGEN
Auernheim
Schambach
Geislohe
Rohrach
Hainsfahrth
Hunger-B.
600
OETTINGEN
Osterdorf
Nittingen
Megesheim
Ursheim
Dietfurt
PAPPENHEIM
Wörnitz
621
Döckingen
Möhren
Trendel
Haag
Brüllgr.
Bieswang
Munningen
Polsingen
Zwerchstraß
Zimmern
Schwörsheim
Hagau
Möhrenb.
Rehlingen
Übermatzhofen
Gundelsheim
Laub
Wolferstadt
Solnhofen
Weilheim
Wechingen
Maria Brünnlein
Lohw.
Amerbach
Erlachw.
Büttelbronn
Langenaltheim
Holzkirchen
WEMDING
Rehau
Hummelbg.
Otting
Ehbrust
Wittesheim
Fessenheim
Mörnsheim
Deiningen
Wildbad Wemding
Mörnsh. B.
Rudelstetten
Lkr. Donau-Ries
Mühlheim
Alerheim
Nußbühl
Monheim
Wörnitzostheim
Rögling
Waraching
Gosheim
Meizlest.
Fünfstetten
Gailach
Ensfeld
Bühl
Flotzheim
Enkingen
Steinb.
496
Ried
Tagmersheim
Huisheim

19

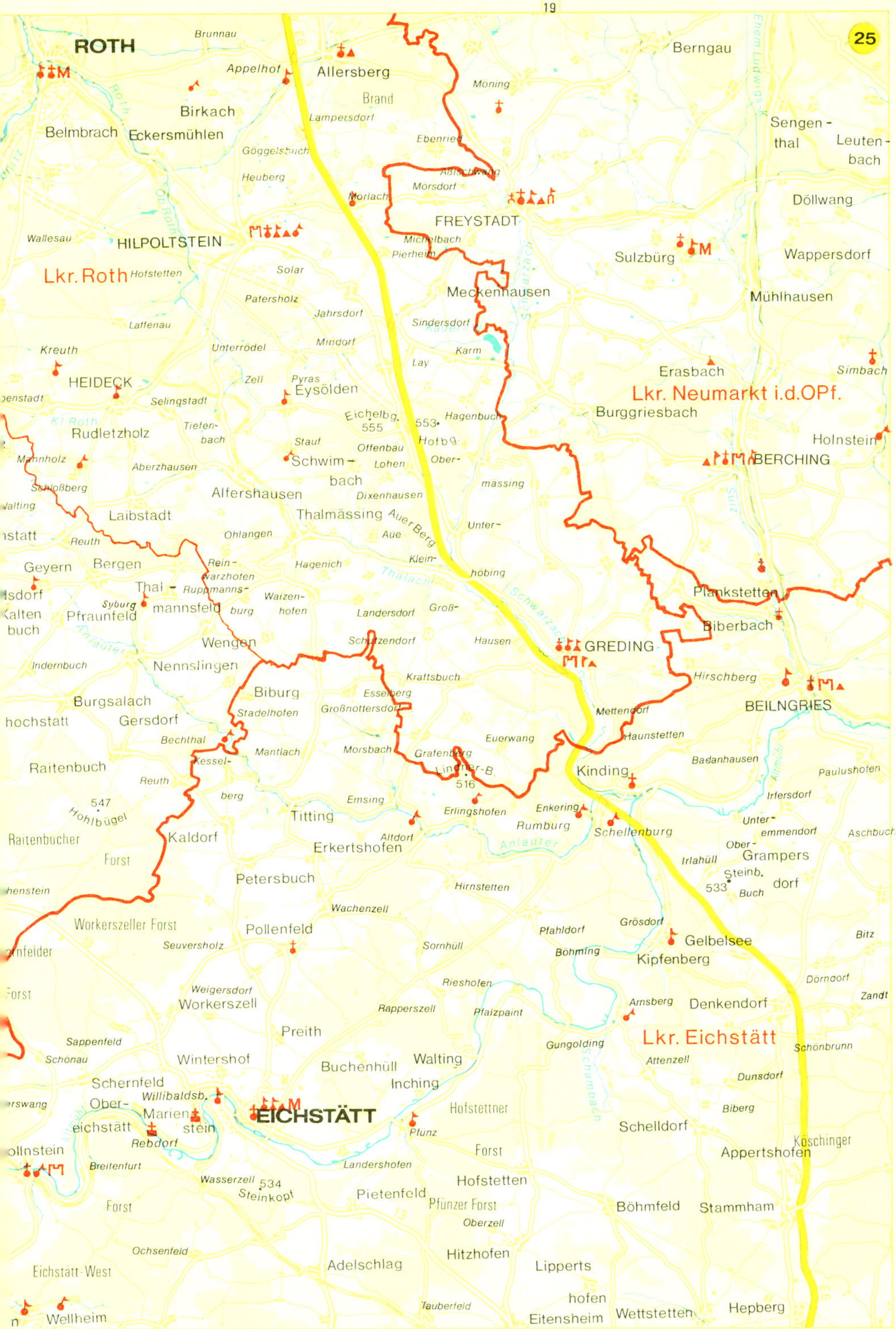
25
ROTH
Brunnau
Appelhof
Allersberg
Brand
Lampersdorf
Moning
Berngau
Birkach
Belmbrach
Eckersmühlen
Göggelsbuch
Ebenried
Sengen-
thal
Leuten-
bach
Heuberg
Absberg
Morsdorf
Morlach
Döllwang
FREYSTADT
Wallesau
HILPOLTSTEIN
Michelbach
Pierheim
Sulzbürg
Wappersdorf
Lkr. Roth
Hofstetten
Solar
Meckenhausen
Mühlhausen
Patersholz
Jahrsdorf
Sindersdorf
Laffenau
Mindorf
Karm
Kreuth
Unterrödel
Lay
Erasbach
Simbach
HEIDECK
Zell
Pyras
Eysölden
Lkr. Neumarkt i.d.OPf.
Selingstadt
Burggriesbach
Eichelbg.
555
553
Hagenbuch
Rudletzholz
Tiefen-
bach
Stauf
Offenbau
Hofbg.
Holnstein
Mannholz
Aberzhausen
Schwim-
bach
Lohen
Ober-
massing
BERCHING
Schloßberg
Alfershausen
Dixenhausen
Laibstadt
Thalmässing
Auer Berg
Unter-
Reuth
Ohlangen
Aue
Klein-
höbing
Geyern
Bergen
Rein-
warzhofen
Hagenich
Thalach
Thal
Ruppmanns-
Waizen-
hofen
Plankstetten
Syburg
mannsfeld
burg
Landersdorf
Groß-
Biberbach
Pfraunfeld
Kalten
buch
Wengen
Schutzendorf
Hausen
GREDING
Indernbuch
Nennslingen
Kraftsbuch
Hirschberg
BEILNGRIES
Biburg
Esselberg
Burgsalach
Stadelhofen
Großnottersdorf
Mettendorf
Gersdorf
hochstatt
Bechthal
Euerwang
Haunstetten
Mantlach
Morsbach
Grafenberg
Badanhausen
Raitenbuch
Kessel-
Lindner-B.
516
Kinding
Paulushofen
Reuth
berg
Irfersdorf
547
Hohlbügel
Titting
Emsing
Erlingshofen
Enkering
Unter-
emmendorf
Aschbuch
Raitenbucher
Forst
Kaldorf
Altdorf
Rumburg
Schellenburg
Ober-
Grampers
dorf
Erkertshofen
Anlauter
Irlahüll
Steinb.
533
Buch
Petersbuch
Hirnstetten
Wachenzell
Workerszeller Forst
Pollenfeld
Pfahldorf
Grösdorf
Gelbelsee
Seuversholz
Sornhüll
Böhming
Kipfenberg
Bitz
Dornaorf
Zandt
Weigersdorf
Workerszell
Rieshofen
Rapperszell
Pfalzpaint
Arnsberg
Denkendorf
Preith
Sappenfeld
Gungolding
Lkr. Eichstätt
Schonau
Wintershof
Walting
Schönbrunn
Attenzell
Buchenhüll
Inching
Dunsdorf
Schernfeld
Willibaldsb.
Schambach
Ober-
Marien-
EICHSTÄTT
Hofstettner
Biberg
eichstätt
stein
Pfünz
Schelldorf
Rebdorf
Köschinger
Appertshofen
Breitenfurt
Landershofen
Forst
Wasserzell
534
Steinkopf
Pietenfeld
Hofstetten
Forst
Pfünzer Forst
Böhmfeld
Stammham
Oberzell
Ochsenfeld
Hitzhofen
Eichstätt-West
Adelschlag
Lipperts
hofen
Tauberfeld
Hepberg
Wellheim
Eitensheim
Wettstetten

32

19
20

26
Günching
Deusmauer
Ob
buchfeld
Unter-
Deining
Laber
Weiße
Heltenberg
Herz-Jesu-Berg
St.Wolfgang
VELBURG
Truppenübungplatz
Hohenfels
Kirchenödenhart
Lanzenri
Vils
Mantlach
Oberweiling
Mittersthal
Klein
alfalterbach
Walters-
berg
Groß-
Batzhausen
621
Adelbg.
Schwarze Laber
Darshofen
Hörmanns-
dorf
Ronsolden
Rudens-
hofen
Großbissendorf
Hohenfels
Dietldorf
Forellenbach
Lkr. Neumarkt i.d.OPf.
Markstetten
Raitenbuch
Rohrbach
Traidendorf
Fisch
Kallm
Degerndorf
E5
Seubersdorf
Schnufen-
hofen
PARSBERG
Daßwang
564
Mollen
Kalvarienbg.
Lupburg
Schwarzen
thonhausen
Oberpfraundorf
Dinau
Kracher
hau
Hermanns-
berg
Ittelhofen
Breitenbr.
Wissing
See
Rechberg
Hochdorf
Staufersbach
Willenhofen
Mausheim
Wolfs
Gimpertshausen
Laber
Kemnathen
Herrnried
Hamberg
Eichlberg
Berletzhof
Ehrenfels
Beratzhausen
Duggen-
dorf
Brunn
Breitenegg
Raitenbuch
Staadorf
Dürn
St.Sebastian
Breitenbrunn
Pielenh
Weiße
Laber
Unterbürg
Pellndorf
Laufenthal
Laaber
E6
Haag
Langen-
kreith
HEMAU
8
Hohen-
schambach
Eutenhofen
DIETFURT
Ottmaring
Thonlohe
Klingen
Deuerling
Loch
Töging
Wolfs-B.
499
Griesstetten
Mühlbach
Kottingwörth
Altmühl
Eichhofen
Vogelthal
299
Otterzhofen
Aichkirchen
Paintener
Painten
514
Haugenried
Kasperl
Forst
Schönhofe
Amtmannsdorf
Eglofsdorf
Meihern
Perletzhofen
Jachenhausen
Zell
Altmühl-
münster
Neulohe
Viehhausen
Wolfsbuch
Eggersberg
RIEDENBURG
Baiersdorf
Aicholding
Prunn
Thann
Frauenforst
Randeck
Ihrlerstein
Winden
Pondorf
Buch
Aberl-B.
503
Essing
Neu-
Hattenhausen
Schafshill
Hexenagger
KELHEIM
Kelheimwinzer
Alt-
531
Schamhaupten
Berghausen-
hinzenhausen
Neuen-
Schambach
Hienheimer
Forst
Herrnsa
Unter
Königsb.
538
Sandersdorf
Tettenwang
Stausacker
Welten
burg
Saal
Steinsdorf
Altmannstein
495
Kochb.
Laimerstadt
Staubing
46
Kirchen-
Forst
Mendorf
Hagen
hill
Hienheim
Thaldorf
Mitterfecking
Bettbrunn
Unter
offendorf
Holzharlanden
Reißing
Mindel
stetten
Arresting
Eining
Lkr. Kelheim
Teuerting
Einmuß
Weissendorf
Hütten
hausen
Lobsing
Pullach
Kasing
Unter-
Ober
dolling
299
Irnsing
Sandharlanden
Arnhofen
Großmuß
Hiendorf
Forchheim
Marching
Bad Gögging
ABENSBERG
Abens
Ettling

33

21
27
34
Lkr. Schwandorf
Lkr. Regensburg
Lkr. Cham
REGENSBURG
Pottenstetten
Münchshofen
Katzdorf
Premberg
Samsbacher Forst
TEUBLITZ
Saltendorf
BURGLENGENFELD
MAXHÜTTE-HAIDHOF
Stockenfels
Fischbach
Neuhaus
Kaspeltshub
Bruck
Sollbach
Neubäuer Forst
Neubäu
Rodinger Forst
Einsiedler Forst
Haus
558
Gailen-B.
Stefling
Unter-
Hof
mainsbach
Bleich
Hirschling
610
Jugendb.
NITTENAU
Dieberg
Abtsried
Kirchenrohrbach
Leonberg
502
Heilinghausen
Bodenstein
Reichenbach
Walderbach
Eulenb.
Grafenwinn
Beucherling
Trasching
Ponholz
Schönleiten
Pirkensee
Ramspau
Karlstein
Wulkersdorf
Wald
Eicherlb.
561
Lobenstein
Bubach
Unterzell
Pettenreuth
Hackenberg
Au
Buchenlohe
Diesenbach
Regenstauf
Kürn
Hauzendorf
Mainsbauern
650
Hoher Fels
Hadriwa
677
Eitlbrunn
Schillertswiesen
Steinsberg
474
Reißb.
Hauzenstein
Süssenbach
Siegenstein
Handelsb.
651
Bernhardswald
Adlmannstein
Altenthann
Frankenberg
Regendorf
Retten-
bach
Hainsacker
Zeitlarn
Wenzenbach
Altenthanner
580
Höhe
Bruckbach
Brenn-
berg
Pettendorf
Grünthal
Haag
Lappersdorf
Frauenzell
Hellsberg
Dietersweg
Kager
Kareth
Lichtenwald
Forstmühler Forst
Donaustauf
Walhalla
Steinweg
Kneiting
Sulzbach
Bach
Kruckenberg
Tegernheim
Demling
Wiesent
Sarching
Illkofen
Friesheim
WÖRTH a.d.Donau
Hofdorf
Barbing
Burgweinting
Eltheim
Kiefen-
holz
Neu
-traubling
Niederachdorf
Sinzing
Harting
Rosenhof
Geisling
Gmünd
Pentling
Oberisling
Neudorf
Ober
traubling
Lerchen-
feld
Pfatter
Großberg
448
Argle
Hohen
gebraching
Oberhin-
kofen
Mangolding
Griesau
Matting
Oberndorf
Egglfing
Mintraching
Moosham
felberg
Poikam
Wolkering
Köfering
Moos-
ham
Sengkofen
Bad Abbach
Poign
Gebelkofen
Alt
Riekofen
Lengfeld
Thalmassing
Dengling
Peising
Weillohe
eglofsheim
Langenerling
Taimering
Schönach
Ehring
Haimbuch
Luckenpaint
Neu-
Hagelstadt
Mötzing
Dünzling
Gailsbach
Triftlfing
Teugn
Sanding
Saalhaupt
Kühb.
452
Aufhausen
Petzkofen
Sünching
Hausen
Schneidhart
Irnkofen
Haidenkofen
Pfakofen
Perkam
Unterlaichling
Hellring
Rogging
Inkofen
Hirschling
Paring
Schierling
Eggmühl
Zaitzkofen
Allkofen
Wallkofen
Ober-
Nieder
Ober
Greißing
leierndorf
Upfkofen
Langquaid
deggenbach
Pinkofen
Graßlfing
GEISELHÖRING
Haindling
Mannsdorf
Sulzbach
Regen
Donau

21
28
556
Schwarzenb.
Pitzling
Rhan-
walting
Willmering
Windisch-
bergerdorf
Chamb
Raindorf
Walting
Zenching
Thenried
Lichteneck
Schwarz
Rimbach
Pösing
Loibling
CHAM
Nieder-
runding
Runding
Haidst.
742
Liebenstein
Voggendorf
Wetterfeld
Kammerw.
Altenkreith
Chammünster
Thierlstein
Altenmarkt
Chameregg
Weißer Reg
Grafenwiesen
Gotzendorf
Hohenw
Lederdorn
Mitterdorf
RODING
Ober-
traubenbach
Haid-W.
Bärndorf
Chamerau
Haus
Heilbrünnl
Braunried
Regen
Penting
Haderstadl
Gehstorf
KÖTZING
K
Arndorf
Regenpeilstein
Zimmering
Vilzing
Blaibach
Obertrübenbach
Zandt
Kreuzbach
Miltach
Weißenregen
Thierling
Schachendorf
Schorndorf
Mietnach
P
Traidersdorf
Traitsching
Oberndorf
Wettzell
Kalsing
Harrling
Neuhaus
Sattel-
peilnstein
Wolfersdorf
Eismannsberg
818
B
Michels-
neukirchen
Höllen
Wurzersp
Ronb.
663
Altrandsberg
Moosbach
Ruhmanns-
dorf
steinsee
Perlb.
Sattelbogen
Grub
f
Wiesr
A
Prackenbach
Falkenstein
Gittensdorf
Gossersdorf
Neurandsberg
Neunuß
Y
VIECHTACH
Arrach
Zinzenzell
Rattenberg
Loitzen-
dorf
Blosser
Perlenb.
Konzell
Siegersdorf
E
Schlatzendorf
Schönstein
Landorf
Rechertsried
Heilbrunn
Gr. Hammerw.
Stallwang
R
a
Höhenberg
Haunkenzell
Kollnburg
Käsplatte
979
Kirchaitn
Wiesenfelden
Herrnfehlrschenbach
burg
Prünstfehlburg
Elisabethszell
I
Rattiszell
Haibach
1048
Pröller
Weihern
Lkr. Straubing-Bogen
Kinsach
Mehnach
S
Wörther
Forst
Falkenfels
Hasel-
bach
Landasberg
St.Englmar
1024
Predigtstuhl
Allersdorf
908
Geißbg
Saulburg
Ascha
Zinzendorf
Dachsberg
Neukirchen
C
Obermieth-
nach
Obermühl
bach
Achslac
Pillnach
Nieder-
achdorf
Oberzeitldorn
Bärnzell
Steinach
Mitterfels
Hirschenst.
1095
H
Pondorf
Münster
Gaishausen
Steinburg
Perasdorf
1050
Rauher Kul
Kirchroth
Agendorf
Hunderdorf
Aholfing
Ober-
motzing
Nieder-
Donau
Kinsach
Windberg
Kößnach
Bogenb.
Ober-
alteich
Parkstetten
Bernried
Unter-
zeitldorn
Schwarzach
Oberau
Rain
Hornstorf
Reibersdorf
BOGEN
Degernbach
Mettenb.
Gr. Laaber
Bogen-
berg
Albertsried
Atting
Sossau
Penzenried
Edenst
Kl. Laaber
Kagers
Pfelling
Niederwinkling
Ittling
Buchberg
Schwarzach
STRAUBING
Alburg
Amselfing
Offenberg
Metten
Schambach
Oberharthausen
Aiterhofen
Irlbach
Waltendorf
Feldkirchen
Geltolfing
Nieder-
harthausen
Pönning
Aiterach
Straßkirchen
Maria-Steinkirchen
Natternberg
Mitterharthausen
posching
Wolferkofen
Stephans-
Metting
Salching
Oberpiebing
Paitzkofen
35

22

29
TSCHECHOSLOWAKEI
Lkr. Cham
Engelshütt
Lambach
Haibühl
Lam
Gr. Osser
1293
Künisches
Geb.
Arrach
Lohberg
1133
Gr. Riedelst.
Ödriegel
1156
ederndorf
Schwarzeck
1238
Arnbruck
Enzian
1285
1384
Kl. Arber
Gr. Arber
1456
Bayerisch Eisenstein
941
Hochbg.
Lackenbg.
1337
Drachselsried
Gr. Regen
Hochfall
Hochzellbg.
1208
1312
Gr. Falkenst.
Schönau
Bodenmais
Lkr. Regen
Knogelbg.
708
955
Bischofshaube
1265
Kiesruck
eiersthal
Böbrach
965 Rabenstein
Hennenkobel
Riesbg.
934
Lindberg
982
Kronbg.
Brandten
Teisnach
Klautzenbach
ZWIESEL
M
Kl. Regen
tersdorf
Langdorf
Schw. Regen
M
Frauenau
Bärnzell
Kl. Rachel
1399
1453
Gr. Rachel
REGEN
March
Kühbg.
870
876
Hollerriegel
Rinchnachmündt
Zachenberg
Oberneumais
Weißenstein
Frauenbründl
Kasberg
Rinchnach
Bergern
Habischried
Teufelstisch
901
Ellerbach
Eschenb.
1042
Bocksbg.
872
Spiegelau
Schlag
1121
Einödriegel
Bischofsmais
Hochdorf
Kirchdorf
Breitenauriegel
1114
Zell
Kirchberg
Ober-
kreuzberg
Grafling
Steinbg.
920
Abtschlag
Eppenschlag
713
Rehbg.
Großarmschlag
Alberting
Raindorf
Greising
917
Hausst.
880
Fürb.
Hartmannsreit
Grafenau
Lkr. Deggendorf
Innernzell
Lalling
Schaufling
Schön-
berg
Schlag
Mietraching
Hunding
Schöfweg
M
Urlading
DEGGENDORF
Kirchberg
Eberhards-
reuth
Nendlnach
Heinrichs-
reit
Brotjacklriegel
1016
942
Aschenst.
Nabin
Solla
Oberaign
Grattersdorf
Deggenau
Auerbach
Haus
R
W
A
L
D

36

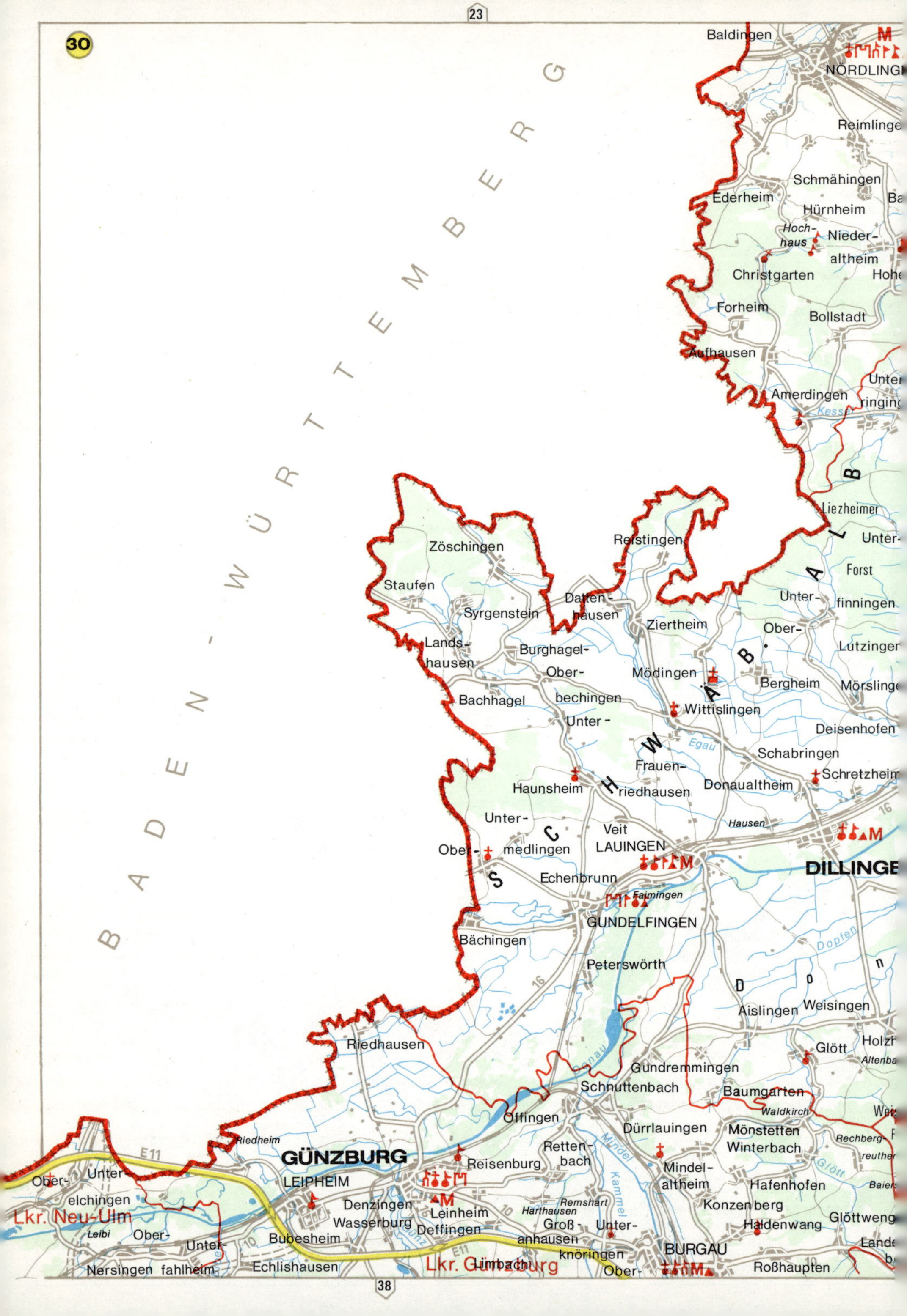
23
BADEN - WÜRTTEMBERG
SCHWÄB. ALB
Donau
Baldingen
NÖRDLING
Reimlinge
Schmähingen
Ederheim
Hürnheim
Hoch-haus
Nieder-altheim
Christgarten
Forheim
Bollstadt
Aufhausen
Amerdingen
Kessel
Liezheimer
Forst
Reistingen
Zöschingen
Staufen
Syrgenstein
Datten-hausen
Ziertheim
Unter-
finningen
Ober-
Lutzinger
Lands-hausen
Burghagel-
Ober-
bechingen
Mödingen
Bergheim
Mörslinge
Bachhagel
Wittislingen
Unter-
Deisenhofen
Egau
Schabringen
Frauen-riedhausen
Haunsheim
Donaualtheim
Schretzheim
Unter-
medlingen
Ober-
Veit
LAUINGEN
Hausen
DILLINGE
Echenbrunn
Faimingen
GUNDELFINGEN
Bächingen
Dopten
Peterswörth
Aislingen
Weisingen
Riedhausen
Glött
Holzh
Altenba
Gundremmingen
Schnuttenbach
Baumgarten
Waldkirch
Offingen
Dürrlauingen
Mönstetten
Winterbach
Rechberg-reuthen
Riedheim
GÜNZBURG
Retten-bach
Reisenburg
Mindel-altheim
Hafenhofen
Ober-
Unter-
elchingen
LEIPHEIM
Denzingen
Wasserburg
Leinheim
Deffingen
Remshart
Harthausen
Konzenberg
Glöttweng
Lkr. Neu-Ulm
Leibi
Ober-
Unter-
fahlheim
Bubesheim
Groß-
anhausen
Unter-
knöringen
Haldenwang
BURGAU
Lande
Nersingen
Echlishausen
Limbach
Lkr. Günzburg
Ober-
Roßhaupten
Kammel
Mindel
E11
16
10
38

24

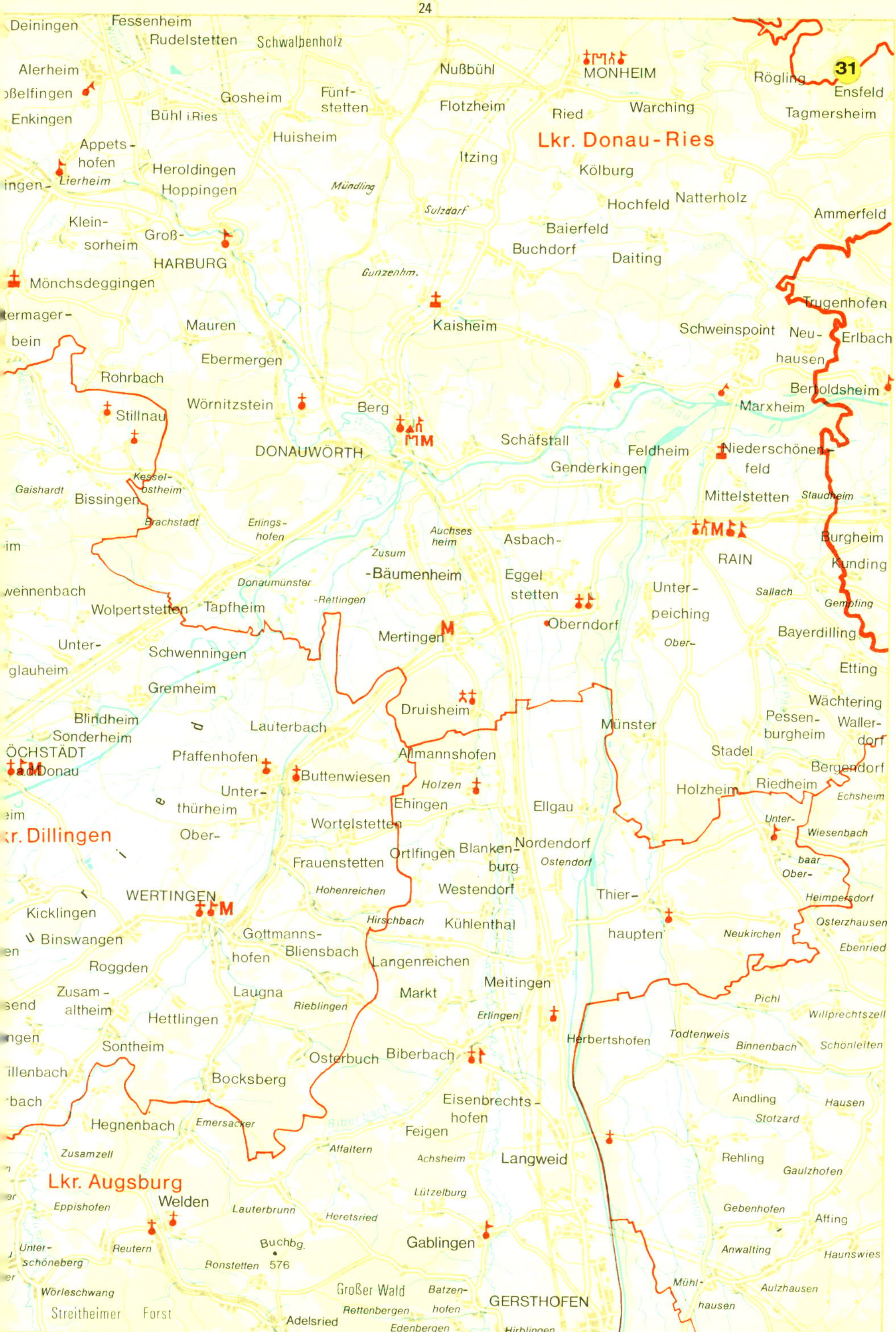
Deiningen
Fessenheim
Rudelstetten
Schwalbenholz
Alerheim
Enkingen
Gosheim
Fünf-
stetten
Bühl i.Ries
Huisheim
Appets-
hofen
Lierheim
Heroldingen
Hoppingen
Mündling
Klein-
sorheim
Groß-
HARBURG
Mönchsdeggingen
bein
Mauren
Ebermergen
Rohrbach
Wörnitzstein
Stillnau
Kessel-
ostheim
Gaishardt
Bissingen
Brachstadt
Erlings-
hofen
wennenbach
Wolpertstetten
Tapfheim
Unter-
glauheim
Schwenningen
Gremheim
Blindheim
Sonderheim
Lauterbach
Pfaffenhofen
Buttenwiesen
Unter-
thürheim
Ober-
Lkr. Dillingen
WERTINGEN
Kicklingen
Binswangen
Gottmanns-
hofen
Bliensbach
Roggden
Zusam-
altheim
Laugna
Hettlingen
Sontheim
Bocksberg
Hegnenbach
Emersacker
Zusamzell
Lkr. Augsburg
Welden
Eppishofen
Unter-
schöneberg
Reutern
Wörleschwang
Streitheimer Forst
Lauterbrunn
Heretsried
Buchbg.
576
Bonstetten
Adelsried
Großer Wald
Rettenbergen
Edenbergen
Batzen-
hofen
Nußbühl
Flotzheim
Itzing
Sulzdorf
Gunzenhm.
Kaisheim
Berg
DONAUWÖRTH
Auchses
heim
Zusum
-Bäumenheim
Donaumünster
-Rettingen
Mertingen
Druisheim
Allmannshofen
Holzen
Ehingen
Wortelstetten
Frauenstetten
Ortlfingen
Blanken-
burg
Hohenreichen
Westendorf
Hirschbach
Kühlenthal
Langenreichen
Markt
Rieblingen
Osterbuch
Biberbach
Eisenbrechts-
hofen
Feigen
Affaltern
Achsheim
Lützelburg
Gablingen
MONHEIM
Ried
Warching
Lkr. Donau-Ries
Kölburg
Hochfeld
Natterholz
Baierfeld
Buchdorf
Daiting
Schweinspoint
Neu-
hausen
Schäfstall
Feldheim
Genderkingen
Asbach-
Eggel
stetten
Oberndorf
Ellgau
Nordendorf
Ostendorf
Meitingen
Erlingen
Langweid
GERSTHOFEN
Hirblingen
Rögling
31
Ensfeld
Tagmersheim
Ammerfeld
Trugenhofen
Erlbach
Bertoldsheim
Marxheim
Niederschönen-
feld
Mittelstetten
Staudheim
RAIN
Burgheim
Kunding
Unter-
peiching
Ober-
Sallach
Gempfing
Bayerdilling
Etting
Wächtering
Pessen-
burgheim
Waller-
dorf
Münster
Stadel
Bergendorf
Holzheim
Riedheim
Echsheim
Unter-
Wiesenbach
baar
Ober-
Thier-
haupten
Heimpersdorf
Neukirchen
Osterzhausen
Ebenried
Pichl
Willprechtszell
Herbertshofen
Todtenweis
Binnenbach
Schönleiten
Aindling
Hausen
Stotzard
Rehling
Gaulzhofen
Gebenhofen
Affing
Anwalting
Haunswies
Mühl-
hausen
Aulzhausen

39

40

25

32
Oberhochstatt
Burgsalach
Gersdorf
Biburg
Stadelhofen
Bechthal
Kessel
Mantlach
Esselberg
Großnottersdorf
Morsbach
Kraftsbuch
Gredinger B.
525
Mettendorf
Hirschberg
BEILNGR
Haunstetten
Euerwang
Grafenberg
Lindner-B.
516
Kinding
Badenhausen
Weißenburger
Wald
Raitenbuch
Reuth
berg
Emsing
Erlingshofen
Enkering
547
Hohlbügel
Titting
Rumburg
Schellenburg
Irfersdo
Raitenbucher
Forst
Kaldorf
Altdorf
Erkertshofen
Anlauter
Irlahüll
Gramper
dorf
Buch
13
Petersbuch
Hirnstetten
Lkr. Eichstätt
Rothenstein
Wachenzell
Workerszeller Forst
Pollenfeld
Pfahldorf
Grösdorf
E6
Gelbelsee
Seuversholz
Sornhüll
Böhming
Altmühl
Kipfenberg
Schernfelder
Forst
Rieshofen
Weigersdorf
Workerszell
Rapperszell
Pfalzpaint
Arnsberg
Denkendorf
Bieswang
Sappenfeld
Preith
Gungolding
Schönau
Wintershof
Attenzell
Ochsenhart
Buchenhüll
Walting
Dunsdorf
Schön-
feld
Schernfeld
Inching
Schambach
Eberswang
Ober-
Willibaldsb.
M
Hofstettner
Biberg
Eßlingen
eichstätt
Marien-
stein
EICHSTÄTT
Pfünz
Forst
Schelldorf
Dollnstein
Rebdorf
Altmühl
Landershofen
Appertshofe
Altendorf
Breitenfurt
Wasserzell
534
Steinkopf
Hofstetten
Pietenfeld
Pfünzer Forst
Böhmfeld
Stammham
Forst
Oberzell
Ochsenfeld
Hellerberg
Adelschlag
Hitzhofen
Eichstätt-West
Lippertshofen
13
Tauberfeld
Wellheim
Eitensheim
Wettstetten
Hepberg
Konstein
Biesenhard
Möckenlohe
Hard
Gaimersheim
Lenting
Emskeim
Buxheim
Nassenfels
Hütting
Oberhaunstadt
Egweil
Attenfeld
Mühlhausen
Rohrbach
Bergen
Hainberg
552
Pettenhofen
Dünzlau
Mauern
16
Unterstall
Irgertsheim
Rennertshofen
INGOLSTADT
Bergheim
Riedensheim
Ried
Gerolfing
Joshofen
Hatzen
Grünau
Stepperg
Bittenbrunn
NEUBURG a.d.Donau
Donau
Ober-
hausen
Heinrichsheim
Brunnen-
reuth
Niede
Moos
Straß
Unter-
Feldkirchen
Hagau
Oberstimm
Bruck
Weichering
Unterhauser
Forst
Ballersdorf
Zell
Zuchering
16
Lichtenau
Lkr. Neuburg-Schrobenhausen
Ortlfing
Wagen-
hofen
Ebenhau
Leidling
Sinning
Rohrenfels
Untermaxfeld
Ach
Gras-
Karlshuld
Karlskron
Dezenacker
heim
Donaumoos
Illdorf
Reicherts-
hofen
Fernmitten-
hausen
Hollenbach
Pobenhausen
Bonsal
Adels-
hausen
Ambach
Gottesh
Dinkels-
hausen
Ludwigs-
moos
Hauptkan.
Wengen
Buch
Ehekirchen
Berg
i.Gau
Niederarnbach
Hohenried
Seiboldsdorf
Paar
Königsmoos
Freinhausen
Brunnen
Haselbach
Pörnba
Weidorf
Klingsmoos
Deimhausen
Haidforst
Langenmosen
Reicher-
stein
Walda
Malzhausen
Edelshausen
Klosterberg
Weichen

24
31
40

26

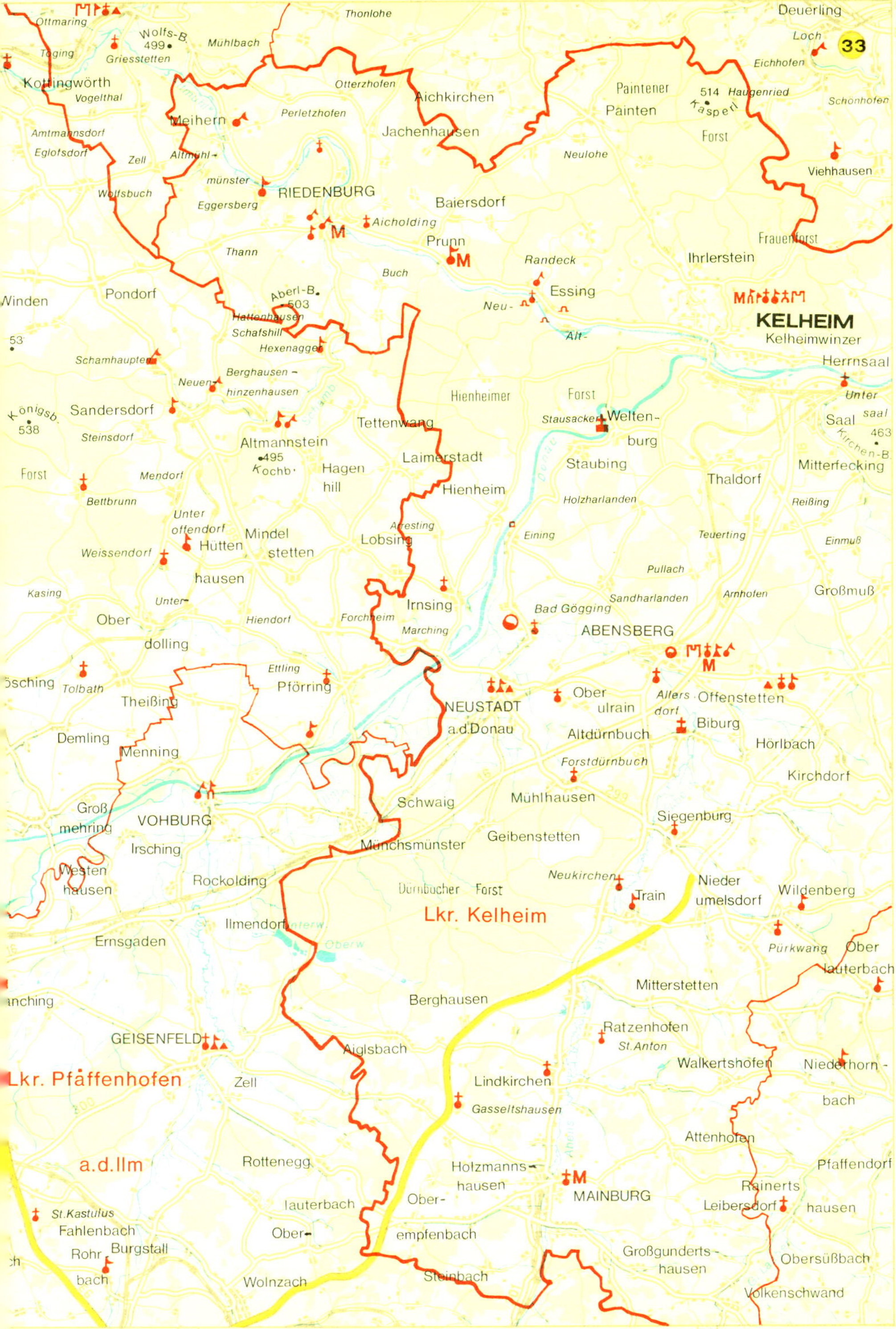
Ottmaring
Wolfs-B.
499
Mühlbach
Thonlohe
Deuerling
Loch
33
Töging
Griesstetten
Eichhofen
Kottingwörth
Vogelthal
Otterzhofen
Aichkirchen
Paintener
514 Haugenried
Kasperl
Schönhofen
Painten
Forst
Meihern
Perletzhofen
Jachenhausen
Amtmannsdorf
Eglofsdorf
Zell
Altmühl-
Neulohe
Viehhausen
münster
Wolfsbuch
RIEDENBURG
Eggersberg
Baiersdorf
M
Aicholding
Thann
Prunn
M
Frauenforst
Randeck
Ihrlerstein
Buch
Winden
Pondorf
Aberl-B.
503
Essing
Neu-
Hattenhausen
Schafshill
Alt-
KELHEIM
Kelheimwinzer
53
Hexenagger
Schamhaupten
Herrnsaal
Berghausen -
Neuenhinzenhausen
Unter
Hienheimer
Forst
Königsb.
538
Sandersdorf
Saal
saal
Stausacker
Welten-
burg
463
Kirchen-B.
Tettenwang
Steinsdorf
Altmannstein
495
Kochb.
Laimerstadt
Mitterfecking
Staubing
Hagen
hill
Forst
Mendorf
Thaldorf
Hienheim
Bettbrunn
Holzharlanden
Reißing
Unter
offendorf
Aresting
Eining
Teuerting
Mindel
stetten
Lobsing
Einmuß
Hütten
Weissendorf
hausen
Pullach
Kasing
Unter-
Irnsing
Sandharlanden
Arnhofen
Großmuß
Forchheim
Bad Gögging
Ober
Hiendorf
dolling
Marching
ABENSBERG
M
Ettling
Pförring
Ober
ulrain
Allersdorf
Offenstetten
Tolbath
Theißing
NEUSTADT
a.d.Donau
Biburg
Demling
Altdürnbuch
Hörlbach
Menning
Forstdürnbuch
Kirchdorf
Schwaig
Mühlhausen
Groß
mehring
VOHBURG
Siegenburg
Irsching
Münchsmünster
Geibenstetten
Westen
hausen
Rockolding
Neukirchen
Nieder
umelsdorf
Wildenberg
Train
Dürnbucher
Forst
Lkr. Kelheim
Ilmendorf
Ernsgaden
Pürkwang
Ober
lauterbach
Mitterstetten
Berghausen
Ratzenhofen
St.Anton
GEISENFELD
Aiglsbach
Walkertshofen
Niederhorn-
bach
Lkr. Pfaffenhofen
Zell
Lindkirchen
Gasseltshausen
Attenhofen
a.d.Ilm
Rottenegg
Holzmanns-
hausen
M
Pfaffendorf
MAINBURG
Rainerts
hausen
Leibersdorf
St.Kastulus
lauterbach
Ober-
Fahlenbach
Ober-
empfenbach
Rohr
bach
Burgstall
Großgunderts-
hausen
Obersüßbach
Steinbach
Wolnzach
Volkenschwand

41 42

27

REGENSBURG
34
Lkr. Regensburg
Lkr. Kelheim
Lkr. Landshut
GEISELHÖRING
ROTTENBURG
a.d.Laaber
Kneiting
Mariaort
Eilsbrunn
Sinzing
Pentling
Bergmatting
Großberg
Matting
Graßlfing
Lohstadt
Oberndorf
Kapfelberg
Poikam
Bad Abbach
Lengfeld
Peising
Donau
Schw.Laber
Tegernheim
Sulzbach
Bach
Kruckenberg
Wiesent
Sarching
Demling
Illkofen
Friesheim
Oberachdorf
Barbing
Burgweinting
Oberisling
Neudorf
Harting
Neu-traubling
Rosenhof
Eltheim
Kiefenholz
Geisling
Pfatter
Ober-traubling
Lerchenfeld
Nieder-
Hohengebraching
448
Argle
Oberhinkofen
Egglfing
Mangolding
Mintraching
Wolkering
Köfering
Gebelkofen
Poign
Alt-eglofsheim
Thalmassing
Weillohe
Moos-ham
Sengkofen
Riekofen
Taimering
Dengling
Langenerling
Ehring
Luckenpaint
Neu-
Hagelstadt
Gailsbach
Triftlfing
Mötzing
Dünzling
Sanding
Teugn
Saalhaupt
Kühb.
452
Aufhausen
Sünching
Hausen
Schneidhart
Pfakofen
Irnkofen
Haidenkofen
Unterlaichling
Gr. Laber
Feckinger B.
Hellring
Rogging
Herrnwahlthann
Paring
Schierling
Eggmühl
Zaitzkofen
Inkofen
Wallkofen
Hirschl
Allkofen
Nieder-leierndorf
Langquaid
Ober-deggenbach
Ober-Upfkofen
Greißing
Graßlfing
Eitting
Pinkofen
Mannsdorf
Haindl
Sandsbach
Allersdorf
Buchhausen
Sallach
Leitenhausen
Helchenbach
Adlhausen
Herrngiersdorf
Wahlsdorf
Aschholtshausen
Holztraubach
Grafentraubach
Laberweinting
Hadersbach
Haader
475
Turm
Rohr
Semerskirchen
Sittelsdorf
Ober-haselbach
Gde. Mallersdorf-Pfaffenberg
Westen
Weichs
Hayforst
Laaberberg
Piegendorf
Nieder-lindhart
Ober-
Hofkirchen
Martins
Ober-Nieder-eulenbach
Högldorf
Oberronning
Winklsaß
Hofendorf
Neufahrn
Ober-ellenbach
Greilsberg
Münster
Wolferthau
Pattendorf
Gisseltshausen
Pfeffendorf
Hebramsdorf
Langenhettenbach
Hofd
Nieder-Unter-lauterbach
Inkofen
Bayerbach
Prinkofen
Süßkofe
Ander-mannsdorf
Mühlhause
Ober-otterbach
Ober-hatzkofen
Ergoldsbach
Kirchberg
Türkenfeld
Paindlkofen
Ober-köllnbach
Veitsbuch
Dreifal
Kläham
Hl.Brunn
Kl.Laaber
Oberergoldsbach
Moos-thann
Unholzing
Pfeffenhausen
Schmatz-hausen
Hohenthann
Goldb
Martinshaun
Weng
Egg
Mettenbach
Postau
Peters-glaim
Wachelkofen
Ober-wattenbach
Grießenbach
Stollnried
Wörth
299
Schellenbg.
478
Weihenstephan
Pfettrach
St.Wolfgang
Isar
Neuhausen
Oberglaim
Mirskofen
Essenbach
Hüttenkofen
viehb
Weihmichl
Altheim
Nieder-aichbach
Ohu
E5
15
16
8
11

42

28

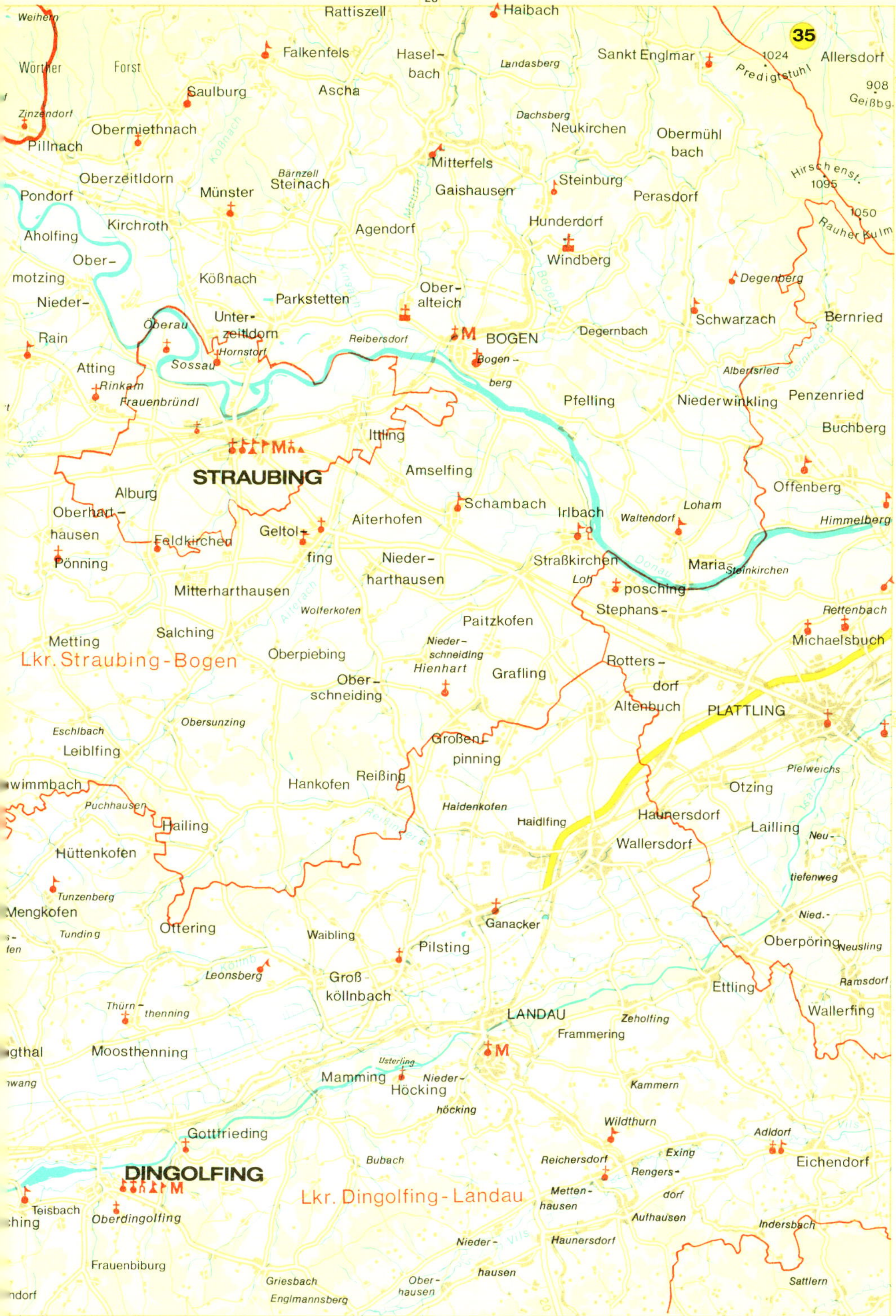
35
Weihern
Rattiszell
Haibach
Wörther
Forst
Falkenfels
Hasel-
bach
Landasberg
Sankt Englmar
1024
Predigtstuhl
Allersdorf
908
Geißbg.
Zinzendorf
Saulburg
Ascha
Dachsberg
Neukirchen
Obermühl
bach
Obermiethnach
Pillnach
Mitterfels
Oberzeitldorn
Bärnzell
Steinach
Münster
Gaishausen
Steinburg
Perasdorf
Hirschenst.
1095
1050
Rauher Kulm
Pondorf
Aholfing
Kirchroth
Agendorf
Hunderdorf
Windberg
Ober-
motzing
Kößnach
Kößnach
Degenberg
Nieder-
Parkstetten
Ober-
alteich
Schwarzach
Bernried
Rain
Oberau
Unter-
zeitldorn
Hornstorf
Reibersdorf
BOGEN
Degernbach
Sossau
Bogen-
berg
Atting
Rinkam
Albertsried
Frauenbründl
Pfelling
Niederwinkling
Penzenried
Buchberg
Ittling
STRAUBING
Amselfing
Offenberg
Alburg
Schambach
Irlbach
Loham
Oberhart-
hausen
Aiterhofen
Waltendorf
Himmelberg
Feldkirchen
Geltol-
fing
Pönning
Nieder-
harthausen
Straßkirchen
Maria
Steinkirchen
Donau
Loh
posching
Mitterharthausen
Wolferkofen
Aiterach
Stephans-
Rettenbach
Paitzkofen
Metting
Salching
Nieder-
schneiding
Michaelsbuch
Lkr. Straubing-Bogen
Oberpiebing
Hienhart
Grafling
Rotters-
dorf
Ober-
schneiding
Altenbuch
PLATTLING
Eschlbach
Obersunzing
Leiblfing
Großen-
pinning
Pielweichs
wimmbach
Hankofen
Reißing
Otzing
Puchhausen
Haidenkofen
Haidlfing
Haunersdorf
Lailling
Hailing
Neu-
tiefenweg
Hüttenkofen
Wallersdorf
Tunzenberg
Mengkofen
Ganacker
Nied.-
Otterring
Tunding
Waibling
Pilsting
Oberpöring
Neusling
Kölnb.
Leonsberg
Groß-
köllnbach
Ettling
Ramsdorf
Thürn-
thenning
LANDAU
Zeholfing
Wallerfing
Frammering
gthal
Moosthenning
Usterling
Mamming
Nieder-
Höcking
höcking
Kammern
Wildthurn
Gottfrieding
Adldorf
Bubach
Reichersdorf
Exing
Eichendorf
DINGOLFING
Rengers-
dorf
Lkr. Dingolfing-Landau
Metten-
hausen
Teisbach
Oberdingolfing
Aufhausen
Indersbach
Nieder-
hausen
Haunersdorf
Frauenbiburg
Ober-
hausen
Griesbach
Englmannsberg
Sattlern

43
44

29
36
44
Achslach
Gotteszell
Zachenberg
Oberneumais
REGEN
Weißenstein
Rinchnach
mündt
Rinchnach
Kasberg
Hollerriegel
876
870
Bergern
Habischried
Teufelstisch
901
Lkr. Regen
Ellerbach
Eschenb.
1042
Spiegelau
1022
Vogelsang
1121
Einödriegel
Bischofsmais
Hochdorf
Schlag
Kirchdorf
Breitenauriegel
1114
Zell
Kirchberg
Ober
Hirschberg
Grafling
Eden
stetten
Steinbg.
920
Abtschlag
Eppenschlag
Raindorf
880
Fürb.
Egg
Alberting
Greising
917
Hausst.
Innernzell
Metten
Schaufling
Lalling
Mietraching
Hunding
Schöfweg
Rammelsberg
Kirchberg
Urlading
Natternberg
DEGGENDORF
Nabin
Büchelstein
Brotjacklriegel
1016
942
Aschenst.
Solla
Fischerdorf
Deggenau
Halbmeile
Oberaign
Grattersdorf
Auerbach
Pankofen
Seebach
Zenting
Schwarzach
Engolling
Winsing
Riggerding
Isar
Donau
Nieder
Hengersberg
Taiding
Ranfels
Thurmans
bang
alteich
Altenufer
Waltersdorf
Schwanen-
kirchen
Schöllnach
Moos
Thundorf
Langenisar
Lkr. Deggendorf
Aicha
Haardorf
Winzer
Englburg
Aholming
hofen
Iggensbach
Dobl
Außern
zell
Handlab
Fürstenstein
Ottmaring
Nieder-
münchsdorf
OSTERHOFEN
Eging
Wisselsing
Buchhofen
Herzogb.
Neßlbach
Kirchdorf
Altenmarkt
Kl. Ohe
Garham
Gr. Ohe
Aicha
Langen
Künzing
Hofkirchen
Anning
amming
Hilgarts-
berg
Rathsmanns
dorf
Hart-
kirchen
Pleinting
Albersdorf
Kirchberg
Reichstorf
Forst Hart
Forst-
hart
VILS
HOFEN
Dornach
Windorf
Alkofen
Schweiklberg
Otterskirchen
Göttersdorf
Zeitlarn
Gergweis
Galgweis
Walchsing
Schmiedorf
Unter-
Vils
Hausbach
Sandbach
Aun-
Kollb.
grafendorf
Roßbach
Pörndorf
Aldersbach
kirchen
Wolfach
Münchsdorf
Gde.Wolfachau
Thanndorf
Haiden-
burg
Aiden
bach
Vogtarn
Söldenau
Emmersdorf
Beutels-
bach
Iglbach
Sulzb.
Orten-
burg
Sammerei
Johanniskirchen
Egglham
B
A
Y
E
R
I
S

T S C H E C H O S L O W A K E I
Ö S T E R R E I C H
B A Y E R I S C H E R W A L D
Lkr. Freyung-Grafenau
Lkr. Passau
FREYUNG
PASSAU
GRAFENAU
1341
Steinfleckbg.
Lusen
1373
1279
Hoher Filzb.
1196
Hohlstein
Finsterau
Mauth
1139
Almbg.
Sankt Oswald
Philippsreut
Bischofsreuth
1060
Schwarzk.
Rosenau
Schönanger
Schönbrunn
Hohenau
871
Steinb.
Neudorf
Kreuzberg
Herzogs reut
Haidmühle
Kalte Moldau
Hinterschmiding
Haidel 1167
Wasching
Neuen buchberg
Wolfstein
Ringelai
Aigenstadl
Rehberg
Grainet
Dreisesselbg. 1332
Fürholz
Vorder- freundorf
Perlesreut
Nieder- perlesreut
Kumreut
Walden- reut
Harsdorf
Karlsbach
Böhm zwiesel
Hintereben
Alt reichenau
Spitzenbg.
Oberndorf
Röhrnbach
Schiefweg
WALD
KIRCHEN
Jandels brunn
Neu
Lackenhäuser
Klaffer- straß
Gsenget
Ratzing
Wilhelms reut
Kaltenstein
Unter höhenstetten
Außernbrünst
Witzmanns berg
Fürsteneck
Saußberg 793
Anglbg 806
Gegenbach
Breitenberg
Prag
München
Heindlschlag
Schönberg
Nirsching
Steinberg 830
Ober neureuth
Sonnen
Gollnerberg
Neukirchen vorm Wald
Büchlberg
Raßberg
Raßreuth
Hutthurm
Freudensee
Thalberg
Friedrichsb. 930
Leoprechting
Hauzenberg 793
Runmannsbg. 862
Ruderting
Wotzdorf
Staffelbg.
Möslberg
Haselbach
Straß- kirchen
Donauwetz- dorf
Ober- diendorf
Jahrdorf
Germannsdorf
Kropfmühl
Meßner- schlag
Kasberg
Salzweg
Wind- passing
Thyrnau
Schaibing
Thurnreuth
Wegscheid
St.Korona
Reschenstein
Hals
Kellberg
Ederlsdorf
Unter griesbach
Oberötzdorf
Wildenranna
Hacklberg
Eidenberg
Obernzell
Lämmers- dorf
Gottsdorf
Donau
Staatsforst Passau-Süd
M
12
388

45

30

38
BADEN-WÜRTTEMBERG
NEU-ULM
GÜNZBURG
LEIPHEIM
WEISSENHORN
ILLERTISSEN
ICHENHAUSEN
KRUMBACH
Lkr. Neu-Ulm
Lkr. Günzburg
E 11
Donau
Thalfingen
Kugelberg
554
Ober-
Unter-
elchingen
Leibi
Nersingen
fahlheim
Pfuhl
Burlafingen
Straß
Steinheim
Silheim
Holzheim
Finningen
Neuhausen
Reutti
Roth
Pfaffenhofen
Hausen
Holzschwang
Gerlen-
hofen
Aufheim
Senden
Ay
Hittistetten
Witzighausen
Wullenstetten
Illerberg
Illerzell
Thal
Grafertshofen
Vöhringen
Emershofen
Bellenberg
Tiefenbach
Au
Betlinshausen
Obenhausen
Jedesheim
Herren-stetten
Unter-
eichen
Bergen
Dattenhausen
Gde.
Altenstadt
Filzingen
Osterberg
Kellmünz
Weiler
Winterrieden
Pleß
Fellheim
Boos
Niederrieden
Iller
Riedheim
Denzingen
Wasserburg
Bubesheim
Echlishausen
Bühl
Gde.Kissendorf
Klein-
kissendorf
Groß
Ettlis
Raunerts
Kadelts
hofen
Berg
Beuren
Balmertshofen
Nieder-
hausen
Ober-
Atten-
Hegelhofen
Biberberg
Wallenhausen
Biberachzell
Oberreichenbach
Biberach
Gde.
Bubenhausen
Roggenburg
Gannerts-
hofen
Meßhofen
Dietershofen
Nordholz
Buch
Ritzisried
Matzenhofen
Unterroth
Kettershausen
Oberroth
Babenhausen
Kloster
beuren
Engishausen
Reichau
Egg
Lauben
Schnecken
hofen
Anhofen
Rieden
Gde.Kötz
Großkötz
Kleinkötz
Hochwang
Oxenbronn
Autenried
Waldstetten
Hausen
Stoffenried
Schießen
Ingstetten
Rennertshofen
Christerts-
hofen
Tafertshofen
Mohrenhausen
Zaiertshofen
Bebenhausen
Olgis-
hofen
Herrets-
hofen
Kirchhaslach
Greimeltshofen
Weinried
Oberschönegg
Dietershofen
Inneberg
Arlesried
Frickenhausen
Daxberg
Offingen
Reisenburg
Retten-
bach
Nornheim
Harthausen
Remshart
Leinheim
Deffingen
Limbach
Groß-
anhausen
Hammer-
stetten
Ebersbach
Deubach
Wetten-
hausen
Unterrohr
Rohrer
Wald
Ellzee
Günz
Unter-
wiesenbach
Ober-
Oberegg
Unter-
bleichen
Ober-
Watten-
weiler
Deisenhausen
Breiten-
thal
Natten-
hausen
Seifertshofen
Ebers-
hausen
Hairenbuch
Walten-
Haupeltshofen
Weiler
Alets-
hausen
Hohen-
raunau
Nieder-
Breitenbrunn
Bedernau
Unter-
rieden
Ober-
Unter-
kammlach
Ober
Schnuttenb
Dürrlauing
Mindelalthe
Konzen
Unter-
knöringen
Ober-
Bur
Mindel
Kammel
Kleinbeuren
Gold-
bach
Jettinge
Kammeltal
Ettenbeuren
Egenhofen
Ried
Kem
Behlingen
Langen-
haslach
Hage
Neuburg
a.d.Kammel
Edelste
Oberrohr
Billenhausen
Attenhaus
Krumbad
Loppen
hausen
Sch
Win
Ha
Weilbac
Osterbach
Biber
Roth
Haselb.
Westl. Günz
Östl. Günz
10
16
19
300

46

31

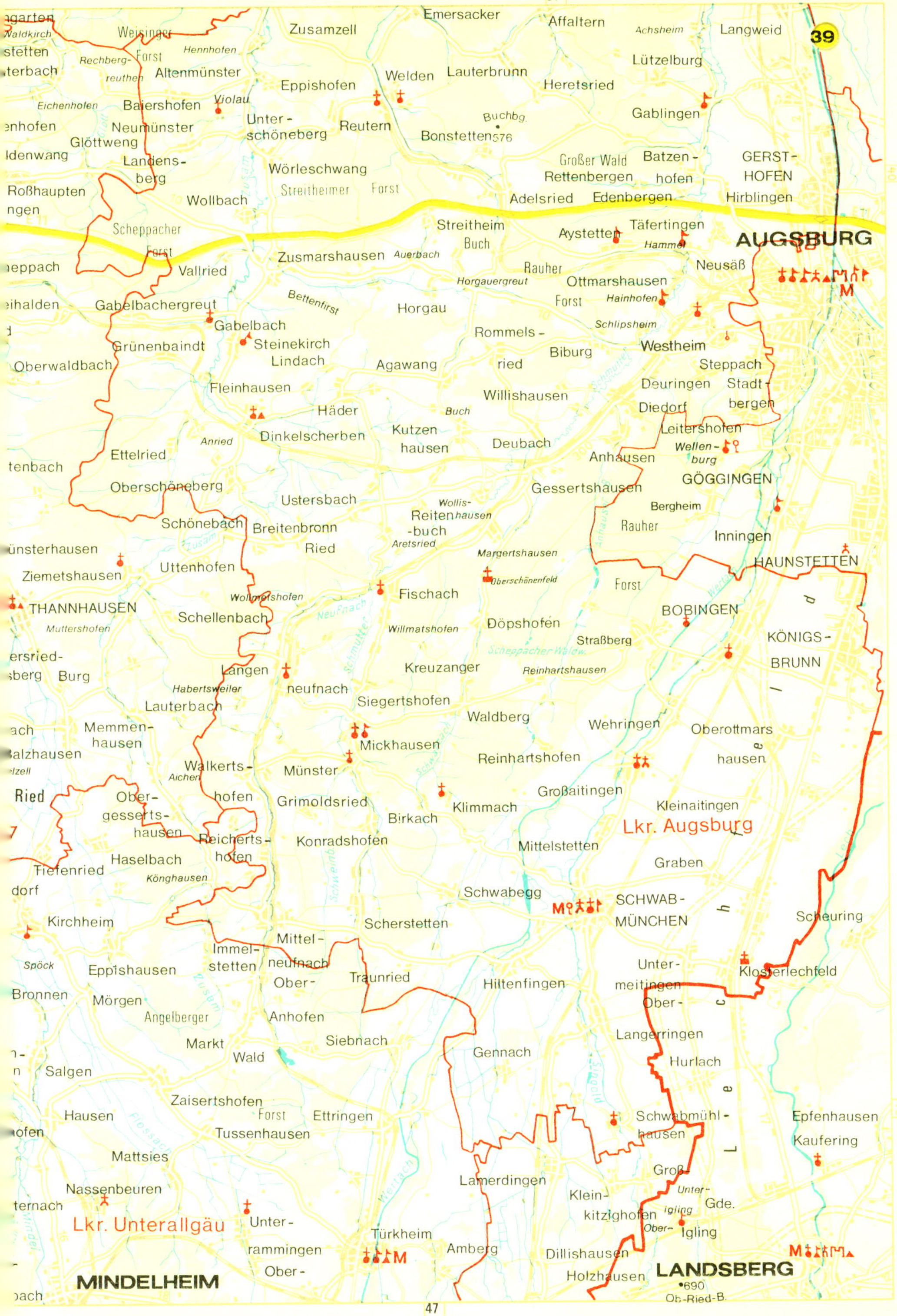
39
Zusamzell
Emersacker
Affaltern
Achsheim
Langweid
Weisingen
Hennhofen
Rechberg-reuthen
Forst
Altenmünster
Welden
Lauterbrunn
Lützelburg
Eppishofen
Heretsried
Eichenhofen
Baiershofen
Violau
Gablingen
Neumünster
Unter-schöneberg
Reutern
Buchbg.
Glöttweng
Bonstetten 576
Landens-berg
Wörleschwang
Großer Wald
Batzen-hofen
GERST-HOFEN
Rettenbergen
Roßhaupten
Streitheimer Forst
Wollbach
Adelsried
Edenbergen
Hirblingen
Scheppacher Forst
Streitheim
Buch
Aystetten
Täfertingen
Hammel
AUGSBURG
Zusmarshausen
Auerbach
Vallried
Rauher Forst
Neusäß
Horgauergreut
Ottmarshausen
Gabelbachergreut
Bettenfirst
Horgau
Hainhofen
Gabelbach
Schlipsheim
Grünenbaindt
Steinekirch
Rommels-ried
Biburg
Westheim
Lindach
Oberwaldbach
Agawang
Steppach
Fleinhausen
Deuringen
Stadt-bergen
Willishausen
Diedorf
Häder
Buch
Kutzen-hausen
Leitershofen
Anried
Dinkelscherben
Deubach
Wellen-burg
Ettelried
Anhausen
GÖGGINGEN
Oberschöneberg
Gessertshausen
Ustersbach
Wollis-hausen
Bergheim
Reiten-buch
Rauher
Schönebach
Breitenbronn
Inningen
Aretsried
Ried
Margertshausen
HAUNSTETTEN
Ziemetshausen
Uttenhofen
Oberschönenfeld
Forst
Wollmetshofen
Fischach
THANNHAUSEN
BOBINGEN
Schellenbach
Neufnach
Muttershofen
Willmatshofen
Döpshofen
Schmutter
KÖNIGS-BRUNN
Straßberg
Scheppacher Wald
Burg
Langen
Kreuzanger
Reinhartshausen
Habertsweiler
neufnach
Lauterbach
Siegertshofen
Waldberg
Wehringen
Oberottmars-hausen
Memmen-hausen
Mickhausen
Reinhartshofen
Walkerts-hofen
Münster
Aichen
Ried
Großaitingen
Ober-gesserts-hausen
Kleinaitingen
Grimoldsried
Klimmach
Birkach
Lkr. Augsburg
Reicherts-hofen
Konradshofen
Mittelstetten
Haselbach
Graben
Tiefenried
Könghausen
Schwabegg
SCHWAB-MÜNCHEN
Scheuring
Kirchheim
Scherstetten
Lechfeld
Mittel-neufnach
Immel-stetten
Unter-meitingen
Klosterlechfeld
Spöck
Eppishausen
Ober-
Traunried
Hiltenfingen
Bronnen
Mörgen
Ober-
Angelberger Forst
Anhofen
Langerringen
Markt Wald
Siebnach
Gennach
Hurlach
Salgen
Zaisertshofen
Hausen
Forst
Ettringen
Schwabmühl-hausen
Epfenhausen
Tussenhausen
Kaufering
Mattsies
Lamerdingen
Groß-
Nassenbeuren
Klein-kitzighofen
Unter-igling
Gde.
Lkr. Unterallgäu
Unter-rammingen
Ober-igling
Igling
Türkheim
Amberg
Dillishausen
Ober-
Holzhausen
LANDSBERG
MINDELHEIM
•690
Ob.-Ried-B.

47

32

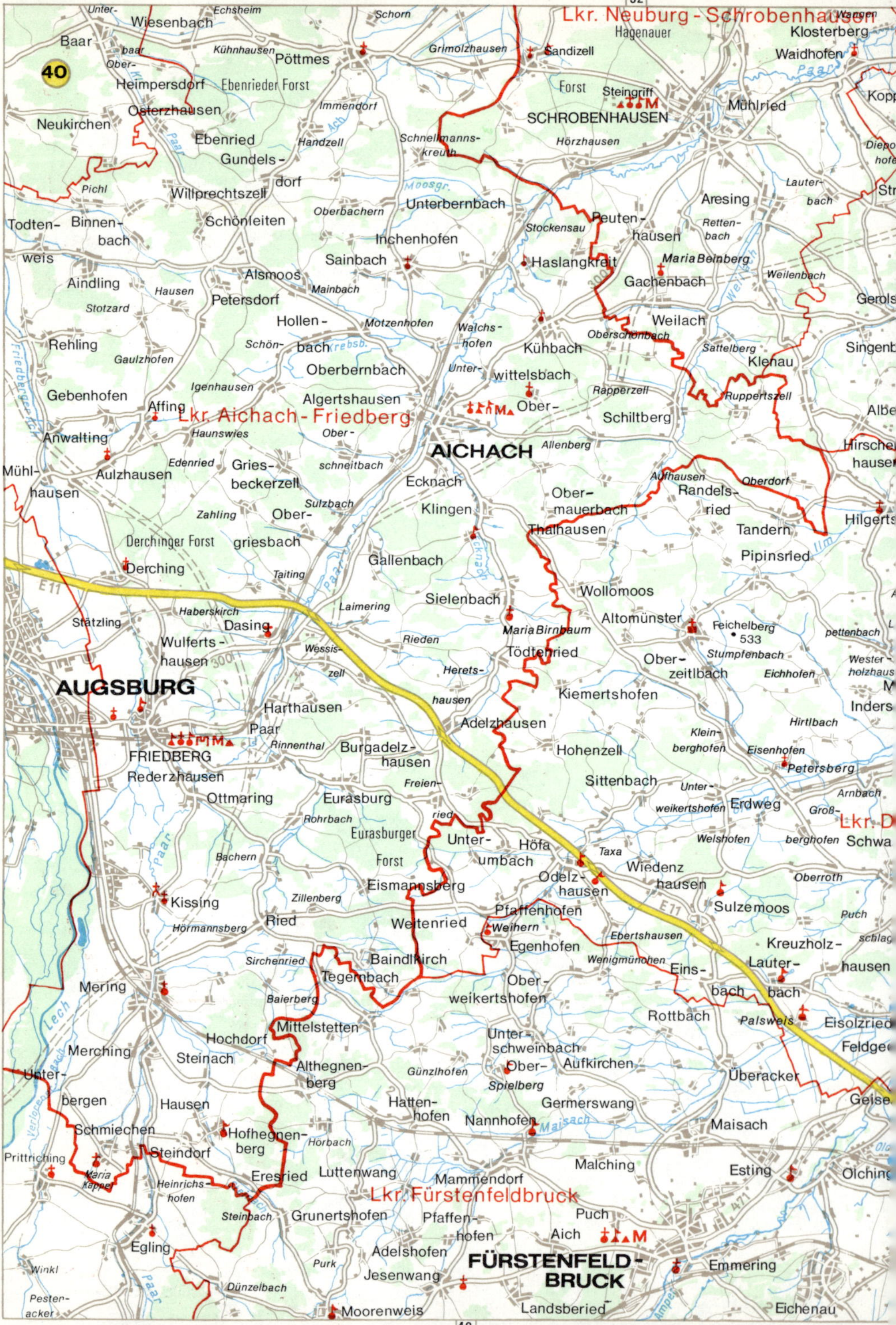
40
Lkr. Neuburg-Schrobenhausen
Lkr. Aichach-Friedberg
Lkr. Fürstenfeldbruck
Lkr. D
AUGSBURG
FRIEDBERG
AICHACH
SCHROBENHAUSEN
FÜRSTENFELD-BRUCK
Unter-
Echsheim
Wiesenbach
Baar
Ober-
Heimpersdorf
Ebenrieder Forst
Kühnhausen
Pöttmes
Schorn
Grimolzhausen
Sandizell
Hagenauer Forst
Steingriff
Klosterberg
Waidhofen
Paar
Mühlried
Kopp
Osterzhausen
Neukirchen
Ebenried
Gundelsdorf
Immendorf
Handzell
Ach
Schnellmannskreuth
Hörzhausen
Pichl
Willprechtszell
Moosgr.
Unterbernbach
Oberbachern
Aresing
Lauterbach
Diepoltshofen
Todtenweis
Binnenbach
Schönleiten
Inchenhofen
Stockensau
Peutenhausen
Rettenbach
Sainbach
Haslangkreit
Maria Beinberg
Aindling
Alsmoos
Hausen
Gachenbach
Weilenbach
Stotzard
Petersdorf
Mainbach
Weilach
Hollenbach
Motzenhofen
Walchshofen
Oberschönbach
Rehling
Schönbach
Krebsb.
Kühbach
Sattelberg
Klenau
Singenbach
Gaulzhofen
Friedberger Ach
Oberbernbach
Unterwittelsbach
Rapperzell
Ruppertszell
Igenhausen
Algertshausen
Oberwittelsbach
Gebenhofen
Affing
Schiltberg
Anwalting
Haunswies
Oberschneitbach
Allenberg
Hirschenhausen
Mühlhausen
Aulzhausen
Edenried
Griesbeckerzell
Ecknach
Aufhausen
Oberdorf
Randelsried
Obermauerbach
Sulzbach
Klingen
Zahling
Obergriesbach
Thalhausen
Tandern
Hilgertshausen
Derchinger Forst
Pipinsried
Ilm
Gallenbach
Derching
Taiting
E 11
Wollomoos
Sielenbach
Laimering
Stätzling
Haberskirch
Dasing
Altomünster
Feichelberg
533
Maria Birnbaum
pettenbach
Wulfertshausen
Wessiszell
Rieden
Tödtenried
Stumpfenbach
Oberzeitlbach
Eichhofen
Westerholzhausen
Heretshausen
Kiemertshofen
Indersdorf
Harthausen
Paar
Adelzhausen
Hirtlbach
Rinnenthal
Burgadelzhausen
Kleinberghofen
Eisenhofen
Hohenzell
Petersberg
Rederzhausen
Freienried
Sittenbach
Unterweikertshofen
Arnbach
Ottmaring
Eurasburg
Erdweg
Großberghofen
Rohrbach
Eurasburger Forst
Unterumbach
Höfa
Taxa
Welshofen
Schwa
Bachern
Wiedenzhausen
Odelzhausen
Oberroth
Eismannsberg
Kissing
Zillenberg
Sulzemoos
Pfaffenhofen
Weihern
Puch
Ried
Hörmannsberg
Weitenried
Ebertshausen
Kreuzholzhausen
Egenhofen
Sirchenried
Baindlkirch
Wenigmünchen
Einsbach
Lauterbach
Mering
Tegernbach
Oberweikertshofen
Baierberg
Rottbach
Palsweis
Eisolzried
Lech
Mittelstetten
Hochdorf
Unterschweinbach
Feldgeding
Merching
Steinach
Oberspielberg
Aufkirchen
Althegnenberg
Günzlhofen
Unterbergen
Überacker
Hattenhofen
Germerswang
Geiselbullach
Hausen
Maisach
Schmiechen
Nannhofen
Maisach
Hofhegnenberg
Horbach
Steindorf
Prittriching
Malching
Esting
Maria Kappel
Eresried
Luttenwang
Olching
Heinrichshofen
Mammendorf
Steinbach
Grunertshofen
Pfaffenhofen
Puch
Aich
Egling
Adelshofen
Winkl
Purk
Jesenwang
Emmering
Dünzelbach
Pestenacker
Moorenweis
Landsberied
Amper
Eichenau
471
300
Verlorener Bach
Olc

48

41
PFAFFENHOFEN
Lkr. Pfaffenhofen
HALLERTAU
Lkr. Freising
FREISING
Lkr. Erding
Lkr. München
DACHAU
MÜNCHEN
Larsbach
Osterwaal
Tegernbach
Eschelbach
Geisenhausen
Scheyern
Ilmmünster
Reichertshausen
Paunzhausen
Kirchdorf
Allershausen
Hohenkammer
Kranzberg
Petershausen
Weihenstephan
Attaching
Marzling
Zolling
Nandlstadt
Fahrenzhausen
Haimhausen
Hallbergmoos
Neufahrn b.Freising
Eching
Erching
Erdinger Moos
Unterschleißheim
Oberschleißheim
Garching
Ismaning
Karlsfeld
Unterföhring
Aschheim
Kirchheim
Heimstetten
Poing
Finsing
Pliening
Gelting
Dornach

42
Martinszell
Ober-
münchen
Schatzhofen
Furth
Arth
Seligenthaler
Klosterholz
Ergolding
Wolfsba
Pfettrach
Pfettrach
299
Atten-
hausen
Margarethenried
Gammels-
dorf
Altdorf
Frauen-
berg
Deutenkofen
Schönbrunn
Hörgertshausen
Eugenbach
Adlkofen
Widdersdorf
Tondorf
Jenkofen
Enghausen
Gelbersdorf
Gündlkofen
LANDSHUT
Ameisenbg.
484
Reichersdorf
Münchnerau
Altfalterbach
Albaner B.
Bruckberg
299
Hoheneggl-
kofen
Mauern
Mauer
ner B.
Kumhausen
Schweiners-
dorf
Isareck
Bruckbergerau
Eching
Götzdorf
Wang
Tiefenbach
Sixthaselbach
Volkmanns-
dorferau
Viecht
Niederkam
Salksdorf
Diemar
kirche
Inzkofen
Kronwinkl
Ober-
gangkofen
Ast
Feldkirchen
Berghofen
Geisen-
hausen
Niederambach
Windten
Sempt
Kl. Vils
Bergham
Haunwang
MOOSBURG
Inkofen
Kapfing
Gundi-
hausen
Thonstetten
Altfraunhofen
Langenbach
Buch
Vilsheim
Münchs-
dorf
Rast
Pfrombach
Holzhausen
Isar
Garnzell
Oberhummel
Langen-
preising
Baierbach
Warten
berg
Kirchberg
Lkr. Landshut
Sulding
Auer-
bach
Neufraun-
hofen
Wambach
Unter-
Hohenpolding
Vilslern
Stein-
kirchen
Hofstarring
Berglern
Ruprechts-
berg
Fraunberg
Thalheim
Velden
Dorfen
Kan.
Reichen-
kirchen
Eitting
Babing
Inning
Moosen
Strogen
388
Taufkirchen
Gebens-
bach
Mittlerer Isar-
Grünbach
Felizenzell
Langen-
geisling
Eschlbach
Oberding
Oppolding
Tegernbach
Bockhorn
Eibach
Aufkirchen
Buchbac
Salmanns-
kirchen
Hofkirchen
Heiligblut
Notzing
ERDING
Hörgersdorf
Grün-
tegernbach
388
Altenerding
Lkr. Erding
Zeilhofen
Wasen
Itzling
Matzbach
DORFEN
Isen
Schwindeg
Aufhausen
Moosinning
Schwind-
kirchen
Haus-
mehring
Ob
taufkirch
Sempt
Lengdorf
Walpertskirchen
Watzling
Schiltern
Neuching
Wörth
Bergham
Jeßling
Oberornau
Gatterberg
Ottenhofen
Schwillach
Lappach
Sankt
Wolfgang
Schönbrunn
Buch a.Buchrain
Isen
Westach
Furholzen
Pastetten
Tading
Pyramoos
Reiche
heim
Kronberg
Burgrain
Markt
Schwaben
Berg
Forstern
Schnaupping
Winden
Kirchdorf
Dachbg.
Dachberg
Kloste
Mittbach
Rainbach
12
Anzing
Forstinning
Haag i. OB.
Hohenlinden
Maitenbeth

43
Obervieh-
bach
479
Gr. Gampersbg.
Steinberg
Poxau
Reisbach
Nieder-
reisbach
Reith
Ruppertskirchen
Simbach
Pischelsdorf
Langgraben
Jägerndorf
Ruhstorf
Marklkofen
Frontenhausen
Dreifaltigkeit
Loizen-
kirchen
Aham
Jesendorf
Malgers
dorf
Wippstetten
Gerzen
Neuhausen
Rampold-
stetten
Hainberg
Kollbach
Habers-
kirchen
Fünfleiten
Zell
Diepolts-
kirchen
Schalkham
Lichtenhaag
Seybolds-
dorf
Hölsbrunn
Ober-
trennbach
Sallach
Oberhöft
Falkenberg
Reichen-
eibach
Rimbach
Lkr. Rottal-Inn
VILSBIBURG
Dirnaich
Frauen-
sattling
Binabiburg
St.Nikola
Gangkofen
Taufkirchen
Peters-
kirchen
Heiligenstadt
Panzing
Kirchberg
Gaindorf
Malling
Staudach
Wolferding
Wolfsegg
EGGENFELDEN
Huldsessen
Wiesbach
Thambach
Bonbruck
Egglkofen
Elsen-
bach
Massing
Bodenkirchen
Anzenberg
Unter-
dietfurt
Hörbering
Hammersbach
Hirsch-
horn
Feichten
Adelstein
NEUMARKT-
SANKT VEIT
Roßbach
Mitterskirchen
Pauluszell
Gerats-
kirchen
Wurmsham
Nonn-
berg
Schön-
berg
Nieder-
taufkirchen
Arbing
Irl
Nieder-
bergkirchen
Pleis-
kirchen
Wald
Lohkirchen
Gumatten-
kirchen
Oberberg-
kirchen
Lkr. Mühldorf
Reischach
Oberhofen
Erharting
Salmans-
kirchen
Zangberg
Perach
Stefans-
kirchen
Mettenheim
Mößling
Winhöring
Hart
Weidenbach
TÖGING
NEUÖTTING
Inn
Ampfing
Altmühldorf
Alzgern
Ecksberg
MÜHLDORF
Heldenstein
Raitenhart
Mühldorfer
Hart
Teising
ALT ÖTTING
Tüssling
Tann-B.
548
Flossing
Öttinger Forst
WALDKRAIBURG
Polling
Grünbach
Aschau
Guttenburg
Burgkirchen
Unterburg-
kirchen
Emmerting
Pürten
Mörmosen
Oberburg-
Kastl
Burgkirchen
Fraham
Kraiburg
Ober-
neukirchen
Gendorf
Unter-
neukirchen
Au
Jettenbach
Hart
Taufkirchen
Eigelwald
Hirten
Margarethenberg
Mittergars
Grunthal

44
35
36
52
Maria-kirchen
Kohlstorf
Arnstorf
Thanndorf
Haiden-burg
Aiden-bach
Beutels-bach
Iglbach
Emmersdorf
Gerbersdorf
Frauentödling
Mitterhausen
Hainberg
Guteneck
Johanniskirchen
Egglham
Sammerei
Steinkirchen
Amsham
Haar-bach
Sankt Salvator
Unter-zeitlarn
Dietersburg
Baum-garten
Grongörgen
Schönau
Nöham
Waldhof
Unter-hausbach
Unterhöft
Lkr. Rottal-Inn
Hirschbach
Weng
GRIESBACH i.Rottal
Neuhofen
Brombach
Birnbach
Reichen-berg
Gartlberg
PFARRKIRCHEN
Rott
Unter-tattenbach
Schalldorf
388
Anzen-kirchen
Unter-grasensee
Kindl-bach
Linden
Post-münster
Bayerbach
Stausee
Gangerbauer
Lengsham
Hebertsfelden
Thurnstein
Asenham
Langwinkl
Gern I
Neukirchen
Triftern
Thanham
Weihmör
Gern II
Asbach
Lohbruck
Langeneck
Kösslarn
Voglarn
Wiesing
Hubreith
Kößlarner B.
Wurmanns-quick
Martinskirchen
Walburgskirchen
Ulbering
Grafenwald
Rotthalmünster
20
Zimmern
Rogglfing
Randling
Hickerstall
Gde. Zeilarn
Wittibreut
Müncham
Malching
Tann
Reut
Stubenberg
Obertürken
Ering
12
Schildthurn
Inn
Erlbach
Eggstetten
Schellenb. 549
Kirchberg
Gumpers-dorf
Erlach
Taubenbach
SIMBACH
Stausee
Marktlberg
Julbach
Marktl
Stammham
Kirchdorf
Lkr. Altötting
Schützing
Haiming
Alz
Stausee
Emmerting
Salzach
Mehring
BURGHAUSEN
Marienberg
Raitenhaslach
Ö S T E R

glarn
Altenmarkt
Staatsforst
Passau-Süd
Inn
Straß
Dommelstadl
Fürsten-
zell
Neukirchen
a.Inn
Neuburg
d Pilzweg
Bad
Höhenstadt
Lkr. Passau
Vornbach
Sulzbach
Engerts-
ham
Eglsee
chmidham
Sulzbach
Neuhaus
Hütting
Eholfing
Rott
Klee-
berg
Ruhstorf
a.d.Rott
Mittich
nweis
Rotthof
Ober-
schwärzenbach
Hart-
kirchen
Indling
POCKING
Bad Füssing
Kirchham
Saffer-
stetten
Würding
Egglfing
Stausee
H
C
I
E
R

38

BADEN-WÜRTTEMBERG
Illereichen-Altenstadt
Osterberg
Babenhausen
Kirchhaslach
Filzingen
Kellmünz
Weiler
Winterrieden
Greimeltshofen
Breitenbrunn
Iller
Günz
Weinried
Klosterbeuren
Ober-schönegg
Gutnach
Bedernau
Weilbach
Engishausen
Dietershofen
Inneberg
Pleß
Reichau
Egg
Haselb.
Arlesried
Unter-rieden
Ober-
Fellheim
Boos
Niederrieden
Frickenhausen
Unter-kammlach
Lauben
Daxberg
Ober-
Heimertingen
Günz
Erkheim
Lkr. Unterallgäu
Schlegelsberg
Steinheim
Eisen-burg
Schwaig-hausen
Holzgünz
Westerheim
Buxheim
Amen-dingen
Trunkelsberg
Ungerhausen
Sontheim
Erisried
Memmingerberg
Attenhausen
Östl. Günz
Buxach
MEMMINGEN
Mussenhausen
Benningen
Frechen-rieden
Hawangen
Markt Rettenbach
Volkrats-hofen
Illerfeld
Dicken-reishausen
Lachen
Betzisried
Ferthofen
Ottobeuren
Guggenberg
Kardorf
Woringen
Haitzen
Dietratried
Zeller B.
Illerbeuren
Niederdorf
Ollarzried
Kronburg
Zell
Lautrach
Maria Steinbach
Wolfertschweden
Westl. Günz
Böhen
Ach
Grönenbach
Legau
Rothenstein
Hopferbach
Obergünzburg
Schrattenbach
Rohrach
Kalden
Reicholzried
Untrasried
Altusried
Dietmanns-ried
Probst-ried
Überbach
Haldenwang
Muthmannshofen
Kimratshofen
Krugzell
Frauenzell
Lkr. Oberallgäu
Lauben
Wagegg
951
Walkenberg
Sankt Lorenz
Wildpoldsried
Iller
Heiligkreuz
Kürnach
Eschach
Wiggensbach
Betzigau
KEMPTEN
300
19
312
18
12

52 53

39

Bronnen
Morgen
Angelberger
Oberneufnach
Anhofen
Markt Wald
Siebnach
Salgen
Gennach
meitingen
Ober-
Langerringen
Hurlach
Zaisertshofen
Hausen
Forst
Tussenhausen
Ettringen
Mattsies
Schwabmühlhausen
Lamerdingen
Epfenhausen
Kaufering
Nassenbeuren
Groß-
Klein-
kitzighofen
Unter-
igling
Ober-
Unter-
rammingen
Türkheim
Amberg
Dillishausen
MINDELHEIM
Ober-
LANDSBERG
690
Ob.-Ried-B.
Holzhausen
Wiedergeltingen
Mindelburg
Mindelau
Kirchdorf
Gernstall
Irsingen
BUCHLOE
Honsolgen
Apfel-
trach
Dorsch-
hausen
Lindenberg
Erpfting
Pitzling
Pöring
Ummendorf
BAD WÖRISHOFEN
Altensteig
Stockheim
Bronnen
Stoffen
Dirlewang
Jengen
Waal
Ellighofen
Emmenhausen
Helchenried
Weicht
Weinhausen
Ummenhofen
Unter-
dießen
Beckstetten
Eurishofen
Ketter-
schwang
Lauchdorf
Schlingen
Waalhaupten
Seestall
Stadl
Ober-
Unteregg
Warmisried
Rieden
Gutenberg
Unter-
ostendorf
Gde.
Mundraching
Baisweil
Asch
Lechmühlen
Oberegg
Ingenried
Georgenberg
Gde.
Ober-
Lengenfeld
Fuchstal
Pforzen
Germaringen
Westendorf
Leeder
Bayersried
Ober-
Dösingen
Blonhofen
Denklingen
Lech
Eggenthal
Irsee
Wertach
Aufkirch
Kaltental
Epfach
Linden
Gde.
Thalhofen
Helmishofen
Denklinger
Kleinkemnat
Mauer-
stetten
Stöttwang
Frankenhofen
Rotwald
Dienhausen
Blöcktach
Großkemnat
Friesenried
Franken-
Reichenbach
Osterzell
Oberbeuren
ried
KAUFBEUREN
Hirschzell
Bärensee
Sachsenrieder
Forst
Hohenfurch
Ebersbach
Hutten-
wang
Schwab-
niederhofen
Apfeltrang
Bießenhofen
Schwabsoien
Altenstadt
Bidingen
St. Alban
Ruderats-
hofen
789
Bernbach
Sachsenried
Aitrang
Ingenried
Schwabbruck
SCHONGAU
Ebenhofen
Altdorf
Lkr. Ostallgäu
Reinhardsried
MARKTOBERDORF
Bertolds-
hofen
Tannenberg
Kraftisried
Burggen
Unter-
thingau
Geisenried
Thalhofen
Rettenbach
Ober-
Rieder
Remnatsried
Leuterschach
Stötten
1055
Bernbeuren
Wald
Sulzschneid
54

40
48
Hausen
Hofhegnenberg
Hörbach
Hatten-
hofen
Nannhofen
Germerswang
Maisach
Geiselbullach
Schmiechen
Prittriching
Steindorf
Eresried
Luttenwang
Mammendorf
Malching
Esting
Olching
Lkr. Fürstenfeldbruck
Heinrichs-
hofen
Steinbach
Grunertshofen
Pfaffen-
hofen
Puch
Aich
Eichenau
Egling
Purk
Adelshofen
FÜRSTENFELD-
BRUCK
Emmering
Winkl
Dünzelbach
Jesenwang
Moorenweis
St.Willibald
Landsberied
Pesten-
acker
Walles-
hausen
Eismerszell
Biburg
Holzhausen
Alling
Germering
Beuerbach
Hausen
Schöngeising
Kaltenberg
Weil
Geltendorf
Grafrath
Wildenroth
Petzenhausen
Türkenfeld
Kottgeisering
Unteralting
Gilching
Unter
pfaffenhofen
Schwabhausen
Geretshausen
Zankenhausen
Gde.Wörthsee
Etterschlag
Argelsried
St.Ottilien
Oberbergen
Eresing
Beuern
Eching
Unter-
mühlhausen
Ramsach
Lkr. Landsberg a.Lech
Weßling
Oberpfaffenhofen
Ober-
Penzing
Unter-
Inning
Steinebach
Schöffelding
Windach
Greifenberg
Weßlinger S.
Unter
brunn
Hechenwang
Buch
Wörthsee
Meiling
Hochstadt
Ober
Königswiesen
Unter-
Schwifting
Gde.Schondorf
Breitbrunn
Oberalting-
Reisch
Unter-
Unering
Seefeld
Hechendorf
Finning
Utting
Pürge
Ober-
Pilsensee
Widders-
berg
Drößling
Hanfeld
STARNBERG
Ummendorf
Entraching
Hadorf
Söcking
Frieding
Ammersee
Lengenfeld
Hofstetten
Windach Speichers.
Herrsching
Perchting
Lkr. Starnberg
Hagenheim
Maising
Rieden
Thaining
Pöcking
Ebsee
Pflugdorf-
Dettenhofen
Possen-
hofen
Erling-Andechs
Aschering
Vilgerts-
Issing
hofen
Diessen
Machtlfing
Dettenschwang
Feldafing
Traubing
Ludenhausen
Reichling
Fischen
Garatshausen
Deixlf. S.
Starnberger See
Raisting
Pähl
Epfach
Lange Boden
Tutzing
Rott
Apfeldorf
Haid
Kinsau
Wessobrunn
Wielenbach
Haunshofen
Bernried
Unterhausen
Birkland
Forst
St.Leonhard
WEILHEIM
Nußb. W.
Lech
Berlach
798
Lkr. Weilheim - Schongau
Deutenhausen
Seeshaupt
Oderding
Magnetsried
St.Heinrich
Polling
Peißenberg
Hohen-
peißenberg
Peiting
Peißenberg
St.Andrä
Etting
Eberfing
55

41

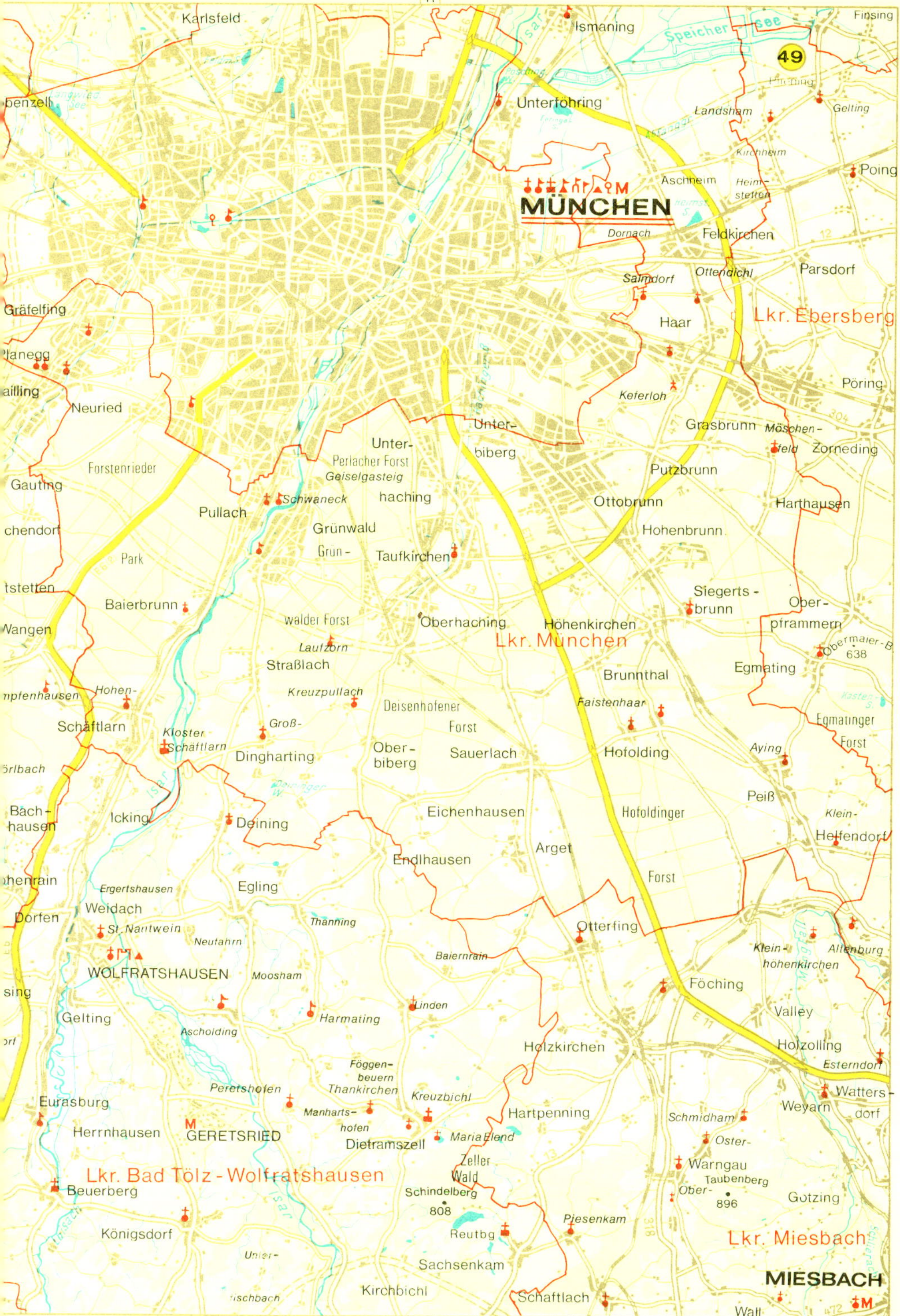
MÜNCHEN
Karlsfeld
Ismaning
Speichersee
Finsing
49
Unterföhring
Landsham
Gelting
Kirchheim
Poing
Aschheim
Heimstetten
Dornach
Feldkirchen
Ottendichl
Parsdorf
Salmdorf
Haar
Lkr. Ebersberg
Gräfelfing
Planegg
Neuried
Keferloh
Pöring
Grasbrunn
Möschenfeld
Zorneding
Unterbiberg
Unterhaching
Perlacher Forst
Geiselgasteig
Putzbrunn
Forstenrieder Park
Gauting
Schwaneck
Pullach
Ottobrunn
Harthausen
Grünwald
Hohenbrunn
Grünwalder Forst
Taufkirchen
Siegertsbrunn
Oberpframmern
Baierbrunn
Oberhaching
Höhenkirchen
Lkr. München
Laufzorn
Straßlach
Brunnthal
Egmating
Kreuzpullach
Hohenschäftlarn
Deisenhofener Forst
Faistenhaar
Egmatinger Forst
Schäftlarn
Kloster Schäftlarn
Großdingharting
Oberbiberg
Sauerlach
Hofolding
Aying
Peiß
Icking
Deining
Eichenhausen
Hofoldinger Forst
Helfendorf
Arget
Endlhausen
Egling
Ergertshausen
Weidach
Dorfen
Thanning
Otterfing
St. Nantwein
Neufahrn
Baierrain
Kleinhöhenkirchen
Altenburg
WOLFRATSHAUSEN
Moosham
Föching
Gelting
Linden
Harmating
Valley
Ascholding
Holzkirchen
Holzolling
Esterndorf
Föggenbeuern
Peretshofen
Thankirchen
Kreuzbichl
Wattersdorf
Eurasburg
Manhartshofen
Hartpenning
Schmidham
Weyarn
Herrnhausen
GERETSRIED
Dietramszell
Maria Elend
Osterwarngau
Zeller Wald
Lkr. Bad Tölz - Wolfratshausen
Beuerberg
Schindelberg
808
Oberwarngau
Taubenberg
896
Gotzing
Königsdorf
Reutberg
Piesenkam
Lkr. Miesbach
Sachsenkam
MIESBACH
Kirchbichl
Schaftlach
Wall

56

42
Ottenhofen
50
Markt Schwaben
Pastetten
Buch a.Buchrain
Westach
Isen
Lappach
Sankt Wolfgang
Gatterberg
Schönbrunn
Oberornau
Pürholzen
Tading
Forstern
Burgrain
Pyramoos
Berg
Lkr. Mühldorf
Kronberg
Schnaupping
Winden
Kirchdorf
Dachbg.
Dachberg
Anzing
Forstinning
Mittbach
Hohenlinden
Maitenbeth
Haag i. OB.
Gars
Ebersberger Forst
Lkr. Ebersberg
Großhaager Forst
Rosenberg
Lengmoos
Allmannsau
Rechtmehring
Gde. Unte
Schlicht
Sankt Christoph
Albaching
Soyen
Meiletskirchen
Schambach
Ludwigs-617-Höhe
Steinhöring
Schleefeld
Kirchseeon
EBERSBERG
Steppach
Penzing
Obern-dorf
Sensau
WASSERBU
a.Inn
Berghofen
Nettelkofen
GRAFING
Traxl
Pfaffing
Edling
Bachmehring
Kircheiselfi
Taglaching
Frauen-neuharting
Moosach
Unterelkofen
Freiham
Eiselfing
Altenburg
Elkofen
Attel
Evenhau
Straußdorf
Bruck
Ramerberg
Altenhohenau
Aham
Emmering
Zinneberg
Griesstätt
Loitersdorf
Aßling
Schalldorf
Schonstett
Glonn
Rott
Lkr. Rosenheim
Hohen-thann
Frauenreuth
Haslach
Thal
Jakobs-baiern
Lampferding
Halfin
Unterlaus
Ostermünchen
Vogtareuth
Straßkirchen
Tunten-hausen
Hochstätt
Elendskirchen
Groß-
Söchtenau
Höhenrain
Klein-
Gde. Holzham
Beyharting
Tattenhausen
Marienberg
Maxlrain
Maxhofen
Prutting
Weihenlinden
Großkarolinen-feld
Bruckmühl
Miet-raching
Hirnsb
Gde. Feldkirchen-Westerham
Ellmosen
Westerndorf St.Peter
Pietzing
Vagen
ROSENHEIM
BAD AIBLING
KOLBERMOOR
Götting
Stephans-kirchen
Neu-kirchen
Bruck
Berbling
Willing
Riedering
Söll
Reichersdorf
Pullach
Heiligblut
Irschen-berg
Aising
Dettendorf
Westerndorf
Pang
Lauterbach
Wilparting
Praun-dorf
Höhenmoos
Wallenburg
Raubling
Rohrdorf
Gde. Samerberg
MIESBACH
Niklasreuth
Au
Lippertskirchen
57

43

Tann-B.
548
Flossing
WALDKRAIBURG
Aschau
Guttenburg
Pürten
Grünbach
Polling
Burgkirchen
Mörmosen
Unterburg-
kirchen
Oberburg-
Öttinger Forst
51
Emmerting
Burgkirchen
Gendorf
Kastl
Fraham
Kraiburg
Ober-
neukirchen
Unter
neukirchen
Au
Jettenbach
Mittergars
Taufkirchen
Eigelwald
Hart
Hirten
Margarethenberg
Grunthal
Garching
a.d. Alz
Halsbach
Zeiling
Eiting
Wald
Engelsberg
Maisenberg
Titlmoos
Waldhausen
Asten
Peterskirchen
Kirch-
weidach
Tacher-
ting
Feichten
Schnaitsee
Emertsham
Tyrlaching
Kirchstätt
Obernbuch
Kay
Ober-
feldkirchen
Heiligkreuz
Freutsmoos
Kirchensur
Kienberg
Feldkirchen
TROSTBERG
M
Albertaich
Baumburg
Lindach
Palling
Törring
Obing
Rabenden
Altenmarkt
Stein
Tengling
Lkr. Traunstein
Pittenhart
Seeon
TRAUNREUT
Taching
Truchtlaching
Pierling
Otting
Matzing
Traunwalchen
Freimann
Waging
Seebruck
Hart
Kammer
Eggstätt
Ising
St. Leonhard
Hemhof
Wonneberg
Nußdorf
Breitbrunn
Chiemsee
Chieming
TRAUNSTEIN
Ettendorf
Lauter
Gstadt
Wolkers-
dorf
Ruckstetten
Rimsting
Fraueninsel
Oberhoch-
stätt
Erlstätt
Surberg
Chiemsee
Herreninsel
Haslach
Prien
Grabenstätt
Hoch-
berg
Vachendorf
Neukirchen
Urschalling
Holzhausen
Übersee
Siegsdorf
Vogling
Hittenkirchen
Bad Adelholzen
Bergen
Bernau
hausen
Hammer
Maria Eck
Eisenärzt
Sulzberg
Rottau
1224
Zinnkopf
Grassau
Staudach-
Egerndach

58

52
Lkr. Altötting
Mehring
BURG-
HAUSEN
Marienberg
Raitenhaslach
Salzach
ÖSTERREICH
Wohm-
brechts
Syrgenstein
Maria-Thann
Opfenbach
Heimenkirch
LINDENBERG
Lkr. Lindau
Hergens-
weiler
Niederstaufen
Scheidegg
Weiler-Simmer
Gde. Reitnau
Unter-
reitnau
Ober-
Nonnenhorn
Hege
Bodolz
Schlachters
Weißensberg
Bösen-
reutin
Wasserburg
(Bodensee)
Bodensee
LINDAU/
Bodensee
Scheffau
TITTMONING
Kirchheim
Pietling
Fridolfing
Lkr. Traunstein
Kirch-
anschöring
Lampo-
ding
LAUFEN
Leobendorf
Petting
Abtsdorf
Triebenbach
Ringham
Surheim
Saaldorf
Holzhausen
Weildorf
Teisen-
dorf
Ober-
teisendorf
Freidling
Roßdorf
FREILASSING
Teisenberg
1333
Gr. Kachelstein
Höglwörth
Ainring
Anger
Gde. Högl
Feldkirchen
Hammerau
Lkr. Berchtesgadener Land
Aufham
Piding
SALZBURG

46

53 Kemptener Wald
KEMPTEN
Kreuzthal
1124
Anger
Ahegg
Buchenberg
Durach
Wengen
Waltenhofen
Wengener Argen
Trauchburg
Sonneneck
1053
1065
Weitnau
stratz
Maierhöfen
Kugel
1070
Grünenbach
Ebratshofen
Memhölz
Sulzberg
Moosbach
Bad Oy
Mittelberg
A L L G Ä U
Stoffelberg
1063
Nieder-
sonthofen
Martinszell
Ottacker
Petersthal
Hauchenberg
1242
Diepolz
Eckarts
Gde. Missen-
Ochsenberg
Wilhams
Harbatshofen
Lkr. Oberallgäu
Akams
Rottachberg
1074
Vorderburg
Wertach
Stiefenhofen
Kalzhofner
1110
Höhe
Zell
Unter-
maiselstein
Hugofels
Stein
Salmaser Höhe
1254
Alpsee
Bühl
Rothenfels
IMMENSTADT
Rettenberg
Breitensteiner-B.
1287
Großer
Wald
Oberstaufen
Thalkirchdorf
Immenstädter Horn
1490
Rauhenzell
Grünten
1738
1496
Kreuzelspitz
Wertacher
1695
Hörnle
Unterjoch
Vorderer Prodel
1487
Blaichach
Burgberg
Steibis
Steine-B.
1660
1336
Spitzlerberg
1325
Imbergkamm
Weißach
Gunzesried
Fluhenstein
Spieser
1649
SONTHOFEN
Stuiben
1749
Simatsgund
Buralpkopf
1772
Vdr. Hüttenberg
1068
Rindalphorn
1822
Hochgrat
1832
Hindelang
Kühgundk.
1907
Gunzesrieder Ach
Liebenstein
Bad Oberdorf
Iseler-B.
1876
Ostrach
Ofterschwang
Altstädten
Imberger Horn
1656
Bschiesser
2000
Siplingerkopf
1745
Hinang
Balderschwang
Ochsenkopf
1662
Weiherkopf
1665
Bolsterlang
Fischen
Breitenb.
1887
Schöllang
2033
Rotspitz
Riedberghorn
1786
1712
Bolgen
Obermaiselstein
Schnippenk.
1833
Reichenbach
2024
1988
Hengst
Daumen
2280
2043
Entschenk
Rubi
Hochschelpen
1552
Besler
1680
Tiefenbach
Rubihorn
1957
Geißalpsee
Nebelhorn
2224
2235
Sattelk.
2097
1629
Piesenkopf
Oberstdorf
2006
Rohrmoos
Starzlach
Schattenbg.
1842
Seealpsee
Kesselspitz
2284
St. Loreto
Laufbacher Eck
2100
Schochen
2111
Wiedemerk.
2165
Schönbach
1846
Gottesackerwände
2029
1958
Riffenkopf
1749
Freibergsee
2268
Schneck
2380
Himmel-
schrofen
1789
Höfats
2259
Oybach
Dietersbach
Schlappoltkopf
1968
1960
Kegelk.
2037
Fellhorn
2384
Wildgundk.
Warmatsgund-
kopf
2059
Gundsberg
949
1953
Schmalhorn
1665
Kreuzeck
2375
2271
Fürschießer
Hammer-
spitzen
2258
2176
Alpgundkopf
2373
2366
Muttlerk.
2320
Schafalpenk.
2237
Mädelegabel
2648
2645
Hochfrottspitz
Liechelk.
2383
Rappenalpenb.
2577
Wilder Mann
2366
Geißhorn
Hochrappen-
kopf
2423
Rappensee
2599
Biberkopf
ALLGÄUER ALPEN
REICH
ÖSTERREICH
Bachen
Stillach
Trettach
Iller

47
54
MARKTOBERDORF
Reinhardsried
Kraftisried
Unter-
thingau
Ober-
Geisenried
Thalhofen
Bertolds-
hofen
Korbs.
Bischofs-
w.
Tannen-
berg
Burggen
Rettenbach
Remnatsried
Geltnach
Rieder
16
Wertach
Kirnach
Leuterschach
Stötten
Auerb.
1055
Bernbeuren
Fisch-
w.
Kempter Wald
Wald
Sulzschneid
Ilgen
Lech
Görisried
Steinbach
Steingaden
Lengenwang
Lechbruck
Waldb.
Rückholz
Lobach
Sulzschneider
Forst
Sameister
Prem
Lkr. Ostallgäu
Schmutt-
W.
Roßhaupten
Wertach
Buchb.
889
Seeg
Trauchgau
MariaRain
Senkelek.
1047
Zwieselb.
1055
Hoher
Trauchb
1527
Wolfskopf
Attles.
Langegg
Schapfensee
Hohenfreyberg
Rieden
Buching
Nesselwang
Hopferau
1429
Eisenberg
Speiden
Hopfen
Halblech
Forggensee
1629
Edelsberg
Eschach
Waltenhofen
1357
1690
Schwarz
Berg
310
17
FÜSSEN
M
1783
Firstberg
Pfronten
St.Kolomann
Steinacher A.
1536
Kienberg
Weißenseeb.
1288
Weißensee
Faulenb.
Schwangau
1703
Gabel-
schrofen
2010
2082
Hochplatte
Sorg
schrofen
1638
Alatsee
Hohenschwangau
Neuschwanstein
Schein
192
spit
Achsele
1525
Breitenberg
1821
Älpelesk.
1579
Pöllat
1934
1988
Hochblasse
Aggenstein
1987
2047
Säuling
1679
Schlagst.
1910
Kreuzk.
AMMER
Ö S T E R R
18
Sch
2045
Ponten
Geißhorn
2212
2240
Rauhhorn
2126
Kugelhorn
Schrecksee
2121
2133

Lkr. Weilheim - Schongau
Eberfing
Oberhausen
Iffeldorf
Heuwinkl
55
Ammerleite
903
Ammerhöfe
Huglfing
Böbing
Antdorf
Frauenrain
Obersöchering
Rottenbuch
Eglfing
Habach
Schönberg
Schöffau
Uffing
Spatzen hausen
Sindelsdorf
Aidling
Rieden
Riegsee
Bayersoien
Seehausen
Froschhausen
Wildsteig
Murnau
Weindorf
Klein-
weil
Groß-
Saulgrub
Bad Kohlgrub
Hechendorf
Schlehdorf
Murnauer
Lkr. Garmisch-Partenkirchen
1548
Ohlstadt
Moos
Hörnle
1541
Schwildfeuer-B.
1395
Hochschergen
Rötelst.
1400
Kappel
Herzogstand
Schwaigen
1790
1731
Unterammergau
1543
Aufacker
Heimgarten
1365
1659
1627
Hirschb.
Oberammergau
Eschenlohe
Walchensee
1404
G E B.
1768
Hennenk.
1621
Sonnenb.
1342
Kofel
1685
1633
Ettaler
Mandl
Linderhof
Laber
Simetsb.
1837
Ettal
Oberau
Hohe Kisten
1922
Notkarspitze
1889
1252
Markk.
2085
Krottenk.
Schafk.
1310
Kienjoch
1953
2022
1928
Vdr. Felderk.
Farchant
1940
Hoher Fricken
Wallgau
Frieder
2049
Esterg eb.
Wank
1780
1685
Hoher
Ziegspitz
1981
Kramer
GARMISCH-
PARTENKIRCHEN
Krün
1728
1864
Rauhenst.
Schöttelkarsp.
2049
Soiern-
2259
spitze
Hoher
1346
See-B.
Wamberg
Grainau
Werdenfelser
Land
W.
Kreuzeck
1651
Elmau
Hoher
1391
Kranz-B.
2483
Waxenstein
2277
Wettersteinwald
Mittenwald
Hochkarsp.
Alpspitze
2628
2288
Wettersteinwand
2296
2431
Westl.
Karwendel-Sp.
2385
Zugspitze
2963
Höllental-
2754
spitzen
2706
Hoch-
blassen
2482
Schachen
2302
Gerberkreuz
Schneeferner k.
2874
Dreitor-Sp.
2633
2689
2196
Arnspitze
Gatterlk.
2477
Hochwanner
2746
Wettersteingeb.
R E I C H

49
56
Schönrain
Ober-fischbach
Kalvarienberg
Allgäu
Waakirchen
Wies
Oberbuchen
Greiling
Reichersbeuern
Georgenried
Dürnbach
Agatharied
PENZBERG
BAD TÖLZ
Stallauer W.
Zem.W.
Gmund
Mangfall
472
Wackersberg
Gaißbach
Marienstein
Lkr. Mies
Loisach
Bad Heilbrunn
1237
Blomberg
318
Bichl
Zwieselberg
1348
1328
Rechelkopf
Kogelkopf
1324
Tegernsee
Gindelalm
1334
schneid
Bad Wiessee
TEGERNSEE
Benediktbeuern
Lenggries
Kalvarienberg
1491
1562
Fockenstein
Geigerstein
Rottach-Egern
Lkr. Bad Tölz - Wolfratshausen
Hohenburg
Ringberg
1315
Probsten
Brauneck
Wallberg
1722
1670
Hirschberg
1618
wand
1712
Latschenkopf
1801
Glaswand
Benediktenwand
Kochel
307
Kreuth
1712
Setzberg
Schönberg
1621
Roßstein
1697
Leonhardstein
1449
Risserk.
1826
Jochberg
Wildbad Kreuth
B A Y E R I S C H E
Rauchenberg
Glashütte
Weißbach
Jachenau
Jachen
Schergenwieser-B.
1428
Bodigberg
1140
Hoher
1375
Zwiesler
Reitberg
Walchensee
Zwölferköpfl
1432
Blauberge
1786
Halsersp.
1861
874
Achenpaß
Sylvenstein-Speichersee
Isar
Fall
307
Vorderriß
Riß
1753
Graskopfl
Fischb.
2100
Baierkarsp.
1909
Scharfreiter
Fermersb.
Östl.
2538
Karwendelsp.
Ö S T E R R

arsberg
Wörnsmühl
Hundham
Bad Feilnbach
Wiechs
Hausstatt
Groß-
holzhausen
Reischenhart
Neubeuern
Grainbach
Lkr. Rosenheim
Samerberg
Hausham
Schwarzenberg
1188
Litzldorf
Degern-
dorf
Schwarzlack
Farrenpoint
1272
Nußdorf
Hochries
1569
Schliersberg
1257
M
Elbach
Kirchwald
Schliersee
Fischbachau
Brannenburg
Biber
Hohenwaldeck
Großbrannen-
berg
Flintsbach
Kitzstein
1398
Schlier-
see
Breitenstein
1622
Hochsalwand
1624
Falkenstein
Birkenstein
Petersberg
Fischhausen
Gr. Riesenkopf
1337
Spitzstein
1596
Neuhaus
1838
Wendelstein
1720
Wildalpjoch
1365
Kranzhorn
Dümpfel
1354
Kirnstein
Sachrang
Brecherspitz
1685
Wildbarren
1439
Aiplspitz
1758
Bayrischzell
Reisach
Spitzingsee
1538
Seeberg
Urfarn
Stümpfling
1506
Niederaudorf
Bad Trißl
L
Rotwand
1885
P
Brünnstein
1619
1853
Gr. Traithen
Oberaudorf
Rothkopf
1599
1688
Maroldschneid
E
N
1707
Trainsjoch
Kiefersfelden
Schinder
1808
R
E
I
C
H

51

58
Nieder-
Aschau
Hohen-
Kampenwand
1669
Großstaffen
1296
1586
Hochplatte
Marquartstein
Hochgern
1743
Hochfelln
1671
Ruhpolding
305
Inzelle
Kien
Lkr. Traunstein
307
Unterwössen
Tiroler Ache
Wöss. See
1366
Rechenberg
Eisenberg
1490
1645
Rauschberg
Prien
Geigelstein
Schleching
Steilenberg
1198
Gurnwand-
1693
kopf
1518
Mühlhörndl
Breitenstein
1661
Streichenkapelle
Oberwössen
Hochscharten
1474
Lödensee
Mittersee
Fischb
CHIEMGAUER ALPEN
1431
Rudersburg
Reit im Winkl
Wössener B.
Weitsee
Staubfall
Sonntagshorn
1961
Dürrnbach-
1776
horn
Mühlpracht
1325
kopf
305
Scheibelberg
ÖSTER R

52

Staufeneck
Zwiesel 1782
Hochstaufen 1771
Maut hausen
Marzoll
Falkenst.
Hinterstaufen
BAD REICHENHALL
Nonn
Karlstein
Bayerisch Gmain
Weißbach a.d.Alpenstraße
St.Pankraz
1857 Salzburger Hochthron
Untersberg
Markt-schellenberg
1617 Predigtstuhl
Schneizlreuth
1972 Hochthron
1736 Karkopf
Lattengeb.
BERCHTESGADENER
Bischofs-wiesen
Maria Gern
Au
1758 Wartstein-K.
Reiteralpe
Salzberg
Toter Mann 1392
Berchtesgaden
Roßfeld
1953 Edelweißlahner-K.
Kunterweg
Kehlstein
Gr. Häuselhorn 2284
Ramsau
Schönau
Stadelhorn 2285
Steinberg
Hoher Göll 2523
Königssee
Lkr. Berchtesgadener Land
2608 Hoch-Kalter
Jenner
Hagengebirge
Watzmann
Mittel-Sp. 2713
2307 Kl. Watzmann
2713 Schönfeld-Sp.
Hocheissp.
St.Bartholomä
Kahlersberg 2351
Hochelköpfe
ALPEN
Gr. Hundstod 2593
2363 Teufelshorn
2578 Funtenseetauern
Steinernes Meer
ÖSTERREICH

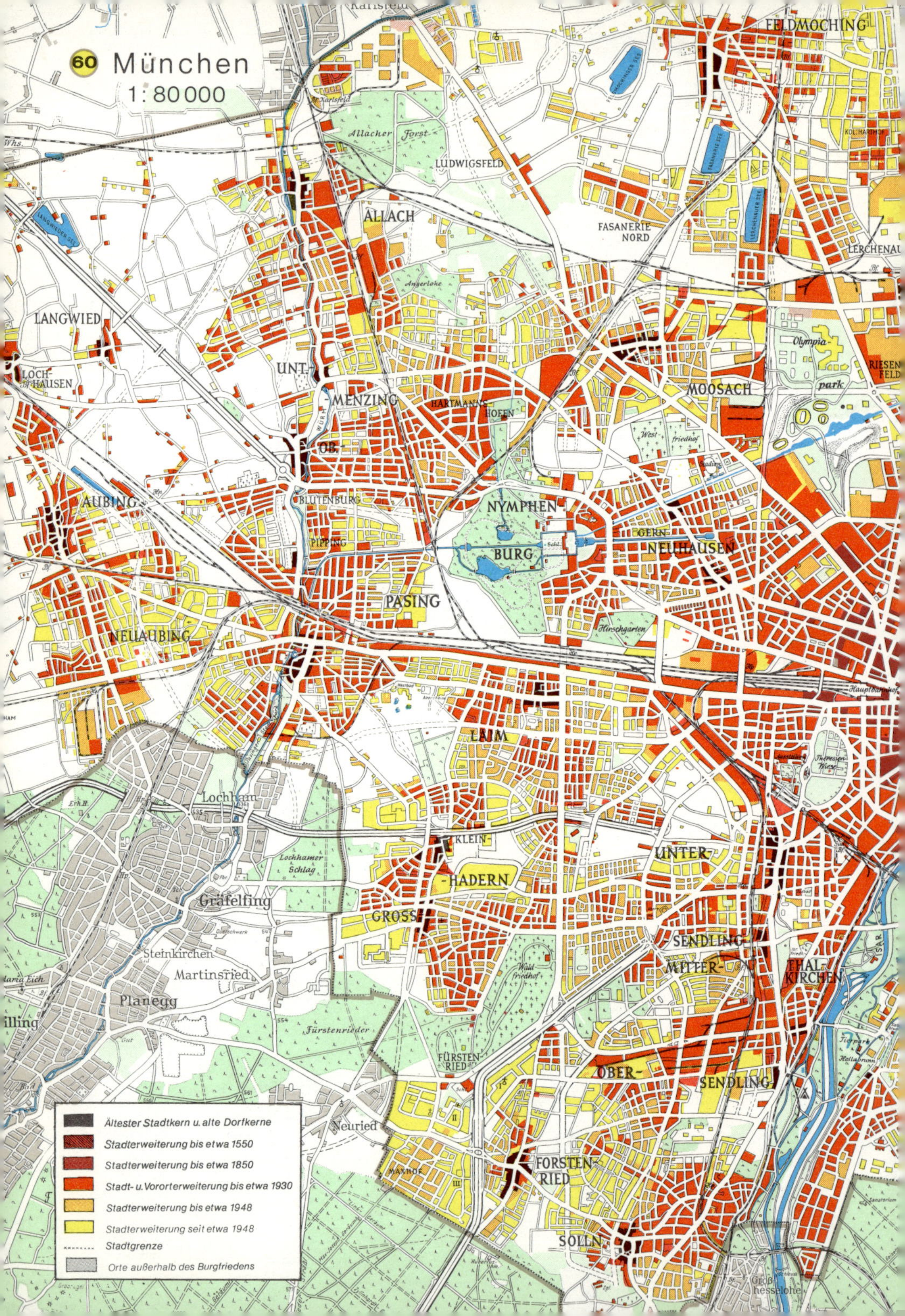
60 München
1: 80 000
FELDMOCHING
Allacher Forst
LUDWIGSFELD
ALLACH
FASANERIE NORD
LERCHENAU
LANGWIED
LOCH-HAUSEN
Angerlohe
Olympia-park
RIESENFELD
UNT-
MENZING
OB-
HARTMANNSHOFEN
MOOSACH
West friedhof
AUBING
BLUTENBURG
PIPPING
NYMPHEN-
BURG
GERN
NEUHAUSEN
PASING
Hirschgarten
NEUAUBING
Hauptbahnhof
LAIM
Theresien-Wiese
Lochham
KLEIN-
HADERN
GROSS
Lochhamer Schlag
Gräfelfing
UNTER-
SENDLING
Steinkirchen
Martinsried
MITTER-
THAL-KIRCHEN
Planegg
Wald friedhof
Fürstenrieder
FÜRSTEN-RIED
OBER-
SENDLING
Neuried
MAXHOF
FORSTEN-RIED
SOLLN
Groß hesselohe
Ältester Stadtkern u. alte Dorfkerne
Stadterweiterung bis etwa 1550
Stadterweiterung bis etwa 1850
Stadt- u. Vororterweiterung bis etwa 1930
Stadterweiterung bis etwa 1948
Stadterweiterung seit etwa 1948
Stadtgrenze
Orte außerhalb des Burgfriedens

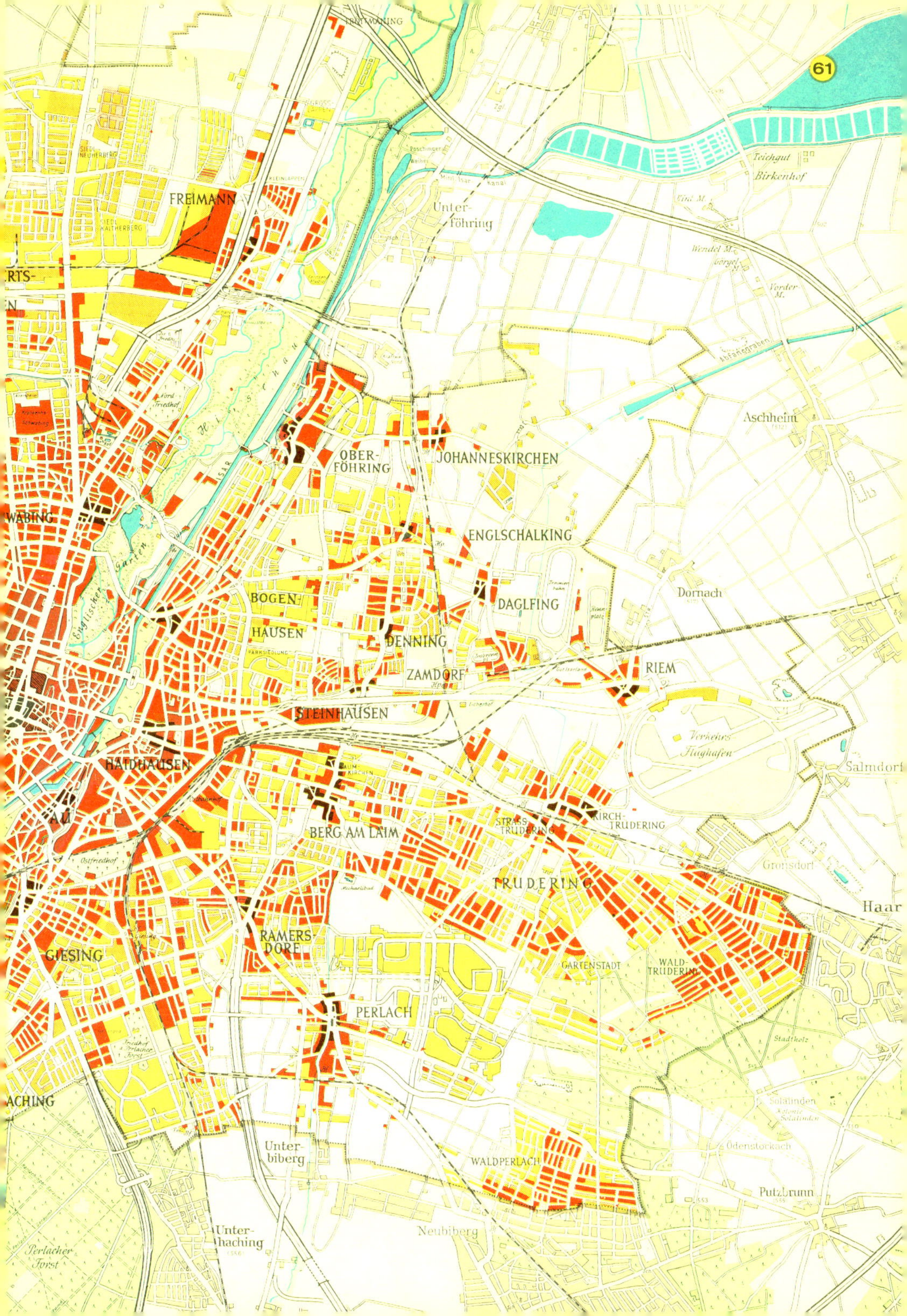
61
FREIMANN
Unter-
föhring
Teichgut
Birkenhof
OBER-
FÖHRING
JOHANNESKIRCHEN
Aschheim
ENGLSCHALKING
DAGLFING
Dornach
BOGEN-
HAUSEN
DENNING
ZAMDORF
RIEM
STEINHAUSEN
HAIDHAUSEN
Verkehrs-
flughafen
Salmdorf
BERG AM LAIM
KIRCH-
TRUDERING
AU
TRUDERING
Haar
GIESING
RAMERS-
DORF
GARTENSTADT
WALD-
TRUDERING
PERLACH
Unter-
biberg
WALDPERLACH
Putzbrunn
Unter-
haching
Neubiberg
Perlacher
Forst
Englischer
Garten

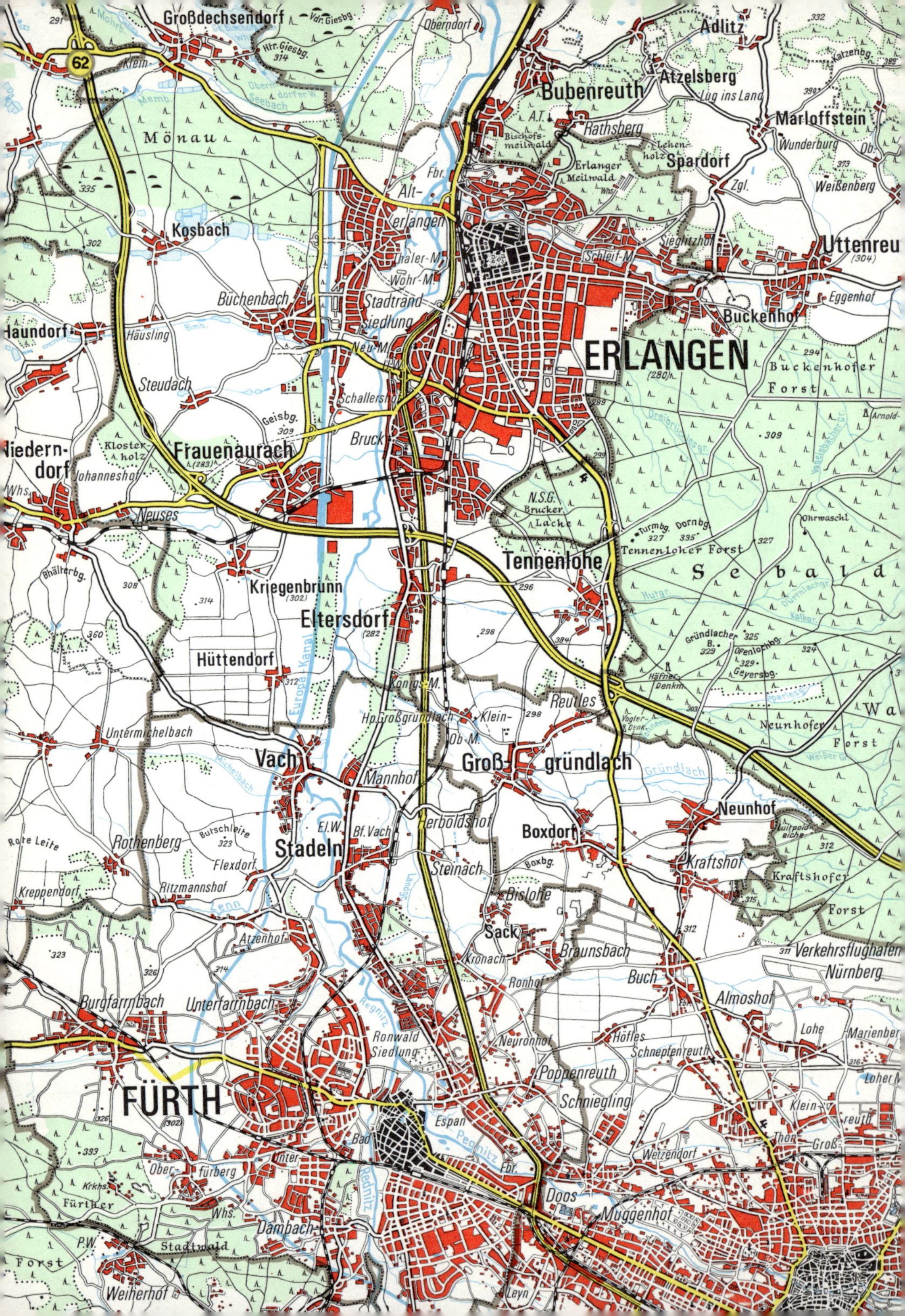

Großdechsendorf
Oberndorf
Adlitz
Bubenreuth
Atzelsberg
Lug ins Land
Marloffstein
Rathsberg
Spardorf
Wunderburg
Weißenberg
Mönau
Kosbach
Alt-erlangen
Uttenreuth
Büchenbach
Stadtrand-siedlung
Buckenhof
Eggenhof
Erlanger Meilwald
Sieglitzhof
Haundorf
Häusling
Steudach
ERLANGEN
(280)
Buckenhofer Forst
Schallershof
Bruck
Frauenaurach
Kloster-holz
Johanneshof
Niedern-dorf
Neuses
N.S.G. Brucker Lache
Tennenlohe
Tennenloher Forst
Sebald
Kriegenbrunn
(302)
Eltersdorf
(282)
Hüttendorf
Europa Kanal
Reutles
Untermichelbach
Groß-gründlach
Klein-
Vach
Mannhof
Herboldshof
Boxdorf
Neunhof
Kraftshof
Kraftshofer Forst
Rote Leite
Rothenberg
Stadeln
Steinach
Flexdorf
Ritzmannshof
Kreppendorf
Bislohe
Sack
Braunsbach
Kronach
Verkehrsflughafen Nürnberg
Atzenhof
Buch
Almoshof
Burgfarrnbach
Unterfarrnbach
Ronhof
Lohe
Marienberg
Ronwald Siedlung
Neuronhof
Höfles
Schnepfenreuth
Poppenreuth
FÜRTH
(302)
Schniegling
Espan
Klein-reuth
Thon
Groß-
Wetzendorf
Ober-fürberg
Doos
Muggenhof
Fürther
Dambach
Stadtwald
Forst
Weiherhof
Leyn
62

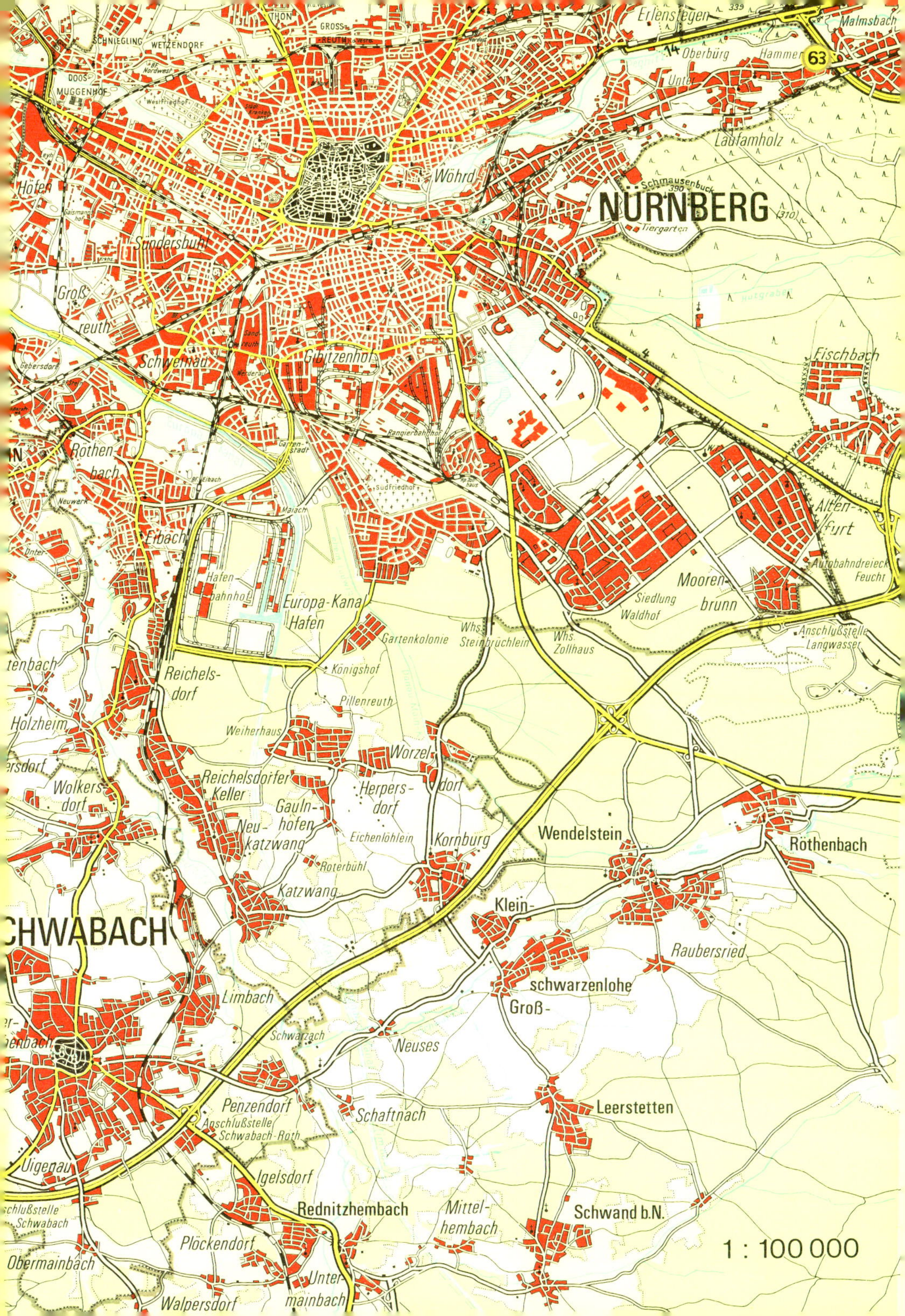
NÜRNBERG
Erlenstegen
Malmsbach
Oberbürg
Hammer
Laufamholz
Wöhrd
Schmausenbuck
Tiergarten
Doos
Muggenhof
Schniegling
Wetzendorf
Großreuth
Höfen
Sündersbühl
Großreuth
Schweinau
Gibitzenhof
Rangierbahnhof
Südfriedhof
Röthenbach
Eibach
Gartenstadt
Hafen
Bahnhof
Europa-Kanal
Hafen
Gartenkolonie
Whs. Steinbrüchlein
Whs. Zollhaus
Fischbach
Altenfurt
Autobahndreieck Feucht
Moorenbrunn
Siedlung Waldhof
Anschlußstelle Langwasser
Königshof
Reichelsdorf
Pillenreuth
Weiherhaus
Worzeldorf
Herpersdorf
Reichelsdorfer Keller
Gaulnhofen
Neukatzwang
Eichenlohlein
Kornburg
Roterbühl
Katzwang
Wendelstein
Röthenbach
Holzheim
Wolkersdorf
SCHWABACH
Kleinschwarzenlohe
Großschwarzenlohe
Raubersried
Limbach
Schwarzach
Neuses
Penzendorf
Anschlußstelle Schwabach-Roth
Schaftnach
Leerstetten
Uigenau
Igelsdorf
Rednitzhembach
Mittelhembach
Schwand b.N.
Anschlußstelle Schwabach
Plöckendorf
Obermainbach
Untermainbach
Walpersdorf
63
1 : 100 000

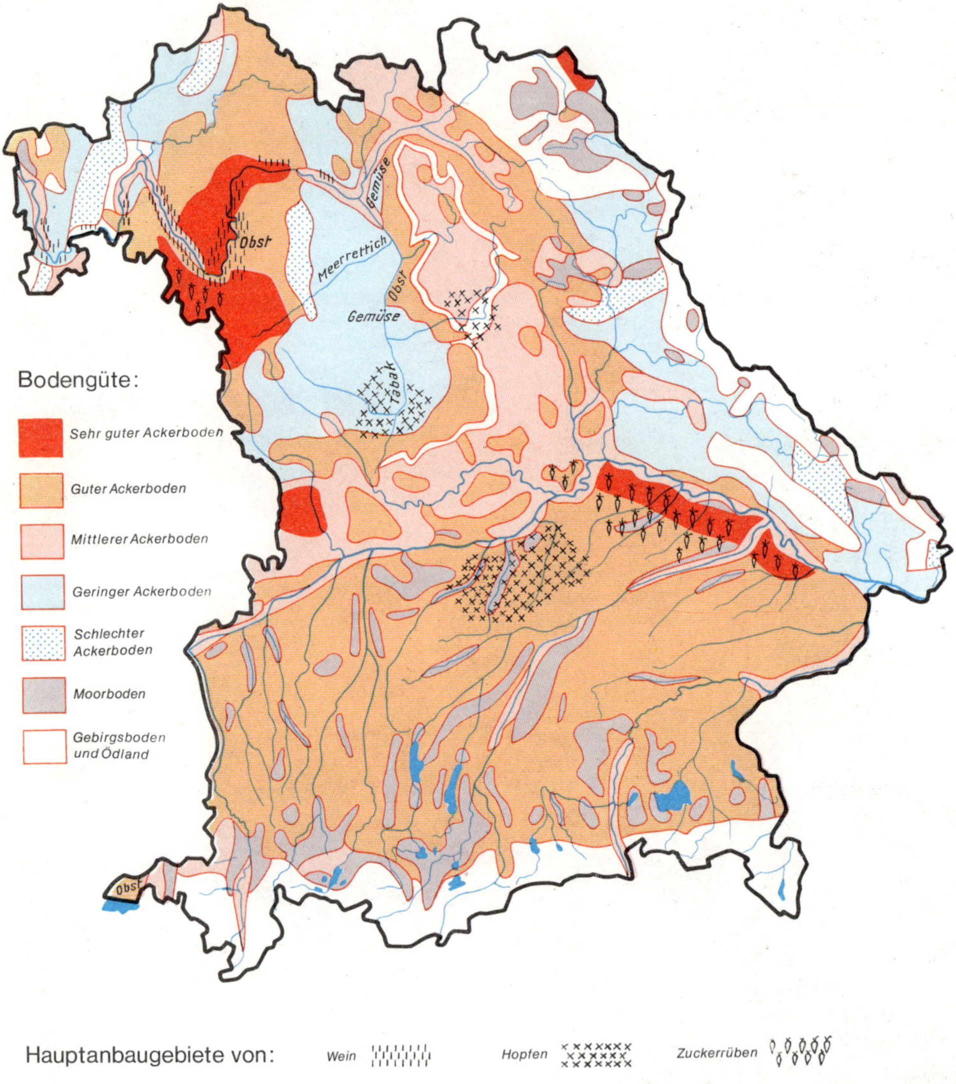

Obst
Meerrettich
Gemüse
Gemüse
Obst
Tabak
Obst
Bodengüte:
Sehr guter Ackerboden
Guter Ackerboden
Mittlerer Ackerboden
Geringer Ackerboden
Schlechter Ackerboden
Moorboden
Gebirgsboden und Ödland
Hauptanbaugebiete von:
Wein
Hopfen
Zuckerrüben